严格依据2019年全国导游人员资格考试大纲编写

蜗牛导考教研室 编

政策与法律法规

ZHENGCE YU FALUFAGUI

全国导游资格考试笔试科目精选精练

中国环境出版集团·北京

图书在版编目(CIP)数据

政策与法律法规 / 蜗牛导考教研室编 . —北京：中国环境出版集团，2019.7
全国导游资格考试笔试科目精选精练
ISBN 978-7-5111-4045-6

Ⅰ. ①政… Ⅱ. ①蜗… Ⅲ. ①旅游业—方针政策—中国—资格考试—习题集 ②旅游业—法规—中国—资格考试—习题集 Ⅳ. ① F592.0-44 ② D922.296-44

中国版本图书馆 CIP 数据核字（2019）第 140729 号

出 版 人 武德凯
责任编辑 田 怡
责任校对 任 丽
装帧设计 彭 杉

出版发行 中国环境出版集团
（100062 北京市东城区广渠门内大街 16 号）
网 址：http://www.cesp.com.cn
电子邮箱：bjgl@cesp.com.cn
联系电话：010-67112765（编辑管理部）
发行热线：010-67125803，010-67113405（传真）
印 刷 北京市联华印刷厂
经 销 各地新华书店
版 次 2019 年 7 月第 1 版
印 次 2019 年 7 月第 1 次印刷
开 本 787×1092 1/16
印 张 15
字 数 288 千字
定 价 165.00 元（全四册）

前言

导游资格考试全国统考已进入第 4 个年头，经过我们多年对考试的研究分析可知，大量的做题训练是通过笔试的根本保障。

但我们不鼓励盲目做题，在教材系统复习基础之上，练习优质试题才有效果，否则事倍功半。为此，我们严格依据新大纲研发了这套《速记宝典》配套纸质版习题——《全国导游资格考试笔试科目精选精练》系列（以下简称《精选精练》。

这套《精选精练》由我们集结蜗牛导考教研室各位专家精心编制，具备质量优、题量大、价格低三大特点，经历 3 年来全国几十万考生作答检测，是我们多年教学研究的精华沉淀，也是市面上不可多得的精品，此次出版则是为了更好地满足全国考生对纸质版习题练习的需求。

本书有不同于市场同类书的以下特点。

1. 三年真题

包含我们收集的 2016、2017 和 2018 年全套真题，2018 年真题及典型真题重点解读，其余真题归入习题强化，部分真题根据今年新大纲修改或删除。

2. 精选习题

每道习题均是精挑细选，重要考点全部覆盖，体现新大纲变化特点，主攻基础性、易得分试题，大幅提升您的备考效率。

3. 超大题量

约 7000 道试题，市面同类图书约 4000 题量，给您酣畅淋漓的作答体验；各科目题量分布科学，多选题加入全选，完全符合国家机考最新考查特点。

4. 疑难解答

微信公众号“蜗牛导考”定期刊登疑难试题解析，与读者持续交流；开创“纸质版答案＋公众号疑难试题解析”的方式，每套书减少约 100 页纸张消耗，同时降低读者购买价格。

5. 排版美观

即使是一本普通习题册，我们也绝不降低品质；为避免读者视觉疲劳，提高复习效率，本书力求排版宽松、布局美观，相同题量下，比市面同类图书多出约五分之一页码。

6. 品质保障

本书由蜗牛导考联合 101 贝考、中国环境出版集团荣誉出品；是我们在 2019 年推出的重磅作品，是继教材《速记宝典》引爆全国之后，蜗牛导考的又一力作；图书出版过程由专业老师和编辑人员层层把关，确保品质第一。

7. 经济实惠

本套《精选精练》物美价廉，一套四本，约 1000 页的篇幅，在定价时力争减轻考生负担，做到为考生减负。

请务必关注微信公众号“蜗牛导考”（微信号：woniudk101），获取有关本书的疑难试题解答、补录试题、勘误等。

由于水平和时间有限，本书难免有不足之处，恳请广大读者给予指正，以便我们不断完善、进步。也在此祝福各位考生在《精选精练》的助力下，顺利通过考试。

蜗牛导考教研室

2019 年 7 月 1 日于北京

编委会

主　编：王　启

编　者：卢俊莉　　王明亮

张玉珠　　谢丽芹

阮　艳　　黄文琳

王安黎

目录

第一编

法律法规篇

第一卷

[illegible]

第一章　宪法基本知识

真题解读

- 【2017 年真题 · 判断】《中华人民共和国宪法》规定，中华人民共和国的国家机构实行分权制。（　　）

  【答案】错

  【解析】《宪法》第 3 条第 1 款规定，中华人民共和国的国家机构实行**民主集中制**的原则。

  【点评】送分题，本题属于常识性问题。

- 【2017 年真题 · 判断】《中华人民共和国宪法》规定，中华人民共和国公民有劳动的权利和义务。（　　）

  【答案】对

  【解析】《宪法》第 42 条规定，中华人民共和国公民有劳动的权利和义务。

  【点评】送分题，本题属于常识性问题，注意"权利"和"权力"的区分。本题关联的知识点是休息权，请注意休息权是只有劳动者才享有的权利。

- 【2018 年真题 · 单选】依据《中华人民共和国宪法》，既是公民基本权利，也是公民基本义务的是（　　）。

  A. 服兵役　　B. 受教育
  C. 纳税　　D. 选举

  【答案】B

  【解析】根据《宪法》对公民基本权利和义务的规定，**受教育权和劳动权**既是公民基本权利，也是公民基本义务。

  【点评】送分题，本题属于平时训练的重点内容。这类题目作答时可以结合生活常识进行判断。

- 【2017 年真题 · 单选】《中华人民共和国宪法》规定，中华人民共和国国歌是（　　）。

  A.《黄河大合唱》　　B.《长江之歌》
  C.《义勇军誓词歌》　　D.《义勇军进行曲》

  【答案】D

  【解析】《宪法》第 136 条第 2 款规定，中华人民共和国国歌是**《义勇军进行曲》**。

【点评】送分题，不解释。

● 【2017年真题·单选】我国，年满（　　）的公民，不分民族、种族、性别、职业、家庭出身、宗教信仰、教育程度、财产状况、居住期限，都有选举权和被选举权；但是依照法律被剥夺政治权利的人除外。

A．14周岁　　B．16周岁

C．18周岁　　D．20周岁

【答案】C

【解析】《宪法》第34条规定，中华人民共和国年满**十八周岁**的公民，不分民族、种族、性别、职业、家庭出身、宗教信仰、教育程度、财产状况、居住期限，都有选举权和被选举权；但是依照法律被剥夺政治权利的人除外。

【点评】送分题，本题属于常识性问题。

● 【2016年真题·单选】《中共中央关于全面推进依法治国若干重大问题的决定》指出，健全宪法实施和监督制度，将每年（　　）定为国家宪法日。

A．12月6日　　B．12月5日

C．12月4日　　D．12月3日

【答案】C

【解析】党的十八届四中全会会议审议通过了《中共中央关于全面推进依法治国若干重大问题的决定》，把“建设中国特色社会主义法治体系，建设社会主义法治国家”作为依法治国的总目标，将每年12月4日定为国家宪法日。

【点评】送分题，“12·4宪法日”。

● 【2016年真题·单选】根据《中华人民共和国宪法》，（　　）是公民享有的监督权。

A．罢免权　　B．集会、游行、示威的自由权

C．选举权　　D．批评和建议的权利

【答案】D

【解析】《宪法》第41条规定，监督权是指公民对国家机关及其工作人员进行**批评、建议、申诉、控告或者检举**的权利。

【点评】送分题，使用排除法首先可以排除A，之后顺序排除掉B、C，因为他们是公民的政治权利和自由。当然，根据字面意思也可知D项正确。

● 【2017年真题·多选】《中华人民共和国宪法》规定，全国人民代表大会有权选举产生（　　）。

A．国家主席　　B．中央军委主席

C．国务院总理　　D．最高人民法院院长

E．最高人民检察院检察长

【答案】ABDE

【解析】全国人大行使下列职权：修改宪法；监督宪法的实施；制定和修改刑事、民事、国家机构的和其他的基本法律；选举中华人民共和国主席、副主席；**根据中华人民共和国主席的提名，决定国务院总理的人选**；根据国务院总理的提名，决定国务院副总理、国务委员、各部部长、各委员会主任、审计长、秘书长的人选；选举中央军事委员会主席；根据中央军事委员会主席的提名，决定中央军事委员会其他组成人员的人选；选举国家监察委员会主任、最高人民法院院长、最高人民检察院检察长等。

【点评】简单难度，本题属于常识性问题，国家总理是由国家主席提名的。

● 【2016 年真题 · 多选】《中华人民共和国宪法》序言规定，我国将长期处于社会主义初级阶段。国家的根本任务是（　　）。

A．坚持改革开放国际视野

B．推行计划生育，使人口的增长同经济和社会发展计划相适应

C．沿着中国特色社会主义道路

D．发展体育事业，开展群众性的体育活动，增强人民体质

E．集中力量进行社会主义现代化建设

【答案】CE

【解析】根据《宪法》规定，国家的根本任务是，**沿着中国特色社会主义道路，集中力量进行社会主义现代化建设**。

【点评】送分题，本题属于平时训练的重点内容。

● 【2016 年真题 · 多选】国徽中间是五星照耀下的天安门，周围是（　　）。

A．谷穗　　B．齿轮

C．镰刀　　D．锤子

E．斧头

【答案】AB

【解析】《宪法》第 137 条规定，中华人民共和国国徽，中间是五星照耀下的天安门，周围是**谷穗和齿轮**。

【点评】送分题，本题属于常识性问题。谷穗代指农民，齿轮代指工人。

习题强化

一、判断题

1．《中华人民共和国宪法》规定，国家工作人员就职时应当依照法律规定公开进行宪法宣誓。（　　）

2．根据《中华人民共和国宪法》规定，中国共产党领导的多党合作和政治协商制度将长期存在和发展。（　　）

3. 根据《中华人民共和国宪法》规定，依照法律服兵役和参加民兵组织是中国公民的光荣义务。（ ）
4. 根据《中华人民共和国宪法》规定，中华人民共和国国徽，中间是五星照耀下的天安门，周围是谷穗和齿轮。（ ）
5. 根据《中华人民共和国宪法》规定，人民法院审理案件，除法律规定的特别情况外，一律公开进行。被告人有权获得辩护。（ ）
6. 根据《中华人民共和国宪法》规定，制定行政法规属于县级以上人大常委会的职权范围。（ ）
7. 根据《中华人民共和国宪法》规定，国家为了公共利益的需要，可以对公民的私有财产实行无偿征用。（ ）
8. 根据《中华人民共和国宪法》规定，中华人民共和国公民有进行科学研究、文学艺术创作和其他文化活动的自由。（ ）
9. 根据《中华人民共和国宪法》规定，中华人民共和国公民有受教育的权利和义务。（ ）
10. 计划生育、耕地保护、对外开放和环境保护等是我国的基本国策。（ ）
11. 根据《中华人民共和国宪法》规定，国家鼓励集体经济组织、国家企业事业组织和其他社会力量依照法律规定举办各种教育事业。（ ）
12. 根据《中华人民共和国宪法》规定，国家建立健全同人民群众需求相适应的社会保障制度。（ ）
13. 根据《中华人民共和国宪法》规定，国务院总理、副总理连续任职不得超过两届；国务委员连续任职无限制要求。（ ）
14. 根据《中华人民共和国宪法》规定，民族自治地方的人民代表大会有权依照当地民族的政治、经济和文化的特点，制定自治条例和单行条例。（ ）
15. 根据《中华人民共和国宪法》规定，一切法律、行政法规和地方性法规都不得同宪法相抵触。（ ）
16. 根据《中华人民共和国宪法》规定，任何国家机关、社会团体不得强制公民信仰或不信仰宗教，不得歧视信仰和不信仰宗教的公民。（ ）
17. 根据《中华人民共和国宪法》规定，休息权既是公民的权利，也是公民的义务。（ ）

二、单选题

1.《中华人民共和国宪法》规定，城市的土地属于（ ）所有。

A. 私人　　B. 集体

C. 国家　　D. 社会

2. 中华人民共和国国歌《义勇军进行曲》由（ ）作词，诞生于抗击日本帝国主义侵略的战争年代。

A．冼星海　　B．田汉

C．贺绿汀　　D．聂耳

3．（　　）年的《宪法修正案》把“国家尊重和保障人权”写入《宪法》。

A．1993　　B．1999

C．2004　　D．2010

4．以下说法中，不符合《宪法》规定的是（　　）。

A．任何组织或者个人不得侵占、买卖或者以其他形式非法转让土地

B．宅基地和自留地，属于个人所有

C．城市的土地属于国家所有

D．土地的使用权可以依照法律的规定转让

5．根据《中华人民共和国宪法》规定，以下说法错误的是（　　）。

A．1978 年宪法是我国的现行宪法

B．宪法具有最高的法律效力

C．一切法律、行政法规和地方性法规都不得同宪法相抵触

D．法律和其他议案由全国人民代表大会以全体代表的过半数通过

6．根据《中华人民共和国宪法》规定，（　　）属于公民享有的监督权的范围。

A．荣誉权　　B．批评和建议的权利

C．游行、示威的自由　　D．选举权与被选举权

7．根据《中华人民共和国宪法》规定，中华人民共和国国徽（　　）。

A．中间是五星照耀下的天安门，周围是谷穗和齿轮

B．上方是天安门，下面是五星照耀下的齿轮、谷穗

C．上方是天安门、下面是五角星，周围是齿轮和谷穗

D．右上角是天安门，左侧是金黄色的五角星，下面是齿轮和谷穗

8．根据《中华人民共和国宪法》规定，城市按居民居住地区设立的居民委员会是基层（　　）。

A．政府机构　　B．群众性自治组织

C．党组织　　D．行政机构

9．根据《中华人民共和国宪法》规定，农村按居民居住地区设立的村民委员会是基层（　　）。

A．政府机构　　B．党组织

C．行政机构　　D．群众性自治组织

10．根据《中华人民共和国宪法》规定，“宣布进入紧急状态，宣布战争状态”属于（　　）的职权范围。

A．中央军委主席　　B．中华人民共和国主席

C．国务院总理 D．公安部部长

11．根据《中华人民共和国宪法》规定，依照国家的军事制度和当地的实际需要，经（ ）批准，民族自治地方可以组织本地方维护社会治安的公安部队。

A．全国人大常委会 B．国务院

C．中央军委 D．公安部

12．根据《中华人民共和国宪法》规定，中华人民共和国的武装力量属于（ ）。

A．国家 B．中央军委

C．人民 D．中国共产党

13．根据《中华人民共和国宪法》规定，以下领导人中，（ ）由全国人民代表大会选举产生。

A．国务委员 B．秘书长

C．国家主席 D．各部部长

14．根据《中华人民共和国宪法》规定，选出或者罢免人民检察院检察长，须报（ ）提请该级人民代表大会常务委员会批准。

A．同级人民代表大会 B．上级人民检察院检察长

C．上级人民代表大会 D．同级人民政府

15．根据《中华人民共和国宪法》规定，最高人民法院是最高审判机关，最高人民法院（ ）地方各级人民法院和专门人民法院的审判工作。

A．领导 B．指导

C．监督 D．引导

16．《宪法》第132条规定，上级人民检察院（ ）下级人民检察院的工作。

A．领导 B．指导

C．监督 D．引导

17．《宪法》第33条第4款规定，（ ）公民享有宪法和法律规定的权利，同时必须履行宪法和法律规定的义务。

A．18周岁以上的 B．16周岁以上的

C．享有政治权利的 D．任何

18．《宪法》第98条规定，地方各级人民代表大会每届任期（ ）年。

A．1 B．2

C．3 D．5

19．《宪法》序言中规定，国家的根本任务是，沿着中国特色社会主义道路，（ ）。

A．加快实现“四个现代化”

B．坚持改革开放

C．集中力量进行社会主义现代化建设

D．全面推进依法治国

20．以下关于宪法的说法错误的是（　　）。

A．在内容上，宪法规定国家生活中最根本、最重要的方面

B．宪法在国家整个法律体系中处于最高地位，具有最高效力

C．宪法是一切国家机关、武装力量、政党、社会团体以及公民的最高行为准则

D．宪法的修改，须由2/5以上全国人民代表大会代表提议，并由全国人民代表大会以全体代表的2/3以上的多数通过

21．根据《中华人民共和国宪法》规定，（　　）是我国的国体。

A．人民代表大会制度　　B．人民民主专政

C．政治协商制度　　D．工农联盟

22．根据《中华人民共和国宪法》规定，我国的政权组织形式是（　　）。

A．人民代表大会制度　　B．政治协商制度

C．人民民主专政　　D．工农联盟

23．根据《中华人民共和国宪法》规定，在特别行政区内实行的制度按照具体情况由（　　）。

A．中央人民政府以行政法规规定　　B．全国人民代表大会以法律规定

C．特别行政区立法委以基本法规定　　D．全国人大常委会以特别法规定

24．根据《中华人民共和国宪法》规定，（　　）是我国最高国家权力机关的执行机关。

A．中央军委　　B．全国人大常委会

C．国务院　　D．公安部

25．根据《中华人民共和国宪法》规定，中华人民共和国的社会主义经济制度的基础是（　　）。

A．生产资料的社会主义公有制　　B．坚持按劳分配为主体

C．实行社会主义市场经济　　D．多种经济形式共同发展

26．根据《中华人民共和国宪法》规定，以下关于“非公有制经济”的说法中，错误的是（　　）。

A．国家保护非公有制经济的合法的权利和利益

B．国家鼓励、支持和引导非公有制经济的发展

C．国家对非公有制经济依法实行监督和管理

D．非公有制经济是社会主义经济制度的基础

27．根据《中华人民共和国宪法》规定，一切国家机关实行（　　）的原则，实行工作责任制。

A．效率　　B．实事求是

C．精简　　D．下级服从上级

28．根据《中华人民共和国宪法》规定，中华人民共和国（　　）是最高国家权力

机关。

A．中央军事委员会　　B．全国人民代表大会

C．中央人民政府　　D．最高人民法院

29．根据《中华人民共和国宪法》规定，（　　）行使国家立法权。

A．全国人民代表大会和国务院

B．全国人民代表大会常务委员会和国务院

C．全国人民代表大会和全国人民代表大会常务委员会

D．全国人民代表大会常务委员会和最高人民法院

30．根据《中华人民共和国宪法》规定，法律和其他议案由全国人民代表大会以全体代表的（　　）通过。

A．过半数　　B．3/5 以上

C．2/3 以上　　D．3/4 以上

31．根据《中华人民共和国宪法》规定，国家发展社会主义的教育事业，国家举办各种学校，普及（　　）。

A．初等义务教育　　B．职业教育

C．中等教育　　D．高等教育

32．根据《中华人民共和国宪法》规定，中国人民政治协商会议是有广泛代表性的（　　）。

A．法律监督机关　　B．中央国家机关

C．民主党派组织　　D．统一战线组织

33．根据《中华人民共和国宪法》规定，我国的人民法院是（　　）。

A．国家的司法机关　　B．国家的法律监督机关

C．国家的仲裁机关　　D．国家的审判机关

34．根据《中华人民共和国宪法》规定，在法律规定范围内的个体经济、私营经济等非公有制经济是社会主义市场经济的（　　）。

A．重要组成部分　　B．必要补充

C．重要基础　　D．最具活力、最有前途的部分

35．根据《中华人民共和国宪法》规定，国家在社会主义初级阶段的基本经济制度是（　　）。

A．坚持以公有制为主体、多种所有制经济共同发展

B．坚持按劳分配为主体、多种分配方式并存的分配制度

C．坚持以全民所有制为主体、集体和其他经济成份共同发展

D．坚持公有制的主体地位

36．根据《中华人民共和国宪法》规定，各少数民族聚居的地方实行（　　），设立自治机关，行使自治权。各民族自治地方都是中华人民共和国不可分离的

部分。

A. 区域自治　　B. 民族自治

C. 基层群众自治　　D. 特殊的经济制度

37. 根据《中华人民共和国宪法》规定，在我国，国民经济中的主导力量是（　　）。

A. 国有经济　　B. 集体经济

C. 私营经济　　D. 个体经济

38. 根据《中华人民共和国宪法》规定，我国享有选举权和被选举权的人是（　　）。

A. 全体公民

B. 全体人民

C. 18 周岁以上的公民

D. 年满 18 周岁未被依法剥夺政治权利的公民

39.《中华人民共和国宪法》规定，农村集体经济组织实行以（　　）为基础、统分结合的双层经营体制。

A. 家庭承包经营　　B. 个人承包经营

C. 分田到户　　D. 个体经营

40. 根据《中华人民共和国宪法》规定，国家推行计划生育，使人口的增长同经济和（　　）相适应。

A. 社会发展　　B. 社会资源的增长

C. 生态环境　　D. 社会发展计划

41. 根据《中华人民共和国宪法》规定，国家保护和改善生活环境和（　　），防治污染和其他公害。

A. 生态平衡　　B. 生存环境

C. 自然环境　　D. 生态环境

42.（　　）的宪法修正案将“发展社会主义市场经济”作为一项重要的国家任务。

A. 1992 年　　B. 1997 年

C. 1998 年　　D. 1999 年

43.《中华人民共和国宪法》第 1 条规定，中华人民共和国是（　　）领导的、以工农联盟为基础的人民民主专政的社会主义国家。

A. 工人阶级　　B. 农民阶级

C. 资产阶级　　D. 知识分子

44. 根据《中华人民共和国宪法》规定，人民代表大会制度的核心内容和实质是（　　）。

A. 国家的一切权力属于人民　　B. 工人阶级领导

C. 国内各民族一律平等　　D. 少数服从多数

45. 我国现行宪法规定，中华人民共和国全国武装力量由（　　）领导。

A．中央军委 B．中央军委主席

C．国务院 D．全国人民代表大会和国务院

46．依我国现行宪法的规定，城市的土地属于（ ）；农村和城市郊区的土地，除由法律规定属于国家所有的以外，属于（ ）。

A．国家所有；集体所有 B．国家所有；国家所有

C．集体所有；集体所有 D．集体所有；国家所有

47．依据《中华人民共和国宪法》，有权制定和修改刑事、民事、国家机构的和其他的基本法律的是（ ）。

A．全国人民代表大会和全国人民代表大会常务委员会

B．全国人民代表大会

C．全国人民代表大会常务委员会

D．全国人民代表大会、全国人民代表大会常务委员会和国务院

三、多选题

1．《中华人民共和国宪法》规定，中华人民共和国公民有（ ）、游行、示威的自由。

A．集会 B．结社

C．出版 D．选举

E．言论

2．以下关于公民权利的说法中，正确的是（ ）。

A．我国妇女在政治的、经济的、社会的生活等各方面，享有优先于男子的权利

B．婚姻、家庭、母亲、儿童受国家保护

C．公民的人身自由不受侵犯

D．我国保护华侨的正当权利和利益，保护归侨和侨眷的合法权利和利益

E．国家保护妇女的权利和利益，实行男女同工同酬

3．根据《中华人民共和国宪法》规定，下列选项中，属于公民政治权利和自由的是（ ）。

A．名誉权 B．选举权和被选举权

C．言论自由权 D．出版自由权

E．通信自由权

4．根据《中华人民共和国宪法》第5条的规定，一切国家机关和武装力量、各政党和各社会团体、各企业事业组织都必须遵守（ ）。

A．规章 B．制度

C．宪法 D．法律

E．准则

5．根据《中华人民共和国宪法》规定，（ ）。

A．中央军委实行集体负责制

B．中央军委主席对全国人大和全国人大常委会负责

C．中央军委主席连任不得超过两届

D．中央军委每届任期与全国人大每届任期相同

E．中央军委领导全国武装力量

6．以下说法中，（　　）符合《中华人民共和国宪法》关于民族自治地方的规定。

A．各少数民族聚居的地方实行区域自治

B．自治区主席由实行区域自治的民族的公民担任

C．自治州州长由实行区域自治的民族的公民担任

D．国家在民族自治地方建设企业时，可以适当照顾民族自治地方的利益

E．民族自治地方所有财政收入，都应由国务院统一安排使用

7．以下关于人民检察院的说法中，符合《中华人民共和国宪法》规定的是（　　）。

A．最高人民检察院是最高检察机关

B．最高人民检察院检察长由国务院总理提名决定

C．最高人民检察院检察长由国家主席提名决定

D．地方各级人民检察院对产生它的国家权力机关和上级人民检察院负责

E．最高人民检察院对国务院负责

8．根据《中华人民共和国宪法》规定，以下说法正确的是（　　）。

A．县级以上的人民代表大会代表，由选民直接选举

B．全国人民代表大会由省、自治区、直辖市、特别行政区和军队选出的代表组成

C．各少数民族都应当有适当名额的全国人大代表

D．地方各级人民代表大会是地方国家权力机关

E．地方各级人民代表大会和地方各级人民政府的组织由法律规定

9．根据《中华人民共和国宪法》第116条规定，自治州、自治县制定的自治条例和单行条例须（　　）。

A．报省或者自治区人大常委会批准后生效

B．报全国人大常委会批准后生效

C．报国务院批准后生效

D．并报省或自治区人大常委会备案

E．并报全国人大常委会备案

10．以下各级人民代表大会中，按照《中华人民共和国宪法》第96条规定设立常务委员会的是（　　）。

A．省　　　　B．自治区

C．设区的市　　　　D．民族乡

E．镇

11. 根据《中华人民共和国宪法》规定，人民行使国家权力的机关是（　　）。
A. 全国人民代表大会
B. 全国人民代表大会常务委员会
C. 地方各级人民代表大会
D. 地方各级人民代表大会常务委员会
E. 国务院和地方各级人民政府

12. 根据《中华人民共和国宪法》规定，构成我国社会主义经济制度基础的所有制形式包括（　　）。
A. 全民所有制　　B. 劳动群众集体所有制
C. 私营经济　　D. 个体经济
E. 外资经济

13.《宪法》第 21 条规定，国家发展医疗卫生事业，发展现代医药和我国传统医药，鼓励和支持（　　）举办各种医疗卫生设施，开展群众性的卫生活动，保护人民健康。
A. 农村集体经济组织　　B. 国家企业事业组织
C. 外资企业　　D. 街道组织
E. 个人

14. 根据《中华人民共和国宪法》规定，（　　）属于我国国家机构的组成部分。
A. 地方各级人民代表大会　　B. 国务院
C. 人民法院　　D. 民族自治地方的自治机关
E. 中国人民政治协商会议

15.《中华人民共和国宪法》规定的我国基本国策包括（　　）。
A. 计划生育　　B. 环境保护
C. 对外开放　　D. 一国两制
E. 科教兴国

16. 根据《中华人民共和国宪法》规定，公民有（　　）等政治自由。
A. 言论　　B. 出版
C. 集会、结社　　D. 游行、示威
E. 选举

17. 根据《中华人民共和国宪法》规定，保护（　　）等特殊主体的权利。
A. 企事业单位　　B. 妇女、儿童和老人
C. 华侨、归侨和侨眷　　D. 婚姻家庭
E. 教师

18. 根据《中华人民共和国宪法》规定，我国公民的基本义务主要包括（　　）。
A. 保卫祖国、抵抗侵略　　B. 抚养教育子女

C．维护国家统一和各民族团结　　D．维护祖国安全、荣誉和利益

E．依法纳税

19．根据《中华人民共和国宪法》规定，下列选项中的中国公民，哪些（　　）属于不享有选举权的情况。

A．周某，刚满 15 周岁　　B．吴某，被劳动教养

C．郑某，被剥夺政治权利期间　　D．王某，患精神病

E．张某，少数民族

20．《中华人民共和国宪法》指出，中国各族人民将继续在中国共产党领导下，自力更生，艰苦奋斗，逐步实现（　　）的现代化。

A．工业　　B．金融业

C．农业　　D．国防

E．科学技术

习题强化答案

一、判断题

1．对	2．对	3．对	4．对	5．对
6．错	7．错	8．对	9．对	10．对
11．对	12．错	13．错	14．对	15．对
16．对	17．错			

二、单选题

1．C	2．B	3．C	4．B	5．A
6．B	7．A	8．B	9．D	10．B
11．B	12．C	13．C	14．B	15．C
16．A	17．D	18．D	19．C	20．D
21．B	22．A	23．B	24．C	25．A
26．D	27．C	28．B	29．C	30．A
31．A	32．D	33．D	34．A	35．A
36．A	37．A	38．D	39．A	40．D
41．D	42．D	43．A	44．A	45．A
46．A	47．B			

三、多选题

1．ABCE	2．BCDE	3．BCD	4．CD	5．BDE
6．ABC	7．AD	8．BCDE	9．AE	10．ABC
11．AC	12．AB	13．ABD	14．ABCD	15．ABCDE
16．ABCD	17．BCD	18．ACDE	19．AC	20．ACDE

第二章　旅游法基础知识

真题解读

● 【2018 年真题 · 单选】《中华人民共和国旅游法》规定，国家倡导健康、文明、环保的旅游方式，支持和鼓励各类社会机构开展旅游（　　），对促进旅游业发展做出贡献的单位和个人给予奖励。

A．公益宣传　　B．形象宣传

C．品牌宣传　　D．文化宣传

【答案】A

【解析】《旅游法》第 5 条规定，国家倡导健康、文明、环保的旅游方式，支持和鼓励各类社会机构开展旅游**公益宣传**，对促进旅游业发展做出突出贡献的单位和个人给予奖励。

【点评】简单难度，平时训练到位考试自然不难。

● 【2018 年真题 · 单选】为保障旅游者的合法权益，依据《中华人民共和国旅游法》，国务院旅游主管部门和县级以上地方人民政府应当根据需要建立相关旅游平台，无偿向旅游者提供（　　）。

A．必要信息　　B．咨询服务

C．必要信息或咨询服务　　D．必要信息和咨询服务

【答案】D

【解析】《旅游法》第 26 条，国务院旅游主管部门和县级以上地方人民政府应当根据需要建立旅游公共信息和咨询平台，无偿向旅游者提供旅游景区、线路、交通、气象、住宿、安全、医疗急救等**必要信息和咨询服务**。

【点评】送分题，注意区分"和"和"或"，"必要信息和咨询服务"都要提供。

● 【2018 年真题 · 单选】《中华人民共和国旅游法》规定，残疾人、老年人、未成年人等旅游者在旅游活动中依照法律、法规和有关规定享受（　　）。

A．便利和优惠　　B．便利或优惠

C．便利　　D．优惠

【答案】A

【解析】《旅游法》第 11 条，残疾人、老年人、未成年人等旅游者在旅游活动中依照法律、法规和有关规定享受**便利和优惠**。

【点评】送分题，注意区分“和”和“或”。

- 【2018年真题·单选】《中华人民共和国旅游法》规定，在中华人民共和国（　　）的和在中华人民共和国境内组织到境外的游览、度假、休闲等形式的旅游者以及为旅游活动提供相关服务的经营活动，适用本法。

A．境内或境外　　B．境内外

C．境外　　D．境内

【答案】D

【解析】《旅游法》第2条，在中华人民共和国**境内**的和在中华人民共和国境内组织到境外的游览、度假、休闲等形式的旅游活动以及为旅游活动提供相关服务的经营活动，适用本法。

【点评】送分题，该题根据题干也可以得出正确答案，“境内的……”和在“境内组织到境外”这样的表述表明答案应是“境内”。

- 【2018年真题·单选】旅游者购买、接受旅游服务时，应当向旅游经营者如实告知与旅游活动相关的（　　），遵守旅游活动中的安全警示规定。

A．个人信息　　B．个人健康信息

C．家庭信息　　D．家族健康信息

【答案】B

【解析】《旅游法》第15条，旅游者购买、接受旅游服务时，应当向旅游经营者如实告知与旅游活动相关的**个人健康信息**，遵守旅游活动中的安全警示规定。

【点评】简单难度，根据题干可知游客需要提供的是和旅游活动相关的必要信息，只有个人健康信息是此种信息，其他信息涉及游客隐私。

- 【2017年真题·单选】景区、住宿经营者将其部分经营项目或者场地交由他人从事住宿、餐饮、购物、游览、娱乐、旅游交通等经营的，对实际经营者的经营行为给旅游者造成的损害（　　）。

A．不承担法律责任　　B．应当承担次要责任

C．应当承担补充责任　　D．应当承担连带责任

【答案】D

【解析】《旅游法》第54条规定，景区、住宿经营者将其部分经营项目或者场地交由他人从事住宿、餐饮、购物、游览、娱乐、旅游交通等经营的，应当对实际经营者的经营行为给旅游者造成的损害承担**连带责任**。

【点评】简单难度，本题的考查重点是区分几个责任：补充责任、连带责任、次要责任。连带责任是指依照法律规定或者当事人约定，两个或者两个以上当事人对其共同债务全部承担或部分承担，并能因此引起其内部债务关系的一种民事责任。题干所描述的情况，景区、住宿管理者是需要承担一部分民事责任的主体，所以是连带责任。

● 【2018 年真题 · 多选】依据《中华人民共和国旅游法》，县级以上人民政府旅游主管部门实施监督检查的权限包括（　　）

A．导游和领队等从业人员的服务行为

B．旅行社的经营行为

C．法律、法规规定的其他事项

D．经营旅游客运以及从事旅游客运驾驶是否取得经营、执业许可

E．经营旅行社业务以及从事导游、领队服务是否取得经营、执业许可

【答案】ABCE

【解析】《旅游法》第 85 条，县级以上人民政府旅游主管部门有权对下列事项实施监督检查：（1）经营旅行社业务以及从事导游、领队服务是否取得经营、执业许可；（2）旅行社的经营行为；（3）导游和领队等旅游从业人员的服务行为；（4）法律、法规规定的其他事项。

【点评】中等难度，本题根据常规理解可以给出答案，旅游客运属于道路交通运输管理部门的管理范围，故被排除掉。《旅游法》为重中之重，任何内容都有可能被考到。

● 【2018 年真题 · 多选】《中华人民共和国旅游法》规定的包价旅游合同，是指（　　）的合同。

A．交通、住宿、餐饮、游览、导游或者领队等两项以上旅游服务

B．旅游者以总价支付旅游费用

C．提供或者通过履行辅助人提供

D．符合法律、行政法规、部门规章规定的其他条件

E．旅行社预先安排行程

【答案】ABCE

【解析】《旅游法》第 111 条规定，包价旅游合同，是指旅行社预先安排行程，提供或者通过履行辅助人提供交通、住宿、餐饮、游览、导游或者领队等两项以上旅游服务，旅游者以总价支付旅游费用的合同。

【点评】简单难度，本题中 D 选项中的部门规章要注意辨别。

【2018 年真题 · 多选】某旅行社在旅游旺季临时聘用导游王某，但未向其支付导游服务费用。对此，依据《中华人民共和国旅游法》，由旅游主管部门（　　）。

A．责令改正

B．没收违法所得

C．责令停业整顿

D．并处 5000 元以上 5 万元以下的罚款

E．情节严重的，责令停业整顿或者吊销旅行社业务经营许可证

【答案】ABDE

【解析】《旅游法》第96条规定，旅行社未向临时聘用的导游支付导游服务费用或要求导游垫付或者向导游收取费用的，由旅游主管部门**责令改正，没收违法所得，并处5000元以上5万元以下罚款；情节严重的，责令停业整顿或者吊销旅行社业务经营许可证**；对直接负责的主管人员和其他直接责任人员，处2000元以上2万元以下罚款。

【点评】中等难度，注意只有"情节严重的"才会"责令停业整顿"。

习题强化

一、判断题

1. 根据《中华人民共和国旅游法》规定，旅游经营者是指旅行社、景区以及为旅游者提供交通、住宿、餐饮、购物、娱乐等服务的经营者。（　　）
2. 根据《中华人民共和国旅游法》规定，旅游者有被尊重的权利和自由。因此，旅游者可以拒绝提供有关个人的健康信息。（　　）
3.《中华人民共和国旅游法》共设11章，112条。（　　）
4. 根据《中华人民共和国旅游法》规定，为迎接大众旅游时代的到来，我国鼓励各类市场主体在有效保护旅游资源的前提下，可以开发、利用旅游资源。（　　）
5. 根据《中华人民共和国旅游法》规定，旅游主管部门及其工作人员不得参与任何形式的旅游经营活动。（　　）
6. 根据《中华人民共和国旅游法》规定，监督检查人员少于两人或者未出示合法证件的，被检查单位和个人有权拒绝。（　　）
7. 根据《中华人民共和国旅游法》规定，利用公共资源建设的游览场所应当体现公益性质。（　　）
8. 旅游法采取的是单一立法模式。（　　）
9. 根据《中华人民共和国旅游法》规定，景区开放应当经过旅游主管部门的审批。（　　）
10. 根据《中华人民共和国旅游法》规定，旅行社应当按照规定交纳旅游服务质量保证金，用于旅游者权益损害赔偿和垫付旅游者人身或财产安全遇有危险时紧急救助的费用。（　　）
11. 根据《中华人民共和国旅游法》规定，将不同景区的门票或者同一景区内不同游览场所的门票合并出售的，合并后的价格不得高于各单项门票的价格之和，且旅游者有权选择购买其中的单项票。（　　）
12. 根据《中华人民共和国旅游法》规定，旅游经营者对其在经营活动中知悉的旅游者个人信息，在不损害旅游者合法权益的前提下，可以用来宣传。（　　）

13. 根据《中华人民共和国旅游法》规定，利用公共资源建设的景区，不得通过增加另行收费项目等方式变相涨价；另行收费项目已收回投资成本的，应当相应降低价格或者取消收费。（ ）

14. 根据《中华人民共和国旅游法》规定，对违反旅游法规定的旅游经营者及其从业人员，旅游主管部门和有关部门应当记入信用档案，向社会公布。（ ）

二、单选题

1. 旅行社组织、接待出入境旅游，发现有非法滞留和擅自分团、脱团情形的，应当及时向法律规定的部门报告，未履行报告义务的，由（ ）对其及其直接负责的主管人员和其他责任人员依法追究责任。

A. 公安机关　　B. 市场监督部门

C. 旅游主管部门　　D. 工商行政管理部门

2.《中华人民共和国旅游法》的立法目的，是为了保障（ ）的合法权益，规范旅游市场秩序，保护和合理利用旅游资源，促进旅游业持续健康发展。

A. 旅游者　　B. 旅游经营者

C. 旅游者和旅游经营者　　D. 旅游者或旅游经营者

3. 住宿经营者将其部分经营项目或者场地交由他人从事住宿、餐饮等经营的，应当对实际经营者的经营行为给旅游者造成的损害（ ）。

A. 承担全部责任　　B. 承担连带责任

C. 承担部分责任　　D. 不承担责任

4.《中华人民共和国旅游法》的框架共设（ ）。

A. 9 章 112 条　　B. 9 章 113 条

C. 10 章 112 条　　D. 10 章 113 条

5. 根据《旅游法》第 39 条规定，从事领队服务的前提条件是（ ）。

A. 取得导游人员资格证书

B. 依法取得导游证

C. 具有相应的学历、语言能力和旅游从业经历

D. 与旅行社订立劳动合同

6.《中华人民共和国旅游法》规定，旅游业发展应当遵循社会效益、经济效益和（ ）相统一的原则。

A. 文化效益　　B. 环境效益

C. 政治效益　　D. 生态效益

7.《中华人民共和国旅游法》由第十二届全国人大常委会第二次会议通过，自（ ）起施行。

A. 2013 年 3 月 14 日　　B. 2013 年 4 月 25 日

C. 2013 年 10 月 1 日　　D. 2013 年 11 月 7 日

8.《中华人民共和国旅游法》规定，景区超过最大承载量接待旅游者的，由景区主管部门责令改正，情节严重的，责令停业整顿（　　）。

A. 半个月至 1 个月　　B. 1 个月至 6 个月

C. 6 个月至 9 个月　　D. 9 个月至 12 个月

9.《中华人民共和国旅游法》规定，各级（　　）应当组织对本级政府编制的旅游发展规划的执行情况进行评估，并向社会公布。

A. 人民政府　　B. 旅游主管部门

C. 旅游行业组织　　D. 规划主管部门

10.《中华人民共和国旅游法》规定，利用公共资源建设的景区的门票以及景区内的游览场所、交通工具等另行收费项目，实行（　　），严格控制价格上涨。

A. 政务定价和政府指导价　　B. 政府定价或政府指导价

C. 政府指导价　　D. 政府定价

11. 根据《中华人民共和国旅游法》规定，旅游主管部门和有关部门依法实施监督检查，其监督检查人员不得少于两人，并应当出示（　　）。

A. 身份证件　　B. 工作证件

C. 执法证件　　D. 合法证件

12. 景区应当根据《中华人民共和国旅游法》规定，在（　　）公示门票价格、另行收费的价格及团体收费价格。

A. 景区售票处　　B. 景区大门口

C. 重要位置　　D. 醒目位置

13. 根据《中华人民共和国旅游法》规定，国家制定并实施旅游形象推广战略。（　　）统筹组织国家旅游形象的境外推广工作。

A. 国务院　　B. 国务院旅游主管部门

C. 中宣部　　D. 国务院外交主管部门

14. 对于国家应对（　　）暂时限制旅游活动的措施以及有关部门、机构或者旅游经营者采取的安全防范和应急处置措施，旅游者应当根据《中华人民共和国旅游法》规定予以配合。

A. 不可抗力　　B. 一般突发事件

C. 情势变更　　D. 重大突发事件

15. 根据《中华人民共和国旅游法》规定，旅游经营者应当诚信经营，公平竞争，承担（　　），为旅游者提供安全、健康、卫生、方便的旅游服务。

A. 法律责任　　B. 经济责任

C. 社会责任　　D. 道义责任

16. 根据《中华人民共和国旅游法》规定，国家鼓励各类市场主体在有效保护

（　　）的前提下，依法合理利用旅游资源。

A．自然资源　　B．旅游资源

C．人文环境　　D．生态环境

17．根据《中华人民共和国旅游法》规定，入境旅游者不得在境内非法滞留，随团入境的旅游者（　　）分团、脱团。

A．可以　　B．经协商一致可以

C．不得　　D．不得擅自

18．根据《中华人民共和国旅游法》规定，旅游者在人身、财产安全遇有危险时，有请求（　　）的权利。

A．救助　　B．保护

C．救助和保护　　D．救助或保护

19．根据《中华人民共和国旅游法》规定，出境旅游者不得在境外非法滞留，随团出境的旅游者（　　）分团、脱团。

A．可以　　B．经协商一致可以

C．不得　　D．不得擅自

20．下列不享有《中华人民共和国旅游法》规定的特殊群体的便利和优惠权的旅游者是（　　）。

A．残疾人　　B．老年人

C．妇女　　D．未成年人

21．根据《中华人民共和国旅游法》规定，国家鼓励和支持发展（　　）。

A．旅游研究生教育　　B．旅游本科教育和职业教育

C．旅游职业教育和培训　　D．旅游本科教育和培训

22．根据《中华人民共和国旅游法》规定，（　　）是旅游发展规划评估的组织主体。

A．人大　　B．政府

C．旅游主管部门　　D．规划部门

23．根据《中华人民共和国旅游法》规定，景区不符合规定的开放条件接待旅游者的，由景区主管部门责令停业整顿直至符合开放条件，并处（　　）罚款。

A．1 万元以上 10 万元以下　　B．5 万元以上 15 万元以下

C．2 万元以上 20 万元以下　　D．3 万元以上 30 万元以下

24．城镇和乡村居民利用自有住宅或其他条件依法从事旅游经营，根据《中华人民共和国旅游法》规定，其管理办法由（　　）制定。

A．县级人民政府　　B．省、自治区、直辖市

C．县级以上旅游主管部门　　D．国家旅游主管部门

25．根据《中华人民共和国旅游法》规定，国家发展旅游事业，完善旅游公共服

务，依法保护（ ）。

A．旅游者的人身权利　　B．旅游者的财产权利

C．旅游者在旅游活动中的权利　　D．旅游者与经营者约定的权利

26．根据《中华人民共和国旅游法》规定，国家倡导健康、文明、环保的旅游方式，支持和鼓励各类旅游机构开展（ ）。

A．文明旅游宣传　　B．美丽中国宣传

C．旅游公益宣传　　D．健康旅游宣传

27．根据《中华人民共和国旅游法》规定，国务院建立健全（ ），对旅游业发展进行综合协调。

A．统筹旅游发展机制　　B．旅游综合协调机制

C．部级协调发展机制　　D．旅游统筹发展机制

28．《中华人民共和国旅游法》赋予旅游者自主选择权，据此，旅游者有权拒绝旅游经营者的（ ）

A．虚假宣传行为　　B．代理服务行为

C．强制交易行为　　D．推荐商品行为

29．根据《中华人民共和国旅游法》规定，旅游者有权知悉其购买的（ ）真实情况。

A．旅游产品　　B．服务

C．旅游产品和服务　　D．旅游产品或服务

30．《中华人民共和国旅游法》共 10 章，第（ ）章规定了旅游安全。

A．2　　B．4

C．6　　D．8

31．根据《中华人民共和国旅游法》规定，旅行社未征得旅游者书面同意，委托其他旅行社履行包价旅游合同的，由旅游主管部门责令改正，处（ ）罚款，并责令停业整顿。

A．二万元以上十万元以下　　B．三千元以上一万元以下

C．一万元以上五万元以下　　D．三万元以上三十万元以下

32．在旅游者数量可能达到最大承载量时，景区应当根据《中华人民共和国旅游法》规定，提前公告并同时向（ ）报告。

A．当地旅游主管部门　　B．当地人民政府

C．县级以上旅游主管部门　　D．县级以上人民政府

33．《中华人民共和国旅游法》第二章的内容是（ ）。

A．总则　　B．旅游规划和促进

C．旅游者　　D．旅游经营

34．根据《中华人民共和国旅游法》规定，旅游主管部门和有关部门工作人员在履

行监督管理职责中，滥用职权、玩忽职守、徇私舞弊，尚不构成犯罪的，依法给予（　　）。

A．处罚　　B．处理
C．处分　　D．制裁

35．根据《中华人民共和国旅游法》规定，国家建立健全（　　），禁止行业垄断和地区垄断。

A．旅游服务标准　　B．市场规则
C．旅游服务标准或市场规则　　D．旅游服务标准和市场规则

36．根据《中华人民共和国旅游法》规定，景区、住宿经营者将其部分经营项目或者场地交由他人从事住宿、餐饮、购物、游览、娱乐、旅游交通等经营的，应当对实际经营者的经营行为给旅游者造成的损害（　　）。

A．承担同等责任　　B．承担连带责任
C．按过错承担责任　　D．不承担责任

37．根据《中华人民共和国旅游法》规定，景区提高门票价格应当提前（　　）公布。

A．1 个月　　B．3 个月
C．6 个月　　D．12 个月

38．根据《中华人民共和国旅游法》规定，公益性的城市公园、博物馆、纪念馆等，除（　　）外，应当逐步免费开放。

A．爱国主义教育基地
B．国家历史文化名城
C．历史文化名城和国家历史文化名镇
D．重点文物保护单位和珍贵文物收藏单位

39．《中华人民共和国旅游法》规定，依法成立的旅游行业组织，实行（　　）。

A．民主管理　　B．自我管理
C．共同管理　　D．自律管理

40．根据《中华人民共和国旅游法》规定，景区内的核心游览项目因故暂停向旅游者开放或者停止提供服务的，应当（　　）。

A．公示　　B．相应减少费用
C．公示或者相应减少费用　　D．公示并相应减少费用

41．根据《中华人民共和国旅游法》规定，旅行社在旅游合同中不写明自费项目，侵害了旅游者的（　　）。

A．公平交易权　　B．自主选择权
C．知悉真情权　　D．受到尊重权

42．下列关于《中华人民共和国旅游法》立法目的的说法不正确的是（　　）。

A．保障旅游者和旅游经营者的合法权益

B．规范旅游市场秩序

C．充分开发和利用旅游资源

D．促进旅游业持续健康发展

43．《中华人民共和国旅游法》自（　　）起施行。

A．2012 年 4 月 25 日　　B．2013 年 10 月 1 日

C．2012 年 10 月 1 日　　D．2013 年 4 月 25 日

44．根据《中华人民共和国旅游法》规定，设区的市和县级人民政府有关部门应当根据需要在交通枢纽、商业中心和旅游者集中场所设置旅游咨询中心，在景区和通往主要景区的道路设置（　　）。

A．旅游指示标识　　B．旅游咨询窗口

C．旅游服务中心　　D．旅游公共信息

45．根据《中华人民共和国旅游法》规定，以下不属于旅游法内容的是（　　）。

A．旅游规划和促进　　B．旅游策划

C．旅游经营　　D．旅游服务合同

46．根据《中华人民共和国旅游法》规定，旅游者数量可能达到最大承载量时，景区应当（　　）并同时向当地人民政府报告，景区和当地人民政府应当及时采取疏导、分流等措施。

A．提升门票价格　　B．实施旅游者流量控制方案

C．采取门票预约　　D．提前公告

47．根据《中华人民共和国旅游法》规定，（　　）违反安全警示规定，或者对国家应对重大突发事件暂时限制旅游活动的措施、安全防范和应急处置措施不予配合的，依法承担相应责任。

A．旅行社　　B．酒店

C．旅游者　　D．景区

48．为保护旅游者知悉真情的权利，《中华人民共和国旅游法》第 32 条规定，旅游经营者应当保证所提供的诸如行程安排、价格、旅游活动中可能（　　）等信息真实可靠。

A．发生的天气变化　　B．存在的风险

C．出现的行程调整　　D．增加的购物安排

49．根据《中华人民共和国旅游法》规定，旅游者在旅游活动中或者在解决纠纷时，不得损害（　　）的合法权益，不得干扰他人的旅游活动，不得损害旅游经营者和旅游从业人员的合法权益。

A．旅行社　　B．当地居民

C．旅游团队　　D．其他团队

50. 旅游经营者违反《中华人民共和国旅游法》规定，给予或者收受贿赂的，由（　　）依照有关法律、法规的规定处罚；情节严重的，并由（　　）吊销旅行社业务经营许可证。

A. 产品质量监督部门；有关主管部门

B. 市场监督管理部门；旅游主管部门

C. 市场监督管理部门；有关主管部门

D. 有关主管部门；旅游主管部门

51. 根据《中华人民共和国旅游法》规定，国务院和县级以上地方人民政府应当将旅游业发展纳入（　　）规划。

A. 国民经济发展　　B. 社会发展

C. 国民经济或社会发展　　D. 国民经济和社会发展

52. 根据《中华人民共和国旅游法》规定，下列关于旅游者所享有的权利的说法中，不正确的是（　　）。

A. 旅游者有权自主选择旅游产品和服务

B. 旅游者有权要求旅游经营者按照旅游市场情况提供产品和服务

C. 旅游者有权拒绝旅游经营者的强制交易行为

D. 旅游者有权知悉其购买的旅游产品和服务的真实情况

53. 根据《中华人民共和国旅游法》规定，下列属于旅游者应履行的主要义务是（　　）。

A. 安全配合义务　　B. 安全注意义务

C. 安全保障义务　　D. 安全协助义务

54. 根据《中华人民共和国旅游法》规定，景区在旅游者数量可能达到最大承载量时，未依照《旅游法》规定公告或者未向当地人民政府报告，未及时采取疏导、分流等措施，或者超过最大承载量接待旅游者的，由景区主管部门责令改正，情节严重的，责令停业整顿（　　）。

A. 1个月至3个月　　B. 1个月至6个月

C. 6个月至12个月　　D. 12个月

55. 根据《中华人民共和国旅游法》规定，（　　）是景区流量控制的责任主体。

A. 景区　　B. 政府

C. 旅游主管部门　　D. 建设主管部门

56. 根据《中华人民共和国旅游法》规定，旅游者人身、财产受到侵害的，有依法获得（　　）的权利。

A. 补偿　　B. 赔偿

C. 恢复原状　　D. 帮助

57.《中华人民共和国旅游法》规定，利用公共资源建设的景区的门票以及景区内的游览场所、交通工具等另行收费项目拟收费或者提高价格时，必须经过（　　）程序。

A．旅行社提前 90 天公示　　B．举行多方参加的听证会

C．人民政府审批　　D．行业协会审批

58.《中华人民共和国旅游法》规定，国家法律对待旅游公共服务的态度是（　　）。

A．限制　　B．鼓励

C．放任　　D．完善

59．2016 年 11 月 7 日，国家主席习近平签署第 57 号主席令，公布了第十二届全国人大常委会第二十四次会议于同日通过并生效的对《旅游法》关于（　　）的规定做出的修改。

A．导游　　B．出境社

C．领队　　D．入境社

三、多选题

1．根据《中华人民共和国旅游法》，网络经营旅行社业务的条件有（　　）。

A．应当依法取得旅行社业务经营的许可

B．网络宣传中必须有实际的旅游产品

C．网络宣传的信息应当真实、准确

D．在网页醒目地方显示“旅行社业务经营许可证”

E．须有实体旅行社

2.《中华人民共和国旅游法》第 15 条规定了旅游者的安全配合义务。下列有关旅游者履行义务的说法中，正确的有（　　）。

A．对相关限制措施、安全防范和应急处置措施予以配合的义务

B．不履行配合义务的，依法承担相应责任

C．如实告知健康信息、遵守安全警示规定的义务

D．造成损失的依法承担赔偿责任和违约责任

E．接受健康检查、保证身体健康的义务

3.《中华人民共和国旅游法》规定，国家根据旅游活动的风险程度，对（　　）等经营者实施责任保险制度。

A．旅行社　　B．娱乐场所

C．住宿　　D．旅游交通

E．法定高风险旅游项目

4．根据《中华人民共和国旅游法》第 2 条，下列选项中不属于该法适用范围的有（　　）。

A．只适用于中华人民共和国境内的旅游活动

B．不仅适用于境内旅游，而且适用于出境旅游和入境旅游

C．不仅适用于团队旅游，而且适用于自助旅游

D．只适用观光游览，不适用度假和休闲

E．不仅适用于旅游活动，而且适用于相关经营活动

5.《中华人民共和国旅游法》第 111 条规定，履行辅助人，是指（　　）。

A．与旅行社存在合作关系的企业法人

B．景区、地接社等旅游企业

C．实际提供相关服务的法人或者自然人

D．协助旅行社履行包价旅游合同义务的法人或者自然人

E．与旅行社存在合同关系的法人或者自然人

6．为了保证旅游者舒心、顺利地实现旅游目的。《中华人民共和国旅游法》第 14 条规定，旅游者在旅游活动中或者在解决旅游纠纷时（　　）。

A．不得干扰他人的旅游活动

B．不得损害当地居民的合法权益

C．不得损害旅游经营者的合法权益

D．不得任意解除旅游合同

E．不得损害旅游从业人员的合法权益

7．我国法律对于导游人员向旅游者索要小费的，规定由旅游主管部门行使的处罚包括（　　）。

A．性质恶劣的，不再接受其导游证的申请

B．情节严重的，并暂扣或者吊销导游证

C．处 1 千元以上 1 万元以下罚款

D．责令退还

E．予以警告，没收违法所得

8．旅游经营者组织、接待出入境旅游，发现旅游者（　　）应当及时向公安机关、旅游主管部门或者我国驻外机构报告。

A．随团出境的旅游者擅自分团、脱团

B．入境旅游者在境内非法滞留

C．出境旅游者在境外非法滞留

D．随团入境的旅游者擅自分团、脱团

E．从事违法活动

9．根据《中华人民共和国旅游法》规定，我国旅游业的发展，要坚持（　　）相统一的原则。

A．经济效益　　B．政治效益

C．生态效益　　D．文化效益

E．社会效益

10．根据《中华人民共和国旅游法》规定，景区在旅游者数量可能达到最大承载量时，（　　）的，由景区主管部门责令改正。情节严重的，责令停业整顿1个月至6个月。

A．未依照《旅游法》公告

B．未向当地人民政府报告

C．未向省级旅游行政管理部门报告

D．未及时采取疏导、分流等措施

E．超过最大承载量接待旅游者

11．根据《中华人民共和国旅游法》规定，县级以上人民政府应当组织旅游主管部门、有关主管部门和（　　）等执法部门对相关旅游经营行为实施监督检查。

A．市场监督管理　　B．食品防疫管理

C．产品质量监督　　D．交通

E．价格管理

12．根据《中华人民共和国旅游法》规定，下列选项中，属于旅游发展规划应当包括的内容是（　　）。

A．旅游业发展的总体要求

B．旅游业发展的发展目标

C．旅游资源开发和利用的要求和措施

D．旅游形象推广

E．旅游景区的规划和布局

13．根据《中华人民共和国旅游法》规定，各级人民政府编制土地利用（　　），应当充分考虑相关旅游项目、设施的空间布局和建设用地要求。

A．总体规划　　B．专项规划

C．详细规划　　D．城乡规划

E．经济社会发展规划

14．根据《中华人民共和国旅游法》规定，国务院旅游主管部门和县级以上地方人民政府应当根据需要建立旅游公共信息和咨询平台，无偿向旅游者提供（　　）等必要信息和咨询服务。

A．旅游景区和住宿　　B．线路、交通

C．餐饮、卫生　　D．气象、安全

E．医疗急救

15．根据《中华人民共和国旅游法》规定，下列关于对旅游经营者给予或者收受贿赂处罚表述正确的选项是（　　）。

A．由市场监督管理部门依照有关法律、法规的规定处罚

B．由旅游行政管理部门依照有关法律、法规的规定处罚

C．情节严重的，责令停业整顿，追究直接责任人责任

D．情节严重的，责令停业整顿或者吊销旅行社经营许可证

E．情节严重的，并由旅游主管部门吊销旅行社经营许可证

16．旅游者参加旅游活动应当受到应有的尊重。《中华人民共和国旅游法》规定的旅游者被尊重权的内容主要包括（　　）。

A．人格尊严得到尊重　　B．民族风俗习惯得到尊重

C．生活习惯受到尊重　　D．个人偏好受到尊重

E．宗教信仰得到尊重

17．公民的权利义务相一致。为此，《中华人民共和国旅游法》规定旅游者在旅游活动中应当遵守公共秩序和社会公德，尊重当地风俗习惯、文化传统和（　　）。

A．宗教信仰　　B．尊重民主权利

C．爱护旅游资源　　D．保护生态环境

E．遵守旅游文明行为规范

18．《中华人民共和国旅游法》确立了旅游发展规划的法定地位，规定旅游规划应当与（　　）相衔接。

A．土地利用总体规划　　B．城乡规划

C．科技发展规划　　D．环境保护规划

E．其他自然资源和文物等人文资源的保护和利用规划

19．根据《中华人民共和国旅游法》规定，在中华人民共和国境内的和在中华人民共和国境内组织到境外的（　　）等形式的旅游活动，以及为旅游活动提供相关服务的经营活动，适用本法。

A．游览　　B．留学

C．度假　　D．休闲

E．探亲

20．根据《中华人民共和国旅游法》规定，国家倡导（　　）的旅游方式，支持和鼓励各类社会机构开展旅游公益宣传，对促进旅游业发展做出突出贡献的单位和个人给予奖励。

A．健康　　B．休闲

C．文明　　D．环保

E．和谐

21．根据《中华人民共和国旅游法》规定，旅行社经营（　　）业务，应当取得相应的业务经营许可，遵守相关法规规定。

A．境内旅游　　B．出境旅游

C. 边境旅游　　D. 入境旅游

E. 其他旅游业务

22. 根据《中华人民共和国旅游法》规定，监督检查人员对在监督检查中知悉的被检查单位的（　　）应当依法保密。

A. 商业秘密　　B. 合同、票据

C. 账簿　　D. 个人信息

E. 文件、资料

23. 根据《中华人民共和国旅游法》规定，设立旅行社，招徕、组织、接待旅游者，为其提供旅游服务，应当具备下列条件，取得旅游主管部门的许可，依法办理工商登记，(　　)。

A. 有固定的经营场所　　B. 有稳定的市场客源

C. 有符合规定的注册资本　　D. 有必要的经营管理人员和导游

E. 法律、行政法规规定的其他条件

24. 根据《中华人民共和国旅游法》规定，县级以上人民政府旅游主管部门有权对下列事项中的（　　）实施监督检查。

A. 经营旅行社业务以及从事导游、领队服务是否取得经营、执业许可

B. 旅行社的经营行为

C. 导游和领队等旅游从业人员的服务行为

D. 旅行社的业务经营数据

E. 法律、法规规定的其他事项

25. 根据《中华人民共和国旅游法》规定，根据旅游发展规划，县级以上地方人民政府可以编制重点旅游资源开发利用的专项规划，对特定区域内的（　　）提出专门要求。

A. 旅游项目　　B. 文物保护单位

C. 设施　　D. 服务功能配套

E. 工程建设

26.《旅游法》规定，旅游发展规划应当包括旅游业发展的总体要求和发展目标，旅游资源保护和利用的要求和措施，以及（　　）的要求和促进措施等内容。

A. 旅游产品开发　　B. 旅游服务质量提升

C. 旅游文化建设　　D. 旅游品牌建设

E. 旅游基础设施和公共服务设施建设

27. 根据《中华人民共和国旅游法》规定，政府通过政策扶持促进旅游业，主要体现在以下（　　）四个方面。

A. 推进旅游娱乐体系建设

B. 推进旅游休闲体系建设

C．采取措施推动区域旅游合作

D．促进旅游与工、农、商等其他领域的融合发展

E．扶持边远地区的旅游业发展

28．根据《中华人民共和国旅游法》规定，规划和建设（　　）等基础设施和公共服务设施，应当兼顾旅游业发展的需要。

A．交通　　B．通信

C．供水　　D．供电

E．环保

29．《旅游法》规定，国务院和县级以上地方人民政府应当根据实际情况安排资金，加强（　　）。

A．旅游基础设施建设　　B．旅游公共服务

C．旅游品牌建设　　D．旅游形象推广

E．旅游质量提升

30．根据《中华人民共和国旅游法》规定，旅游者有权（　　）。

A．自主选择旅游产品和服务

B．拒绝旅游经营者的强制交易行为

C．享受便利和优惠

D．知悉其购买的旅游产品和服务的真实情况

E．要求旅游经营者按照约定提供产品和服务

31．根据《中华人民共和国旅游法》规定，景区应当在醒目位置公示（　　）。景区提高门票价格应当提前六个月公布。

A．学生证价格　　B．门票价格

C．另行收费项目的价格　　D．套票价格

E．团体收费价格

32．根据《中华人民共和国旅游法》规定，从事道路旅游客运的经营者应当遵守道路客运安全管理的各项制度，并在车辆显著位置明示道路旅游客运专用标识，在车厢内显著位置公示（　　）等事项。

A．经营者信息　　B．驾驶人信息

C．车辆年检信息　　D．道路运输管理机构监督电话

E．驾驶证信息

33．根据《中华人民共和国旅游法》规定，旅游经营者应当诚信经营，公平竞争，承担社会责任，为旅游者提供（　　）的旅游服务。

A．安全　　B．健康

C．卫生　　D．优质

E．方便

34. 根据《中华人民共和国旅游法》规定，旅游经营者应当保证其提供的商品和服务符合（　　）的要求。

A. 合同约定　　B. 国家标准

C. 行业标准　　D. 保障人身

E. 财产安全

35. 根据《中华人民共和国旅游法》规定，依法成立的旅游行业组织依照法律、行政法规和章程的规定，（　　）。

A. 制定行业经营规范和服务标准

B. 对其会员的经营行为和服务质量进行自律管理

C. 组织开展职业道德教育和业务培训

D. 提高从业人员素质

E. 在行业内组织系列活动

36. 根据《中华人民共和国旅游法》规定，景区开放应当具备（　　）条件，并听取旅游主管部门的意见。

A. 有必要的旅游配套服务和辅助设施

B. 有优质的旅游资源

C. 有必要的安全设施及制度

D. 有必要的环境保护设施

E. 有必要的生态保护措施

37. 根据《中华人民共和国旅游法》规定，旅游者在旅游活动中或者在解决旅游纠纷时，不得损害他人合法权益。主要包括（　　）。

A. 遵守社会公共秩序和社会公德

B. 不得损害当地居民的合法权益

C. 不得干扰他人的旅游活动

D. 不得损害旅游经营者的合法权益

E. 不得损害从业人员的合法权益

38. 根据《中华人民共和国旅游法》规定，国务院旅游主管部门在旅游形象境外推广中的职责主要有（　　）。

A. 设计策划国家旅游形象

B. 对国家旅游形象境外推广进行统筹组织

C. 确立国家旅游形象主题

D. 建立旅游形象推广机构和网络

E. 开展旅游国际合作与交流

39. 根据《中华人民共和国旅游法》规定，旅游者在旅游活动中依据遵纪守法、文明旅游义务的要求，应当做到（　　）。

A．遵守公共秩序和社会公德

B．尊重当地风俗习惯、文化传统和宗教信仰

C．爱护旅游资源，保护生态环境

D．遵守旅游文明行为规范

E．不得损害当地居民的利益

40．根据《中华人民共和国旅游法》规定，因以下中的（　　）导致合同不能履行或者不能按照约定履行，旅行社不承担责任。

A．旅游者家中亲属死亡

B．旅行社发布虚假广告

C．旅游者本人突发疾病

D．组团社所委托的地接社不具备相应资质

E．旅游目的地发生地震、台风、洪水、海啸等自然灾害

41．根据《中华人民共和国旅游法》规定，旅游者购买、接受旅游服务时，应当向旅游经营者履行的义务包括（　　）。

A．如实告知与旅游活动相关的个人健康信息

B．严格遵守导游员的安排

C．遵守旅游活动中的安全警示

D．发生旅游纠纷时承担举证责任

E．要求旅游者提供商品和服务的真实信息

42．根据《中华人民共和国旅游法》规定，旅游者（　　）。

A．购买、接受旅游服务时，应当向旅游经营者如实告知与旅游活动相关的个人健康信息

B．可以离团或者脱团单独行动

C．对国家应对重大突发事件暂时限制旅游活动的措施以及有关部门、机构或者旅游经营者采取的安全防范和应急处置措施，应当予以配合

D．违反安全警示规定，依法承担相应责任

E．对国家应对重大突发事件暂时限制旅游活动的措施、安全防范和应急处置措施不予配合的，依法承担相应责任

43．《中华人民共和国旅游法》规定，对自然资源和文物等人文资源进行旅游利用，必须严格遵守有关法律、法规的规定，符合资源、生态保护和文物安全的要求，尊重和维护当地传统文化和习俗，维护资源的（　　）、（　　）、（　　）并考虑军事设施保护的需要。

A．外观完整性　　　　B．区域整体性

C．文化代表性　　　　D．地域特殊性

E．地域文化性

习题强化答案

一、判断题

1. 对	2. 错	3. 错	4. 错	5. 对
6. 对	7. 对	8. 错	9. 错	10. 错
11. 对	12. 错	13. 对	14. 对	

二、单选题

1. C	2. C	3. B	4. C	5. B
6. D	7. C	8. B	9. A	10. B
11. D	12. D	13. B	14. D	15. C
16. B	17. D	18. C	19. D	20. C
21. C	22. B	23. C	24. B	25. C
26. C	27. B	28. C	29. C	30. C
31. D	32. B	33. C	34. C	35. D
36. B	37. C	38. D	39. D	40. D
41. C	42. C	43. B	44. A	45. B
46. D	47. C	48. B	49. B	50. B
51. D	52. B	53. A	54. B	55. A
56. B	57. B	58. D	59. C	

三、多选题

1. ACD	2. ABC	3. ACDE	4. AD	5. CDE
6. ABCE	7. BCD	8. ABCDE	9. ACE	10. ABDE
11. AD	12. ABD	13. AD	14. ABDE	15. AE
16. ABE	17. ACDE	18. ABDE	19. ACD	20. ACD
21. BC	22. AD	23. ACDE	24. ABCE	25. ACD
26. ABCE	27. BCDE	28. ABCDE	29. ABD	30. ABDE
31. BCE	32. ABD	33. ABCE	34. DE	35. ABCD
36. ACDE	37. BCDE	38. BDE	39. ABCD	40. ACE
41. AC	42. ACDE	43. BCD		

第三章 旅游者相关法律制度

真题解读

● 【2018年真题·判断】某旅游者在从甲地飞往乙地的飞机上，使用可能影响导航系统正常功能的手机，不听空乘人员的劝阻。依据《中华人民共和国治安管理处罚法》，对其处10日以上15日以下拘留或者500元以下罚款。 （ ）

【答案】错

【解析】在使用中的航空器上使用可能影响导航系统正常功能的器具、工具，不听劝阻，处5日以下拘留或者500元以下罚款。

【点评】中等难度，本题考查较偏。

● 【2017年真题·判断】经营者发现其提供的商品或者服务存在缺陷，有危及人身、财产安全而采取召回措施的，不再承担消费者因商品被召回支出的费用。 （ ）

【答案】错

【解析】《消费者权益保护法》第19条，经营者发现其提供的商品或者服务存在缺陷，有危及人身、财产安全危险的，应当立即向有关行政部门报告和告知消费者，并采取停止销售、警示、召回、无害化处理、销毁、停止生产或者服务等措施。采取召回措施的，**经营者应当承担消费者因商品被召回支出的必要费用**。

【点评】送分题，根据常识可知经营者必须承担。

● 【2018年真题·单选】经营者采用网络、电视、电话、邮购等方式销售商品，消费者有权依法退货，经营者应当依法返还消费者支付的商品价款，退回商品的运费除双方另有约定外，由（ ）。

A．经营者与消费者分担 B．经营者或消费者承担

C．消费者承担 D．经营者承担

【答案】C

【解析】《消费者权益保护法》第25条，经营者采用网络、电视、电话、邮购等方式销售商品，消费者有权自收到商品之日起7日内退货，且无需说明理由，但下列商品除外：（1）消费者定作的；（2）鲜活易腐的；（3）在线下载或者消费者拆封的音像制品、计算机软件等数字化商品；（4）交付的报纸、期刊。

消费者退货的商品应当完好。经营者应当自收到退回商品之日起7日内返还消费

者支付的商品价款。**退回商品的运费由消费者承担**；经营者和消费者另有约定的，按照约定。

【点评】简单难度，联系日常生活可知C项正确。

- 【2017年真题·单选】《国家旅游局关于不文明行为记录管理暂行办法》规定，"旅游不文明行为记录"信息实行动态管理。旅游不文明行为未受到法律法规处罚，但造成严重社会影响的，信息保存期限（　　）。

A. 3年至5年　　B. 2年至4年

C. 1年至3年　　D. 半年至1年

【答案】C

【解析】《办法》第9条规定，"旅游不文明行为记录"信息保存期限为1～5年，实行动态管理。①行为当事人违反刑法的，信息保存期限为3～5年；②行为当事人受到行政处罚或法院判决承担责任的，信息保存期限为2～4年；③行为未受到法律法规处罚，但造成严重社会影响的，**信息保存期限为1～3年**。

【点评】简单难度，根据"未受到法律法规处罚"，可推断出当事人的行为不是特别严重，结合"旅游不文明行为记录"信息保存期限为1～5年，选择出年限的下限就可以。

- 【2017年真题·单选】《中华人民共和国消费者权益保护法》规定，对损害消费者合法权益的行为，通过大众媒体予以揭露、批评是消费者协会应（　　）。

A. 承担的社会责任　　B. 履行的约定义务

C. 履行的公益性职责　　D. 具有的公共性权力

【答案】C

【解析】《消费者权益保护法》第37条规定，消费者协会履行下列公益性职责：（1）向消费者提供消费信息和咨询服务，提高消费者维护自身合法权益的能力，引导文明、健康、节约资源和保护环境的消费方式；（2）参与制定有关消费者权益的法律、法规、规章和强制性标准；（3）参与有关行政部门对商品和服务的监督、检查；（4）就有关消费者合法权益的问题，向有关部门反映、查询，提出建议；（5）受理消费者的投诉，并对投诉事项进行调查、调解；（6）投诉事项涉及商品和服务质量问题的，可以委托具备资格的鉴定人鉴定，鉴定人应当告知鉴定意见；（7）就损害消费者合法权益的行为，支持受损害的消费者提起诉讼或者依照本法提起诉讼；（8）**对损害消费者合法权益的行为，通过大众传播媒介予以揭露、批评**。

【点评】送分题，消费者协会属于公益性组织。

习题强化

一、判断题

1. 根据《中华人民共和国消费者权益保护法》规定，消费者购买、使用商品权益受损害的责任主体可以包括销售者、生产者和服务者。 （ ）

2. 农民购买、使用农资产品属于生产消费，因此不是《中华人民共和国消费者权益保护法》的保护对象。 （ ）

3. 根据《中华人民共和国消费者权益保护法》第6条规定，当消费者因产品质量问题受到财产损害的只能向销售者要求赔偿损失。 （ ）

4. 根据《中华人民共和国消费者权益保护法》规定，消费者有权对保护消费者权益工作进行监督和提出批评建议。 （ ）

5. 根据《中华人民共和国消费者权益保护法》规定，提供商品或者服务造成消费者或者其他受害者人身伤害的，应当支付医疗费、治疗期间的护理费、因误工减少的收入等费用。 （ ）

6. 根据《中华人民共和国消费者权益保护法》规定，旅游经营者有侮辱诽谤、搜查身体、侵犯人身自由等侵害旅游者人身权益的行为，造成严重精神损害的，受害人可以要求精神损害赔偿。 （ ）

7. 根据《旅游不文明行为记录管理暂行办法》规定，因监护人存在重大过错导致被监护人发生旅游不文明行为，将监护人纳入“旅游不文明行为记录”。 （ ）

8. 根据《中华人民共和国治安管理处罚法》规定，12周岁的人违反治安管理的，从轻或者减轻处罚，并责令其监护人严加管教。 （ ）

9. 《旅游不文明行为记录管理暂行办法》中规定的旅游不文明行为的行为主体只有旅游者。 （ ）

10. 根据《旅游不文明行为记录管理暂行办法》规定，“旅游不文明行为记录”形成后，根据被记录人采取补救措施挽回不良影响的程度、对文明旅游宣传引导的社会效果，经评审委员会审议后可缩短记录期限。 （ ）

二、单选题

1. 根据《中华人民共和国消费者权益保护法》规定，消费者权益保护法的最重要主体是（ ）。

   A. 经营者　　B. 消费者
   C. 消费者和经营者　　D. 法人

2. 根据《中华人民共和国消费者权益保护法》规定，大众传媒对损害消费者合法权益的行为进行（ ）。

   A. 行政监督　　B. 社会监督
   C. 舆论监督　　D. 司法监督

3. 根据《中华人民共和国消费者权益保护法》规定，经营者与消费者进行交易，应当遵循自愿、平等、公平、（　　）的原则。

A. 公正　　B. 公开

C. 合法　　D. 诚实信用

4. 根据《中华人民共和国消费者权益保护法》规定，消费者协会不得从事以下哪项活动？

A. 消费信息和咨询服务　　B. 支持消费者提起诉讼

C. 商品经营和营利性服务　　D. 对投诉事项进行调查、调解

5. 根据《中华人民共和国消费者权益保护法》规定，下面关于消费者组织对消费者权益的保护，表述错误的一项是（　　）。

A. 消费者协会应当听取消费者的意见和建议，接受社会监督

B. 消费者组织应当依法开展保护消费者合法权益的活动

C. 消费者组织应当从事商品经营和营利性服务，为相关维权活动提供经费支持

D. 消费者协会不得以收取费用或其他谋取利益的方式向消费者推荐商品和服务

6. 根据《中华人民共和国消费者权益保护法》规定，广告经营者、发布者设计、制作、发布关系消费者生命健康商品或者服务的虚假广告，造成消费者损害的，关于法律责任说法正确的选项是（　　）。

A. 由广告经营者、发布者与提供该商品或者服务的经营者承担连带责任

B. 只由广告经营者承担责任

C. 只由提供该商品或者服务的经营者承担责任

D. 由广告发布者承担全部责任

7. 根据《中华人民共和国消费者权益保护法》规定，经营者提供商品或者服务有欺诈行为的，应当按照消费者的要求增加赔偿其受到的损失，增加赔偿的金额为消费者购买商品的价款或接受服务的费用的（　　）。

A. 1倍　　B. 2倍

C. 3倍　　D. 4倍

8.《中华人民共和国消费者权益保护法》第6条规定，保护消费者的合法权益是（　　）的共同责任。

A. 国家各有关行政机关　　B. 全体经营者

C. 全社会　　D. 消费者保护协会等组织

9. 李某参加某旅行社组织的旅游活动，支付了200元服务费，由于旅行社提供的服务存在欺诈，根据《中华人民共和国消费者权益保护法》规定，旅行社应向李某赔偿（　　）。

A. 200元　　B. 400元

C. 600元　　D. 800元

10. 根据《中华人民共和国消费者权益保护法》规定，宾馆、商场、餐馆、银行、机场、车站、港口、影剧院等经营场所的经营者，应当对消费者尽到（ ）义务。

A. 安全检查　　B. 安全保障

C. 同等服务　　D. 困难帮扶

11. 根据《中华人民共和国消费者权益保护法》规定，旅游者在接受服务时，他的合法权益受到损害，应获得赔偿，赔偿者是（ ）。

A. 旅游服务产品的设计者　　B. 旅游服务的服务者

C. 旅游服务产品的生产者　　D. 旅游服务产品的销售者

12. 根据《中华人民共和国消费者权益保护法》规定，经营者提供的商品或者服务，应当依照国家有关规定或者商业惯例向消费者出具购货凭证或者服务单据，消费者索要购货凭证或者单据的，经营者（ ）。

A. 可以提供　　B. 不一定提供

C. 可以不出具　　D. 必须出具

13. 根据《中华人民共和国消费者权益保护法》规定，任何商品或者服务与实际质量状况不相符合的宣传，都会损害消费者的合法权益，（ ）必须对其承担责任。

A. 生产者　　B. 经营者

C. 服务者　　D. 宣传者

14. 根据《中华人民共和国消费者权益保护法》规定，经营者明知商品或者服务存在缺陷，仍然向消费者提供，造成消费者或者其他受害人死亡或者健康严重损害的，受害人有权要求其所受损失（ ）以下的惩罚性赔偿。

A. 1 倍　　B. 2 倍

C. 3 倍　　D. 4 倍

15. 经营者违反《中华人民共和国消费者权益保护法》规定，应当承担民事赔偿责任和缴纳罚款、罚金，其财产不足以同时支付时，应（ ）。

A. 先承担民事责任　　B. 先承担行政责任

C. 先承担刑事责任　　D. 按比例承担相应责任

16. 根据《中华人民共和国消费者权益保护法》规定，旅游者要求导游员提供符合国家规定的服务质量标准的行为，是在行使消费者的（ ）。

A. 安全保障权　　B. 自主选择权

C. 公平交易权　　D. 受尊重权

17. 消费者为（ ）购买、使用商品或者接受服务，其权益受到《消费者权益保护法》保护。

A. 生产需要　　B. 生活需要

C. 个人需要　　D. 家庭需要

18. 某旅游团在购买了某地特产的瓷器后发现不显眼瑕疵，经有关部门认定为不合格的商品，旅游者纷纷要求退货，此时，根据《中华人民共和国消费者权益保护法》规定，经营者（　　）。

A. 可以“出售商品、概不退货”

B. 应当负责退货

C. 可以坚持不退款，但可更换同种商品

D. 可以坚持不退款，但可购买等额其他商品

19. 根据《中华人民共和国消费者权益保护法》规定，经营者提供的商品或服务要符合（　　）。

A. 保障人身、财产安全的要求　　B. 消费者心理要求

C. 消费者的生活需要　　D. 保障身心健康的要求

20. 根据《中华人民共和国消费者权益保护法》规定，消费者在展销会、租赁柜台购买商品或者接受服务，其合法权益受到损害的，可以向（　　）要求赔偿。

A. 销售者或服务者　　B. 展销会的举办者

C. 柜台出租者　　D. 生产厂家

21. 游客金某等人接受甲旅行社提供的服务时，其合法权益受到损害，当金某等人联名向当地旅游行政管理部门投诉时，该甲旅行社已分立为乙、丙两个旅行社，对此，根据《中华人民共和国消费者权益保护法》规定，金某等人可以向（　　）要求赔偿。

A. 乙、丙两个旅行社　　B. 甲旅行社

C. 乙旅行社　　D. 丙旅行社

22. 根据《中华人民共和国消费者权益保护法》规定，消费者享有保障安全权，对于可能危及人身、财产安全的商品或服务，经营者应当向消费者做出（　　）和明确的警示，并说明和标明正确使用商品或者接受服务的方法，以及防止危害发生的方法。

A. 价格说明　　B. 有效期限说明

C. 售后服务说明　　D. 真实的说明

23. 根据《中华人民共和国消费者权益保护法》规定，经营者采用网络、电视、电话、邮购等方式销售商品，消费者有权自收到商品之日起（　　）日内退货，且无需说明理由。

A. 七　　B. 十

C. 十五　　D. 三十

24. 根据《中华人民共和国治安管理处罚法》规定，违反治安管理行为在（　　）个月内没有被公安机关发现的，不再处罚。

A．3　　B．4

C．5　　D．6

25．根据《中华人民共和国治安管理处罚法》规定，有两种以上违反治安管理行为的，分别决定，合并执行。行政拘留处罚合并执行的，最长不超过（　　）。

A．10 日　　B．15 日

C．20 日　　D．30 日

26．根据《中华人民共和国治安管理处罚法》规定，对违反治安管理行为当事人在（　　）个月内曾受过治安管理处罚的，予以从重处罚。

A．1　　B．3

C．6　　D．12

27．下列关于《中华人民共和国治安管理处罚法》规定的不予执行行政拘留处罚的情形，表述错误的是（　　）。

A．已满 14 周岁不满 16 周岁的

B．已满 16 周岁不满 18 周岁，初次违反治安管理的

C．70 周岁以上的

D．哺乳一周岁以上幼儿的女性

28．根据《中华人民共和国治安管理处罚法》规定，扰乱公共汽车、电车、火车、船舶、航空器或者其他公共交通工具上的秩序的，情节较重的，处（　　）拘留，可以并处 500 元以下罚款。

A．5 日以下　　B．5 日以上 10 日以下

C．10 日以上 15 日以下　　D．15 日以上 20 日以下

29．根据《中华人民共和国治安管理处罚法》规定，下列不属于妨害社会管理行为的是（　　）。

A．偷窥、偷拍、窃听、散布他人隐私

B．制造噪声干扰他人生活

C．妨害文物管理

D．非法持有或吸食毒品

30．根据《中华人民共和国治安管理处罚法》规定，下列关于违反治安管理行为的表述错误的是（　　）。

A．《中华人民共和国治安管理处罚法》是处理违反治安管理行为的法律依据

B．扰乱社会秩序，妨害公共安全，侵犯人身权利、财产权利及妨害社会管理的行为均属于违反治安管理行为

C．违反治安管理行为具有很大的社会危害性

D．违反治安管理行为属于轻微的刑事犯罪行为

31．根据《旅游不文明行为记录管理暂行办法》规定，下列表述错误的是（　　）。

A. 旅游者和旅游从业人员是旅游不文明行为记录管理制度的纳入范围

B. “旅游不文明行为记录”形成前应经“旅游不文明行为记录评审委员会”评审通过

C. “旅游不文明行为记录”信息内容包括对不文明行为的记录期限，且该期限一经记录不得更改

D. “旅游不文明行为记录”形成后，当事人本人享有申辩的权利

32. 根据《旅游不文明行为记录管理暂行办法》规定，“旅游不文明行为记录”信息保存实行（　　）。

A. 归档管理　　B. 终生管理

C. 动态管理　　D. 公示管理

33. 根据《旅游不文明行为记录管理暂行办法》规定，旅游不文明行为当事人违反刑法的，信息记录保存期限为（　　）。

A. 1—2 年　　B. 1—3 年

C. 2—4 年　　D. 3—5 年

34. 根据《旅游不文明行为记录管理暂行办法》规定，旅游不文明行为当事人受到行政处罚或法院判决承担责任的，信息记录保存期限为（　　）。

A. 1—2 年　　B. 1—3 年

C. 2—4 年　　D. 3—5 年

35. 根据《旅游不文明行为记录管理暂行办法》规定，旅游不文明行为当事人未受到法律法规处罚，但造成严重社会影响的，信息记录保存期限为（　　）。

A. 1—2 年　　B. 1—3 年

C. 2—4 年　　D. 3—5 年

36. 根据《旅游不文明行为记录管理暂行办法》规定，旅游不文明行为当事人在接到申辩通知后（　　）个工作日内，有权利进行申辩。

A. 10　　B. 30

C. 60　　D. 90

37. 根据《旅游不文明行为记录管理暂行办法》规定，旅游主管部门在接到旅游不文明行为当事人申辩后（　　）个工作日内予以书面回复。

A. 10　　B. 30

C. 60　　D. 90

38. 根据《中华人民共和国治安管理处罚法》的规定，下列关于未成年人的法律适用表述正确的是（　　）。

A. 已满 14 周岁不满 16 周岁的人违反治安管理的，从轻或者减轻处罚

B. 已满 16 周岁不满 18 周岁的人违反治安管理的，从轻或者减轻处罚

C. 不满 16 周岁的人违反治安管理的，不予处罚，但是应当责令其监护人严加

管教

D．不满 14 周岁的人违反治安管理的，不予处罚，但是应当责令其监护人严加管教

39.《旅游不文明行为记录管理暂行办法》规定，（　　）建立全国“旅游不文明行为记录”。

A．国务院旅游主管部门　　B．国务院文化主管部门

C．国务院工商主管部门　　D．中央文明办

40．根据《中华人民共和国治安管理处罚法》规定，旅游者扰乱所乘坐的高铁正常运行秩序的，处警告或者（　　）以下罚款。

A．100 元　　B．200 元

C．300 元　　D．500 元

41．根据《中华人民共和国治安管理处罚法》规定，违反关于社会生活噪声污染防治的法律规定，制造噪音干扰他人正常生活的，处警告；警告后不改正的，处（　　）罚款。

A．100 元以下　　B．200 元以下

C．200 元以上 500 元以下　　D．500 元以上 1000 元以下

三、多选题

1．根据《中华人民共和国消费者权益保护法》规定，消费者在购买、使用商品时，其合法权益受到损害时，下列说法正确的有（　　）。

A．可以向销售者要求赔偿

B．销售者赔偿后，属于生产者的责任的，销售者有权向生产者追偿

C．销售者赔偿后，属于向销售者提供商品的其他销售者的责任的，销售者有权向其他销售者追偿

D．非因商品缺陷造成人身、财产损害的，也可以向生产者要求赔偿

E．在接受服务时受到损害的，可以向服务者要求赔偿

2．根据《中华人民共和国消费者权益保护法》规定，消费者通过网络交易平台购买商品或者接受服务，其合法权益受到损害时，下列（　　）说法是正确的。

A．消费者可以向销售者或者服务者要求赔偿

B．应当由网络交易平台提供者赔偿

C．网络交易平台提供者做出更有利于消费者的承诺的，应当履行承诺

D．网络交易平台提供者赔偿后，有权向销售者或者服务者追偿

E．网络交易平台提供者不能提供销售者或者服务者的真实名称、地址和有效联系方式的，可以向网络交易平台提供者要求赔偿

3．根据《中华人民共和国消费者权益保护法》规定，经营者与消费者进行交易的原则有（　　）和诚实信用原则。

A．自愿　　B．平等
C．公平　　D．合法
E．禁止权利滥用

4．根据《中华人民共和国消费者权益保护法》规定，经营者以预收款方式提供商品或者服务的，未按照约定提供的，(　　)。

A．应当按照消费者的要求履行约定
B．应当退回扣除手续费之后的剩余预付款
C．应当退回全额预付款
D．应当承担预付款的利息
E．应当承担消费者必须支付的合理费用

5．根据《中华人民共和国消费者权益保护法》规定，经营者在提供商品或者服务时，有下列（　　）情形之一的，仅承担民事责任。

A．商品或者服务存在缺陷的
B．不具备商品应当具备的使用性能而出售时未做说明的
C．销售的商品数量不足的
D．在商品中掺杂、掺假，以假充真，以次充好，或者以不合格商品冒充合格商品的
E．对商品或者服务作虚假或者引人误解的宣传的

6．根据《中华人民共和国消费者权益保护法》规定，下列属于消费者权益争议解决方式的是（　　）。

A．请求消费者协会调解　　B．与经营者协商和解
C．向公安机关报案　　D．向人民法院提起诉讼
E．根据与经营者达成的仲裁协议提请仲裁机构仲裁

7．根据《中华人民共和国消费者权益保护法》规定，消费者在购买、使用商品和接受服务时享有下列（　　）权利。

A．享有人身、财产安全不受损害的权利
B．有权拒绝经营者的交易行为
C．享有自主选择和退换商品或者服务的权利
D．享有个人信息依法得到保护的权利
E．享有知悉商品真实信息的权利

8．根据《中华人民共和国消费者权益保护法》规定，国家对消费者权益的保护主要表现在以下（　　）途径。

A．立法保护　　B．行政保护
C．司法保护　　D．执法保护
E．政策保护

9. 根据《中华人民共和国消费者权益保护法》规定，公平交易权是指旅游消费者在购买商品或者接受服务时享有获得（　　）等公平交易条件的权利。

A. 价值满意　　B. 质量保障

C. 价格合理　　D. 计量正确

E. 诚实信用

10. 根据《中华人民共和国消费者权益保护法》规定，下列（　　）是经营者的义务？

A. 召回缺陷商品　　B. 标明真实名称

C. 出具相应的凭证和单据　　D. 不做虚假宣传

E. 接受消费者监督

11. 根据《中华人民共和国消费者权益保护法》规定，法律根据不同的情况规定了赔偿主体的选择，正确的有（　　）。

A. 消费者在购买、使用商品时，其合法权益受到损害的，可以向销售者要求赔偿

B. 消费者在购买、使用商品或者接受服务时，其合法权益受到损害，因原企业分立、合并的，不可以向变更后承受其权利义务的企业要求赔偿

C. 使用他人营业执照的违法经营者提供商品或者服务，损害消费者合法权益的，消费者可以向其要求赔偿，也可以向营业执照的持有人要求赔偿

D. 消费者在展销会、租赁柜台购买商品或者接受服务，其合法权益受到损害的，可以向销售者或者服务者要求赔偿

E. 消费者因经营者利用虚假广告提供商品或者服务，其合法权益受到损害的，可以向经营者要求赔偿

12. 根据《中华人民共和国消费者权益保护法》规定，消费者或者其他人因商品缺陷造成人身、财产损害的，可以向（　　）要求赔偿。

A. 生产者　　B. 销售者

C. 消费者协会　　D. 质量检查部门

E. 工商局

13. 根据《中华人民共和国消费者权益保护法》规定，经营者以（　　）或者其他方式表明商品或者服务的质量状况，应当保证其提供的商品或服务的实际质量与表明的质量状况相符。

A. 合同　　B. 广告

C. 产品说明　　D. 实物样品

E. 服务

14. 王莉将持有绍兴观光旅游公司的营业执照租借给张洋，张洋又将营业执照转租给李娜，李娜加码转租给赵硕，赵硕在接待旅游者期间损害了消费者吴江

的合法权益，根据《中华人民共和国消费者权益保护法》规定，吴江可以向（　　）要求赔偿。

A．王莉　　B．张洋
C．张洋或李娜　　D．李娜
E．赵硕

15．《中华人民共和国消费者权益保护法》中关于经营者尊重消费者人身权利的义务，其内容包括（　　）。

A．不得对消费者进行侮辱、诽谤
B．不得搜查消费者的身体及其携带物品
C．不得故意拖延或无理拒绝履行有关义务
D．不得侵犯消费者的人身自由
E．不得以该商品不适用无理由退货为由拒绝退货

16．根据《中华人民共和国消费者权益保护法》规定，旅游消费者自主选择权的内容包括（　　）。

A．有权自主选择提供商品或者服务的经营者
B．有权自主选择商品的品种或者服务的方式
C．有权自主决定是否购买任何一种商品、接受或者不接受任何一项服务
D．在选择商品或者接受服务时，有权进行比较、鉴别和挑选
E．有权自主选择提供商品或者服务的生产者

17．根据《旅游不文明行为记录管理暂行办法》规定，下列属于旅游不文明行为的是（　　）。

A．游客刘女士在飞机上大声喧哗扰乱飞行秩序
B．导游员李某带游客参观旅游目的地的色情表演
C．旅游行政执法部门在处理旅游纠纷时暴力执法
D．游客张先生不顾劝阻携带易燃易爆物品乘坐旅游大巴
E．旅行社大巴司机王某阻止未购物的游客上车

18．根据《中华人民共和国治安管理处罚法》规定，治安管理处罚的种类分为（　　）。

A．警告、罚款　　B．行政拘留
C．判处刑罚　　D．吊销公安机关发放的许可证
E．对违反治安管理的外国人，可以附加适用限期出境或者驱逐出境

19．根据《旅游不文明行为记录管理暂行办法》规定，“旅游不文明行为记录”信息内容包括（　　）。

A．不文明行为当事人的姓名、性别、籍贯
B．不文明行为当事人的工作单位

C．不文明行为的具体表现

D．不文明行为所造成的影响和后果

E．对不文明行为的记录期限

习题强化答案

一、判断题

1．对	2．错	3．错	4．对	5．对
6．对	7．对	8．错	9．错	10．对

二、单选题

1．B	2．C	3．D	4．C	5．C
6．A	7．C	8．C	9．C	10．B
11．B	12．D	13．B	14．B	15．A
16．C	17．B	18．B	19．A	20．A
21．A	22．D	23．A	24．D	25．C
26．C	27．D	28．B	29．A	30．D
31．C	32．C	33．D	34．C	35．B
36．B	37．B	38．D	39．A	40．B
41．C				

三、多选题

1．ABCE	2．ACDE	3．ABC	4．ACDE	5．ABC
6．ABDE	7．ADE	8．ABC	9．BCD	10．ABCDE
11．ACDE	12．AB	13．BCD	14．AE	15．ABD
16．ABCD	17．ABDE	18．ABDE	19．CDE	

第四章　合同法律制度

真题解读

- 【2018年真题·判断】依据《中华人民共和国合同法》，法律、行政法规规定采用书面形式订立合同的，即使当事人约定采用口头形式，也不能采用口头形式。（　　）

  【答案】对

  【解析】《合同法》第10条规定，当事人订立合同，有书面形式、口头形式和其他形式。法律、行政法规规定采用书面形式的，应该采用书面形式。

  【点评】本题有争议，题目不完整，但是出题人答案应该定的是"正确"。

- 【2017年真题·判断】旅行社违约后，旅游者应当采取适当措施防止损失的扩大；没有采取适当措施致使损失扩大的，不得就扩大的损失要求赔偿。（　　）

  【答案】对

  【解析】《合同法》第119条规定，当事人一方违约后，对方应当采取适当措施防止损失的扩大；没有采取适当措施致使损失扩大的，不得就扩大的损失要求赔偿。当事人因防止损失扩大而支出的合理费用，由违约方承担。

  【点评】简单难度，本题属于平时训练的重点内容。

- 【2018年真题·单选】旅游者在旅游活动中违反了合同约定，此时，旅行社应当按照《中华人民共和国合同法》规定采取适当措施防止损失对的扩大，因此支出的合理费用由（　　）承担。

  A．旅行社或旅游者　　B．旅游者

  C．旅行社和旅游者　　D．旅行社

  【答案】B

  【解析】《合同法》第119条　当事人一方违约后，对方应当采取适当措施防止损失的扩大；没有采取适当措施致使损失扩大的，不得就扩大的损失要求赔偿。当事人因防止损失扩大而支出的合理费用，由违约方承担。本题中，违约方是旅游者，因此费用由旅游者承担。

  【点评】难度中等，本题属于平时训练的重点内容，题干略有变化，但是稍做分析即可得分。

- 【2018年真题·单选】《中华人民共和国合同法》规定，当事人应当遵循

（　　）原则，依据合同的性质、目的和交易习惯履行通知、协助、保密等义务。

A．公平　　B．诚实信用

C．自愿　　D．平等

【答案】B

【解析】《合同法》第 60 条规定，当事人应当遵循**诚实信用**原则，根据合同的性质、目的和交易习惯履行通知、协助、保密等义务。

【点评】简单难度，本题属于平时训练的重点内容。

● 【2018 年真题 · 单选】张某在参加某旅行社组织的旅游活动过程中，由于航空公司的原因造成其人身损害、财产损失。对此，依据《中华人民共和国旅游法》，由（　　）。

A．航空公司依法承担赔偿责任

B．旅行社依法承担赔偿责任

C．旅行社先承担责任再向航空公司追偿

D．旅行社与航空公司依法分担赔偿责任

【答案】A

【解析】《旅游法》第 71 条第 2 款规定，由于**公共交通经营者**的原因造成旅游者人身损害、财产损失的，由公共交通经营者依法承担赔偿责任，旅行社应当协助旅游者向公共交通经营者索赔。

【点评】简单难度，本题属于平时训练的重点内容。

● 【2018 年真题 · 单选】依据《中华人民共和国旅游法》，住宿经营者应当按照旅游服务合同的约定为团队旅游者提供住宿服务，未能按照合同提供服务的，应当为旅游者提供不低于原定标准的住宿服务，因此增加的费用由（　　）承担。

A．旅游者　　B．组团社

C．地接社　　D．住宿经营者

【答案】D

【解析】《旅游法》第 75 条，住宿经营者应当按照旅游服务合同的约定为团队旅游者提供住宿服务。住宿经营者未能按照旅游服务合同提供服务的，应当为旅游者提供不低于原定标准的住宿服务，因此增加的费用**由住宿经营者承担**；但由于不可抗力、政府因公共利益需要采取措施造成不能提供服务的，住宿经营者应当协助安排旅游者住宿。

【点评】简单难度，本题属于平时训练的重点内容。另外根据常识也可以推断，谁的责任谁买单，本题中责任方是住宿经营者。

● 【2018 年真题 · 单选】王某欲将包价旅游合同中自身的权利义务转让给陈某，依据《旅游法》旅行社没有正当理由的不得拒绝，因此增加的费用由王某和陈某承担。该转让行为应当发生在旅游行程（　　）。

A．开始前或过程中　　B．过程中

C．开始前和过程中　　D．开始前

【答案】D

【解析】《旅游法》第64条规定，**旅游行程开始前**，旅游者可以将包价旅游合同中自身的权利义务转让给第三人，旅行社没有正当理由的不得拒绝，因此增加的费用由旅游者和第三人承担。

【点评】简单难度，本题属于平时训练的重点内容。

● 【2018年真题·多选】依据《中华人民共和国旅游法》，旅行社可以解除旅游服务合同的法定情形包括（　　）。

A．携带危害公共安全的物品且不同意交有关部门处理的

B．从事违法或者违反社会公德活动的

C．患有传染性疾病、可能危害其他旅游者健康和安全的

D．从事严重影响其他旅游者权益的活动，且不听劝阻、不能制止的

E．法律、行政法规、部门规章规定的其他情形

【答案】ABCD

【解析】《旅游法》第66条规定，旅游者有下列情形之一的，旅行社可以解除合同：①患有传染病等疾病，可能危害其他旅游者健康和安全的；②携带危害公共安全的物品且不同意交有关部门处理的；③从事违法或者违反社会公德的活动的；④从事严重影响其他旅游者权益的活动，且不听劝阻、不能制止的；⑤法律规定的其他情形。

【点评】中等难度，答案E估计会干扰到一部分同学，注意是法律规定的其他情形。

● 【2017年真题·多选】为保护旅游者合法权益，法律规定在订立包价旅游合同时，旅行社应当向旅游者告知的事项包括（　　）。

A．旅行社依法可以减免责任的信息

B．依照中国法律不宜参加的活动

C．旅游活动中的安全注意事项

D．旅行社依法可以单方解除合同的情形

E．旅游者不适合参加旅游活动的情形

【答案】ABCE

【解析】《旅游法》第62条规定，订立包价旅游合同时，旅行社应当向旅游者告知下列事项：（1）旅游者不适合参加旅游活动的情形；（2）旅游活动中的安全注意事项；（3）**旅行社依法可以减免责任的信息**；（4）旅游者应当注意的旅游目的地相关法律、法规和风俗习惯、宗教禁忌，依照中国法律不宜参加的活动等；

（5）法律、法规规定的其他应当告知的事项。在包价旅游合同履行中，遇有前款规定事项的，旅行社也应当告知旅游者。

【点评】中等难度，本题属于平时训练的重点内容，注意题目问的是“订立包价旅游合同时，旅行社应当向旅游者告知的事项”。

- **【2017 年真题 · 多选】**依据《中华人民共和国旅游法》，因不可抗力或者旅行社、履行辅助人已尽合理注意义务仍不能避免的事件，影响了旅游行程。下列关于处理这种情形的说法中，正确的有（　　）。

A. 旅行社采取相应的安全措施支出的费用，由旅行社承担

B. 造成旅游者滞留的，旅行社采取相应安置措施增加的食宿费用由旅游者承担

C. 合同变更的，因此增加的费用由旅行社与旅游者分担

D. 造成旅游者滞留的，旅行社采取相应安置措施增加的返程费用由旅行社承担

E. 合同不能继续履行的，旅行社和旅游者均可以解除合同

【答案】BE

【解析】《旅游法》第 67 条规定，因不可抗力或者旅行社、履行辅助人已尽合理注意义务仍不能避免的事件，影响旅游行程的，按照下列情形处理：

（1）**合同不能继续履行的，旅行社和旅游者均可以解除合同**。合同不能完全履行的，旅行社经向旅游者作出说明，可以在合理范围内变更合同；旅游者不同意变更的，可以解除合同。

（2）合同解除的，组团社应当在扣除已向地接社或者履行辅助人支付且不可退还的费用后，将余款退还旅游者；合同变更的，因此增加的费用**由旅游者承担**，减少的费用退还旅游者。

（3）危及旅游者人身、财产安全的，旅行社应当采取相应的安全措施，因此支出的费用，**由旅行社与旅游者分担**。

（4）造成旅游者滞留的，旅行社应当采取相应的安置措施。因此增加的食宿费用，由旅游者承担；增加的返程费用，**由旅行社与旅游者分担**。

【点评】难度较大，本题属于平时训练的重点内容。旅游合同解除相关的知识点，虽然较多，但梳理知识条理后也可做到以不变应万变。

习题强化

一、判断题

1. 当事人订立合同，法律、行政法规规定采用书面形式或当事人约定采用书面形式的，应当采用书面形式。未采用书面形式但一方已经履行主要义务，对方接

受，该合同也不能成立。（　　）

2. 根据《中华人民共和国合同法》规定，包价旅游合同解除后，对于尚未履行的部分，终止履行。（　　）

3. 根据《中华人民共和国合同法》规定，合同的权利义务终止，不影响合同中结算和清理条款的效力。（　　）

4. 根据《中华人民共和国合同法》规定，合同履行方式不明确的，按照有利于实现合同目的的方式履行。（　　）

5. 根据《中华人民共和国合同法》规定，当事人一方不履行合同义务或者履行合同义务不符合约定的，在履行义务或者采取补救措施后，对方还有其他损失的，不需要承担损害赔偿责任。（　　）

6. 根据《中华人民共和国合同法》规定，债务人将合同的义务全部或者部分转移给第三人的，只需通知债权人即可。（　　）

7.《中华人民共和国民法通则》规定，自然人的民事行为能力一律平等。（　　）

8.《中华人民共和国民法通则》规定，不满 8 周岁的未成年人以及不能辨认自己行为的年满 18 周岁的成年人为无民事行为能力人。（　　）

9. 根据《中华人民共和国合同法》规定，格式条款有两种以上解释的，应当采用非格式条款。（　　）

10. 根据《中华人民共和国民法通则》规定，自然人的民事权利能力和民事行为能力，同时产生，同时终止。（　　）

11. 根据《中华人民共和国合同法》规定，合同被撤销后，合同的效力从撤销之日起无效。（　　）

12. 根据《中华人民共和国合同法》规定，代理人代订的合同由代理人承担责任。（　　）

13.《中华人民共和国合同法》明确规定，当事人协商一致，可以解除合同。（　　）

14. 根据《中华人民共和国合同法》规定，合同一旦成立，就必然生效。（　　）

15. 根据《中华人民共和国合同法》规定，合同无效或者被撤销后，当事人不再有要求赔偿损失的权利。（　　）

16. 根据《中华人民共和国合同法》第 57 条规定，合同无效、被撤销或者终止的，不影响合同中独立存在的有关解决争议方法的条款的效力。（　　）

17.《中华人民共和国合同法》规定的违约责任只有在证明行为人在主观上存在过错的情况下才承担违约责任。（　　）

18. 根据《中华人民共和国合同法》规定，接受定金的一方不履行合同的，应当返还定金，返还的数额由当事人约定，一般不超过主合同标的额的 20%。（　　）

19. 根据《中华人民共和国合同法》规定，合同当事人订立合同，有书面形式、口头形式两种。（ ）
20. 根据《中华人民共和国合同法》规定，合同部分无效，不影响其他部分效力的，其他部分仍然有效。（ ）
21. 根据《中华人民共和国合同法》规定，合同全部内容的改变就是合同转让。（ ）
22. 根据《中华人民共和国合同法》规定，违约责任的承担不要求证明行为人在主观上是否存在过错，除了法定的免责事由外，只要行为人没有履行合同或者履行合同不符合约定，就应承担违约责任。（ ）
23. 根据《中华人民共和国民法通则》规定，民事行为能力是民事主体享有权利、承担义务的资格。（ ）
24. 根据《中华人民共和国民法通则》规定，自然人权利能力与行为能力产生的时间不同，但是法人的民事权利能力和民事行为能力能够同时产生，同时消灭，始于法人成立，终于法人终止。（ ）
25. 根据《中华人民共和国合同法》规定，无民事行为能力人，不能成为旅游合同主体。（ ）
26. 根据《中华人民共和国合同法》规定，被撤销的旅游合同如同无效旅游合同，自始就没有法律约束力。（ ）
27. 根据《中华人民共和国合同法》规定，因为不可抗力不能履行合同的，违约方可全部免除责任。（ ）
28. 根据《中华人民共和国合同法》规定，合同的变更既可以是部分内容的变更，也可以是全部内容的变更。（ ）
29. 根据《中华人民共和国合同法》规定，商业广告的内容符合要约规定的，视为要约。（ ）
30. 根据《中华人民共和国合同法》规定，合同履行地点约定不明确的，交付不动产的，在履行义务一方所在地履行。（ ）
31. 根据《中华人民共和国合同法》规定，要约的内容必须具体确定。（ ）
32. 根据《中华人民共和国合同法》规定，所谓承诺，是指要约人同意要约的意思表示。（ ）
33. 根据《中华人民共和国合同法》规定，合同的权利义务终止后，当事人协助、保密义务也就终止了。（ ）
34.《中华人民共和国旅游法》规定，由于公共交通经营者的原因造成旅游者人身损害、财产损失的，由公共交通经营者依法承担赔偿责任，旅行社承担补充赔偿责任。（ ）
35.《中华人民共和国旅游法》规定，因不可抗力等客观原因需变更包价旅游合同，在部分旅游者同意变更、部分旅游者不同意变更时，旅行社依法应当仅对同意变更行程的旅游者根据变更后的行程履行旅游合同；对于不同意变更的，则应当依法解除旅游合同。（　　）

36.《中华人民共和国旅游法》规定，因不可抗力，在发生危及旅游者人身、财产安全的情况下，旅行社应当采取相应的安全措施，因此支出的费用，由旅行社承担。（　　）

37. 旅行社具备履行条件，经旅游者要求仍拒绝履行合同，造成旅游者人身损害、滞留等严重后果的，根据《中华人民共和国旅游法》规定，旅游者还可以要求旅行社支付尚未发生的旅游费用一倍以上三倍以下的赔偿金。（　　）

38. 根据《中华人民共和国旅游法》规定，在旅游者自行安排活动期间，旅行社未尽到安全提示、救助义务的，应当对旅游者的人身损害、财产损失承担补充责任。（　　）

39. 根据《中华人民共和国旅游法》规定，旅游者在旅游活动时，损害旅行社、履行辅助人、旅游从业人员或者其他旅游者的合法权益的，依法承担赔偿责任。（　　）

40. 根据《中华人民共和国旅游法》规定，旅游者有权自主选择旅游产品和服务并拒绝强制交易。因此，旅游经营者在旅游活动中任何情形下均不得安排行程外的购物活动。（　　）

41. 根据《中华人民共和国旅游法》规定，旅游者有任意解除合同的权利。（　　）

42.《中华人民共和国合同法》规定，当事人订立合同，有书面形式、口头形式和其他形式。因此包价旅游合同均可以采取这三种形式。（　　）

43. 旅行社与旅游者作为旅游合同的主体，旅行社是法人，旅游者是自然人，根据《中华人民共和国合同法》规定，二者法律地位是不平等的。（　　）

44. 根据《中华人民共和国合同法》相关规定，旅行社与游客甲签订的旅游合同生效后，如果双方就旅游行程、价款、服务标准等内容没有约定或者约定不明确的，是不可以通过协议补充的。（　　）

45. 根据《中华人民共和国旅游法》规定，旅游行程结束前，旅游者解除合同的，组团社应当将旅游费用全额退还旅游者。（　　）

46.《中华人民共和国旅游法》规定，旅行社组织、接待旅游者，一律不得进入购物场所，不得安排另行付费旅游项目。（　　）

二、单选题

1. 旅行社具备履行条件，经旅游者要求仍拒绝履行合同，造成旅游者人身损害、滞留等严重后果的，旅游者还可以依法要求旅行社支付旅游费用（　　）的赔偿金。

A．一倍以上三倍以下　　B．三倍

C．一倍　　D．三倍以上

2．包价旅游合同，是指旅行社预先安排行程，提供或者通过履行辅助人提供交通、住宿、餐饮、游览、导游或领队等（　　）旅游服务，旅游者以总价支付旅游费用的合同。

A．两项以上　　B．两项

C．一项以上　　D．一项

3．《中华人民共和国合同法》，下列关于合同变更的说法中，正确的是（　　）。

A．为了旅游者的利益，导游可以随时改变行程

B．为了维护自身权益，旅游者可以随时改变行程

C．旅游活动中，当事人协商一致可以改变行程

D．为了遵循诚信原则，合同一旦开始履行，双方均不得改变行程

4．旅游者王某参加某旅行社组织的旅游活动，在旅游行程结束前要求解除合同。下列关于合同解除后退款的说法中，正确的是（　　）。

A．组团社可以在扣除必要费用后，将余款退还给王某

B．组团社应当在扣除必要费用后，将余款退还给王某

C．王某有权要求旅行社退还未参加行程的所有款项

D．王某单方解除合同，无权要求旅行社退款

5．李某在带团中，因旅游者不参加其安排的另行付费项目而拒不履行合同。旅行社具备履行条件，经旅游者要求李某仍拒绝履行合同，造成旅游者人身损害、滞留的严重后果。对此，旅游者可以要求旅行社支付（　　）。

A．旅游费用 3 倍以上 5 倍以下的赔偿金

B．旅游费用 1 倍以上 3 倍以下的赔偿金

C．违约金和旅游费用 1 倍以上的赔偿金

D．违约金并返还旅游费用

6．根据《中华人民共和国合同法》规定，在可变更可撤销合同中，合同一方当事人有权请求（　　）变更或撤销。

A．人民法院　　B．人民检察院

C．公安部门　　D．人民政府

7．根据《中华人民共和国合同法》规定，合同无效或者被撤销后的法律后果不包括（　　）。

A．返还财产　　B．追缴财产

C．赔偿损失　　D．支付违约金

8．根据《中华人民共和国合同法》规定，下列属于合同履行原则的是（　　）。

A．自愿原则　　B．平等原则

C．公平原则　　D．诚实信用原则

9．根据《中华人民共和国合同法》规定，当事人就有关合同的内容对质量要求不明确的，如果不能达成补充协议，则（　　）。

A．按照国家标准、行业标准履行

B．按照通常标准履行

C．按照符合合同目的地的特定标准履行

D．没有国际标准、行业标准的，按照地区标准履行

10．根据《中华人民共和国合同法》规定，下列关于违约责任的赔偿损失承担方式说法错误的有（　　）。

A．损失赔偿金额包括合同履行后可以获得的利益

B．当事人一方违约后，另一方未采取适当措施致使损失扩大的，不得就扩大损失要求赔偿

C．当事人可以请求人民法院或仲裁机构增减违约金数额

D．违约方在支付违约金后，不需再履行债务

11．根据《中华人民共和国合同法》规定，违约责任的承担方式有（　　）。

A．继续履行、采取补救措施、提起诉讼

B．继续履行、采取补救措施、提起仲裁

C．继续履行、采取补救措施、赔偿损失

D．继续履行、采取补救措施、赔偿精神损害

12．根据《中华人民共和国合同法》规定，下列不属于合同基本条款的是（　　）。

A．标的　　B．数量、质量

C．价款　　D．保密条款

13．《中华人民共和国民法通则》规定，16 周岁的未成年人，以自己的劳动收入为主要生活来源的，（　　）。

A．是限制民事行为能力人　　B．视为限制民事行为能力人

C．是完全民事行为能力人　　D．视为完全民事行为能力人

14．《中华人民共和国合同法》规定，当事人订立合同，采取（　　）方式。

A．要约、承诺　　B．要约邀请、承诺

C．要约或承诺　　D．要约邀请或承诺

15．根据《中华人民共和国合同法》规定，要约邀请，是（　　）发出要约的意思表示。

A．要求他人　　B．要求他人向自己

C．希望他人　　D．希望他人向自己

16．根据《中华人民共和国合同法》规定，15 岁的小王与旅行社订立了包价旅游合同。依据《中华人民共和国合同法》规定，（　　），该合同有效。

A．承诺生效时　　B．经法定代理人追认后

C．双方签字盖章　　D．经委托代理人追认后

17．根据《中华人民共和国合同法》规定，合同成立的时间是（　　）的时间。

A．要约发出　　B．要约生效

C．承诺发出　　D．承诺生效

18．根据《中华人民共和国合同法》规定，合同债权人将合同权利全部或部分转让给第三人的，（　　）。

A．应当经债务人同意　　B．应当通知工商部门

C．应当通知债务人　　D．应当经工商部门同意

19．根据《中华人民共和国合同法》规定，张某向李某借了10万元钱，双方未约定还款期限。对此，以下说法错误的是（　　）。

A．张某无须还款　　B．李某有权要求还款

C．张某随时都可以还款　　D．李某随时都可以主张张某还款

20．根据《中华人民共和国合同法》规定，合同主体间的法律地位（　　），这是由合同的法律性质决定的。

A．平等　　B．不平等

C．不完全平等　　D．完全不平等

21．《中华人民共和国合同法》规定，当事人订立合同，应当具有（　　）。

A．民事权利能力　　B．民事行为能力

C．民事权利能力或民事行为能力　　D．民事权利能力和民事行为能力

22．《中华人民共和国民法通则》规定，自然人从出生时起到死亡时止，具有（　　），依法享有民事权利，承担民事义务。

A．民事权利能力　　B．民事行为能力

C．民事权利能力或民事行为能力　　D．民事权利能力和民事行为能力

23．《中华人民共和国民法通则》规定，8周岁以上的未成年人、不能完全辨认自己行为的成年人是（　　）。

A．完全民事行为能力人　　B．限制民事行为能力人

C．相对民事行为能力人　　D．无民事行为能力人

24．根据《中华人民共和国合同法》规定，要约可以撤销。撤销要约的通知应当在（　　）之前到达受要约人。

A．受要约人发出承诺通知　　B．受要约人作出承诺

C．要约人接到承诺　　D．要约人收到承诺

25．根据《中华人民共和国合同法》规定，合同价款或者报酬不明确的，按照（　　）的市场价格履行。

A．订立合同时签订地　　B．履行合同时履行地

C．订立合同时履行地　　D．履行合同时签订地

26．根据《中华人民共和国合同法》规定，甲旅行社通过 E-mail 委托乙旅行社接待一旅游团。E-mail 属于合同订立的（　　）。

A．电话联系的形式　　B．推定形式

C．书面形式　　D．默示形式

27．根据《中华人民共和国合同法》规定，希望与他人订立合同的意思表示，称为（　　）。

A．承诺　　B．承认

C．要约　　D．邀约

28．根据《中华人民共和国合同法》规定，在（　　）情形下，当事人不得单方面解除合同。

A．不可抗力　　B．对方迟延履行合同

C．对方不适当履行　　D．对方根本违约

29．根据《中华人民共和国合同法》规定，债务人将合同的义务全部或者部分转移给第三人的，应当（　　）。

A．经债权人同意　　B．通知债权人

C．不可以转让　　D．经国家机关批准

30．李某入住一家酒店，晚上喝了房间里的一瓶矿泉水，第二天结账发现矿泉水 20 元，李某认为矿泉水应该是免费提供，所以才喝的，酒店却说矿泉水已经在饮料单上明码标价，李某应该知道，双方发生争议。据查，该款矿泉水市场价为 6 元。酒店高价卖矿泉水的行为违反了《中华人民共和国合同法》的（　　）原则。

A．合同自愿原则　　B．合同公平原则

C．诚实信用原则　　D．当事人法律地位平等原则

31．根据《中华人民共和国合同法》规定，合同的订立必须经过两个法定阶段，即（　　）。

A．要约和承诺　　B．意思和表示

C．协商和解决　　D．协商和谈判

32．甲、乙公司于 2005 年 3 月 10 日签订买卖合同，3 月 15 日甲发现自己对合同标的有重大误解，遂于 3 月 20 日向法院请求撤销合同，4 月 10 日法院依法撤销该合同。下列符合《中华人民共和国合同法》规定的是（　　）。

A．合同自 3 月 10 日起归于无效　　B．合同自 3 月 15 日起归于无效

C．合同自 3 月 20 日起归于无效　　D．合同自 4 月 10 日起归于无效

33．《中华人民共和国合同法》规定采用格式条款订立合同时提供格式条款的一方应当遵循（　　）确定当事人之间的权利和义务。

A．公平原则　　B．平等原则
C．自愿原则　　D．诚实信用原则

34．根据《中华人民共和国合同法》规定，下列情况当事人不可以直接解除合同的情形是（　　）。
A．因不可抗力致合同的目标不能实现的
B．在履行期届满之前，一方当事人明确表示不履行主要债务的
C．当事人迟延履行主要债务的
D．因当事人的违约行为导致合同的目标不能实现的

35．根据《中华人民共和国合同法》规定，受要约人超过承诺期限发出承诺的，除要约人及时通知受要约人该承诺有效外，为（　　）。
A．新要约　　B．有效承诺
C．要约邀请　　D．反要约

36．根据《中华人民共和国合同法》规定，以下关于合同形式的说法，正确的是（　　）。
A．只能是书面形式　　B．不能是口头形式
C．电子数据形式不属于书面形式
D．可以是口头形式，也可以是书面形式

37．根据《中华人民共和国合同法》规定，当事人对合同变更的内容约定不明确的，推定为（　　）。
A．合同无效　　B．合同效力待定
C．合同未变更　　D．合同变更

38．根据《中华人民共和国合同法》规定，当事人如果认为约定的违约金数额过高或过低的，可以（　　）。
A．单方面予以适当增加或减少
B．请求人民法院或者仲裁机构予以适当增加或减少
C．请求第三方进行调解来决定适当增加或减少
D．请求双方的上级部门来决定适当增加或减少

39．根据《中华人民共和国合同法》规定，承担违约责任的前提是（　　）。
A．合同经过公证　　B．合同无效
C．合同的有效成立　　D．合同被撤销

40．根据《中华人民共和国合同法》规定，当事人既约定违约金又约定定金的，一方违约时，对方（　　）。
A．可以选择适用违约金或定金条款
B．只能选择适用定金条款
C．只能选择适用违约金条款

D．可以选择同时适用违约金和定金条款

41．根据《中华人民共和国合同法》规定，具有撤销权的合同当事人自知道或者应当知道撤销事由之日起（ ）内没有行使撤销权的，该撤销权消灭。

A．半年　　B．一年

C．两年　　D．三年

42．根据《中华人民共和国合同法》规定，如果格式条款的提供者未尽到提醒对方注意和说明的义务，它违背的是（ ）原则。

A．公平　　B．平等

C．自愿　　D．诚实信用

43．根据《中华人民共和国合同法》规定，当事人就迟延履行约定违约金的，违约方支付违约金后，（ ）。

A．无须再履行债务　　B．无须再履行全部债务

C．还应当履行债务　　D．还应当履行部分债务

44．根据《中华人民共和国合同法》规定，法律规定合同应当办理登记手续才生效的，当事人未办理登记手续，则该合同属于（ ）。

A．无效合同　　B．有效合同

C．未生效合同　　D．可撤销合同

45．根据《中华人民共和国合同法》规定，为了确保合同履行，一方向对方支付一定数量的货币，作为债权的担保称（ ）。

A．质押　　B．抵押

C．留置　　D．定金

46．根据《中华人民共和国合同法》规定，承诺应当以通知的方式做出，但根据（ ）或者要约表明可以通过行为做出承诺的除外。

A．双方约定　　B．交易习惯

C．法规规定　　D．法律规定

47．根据《中华人民共和国合同法》规定，旅行社与旅游者签订具有黄赌毒性质的旅游合同，违背了合同法的（ ）。

A．自愿原则　　B．公平原则

C．诚实作用原则　　D．遵守法律和尊重社会公德的原则

48．根据《中华人民共和国合同法》规定，甲游客与乙国际旅行社签订了一份出国旅游合同，在合同中没有明确约定哪一方负担出境手续费。根据我国有关的法律规定，该手续费应当由（ ）负担。

A．甲、乙共同负担　　B．甲

C．乙　　D．无法确定

49．按照《中华人民共和国合同法》规定，当事人迟延履行合同后发生不可抗力

的，（　　）。

A．部分免除责任　　B．全部免除责任

C．不能免除责任　　D．部分或者全部免除责任

50.《中华人民共和国合同法》规定合同当事人一方不得将自己的意志强加给另一方，体现了合同订立时的（　　）。

A．合同自愿原则　　B．合同公平原则

C．合同的法律效力原则　　D．当事人法律地位平等原则

51．为保护当事人的利益，《中华人民共和国合同法》规定，因重大误解订立的合同，当事人一方有权请求人民法院或者仲裁机构（　　）。

A．变更　　B．变更或撤销

C．撤销　　D．宣布无效

52．根据《中华人民共和国合同法》规定，不属于合同变更条件的是（　　）。

A．合同成立以后，履行完毕之前　　B．双方当事人协商一致

C．必须经相关行政部门同意　　D．不违反法律法规的规定

53．根据《中华人民共和国合同法》规定，下列情形中，可以减轻或免除违约方责任的是（　　）。

A．当事人迟延履行合同后发生不可抗力

B．当事人一方违约

C．遭受不可抗力导致违约

D．由于第三人的原因造成违约

54．李某与甲社签订旅行合同后，甲旅行社与乙旅行社合并为丙旅行社。根据《中华人民共和国合同法》规定，此时，由（　　）承担对李某的履约义务。

A．甲旅行社　　B．乙旅行社

C．丙旅行社

D．合同主体消灭，以上旅行社均不用

55．根据《中华人民共和国合同法》规定，某当事人迟延履行合同后发生不可抗力导致合同无法履行，某当事人（　　）。

A．因不可抗力，不承担责任　　B．因不可抗力，责任得以减轻

C．不能免除责任　　D．责任双方分担

56.《中华人民共和国旅游法》规定，旅游者因个人原因主动解除合同或者旅行社根据《中华人民共和国旅游法》第66条规定行使解除权的，返程费用由（　　）承担。

A．旅行社　　B．旅游者

C．保险公司　　D．旅行社经理

57．根据《中华人民共和国旅游法》规定，包价旅游合同的内容不包括（　　）。

A．旅行社和旅游者的基本信息　　B．旅游行程安排
C．旅游团成团最低人数　　D．购物和自费项目

58．根据《中华人民共和国旅游法》规定，下列不属于旅行社可以解除合同的情形是（　　）。
A．患有传染性疾病，可能危害其他旅游者健康和安全
B．携带宠物的
C．从事赌博活动的
D．从事严重影响其他旅游者权益活动，且不听劝阻、不能制止的

59．根据《中华人民共和国旅游法》规定，包价旅游合同的形式是（　　）
A．可以采用口头形式　　B．应当采用书面形式
C．应当采用口头形式或书面形式　　D．可以采用推定形式

60．根据《中华人民共和国旅游法》规定，旅游行程中解除合同的，旅行社应当协助旅游者返回（　　）。
A．签订合同所在地　　B．旅游者户籍所在地
C．旅游者常住地　　D．出发地或者旅游者指定的合理地点

61．根据《中华人民共和国旅游法》规定，组团社委托其他旅行社履行合同的，（　　）对旅游者承担责任。
A．组团社　　B．受委托的旅行社
C．组团社或者受委托的旅行社　　D．组团社和受委托的旅行社

62．根据《中华人民共和国旅游法》规定，以下情形中旅行社无须承担责任的是（　　）。
A．旅行社因为其地接社的原因而对旅游者违约
B．旅行社合作餐厅未按照合同标准提供用餐服务
C．旅游者未尽其应尽的配合、协助履行义务导致违约
D．旅游者虽在自由活动期间发生损害，但旅行社未尽到安全提示义务

63．根据《中华人民共和国旅游法》规定，旅行社因未达到约定人数不能出团的，组团社（　　）可以委托其他旅行社履行合同。
A．无须征得旅游者同意　　B．需征得旅游者同意
C．征得旅游者口头同意　　D．征得旅游者书面同意

64．根据《中华人民共和国旅游法》规定，旅游者在旅游活动中或者解决纠纷时，损害旅行社、履行辅助人、旅游从业人员或者其他旅游者合法权益的，依法承担（　　）。
A．赔偿责任　　B．财产责任
C．违约责任　　D．侵权责任

65．旅行社未与旅游者协商一致，指定购物场所，旅游者有权依据《中华人民共和

国旅游法》规定，在旅游行程结束后 30 日内，要求旅行社为其（　　）。

A．办理退货　　B．先行垫付退货货款

C．办理退货并先行垫付退货货款　　D．办理退货或先行垫付退货货款

66．王某，17 岁，辍学在某地打工 2 年供给妹妹上学。他用自己的收入报名参加了某旅行社组织的“×× 三日游”，并签订了旅游合同。根据《中华人民共和国合同法》该合同属于（　　）。

A．有效的旅游合同　　B．无效的旅游合同

C．可变更、可撤销的旅游合同　　D．效力待定的旅游合同

67．根据《中华人民共和国旅游法》规定，旅游行程开始前，旅游者将包价旅游合同中自身的权利义务转让给第三人，旅行社（　　）。

A．可以直接拒绝

B．没有正当理由不得拒绝

C．可以要求旅游者增加费用

D．可以追究旅游者擅自转让的违约责任

68．下列旅游者的行为中，属于承诺的是（　　）。

A．旅游者想去某地旅游，向旅行社打电话询问有无旅游团可以参加

B．旅游者与其旅行社的朋友谈话时表示想参加某项旅游活动

C．旅游者到旅行社服务网点咨询时表示，下一季度有某项旅游活动时希望能够参加

D．旅游者在旅行社办理付款和登记手续

69．根据《中华人民共和国旅游法》规定，组团社将接待业务委托地接社履行的，若因地接社的导游擅自变更行程安排，由此引发的责任由（　　）承担。

A．组团社　　B．地接社

C．导游　　D．游客

70．某旅行社在其与游客签订的旅游合同中规定，游客在旅途中发生意外伤害或身亡的，旅行社概不负责。如果双方均已在该合同上签章，根据《中华人民共和国合同法》规定，该合同条款效力如何？

A．该条款当然有效

B．是否有效，要看具体情况

C．效力待定

D．违反《中华人民共和国合同法》规定，无效

71．根据《中华人民共和国旅游法》规定，在旅游者自行安排活动期间，旅行社未尽到（　　）的，应当对旅游者的人身损害、财产损失承担相应责任。

A．安全保障义务　　B．全面保障义务

C．安全提示、救助义务　　D．告知说明义务

72. 根据《中华人民共和国旅游法》规定，旅游行程开始前，旅游者可以将包价旅游合同中自身的权利义务转让第三人，旅行社没有正当理由的不得拒绝，因此增加的费用由（　　）承担。

A. 旅行社　　B. 旅游者

C. 第三人　　D. 旅游者和第三人

73. 2009年8月，浙江丽水青年国际旅行社组团去日本旅游，日本东京旅行社负责接待。第三天晚上在东京中华饭店用餐，由于该饭店卫生有问题，导致该旅游团多数客人拉肚子。第四天的旅游行程被迫中止。根据《中华人民共和国旅游法》规定，该旅游团回国后应向（　　）索赔。

A. 日本东京旅行社　　B. 浙江丽水青年国际旅行社

C. 日本东京中华饭店　　D. 日本东京旅行社或东京中华饭店

74. 根据《中华人民共和国旅游法》规定，下列不属于旅游者有权就包价旅游合同中的应当知悉的信息（　　）。

A. 行程安排、成团最低人数　　B. 服务项目的具体内容和标准

C. 自由活动时间安排　　D. 同团其它队友的费用

75. 根据《中华人民共和国旅游法》规定，旅行社具备履行条件，经旅游者要求仍拒绝履行合同，造成旅游者人身损害、滞留等严重后果的，旅游者还可以要求旅行社支付旅游费用（　　）的赔偿金。

A. 一倍以上五倍以下　　B. 三倍以上五倍以下

C. 一倍以上三倍以下　　D. 二倍以上五倍以下

76. 根据《中华人民共和国旅游法》规定，无论是旅行社解除合同还是旅游者解除合同，只要是因未达到约定的成团人数，不能出团而解除合同的，组团社都应当向旅游者退还已经收取的（　　）。

A. 除必要费用以外的余款　　B. 全部旅游费用

C. 全部旅游费用的90%　　D. 全部旅游费用的80%

77. 根据《中华人民共和国旅游法》规定，旅游行程中解除合同的，旅行社应当协助旅游者返回出发地或者旅游者指定的合理地点。由于旅行社或者履行辅助人的原因导致合同解除的，返程费用由（　　）承担。

A. 旅游者　　B. 旅行社

C. 履约辅助人　　D. 旅行社或者履行辅助人

78. 根据《中华人民共和国旅游法》规定，旅行社应当按照包价旅游合同的约定履行义务，不得擅自（　　）。

A. 变更旅游合同　　B. 变更导游人员

C. 变更服务质量　　D. 变更旅游行程安排

79. 根据《中华人民共和国旅游法》规定，旅行社应当与其聘用的导游（　　）。

A．依法订立劳动合同，按规定支付劳动报酬和社保费，并为其投保人身意外保险

B．依法订立劳动合同，支付劳动报酬，缴纳社会保险费用

C．依法订立劳动合同，支付不低于当地最低工资标准的报酬

D．依法订立劳动合同，支付劳动报酬，并为其投保人身意外保险

80．根据《中华人民共和国旅游法》规定，旅行社招徕旅游者组团旅游，因未达到约定人数不能出团的，组团社可以解除合同。但是，境内旅游应当至少提前（　　）通知旅游者，出境旅游应当至少提前（　　）通知旅游者。

A．三日；十五日　　B．七日；十五日

C．十五日；三十日　　D．七日；三十日

81．根据《中华人民共和国旅游法》规定，由于旅游者自身原因导致包价旅游合同不能履行或者不能按照约定履行，或者造成旅游者人身伤害、财产损失的，旅行社（　　）责任。

A．不承担　　B．承担全部

C．承担部分　　D．视情况承担

82．根据《中华人民共和国旅游法》规定，旅行社委托其他旅行社代理销售包价旅游产品并与旅游者订立包价旅游合同的，应当在包价旅游合同中载明（　　）的基本信息。

A．委托社　　B．代理社

C．委托社和代理社　　D．委托社或代理社

三、多选题

1．不可抗力应当符合法律规定的要件，依据《中华人民共和国合同法》规定，不可抗力，是指（　　）的客观情况。

A．不能改变　　B．不能克服

C．不能避免　　D．不能发现

E．不能预见

2．根据《中华人民共和国旅游法》，包价旅游合同的内容包括（　　）。

A．旅游行程安排及自费项目约定

B．旅行社、旅游者的基本信息

C．交通、住宿、餐饮等旅游服务安排和标准

D．旅游费用及其交纳的期限和方式

E．违约责任和解决纠纷的方式

3．根据《中华人民共和国合同法》规定，下列合同中，属于可撤销合同的是（　　）。

A．因重大误解而订立的合同

B．在订立时显失公平的合同

C．以合法形式掩盖非法目的的合同

D．恶意串通，损害国家利益的合同

E．以欺诈、胁迫或乘人之危，使对方在违背真实意思的情况下订立的合同

4．根据《中华人民共和国合同法》规定，下列合同中，属于无效合同的是（　　）。

A．违反法律、行政法规的强制性规定

B．恶意串通，损害国家、集体或者第三人利益的合同

C．以合法形式掩盖非法目的的合同

D．损害社会公共利益的合同

E．因重大误解而订立的合同

5．根据《中华人民共和国合同法》规定，以下可导致合同权利义务终止的法定情形包括（　　）。

A．债务已经按照约定履行　　B．合同解除

C．合同转让　　D．债权债务同归于一人

E．债务人依法将标的物提存

6．根据《中华人民共和国合同法》规定，以下关于违约责任特点的说法正确的是（　　）。

A．违约责任以合同的有效存在为前提

B．是合同当事人不履行合同义务所产生的责任

C．只能在合同关系的当事人之间发生

D．是当事人违反法律规定所产生的责任

E．可以由当事人约定

7．根据《中华人民共和国合同法》规定，当事人一方不履行非金钱债务或者履行非金钱债务不符合约定的，债权人要求继续履行的，违约方都应继续履行，但有下列情形之一的除外（　　）。

A．法律上不能履行　　B．政策上不能履行

C．事实上不能履行　　D．继续履行的费用过高

E．债权人在合理期限内未要求履行

8．根据《中华人民共和国合同法》规定，以下关于定金的说法正确的是（　　）。

A．当事人可以约定一方向对方给付定金作为债权担保

B．债务人履行债务后，定金应当抵作价款或者收回

C．给付定金的一方不履行约定的债权的，无权要求返还定金

D．收受定金的一方不履行约定的债务的，应当双倍返还定金

E．当事人既约定违约金又约定定金的，一方违约时，对方可以选择同时适用

9．根据《中华人民共和国合同法》规定，以下属于不可抗力的是（　　）。

A．地震　　B．台风

C．交通拥堵　　D．罢工

E．突发疾病

10．根据《中华人民共和国合同法》规定，当事人对合同的效力约定了附加条件的，以下说法正确的有（　　）。

A．附生效条件的，自该条件成就时合同生效

B．附解除条件的合同，自条件成就时失效

C．当事人为自己的利益不正当地阻止条件成就的，视为条件已成就

D．当事人为自己的利益不正当地促成条件成就的，视为条件不成就

E．附生效期限的合同，自期限届至时生效

11．根据《中华人民共和国合同法》规定，合同的主体可以是（　　）。

A．自然人　　B．法人

C．国家机关　　D．个体工商户

E．动物

12．《中华人民共和国合同法》的基本原则是制定和执行合同法的总的指导思想，包括（　　）。

A．当事人平等原则　　B．自愿原则

C．公平原则　　D．诚实信用原则

E．自由原则

13．根据《中华人民共和国合同法》规定，合同的书面形式是指（　　）等可以有形地表现所载内容的形式。

A．合同书　　B．信件

C．电话　　D．传真

E．电子数据交换

14．根据《中华人民共和国合同法》规定，下列行为中属于要约邀请的有（　　）。

A．寄送的商品价目表　　B．招标文件

C．招股说明书　　D．拍卖公告

E．招标公告

15．根据《中华人民共和国合同法》规定，下列选项中，属于格式条款特点的是（　　）。

A．可以重复使用　　B．由一方当事人预先拟定

C．属于免责条款　　D．属于无效条款

E．订立合同时，条款拟定者不与对方协商

16．根据《中华人民共和国合同法》规定，有下列情形之一的，当事人可以依法解除合同（　　）。

A．因不可抗力致使不能实现合同目的

B. 在履行期限届满之前，当事人一方明确表示或者以自己的行为表明不履行主要债务

C. 当事人一方迟延履行主要债务，经催告后在合同期限内仍未履行

D. 当事人一方迟延履行债务或者有其他违约行为致使不能实现合同目的

E. 当事人一方无正当理由拒绝履行合同的

17. 根据《中华人民共和国合同法》规定，下列（　　）不属于合同的基本条款。

A. 当事人的名称或者姓名和住所　　B. 履行期限、地点和方式

C. 合同的生效条件　　D. 合同的解除条件

E. 解决争议的方法

18. 根据《中华人民共和国合同法》规定，有下列情形之一的，要约失效（　　）。

A. 拒绝要约的通知到达要约人

B. 要约人依法撤销要约

C. 承诺期限届满，受要约人未做出承诺

D. 要约人将承诺转让给第三人

E. 受要约人对要约的内容做出实质性变更

19. 根据《中华人民共和国合同法》规定，在下列何种情形下，要约不得撤（　　）。

A. 要约人确定了承诺期限

B. 以其他形式明示要约不可撤销的

C. 受要约人有理由认为要约是不可撤销的，并已经为履行合同作了准备工作

D. 受要约人有理由认为要约是不可撤销的，不管是否为履行合同作了准备工作

E. 要约人约定了承诺的明确条件

20. 根据《中华人民共和国合同法》规定，合同一方当事人违约时，对方有配合减损的义务。以下关于该义务的说法正确的是（　　）。

A. 对方应当采取适当措施防止损失的扩大

B. 对方没有任何义务采取措施防止损失扩大

C. 没有采取适当措施致使损失扩大的，不得就扩大的损失要求赔偿

D. 对方因防止损失扩大而支出的合理费用由其自己承担

E. 对方因防止损失扩大而支出的合理费用由违约方承担

21. 根据《中华人民共和国合同法》规定，遵循诚实信用原则，当事人根据合同的性质、目的和交易习惯应当履行的随附义务包括（　　）。

A. 通知　　B. 协助

C. 忠诚　　D. 勤勉

E. 保密

22. 根据《中华人民共和国合同法》规定，根据合同当事人违反合同义务的性质、特点，违约责任可以分为（　　）。

A．全部违约
B．部分违约
C．届期违约
D．预期违约
E．延期违约

23.《中华人民共和国合同法》规定的可以作为违约责任承担方式的补救措施包括（　　）等。

A．修理
B．重做
C．更换
D．退货
E．加倍赔偿

24.《中华人民共和国合同法》对于违约责任的规定具有双重性质，即（　　）。

A．自愿性
B．平等性
C．补偿性
D．惩罚性
E．强制性

25．根据《中华人民共和国合同法》规定，要约可以撤回的条件是，撤回要约的通知应当（　　）。

A．先于要约到达受要约人
B．与要约同时到达受要约人
C．迟于要约到达受约人
D．在承诺发出后到达受约人
E．在承诺发出时到达受约人

26．根据《中华人民共和国合同法》规定，合同当事人因不可抗力而违约时，该当事人需要承担的义务包括（　　）。

A．依法承担违约责任
B．及时通知对方当事人
C．及时通知政府相关部门
D．向对方当事人提供证明
E．向政府相关部门提供证明

27．根据《中华人民共和国合同法》规定，以下关于违约金的说法正确的是（　　）。

A．当事人可以约定一方违约时应当根据违约情况向对方支付一定数额的违约金
B．当事人可以约定因违约产生的损失赔偿额的计算方法
C．约定的违约金低于造成的损失的，当事人可以请求人民法院予以增加
D．约定的违约金过分高于造成的损失的，当事人可以请求人民法院予以适当减少
E．当事人就迟延履行约定违约金的，违约方除支付违约金后可以不再履行债务

28．根据《中华人民共和国合同法》规定，书面合同，是指以文字的方式表现当事人之间所订立合同内容的形式，包括（　　）。

A．电子邮件
B．传真
C．合同书
D．电报
E．信件

29. 根据《中华人民共和国合同法》规定，下列中属于不可抗力的是（ ）。

A. 洪水　　B. 海啸

C. 高温　　D. 地震

E. 暴雨

30. 根据《中华人民共和国合同法》规定，以下依法不得转让的合同权利包括（ ）。

A. 债务人不同意转让的　　B. 根据合同性质不得转让的

C. 按照当事人约定不得转让的　　D. 第三人对其转让提出异议的

E. 依照法律规定不得转让的

31. 根据《中华人民共和国合同法》规定，以下可导致合同权利义务终止的法定情形包括（ ）。

A. 当事人拒绝履行合同　　B. 合同解除

C. 债权人免除债务　　D. 债权债务同归于一人

E. 债务人依法将标的物提存

32. 根据《中华人民共和国合同法》规定，下列关于合同变更的描述正确的是（ ）。

A. 合同变更发生在合同成立之后到合同没有完全履行之前的期间

B. 合同变更发生在合同成立之前的期间

C. 合同变更是对已经成立的合同内容部分内容的变更

D. 合同变更是对已经成立的合同内容全部内容的变更

E. 合同变更发生在合同履行之后的期间

33. 根据《中华人民共和国合同法》规定，以下关于无效合同的说法正确的是（ ）。

A. 无效合同从订立之时起就不具有法律拘束力

B. 无效合同从认定之时起不再具有法律拘束力

C. 合同部分无效，影响其他部分效力

D. 合同部分无效，不影响其他部分效力的，其他部分仍然有效

E. 合同无效不影响合同中独立存在的有关解决争议方法的条款的效力

34. 根据《中华人民共和国合同法》规定，违约责任的构成要件包括（ ）。

A. 当事人有违约行为　　B. 违约方有主观过错

C. 违约方有主观过失　　D. 不存在法定的免责事由

E. 不存在约定的免责事由

35. 根据《中华人民共和国合同法》规定，以下关于合同形式的说法正确的有（ ）。

A. 合同形式是合同内容的载体

B．是指当事人达成合意的外在表现形式

C．书面形式的合同均无效

D．当事人约定采用书面形式的，应当采用书面形式

E．法律、行政法规规定采用书面形式的，应该采用书面形式

36．根据《中华人民共和国旅游法》规定，由于不可抗力或者旅行社、履行辅助人已尽合理注意义务仍不能避免的事件导致旅游者滞留时，关于相关费用和责任的承担，以下说法正确的是（　　）。

A．在发生危及旅游者人身、财产安全的情况下，旅行社应当采取相应的安全措施，因此支出的费用，由旅行社与旅游者分担

B．在造成旅游者滞留的情况下，旅行社应当采取相应的安置措施，因此增加的食宿费用，由旅游者承担

C．在造成旅游者滞留的情况下，旅行社应当采取相应的安置措施，因此增加的食宿费用，由旅行社承担

D．增加的返程费用，由旅行社与旅游者分担

E．增加的返程费用，由旅行社承担

37．根据《中华人民共和国旅游法》规定，下列关于旅游服务合同解除后的善后处置说法正确的是（　　）。

A．旅游者因个人原因主动解除合同，旅行社无需协助其返程

B．因不可抗力导致合同不能继续履行，返程费用由旅行社承担

C．由于旅行社或者履行辅助人的原因导致合同解除的，返程费用由旅行社承担

D．因履行辅助人已尽合理注意义务仍不能避免的事件导致合同不能继续履行，返程费用由旅行社与旅游者合理分担

E．旅游者因个人原因主动解除合同，返程费用由旅游者自行承担

38．根据《中华人民共和国旅游法》规定，组团社将接待业务委托地接社履行时应当遵守下列规定（　　）。

A．选择缔约对象时，应当选择具有相应资质的旅行社

B．应当采取书面形式约定双方的权利和义务

C．应当要求地接社承担因履行不恰当的相应责任

D．应当向地接社提供与旅游者订立的包价旅游合同的副本

E．应当向地接社支付不低于接待和服务成本的费用

39．根据《中华人民共和国旅游法》规定，以下关于旅游行程单的说法正确的是（　　）。

A．旅行社应当在旅游行程开始前向旅游者提供旅游行程单

B．旅游行程单不属于旅游服务合同的组成部分

C．旅游行程单是对旅游服务合同的履行所作的承诺

D．旅游行程单是对旅游行程安排具体化

E．旅行社应当按照旅游行程单的规定履行合同

40．根据《中华人民共和国旅游法》规定，订立包价旅游合同时，旅行社应当向旅游者告知（　　）。

A．旅游者不适合参加旅游活动的情形

B．旅游活动中的安全注意事项

C．旅行合同中的特别注意事项

D．旅游者应当注意的旅游目的地相关法律、法规和风俗习惯、宗教禁忌，依照中国法律不宜参加的活动等

E．法律、法规规定的其他应当告知的事项

41．根据《中华人民共和国旅游法》规定，因不可抗力或者旅行社、履行辅助人已尽合理注意义务仍不能避免的事件，影响旅游行程的，按照下列情形中的（　　）处理。

A．合同不能继续履行的，只能旅行社单方面解除合同

B．合同解除的，组团社应当在扣除已向地接社或者履行辅助人支付且不可退还的费用后，将余款退还旅游者

C．合同变更的，因此增加的费用由旅游者承担，减少的费用退还旅游者

D．危及旅游者人身、财产安全的，旅行社应当采取相应的安全措施，因此支出的费用，由旅行社与旅游者分担

E．造成旅游者滞留的，旅行社应当采取相应的安置措施。因此增加的食宿费用，由旅游者承担；增加的返程费用，由旅行社与旅游者分担

42．根据《中华人民共和国旅游法》规定，旅行社接受旅游者的委托，为其提供旅游行程设计、旅游信息咨询等服务的，应当保证（　　）。

A．设计合理、可行　　B．行程安全、舒适

C．费用低于包价旅游价　　D．信息及时、准确

E．满足一切要求

43．根据《中华人民共和国旅游法》规定，以下情形中旅行社无需承担责任的是（　　）。

A．旅行社因为其地接社原因对旅游者违约

B．旅行社因为航空公司的原因而不能履行合同约定

C．旅游者未尽其应尽的配合、协助履行义务导致违约

D．旅游者虽在自由活动期间发生损害，但旅行社未尽到安全提示义务

E．旅行社因为饭店原因对旅游者违约

44．根据《中华人民共和国旅游法》规定，旅行社应当告知旅游者的事项包括（　　）。

A．旅游者不适合参加旅游活动的情形

B．旅游活动中的安全注意事项

C．旅行社依法可以减免责任的信息

D．依照中国法律旅游者不宜参加的活动

E．旅行社的采购成本

习题强化答案

一、判断题

1．错	2．对	3．对	4．对	5．错
6．错	7．错	8．对	9．错	10．错
11．错	12．错	13．对	14．错	15．错
16．对	17．错	18．错	19．错	20．对
21．错	22．对	23．错	24．对	25．对
26．对	27．错	28．错	29．对	30．错
31．对	32．错	33．错	34．错	35．对
36．错	37．错	38．错	39．对	40．错
41．对	42．错	43．错	44．错	45．错
46．错				

二、单选题

1．A	2．A	3．C	4．B	5．B
6．A	7．D	8．D	9．A	10．D
11．C	12．D	13．D	14．A	15．D
16．B	17．D	18．C	19．A	20．A
21．D	22．A	23．B	24．A	25．C
26．C	27．C	28．C	29．A	30．B
31．A	32．A	33．A	34．C	35．A
36．D	37．C	38．B	39．C	40．A
41．B	42．D	43．C	44．C	45．D
46．B	47．D	48．C	49．C	50．D
51．B	52．C	53．C	54．C	55．C
56．B	57．D	58．B	59．B	60．D
61．A	62．C	63．D	64．A	65．C
66．A	67．B	68．D	69．A	70．D
71．C	72．D	73．B	74．D	75．C
76．B	77．B	78．D	79．B	80．D

81. A 82. C

三、多选题

1. BCE	2. BCDE	3. ABE	4. ABCD	5. ABDE
6. ABCE	7. ACDE	8. ABCD	9. ABD	10. ABCDE
11. ABCD	12. ABCD	13. ABDE	14. ACDE	15. ABE
16. ABCD	17. CD	18. ABCE	19. ABC	20. ACE
21. ABE	22. CD	23. ABCD	24. CD	25. AB
26. BD	27. ABCD	28. ABCDE	29. ABD	30. BCE
31. BCDE	32. AC	33. ADE	34. ADE	35. ABDE
36. ABD	37. CDE	38. ABDE	39. ACDE	40. ABDE
41. BCDE	42. AD	43. BC	44. ABCD	

第五章　侵权责任法律制度

真题解读

- 【2018 年真题 · 判断】根据《中华人民共和国侵权责任法》，机动车驾驶人发生交通事故后逃逸，且该机动车未参加强制保险，需要支付被侵权人人身伤亡的抢救、丧葬等费用的，由道路交通事故社会救助基金垫付。（　　）

  【答案】对

  【解析】《侵权责任法》第 53 条规定，机动车驾驶人发生交通事故后逃逸，该机动车参加强制保险的，由保险公司在机动车强制保险责任限额范围内予以赔偿；机动车不明或者该机动车未参加强制保险，需要支付被侵权人人身伤亡的抢救、丧葬等费用的，**由道路交通事故社会救助基金垫付**。道路交通事故社会救助基金垫付后，其管理机构有权向交通事故责任人追偿。

  【点评】简单难度，本题属于平时训练的重点内容。

- 【2018 年真题 · 判断】《中华人民共和国侵权责任法》规定，因不可抗力造成他人损害的，应当减轻责任。法律另有规定的，依照其规定。（　　）

  【答案】错

  【解析】《侵权责任法》第 29 条，因不可抗力造成他人损害的，不承担责任。法律另有规定的，依照其规定。

  【点评】送分题，本题属于平时训练的重点内容，不可抗力自带免罪金牌。

- 【2017 年真题 · 判断】因第三人的行为造成旅游者人身损害、财产损失，由第三人承担责任；旅游经营者、旅游辅助服务者未尽安全保障义务，旅游者请求其承担连带责任的，人民法院应予支持。（　　）

  【答案】错

  【解析】因第三人的行为造成旅游者人身损害、财产损失，由第三人承担责任；旅游经营者、旅游辅助服务者未尽安全保障义务，旅游者请求其承担相应**补充责任**的，人民法院应予支持。

  【点评】中等难度，本题属于偷换概念，注意区分"连带责任"和"补充责任"。补充责任，是指在不法行为人（主责任人）不能承担全部赔偿责任时，与其有特定联系的当事人依法就其不能偿付部分承担的间接责任。

- 【2017 年真题 · 判断】《中华人民共和国侵权责任法》规定，因紧急避险造成损

害的，由引起险情发生的人承担责任。（ ）

【答案】对

【解析】《侵权责任法》第 31 条规定，因紧急避险造成损害的，由引起险情发生的人承担责任。

【点评】简单难度，本题属于平时训练的重点内容。这类试题也可以用常识来推断，事情由谁引发谁来承担责任。

- 【2018 年真题 · 单选】张某在某动物园喂食鸵鸟时，因李某挑衅并激怒鸵鸟，造成张某被咬伤。下列关于张某权利的描述，正确的是（ ）。

A．张某可以向动物园请求赔偿，也可以向李某请求赔偿

B．张某只能向李某请求赔偿

C．张某可以向动物园和李某请求共同赔偿

D．张某只能向动物园请求赔偿

【答案】A

【解析】《侵权责任法》第 83 条规定，因第三人的过错致使动物造成他人损害的，被侵权人**可以向动物饲养人或者管理人请求赔偿，也可以向第三人请求赔偿**。动物饲养人或者管理人赔偿后，有权向第三人追偿。

【点评】中等难度，本题属于平时训练的重点内容。动物园因为未尽到安全保障义务所以要承担责任，李某因为直接的挑衅动物行为要承担责任，作为受害人张某，两种途径可以二选一。

- 【2018 年真题 · 单选】王某在某酒店办理入住手续时，与插队的李某发生口角，酒店工作人员并未劝阻，随着争吵升级，王某殴打李某，造成李某人身损害。下列关于对李某侵权责任承担的表述，正确的是（ ）。

A．王某对李某承担侵权责任，酒店不承担责任

B．王某和酒店共同对李某承担侵权责任

C．王某和酒店对李某承担连带赔偿责任

D．王某对李某承担侵权责任，酒店承担相应的补充责任

【答案】D

【解析】法释〔2010〕13 号第 7 条第 2 款规定，因第三人的行为造成旅游者人身损害、财产损失，由第三人承担责任；旅游经营者、旅游辅助服务者未尽安全保障义务，旅游者请求其**承担相应补充责任**的，人民法院应予支持。

【点评】中等难度，注意本题发生地点是酒店大堂，同时题目还点明酒店工作人员未劝阻。

- 【2017 年真题 · 单选】某通讯公司甲为铺设地下管线，在步行街路面挖一深坑，并设置了路障和警示标志。乙驾驶汽车撞倒路障和标志并未及时复原，致使丙骑电动车路经该处时避让不及而撞倒人行道上的旅游者丁。下列关于赔偿的说法

中，正确的是（　　）。

A. 乙承担赔偿责任　　B. 乙、丙共同承担赔偿责任

C. 甲、乙共同承担赔偿责任　　D. 甲、乙、丙共同承担赔偿责任

【答案】A

【解析】《侵权责任法》第91条，在公共场所或者道路上挖坑、修缮安装地下设施等，没有设置明显标志和采取安全措施造成他人损害的，施工人应当承担侵权责任。

第31条，因紧急避险造成损害的，**由引起险情发生的人**承担责任。如果危险是由自然原因引起的，紧急避险人不承担责任或者给予适当补偿。紧急避险采取措施不当或者超过必要的限度，造成不应有的损害的，紧急避险人应当承担适当的责任。

【点评】难度超大，本题同时考查2个知识点，面对复杂清醒，需要保持冷静抽丝剥茧，表面看是丙的错，但是丙的错是因为乙的行为造成的，所以只有乙需要承担赔偿责任。

● 【2017年真题·单选】依据《中华人民共和国侵权责任法》，下列承担方式中不属于侵权责任承担方式的是（　　）。

A. 停止侵害　　B. 返还财产

C. 赔偿定金　　D. 消除危险

【答案】C

【解析】《侵权责任法》第15条，承担侵权责任的方式主要有：（1）停止侵害；（2）排除妨碍；（3）消除危险；（4）返还财产；（5）恢复原状；（6）赔偿损失；（7）赔礼道歉；（8）消除影响、恢复名誉。

以上承担侵权责任的方式，可以单独适用，也可以合并适用。

【点评】简单难度，本题属于平时训练的重点内容，C项没有迷惑性。

● 【2017年真题·多选】甲旅行社导游张某带领旅游团游览某景区时由于人满为患，旅游者李某被行人王某撞伤。经查，张某未提醒旅游者注意行走安全，下列关于李某受伤处理的说法中，正确的有（　　）。

A. 张某应当对李某承担侵权责任

B. 张某对李某不承担赔偿责任

C. 甲旅行社对李某不承担赔偿责任

D. 甲旅行社应当对李某承担补充赔偿责任

E. 王某应当对李某承担侵权责任

【答案】BDE

【解析】《侵权责任法》第37条第2款："因第三人的行为造成他人损害的，由**第三人承担侵权责任**；管理人或者组织者未尽到安全保障义务的，**承担相应的补充**

责任。”

《侵权责任法》第35条规定，个人之间形成劳务关系，提供劳务一方因劳务造成他人损害的，**由接受劳务一方承担侵权责任**。提供劳务一方因劳务自己受到损害的，根据双方各自的过错承担相应的责任。

【点评】难度较大，同时考查多个知识点。王某的行为造成他人损害，要承担责任；张某未提醒游客，由雇佣张某的单位承担补充责任，张某不承担。

习题强化

一、判断题

1.《中华人民共和国侵权责任法》规定，侵害他人财产的，财产损失按照损失发生时的市场价格或者其他方式计算。（　）

2.《中华人民共和国侵权责任法》规定，因租赁、借用等情形机动车所有人与使用人不是同一人时，发生交通事故后属于该机动车一方责任的，由保险公司在机动车强制保险责任限额范围内予以赔偿。不足部分，由机动车使用人承担赔偿责任；机动车所有人在任何情况下都不需要承担赔偿责任。（　）

3. 根据《中华人民共和国侵权责任法》规定，在受害人故意的情况下，侵权人的责任也不可以免除。（　）

4. 根据《中华人民共和国侵权责任法》规定，侵权责任均适用过错责任原则。（　）

5. 根据《中华人民共和国侵权责任法》规定，正当防卫超过必要的限度，造成不应有损害的，正当防卫人应当承担适当的责任。（　）

6. 根据《中华人民共和国侵权责任法》规定，侵权责任承担的方式只可以单独适用，不可以合并适用。（　）

7. 根据《中华人民共和国侵权责任法》规定，侵害他人造成人身损害的，应当赔偿医疗费、护理费、交通费等为治疗和康复支出的合理费用，以及因误工减少的收入及利息。

8. 根据《中华人民共和国侵权责任法》规定，侵害他人财产权益，造成他人精神损害的，被侵权人有权请求精神损害赔偿。（　）

9. 根据《中华人民共和国侵权责任法》规定，损害后果可以分为财产损失、人身损害和精神损害。（　）

10. 根据《中华人民共和国侵权责任法》规定，帮助无民事行为能力人、限制民事行为能力人实施侵权行为的，应当承担侵权责任。（　）

11. 根据《中华人民共和国侵权责任法》规定，无民事行为能力人造成他人损害的，由监护人承担侵权责任。监护人尽到监护责任的，可以减轻或免除其侵权

责任。 ( )

12. 根据《中华人民共和国侵权责任法》规定，因同一行为应当承担侵权责任和行政责任、刑事责任，侵权人的财产不足以支付的，先承担刑事责任。 ( )

13. 根据《中华人民共和国侵权责任法》规定，劳务派遣的接受方对劳务派遣工作人员的侵权行为承担过错责任。 ( )

14.《最高人民法院关于审理人身损害赔偿案件适用法律若干问题的解释》规定，雇员因故意或者重大过失致人损害的，应当与雇主承担连带赔偿责任。 ( )

15. 根据《中华人民共和国侵权责任法》规定，高度危险活动致害责任适用过错推定责任原则。 ( )

16. 根据《中华人民共和国侵权责任法》规定，盗窃、抢劫或者抢夺的机动车发生交通事故造成损害的，由盗窃人、抢劫人或者抢夺人承担赔偿责任。 ( )

二、单选题

1. 根据《中华人民共和国侵权责任法》规定，法律一方面允许高度危险作业的存在，另一方面高度危险作业者要为因此给他人带来的损害承担（ ）。

   A. 无过错责任　　B. 过错推定责任
   C. 过错责任　　D. 不须承担责任

2. 根据《中华人民共和国侵权责任法》规定，如果被侵权人的过失也是造成损害的原因，则要因其过错承担相应的责任，侵权人的责任则对应（ ）。

   A. 增加　　B. 减少
   C. 不变　　D. 视具体情况而定

3. 根据《中华人民共和国侵权责任法》规定，建筑物、构筑物或者其他设施倒塌造成他人损害的，由（ ）承担连带责任。

   A. 建设单位与施工单位　　B. 建设单位
   C. 施工单位　　D. 管理单位

4. 根据《中华人民共和国侵权责任法》规定，下列关于紧急避险的说法错误的是（ ）。

   A. 为了使公共利益、本人或他人的合法权益免受正在发生的损害为限
   B. 因紧急避险造成损害的，由引起险情发生的人承担责任
   C. 如果危险是由自然原因引起的，紧急避险人应承担赔偿责任
   D. 紧急避险超过必要限度造成不应有损害的，紧急避险人应承担适当的责任

5. 根据《中华人民共和国侵权责任法》规定，机动车交通事故责任的构成条件不包括（ ）。

A．机动车在道路上运行

B．机动车因交通事故造成损害

C．机动车与损害之间具有因果关系

D．机动车一方能证明自己没有过错

6．根据《中华人民共和国侵权责任法》规定，如果车辆驾驶者已经看到道路上存在倾倒的妨碍通行物，并且可以轻易避开，而因为疏忽大意未能避开，则（　　）。

A．倾倒人减轻责任　　B．倾倒人不承担责任

C．倾倒人不承担或减轻责任　　D．倾倒人承担完全责任

7．根据《中华人民共和国侵权责任法》规定，从建筑物上抛掷的物品致他人损害的，如果难以确定具体侵权人的，除能够证明自己不是侵权人的外，由可能加害的（　　）给予补偿。

A．建筑物所有人　　B．建筑物管理人

C．建筑物施工人　　D．建筑物使用人

8．根据《中华人民共和国侵权责任法》规定，禁止饲养的烈性犬等危险动物造成他人损害的，（　　）应当承担侵权责任。

A．唯有饲养人　　B．唯有管理人

C．饲养人和管理人　　D．饲养人或者管理人

9．根据《中华人民共和国侵权责任法》规定，机动车驾驶人发生交通事故后逃逸，机动车不明或者该机动车未参加强制保险，需要支付被侵权人人身伤亡的抢救、丧葬等费用的，由（　　）垫付。

A．道路交通事故社会救助基金　　B．保险公司

C．机动车驾驶人　　D．保险公司或机动车驾驶人

10．根据《中华人民共和国侵权责任法》规定，租赁机动车发生交通事故后，属于该机动车一方责任的，由保险公司在机动车强制保险责任限额范围内予以赔偿，不足部分，由（　　）承担赔偿责任。

A．机动车所有人　　B．机动车使用人

C．机动车所有人或使用人　　D．机动车所有人和使用人

11．导游员张某在带团路经某居民小区时，突然从小区的高楼内抛出一只烟灰缸，将游客王某砸伤。关于砸伤王某的责任承担，根据《中华人民共和国侵权责任法》规定，下列说法正确的是（　　）。

A．导游员张某违反安全保障义务，应承担侵权责任

B．顶层业主通过证明当日家中无人，可以免责

C．小区物业违反安全保障义务，应当承担侵权责任

D．如果查明烟灰缸系从 8 层抛出，8 层以上业主仍应承担补充责任

12. 根据《中华人民共和国侵权责任法》规定，遗弃、逃逸的动物在遗弃、逃逸期间造成他人损害的，由原动物饲养人或者管理人承担侵权责任。本条规定采用的是（　　）原则。

A. 过错责任　　B. 无过错责任

C. 过错推定责任　　D. 公平责任

13. 根据《中华人民共和国侵权责任法》规定，建筑物、构筑物或者其他设施倒塌造成他人损害的，由建设单位与施工单位承担（　　）。

A. 连带责任　　B. 补充责任

C. 过错责任　　D. 按份责任

14. 根据《中华人民共和国侵权责任法》规定，如果劳务派遣单位有过错，则承担相应的（　　）。

A. 补充责任　　B. 连带责任

C. 补充责任或连带责任　　D. 补充责任和连带责任

15. 根据《中华人民共和国侵权责任法》规定，个人之间形成劳务关系，提供劳务一方因劳务造成他人损害的，由（　　）承担侵权责任。

A. 提供劳务一方　　B. 接受劳务一方

C. 用人单位或工作人员　　D. 用人单位和工作人员

16. 根据《中华人民共和国侵权责任法》规定，下列关于侵权的财产损害赔偿说法错误的是（　　）

A. 侵害他人财产的，财产损失按照损失发生时的政府指导价格计算

B. 侵害他人人身权益造成财产损失的，按照被侵权人因此受到的损失赔偿

C. 被侵权人的损失难以确定，侵权人因此获得利益的，按照其获得的利益赔偿

D. 被侵权人和侵权人就赔偿数额协商不一致，向人民法院提起诉讼的，由人民法院根据实际情况确定赔偿数额

17. 根据《中华人民共和国侵权责任法》规定，因正当防卫造成损害的，（　　）。

A. 减轻责任　　B. 不承担责任

C. 承担部分责任　　D. 减轻责任或不承担责任

18. 根据《中华人民共和国侵权责任法》规定，受害人和行为人对损害的发生都没有过错的，可以根据实际情况，由双方分担损失。该规定体现的侵权损害赔偿规则是（　　）。

A. 过错责任原则　　B. 无过错责任原则

C. 过错推定责任　　D. 公平责任原则

19. 根据《中华人民共和国侵权责任法》规定，行为人损害他人民事权益，不论行为人有无过错，法律规定应当承担侵权责任的，依照其规定。该规定体现的侵权损害赔偿规则是（　　）。

A．过错责任原则　　　　　　　　B．无过错责任原则

C．过错推定责任　　　　　　　　D．公平责任原则

20．根据《中华人民共和国侵权责任法》规定，凡适用（　　）的侵权行为属于一般侵权行为。

A．过错责任原则　　　　　　　　B．无过错责任原则

C．过错推定责任　　　　　　　　D．公平责任原则

21．根据《中华人民共和国侵权责任法》规定，饲养的动物造成他人损害的，动物饲养人或者管理人应当承担侵权责任，但能够证明损害是因被侵权人故意或者重大过失造成的，（　　）。

A．承担侵权责任，但是可以减轻其侵权责任

B．承担侵权责任，但是应当减轻其侵权责任

C．可以减轻或不承担侵权责任

D．应当减轻或不承担侵权责任

22．根据《中华人民共和国侵权责任法》规定，因第三人的过错致使动物造成他人损害的，则被侵权人（　　）。

A．只能向动物饲养人请求赔偿

B．只能向动物管理人请求赔偿

C．只能向第三人请求赔偿

D．可以向动物饲养人或管理人请求赔偿，也可以向第三人请求赔偿

23．根据《中华人民共和国侵权责任法》规定，堆放物倒塌造成他人损害，堆放人不能证明自己没过错的，应当承担侵权责任。该条规定在归责原则上采用的是（　　）。

A．过错责任原则　　　　　　　　B．无过错责任原则

C．过错推定责任原则　　　　　　D．公平责任原则

24．根据《中华人民共和国侵权责任法》规定，下列关于饲养动物致人损害责任说法错误的是（　　）。

A．某游客8周岁的儿子王某在民宿翻墙进入隔壁居民家玩耍，被院内藏獒咬伤，邻居应承担侵权责任

B．某游客8周岁的儿子王某在路上故意逗老李饲养的狗，造成同行的游客孙某被咬伤，只能由王某的监护人承担侵权责任

C．游客王某驾车在野生动物园游览时，不听工作人员劝阻，强行下车被老虎咬伤，动物园不承担侵权责任

D．游客王某带女儿到动物园游览时，动物园饲养的老虎从破损的虎笼里蹿出将其女儿咬伤，动物园应承担侵权责任

25．甲电器销售公司的安装工人张某在为消费者李某安装空调的过程中，不慎从高

处掉落安装工具，将游客王某砸成重伤。张某是乙公司的劳务派遣人员，此前曾多次发生类似小事故，甲公司曾要求乙公司另派他人，但乙公司最终未换人。根据《中华人民共和国侵权责任法》规定，下列选项正确的是（　　）。

A．对王某的赔偿责任应由张某承担，李某承担补充责任

B．对王某的赔偿责任应由甲公司承担，乙公司承担补充责任

C．甲公司与乙公司应对王某承担连带赔偿责任

D．对王某的赔偿责任承担应采用过错责任制

26．根据《中华人民共和国侵权责任法》规定，在公共场所或者道路上挖坑、修缮安装地下设施等，没有设置明显标志和采取安全措施造成他人损害的，施工人应当承担侵权责任。该条规定在归责原则上采用的是（　　）。

A．过错责任原则　　B．无过错责任原则

C．过错推定责任原则　　D．公平责任原则

27．根据《中华人民共和国侵权责任法》规定，受害人和行为人对损害的发生都没有过错的，（　　）。

A．受害人自行承担责任

B．行为人承担责任

C．可以根据实际情况，由双方分担损失

D．由受害人和行为人平均承担责任

三、多选题

1.《中华人民共和国侵权责任法》所称的民事权益包括（　　）等人身、财产权益。

A．名誉权　　B．姓名权

C．专利权　　D．继承权

E．债权

2．根据《中华人民共和国侵权责任法》规定，一般侵权责任的构成要件包括（　　）。

A．加害行为　　B．损害后果

C．过错　　D．法律有特别规定

E．因果关系

3．根据《中华人民共和国侵权责任法》规定，减轻或免除行为人责任的事由包括（　　）。

A．受害人故意或过失　　B．第三人过错

C．防卫过当　　D．不可抗力

E．紧急避险

4．根据《中华人民共和国侵权责任法》规定，（　　）的管理人或群众性活动的

组织者，未尽到安全保障义务，造成他人损害的，应当承担侵权责任。

A．宾馆　　B．动物园

C．车站　　D．公司

E．娱乐场所

5．根据《中华人民共和国侵权责任法》规定，下列属于侵权责任的承担方式有（　　）。

A．停止侵害　　B．返还财产

C．继续履行　　D．支付违约金

E．赔偿损失

6．根据《中华人民共和国侵权责任法》规定，下列关于监护人责任构成要件说法错误的是（　　）。

A．加害人只能是无民事行为能力人

B．造成他人损害

C．由监护人承担完全责任

D．如果被监护人有自己的独立财产，监护人可以向其追偿

E．如果被监护人有自己的独立财产，不能要求监护人承担完全责任

7．根据《中华人民共和国侵权责任法》规定，下列关于动物园的动物致人损害的责任说法正确的是（　　）。

A．动物园可以通过证明尽到管理职责而免除责任

B．如果动物园能够证明被侵权人或者被害人对于损害的发生也有过错的，可以减轻动物园的责任

C．能够证明损害是受害人故意造成的动物园不承担或减轻责任

D．如果是第三人过错致使动物造成他人损害的，被侵权人可以选择向动物园请求赔偿，也可以向第三人请求赔偿

E．如果是第三人过错致使动物造成他人损害的，受害人在选择向动物园请求赔偿时，动物园不能以第三人的过错提出抗辩

8．根据《中华人民共和国侵权责任法》规定，从事下列（　　）活动造成他人损害的，经营者应当承担侵权责任。

A．高空　　B．高压

C．深海　　D．地下挖掘

E．使用高速轨道运输工具

习题强化答案

一、判断题

1．对	2．错	3．错	4．错	5．对
6．错	7．错	8．错	9．对	10．对
11．错	12．错	13．错	14．对	15．错
16．对				

二、单选题

1．A	2．B	3．A	4．C	5．D
6．A	7．D	8．D	9．A	10．B
11．B	12．B	13．A	14．A	15．B
16．A	17．B	18．D	19．B	20．A
21．C	22．D	23．C	24．B	25．B
26．C	27．C			

三、多选题

1．ABCD	2．ABCE	3．ABDE	4．ABCE	5．ABE
6．ACD	7．ABDE	8．ABDE		

第六章 旅行社法律制度

真题解读

- 【2018 年真题 · 判断】依据《旅行社条例实施细则》，旅行社服务网点以设立社的名义从事《旅行社条例》规定的经营活动，其经营活动的责任和后果，由设立社承担。（ ）

  【答案】对

  【解析】分社和服务网点不具有法人资格，不作为权利、义务的主体，以设立分社、服务网点的旅行社的名义从事《旅游法》《旅行社条例》规定的业务经营，其经营活动的责任和后果，由**设立社**承担。

  【点评】简单难度，本题属于平时训练的重点内容。此类试题要注意联想到分社的经营规则，无论分社还是服务网点都没有法人资格。

- 【2017 年真题 · 判断】《旅行社条例》规定，旅行社每设立一个经营国内旅游业务和入境业务的分社，应当向其注册资本账户增存 5 万元。（ ）

  【答案】错

  【解析】《旅行社条例》第 14 条规定，旅行社每设立一个经营国内旅游业务和入境旅游业务的分社，应当向其**质量保证金**账户增存 5 万元。

  【点评】简单难度，"质量保证金账户"偷换为"注册资本账户"，注意区分"注册资本账户"和"质量保证金账户"。

- 【2017 年真题 · 判断】《旅行社条例》规定，旅行社被吊销旅行社业务经营许可的，其主要负责人在旅行社业务经营许可被吊销之日起三年内不得担任任何旅行社的主要负责人。（ ）

  【答案】错

  【解析】《旅行社条例》规定，旅行社被吊销旅行社业务经营许可的，其主要负责人在旅行社业务经营许可被吊销之日起**五年内**不得担任任何旅行社的主要负责人。

  【点评】简单难度，"五年内"偷换为"三年内"，本题平时训练经常涉及。

- 【2018 年真题 · 单选】《旅行社条例》规定，旅行社在经营活动中应当遵循自愿、平等、公平、（ ）的原则，提高服务质量、维护旅游者合法权益。

  A．合法　　　　B．公正

C．合理　　D．诚信

【答案】D

【解析】依据《旅行社条例》第4条规定，旅行社在经营活动中应当遵循自愿、平等、公平、诚信的原则，提高服务质量，维护旅游者的合法权益。

【点评】送分题，本题属于平时训练的重点内容。

● 【2018年真题·单选】《旅行社条例》规定，旅行社自交纳或者补足服务质量保证金之日起（　　）内未因侵害旅游者合法权益受到行政机关罚款以上处罚的，旅游行政管理部门应当将旅游服务质量保证金的缴存款额降低50%，并向社会公告。

A．半年　　B．1年

C．2年　　D．3年

【答案】D

【解析】《旅行社条例》规定，旅行社自交纳或者补足质量保证金之日起3年内未因侵害旅游者合法权益受到行政机关罚款以上处罚的，旅游行政管理部门应当将旅游服务质量保证金的缴存数额降低50%，并向社会公告。

【点评】简单难度，本题属于平时训练的重点内容。

● 【2018年真题·单选】某旅行社经营范围包括境内旅游业务、入境旅游业务和出境旅游业务，并设有2家经营境内旅游业务和入境旅游业务的分公司，则该旅行社应当向其旅游服务质量保证金账户共存入（　　）。

A．210万元　　B．175万元

C．150万元　　D．140万元

【答案】C

【解析】经营入境旅游业务和国内旅游业务的旅行社，需要交纳20万元质量保证金，经营出境旅游业务的旅行社，需要交纳120万元；经营入境旅游业务和国内旅游业务，同时还经营出境旅游业务的旅行社，应交纳140万元。

每设立一个经营国内旅游业务和入境旅游业务的分社，应当向其质量保证金账户增存5万元；每设立一个经营出境旅游业务的分社，应当向其质量保证金账户增存30万元。

【点评】中等难度，题干虽然有些绕，但所考查的知识点并不难，简单的相加就可以。

● 【2017年真题·单选】《旅行社条例实施细则》规定，设立社应当加强对分社和服务网点的管理，对服务网点实行统一管理、统一财务、统一招徕和（　　）服务规范。

A．统一人事　　B．统一经费

C．统一咨询　　D．统一接待

【答案】C

【解析】《旅行社条例实施细则》第25条，设立社应当与分社、服务网点的员工，订立劳动合同。设立社应当加强对分社和服务网点的管理，对分社实行统一的人事、财务、招徕、接待制度规范，对服务网点实行统一管理、统一财务、统一招徕和统一咨询服务规范。

【点评】简单难度，“管财招咨”，本题属于平时训练的重点内容。

- 【2017年真题·单选】某旅行社组织、接待旅游者，未经同意安排另行付费旅游项目的，旅游者有权在旅游行程结束后（　　）内，要求旅行社退还另行付费项目的费用。

A. 30日　　B. 30个工作日

C. 60日　　D. 60个工作日

【答案】A

【解析】《旅游法》第35条规定，旅行社不得以不合理的低价组织旅游活动，诱骗旅游者，并通过安排购物或者另行付费旅游项目获取回扣等不正当利益。旅行社组织、接待旅游者，不得指定具体购物场所，不得安排另行付费旅游项目。但是，经双方协商一致或者旅游者要求，且不影响其他旅游者行程安排的除外。

发生违反前两款规定情形的，旅游者有权在旅游行程结束后三十日内，要求旅行社为其办理退货并先行垫付退货货款，或者退还另行付费旅游项目的费用。

【点评】简单难度，本题属于平时训练的重点内容。注意区分“工作日和日”。

- 【2017年真题·单选】《中华人民共和国旅游法》规定，旅行社要求导游垫付或者向导游收取费用的，由旅游主管部门责令改正，没收违法所得，并处（　　）罚款。

A. 1000元以上1万元以下　　B. 2000元以上2万元以下

C. 3000元以上3万元以下　　D. 5000元以上5万元以下

【答案】D

【解析】《旅游法》第96条旅行社违反本法规定，有下列行为之一的，由旅游主管部门责令改正，没收违法所得，并处五千元以上五万元以下罚款；情节严重的，责令停业整顿或者吊销旅行社业务经营许可证；对直接负责的主管人员和其他直接责任人员，处二千元以上二万元以下罚款：（1）未按照规定为出境或者入境团队旅游安排领队或者导游全程陪同的；（2）安排未取得导游证的人员提供导游服务或者安排不具备领队条件的人员提供领队服务的；（3）未向临时聘用的导游支付导游服务费用的；（4）要求导游垫付或者向导游收取费用的。

【点评】中等难度，本题考查角度较偏。

- 【2018年真题·多选】某旅行社组织出境旅游时，发现李某擅自脱团，该旅行社虽然启动其应急预案，但未向有关部门履行报告义务。对此，由旅游主管部门对该旅行社（　　）。

A. 处5000以上5万以下的罚款

B. 处1万元以上10万元以下的罚款

C. 责令停业整顿

D. 吊销旅行社业务经营许可证

E. 情节严重的，停业整顿或者吊销旅行社业务经营许可证

【答案】AE

【解析】旅游经营者组织、接待出入境旅游，发现旅游者从事违法活动或者非法滞留、擅自分团脱团，没有及时向公安机关、旅游主管部门或者我国驻外机构报告，由旅游主管部门处5000元以上5万元以下罚款；**情节严重的，责令停业整顿或者吊销旅行社业务经营许可证**；对直接负责的主管人员和其他直接责任人员，处2000元以上2万元以下罚款，并暂扣或者吊销导游证。

【点评】中等难度，本题属于平时训练的重点内容。

● **【2018年真题·多选】**某旅行社在组织旅游者赴境外旅游过程中，安排旅游者参加另行付费旅游项目，且未征得旅游者同意。对此，由旅游主管部门对直接负责该项目的导游王某，（　　）。

A. 处200元以上2000元以下罚款

B. 处2000元以上2万元以下罚款

C. 并暂扣或者吊销导游证

D. 没收违法所得

E. 情节严重的，吊销导游证

【答案】BCD

【解析】《旅游法》第35条规定，旅行社不得以不合理的低价组织旅游活动，诱骗旅游者，并通过安排购物或者另行付费旅游项目获取回扣等不正当利益。

《旅游法》第98条规定，旅行社违反本法第35条规定的，由旅游主管部门责令改正，没收违法所得，责令停业整顿，并处3万元以上30万元以下罚款；违法所得30万元以上的，并处违法所得1倍以上5倍以下罚款；情节严重的，吊销旅行社业务经营许可证；对直接负责的主管人员和其他直接责任人员，**没收违法所得，处2000元以上2万元以下罚款，并暂扣或者吊销导游证**。

【点评】中等难度，本题属于平时训练的重点内容。

● **【2018年真题·多选】**依据有关法律、法规，下列关于旅游服务质量保证金使用情形的表述，正确的是（　　）。

A. 人民法院判决、裁定及其他生效法律文书认定旅行社损害旅游者合法权益、旅行社拒绝或者无力赔偿的

B. 垫付旅游者人身安全遇有危险时采取紧急救助的费用

C．旅游者擅自脱团造成人身损害的

D．旅行社因解散、破产或者其他原因造成旅游者预交旅游费用损失的

E．旅行社违反旅游合同约定，侵害旅游者合法权益，经旅游主管部门查证属实的

【答案】ABDE

【解析】旅游行政管理部门使用质量保证金的情形：（1）旅行社违反旅游合同约定，侵害旅游者合法权益，经旅游行政管理部门查证属实的；（2）旅行社因解散、破产或者其他原因造成旅游者预交旅游费用损失的；（3）在旅游过程中，旅游者人身安全遇有危险时用于垫付紧急救援费用的。司法机关使用质量保证金的情形：人民法院判决、裁定及其他生效法律文书认定旅行社损害旅游者合法权益，旅行社拒绝或无力赔偿的，人民法院可以从旅行社的质量保证金账户上划拨赔偿款。

【点评】中等难度，本题属于平时训练的重点内容。

习题强化

一、判断题

1．根据《旅行社条例》规定，旅行社自交纳或者补足质量保证金之日起3年内未因侵害旅游者合法权益受到行政机关罚款以上处罚的，旅游行政管理部门应当将旅游服务质量保证金的缴存数额降低30%，并向社会公告。（ ）

2．根据《旅行社条例》规定，旅行社在旅游行政管理部门使用质量保证金赔偿旅游者的损失，或者依法减少质量保证金后，因侵害旅游者合法权益受到行政机关罚款以上处罚的，应当在收到旅游主管部门补交质量保证金的通知之日起5个工作日内补足质量保证金。（ ）

3．根据《旅行社条例实施细则》规定，旅行社申请出境旅游业务的，应当提交：经营旅行社业务满三年且连续两年未因侵害旅游者合法权益受到行政机关罚款以上处罚的承诺书。（ ）

4．依据《旅行社条例》规定，申请经营出境旅游业务的，受理申请的旅游主管部门应当自受理申请之日起30个工作日内做出许可或者不予许可的决定。（ ）

5．根据《旅行社条例实施细则》规定，设立社应当加强对服务网点的管理，对服务网点实行统一管理、统一财务、统一招徕和统一咨询服务规范。（ ）

6．根据《旅行社条例》规定，申请经营境内旅游业务和入境旅游业务经营的旅行社，注册资本不少于30万元。（ ）

7．根据《中华人民共和国旅游法》规定，旅游主管部门和有关部门依法实施监督

检查，其监督检查人员不得少于两人，并应当出示合法证件。（ ）

8. 根据《旅行社条例实施细则》，旅行社分社具有独立的法人资格，其民事责任可以由其设立社承担，也可以由该分社承担。（ ）

9. 根据《旅行社条例》规定，旅行社设立服务网点，应当依法向旅游行政管理部门办理设立登记手续，并向所在地的工商行政管理部门备案。（ ）

10. 旅行社质量保证金是由旅行社缴纳、旅游行政管理部门管理，用于保障旅游者权益的专用款项。（ ）

11. 根据《旅行社条例》规定，旅行社设立分社的，应当持旅行社业务经营许可证副本向设立社所在地的工商行政管理部门办理设立登记。（ ）

12. 根据《旅行社条例》规定，经营出境游业务的旅行社应当增存质量保证金为120万元。（ ）

13. 根据《旅行社条例》规定，外商投资旅行社的设立条件完全等同于我国旅行社。（ ）

14. 根据《旅行社条例》规定，旅行社应在规定期限内向其质量保证金账户存入、增存、补足质量保证金或者提交相应的银行担保的。（ ）

15. 旅行社分支机构包括旅行社分社和旅行社服务网点。（ ）

16. 根据《旅行社条例》规定，申请设立经营国内旅游业务和入境旅游业务的旅行社应当向所在地市一级旅游行政主管部门提出申请。（ ）

17. 根据《旅行社条例》规定，旅行社终止经营的，银行应返还质量保证金。（ ）

18. 根据《旅行社条例》规定，旅行社在经营资金运转十分短缺的情形下，可以适当地申请使用质量保证金。（ ）

19. 依据《旅行社条例》规定，旅行社将旅游业务委托给其他旅行社的，应当向接受委托的旅行社支付高于接待和服务成本的费用。（ ）

20. 依据《旅行社条例》规定，旅行社在经营活动中应当遵循自愿、平等、公平、诚信的原则，提高服务质量，维护旅行社与旅游者的合法权益。（ ）

21. 旅行社可以经营下列业务：①国内旅游；②出境旅游；③边境旅游；④入境旅游；⑤其他旅游业务。（ ）

22.《旅行社条例实施细则》规定，旅游行政管理部门对各类旅行社及外国旅行社常驻机构实行属地管理。（ ）

23. 根据《中华人民共和国旅游法》规定，在旅游行程中，旅游者有权拒绝参加旅行社在旅游合同之外的购物活动或者需要旅游者另行付费的旅游项目。（ ）

24. 根据《旅行社条例》规定，旅行社聘用导游人员、领队人员应当依法签订劳动

合同，并按照双方协商的要求向其支付工资报酬。（ ）

25. 根据《旅行社条例》规定，旅行社质量保证金应当存入旅游行政管理部门的专门账户。（ ）

26.《旅行社条例》规定，旅行社聘用导游人员应当依法签订劳动合同，并向其支付不低于当地最低工资标准的报酬。（ ）

27.《旅行社条例》规定，接受委托的旅行社故意或者重大过失造成旅游者合法权益损害的，应当独自承担责任。（ ）

28. 根据《旅行社条例》规定，旅行社不得在旅游合同约定之外提供其他有偿服务。（ ）

29.《旅行社条例》规定，旅行社需要对旅游业务做出委托的应当委托给具有旅行社业务经营许可证的旅行社。（ ）

30.《中华人民共和国旅游法》规定，由于地接社、履行辅助人的原因造成旅游者人身损害、财产损失的，旅游者可以直接要求地接社、履行辅助人承担赔偿责任。（ ）

31.《旅行社条例》规定，旅行社为了招徕旅游者可以降低价格，甚至低于成本也可以，或者是旅行社的自愿。（ ）

32.《旅行社条例》规定，因境外旅行社违约，使旅游者权益受到损害的，组织出境的境内旅行社应当承担赔偿责任，然后再向境外的旅行社追偿。（ ）

33.《中华人民共和国旅游法》规定，旅游经营者对其在经营活动中知悉的旅游者个人信息，应当予以保密。（ ）

34.《中华人民共和国旅游法》规定，境内旅游业务和出境旅游业务是所有旅行社均可经营的业务。（ ）

35.《中华人民共和国旅游法》规定，旅行社应当与其聘用的导游依法订立劳动合同，支付劳动报酬，但无需缴纳社会保险费用。（ ）

36. 根据《旅行社管理条例实施细则》规定，旅行社与旅游者订立合同或收取旅游者预付旅游费用后，因旅行社原因不能成行的，旅行社应在合理期限内通知旅游者。境内旅游应提前 5 日通知旅游者，否则应向旅游者全额退还预付旅游费用并支付相应违约金。（ ）

37. 根据《旅行社管理条例实施细则》规定，旅行社与旅游者订立合同或收取旅游者预付旅游费用后，因旅行社原因不能成行的，旅行社应在合理期限内通知旅游者。出境旅游（含赴台游）应提前 30 日（不含 30 日）通知旅游者，否则应向旅游者全额退还预付旅游费用并支付相应违约金。（ ）

38. 根据《旅行社管理条例实施细则》规定，在同一旅游行程中，旅行社提供相同服务，因旅游者的年龄、职业等差异增收费用的，旅行社应返还增收的费用，同时增加赔偿同额违约金。（ ）

39. 根据《旅行社条例实施细则》规定，旅行社服务网点是指旅行社设立的，为旅行社招徕旅游者，并以旅行社的名义与旅游者签订旅游合同的门市部等机构。（ ）

40. 因侵害旅游者合法权益，造成游客滞留或者对社会造成较严重不良影响的将被列入辖区旅游市场黑名单。（ ）

41. 旅游市场主体发生重大安全事故，属于旅游市场主体主要责任的，旅游市场主体将被列入辖区旅游市场黑名单。（ ）

42. 人民法院认定的失信被执行人将被列入旅游市场黑名单。（ ）

43. 仅因人民法院认定的失信被执行人而被列入旅游市场黑名单，在人民法院将其失信信息删除后 10 个工作日内，列入机关将其移出旅游市场黑名单。（ ）

44. 将旅游市场主体和从业人员列入旅游市场黑名单前，列入机关应履行告知或者公示程序，自然人被列入旅游市场黑名单的，则无需事前告知。（ ）

45. 列入黑名单前，列入机关应将旅游市场主体和从业人员信息与全国信用信息共享平台各领域“红名单”进行交叉比对，如“黑名单”主体之前已被列入“红名单”，列入机关应将其从“黑名单”中删除。（ ）

46. 因《旅游市场黑名单管理办法（试行）》规定的其他情形列入黑名单的，黑名单主体在规定期限内纠正失信行为、消除不良影响的（不含本办法第 4 条第一款第（3）项规定之情形），由列入机关自届满之日起 30 日内移出旅游市场黑名单。（ ）

47. 省级、地市级旅游市场黑名单信息移出前，移出机关须向上一级文化和旅游行政部门报告。上级文化和旅游行政部门有权撤销下级文化和旅游行政部门的黑名单移出决定。（ ）

48. 文化和旅游行政部门应对列入旅游市场黑名单的失信被执行人及其法定代表人、高级管理人员、实际控制人、影响债务履行的直接责任人员在高消费旅游方面实施惩戒，限制其参加由旅行社组织的团队出境旅游。（ ）

49. 旅游市场主体黑名单列入事由信息与从业人员黑名单列入事由信息一致，主要包括：认定严重违法失信行为的事实、认定部门、认定依据、认定日期、有效期。（ ）

二、单选题

1. 旅行社未在规定期限内向其质量保证金账户存入、增存、补足质量保证金或者提交相应的银行担保的，由旅游行政管理部门责令改正；拒不改正的，（ ）。

   A. 吊销旅行社业务经营许可证　　B. 予以警告

   C. 责令停业整顿　　D. 予以罚款

2. 根据《中华人民共和国旅游法》的规定，旅行社超范围经营，由（ ）责令改正，没收违法所得。

A．旅游行政管理部门

B．工商行政管理部门

C．旅游主管部门或者市场监督管理部门

D．旅游主管部门或者工商行政管理部门

3．依据《旅游法》规定，旅行社受到吊销旅行社业务经营许可证处罚的有关管理人员，自处罚之日起未逾（　　）年的，不得重新从事旅行社业务。

A．1 年　　B．2 年

C．3 年　　D．5 年

4．根据《旅行社条例》规定，旅行社服务网点应当接受旅行社的统一管理，不得从事（　　）以外的活动。

A．接待、咨询　　B．招徕、宣传

C．宣传、接待　　D．招徕、咨询

5．根据《旅行社条例》规定，申请设立旅行社，受理申请的旅游主管部门不予以许可的，应当（　　）。

A．通知申请人并说明理由　　B．电话通知申请人并说明理由

C．书面通知申请人并说明理由　　D．当面通知申请人并说明理由

6．根据《旅行社条例实施细则》规定，下列对旅行社分支机构说法正确的是（　　）。

A．具有法人资格

B．作为权利、义务的主体

C．经营活动的责任和后果，由设立社与旅行社分支机构共同承担

D．经营活动的责任和后果，由设立社承担

7．根据《旅行社条例》规定，申请设立旅行社，受理申请的旅游主管部门予以许可的，向申请人颁发（　　）。

A．法人营业执照　　B．旅行社业务经营许可证

C．税务登记证　　D．企业法人营业执照

8．境内旅游业务，仅限于（　　）。

A．入境旅游业务　　B．出境旅游业务

C．国际旅游业务　　D．中国内地居民在境内旅游的业务

9．根据《旅行社条例》规定，受理外商投资旅行社设立申请，省、自治区、直辖市旅游行政管理部门应当自受理申请之日起（　　）内审查完毕。

A．15 个工作日　　B．20 个工作日

C．30 个工作日　　D．60 个工作日

10．根据《旅行社条例》规定，中外合资旅行社暂不允许经营（　　）。

A．国内旅游业务　　B．入境旅游业务

C．出境旅游业务　　D．特种旅游项目

11．依据《旅行社条例》规定，设立分社和服务网点的旅行社设立登记后，应当在（　　）内持规定的文件向所在旅游主管部门备案并领取备案登记证明。

A．3 日　　B．3 个工作日

C．7 日　　D．7 个工作日

12．依据《旅行社条例》规定，旅行社每设立一个经营出境旅游业务的分社，应当向其保证金账户增存（　　）人民币。

A．5 万元　　B．15 万元

C．20 万元　　D．30 万元

13．依据《旅行社条例》规定，旅行社每设立一个经营境内旅游业务和入境旅游业务的分社，应当向其保证金账户增存（　　）人民币。

A．5 万元　　B．15 万元

C．20 万元　　D．30 万元

14．《旅行社条例实施细则》规定，设立社在其所在地的省、自治区、直辖市行政区划外设立分社的，可以在该分社所在地（　　）设立服务网点。

A．市的行政区划内　　B．省的行政区域内

C．设区的市的行政区域内　　D．旅游行政管理部门辖区内

15．《旅行社条例》规定，出国旅游属于特许经营业务，申请经营出国旅游业务的旅行社，不应该向（　　）提出申请。

A．国务院旅游行政主管部门　　B．省旅游行政管理部门

C．直辖市旅游行政管理部门　　D．地区市旅游行政管理部门

16．《旅行社条例实施细则》规定，申请设立经营国内旅游业务和入境业务的旅行社，应当有固定的经营场所，经营场所包括拥有产权或租用的营业用房，营业用房应当满足申请者（　　）的需要。

A．业务管理　　B．经营管理

C．业务经营　　D．办公会议

17．根据《中华人民共和国旅游法》规定，地接社是指接受（　　）委托，在目的地接待旅游者的旅行社。

A．全陪　　B．组团社

C．履行辅助人　　D．地陪

18．根据《旅行社条例》的相关规定，旅行社不投保旅行社责任险的，由旅游行政管理部门责令改正；拒不改正的，（　　）。

A．责令停业整顿 15 天至 30 天　　B．罚款 5000 元以上 2 万元以下

C．罚款 5000 元以上 1 万元以下　　D．吊销《旅行社业务经营许可证》

19．根据《旅行社条例》规定，旅行社每设立一个服务网点，增存（　　）的注册

资金。

A．5 万元　　B．10 万元

C．30 万元　　D．无需增加

20.《旅行社条例实施细则》规定，旅行社增存质量保证金后（　　）内，应当向作出许可的旅游行政管理部门提交存入、续存、增存质量保证金的证明文件，以及旅行社与银行达成的使用质量保证金的协议。

A．5 日　　B．7 日

C．5 个工作日　　D．7 个工作日

21. 导游或领队未按照国家或旅游行业对旅游者服务标准提供导游或者领队服务，影响旅游服务质量的，旅行社应向旅游者支付旅游费用总额（　　）的违约金（　　）。

A．1%　　B．1% 至 5%

C．5% 至 10%　　D．10% 至 15%

22. 义乌华夏旅行社是经营国内旅游业务、入境旅游业务和出境旅游业务的企业，自 2007 年至今未因侵害旅游者合法权益受到行政机关罚款以上处罚，根据《旅行社条例》相关规定，义乌华夏旅行社的质量保证金的交存数额应为（　　）万元。

A．70　　B．60

C．20　　D．120

23.《旅行社条例》规定，经营国内旅游业务和入境旅游业务的旅行社，应当存入质量保证金（　　）。

A．10 万元　　B．20 万元

C．30 万元　　D．120 万元

24.《中华人民共和国旅游法》规定，依法成立的旅行社行业组织依照法律、行政法规和章程的规定，实行自律管理，不包括（　　）。

A．按组织规定收取合理费用

B．制定行业经营规范和服务标准

C．对其会员的经营行为和服务质量进行自律管理

D．组织开展职业道德教育和业务培训，提高旅行社从业人员素质

25. 根据《旅行社条例》规定，入境旅游者在境内非法滞留，随团入境的旅游者擅自分团、脱团的，旅游经营者应当及时向（　　）报告。

A．旅行社或旅游主管部门　　B．公安机关或旅游主管部门

C．公安机关和旅游主管部门　　D．旅行社和旅游主管部门

26. 根据《旅行社条例实施细则》规定，旅行社安排导游、领队为团队旅游提供服务的，（　　）导游、领队垫付或者向导游收取任何费用。

A．可以要求　　B．应当要求

C．不得要求　　D．不允许

27．根据《中华人民共和国旅游法》规定，旅行社违反规定，未安排持有效证件的领队或者导游全程陪同，由旅游主管部门责令改正，没收违法所得，（　　）。

A．并处 3000 元以上 1 万元以下罚款

B．并处 5000 元以上 5 万元以下罚款

C．并处 5000 元以上 3 万元以下罚款

D．并处 10000 元以上 10 万元以下罚款

28．根据《旅行社条例实施细则》规定，旅行社接受旅游者委托提供的旅游服务不包括（　　）。

A．接受旅游者的委托，代订住宿

B．接受旅游者的委托，代办出境、入境、签证手续等

C．接受社会团体的委托，为其差旅等公务活动，代办交通等事务

D．旅游咨询、旅游活动设计服务

29．根据《旅行社条例实施细则》规定，以下对设立社设立服务网点说法错误的是（　　）。

A．设立社可以在其所在地的省、自治区、直辖市行政区划内设立服务网点

B．设立社在其所在地的省、自治区、直辖市行政区划外设立分社的，可以在该分社所在地设区的市的行政区划内设立服务网点

C．分社可以设立服务网点

D．设立社不得在《旅行社条例实施细则》规定的区域范围外，设立服务网点

30．旅行社交纳旅游服务质量保证金的方法不包括（　　）。

A．将现金存入指定银行的专门账户

B．在指定银行开设保证金专用账户

C．将现金存入国外银行的定期账户

D．提交银行担保

31．《中华人民共和国旅游法》规定，旅行社安排旅游者参观或者参与违反我国法律、法规和社会公德的项目或者活动的，由旅游主管部门责令改正，没收违法所得，责令停业整顿，并处（　　）罚款。

A．2000 元以上 2 万元以下　　B．2 万元以上 10 万元以下

C．2 万元以上 20 万元以下　　D．5 万元以上 20 万元以下

32．《中华人民共和国旅游法》规定，旅行社未履行报告义务的，由旅游主管部门处（　　）罚款。

A．2000 元以上 2 万元以下　　B．3000 元以上 3 万元以下

C．5000 元以上 5 万元以下　　D．1 万元以上 10 万元以下

33.《中华人民共和国旅游法》规定，旅行社不得出租、出借（　　）。

A. 资金　　B. 营业执照

C. 导游　　D. 旅行社业务经营许可证

34.《中华人民共和国旅游法》规定，旅行社以不合理低价组织旅游活动，诱骗旅游者，并通过安排购物或者另行付费旅游项目获取回扣等不正当利益的，旅游者有权在旅游行程结束后（　　）内，要求旅行社为其办理退货并先行垫付退货货款，或者退还另行付费旅游项目的费用。

A. 十日　　B. 二十日

C. 三十日　　D. 九十日

35.《旅行社条例》第 31 条规定，旅行社为接待旅游者委派的导游人员或者为组织旅游者出境旅游委派的领队人员，（　　）持有国家规定的导游证。

A. 必须　　B. 可以

C. 应当　　D. 适当

36. 香港人参加北京某旅行社组织的“京城一日游”，该旅游属于（　　）。

A. 国内旅游　　B. 边境旅游

C. 入境旅游　　D. 出境旅游

37.《中华人民共和国旅游法》第 32 条规定，旅行社为招徕、组织旅游者、发布信息，必须真实、准确，不得进行虚假宣传，（　　）旅游者。

A. 欺骗　　B. 诱导

C. 误导　　D. 欺诈

38. 根据《旅行社条例》规定，中国公民出国旅游目的地的国家和地区，应当由（　　）确定。

A. 旅行社自行　　B. 文化和旅游部

C. 公安部　　D. 国务院审批后

39. 今年八月，浙江衢州市孔子旅行社组团去北京旅游，北京奥运旅行社负责接待。第三天晚上在北京长城饭店用餐，由于该饭店出品的冷菜卫生有问题，导致了该旅游团多数客人拉肚子，第四天的旅游行程被迫中止。根据《旅行社条例》规定，该旅游团回到衢州后应向（　　）索赔。

A. 孔子旅行社　　B. 奥运旅行社

C. 长城饭店　　D. 奥运旅行社或长城饭店

40.《中华人民共和国旅游法》66 条规定，（　　）旅行社可以解除合同。

A. 带有严重宗教信仰极度虔诚者参团

B. 携带刀具被机场人员检查后没收者参团

C. 患有严重传染病者参团

D. 嘴碎爱在团中挑拨离间者参团

41.《旅行社服务质量赔偿标准》规定，未经旅游者签字确认，旅行社擅自违反合同约定增加购物次数、延长停留时间的，每次向旅游者支付旅游费用总额（　　）的违约金。

A．5%　　B．10%

C．15%　　D．20%

42．依据《中华人民共和国旅游法》规定，旅行社组织旅游活动应当向（　　）的供应商订购产品和服务。

A．合适　　B．合格

C．优秀　　D．专业

43．根据《旅行社条例》规定，旅行社被吊销旅行社业务经营许可证的，其主要负责人在旅行社业务经营许可证被吊销之日起（　　）内不得担任任何旅行社的主要负责人。

A．3 年　　B．5 年

C．7 年　　D．10 年

44．依据《中华人民共和国旅游法》规定，旅行社将已经签约的旅游者转让给其它旅行社应当（　　）。

A．通知旅游者

B．向旅游局申请许可

C．与旅游者协商，征得旅游者同意方能转让，不需要签订书面的转让协议

D．与旅游者协商，征得旅游者同意方能转让，并签订书面的转让协议

45．根据《旅行社服务质量赔偿标准》规定，旅行社安排的旅游活动及服务档次与合同不符，造成旅游者经济损失的，旅行社应退还旅游者合同金额与实际花费的差额，并支付（　　）违约金。

A．10%　　B．20%

C．30%　　D．同额

46．依据《中华人民共和国旅游法》规定，因未达到约定人数不能出团的，组团社经征得旅游者书面同意，可以委托其他旅行社履行合同。组团社、旅游者、受委托的旅行社之间存在（　　）关系。

A．受委托的旅行社对旅游者承担责任，组团社对受委托的旅行社承担责任

B．组团社对受委托的旅行社承担责任，受委托的旅行社对旅游者承担责任

C．组团社对旅游者承担责任，受委托的旅行社对组团社承担责任

D．旅游者对受委托的旅行社承担责任，组团社对旅游者承担责任

47．甲旅行社组织 30 名旅游者赴泰国旅游，由于境外接待社的过失，使旅游者权益遭受严重侵害。根据《旅行社条例》规定，旅游者应该向（　　）索赔。

A．甲旅行社　　B．境外接待社

C．甲旅行社和境外接待社　　D．甲旅行社或境外接待社

48．根据《旅行社条例》规定，旅行社不得要求导游员、领队人员接待（　　）的旅游团。

A．不支付小费　　B．不支付另行付费用项目

C．不支付或者支付的费用低于成本　　D．支付的小费低于约定

49．“旅行社不得违背旅游者的意愿，强迫或者变相强迫旅游者与自己签订旅游合同，或者干涉旅游者与其他旅行社订立旅游合同”，属于旅行社经营原则中的（　　）。

A．诚信原则　　B．平等原则

C．自愿原则　　D．公平原则

50．《中华人民共和国旅游法》规定，旅行社进行虚假宣传，误导旅游者的，由旅游主管部门或者有关部门责令改正，没收违法所得，并处（　　）。

A．2000 元以上 5 万元以下罚款　　B．3000 元以上 3 万元以下罚款

C．3000 元以上 5 万元以下罚款　　D．5000 元以上 5 万元以下罚款

51．根据《旅行社条例》规定，旅行社需要对旅游业务作出委托的，应当委托给具有相应资质的旅行社，征得旅游者的同意，并与接受委托的旅行社就接待旅游者事宜签订委托合同，确定接待旅游者的各项服务安排及其（　　），约定双方的权利、义务。

A．标准　　B．价格

C．档次　　D．质量

52．导游人员“做虚假的、引人误解的宣传”的行为违反了旅行社（　　）的基本职责。

A．保护旅游者合法权益　　B．按合同约定提供服务

C．提供真实可靠的信息　　D．不得调整接待计划

53．根据《旅行社条例实施细则》规定，旅行社保存的招徕、组织、接待旅游者的各类合同及相关文件、资料，其保存期应当不少于（　　）年。

A．一　　B．半

C．三　　D．两

54．根据《中华人民共和国旅游法》的相关规定，旅游合同中的下列免责条款具有法律效力的是（　　）。

A．游客参加旅行社推荐的自选项目所造成的损害，旅行社不承担责任

B．旅客未将贵重物品存入饭店保管室，丢失责任自负

C．游客参加旅行社组织的旅游，不得自行选择导游人员

D．完全是由于旅游者自身过错造成的损失，旅行社概不负责

55．根据《中华人民共和国旅游法》规定，旅行社组织团队出境旅游或者组织、接

待团队入境旅游，应当按照规定安排（　　）全程陪同。

A．领队　　　　　　　　B．导游

C．领队或者导游　　　　D．领队和导游

56．根据《旅行社管理条例实施细则》规定，出境旅游，旅行社在出发前 15 日通知旅游者，应向旅游者全额退还预付旅游费用，并支付旅游费用总额（　　）的违约金。

A．2%　　　　B．10%

C．15%　　　　D．20%

57．根据《旅行社管理条例实施细则》规定，张女士于今年 9 月报名参加了 A 旅行社组织的“海南七日游”，并缴纳 2800 元团费，因与地接社发生纠纷而投诉到当地旅游行政管理部门。经认定，A 旅行社在旅游接待服务过程中，存在 3 次强迫或者变相强迫旅游者购物的行为，根据《旅行社服务质量赔偿标准》，A 旅行社应向张女士支付（　　）元违约金。

A．560　　　　B．840

C．1680　　　　D．2520

58．根据《旅行社管理条例实施细则》规定，遗漏无门票景点的，每遗漏一处旅行社向旅游者支付旅游费用总额（　　）的违约金。

A．5%　　　　B．10%

C．15%　　　　D．20%

59．根据《旅行社管理条例实施细则》规定，某旅行社导游员张某带团赴西双版纳旅游，行程期间，因住宿和用餐与团队客人发生冲突，一气之下擅自离开旅游团回到昆明，造成该旅游团无人负责。对旅游者滞留期间所支出的食宿费等直接费用，应当由（　　）。

A．张某承担，并赔偿全部旅游费用 30% 的违约金

B．旅行社承担，并赔偿全部旅游费用 30% 的违约金

C．张某有过错，由张某和旅行社共同承担

D．旅游者有过错，由张某和旅游者共同承担

60．根据《旅行社管理条例实施细则》规定，境内旅游，旅行社在出发前 2 日通知旅游者中止旅游的，应向旅游者全额退还预付旅游费用，并支付旅游费用总额（　　）的违约金。

A．10%　　　　B．15%

C．20%　　　　D．25%

61．根据《旅行社管理条例实施细则》规定，今年 10 月，旅游者赵先生报名参加太原 A 旅行社组织的“云南昆明、大理、版纳七日游”纯玩团，并全额支付团费 3800 元。登机前，赵先生才发现自己被 A 旅行社擅自转给了 B 旅行社，赵

先生坚持要求解除合同。根据《旅行社服务质量赔偿标准》，A 旅行社除退还赵先生全额团款外，还应支付（　　）元违约金。

A．380　　B．570

C．760　　D．950

62．根据《旅行社管理条例实施细则》规定，因旅行社原因造成旅游者未能乘坐预订的公共交通工具的，旅行社应赔偿旅游者的直接经济损失，并支付直接经济损失（　　）的违约金。

A．10%　　B．20%

C．30%　　D．50%

63．根据《旅行社管理条例实施细则》规定，《旅行社服务质量赔偿标准》规定，旅行社与旅游者订立合同或收取旅游者预付旅游费用后，因旅行社原因不能成行的，国内旅游应提前 7 日（不含 7 日）通知旅游者，否则应向旅游者全额退还预付旅游费用，并分别按出发前 7 日（含 7 日）至 4 日、出发前 3 日至 1 日和出发当日，支付旅游费用总额（　　）的违约金。

A．5%、10%、15%　　B．5%、10%、30%

C．10%、15%、20%　　D．10%、30%、50%

64．根据《旅行社管理条例实施细则》规定，导游私自兜售商品，旅行社应（　　）退还旅游者的购物价款。

A．全额　　B．差额

C．双倍　　D．三倍

65．旅行社未按照规定投保旅行社责任保险的，《中华人民共和国旅游法》第 97 条规定，由旅游主管部门或者有关部门责令改正，没收违法所得，并处 5000 元以上 5 万元以下罚款；违法所得 5 万元以上的，并处违法所得（　　）罚款。

A．1 倍以上 2 倍以下　　B．1 倍以上 3 倍以下

C．1 倍以上 4 倍以下　　D．1 倍以上 5 倍以下

66．连续（　　）被列入旅游市场重点关注名单的将被列入辖区旅游市场黑名单。

A．一年两次　　B．两年三次

C．半年两次　　D．三年五次

67．旅游市场黑名单实行（　　）。

A．归档管理　　B．终生管理

C．动态管理　　D．分级管理

68．旅游市场主体和从业人员在被告知或者信息公示后的（　　）内，有权向列入机关提交书面陈述、申辩及相关证明材料，列入机关应当在 15 个工作日内给予书面答复。

A．10 日　　B．10 个工作日

C. 15 日　　D. 15 个工作日

69. 旅游市场黑名单列入机关应当在收到当事人的申辩申请后，（　　）内给予书面答复。陈述、申辩理由被采纳的，不列入黑名单。陈述、申辩理由不予以采纳的，列入黑名单。

A. 10 日　　B. 10 个工作日

C. 15 日　　D. 15 个工作日

70. 因在旅游经营活动中因妨害国（边）境管理受到刑事处罚被列入旅游市场黑名单的，黑名单信息自公布之日起满（　　）年，由列入机关自届满之日起 30 个工作日内移出旅游市场黑名单。

A. 2　　B. 3

C. 4　　D. 5

71. 黑名单主体参加信用修复专题培训，培训时长不少于（　　）小时，接受信用修复培训情况记入失信主体信用记录，纳入全国信用信息共享平台。

A. 3　　B. 5

C. 8　　D. 12

72. 因侵害旅游者合法权益，造成游客滞留或者严重社会不良影响的或者连续 12 个月内两次被列入旅游市场重点关注名单的情形被列入黑名单的，可在列入之日起（　　）个月内向列入机关提出信用修复申请，并在（　　）个月内完成信用修复。

A. 1；3　　B. 3；1

C. 3；3　　D. 3；6

73. 因《旅游市场黑名单管理办法（试行）》规定的其他情形列入黑名单的，黑名单信息自公布之日起满（　　）年，由列入机关自届满之日起（　　）内移出旅游市场黑名单。

A. 3 年；30 日　　B. 3 年；30 个工作日

C. 5 年；15 日　　D. 5 年；15 个工作日

74. 列入旅游市场黑名单所依据的行政处罚决定被撤销的，文化和旅游行政部门或者文化市场综合执法机构应当自行政处罚决定被撤销之日起（　　）内，将相关市场主体和从业人员信息移出旅游市场黑名单。

A. 10 个工作日　　B. 15 日

C. 20 个工作日　　D. 30 个工作日

三、多选题

1. 根据《中华人民共和国旅游法》，旅行社可以解除合同的情形有（　　）。

A. 从事违法或者违反社会公德的活动的

B. 携带危害公共安全的物品且不同意交有关部门处理的

C．旅游途中突发疾病需要住院进行治疗的

D．患有传染性疾病，可能危害其他旅游者健康和安全的

E．不按照合同约定的时间或者方式支付旅游费用的

2．甲旅行社未取得旅游者同意，将旅游业务委托给乙旅行社。对此，关于旅游主管部门对甲旅行社进行行政处罚的说法中，正确的是（　　）。

A．没收违法所得

B．处 2 万元以上 10 万元以下的罚款

C．责令改正

D．情节严重的，责令停业整顿 1 个月至 3 个月

E．情节严重的，吊销旅行社业务经营许可证

3．导游张某在带团时安排旅游者参与违反我国社会公德的活动。对此，下列关于旅游主管部门对张某所在旅行社进行行政处罚的说法中，正确的有（　　）。

A．没收违法所得，责令停业整顿

B．并处 2 万以上 20 万以下罚款

C．责令改正

D．情节严重的，责令停业整顿或吊销旅行社业务经营许可证

E．情节严重的，吊销旅行社业务经营许可证

4．根据《旅行社条例实施细则》规定，申请设立旅行社，申请人应按照《旅行社条例实施细则》规定向省、自治区、直辖市旅游主管部门提交（　　）文件。

A．设立申请书　　B．经营场所证明

C．企业章程　　D．企业名称预先核准通知书

E．工商行政管理部门出具的《企业法人营业执照》

5．根据《旅行社条例》规定，旅行社变更（　　）等登记事项或者终止经营的，应当到工商行政管理部门办理相应的变更登记或者注销登记。

A．名称　　B．经营场所

C．经营范围　　D．法定代表人

E．固定电话

6．根据《旅行社条例》规定，下列关于旅行社设立分社说法正确的是（　　）。

A．旅行社每年接待旅游者 10 万人次以上的，才能设立分社

B．旅行社设立分社的，应当办理设立登记

C．旅行社设立分社的，应当办理变更登记

D．经营国内旅游业务的旅行社每设立一个分社，应当增加注册资本 15 万元

E．旅行社设立分社的，应当办理备案登记

7．根据《旅行社条例实施细则》规定，下列关于旅行社分支机构说法正确的是（　　）。

A．分社的设立不受地域的限制

B．旅行社可以在该分社所在地设区的市的行政区划内设立服务网点

C．旅行社分支机构的经营范围不得超出设立社的经营范围

D．设立社可以在其所在地的省、自治区、直辖市行政区划外设立分社

E．旅行社分社可以在其所在设立服务网点

8．根据《旅行社条例》第 15 条规定，旅游服务质量保证金的适用范围包括（　　）。

A．旅行社违反旅游合同约定，侵害旅游者合法权益，经旅游主管部门查实的

B．旅行社因解散、破产或者其他原因造成旅游者预交旅游费用损失的

C．旅行社损害旅行辅助人的合法权益，旅行社拒绝或者无力赔偿的

D．用于垫付旅游者人身安全遇有危险时紧急救助费用的

E．其他原因主要指旅行社恶意卷款而逃等诈骗行为的

9．根据《旅行社条例》规定，下列有关旅游服务质量保证金的说法错误的是（　　）。

A．保证金不属于缴纳的旅行社所有

B．保证金属于缴纳的旅行社所有

C．保证金的利息属于旅游行政主管部门所有

D．保证金的利息属于旅行社所有

E．保证金的利息属于法定孳息，不属于保证金的范畴

10．根据《旅行社条例》规定，外商投资旅行社，可以经营（　　）。

A．入境旅游业务

B．国内旅游业务

C．中国境内居民赴国外旅游业务

D．中国境内居民赴港澳台旅游业务

E．特种旅游业务

11．根据《旅行社条例实施细则》规定，旅行社在银行存入质量保证金的存期可以为（　　）。

A．半年　　B．1 年

C．1 年半　　D．3 个月

E．3 年

12．根据《旅行社条例实施细则》规定，设立分社应当符合（　　）条件。

A．应当拥有产权的营业用房或租期 1 年以上的营业用房

B．传真机、复印机

C．2 部以上的直线固定电话

D．具备与旅游主管部门及其他旅游经营者联网条件的计算机等营业设施

E．分社的名称中应当包含设立社名称、分社所在地地名和“分社”或者“分

公司”字样

13.《旅行社条例实施细则》规定，设立社应当加强对分社和服务网点的管理，对分社实行（ ）的制度规范。

A．统一人事 B．统一财务

C．统一招徕 D．统一接待

E．统一责任

14. 根据《旅行社条例》规定，旅行社终止经营时，应办理的手续包括（ ）。

A．向当地工商行政管理部门办理注销登记

B．向当地旅游行政管理部门办理注销手续

C．向当地的旅游行政管理部门备案

D．向原许可的旅游行政管理部门备案

E．向旅游行政管理部门及其上级主管部门办理注销手续

15.《旅行社条例实施细则》规定，申请开办旅行社，必备的营业设施设备应当至少包括（ ）。

A．2 部以上的直线固定电话

B．传真机、复印机

C．具备与旅游行政管理部门及其他旅游经营者联网条件的计算机

D．与民航、铁路等联网的票务预定系统

E．必要的旅游客运车辆

16. 根据《旅行社条例》的相关规定，下列关于旅行社质量保证金的说法正确的是（ ）。

A．质量保证金的利息属于旅行社所有

B．旅行社可以选择到与自己有业务往来的银行开设专门的质量保证金账户

C．旅行社应当在收到旅游行政管理部门补交质量保证金的通知之日起 3 个工作日内补足质量保证金

D．旅行社不再从事旅游业务的，可以取回质量保证金

E．旅行社必须与银行签订质量保证金专用账户协议

17. 根据《旅行社条例实施细则》规定，设立社向分社所在地工商行政管理部门办理分社设立登记后，应当持（ ）向分社所在地与工商登记同级的旅游行政管理部门备案。

A．设立社的旅行社业务经营许可证副本和企业法人营业执照副本

B．分社的《营业执照》

C．分社经理的履历表和身份证明

D．企业章程

E．增存质量保证金的证明文件

18. 旅行社的权利包括（　　）。

A. 要求旅游者提供真实、准确的、履行旅游合同所需的信息资料

B. 拒绝旅游者提出的违反法律法规的要求

C. 法定情形下变更旅游行程、解除旅游合同

D. 按约定提供服务

E. 聘用合格的导游和领队

19. 根据《旅行社条例》规定，旅游者在境外滞留不归的，旅行社委派的领队人员应当及时向（　　）报告。

A. 旅行社

B. 中华人民共和国驻该国使领馆

C. 旅游行政管理部门

D. 相关驻外机构

E. 公安机关

20. 旅行社以不合理的低价组织旅游活动，诱骗旅游者，并通过安排购物或者另行付费旅游项目获取回扣等不正当利益的，（　　）。

A. 由旅游主管部门责令改正，没收违法所得

B. 责令停业整顿，处 2 万元以上 10 万元以下罚款

C. 责令停业整顿，并处 3 万元以上 30 万元以下罚款

D. 违法所得 30 万元以上的，并处违法所得 1 倍以上 5 倍以下罚款

E. 情节严重的，吊销旅行社业务经营许可证

21. 根据《中华人民共和国旅游法》和《旅行社条例》的相关规定，为维护导游、领队的合法权益，旅行社（　　）。

A. 无需与其聘用的导游、领队订立劳动合同

B. 应当与其聘用的导游、领队依法订立劳动合同

C. 应当向其支付劳动报酬，不得低于全省最低工资标准，并且按照劳动合同约定和国家规定，进行及时足额的支付

D. 应当向其支付劳动报酬，不得低于当地最低工资标准，并且按照劳动合同约定和国家规定，进行及时足额的支付

E. 应当为其缴纳社会保险费用

22. 根据《中华人民共和国旅游法》规定，下列对旅行社的说法正确的是（　　）。

A. 旅行社不得出租、转让旅行社业务经营许可证

B. 旅行社不得出租、出借旅行社业务经营许可证

C. 旅行社不得以其他形式非法转让旅行社业务经营许可

D. 旅行社不得以任何形式转让旅行社业务经营许可

E. 旅行社可以依法转让旅行社业务经营许可

23. 旅行社违反《中华人民共和国旅游法》规定，要求导游垫付或者向导游收取费用的，由旅游主管部门责令改正，(　　)。

A. 没收违法所得，并处 2000 元以上 2 万元以下罚款

B. 没收违法所得，并处 5000 元以上 5 万元以下罚款

C. 情节严重的，责令停业整顿或者吊销旅行社业务经营许可证

D. 对直接负责的主管人员和其他直接负责人员，处 2000 元以上 2 万元以下罚款

E. 对直接负责的主管人员和其他直接负责人员，处 5000 元以上 2 万元以下罚款

24.《中华人民共和国旅游法》第 96 条规定，旅行社发生（　　）的，旅游主管部门将责令改正，没收违法所得，并处 5000 元以上 5 万元以下罚款。

A. 未向临时聘用的导游支付导游服务费用的

B. 未向临时聘用的导游支付劳动报酬的

C. 要求导游垫付或者向导游收取费用的行为

D. 未向临时聘用的导游支付社会保险费用的

E. 未向临时聘用的导游支付带团补贴的

25. 旅行社安排导游为团队旅游提供服务的，不得要求导游垫付或者向导游收取任何费用。这表明（　　）。

A. 旅行社对与其明确了劳动合同关系的导游，应当支付劳动报酬、缴纳社会保险费用

B. 旅行社对其临时聘用的导游，应当支付劳动报酬、缴纳社会保险费用

C. 旅行社对其临时聘用的导游，应当支付包价旅游合同约定的导游服务费

D. 旅行社对与其明确了劳动合同关系的导游，应当支付包价旅游合同约定的导游服务费

E. 为确保导游人员获取劳动报酬的权利，旅行社不得要求导游垫付或者向导游收取费用

26. 依据《旅行社条例》规定，组团社对可能危及人身安全的情况应当向旅游者做出（　　），并且要及时采取防止危害发生的措施。

A. 真实的说明　　B. 详细的说明

C. 全面的说明　　D. 必要的警示

E. 明确的警示

27. 属于旅行社超范围经营情形包括（　　）。

A. 未取得相应的旅行社业务经营许可经营出境旅游业务

B. 分社超出设立分社的旅行社的经营范围经营旅游业务

C. 旅行社服务网点从事招徕、咨询以外的旅行社业务经营活动的

D．外商投资旅行社违规经营中国内地居民赴港、澳、台旅游业务

E．经营出境、边境旅游业务的旅行社组织旅游者到国务院行政管理部门公布的中国公民出境、边境旅游目的地之外的国家和地区旅游

28．2015 年 10 月，N 旅行社组织了 25 人的北京 5 日游旅游团，在旅游过程中被旅游行政管理部门查处系无证（旅行社经营许可证）旅行社，根据《中华人民共和国旅游法》，N 旅行社应受到（　　）的处罚。

A．警告　　B．责令改正

C．没收违法所得　　D．罚款

E．通报批评

29．紧急救助费用主要包括安排旅游者（　　）等使旅游者脱离危险的救急费用。

A．治疗　　B．救援

C．返程　　D．食宿

E．陪同亲友必要支出

30．《中华人民共和国旅游法》规定，县级以上人民政府旅游主管部门有权对（　　）事项实施监督检查。

A．经营旅行社业务是否取得经营、执业许可

B．旅行社的经营行为

C．旅游饭店的经营行为

D．旅行社组织接待情况

E．法律、法规规定的其他事项

31．甲旅行社导游王某在带队旅游过程中，擅自缩短游览时间、遗漏旅游景点、减少旅游服务项目，对此，根据《旅行社服务质量赔偿标准》规定（　　）。

A．王某应承担赔偿责任

B．旅行社应赔偿未完成约定旅游服务项目等合理费用

C．旅行社应支付同额违约金

D．遗漏无门票景点的，每遗漏一处旅行社向旅游者支付旅游费用总额 10% 的违约金

E．遗漏无门票景点的，每遗漏一处旅行社向旅游者支付旅游费用总额 5% 的违约金

32．根据《旅行社条例》的相关规定，以下与“旅行社聘用导游”相关的命题，正确的是（　　）。

A．旅行社必须聘用合格的导游

B．旅行社聘用导游人员应当依法签订劳动合同

C．旅行社支付给导游人员的报酬可以低于当地最低工资标准

D．旅行社可以要求导游人员承担部分接待旅游团队的相关费用

E．旅行社不可以聘用兼职导游

33．《中华人民共和国旅游法》规定，旅行社进行虚假宣传，误导旅游者的，（　　）。

A．由旅游主管部门或者有关部门责令改正，没收违法所得，处五千以上五万元以下罚款

B．违法所得五万元以上的，并处违法所得一倍以上五倍以下罚款

C．情节严重的，责令停业整顿或者吊销旅行社业务经营许可证

D．对直接负责的主管人员和其他直接责任人员，处二千元以上二万元以下罚款

E．对发布虚假宣传信息的媒体，处二千元以上二万元以下罚款

34．《中华人民共和国旅游法》规定，导游和领队应当严格执行旅游行程安排，不得（　　）。

A．向旅游者宣传旅游目的地

B．擅自中止服务活动

C．向旅游者索取小费

D．诱导、欺骗、强迫或者变相强迫旅游者购物

E．诱导、欺骗、强迫或者变相强迫旅游者参加另行付费旅游项目

35．《中华人民共和国旅游法》规定，发生违反（　　）情形的，旅游者有权在旅游行程结束后三十日内，要求旅行社为其办理退货并先行垫付退货货款，或者退还另行付费旅游项目的费用。

A．旅行社不得以不合理的低价组织旅游活动，诱骗旅游者

B．旅行社不得通过安排购物或者另行付费旅游项目获取回扣等不正当利益

C．旅行社组织、接待旅游者，不得指定具体购物场所

D．旅行社组织、接待旅游者，不得安排另行付费旅游项目，但是经双方协商一致或者旅游者要求，且不影响其他旅游者行程安排的除外

E．旅行社向不合格的供应商订购产品和服务，损害旅游者权益

36．文化和旅游行政部门或者文化市场综合执法机构应当按照（　　）的原则及时将旅游市场黑名单列入、移出信息录入全国旅游市场黑名单系统。

A．谁列入、谁负责　　B．谁移出、谁负责

C．谁主管、谁列入　　D．谁决策、谁负责

E．谁主管、谁负责

37．地市级及以上文化和旅游行政部门或者文化市场综合执法机构将具有下列（　　）情形之一的旅游市场主体和从业人员列入本辖区旅游市场黑名单。

A．因侵害旅游者合法权益，被人民法院判处刑罚的

B．在旅游经营活动中因妨害国境管理受到处罚的

C．因侵害旅游者合法权益，造成游客滞留或者严重社会不良影响的

D. 受到文化和旅游行政部门或者文化市场综合执法机构吊销旅行社业务经营许可证、导游证处罚的

E. 旅游市场主体发生重大安全事故，属于旅游市场主体主要责任的

38. 旅游市场主体黑名单基本信息包括（　　）。

A. 法人

B. 其他组织名称

C. 统一社会信用代码

D. 法定代表人姓名及其身份证件类型和号码

E. 主要股东姓名及其身份证件类型和号码

39. 从业人员黑名单基本信息包括（　　）。

A. 姓名　　B. 公民身份证号码

C. 港澳台居民的公民社会信用代码　　D. 外国籍人身份号码

E. 职业

40. 文化和旅游行政部门、文化市场综合执法机构应当对列入旅游市场黑名单的旅游市场主体和从业人员实施惩戒措施，主要包括（　　）。

A. 作为重点监管对象，增加检查频次，加大监管力度

B. 法定代表人或者主要负责人列入黑名单期间，依法限制其担任旅游市场主体的法定代表人或者主要负责人

C. 取消其新申请的旅游行政审批项目资格

D. 对其参与评比表彰、政府采购、财政资金扶持、政策试点等予以限制

E. 将其严重违法失信信息通报相关部门，实施联合惩戒

习题强化答案

一、判断题

1. 错	2. 对	3. 错	4. 错	5. 对
6. 对	7. 对	8. 错	9. 错	10. 对
11. 错	12. 对	13. 对	14. 对	15. 对
16. 错	17. 对	18. 错	19. 错	20. 错
21. 错	22. 对	23. 对	24. 错	25. 错
26. 对	27. 错	28. 错	29. 错	30. 对
31. 错	32. 对	33. 对	34. 错	35. 错
36. 错	37. 对	38. 错	39. 对	40. 错
41. 对	42. 对	43. 对	44. 错	45. 错
46. 错	47. 对	48. 错	49. 对	

二、单选题

1. A	2. C	3. C	4. D	5. C
6. D	7. B	8. D	9. C	10. C
11. B	12. D	13. A	14. C	15. D
16. C	17. B	18. D	19. D	20. D
21. B	22. A	23. B	24. A	25. C
26. C	27. B	28. D	29. C	30. C
31. C	32. C	33. D	34. C	35. C
36. C	37. C	38. D	39. A	40. C
41. B	42. B	43. B	44. D	45. D
46. C	47. A	48. C	49. C	50. D
51. A	52. C	53. D	54. D	55. C
56. A	57. C	58. A	59. B	60. B
61. D	62. B	63. C	64. A	65. D
66. A	67. C	68. B	69. D	70. D
71. A	72. C	73. B	74. D	

三、多选题

1. ABD	2. CE	3. ABCE	4. ABCE	5. ABD
6. BE	7. ABCD	8. ABDE	9. AC	10. AB
11. BCE	12. ABCDE	13. ABCD	14. AD	15. ABC
16. ADE	16. BCE	18. ABC	19. ABD	20. ACDE
21. BDE	22. BCE	23. BCD	24. AC	25. ACE
26. AE	27. ABCDE	28. BCD	29. ABCD	30. ABE
31. BCE	32. AB	33. ABCD	34. BCDE	35. ABCD
36. AB	37. ACDE	38. ABCD	39. ABCD	40. ABDE

第七章 导游管理法律制度

真题解读

- 【2017 年真题 · 判断】《导游人员管理条例》规定，对于取得导游资格证，申请导游证，非过失罪受过刑事处罚，旅游主管部门不予颁发导游证。 （ ）

  【答案】对

  【解析】《导游人员管理条例》第 5 条规定，有下列情形之一的，不得颁发导游证：（1）无民事行为能力或者限制民事行为能力的；（2）患有传染性疾病的；（3）受过刑事处罚的，**过失犯罪的除外**；（4）被吊销导游证的。

  【点评】简单难度，本题属于平时训练的重点内容。重点考查刑事处罚中的过失犯罪不影响领取导游证。

- 【2018 年真题 · 单选】依据《旅行社条例实施细则》，旅行社为组织旅游者出境旅游委派的领队，应当具有（ ）年以上旅行社业务经营、管理或者导游等相关从业经历。

  A．1　　B．2

  C．3　　D．5

  【答案】B

  【解析】《旅行社条例实施细则》第 31 条规定，导游从事领队业务应当具有大专以上学历；取得相关语言水平测试等级证书或通过外语语种导游资格考试，但为赴港澳台地区旅游委派的领队除外；具有**两年**以上旅行社业务经营、管理或者导游等相关从业经历。

  【点评】简单难度，本题属于平时训练的重点内容。

- 【2018 年真题 · 单选】根据国家相关规定，旅游车上需设置“导游专座”，其位置在（ ）。

  A．司机侧第一排客座椅靠通道侧位置

  B．车门侧第一排客座椅靠窗口侧位置

  C．司机侧第一排客座椅靠窗口侧位置

  D．车门侧第一排客座椅靠通道侧位置

  【答案】D

  【解析】导游专座的位置应设置在旅游客运车辆前乘客**门侧**第一排乘客座椅**靠通**

道侧位置。

【点评】难度较大，本题考的极偏、极细。结合生活常识，推断出哪个位置可以更方便的为游客提供服务就可知道正确答案。

- 【2018 年真题 · 单选】导游张某在带团过程中，向旅游者兜售当地土特产，依据《导游人员管理条例》，由旅游主管部门责令改正，处 1000 以上（　　）以下罚款。

A. 3 万元　　B. 2 万元

C. 1 万元　　D. 5000 元

【答案】A

【解析】《导游人员管理条例》第 23 条，向旅游者兜售物品，由旅游行政部门责令改正，处 1000 元以上 **3 万元**以下的罚款；有违法所得的，并处没收违法所得；情节严重的，由省、自治区、直辖市人民政府旅游行政部门吊销导游证并予以公告。

【点评】简单难度，本题属于平时训练的重点内容。

- 【2018 年真题 · 单选】《导游管理办法》规定，导游通过与旅行社订立劳动合同取得导游证的，劳动合同的期限应当在（　　）以上。

A. 六个月　　B. 一年

C. 3 个月　　D. 1 个月

【答案】D

【解析】《导游管理办法》第 9 条规定，导游通过与旅行社订立劳动合同取得导游证的，劳动合同的期限应当在 **1 个月**以上。

【点评】送分题，本题属于平时训练的重点内容。

- 【2017 年真题 · 单选】《导游人员管理条例》规定，导游进行导游活动，（　　）的，由旅游主管部门对导游实施行政处罚，对委派该导游人员的旅行社给予警告直至责令停业整顿。

A. 擅自变更接待计划　　B. 购买旅游者物品

C. 未佩戴导游证　　D. 未作明确说明和警示

【答案】B

【解析】《导游人员管理条例》第 23 条，导游人员进行导游活动，向旅游者兜售物品或者**购买旅游者的物品的**，或者以明示或者暗示的方式向旅游者索要小费的，由旅游行政部门责令改正，处 1000 元以上 3 万元以下的罚款；有违法所得的，并处没收违法所得；情节严重的，由省、自治区、直辖市人民政府旅游行政部门吊销导游证并予以公告；对委派该导游人员的旅行社给予警告直至责令停业整顿。

【点评】中等难度，分析每个选项的处罚程度，A 项处罚更重，CD 两项处罚要轻。

- 【2017 年真题·单选】依据《中华人民共和国旅游法》，从事领队业务应当具有相应学历，依据《旅行社条例实施细则》，相应学历是指（　　）。

A．中专学历　　B．高中学历

C．大专学历　　D．大专以上学历

【答案】D

【解析】《旅行社条例实施细则》第 31 条，旅行社为组织旅游者出境旅游委派的领队，应当具备下列条件：（1）取得导游证；（2）具有**大专以上学历**；（3）取得相关语言水平测试等级证书或通过外语语种导游资格考试，但为赴港澳台地区旅游委派的领队除外；（4）具有两年以上旅行社业务经营、管理或者导游等相关从业经历；（5）与委派其从事领队业务的取得出境旅游业务经营许可的旅行社订立劳动合同。赴台旅游领队还应当符合《大陆居民赴台湾地区旅游管理办法》规定的要求。

【点评】送分题，本题属于平时训练的重点内容。

- 【2018 年真题·多选】在旅游行业组织注册并申请导游证的人员，应当向所在地旅游行业组织提交的材料包括（　　）。

A．身份证　　B．身体健康证明

C．注册申请　　D．导游人员资格证

E．本人近期照片

【答案】ACDE

【解析】《导游管理办法》第 8 条规定，在旅游行业组织注册并申请取得导游证的人员，应当向所在地旅游行业组织提交下列材料：**身份证、导游人员资格证、本人近期照片和注册申请。**

【点评】中等难度，本题属于平时训练的重点内容。

- 【2018 年真题·多选】依据《导游管理办法》，下列关于不予核发导游证情形的表述，正确的是（　　）。

A．限制民事行为能力的

B．无民事行为能力的

C．因过失犯罪受过刑事处罚的

D．被吊销导游证之日起已逾 3 年的

E．患有甲类、乙类传染性疾病的

【知识点】导游人员的管理

【答案】ABE

【解析】《导游管理办法》第 12 条规定，具有下列情形的，不予核发导游证：（1）无民事行为能力或者限制民事行为能力的；（2）患有甲类、乙类以及其他可能危害旅游者人身健康安全的传染性疾病的；（3）受过刑事处罚的，**过失犯罪的除**

外；（4）被吊销导游证之日起未逾3年的。

【点评】中等难度，题目问的是不予核发，注意选项描述的细节。

习题强化

一、判断题

1. 根据《导游管理办法》规定，导游证终身有效。（ ）
2. 根据《导游管理办法》规定，旅行社临时聘用导游为旅游者提供服务的，应当向导游支付旅行社与临时聘用导游双方商定的导游服务费。（ ）
3. 根据《导游管理办法》规定，旅行社临时聘用的导游与其他单位不具有劳动关系或者人事关系的，旅行社应当与其订立劳动合同。（ ）
4. 根据《导游管理办法》规定，旅行社等用人单位应当维护导游执业安全、提供必要的职业安全卫生条件，并为导游提供执业便利、实行特殊劳动保护。（ ）
5. 旅游行政管理部门对于不予办理导游证的，必须以书面形式通知申请人。（ ）
6. 根据《导游管理办法》规定，导游证有效期届满未申请换发导游证的，所在地旅游主管部门应当注销导游证。（ ）
7. 根据《导游管理办法》规定，我国导游证采用电子证件形式，由各级旅游主管部门通过全国旅游监管服务信息系统实施管理。（ ）
8. 根据《旅行社条例实施细则》规定，导游从事领队业务应具有三年以上旅行社业务经营、管理或者导游等相关从业经历。（ ）
9. 根据《导游人员管理条例》规定，导游是指依照条例规定取得导游证，自由为旅游者提供向导、讲解及相关旅游服务的人员。（ ）
10. 根据《导游人员管理条例》规定，国家实行全国统一的导游资格考试制度。（ ）
11. 根据《导游管理办法》规定，申领导游证有两种途径：一是与旅行社订立劳动合同；二是在相关旅游行业组织注册。
12. 根据《中华人民共和国旅游法》规定，导游向旅游者索要小费的，由旅游主管部门责令退还，处2000元以上1万元以下罚款，情节严重的，并暂扣或者吊销导游证。（ ）
13. 导游人员资格证是取得导游证的必要前提，而取得导游人员资格证，就意味着必然取得导游证。（ ）
14. 王玲老师今年55岁，大学毕业后一直从事教育工作，去年退休后在湖州市南浔景区帮忙，且身体状况良好。根据《导游人员管理条例》的相关规定，王玲

老师可以报考导游人员资格证。（ ）

15. 小章患糖尿病，根据《导游人员管理条例》规定，旅游行政管理部门不得给其颁发导游证。（ ）
16. 根据《导游人员管理条例》规定，有志于从事导游工作的中华人民共和国公民，参加本地区旅游行政管理部门组织的导游人员资格考试，考试合格，即可取得导游证。（ ）
17. 根据《导游人员管理条例》规定，导游人员欺骗、胁迫旅游者消费，构成犯罪的，依法追究刑事责任。（ ）
18. 根据《中华人民共和国旅游法》规定，旅行社委派的导游人员未经游客同意增加购物次数的行为属于擅自改变旅游合同安排行程。（ ）
19. 根据《导游人员管理条例》规定，由国务院旅游行政部门或者国务院旅游行政部门委托省、自治区、直辖市人民政府旅游行政部门颁发导游人员资格证书。（ ）
20. 根据《中华人民共和国旅游法》规定，导游人员在旅游过程中享有自主的调整接待计划权。（ ）
21. 导游证是标志国家准许某人从事导游职业的证书，它是导游人员从业能力的证明。取得导游资格证表明持证人可以实际从事导游职业。（ ）
22. 根据《导游人员管理条例》规定，导游人员在带团工作中，应当就可能发生危及旅游者人身财产安全的情况，向旅游者作出真实说明和明确警示，并按照旅行社的要求采取防止危害发生的措施。（ ）
23. 根据《导游人员管理条例》规定，过失犯罪的人虽然也受到过刑罚的制裁，但仍然可以申请领取导游证，旅游主管部门也可以对其颁发导游证。（ ）
24. 根据《导游人员管理条例》规定，十六周岁以上不满十八周岁的公民不能颁发导游证。（ ）
25. 导游员褚小利带旅游团 20 人在绍兴鲁迅故里游览后，听说沈园这天刚好在搞促销活动，不收门票。有 15 位旅游者要求临时改变行程到附近的沈园去旅游。导游员褚小利同意并带旅游团去沈园游览，根据《导游管理办法》规定，褚小利的行为不属于违约行为。（ ）
26. 导游人员对旅游行政部门的具体行政行为不服时，只能申请行政复议，不能提起行政诉讼。（ ）
27. 根据《导游人员管理条例》规定，导游进行导游活动时，有损害国家利益和民族尊严的言行的，由旅游主管部门责令改正；情节严重的，由省、自治区、直辖市人民政府旅游主管部门吊销导游证并予以公告；对该导游所在旅行社予以警告直至责令停业整顿。（ ）

28. 作为导游，要全心全意为旅游者服务，对旅游者提出的侮辱其人格尊严或者违反其职业道德的要求，也要顾全大局、耐心接受。（　　）
29. 根据《导游管理办法》规定，对于旅游者违反社会公德的行为，导游和领队人员只能引导，不可劝阻。（　　）
30. 根据《中华人民共和国旅游法》和《导游人员管理条例》，导游人员在旅游过程中对相关活动进行合理说明及警示，既可保障消费者知情权的实现，也同时履行旅游经营者的安全保障义务。（　　）

二、单选题

1. 被吊销导游证的导游，自处罚之日起（　　）不得重新申请导游证。
A. 未满三年的　　B. 未满二年的
C. 未满一年的　　D. 未满半年的

2. 导游人员资格证书的颁发机关只能是（　　），其他地方各级人民政府旅游行政管理部门不能印制或颁发旅导游人员资格证书。
A. 国务院旅游行政部门
B. 省、自治区、直辖市旅游行政部门
C. 国务院旅游行政部门委托省、自治区、直辖市人民政府旅游行政部门
D. 国务院旅游行政部门或者国务院旅游行政部门委托省、自治区、直辖市人民政府旅游行政部门

3. 游览区域对着装有要求的（如教堂、寺庙、博物馆、皇宫等）应提前（　　）向旅游者说明，提醒准备。
A. 3天　　B. 2天
C. 4天　　D. 1天

4. 根据《导游管理办法》规定，导游通过与旅行社订立劳动合同取得导游证的，劳动合同的期限应当在（　　）以上。
A. 1个月　　B. 2个月
C. 3个月　　D. 6个月

5. 根据《导游管理办法》规定，各级旅游主管部门应当积极组织开展导游培训，每年累计培训时间不得少于（　　）小时。
A. 12　　B. 24
C. 48　　D. 56

6. 根据《导游管理办法》规定，导游涂改、倒卖、出租、出借导游人员资格证、导游证，以其他形式非法转让导游执业许可，或者擅自委托他人代为提供导游服务的，由县级以上旅游主管部门责令改正，并可以处（　　）。
A. 2000元以上1万元以下罚款
B. 1000元以上5000元以下罚款

C. 申请人在三年内不得再次申请导游执业许可

D. 申请人在一年内不得再次申请该导游执业许可

7. 根据《导游管理办法》规定，导游应当（　　），提升服务水平，自觉维护导游行业形象。

A. 依法维护导游合法权益　　B. 促进导游职业发展

C. 恪守职业道德　　D. 加强导游行业自律

8. 根据《导游管理办法》规定，导游证的有效期为（　　）年。导游需要在导游证有效期届满后继续执业的，应当在有效期限届满前（　　）个月内，通过全国旅游监管服务信息系统向所在地旅游主管部门提出申请，并提交规定的材料。

A. 1 年；1 个月　　B. 2 年；2 个月

C. 3 年；3 个月　　D. 4 年；4 个月

9. 根据《导游管理办法》规定，导游管理体制改革，领队管理由审核制改为（　　）制，其监督管理重心向旅行社转移。

A. 注册制　　B. 备案制

C. 考核制　　D. 考察制

10. 根据《导游管理办法》规定，下列哪些（　　）情形，导游证应给予撤销。

A. 导游死亡的

B. 取得导游证后出现无民事行为能力或者限制行为能力

C. 申请人以欺骗、贿赂等不正当手段取得导游证的

D. 导游证依法被撤销、吊销的

11. 根据《导游管理办法》规定，导游与旅行社订立的劳动合同解除、终止或者在旅游行业组织取消注册后，超过（　　）未与其他旅行社订立劳动合同或者未在其他旅游行业组织注册，导游证将被注销。

A. 1 个月　　B. 3 个月

C. 6 个月　　D. 12 个月

12. 根据《导游管理办法》规定，旅行社或者旅游行业组织应当自收到申请导游人员导游证信息变更之日起（　　）内对信息变更情况进行核实。所在地旅游主管部门应当自旅行社或者旅游行业组织核实信息之日起（　　）内予以审核确认。

A. 3 个工作日；5 个工作日　　B. 3 日；5 日

C. 5 个工作日；10 个工作日　　D. 5 日；10 日

13. 根据《导游管理办法》规定，旅行社应当提供设置（　　）的旅游客运车辆，安排的旅游者与导游总人数不得超过旅游客运车辆核定乘员数。

A. 旅游专座　　B. 导游专座

C. 领队专座　　D. 机动专座

14. 根据《导游管理办法》第 10 条规定，申请取得导游证，申请人应当通过全国旅游监管服务信息系统填写申请信息，并提交规定的材料。上交的材料不包括（ ）。

A. 导游资格证书及其复印件

B. 与经常执业地区的旅行社订立劳动合同或者在经常执业地区的旅游行业组织注册的确认信息

C. 身份证的扫描件或者数码照片等电子版

D. 未患有传染性疾病的承诺

15. 根据《中华人民共和国旅游法》规定，关于导游的劳动报酬权，以下说法正确的是（ ）。

A. 旅行社对与其明确了劳动合同关系的导游，应当支付劳动报酬、缴纳社会保险费用

B. 旅行社对其临时聘用的导游，应当支付劳动报酬、缴纳社会保险费用

C. 旅行社对其临时聘用的导游，应当支付包价旅游合同约定的带团补贴

D. 旅行社对与其明确了劳动合同关系的导游，应当支付包价旅游合同约定的导游服务费

16. 导游李某带团去海南旅游，返程期间因餐标问题与游客发生争执，一气之下擅自离团返自北京，造成团队无人负责。根据《中华人民共和国旅游法》规定，李某的行为违反了以下（ ）行为规范。

A. 礼貌待客　　B. 尊重旅游者宗教信仰

C. 遵守职业道德　　D. 严格执行旅游合同

17. 根据《中华人民共和国旅游法》规定，下列能领取导游证的是（ ）。

A. 已获得导游人员资格证书的 15 周岁的高中毕业生

B. 已获得导游人员资格证书，但是没有同旅行社订立劳动合同，也没有到导游服务公司去登记注册的 20 周岁的中专毕业生张某

C. 得过肺结核但已治愈，具有导游人员资格证，并与旅行社订立劳动合同的 21 岁的赵某

D. 已考取了导游人员资格证，因故意伤害罪被判有期徒刑 3 年，刑期执行完毕后就与旅行社订立劳动合同到 28 周岁的周某

18. 张某 2011 年 3 月 25 日被吊销了导游证，根据《中华人民共和国旅游法》第 103 条规定，以下说法正确的是（ ）。

A. 2016 年 3 月 25 日之前张某不得申领导游证

B. 2014 年 3 月 25 日之前张某不得申领导游证

C. 经重新考试合格后可以对其颁发导游证

D. 经重新考试合格后可以对其颁发临时导游证

19.《中华人民共和国旅游法》第 102 条第 1 款规定，导游、领队违反法律私自承揽业务的，由旅游主管部门责令改正，没收违法所得，处（　　）罚款，并暂扣或吊销导游证。

A．1000 元以上 1 万元以下　　B．1000 元以上 3 万元以下

C．5000 元以上 3 万元以下　　D．5000 元以上 5 万元以下

20.《旅游法》第 38 条第 1 款规定，旅行社应当与其聘用的导游依法订立劳动合同，支付（　　），缴纳社会保险费用。

A．劳动报酬　　B．导游服务费

C．带团补贴　　D．小费

21.《旅游法》第 96 条规定，旅行社发生（　　）的，旅游主管部门责令改正，没收违法所得，并处 5000 元以上 5 万元以下罚款。

A．未向临时聘用的导游支付导游服务费用

B．未向临时聘用的导游支付劳动报酬的

C．未向临时聘用的导游支付带团补贴

D．未向临时聘用的导游支付社会保险费用的

22. 根据《中华人民共和国旅游法》规定，导游小林在带团过程中，未经旅游者同意放弃了两个景点，并向旅游者推荐了行程计划中没有的自费项目，小林的行为属于（　　）。

A．欺骗旅游者消费　　B．强迫旅游者购物

C．从旅游者获得不正当的利益　　D．擅自变更旅游接待计划

23. 根据《旅行社条例实施细则》规定，下列属于导游履行职务权的是（　　）。

A．拒绝旅游者提出的超出旅游合同约定的不合理要求

B．人格尊严应当受到尊重，其人身安全不受侵犯

C．对旅游主管部门的具体行政行为不服的，向人民法院提起行政诉讼

D．有权拒绝旅游者提出的侮辱其人格尊严的不合理要求

24. 根据《导游人员管理条例》规定，（　　）经考试合格，旅游行政管理部门可以对其颁发导游资格证。

A．肺结核病患者

B．曾以故意犯罪被判处有期徒刑 1 年的人员

C．被吊销导游证未满 1 年的人员

D．年满 18 周岁的在校大学生

25. 根据《中华人民共和国旅游法》规定，下列不属于导游证申请条件的是（　　）。

A．取得导游员资格证书

B．与旅行社签订劳动合同

C．在相关旅游行业组织注册

D．具有较强的应变能力

26．根据《导游人员管理条例》规定，导游有权拒绝旅游者提出的（　　）的不合理要求。

A．临时增加旅游项目

B．陪旅游者到商店购物

C．侮辱其人格尊严或违反其职业道德

D．游客的个别要求

27．根据《导游人员管理条例》规定，患有以下（　　）病的人不得申领导游证。

A．冠心　　B．伤寒

C．糖尿　　D．高血压

28．《旅游法》第 102 条规定，未取得导游证从事导游活动的，由旅游主管部门责令改正，没收违法所得，并处（　　）罚款，予以公告。

A．1000 元以上 5000 元以下　　B．5000 元以上 1 万元以下

C．1000 元以上 1 万元以下　　D．1 万元以上

29．《导游人员管理条例》中的导游，是指依照条例的规定（　　）。

A．取得导游人员资格证书，受旅行社为委派，为旅游者提供向导、讲解及相关服务的人员

B．取得导游人员资格证书，为旅游者提供向导、讲解及相关服务的人员

C．取得导游证，为旅游者提供向导、讲解及相关服务的人员

D．取得导游证，受旅行社为委派，为旅游者提供向导、讲解及相关服务的人员

30．根据《旅行社条例》和《中华人民共和国旅游法》规定，下列不属于导游执业规范的有（　　）。

A．佩戴证件

B．遵守职业道德、尊重旅游者宗教信仰习俗

C．按照游客要求增加购物点

D．严格执行旅游行程安排

31．根据《导游人员管理条例》，下列不属于参加导游人员资格考试应具备条件的是（　　）。

A．中华人民共和国公民且身体健康

B．具有高中、中专或者以上学历

C．具有完全民事行为能力

D．具有导游职业需要的基本知识和语言表达能力

32．根据《导游人员管理条例》规定，国家实行导游人员资格考试制度。根据这一制度的规定，要想从事导游职业者，必须具备规定的条件，参加全国导游资格考试，经考试合格者，方可取得（　　）。

A．导游证　　B．导游资格证

C．临时导游证　　D．导游资格证和导游证

33．导游员张美娜在金华双龙洞带团过程中，将导游证放在旅行包内，金华市旅游主管部门执法人员在检查时发现张美娜未佩戴导游证，再三要求其佩戴，张美娜不听劝告，此时金华旅游主管部门可以根据《导游人员管理条例》的标准规定，对导游员张美娜处以（　　）元的罚款。

A．300　　B．800

C．600　　D．1000

34．《导游人员管理条例》规定，取得导游人员资格证书的，经与旅行社订立劳动合同或者在导游服务公司登记，方可持所订立的劳动合同或者登记证明材料，向（　　）旅游行政部门申请领取导游证。

A．国家级　　B．地（市）级

C．省级　　D．县级

35．根据《导游人员管理条例》规定，以下关于导游人员行为规范的说法，错误的是（　　）。

A．导游人员进行导游活动时，其人格尊严应当受到尊重，其人身安全不受侵犯

B．导游人员应满足旅游者提出的一切要求

C．导游人员进行导游活动时，应当自觉维护国家利益和民族尊严，不得有损害国家利益和民族尊严的言行

D．导游人员进行导游活动时，应当遵守职业道德，着装整洁，礼貌待人，尊重旅游者的宗教信仰、民族风俗和生活习惯

36．某导游员在导游活动中，向旅游者兜售物品，根据《导游人员管理条例》，由旅游行政管理部门对（　　）进行处罚。

A．某导游员及其所在的旅行社

B．某导游员所在的旅行社经理

C．某导游员所在的旅行社部门经理

D．某导游所在的旅行社

37．《导游人员管理条例》规定，导游人员应当不断提高自身的（　　），这是导游人员的法定职责。

A．服务意识和职业道德水平　　B．政治意识和服务意识

C．业务素质和职业技能　　D．服务意识和职业技能

38．《导游人员管理条例》规定，在中华人民共和国境内从事导游活动，必须取得（　　）。

A．导游人员资格证书　　B．健康证明

C．旅游专业大专以上学历　　D．导游证

39. 根据《中华人民共和国旅游法》规定，导游证的申领主体是（ ）。

A. 导游个人　　B. 旅行社

C. 导游行业组织　　D. 以上任意一项

40. 导游员蒋某在带团中向游客强行推销奥运纪念章 20 套。根据《导游人员管理条例》的相关规定，旅游行政管理部门应责令其改正，处（ ）以上 3 万元以下的罚款。

A. 1000 元　　B. 1500 元

C. 2000 元　　D. 3000 元

41. 根据《导游人员管理条例》规定关于导游人员享有的权利，以下说法错误的是（ ）。

A. 人身权利和自由。即导游人员进行导游活动时，人身自由不受非法限制和剥夺，人格尊严不受侵犯，名誉不受损害的权利

B. 导游人员享有的调整或变更接待计划权利

C. 诉权。即导游人员对旅游行政行为不服时，依法享有向上一级行政管理机关申请复议权利，享有向人民法院提起诉讼的权利

D. 定期接受培训的权利

42. 根据《中华人民共和国旅游法》规定，导游和领队为旅游者提供服务（ ）接受旅行社委派，（ ）私自承揽导游和领队业务。

A. 应当；不得　　B. 必须；可以

C. 必须；不得　　D. 应当；可以

43. 以下不属于导游的权利的是（ ）。

A. 人身权　　B. 劳动报酬权

C. 小费获取权　　D. 诉权

44. 2016 年 5 月，北京某旅行社导游人员李某，带一个教师旅游团前往南京旅游。途中讲解言辞不够严谨，在讲到南京大屠杀历史时，做了一些有损国家利益和民族尊严的活动，引起部分教师的强烈不满。旅游结束后，教师们将此事投诉到国家旅游局，国家旅游局高度重视。按照《导游人员管理条例》规定，对这件事的处罚应该是（ ）。

A. 吊销李某导游证并予以公告：对李某所在旅行社警告，直至责令停业整顿

B. 叫李某暂扣导游证 3 ~ 6 个月；对李某所在旅行社警告，直至责令停业整顿

C. 吊销李某导游证并予以公告，对李某所在旅行社警告

D. 对李某责令改正，对李某所在旅行社警告

45. 导游小李在带团过程中，发现游客张某的言行违反了当地的法律与风俗习惯，小李及时制止了张某的言行，根据《旅行社条例实施细则》规定，小李行使了导游的（ ）权利。

A．人身权　　B．履行职务权

C．申请复议权　　D．诉权

46．根据《中华人民共和国旅游法》规定，导游私下带团的行为，违反导游人员义务的主要表现是（　　）。

A．擅自变更旅游接待计划　　B．擅自中断旅游活动

C．私自承揽导游业务　　D．私自为旅游者提供向导服务

47．张某借故搜查导游李某包的行为，根据《导游人员管理条例》规定，张某侵犯了导游员（　　）的权利。

A．申请复议权

B．人格尊严不受侵犯权

C．提起诉讼权

D．在旅游活动中享有调整或变更接待计划权

48．根据《旅行社条例实施细则》规定，旅行社及其委派的导游人员、领队人员在经营、服务中有（　　）旅游者提出的超出旅游合同约定的不合理要求的权利。

A．满足　　B．尊重

C．拒绝　　D．警告

49．根据《导游管理办法》规定，导游执业许可申请人隐瞒有关情况或者提供虚假材料申请取得导游人员资格证、导游证，县级以上旅游主管部门不予受理或者不予许可，并给予警告；申请人在（　　）内不得再次申请该导游执业许可。

A．6 个月　　B．1 年

C．2 年　　D．3 年

50．根据《导游管理办法》规定，导游经常执业地区，是指导游连续执业或者（　　）个月内累计执业达到（　　）日的省级行政区域。

A．6；60　　B．3；30

C．6；30　　D．3；45

51．根据《中华人民共和国旅游法》规定，导游、领队违反法律规定，向旅游者索取小费的，由旅游主管部门（　　），处一千元以上一万元以下罚款；情节严重的，并暂扣或者吊销导游证。

A．责令道歉　　B．责令改正

C．责令赔偿　　D．责令退还

三、多选题

1．根据《中华人民共和国旅游法》，不得颁发导游证的情形有（　　）。

A．受过刑事处罚的，过失犯罪的除外

B．被吊销导游证的

C．患有传染性疾病的

D．限制民事行为能力

E．无民事行为能力

2．参加导游资格考试成绩合格的人员为申请取得导游证应当（　　）。

A．在旅游公共服务平台登记　　B．在旅游主管部门备案

C．在相关旅游行业组织注册　　D．与旅游公司订立劳务合同

E．在旅行社订立劳动合同

3．依据《导游人员管理条例》，导游人员可以调整或者变更接待计划的是（　　）。

A．在遇有可能危及旅游者人身安全的紧急情形时

B．在引导旅游者旅行、游览过程中

C．在征得多数旅游者同意后

D．在征得旅行社同意后

E．在向旅游主管部门备案后

4．根据《导游管理办法》规定，导游申请变更导游证信息，应当通过全国旅游监管服务信息系统提交相应材料。变更信息或者情况包括（　　）。

A．姓名、身份证号信息

B．导游等级和语种等信息

C．与旅行社订立的劳动合同解除、终止后，在 3 个月内与其他旅行社订立劳动合同的

D．与旅行社订立的劳动合同解除、终止后，与其他旅行社订立劳动合同的

E．经常执业地区发生变化的

5．根据《导游管理办法》规定，导游在执业过程中应当携带（　　）、佩戴（　　），并开启（　　）。

A．导游 IC 卡　　B．电子导游证

C．导游身份标识　　D．导游资格证书

E．导游执业软件

6．导游人员资格考试的条件有（　　）。

A．具有适应导游需要的基本知识和语言表达能力

B．中华人民共和国公民

C．具有高级中学、中等专业学校或者以上学历

D．较强的应变能力及突发事件处理能力

E．身体健康

7．根据《导游管理办法》规定，在以下（　　）情况下，旅游主管部门不予颁发导游证。

A．无民事行为能力的　　B．患有传染性疾病的

C．限制民事行为能力的　　D．被吊销导游证 1 年内的

E．过失犯罪受过刑事处罚的

8．根据《导游人员管理条例》规定，导游从事导游服务的从业条件有（　　）。

A．参加导游资格考试成绩合格

B．胜任导游工作的语言表达能力和良好的心理素质

C．与旅行社签订劳动合同

D．参加岗前培训考核

E．在相关旅游行业组织注册

9．根据《旅行社条例实施细则》规定，导游从事领队服务的从业条件有（　　）。

A．通过导游年审

B．取得导游证

C．具有相应的学历、语言能力和旅游从业经历

D．在导游行业组织进行注册

E．与旅行社订立劳动合同

10．《导游人员管理条例》第 13 条第 2 款规定，遇紧急情形时导游人员依法享有调整或变更接待计划的权利。导游人员行使此权利时应当特别注意以下限制条件（　　）。

A．必须是在引导旅游者旅行、游览的过程中

B．必须是遇到有可能危及旅游者人身安全的紧急情形

C．必须征得多数旅游者同意

D．必须是游客主动提出的

E．必须立即报告旅行社

11．根据《导游管理办法》规定，患有以下疾病的人员不得颁发导游证（　　）。

A．糖尿病　　B．高血压

C．伤寒　　D．病毒性肝炎

E．非典型肺炎

12．根据《导游管理办法》规定，星级评价指标由（　　）等构成。

A．技能水平　　B．学习学历

C．从业年限　　D．奖惩情况

E．执业经历和社会评价

13．导游人员进行导游活动时，之所以要佩戴导游证，是因为（　　）。

A．表明身份，证明资格

B．满足导游员归属感的需要

C．便于旅游行政管理部门的监督检查

D．便于导游人员与游客沟通、交流

E．便于组织安排工作

14．导游人员是指依照《导游人员管理条例》规定取得导游证，接受旅行社委派，为旅游者提供（ ）的人员。

A．向导 B．购物

C．讲解 D．咨询

E．相关旅游服务

15．履行职务权，是指导游履行职务时所享有的权利，根据《旅行社条例实施细则》规定，具体包括（ ）的权利。

A．要求旅游者如实提供旅游所需信息

B．要求旅游者支付合理小费

C．要求旅游者不得提出超合同的要求

D．要求旅游者妥善保管随身物品

E．要求旅游者遵守旅游合同约定的旅游行程安排

16．根据《导游管理办法》规定，下列属于导游人身权保障的选项是（ ）。

A．人身自由不受非法限制和剥夺

B．人格尊严不受侵犯

C．名誉不受损害

D．认为旅游主管部门侵犯导游人身权的可以申请复议

E．因合法权益受到损害而请求有关部门予以解决

17．下列属于导游申请复议权的有（ ）。

A．认为符合法定条件申领导游资格证书和导游证，旅游主管部门拒绝颁发或不予答复的

B．对罚款、吊销导游证、责令改正、暂扣导游证等行政处罚不服的

C．认为游客损害了自身人格尊严的

D．认为旅游主管部门侵犯导游人身权的

E．认为旅游主管部门违法要求导游履行义务的

18．《导游人员管理条例》第7条规定，“导游人员应当不断提高自身（ ），其直接关系导游服务的质量，影响到能否为旅游者提供优良的导游服务”。

A．业务素质 B．沟通能力

C．讲解能力 D．职业技能

E．表达能力

19．请根据相关法律法规，从下列选项中指出导游人员有权拒绝旅行社委派的几种旅游团（ ）。

A．需特殊照顾的残疾人旅游团

B．没有支付接待和服务费用的旅游团

C. 需要进行细致讲解的教师团

D. 支付的费用低于接待和服务成本的旅游团

E. 需垫付旅游接待费用的旅游团

20. 根据相关法律法规，下列关于导游人员的义务的说法中正确的有（　　）。

A. 导游人员应当不断提高自身业务素质和职业技能

B. 导游人员进行导游活动时，应当佩戴导游证

C. 进行导游活动，必须经旅行社委派

D. 导游人员应当严格按照旅行社确定的接待计划安排旅游者的旅行、游览活动

E. 导游人员的人格尊严应受到尊重

21. 根据《旅游法》和《导游人员管理条例》等规定，导游人员有以下（　　）权利。

A. 人身权　　B. 劳动报酬权

C. 调整或变更接待计划权　　D. 申请复议权和起诉权

E. 安全保障权

22.《导游管理办法》中，关于导游执业保障与激励，下列说法正确的是（　　）。

A. 旅行社应为女性导游提供执业便利、实行特殊劳动保护

B. 鼓励各类社会机构积极弘扬导游行业先进典型，优化导游执业环境

C. 导游执业情况每年度更新一次

D. 导游每年累计培训时间不得少于 24 小时

E. 旅行社应当提供设置“导游专座”的旅游客运车辆

习题强化答案

一、判断题

1. 错	2. 错	3. 对	4. 错	5. 对
6. 对	7. 对	8. 错	9. 错	10. 对
1. 对	12. 错	13. 错	14. 对	15. 错
16. 错	17. 对	18. 对	19. 错	20. 错
21. 错	22. 对	23. 对	24. 错	25. 错
26. 错	27. 对	28. 错	29. 错	30. 对

二、单选题

1. A	2. D	3. D	4. A	5. B
6. A	7. C	8. C	9. B	10. C
11. B	12. A	13. B	14. A	15. A
16. D	17. C	18. B	19. A	20. A
21. A	22. D	23. A	24. D	25. D

26．C	27．B	28．C	29．D	30．C
31．C	32．B	33．A	34．C	35．B
36．A	37．C	38．D	39．A	40．A
41．D	42．C	43．C	44．A	45．B
46．C	47．B	48．C	49．B	50．B
51．D				

三、多选题

1．ACDE	2．CE	3．ABC	4．ABCE	5．BCE
6．ABCE	7．ABCD	8．ACE	9．BCE	10．ABCE
11．CDE	12．ACDE	13．AC	14．ACE	15．ADE
16．ABC	17．ABDE	18．AD	19．BDE	20．ABCD
21．ABCD	22．ABCDE			

第八章 旅游安全与责任保险法律制度

真题解读

- 【2018 年真题 · 判断】《旅游安全管理办法》规定，根据旅游突然事件的性质、危害程度、可控性以及造成或者可能造成的影响，旅游突发事件一般分为重大、较大、一般和轻微四级。（ ）

  【答案】错

  【解析】根据旅游突发事件的性质、危害程度、可控性以及造成或者可能造成的影响，旅游突发事件一般分为**特别重大**、重大、较大和**一般**四级。

  【点评】简单难度，本题属于平时训练的重点内容。

- 【2017 年真题 · 判断】《旅游安全管理办法》规定，省级旅游主管部门应当于每月 5 日前，将本地区上月发生的较大旅游突发事件报文化和旅游部备案。（ ）

  【答案】对

  【解析】略

  【点评】简单难度，本题考查具体时间。

- 【2018 年真题 · 单选】《旅行社责任保险管理办法》规定，旅行社责任保险的保险期限为（ ）。

  A．1 年　　B．2 年

  C．3 年　　D．5 年

  【答案】A

  【解析】旅行社责任险的保险期限为**一年**，采取按年投保的方式。

  【点评】送分题，本题属于平时训练的重点内容。

- 【2018 年真题 · 单选】《旅游安全管理办法》规定，（ ）应当承担旅游安全的主体责任，加强安全管理，建立健全安全管理制度，关注安全风险预警和提示，妥善应对旅游突发事件。

  A．所在地政府　　B．旅游主管部门

  C．旅游经营者　　D．旅游者

  【答案】C

  【解析】《旅游安全管理办法》第 4 条规定，**旅游经营者**应当承担旅游安全的主体责任，加强安全管理，建立、健全安全管理制度，关注安全风险预警和提示，妥善应对旅游突发事件。

【点评】简单难度，根据常识和平时训练也应该选 C。

- 【2018 年真题 · 单选】依据《旅游安全管理办法》，国家建立旅游目的地安全风险提示制度，根据可能对旅游者造成的危害程度、紧急程度和发展态势，风险提示级别分为四级，其中，二级用（　　）标示。

A．橙色　　B．黄色

C．蓝色　　D．红色

【答案】A

【解析】《旅游法》第 77 条规定，国家建立旅游目的地安全风险提示制度。旅游目的地安全风险提示的级别划分和实施程序，由国务院旅游主管部门会同有关部门制定。根据可能对旅游者造成的危害程度、紧急程度和发展态势，风险提示级别分为一级（特别严重）、二级（严重）、三级（较重）和四级（一般），分别用红色、**橙色**、黄色和蓝色标示。

【点评】简单难度，本题属于平时训练的重点内容。

- 【2017 年真题 · 单选】保险公司收到赔偿保险金的请求和相关证明、资料后，应当及时做出核定；情形复杂的，应当在（　　）内作出核定，但合同另有约定的除外。

A．30 日　　B．15 个工作日

C．30 个工作日　　D．15 日

【答案】A

【解析】《旅行社责任保险管理办法》第 21 条，保险公司收到赔偿保险金的请求和相关证明、资料后，应当及时做出核定；情形复杂的，应当在 **30 日**内作出核定，但合同另有约定的除外。

【点评】中等难度，本题考查较偏。

- 【2017 年真题 · 单选】《旅游安全管理办法》规定，在三级风险提示发布后，旅行社应当采取的措施是（　　）。

A．调整或中止旅游团行程

B．与旅游者磋商解决办法

C．组织已在风险区域的旅游者撤离

D．采取必要的安全防范措施

【答案】D

【解析】《旅游安全管理办法》第 18 条第 1 款规定，风险提示发布后，旅行社应当根据风险级别采取下列措施：①四级风险的，加强对旅游者的提示。②三级风险的，**采取必要的安全防范措施**。③二级风险的，停止组团或者带团前往风险区域；已在风险区域的，调整或者中止行程。④一级风险的，停止组团或者带团前往风险区域，组织已在风险区域的旅游者撤离。

【点评】中等难度，虽然平时训练经常涉及但本题考查较偏。

- 【2018 年真题 · 多选】依据《旅游安全管理办法》，经营高风险旅游项目或者向（　　）提供旅游服务的，应当根据需要采取相应的安全保护措施。

A．学生　　B．未成年人

C．残疾人　　D．老年人

E．妇女

【答案】BCD

【解析】《旅游安全管理办法》第 8 条第 2 款，经营高风险旅游项目或者向**老年人**、**未成年人**、**残疾人**提供旅游服务的，应当根据需要采取相应的安全保护措施。

【点评】简单难度，本题属于平时训练的重点内容。联想记忆——老高未残。

- 【2018 年真题 · 多选】依据《旅游安全管理办法》，风险提示信息，应当包括（　　）、注意事项、应采取的措施等内容。

A．风险类别　　B．提示级别

C．可能影响的区域　　D．起止时间

E．发布机关

【答案】ABCE

【解析】风险提示信息，应当包括风险类别、提示级别、可能影响的区域、**起始时间**、注意事项、应采取的措施和发布机关等内容。

【点评】难度较大，注意“起止”和“起始”不同。

- 【2017 年真题 · 多选】《旅游安全管理办法》规定，根据可能对旅游者造成的危害程度、紧急程度和发展态势，风险提示级别分为（　　）。

A．特别严重　　B．严重

C．一般　　D．轻微

E．较重

【答案】ABCE

【解析】根据可能对旅游者造成的危害程度、紧急程度和发展态势，风险提示级别分为**一级（特别严重）**、**二级（严重）**、**三级（较重）和四级（一般）**，分别用红色、橙色、黄色和蓝色标示。

【点评】简单难度，本题属于平时训练的重点内容。

习题强化

一、判断题

1. 根据《旅游安全管理办法》规定，旅游经营者应当依法制定旅游突发事件应急预案，与所在地省级以上地方人民政府及其相关部门的应急预案相衔接，并定期组织演练。（　　）
2. 根据《旅游安全管理办法》规定，旅游突发事件发生在境外的，旅行社负责人应当在接到领队报告后 2 小时内，向单位所在地县级以上地方旅游主管部门报告。（　　）
3. 旅行社违反《旅游安全管理办法》规定，针对旅游目的地安全风险提示不采取相应措施的，由旅游主管部门处 2000 元以下罚款；情节严重的，处 2000 元以上 20000 元以下罚款。（　　）
4. 旅行社违反《旅游安全管理办法》规定，旅行社不按要求制作安全信息卡，由旅游主管部门给予警告，可并处 2000 元以下罚款，情节严重的，处 2000 元以上 20000 以下罚款。（　　）
5. 根据《旅游安全管理办法》规定，旅游突发事件，是指突然发生，造成或者可能造成旅游者人身伤亡、财产损失，需要采取应急处置措施予以应对的自然灾害、事故灾难、公共卫生事件、社会安全事件。（　　）
6. 根据《旅游安全管理办法》规定，旅游突发事件发生后，发生地省级以上旅游主管部门应当根据同级人民政府的要求和有关规定，启动旅游突发事件应急预案，并采取措施。（　　）
7. 根据《旅游安全管理办法》规定，旅游者 500 人以上滞留超过 24 小时，并对当地生产生活秩序造成严重影响属于重大旅游突发事件。（　　）
8. 根据《旅游安全管理办法》规定，造成或者可能造成人员死亡（含失踪）3 人以上 10 人以下或者重伤 10 人以上、50 人以下属于重大旅游突发事件。（　　）
9. 根据《旅游安全管理办法》规定，旅游者 100 人以上、200 人以下滞留超过 24 小时，并对当地生产生活秩序造成较大影响属于重大旅游突发事件。（　　）
10. 根据《旅游安全管理办法》规定，旅游者 50 人以下滞留超过 24 小时，并对当地生产生活秩序造成一定影响的属于较大旅游突发事件。（　　）
11. 《旅游安全管理办法》自 2016 年 12 月 1 日起施行。（　　）
12. 根据《旅游安全管理办法》规定，情况紧急或者发生重大、特别重大旅游突发事件时，现场有关人员可直接向发生地、旅行社所在地县级以上人民政府、安全生产监督管理部门和负有安全生产监督管理职责的其他相关部门报告。（　　）

13. 根据《旅游安全管理办法》规定，各级旅游主管部门应当建立旅游突发事件报告制度。一般旅游突发事件上报至县级旅游主管部门，较大旅游突发事件逐级上报至省级旅游主管部门。（　　）

14. 根据《旅游法》规定，县级以上人民政府统一负责旅游安全工作。（　　）

15. 根据《旅行社责任保险管理办法》规定，旅行社对受害人应负的赔偿责任确定的，根据旅行社的请求，直接向受害人赔偿保险金。旅行社怠于请求的，受害人有权就其应获赔偿部分直接向保险公司请求赔偿。（　　）

16. 根据《旅行社责任保险管理办法》规定，保险合同成立后，旅行社要解除保险合同的，应尽快订立新的保险合同。（　　）

17. 根据《旅行社条例》规定，旅行社应当投保旅行社责任险。（　　）

18. 根据《旅行社责任保险管理办法》规定，因抢救受伤人员需要保险公司先行赔付保险金用于支付抢救费用的，保险公司在接到旅行社或者受害人通知后即可直接在责任限额内向医疗机构支付必要费用。（　　）

19. 旅行社责任险是一种法定强制险。（　　）

20. 旅行社责任保险是财产保险。（　　）

21. 根据《旅行社责任保险管理办法》规定，旅行社从事旅游业务经营活动，必须投保游客人身意外伤害险。（　　）

22. 中国保监会及其派出机构依法对旅行社责任险的保险条款和保险费率进行管理。（　　）

23. 根据《中华人民共和国旅游法》规定，为减少自然灾害等意外风险给旅游者带来的损害，旅行社在招徕、接待旅游者时必须要求旅游者购买旅游意外保险。（　　）

24. 根据《旅行社责任保险管理办法》规定，旅行社责任保险的保险期为一年。（　　）

25. 根据《旅行社责任保险管理办法》规定，旅行社责任保险的责任限额由旅行社与保险公司协商确定，但每人人身伤亡责任限额不得低于40万元人民币。（　　）

二、单选题

1. 根据《旅游安全管理办法》规定，旅游安全风险提示基本标识颜色对应，正确的是（　　）。

A．一级（蓝色）　　B．二级（黄色）

C．三级（黄色）　　D．四级（红色）

2. 根据《旅游安全管理办法》规定，旅游经营者建立安全生产教育和培训档案，如实记录安全生产教育和培训的时间、内容、（　　）及考核结果等情况。

A．地点　　B．安全生产知识

C．操作方式　　　　　　　　　　　　D．参加人员

3．根据《旅游安全管理办法》规定，旅行社及其从业人员发现履行辅助人提供的服务不符合法律、法规规定或者存在安全隐患的，应当（　　）。

A．当场指出并记录在案　　　　　　B．及时投诉

C．予以制止或者更换　　　　　　　D．拒付费用

4．根据《旅游安全管理办法》规定，按照旅游业国家标准、行业标准评定的旅游经营者违反规定的，由（　　）建议评定组织依据相关标准做出处理。

A．人民政府　　　　　　　　　　　B．工商行政管理部门

C．旅游主管部门　　　　　　　　　D．公安部门

5．旅行社违反《旅游安全管理办法》规定，未制止履行辅助人的非法、不安全服务行为，或者未更换履行辅助人的，由旅游主管部门给予警告，可并处（　　）元以下罚款。

A．1000　　　　　　　　　　　　B．2000

C．3000　　　　　　　　　　　　D．5000

6．旅行社违反《旅游安全管理办法》规定，未制止履行辅助人的非法、不安全服务行为，或者未更换履行辅助人的，由旅游主管部门给予警告，情节严重的处（　　）罚款。

A．1000 元以上 5000 元以下　　　　B．2000 元以上 1 万元以下

C．1000 元以上 1 万元以下　　　　D．2000 元以上 2 万元以下

7．根据《旅游安全管理办法》规定，旅游突发事件发生后，（　　）及其现场人员应当采取合理、必要的措施救助受害旅游者，控制事态发展，防止损害扩大。

A．旅游从业人员　　　　　　　　　B．旅游经营者

C．旅游行政管理部门　　　　　　　D．人民政府

8．根据《旅游安全管理办法》规定，旅游突发事件处置结束后，发生地旅游主管部门应当及时查明突发事件的经过和原因，总结突发事件应急处置工作的经验教训，制定改进措施，并在（　　）内按照相关程序提交总结报告。

A．10 日　　　　　　　　　　　　B．15 日

C．20 日　　　　　　　　　　　　D．30 日

9．根据《旅游安全管理办法》规定，旅游突发事件发生后，发生地（　　）应当根据同级人民政府的要求和有关规定，参与旅游突发事件的调查，配合相关部门依法对应当承担事件责任的旅游经营者及其责任人进行处理。

A．县级以上旅游主管部门　　　　　B．市级以上旅游主管部门

C．省级以上旅游主管部门　　　　　D．文化和旅游部

10．根据《旅游安全管理办法》规定，（　　）及其工作人员违反相关法律、法规及规定，玩忽职守，未履行安全管理职责的，由有关部门责令改正，对直接负

责的主管人员和其他直接责任人员依法给予处分。

A．相关部门　　B．旅游主管部门

C．旅游经营者　　D．人民政府

11．根据《旅游安全管理办法》规定，（　　）负责发布境外旅游目的地国家（地区），以及风险区域范围覆盖全国或者跨省级行政区域的风险提示。

A．县级旅游主管部门　　B．市级旅游主管部门

C．省级旅游主管部门　　D．文化和旅游部

12．根据《旅游安全管理办法》规定，旅游经营者应当主动询问与旅游活动相关的（　　），要求旅游者按照明示的安全规程，使用旅游设施和接受服务，并要求旅游者对旅游经营者采取的安全防范措施予以配合。

A．个人信息　　B．个人健康信息

C．个人习惯　　D．注意事项

13．根据《旅游安全管理办法》规定，旅行社组织出境旅游，应当制作（　　）。应当包括旅游者姓名、出境证件号码和国籍，以及紧急情况下的联系人、联系方式等信息。

A．安全信息卡　　B．出入境卡

C．护照　　D．签证

14．根据《旅游安全管理办法》规定，（　　）风险提示可以不发布风险结束时间，待风险消失后自然结束。

A．一级、二级　　B．三级、四级

C．一级、三级　　D．二级、四级

15．根据《旅游安全管理办法》规定，风险提示应当通过官方网站、手机短信及公众易查阅的媒体渠道对外发布。（　　）风险提示应同时通报有关媒体。

A．一级、二级　　B．三级、同级

C．一级、三级　　D．二级、四级

16．根据《旅游安全管理办法》规定，旅游主管部门在接到旅游经营者的报告后，应当向同级人民政府和上级旅游主管部门报告。一般旅游突发事件上报至（　　）。

A．县级旅游主管部门　　B．设区的市级旅游主管部门

C．省级旅游主管部门　　D．文化和旅游部

17．根据《旅游安全管理办法》规定，旅游主管部门在接到旅游经营者的报告后，应当向同级人民政府和上级旅游主管部门报告。较大旅游突发事件逐级上报至（　　）。

A．县级旅游主管部门　　B．市级旅游主管部门

C．省级旅游主管部门　　D．文化和旅游部

18. 根据《旅游安全管理办法》规定，旅游主管部门在接到旅游经营者的报告后，应当向同级人民政府和上级旅游主管部门报告。重大和特别重大旅游突发事件逐级上报至（　　）。

A. 县级旅游主管部门　　B. 市级旅游主管部门

C. 省级旅游主管部门　　D. 文化和旅游部

19. 根据《旅游安全管理办法》规定，旅游经营者对可能发生的旅游突发事件及采取安全防范措施的情况，应当按照规定及时向（　　）或者人民政府有关部门报告。

A. 县级人民政府　　B. 市级人民政府

C. 省级人民政府　　D. 所在地人民政府

20. 根据《旅游安全管理办法》规定，县级以上地方各级旅游主管部门应当定期统计分析本行政区域内发生旅游突发事件的情况，并于每年（　　）底前将上一年度有关情况逐级报文化和旅游部。

A. 1 月　　B. 3 月

C. 5 月　　D. 7 月

21. 根据《中华人民共和国旅游法》规定，下列不属于经营者应当说明或警示的内容的是（　　）。

A. 旅游者应当承担必要的救助费用

B. 必要的安全防范和应急措施

C. 不适宜参加相关活动的群体

D. 正确使用相关设施、设备的方法

22. 根据《旅游安全管理办法》规定，省级旅游主管部门应当于每月（　　）前，将本地区上月发生的较大旅游突发事件报文化和旅游部备案，内容应当包括突发事件发生的时间、地点、原因及事件类型和伤亡人数等。

A. 3 日　　B. 3 个工作日

C. 5 日　　D. 5 个工作日

23.《旅游法》第 78 条第 2 款规定，突发事件发生后，当地人民政府及其有关部门和机构应当采取措施开展援救，并协助旅游者返回（　　）或者旅游者指定的合理地点。

A. 居住地　　B. 户籍所在地

C. 事发地　　D. 出发地

24.《旅游法》第 79 条规定，旅游经营者应严格执行我国安全生产管理和（　　）的法律、法规和国家标准、行业标准，并具备相应的安全生产条件。

A. 消防安全管理　　B. 食品安全管理

C. 住宿安全管理　　D. 设施安全管理

25.《旅游法》第 78 条规定，（　　）应当依法将旅游应急管理纳入政府应急管理体系。

A．国家旅游行政管理部门　　B．县级以上人民政府

C．设区的市旅游行政管理部门　　D．市级以上人民政府

26．根据《中华人民共和国旅游法》规定，旅游者隐瞒自身健康条件，不顾旅游目的地的安全警示，造成的意外伤害应由（　　）承担。

A．保险公司　　B．旅行社

C．旅游者　　D．景区

27．根据《旅游法》规定，县级以上人民政府及其有关部门应当将（　　）作为突发事件监测和评估的重要内容。

A．旅游风险　　B．旅游安全

C．旅游环境　　D．旅游路线

28.《旅游法》第 76 条规定，旅游安全工作由（　　）统一负责。

A．县级以上旅游行政管理部门　　B．县级以上人民政府

C．县级以上公安局　　D．市级以上旅游行政管理部门

29.《旅游法》规定，旅游经营者应当具备相应的（　　），制定旅游者安全保护制度和应急预案。

A．安全生产资质　　B．风险识别和承担能力

C．安全生产条件　　D．文化素质

30．根据《旅游法》规定，旅游经营者应当严格执行安全生产管理和消防安全管理的法律、法规和（　　）。

A．政府标准、行业标准　　B．国家标准、行业标准

C．政府标准、市场标准　　D．国家标准、市场标准

31．根据《旅游法》规定，国家建立旅游目的地安全风险提示制度。旅游目的地安全风险提示的级别划分和实施程序，由（　　）会同有关部门制定。

A．国务院　　B．工商行政管理部门

C．国务院旅游主管部门　　D．县级以上人民政府

32．根据《旅行社责任保险管理办法》规定，旅行社责任保险的保险责任，应当包括旅行社在组织旅游活动中依法对旅游者的人身伤亡、（　　）承担的赔偿责任等。

A．经济损失　　B．精神损害

C．财产损失　　D．行为过失

33．根据《旅游法》，旅行社未按照规定投保旅行社责任保险的，由旅游主管部门对直接负责的主管人员和其他直接责任人员，处（　　）罚款。

A．2000 元以上 2 万元以下　　B．5000 元以上 5 万元以下

C．5000元以上10万元以下　　D．1万元以上10万元以下

34.《旅行社责任保险管理办法》规范了请求赔偿人在责任险索赔过程中（　　）与（　　）的责任与行为。

A．旅行社；保险公司

B．旅行社；保监会

C．保监会；保险公司

D．保险公司；旅行社所在地县级以上旅游主管部门

35．根据旅游活动的风险程度，对旅行社、住宿、旅游交通以及《中华人民共和国旅游法》规定的高风险旅游项目等经营者实施（　　）制度。

A．财产保险　　B．质量保证金

C．责任保险　　D．人身意外险

36．旅行社责任保险的保险标的是（　　）。

A．被保险人的生命、健康　　B．旅行社的财产和相关利益

C．投保人的生命、健康　　D．旅游者的财产和相关利益

37．旅行社责任险的赔偿责任是指由（　　）的过错造成的游客的财产、人身的损失。因而对于旅游者在旅游过程中，由自身疾病或个人过错导致的损失，或者在旅行社组织安排的活动之外发生的损失，旅行社是不承担赔偿责任的。

A．旅行社　　B．保险公司

C．旅游者　　D．第三方

38．根据《旅行社责任保险管理办法》规定，保险公司应当及时将核定结果通知旅行社以及受害人；对属于保险责任的，在与旅行社达成赔偿保险金的协议后（　　）内，履行赔偿保险金义务。

A．10日　　B．10个工作日

C．15日　　D．30个工作日

39．根据《旅行社责任保险管理办法》规定，关于旅行社责任保险的说法不正确的是（　　）。

A．旅行社责任保险是一种强制保险

B．旅行社必须向在境内经营责任保险的保险公司投保

C．旅行社必须与承保保险公司签订书面合同

D．旅行社采取按团投保的方式

40．根据《中华人民共和国旅游法》的相关规定，旅游意外保险的投保人应为（　　）。

A．组团社　　B．地接社

C．保险公司　　D．旅游者

41．根据《旅行社责任保险管理办法》的相关规定，旅行社责任保险合同的投保

人、被保险人和收益人分别是（　　）。

A．旅行社、旅游者、旅游者　　B．旅行社、旅游者、旅行社

C．旅行社、旅行社、旅行社　　D．旅游者、旅游者、旅游者

42．根据《旅游法》相关规定，（　　）依法对旅行社投保责任险情况实施监督管理。

A．县级以上旅游主管部门　　B．中国保监会

C．县级以上人民政府　　D．保险公司

三、多选题

1.《旅游安全管理办法》规定，旅行社组织出境旅游，应当制作安全信息卡。安全信息卡应当包括（　　）等信息。

A．出境证件号码　　B．紧急情况下的联系人

C．国籍　　D．紧急情况下的联系方式

E．旅游者姓名

2．根据《旅游安全管理办法》规定，风险提示发布后，旅行社应当根据风险级别采取的措施为（　　）。

A．一级风险的，加强对旅游者的提示

B．四级风险的，停止组团或带团前往风险区域

C．三级风险的，采取必要的安全防范措施

D．二级风险的，已在风险区域的，调整或者中止行程

E．四级风险的组织已在风险区域的旅游者撤离

3．旅行社违反《旅游安全管理办法》规定，（　　）由旅游主管部门给予警告，可并处 2000 元以下罚款；情节严重的，处 2000 元以上 10000 元以下罚款。

A．不按要求制作安全信息卡

B．未将安全信息卡交由旅游者

C．未告知旅游者相关信息

D．未制止履行辅助人的非法、不安全服务行为

E．旅游主管部门及其工作人员违反相关法律、法规及本办法规定，玩忽职守，未履行安全管理职责的

4．根据《旅游安全管理办法》规定，旅游经营者应当遵守的要求有（　　）。

A．建立安全管理制度和责任体系

B．保证安全工作的资金投入

C．建立旅游目的地安全风险提示制度

D．配备必要的安全和救援人员、设施设备

E．服务场所、服务项目和设施设备符合有关安全法律、法规和强制性标准的要求

5．根据《旅游安全管理办法》规定，旅游主管部门应当加强的旅游安全日常管理

工作有（ ）。

A. 督促旅游经营者贯彻执行安全和应急管理的有关法律、法规，并引导其实施相关国家标准、行业标准或者地方标准，提高其安全经营和突发事件应对能力

B. 指导旅游经营者组织开展从业人员的安全及应急管理培训，并通过新闻媒体等多种渠道，组织开展旅游安全及应急知识的宣传普及活动

C. 统计分析本行政区域内发生旅游安全事故的情况

D. 法律、法规规定的其他旅游安全管理工作

E. 旅游主管部门应当加强对饭店和景区旅游安全和应急管理工作的指导

6. 根据《旅游安全管理办法》规定，旅游突发事件发生在境外的，旅游团队的领队应当立即向（ ）或者政府派出机构，以及旅行社负责人报告。

A. 中国驻当地大使馆　　B. 当地警方

C. 文化和旅游部　　D. 中国驻当地领事馆

E. 当地地接社

7. 根据《旅游安全管理办法》规定，旅游经营者的安全义务有（ ）。

A. 安全防范、管理和保障义务

B. 建立旅游目的地安全风险提示制度

C. 安全救助、处置和报告义务

D. 安全说明或警示义务

E. 统计分析本行政区域发生旅游安全事故的情况

8. 2013 年出台的《旅游法》，旅游安全单设一章，使旅游安全管理规范日趋完善，下列旅游安全法律制度的内容呈现转变的特点有（ ）。

A. 政府、社会、企业、个人并重

B. 事前、事中、事后并重

C. 以人为本、安全第一、预防为主、综合治理

D. 监管、协调、服务并重

E. 预防为主、防治结合

9. 根据《旅游安全管理办法》规定，经营高风险旅游项目或者向（ ）提供旅游服务的，应当根据需要采取相应的安全保护措施。

A. 老年人　　B. 未成年人

C. 残疾人　　D. 孕妇

E. 病人

10. 根据《旅游安全管理办法》规定，安全信息卡应当包括（ ）等信息，使用中文和目的地官方语言（或者英文）填写。

A. 职业　　B. 旅游者姓名

C. 国籍　　D. 紧急情况联系人

E. 联系方式

11. 根据《旅游安全管理办法》规定，旅行社应当将安全信息卡交由旅游者随身携带，并告知其自行填写（ ）等信息。

A. 血型
B. 体重
C. 过敏药物
D. 重大疾病
E. 身高

12. 根据《旅游安全管理办法》规定，根据旅游突发事件的（ ）等，旅游突发事件一般分为特别重大、重大、较大和一般四级。

A. 性质
B. 危害程度
C. 造成的影响
D. 死亡人数
E. 财产损失程度

13.《旅游法》第 79 条规定，旅游经营者对提供的产品和服务进行（ ），采取必要措施防止危害发生。

A. 监测
B. 评估
C. 警示
D. 安全检验
E. 说明

14.《旅游法》规定，旅游经营者应当就旅游活动中的下列事项中的（ ），以明示的方式事先向旅游者作出说明或者警示。

A. 正确使用相关设施、设备的方法
B. 必要的安全防范和应急措施
C. 向旅游者开放的经营、服务场所和设施、设备
D. 不适宜参加相关活动的群体
E. 可能危及旅游者人身、财产安全的其他情形

15. 根据《旅游法》第 81 条规定，突发事件或者旅游安全事故发生后，旅游经营者应当立即（ ）。

A. 依法履行报告义务
B. 采取措施开展救援
C. 采取必要的救助和处置措施
D. 对旅游者做出妥善安排
E. 对产品和服务进行安全检验、监测和评估

16.《旅游法》规定，旅游经营者应当（ ）。

A. 严格执行安全生产管理和消防安全管理的法律、法规和国家标准、行业标准，具备相应的安全生产条件
B. 制定旅游者人身保险制度和应急预案
C. 对直接为旅游者提供服务的从业人员开展经常性应急救助技能培训

D. 对提供的产品和服务进行安全检验、监测和评估

E. 采取必要措施防止危害发生

17.《旅游法》规定，县级以上人民政府应当（　　）。

A. 统一负责旅游安全工作

B. 依照法律、法规履行旅游安全监管职责

C. 定期对旅游经营者进行安全检查

D. 定期对住宿经营者进行安全检查

E. 定期对景区进行安全检查

18. 根据《旅游安全管理办法》规定，旅游目的地风险提示信息应当包括（　　）。

A. 风险类别　　B. 提示级别

C. 已经影响的区域　　D. 应采取的措施

E. 发布机关

19. 根据《旅行社责任保险管理办法》规定，旅行社责任保险是旅游保险中的重要险种之一，具有下列（　　）特征。

A. 旅行社责任保险的保险人是保险公司

B. 旅行社责任保险的被保险人是保险公司

C. 旅行社责任保险是强制保险

D. 旅行社责任保险的投保人是旅行社

E. 旅行社责任保险的保险人是旅行社，因此责任险的赔付主体是旅行社

20. 根据《旅行社责任保险管理办法》规定，投保旅行社责任保险后旅行社的义务有（　　）。

A. 保险合同成立后，按照约定交付保险费

B. 除符合《保险法》规定的情形，不得解除保险合同

C. 保险合同解除的，应当收回保险单，并书面通知旅行社所在地县级以上旅游主管部门

D. 订立保险合同时，不得强迫旅行社投保其他商业保险

E. 解除保险合同的，应当同时订立新的保险合同，并书面通知所在地县级以上旅游主管部门，但因旅行社业务经营许可证被依法吊销或注销而解除合同的除外

21. 根据《旅行社责任保险管理办法》规范了请求赔偿人在责任险索赔过程中旅行社与保险公司的责任与行为，属于旅行社的责任与行为的是（　　）。

A. 履行赔偿义务　　B. 通知保险事故

C. 及时报告　　D. 依法解决争议

E. 提供证明和资料

22. 保险公司是否向旅行社赔偿，以及赔偿的具体数额，要由双方在合同中约定，

但不得小于《旅行社责任保险管理办法》所规定的（　　）赔偿范围。

A. 因旅行社疏忽应当承担的赔偿责任

B. 因旅行社过失应当承担的赔偿责任

C. 文化和旅游部会同中国保险监督管理委员会规定的其他情形

D. 因旅游者疏忽应当承担的赔偿责任

E. 因发生意外事故旅行社应当承担赔偿责任的

23. 以下说法正确的是（　　）。

A.《旅行社责任保险管理办法》自 2011 年 2 月 1 日起施行

B. 旅行社责任保险是一种强制保险

C. 订立保险合同时，保险公司不得强制旅行社投保其他商业保险

D. 旅行社责任保险的保险期限为一年

E. 每人人身伤亡责任限额不得低于 30 万元人民币

24. 依据《旅行社责任保险管理办法》规定，责任限额可以根据（　　），由旅行社与保险公司协商确定。

A. 当地经济社会发展水平　　B. 旅行社自身需要

C. 旅行社经营规模　　D. 旅行社风险管控能力

E. 旅行社业务经营范围

25. 根据《旅游法》第 56 条的规定，国家根据旅游活动的风险程度，对（　　）以及《旅游法》第 47 条规定的高风险旅游项目等经营者实施责任保险制度。

A. 旅行社　　B. 娱乐场所

C. 住宿　　D. 旅游餐饮

E. 旅游交通

习题强化答案

一、判断题

1. 错	2. 错	3. 错	4. 错	5. 对
6. 错	7. 错	8. 错	9. 错	10. 错
11. 对	12. 错	13. 错	14. 对	15. 对
16. 错	17. 对	18. 错	19. 对	20. 对
21. 错	22. 对	23. 错	24. 对	25. 错

二、单选题

1. C	2. D	3. C	4. C	5. B
6. B	7. B	8. D	9. A	10. B
11. D	12. B	13. A	14. B	15. A
16. B	17. C	18. D	19. D	20. A

21．A	22．C	23．D	24．A	25．B
26．C	27．B	28．B	29．C	30．B
31．C	32．C	33．A	34．A	35．C
36．B	37．A	38．A	39．D	40．D
41．C	42．A			

三、多选题

1．ABCDE	2．CD	3．ABCD	4．ABDE	5．ABCD
6．ABD	7．ACD	8．ABCD	9．ABC	10．BCDE
11．ACD	12．ABC	13．ABD	14．ABDE	15．ACD
16．ACDE	17．AB	18．ABDE	19．ACD	20．AE
21．BDE	22．ABCE	23．ABCD	24．ABCDE	25．ACE

第九章　出入境及交通法律制度

真题解读

- 【2018 年真题 · 单选】《中华人民共和国护照法》规定，在偏远地区或者交通不便的地区或者因特殊情况，不能按期签发护照的，经护照签发机关负责人批准，签发时间可以延长至（　　）。

  A．10 日　　B．15 日

  C．20 日　　D．30 日

  【答案】D

  【解析】在偏远地区或者交通不便的地区或者因特殊情况，不能按期签发护照的，经护照签发机关负责人批准，签发时间可以延长至 30 日。

  【点评】简单难度，平时训练亦有涉及。

- 【2017 年真题 · 单选】《中华人民共和国出境入境管理法》规定，持用伪造的出境入境证件出境入境的，处（　　）罚款。

  A．500 元以下　　B．500 元以上 1000 元以下

  C．1000 元以上 5000 元以下　　D．5000 元以上 1 万元以下

  【答案】C

  【解析】《出境入境管理法》第 71 条，有下列行为之一的，处一千元以上五千元以下罚款；情节严重的，处五日以上十日以下拘留，可以并处二千元以上一万元以下罚款：（1）持用伪造、变造、骗取的出境入境证件出境入境的；（2）冒用他人出境入境证件出境入境的；（3）逃避出境入境边防检查的；（4）以其他方式非法出境入境的。

  【点评】难度较大，本题考查较偏。

- 【2017 年真题 · 单选】《中华人民共和国出境入境管理法》规定，（　　）外国人不予签发签证。

  A．患有癌症且晚期的

  B．患有严重心脏病的

  C．患有严重精神障碍的

  D．被驱逐出境，已满不准入境规定年限的

  【答案】C

【解析】《出境入境管理法》第21条，外国人有下列情形之一的，不予签发签证：

（一）被处驱逐出境或者被决定遣送出境，未满不准入境规定年限的；

（二）**患有严重精神障碍**、传染性肺结核病或者有可能对公共卫生造成重大危害的其他传染病的；

（三）可能危害中国国家安全和利益、破坏社会公共秩序或者从事其他违法犯罪活动的；

（四）在申请签证过程中弄虚作假或者不能保障在中国境内期间所需费用的；

（五）不能提交签证机关要求提交的相关材料的；

（六）签证机关认为不宜签发签证的其他情形。

对不予签发签证的，签证机关可以不说明理由。

【点评】中等难度，根据常识可知，C项肯定不发签证。

- 【2017年真题·单选】下列造成航班在始发站延误或取消的原因中，旅客可以享受承运人免费食宿服务的是（　　）。

A. 旅客原因　　B. 航班调配

C. 空中交通管制　　D. 强对流天气

【答案】B

【解析】航班延误或取消时，承运人应根据旅客要求，优先安排旅客乘坐后续航班或签转其他承运人的航班，或退票，并不得收取退票费。**因承运人自身原因**导致航班延误或取消，承运人应当向旅客提供餐食或住宿等服务。

【点评】中等难度，只有B项属于承运人自身原因导致航班延误或取消。

- 【2017年真题·单选】《中华人民共和国道路运输条例》规定，道路运输从业人员应当遵循道路运输操作流程，不得违章作业。驾驶人员连续驾驶时间不得超过（　　）小时。

A. 3　　B. 4

C. 5　　D. 6

【答案】B

【解析】道路运输从业人员应当遵守道路运输操作规程，不得违章作业。驾驶人员连续驾驶时间不得超过**4小时**。

【点评】送分题，本题属于基本常识问题。

- 【2016年真题·单选】根据《中华人民共和国铁路法》，铁路运输企业逾期（　　）日仍未将货物、包裹、行李交付收货人或者旅客的，托运人、收货人或者旅客有权按货物、包裹、行李灭失向铁路运输企业要求赔偿。

A. 10　　B. 15

C. 20　　D. 30

【答案】D

【解析】铁路运输企业逾期30日仍未将货物、包裹、行李交付收货人或者旅客的，托运人、收货人或者旅客有权按货物、包裹、行李灭失向铁路运输企业要求赔偿。

【点评】简单难度，本知识点平时训练亦有涉及。

- 【2016年真题·单选】根据《中华人民共和国航空法》规定，民航可以接受运输的是（　　）。

A．携带禁用品的旅客　　B．经安全检查了行李的旅客

C．拒绝接受安全检查的旅客　　D．携带危险品的旅客

【答案】B

【解析】《航空法》规定，民航不得运输拒绝接受安全检查的旅客，也不得运输未经安全检查的行李，可依法处罚携带禁运品和危险品的旅客。

【点评】送分题，本知识点根据常识亦可作答。

- 【2018年真题·多选】《中华人民共和国出入境管理法》规定，签证的登记项目包括（　　）等。

A．护照号码　　B．签发日期

C．出境次数　　D．持有人姓名、性别、籍贯

E．签证种类

【答案】ABE

【解析】签证的登记项目包括：签证种类，持有人姓名、性别、**出生日期**、**入境次数**、入境有效期、停留期限，签发日期、地点，护照或者其他国际旅行证件号码等。

【点评】难度较大，本题属于超级大坑，答题时需要注意到和护照的登记项目的区别。

- 【2016年真题·多选】根据《中华人民共和国出境入境管理法》规定，外国人申请办理签证，应当（　　）。

A．向驻外签证机关提交本人的户口本

B．按照驻外签证机关要求办理相关手续

C．向驻外签证机关提交申请事由的相关材料

D．按照驻外签证机关要求接受面谈

E．向驻外签证机关提交本人护照

【答案】BCDE

【解析】《出境入境管理法》第18条规定，外国人申请办理签证，应当向驻外签证机关提交本人的护照或者其他国际旅行证件，以及申请事由的相关材料，按照驻外签证机关的要求办理相关手续、接受面谈。

【点评】中等难度，常识性问题，外国人没有“户口本”。

习题强化

一、判断题

1. 根据《中华人民共和国出境入境管理法》规定，对因工作、学习、探亲、旅游、商务活动、人才引进等非外交、公务事由入境的外国人，签发相应类别的普通签证。（　）
2. 根据《中华人民共和国出境入境管理法》规定，旅行社按照国家有关规定组织入境旅游的，可以向口岸签证机关申请办理团体旅游签证。（　）
3. 根据《中华人民共和国护照法》规定，中华人民共和国护照分为普通护照、外交护照和公务护照。（　）
4. 根据《中华人民共和国护照法》规定，普通护照只能由公安机关出入境管理机构或者公安部委托的县级以上地方人民政府公安机关出入境管理机构签发。（　）
5. 根据《中华人民共和国出境入境管理法》规定，外国人进入中国境内都必须办理签证。（　）
6. 根据《中华人民共和国出境入境管理法》规定，违反法律规定，为外国人出具邀请函件，处 5000 元以上 1 万元以下罚款，没收违法所得，并责令其承担所邀请外国人的出境费用。（　）
7. 根据《中华人民共和国出境入境管理法》规定，任何单位和个人不得组织中国公民到国务院旅游行政部门公布的出国旅游的目的地国家以外的国家旅游。（　）
8. 根据《中华人民共和国护照法》规定，公安机关出入境管理机构应当自收到申请材料之日起 20 日内签发普通护照。（　）
9. 根据《中华人民共和国出境入境管理法》规定，中华人民共和国出入境通行证，是出入中国国（边）境的通行证件，由省、自治区、直辖市公安厅（局）及其授权的公安机关签发。（　）
10. 根据《中华人民共和国出境入境管理法》规定，来华外国旅游者的签证属于外交签证。（　）
11. 根据《中华人民共和国出境入境管理法》规定，外国人的入境、过境和居留须遵守中国法律的原则。外国人在中国境内，必须遵守中国法律，不得危害中国国家安全，损害社会公共利益，破坏社会公共秩序。（　）
12. 依据《中华人民共和国民用航空法》有关规定，在国内航空运输中，承运人对每名旅客的人身赔偿责任限额为 100 万元。（　）
13. 依据《中华人民共和国民用航空法》有关规定，航空公司将客票售出，便意味着与旅客签订了航空运输合同。（　）

14. 依据《中华人民共和国民用航空法》有关规定，旅客将一活的动物作为一般行李托运，未向承运人申明。在运输过程中，该动物因航班延误时间过长而死亡，承运人不承担赔偿责任。（ ）

15. 依据《中华人民共和国民用航空法》有关规定，承运人运送旅客，必须向旅客签发客票。（ ）

16. 根据《中华人民共和国铁路法》规定，在铁路运输中，旅客的人身伤亡是因旅客自身疾病所导致的，铁路运输企业也应当承担部分责任。（ ）

17. 根据《中华人民共和国铁路法》规定，对无票乘车者应该补收票款，并按规定加收票款。（ ）

18. 根据《中华人民共和国铁路法》规定，旅客乘车应当持有效车票，对无票乘车或者持失效车票乘车的，铁路运输企业应当责令下车。（ ）

19. 根据《中华人民共和国道路运输条例》规定，在道路运输中，发生交通事故，客运经营者应当服从县级以上人民政府的统一调度、指挥。（ ）

20. 根据《中华人民共和国道路运输条例》规定，在道路运输中，从事包车客运的，应当按照约定的起始地、目的地和线路运输。（ ）

21. 根据《中华人民共和国道路运输条例》规定，客运经营者不按照规定携带车辆营运证的，由县级以上道路运输管理机构责令改正，处警告或者 20 元以上 200 元以下的罚款。（ ）

二、单选题

1. 根据《中华人民共和国出境入境管理法》规定，外国人入境应当向（ ）申请办理签证。

A. 驻外签证机关

B. 公安机关出入境管理机构

C. 县级以上地方人民政府公安机关出入境管理机构

D. 市级以上地方人民政府公安机关出入境管理机构

2. 根据《中华人民共和国护照法》规定，普通护照持有人若未满 16 周岁，则其护照有效期为（ ）。

A. 5 年　　B. 8 年

C. 10 年　　D. 15 年

3. 根据《中华人民共和国护照法》规定，普通护照持有人若为 16 周岁以上，则其护照有效期为（ ）。

A. 5 年　　B. 8 年

C. 10 年　　D. 15 年

4. 根据《中华人民共和国出境入境管理法》规定，持用伪造的出境入境证件出境入境的，（ ）。

A．处 1000 元以上 5000 元以下罚款

B．处 2000 元以上 5000 元以下罚款

C．处 1000 元以上 1 万元以下罚款

D．处 2000 元以上 1 万元以下罚款

5．根据《中华人民共和国出境入境管理法》规定，冒用他人出境入境证件出境入境，情节严重的，（　　）。

A．处 5 日以上 10 日以下拘留

B．处 10 日以上 15 日以下拘留

C．处 5 日以上 10 日以下拘留，可以并处 2000 元以上 1 万元以下罚款

D．处 10 日以上 15 日以下拘留，可以并处 2000 元以上 1 万元以下罚款

6．根据《中华人民共和国出境入境管理法》规定，弄虚作假骗取停留居留证件的，（　　）。

A．处 1000 元以上 5000 元以下罚款

B．处 2000 元以上 5000 元以下罚款

C．有违法所得的，没收违法所得

D．情节严重的，处 5 日以上 15 日以下拘留

7．根据《中华人民共和国出境入境管理法》规定，在中国境内的外国人冒用他人出境入境证件的（　　）。

A．给予严重警告

B．处 2000 元以上罚款

C．给予警告，并处 2000 元以下罚款

D．处 5000 元以下罚款

8．根据《中华人民共和国出境入境管理法》规定，中国公民往来内地与前往香港、澳门特别行政区，中国公民往来大陆与台湾地区，应当依法申请办理（　　）。

A．护照　　　　B．签证

C．出入境许可证　　　　D．通行证

9．根据《中华人民共和国出境入境管理法》规定，中国公民（　　），可以出境。

A．被判处刑罚尚未执行完毕的

B．有未了结的民事案件的，人民法院决定不准出境的

C．因妨害国境管理受到刑事处罚，满出境规定年限的

D．出境后，可能危害国家安全和利益的

10．根据《中华人民共和国出境入境管理法》规定，外国人（　　）准许入境。

A．未持有效出境入境证件的

B．入境后从事与签证种类相符的活动的

C．具有《中华人民共和国出境入境管理法》规定的不予签发签证情形的

D．逃避接受边防检查的

11．根据《中华人民共和国出境入境管理法》规定，外国人（　　）不准出境。

A．拖欠劳动者的劳动报酬，已经国务院有关部门或省、自治区、直辖市人民政府决定可以出境的

B．被判处刑罚已执行完毕的

C．属于刑事案件被告人的

D．有未了结的民事案件，已经人民法院决定可以出境的

12．根据《中华人民共和国护照法》规定，下列（　　）不属于普通护照的登记项目。

A．姓名　　B．性别

C．血型　　D．出生地

13．根据《中华人民共和国出境入境管理法》规定，对于外国人不准入境的，出入境边防检查机关（　　）说明理由。

A．应当　　B．视情况

C．可以不　　D．必须

14．根据《中华人民共和国出境入境管理法》规定，下列情形会被处以2000元以上1万元以下的罚款（　　）。

A．冒用他人出境入境证件的　　B．逃避出境入境边防检查的

C．持用伪造出境入境证件的　　D．协助他人非法出境入境的

15．根据《中华人民共和国出境入境管理法》规定，中国公民持有效护照或者其它有效证件，出入我国国境（　　）。

A．应当办理签证　　B．入境必须办理签证

C．出境必须办理签证　　D．无需办理签证

16．根据《中华人民共和国出境入境管理法》规定，（　　）不属于中国公民限制出境情形。

A．被判处刑罚尚未执行完毕

B．有未了解的民事案件，人民法院决定不准出境的

C．国家公务人员

D．国务院有关主管部门认为出境有可能危害国家安全和利益

17．根据《中华人民共和国出境入境管理法》规定，中国公民出境后非法前往其他国家或者地区被遣返的，出境入境证件签发机关自其被遣返之日起（　　）不予签发出境入境证件。

A．3个月内　　B．6个月内

C．3年内　　D．6个月至3年内

18．李某患有心脏病，在乘坐某航班飞行时旧病复发，导致死亡，依据《中华人民

共和国民用航空法》有关规定，承运人（　　）。

A．应承担责任　　B．承担主要责任

C．承担次要责任　　D．不承担责任

19．依据《中华人民共和国民用航空法》有关规定，在国内航空运输中，对每名旅客随身携带的物品，承运人的赔偿责任限额为每人（　　）元。

A．1000　　B．2000

C．3000　　D．4000

20．依据《中华人民共和国民用航空法》有关规定，下列情形，承运人应当承担责任的是（　　）。

A．旅客、行李或者货物在航空运输中因延误造成的损失

B．对旅客行李物品的损失赔偿，超出声明价值的

C．对延误运输导致的责任，承运人能够证明该延误是不可避免的

D．承运人为了避免损失发生，已经采取了一切必要措施的

21．依据《中华人民共和国民用航空法》有关规定，如果航空承运人对旅客的人身伤亡应当承担赔偿责任，承运人在责任限额的范围内，按照旅客的（　　）进行赔偿。

A．法律规定的损失价格　　B．承运人上报的损失价格

C．实际损失　　D．旅客要求赔偿的损失价格

22．依据《中华人民共和国民用航空法》有关规定，在公共航空运输中，对旅客随身携带的行李，如果因发生在（　　）的事件，造成行李物品毁灭、遗失或者损坏的，承运人不需要承担责任。

A．民用航空器上　　B．在旅客上民用航空器过程中

C．在旅客下民用航空器过程中　　D．在机场外

23．依据《中华人民共和国民用航空法》有关规定，在公共航空运输中，（　　）属于航空运输禁运物品。

A．雪茄　　B．凡高画作仿品

C．音像制品或书刊　　D．法轮功宣传册

24．依据《中华人民共和国民用航空法》有关规定，在公共航空运输中，（　　）不属于航空承运人的权利。

A．拒绝载运权　　B．出具客票

C．查验机票权　　D．减轻、免除赔偿责任权

25．依据《中华人民共和国民用航空法》有关规定，在公共航空运输中，（　　）不属于航空承运人的义务。

A．补救　　B．保证飞行安全

C．告知　　D．保管

26. 依据《中华人民共和国民用航空法》有关规定，承运人不需要承担责任的情况是（　　）。
A. 发生在民用航空器内　　B. 气流造成的飞机颠簸
C. 劫机　　D. 旅客患有严重心脏病

27. 依据《中华人民共和国民用航空法》有关规定，在国际航空运输中，对每名旅客随身携带的物品，承运人的赔偿责任限额为（　　）计算单位。
A. 4000　　B. 332
C. 100　　D. 17

28. 依据《中华人民共和国民用航空法》有关规定，在国际航空运输中，对托运行李的赔偿责任限额，承运人按照每千克（　　）计算单位承担责任。
A. 14　　B. 15
C. 16　　D. 17

29. 依据《中华人民共和国民用航空法》有关规定，除因执行公务并按照国家规定经过批准外，禁止旅客携带（　　）乘坐民用航空器。
A. 移动电话　　B. 便携式电脑
C. 枪支和管制刀具　　D. 烟酒

30. 依据《中华人民共和国民用航空法》有关规定，国内航空运输中，承运人对旅客托运行李的赔偿责任限额为每公斤人民币（　　）元，但《民用航空法》另有规定除外。
A. 40　　B. 15
C. 3000　　D. 100

31. 根据《航班正常管理规定》，下列造成航班在始发站延误或取消的原因中，旅客可以享受承运人免费食宿服务的是（　　）。
A. 旅客原因　　B. 航班调配
C. 空中交通管制　　D. 强对流天气

32.《航班正常管理规定》中指出机上延误超过（　　）（含）的，应当为机上旅客提供饮用水和食品。
A. 1 小时　　B. 2 小时
C. 3 小时　　D. 4 小时

33. 根据《铁路旅客运输规程》，行李、包裹事故赔偿标准为：按保价运输办理的物品全部灭失时按（　　）赔偿，但最高不超过声明价格。
A. 法律规定的损失价格　　B. 承运人上报的损失价格
C. 实际损失　　D. 旅客要求赔偿的损失价格

34. 根据《铁路旅客运输规程》规定，铁路运输企业对于旅客行李损失，承担赔偿责任的是（　　）。

A．因不可抗力所导致的损害

B．包装方法或容器不良，从外部观察不能发现或无规定的安全标志时

C．铁路运输企业逾期运输行李导致行李损害

D．托运人、收货人违反铁路规章或其他自身的过错

35．根据《铁路旅客运输规程》规定，下列不属于铁路运输企业的权利的是（　　）。

A．依照规定收取运输费用

B．要求旅客遵守国家法令和铁路规章制度，保证安全

C．制止旅客损害他人利益的行为

D．依据车票票面记载的内容乘车

36．根据《中华人民共和国铁路法》规定，在铁路运输中，因下列原因造成人身伤亡，铁路运输企业不承担责任的是（　　）。

A．铁路行车事故

B．铁路运营事故

C．铁路运输企业有过错的

D．不可抗力或者由于受害人自身的原因造成的

37．根据《中华人民共和国铁路法》规定，在铁路运输中，承运的货物、包裹、行李自接受承运时起到交付时止发生的灭失、短少、变质、污染或者损坏，未按保价运输承运的，按照（　　）。

A．实际损失赔偿

B．保价额赔偿

C．实际损失赔偿，但最高不超过保价额

D．实际损失赔偿，但最高不超过国务院铁路主管部门规定的赔偿限额

38．根据《中华人民共和国铁路法》规定，由于（　　）造成人身伤亡和自带行李损失的，铁路运输企业不承担赔偿责任。

A．不可抗力或者旅客自身原因　　B．旅客自身原因或者意外事件

C．意外事件或者不可抗力　　D．紧急避险或者不可抗力

39．根据《中华人民共和国铁路法》规定，按保价运输办理的物品全部灭失时按实际损失赔偿时，赔偿金额不超过（　　）。

A．物品原价　　B．实际损失

C．声明的价格　　D．最高责任限额

40．根据《中华人民共和国道路运输条例》规定，客运经营者非法转让、出租道路运输许可证件的，处（　　）罚款。

A．1000 元以上 5000 元以下　　B．2000 元以上 5000 元以下

C．1000 元以上 1 万元以下　　D．2000 元以上 1 万元以下

41．根据《中华人民共和国道路运输条例》规定，客运经营者不按照规定携带车辆

营运证的，处（　　）罚款。

A．10 元以上 100 元以下　　B．20 元以上 200 元以下

C．100 元以上 1000 元以下　　D．200 元以上 2000 元以下

42．根据《中华人民共和国道路运输条例》规定，道路运输企业没有采取必要措施防止货物脱落、扬撒等的，处（　　）。

A．1000 元以上 2000 元以下　　B．1000 元以上 3000 元以下

C．1000 元以上 5000 元以下　　D．2000 元以上 5000 元以下

43．根据《中华人民共和国道路运输条例》规定，客运经营者不按规定维护和检测运输车辆的，由县级以上道路运输管理机构责令改正，处（　　）的罚款。

A．1000 元以上 2000 元以下　　B．1000 元以上 3000 元以下

C．1000 元以上 5000 元以下　　D．2000 元以上 5000 元以下

44．下列不属于道路运输企业的权利的是（　　）。

A．车票查验　　B．行李检查

C．乘车权　　D．知情权

45．根据《国内水路运输管理条例》规定，（　　）地方人民政府交通运输主管部门主管本行政区域的水路运输管理工作。

A．县级　　B．县级以上

C．市级以上　　D．省级以上

三、多选题

1．根据《中华人民共和国航空法》，客票至少应当包括的内容有（　　）。

A．出发时间　　B．目的地地点

C．旅客姓名　　D．航班号

E．身份证号

2．《中华人民共和国铁路法》所称铁路包括（　　）。

A．地方铁路　　B．专用铁路

C．国家铁路　　D．跨国铁路

E．铁路专用线

3．根据《中华人民共和国护照法》规定，中华人民共和国旅行证由（　　）颁发。

A．中国驻外国的使馆　　B．中国驻外国的领事机关

C．外交部委托的其他驻外机关　　D．省级以上公安主管部门

E．外交部

4．根据《中华人民共和国出境入境管理法》规定，以下属于协助他人非法出境入境的处罚有（　　）。

A．处 1000 元以上 5000 元以下罚款

B．处 2000 元以上 1 万元以下罚款

C．情节严重的，处10日以上15日以下拘留，并处5000元以上2万元以下罚款

D．情节严重的，处5日以上10日以下拘留，并处5000元以上2万元以下罚款

E．有违法所得的，没收违法所得

5．根据《中华人民共和国出境入境管理法》规定，（　　），给予警告，可以并处2000元以下罚款。

A．外国人拒不接受公安机关查验其出境入境证件的

B．外国人拒不交验居留证件的

C．未按照规定办理外国人出生登记、死亡申报的

D．弄虚作假骗取签证的

E．未按照《中华人民共和国出境入境管理法》规定办理住宿登记的

6．根据《中华人民共和国出境入境管理法》规定，外国人出入境的义务性规定包括（　　）。

A．接受边防检查　　B．遵守中国法律

C．申办护照　　D．交验证件

E．办理签证

7．根据《中华人民共和国护照法》规定，申请人（　　），护照签发机关不予签发护照。

A．无法证明身份的

B．人民法院通知有未了结的民事案件不能出境的

C．属于刑事案件被告人的

D．在申请过程中弄虚作假的

E．刑事案件犯罪嫌疑人

8．根据《中华人民共和国出境入境管理法》规定，我国与出入境旅游直接相关的旅行证件主要有（　　）。

A．护照　　B．签证

C．导游证　　D．入出境通行证

E．旅行证

9．根据《中华人民共和国护照法》规定，申请人（　　），护照签发机关自刑罚执行完毕或者被遣返回国之日起6个月至3年内不予颁发护照。

A．因非法出境被遣返回国的

B．因非法居留被遣返回国的

C．因非法就业被遣返回国的

D．因妨害国（边）境管理受到刑事处罚的

E．因有未了结的民事案件被遣返回国的

10．根据《中华人民共和国出境入境管理法》规定，以其他方式非法出境入境的，

(　　)。

A. 处 1000 元以上 5000 元以下罚款

B. 处 5000 元以上 2 万元以下罚款

C. 情节严重的，处 5 日以上 10 日以下拘留

D. 情节严重的，可以并处 2000 元以上 1 万元以下罚款

E. 给予警告，并处 2000 元以下罚款

11. 根据《中华人民共和国出境入境管理法》规定，外国人（　　），不准出境。

A. 属于刑事案件犯罪嫌疑人的

B. 有未了结的民事案件，人民法院决定不准出境的

C. 拖欠劳动者的劳动报酬，经国务院有关部门或省、自治区、直辖市人民政府决定不准出境的

D. 自觉接受边防检查的

E. 法律行政法规规定不准出境的其他情形

12. 以下不属于《中华人民共和国出境入境管理法》中规定的出境入境定义的是(　　)。

A. 由香港特别行政区前往其他国家和地区的

B. 由澳门特别行政区前往其他国家和地区的

C. 由台湾地区前往其他国家和地区的

D. 中国公民往来香港、澳门、台湾地区的

E. 由其他国家或地区进入香港特别行政区、澳门特别行政区的

13. 根据《中华人民共和国出境入境管理法》规定，外国人有下列（　　）情形可以免办签证。

A. 互签免签协议的

B. 持有效的外国人居留证件

C. 持联程客票从中国过境前往第三国或者地区，在中国境内停留不超过 24 小时且不离开口岸

D. 入境的期限不超过 48 小时

E. 签订机关认为可以免办签证的其它情况

14. 根据《中华人民共和国出境入境管理法》规定，出入境检查主要包括（　　）。

A. 动植物检疫　　B. 边防检查

C. 卫生检查　　D. 海关检查

E. 商品检疫

15. 根据《中华人民共和国出境入境管理法》规定，中华人民共和国旅行证分(　　)。

A. 一年一次有效　　B. 一年两次有效

C．一年多次有效　　D．两年一次有效

E．两年多次有效

16．根据《中华人民共和国出境入境管理法》规定，下列（　　）外国人不予签发签证？

A．被驱逐出境未满不准入境年限的

B．入境后可能进行恐怖、暴力、颠覆活动的

C．患有严重精神障碍、传染性肺结核病或者有可能对公共卫生造成重大危害的其他传染病的

D．进行正常文化交流工作

E．入境后可能进行走私活动

17．根据《中华人民共和国护照法》规定，有下列（　　）情形之一的，护照持有人可以按照规定申请换发或者补发。

A．因护照有限期即将届满的　　B．不具有中国国籍的

C．无法证明身份的　　D．护照损毁不能使用的

E．护照遗失或被盗的

18．根据《中华人民共和国出境入境管理法》规定，签证分为（　　）。

A．外交签证　　B．旅游签证

C．礼遇签证　　D．公务签证

E．普通签证

19．依据《中华人民共和国民用航空法》有关规定，在公共航空运输中，旅客随身携带的物品或者托运行李的毁灭、遗失或者损坏完全是由于行李本身的（　　）造成的，航空承运人不承担责任。

A．质量　　B．缺陷

C．自然属性　　D．社会属性

E．经济属性

20．依据《中华人民共和国民用航空法》有关规定，在公共航空运输中，危险物品是指对运输安全构成危险的（　　）物品。

A．易燃　　B．易爆

C．易腐蚀　　D．易污染

E．放射性

21．依据《中华人民共和国民用航空法》第110条规定，旅客航程的（　　）不在中华人民共和国境内的，依照所适用的国际航空运输公约的规定，应当在客票上声明此项运输是适用于该公约的，客票上应当载有该项声明。

A．最终目的地地点　　B．经停地

C．出发地点　　D．约定的经停地点

E．过境地

22．根据《中华人民共和国铁路法》规定，铁路承运人的义务包括（　　）。

A．保证旅客和货物运输的安全

B．为旅客提供良好的旅行环境

C．为旅客提供良好的服务设施

D．对运送期间因承运人过错造成的旅客随身携带物品的损失予以赔偿

E．依照规定收取运输费用

23．根据《中华人民共和国道路运输条例》规定，客运经营者（　　），处 1000 元以上 3000 元以下的罚款；情节严重的，由原许可机关吊销道路运输经营许可证。

A．不按批准的客运站点停靠的

B．强行招揽旅客、货物的

C．在旅客运输途中擅自变更运输车辆的

D．已报告原许可机关，终止客运经营的

E．在旅客运输途中擅自将旅客移交他人运输的

24．水路承运人的权利包括（　　）。

A．船票查验　　B．行李检查

C．按约定运输旅客　　D．安全保障

E．安全送达

习题强化答案

一、判断题

1．对	2．对	3．对	4．错	5．错
6．对	7．对	8．错	9．对	10．错
11．对	12．错	13．对	14．对	15．对
16．错	17．对	18．错	19．对	20．对
21．对				

二、单选题

1．A	2．A	3．C	4．A	5．C
6．B	7．C	8．D	9．C	10．B
11．C	12．C	13．C	14．D	15．D
16．C	17．D	18．D	19．C	20．A
21．C	22．D	23．D	24．B	25．D
26．D	27．B	28．D	29．C	30．D
31．B	32．B	33．C	34．C	35．D

36. D	37. D	38. A	39. C	40. D
41. B	42. B	43. C	44. C	45. B

三、多选题

1. ABCD	2. ABCE	3. ABC	4. BCE	5. ABCE
6. ABDE	7. ABCDE	8. ABDE	9. ABCD	10. ACD
11. ABCE	12. ABCE	13. ABC	14. ABCD	15. AE
16. ABCE	17. ADE	18. ACDE	19. ABC	20. ABCDE
21. ACD	22. ABCD	23. ABCE	24. AB	

第十章　食品安全、住宿与娱乐法律制度

真题解读

- 【2018 年真题·判断】《中华人民共和国食品安全法》规定，国家对保健食品、特殊医学用途配方食品和婴幼儿配方食品等特殊食品实行严格监督管理。（　　）

  【答案】对

  【解析】略

  【点评】送分题，本知识点根据常识也知道正确。

- 【2018 年真题·单选】《中华人民共和国食品安全法》规定，医疗机构发现其接收的病人属于食源性疾病病人或者疑似病人的，应当按照规定及时将相关信息向所在地（　　）报告。

  A．县级人民政府食品安全监督管理部门

  B．县级人民政府卫生行政部门

  C．县级人民政府质量监督管理部门

  D．县级人民政府

  【答案】B

  【解析】《食品安全法》第 104 条规定，医疗机构发现其接收的病人属于食源性疾病病人或者疑似病人的，应当按照规定及时将相关信息向所在地**县级人民政府卫生行政部门**报告。

  【点评】中等难度，注意医疗机构对应卫生行政管理部门。

- 【2018 年真题·单选】依据《娱乐场所管理条例》，娱乐场所营业时间为每日上午 8 点到（　　）。

  A．次日凌晨零点　　B．次日凌晨 1 点

  C．次日凌晨 2 点　　D．次日凌晨 3 点

  【答案】C

  【解析】《娱乐场所管理条例》第 28 条，**每日凌晨 2 时至上午 8 时**，娱乐场所不得营业。

  【点评】简单难度，2016 年也考过，平时训练经常涉及。

- 【2017 年真题·单选】《旅馆业治安管理办法》规定，旅馆对旅客遗留的物品，应当妥为保管，设法归还原主或揭示招领，经招领（　　）后无人认领的，登记

造册，送当地公安机关按拾遗物品处理。

A. 1个月　　　　B. 3个月

C. 6个月　　　　D. 12个月

【答案】B

【解析】《旅馆业治安管理办法》第8条规定，旅馆对旅客遗留的物品，应当妥为保管，设法归还原主或揭示招领；经招领3个月后无人认领的，要登记造册，送当地公安机关按拾遗物品处理，对违禁物品和可疑物品，应当及时报告公安机关处理。

【点评】中等难度，虽然本知识点平时训练亦有涉及但考查较偏。

- 【2017年真题·单选】《娱乐场所管理条例》规定，歌舞娱乐场所应当将闭路电视监控录像资料留存（　　）备查，不得删改或者挪作他用。

A. 10日　　　　B. 20日

C. 30日　　　　D. 60日

【答案】C

【解析】《娱乐场所管理条例》第15条规定，歌舞娱乐场所应当按照国务院公安部门的规定在营业场所的出入口、主要通道安装闭路电视监控设备，并应当保证闭路电视监控设备在营业期间正常运行，不得中断。歌舞娱乐场所应当将闭路电视监控录像资料留存30日备查，不得删改或者挪作他用。

【点评】中等难度，虽然本知识点平时训练亦有涉及但考查较偏。

- 【2017年真题·单选】旅游者王某在自由活动期间，从某熟食店购买了酱牛肉，食用后出现中毒症状，经食品安全监督管理部门检验，该牛肉不符合食品安全标准，并且熟食店事先明知。王某除要求该熟食店赔偿损失外，还可以要求支付（　　）的赔偿金。

A. 价款3倍或者损失的3倍　　　　B. 价款10倍或者损失10倍

C. 价款3倍或者损失10倍　　　　D. 价款10倍或者损失3倍

【答案】D

【解析】第148条第2款规定，生产不符合食品安全标准的食品或者经营明知是不符合食品安全标准的食品，消费者除要求赔偿损失外，还可以向生产者或者经营者要求支付**价款十倍或者损失三倍的赔偿金**；增加赔偿的金额不足一千元的，为一千元。但是，食品的标签、说明书存在不影响食品安全且不会对消费者造成误导的瑕疵的除外。

【点评】简单难度，本题属于平时训练的重点内容。

- 【2016年真题·单选】从事接触直接入口食品工作的食品生产经营人员应当（　　）进行健康检查，取得健康证明后方可上岗工作。

A. 每年　　　　B. 每季度

C．每半年　　　　　　　　　　　　　D．每月

【答案】A

【解析】从事接触直接入口食品工作的食品生产经营人员应当**每年**进行健康检查，取得健康证明后方可上岗工作。

【点评】简单难度，本知识点平时训练经常涉及。

● 【2017 年真题 · 多选】《中华人民共和国食品安全法》规定，县级以上人民政府食品安全监督管理部门接到食品安全事故的报告后，应当采取的防止或者减轻社会危害的措施包括（　　）。

A．封存被污染的食品相关产品，并责令清洗消毒

B．封存可能导致食品安全事故的食品及其原料，并立即进行检验

C．对疑似被污染的食品及其原料，责令食品生产经营者召回或者停止经营

D．开展应急救援工作，组织救治因食品安全事故导致人身伤害的人员

E．做好信息发布工作，并对可能产生的危害加以解释、说明

【答案】ABDE

【解析】（1）开展应急救援工作，组织救治因食品安全事故导致人身伤害的人员；

（2）封存可能导致食品安全事故的食品及其原料，并立即进行检验；对**确认属于**被污染的食品及其原料，责令食品生产经营者依照本法第 63 条的规定召回或者停止经营；

（3）封存被污染的食品相关产品，并责令进行清洗消毒；

（4）做好信息发布工作，依法对食品安全事故及其处理情况进行发布，并对可能产生的危害加以解释、说明。

【点评】难度较大，本题应用排除法，本题 C 项，明显与常理不符，只有确认被污染的食品才会被召回。

● 【2016 年真题 · 多选】未按照《娱乐场所管理条例》规定留存监控录像资料或者删改监控录像资料的，由县级公安部门（　　）。

A．责令改正

B．给予警告

C．情节严重的，责令停业整顿 1 个月至 3 个月

D．并处 1 万元以上 2 万元以下罚款

E．并处 3 万元罚款

【答案】ABC

【解析】违反《娱乐场所管理条例》规定，有下列情形之一的，由县级公安部门**责令改正，给予警告；情节严重的，责令停业整顿 1 个月至 3 个月**：照明设施、包厢、包间的设置以及门窗的使用不符合本条例规定的；未按照本条例规定安装闭路电视监控设备或者中断使用的；未按照本条例规定留存监控录像资料或者删

改监控录像资料的；未按照本条例规定配备安全检查设备或者未对进入营业场所的人员进行安全检查的；未按照本条例规定配备保安人员的。

【点评】难度较大，本题考查较偏。

● **【2016 年真题 · 多选】**国家建立食品安全风险监测制度，并对（　　）进行监测。

A. 食源性疾病　　B. 食品添加剂

C. 食品安全状况　　D. 食品污染

E. 食品中的有害因素

【答案】ADE

【解析】国家建立食品安全风险监测制度，对**食源性疾病、食品污染以及食品中的有害因素**进行监测。

【点评】难度较大，本题考查较偏。

习题强化

一、判断题

1. 依据《中华人民共和国食品安全法》规定，直接为宾客饮食服务的人员应当持有健康合格证，方能从事本职工作。（　　）
2. 依据《中华人民共和国食品安全法》规定，食品安全国家标准由国务院卫生行政部门会同国务院食品安全监督管理部门制定、公布，国务院标准化行政部门提供国家标准编号。（　　）
3. 依据《中华人民共和国食品安全法》规定，食品生产经营人员每三年应当进行一次健康检查，取得健康证明后方可参加工作。（　　）
4. 依据《中华人民共和国食品安全法》规定，食品安全标准是强制性标准，但不是唯一的。（　　）
5. 依据《中华人民共和国食品安全法》规定，销售食用农产品，不需要取得食品生产经营实行许可。（　　）
6. 依据《中华人民共和国食品安全法》规定，国家禁止食品生产企业制定严于食品安全国家标准或者地方标准的企业标准。（　　）
7. 依据《中华人民共和国食品安全法》规定，对于没有食品安全国家标准的地方特色食品，省级人民政府卫生行政部门必须制定并公布食品安全地方标准。（　　）
8. 依据《中华人民共和国食品安全法》规定，接到消费者赔偿要求的生产经营者，应当实行首负责任制，先行赔付，不得推诿。（　　）
9. 依据《中国旅游饭店行业规范》规定，由于饭店的原因造成旅客财物灭失、毁

损的，饭店应当承担赔偿责任；由于旅客自己的行为造成损害的，饭店也应当承担一定的连带责任。（ ）

10. 依据《中国旅游饭店行业规范》规定，当旅客索取遗留在饭店的财物时，饭店应当无条件返还，不能收取任何费用。（ ）

11. 依据《中国旅游饭店行业规范》规定，饭店应当充分尊重旅客的隐私权，在任何情况下饭店的工作人员都不得随意进入旅客的房间。（ ）

12. 根据《旅馆业治安管理办法》规定，饭店在接待境外旅客住宿时，应当在12小时内向当地公安机关报送住宿登记表。（ ）

13. 在旅客自身状态不适合于住店的情况下，饭店可以合理地拒绝接待旅客。（ ）

14. 对于旅客在饭店内从事违背社会公序良俗但未构成犯罪的行为，以及给其他大多数旅客带来不良感受的行为，饭店有权加以制止，必要时可以采用强制措施。（ ）

15. 旅游饭店可以拒绝接受游客的证券、现金和贵重物品的寄存保管。（ ）

16. 依据《中国旅游饭店行业规范》，由于饭店出现超额预订而使客人不能入住的，饭店应该主动替客人安排本地同档次或高于本饭店档次的饭店入住，所产生的费用由饭店承担。（ ）

17. 依据《旅馆业治安管理办法》规定，接待客人住店必须登记，登记时，旅馆必须查验旅客的身份证件；对违禁物品和可疑物品，应当及时报告公安机关处理。（ ）

18. 根据《娱乐场所管理条例》规定，歌舞娱乐场所应当将闭路电视监控录像资料留存60日备查，不得删改或者挪作他用。（ ）

19. 根据《娱乐场所管理条例》规定，游艺娱乐场所可以以现金或者有价证券作为奖品，但不得回购奖品。（ ）

20. 根据《娱乐场所管理条例》规定，娱乐场所应当与保安服务企业签订保安服务合同，配备专业保安人员，同时可聘用其他人员从事保安工作。（ ）

21. 根据《娱乐场所管理条例》规定，娱乐场所提供娱乐服务项目和出售商品，应当明码标价，并向消费者出示价目表。（ ）

22. 根据《娱乐场所管理条例》规定，娱乐场所未按照规定留存监控录像资料或者删改监控录像资料，情节严重的，由县级公安部门责令停业整顿3～6个月。（ ）

23. 根据《娱乐场所管理条例》规定，文化主管部门、公安部门和其他有关部门应当建立相互间的信息通报制度，及时通报监督检查情况和处理结果。（ ）

24. 根据《娱乐场所管理条例》规定，各级文化主管部门、公安部门和其他有关部

门的工作人员依法履行监督检查职责时，有权进入娱乐场所。（ ）

25. 根据《娱乐场所管理条例》规定，与文化主管部门、公安部门的工作人员有夫妻关系、直系血亲关系、三代以内旁系血亲关系以及近姻亲关系的亲属，不得开办娱乐场所，不得参与或者变相参与娱乐场所的经营活动。（ ）

26. 根据《娱乐场所管理条例》规定，外国投资者可以与中国投资者依法设立中外合资经营的娱乐场所。但不可以设立中外合作经营的娱乐场所。（ ）

27. 根据《娱乐场所管理条例》规定，申请设立娱乐场所经公安部门核查属实的，文化主管部门应当予以批准。（ ）

28. 根据《娱乐场所管理条例》规定，歌舞娱乐场所应当在营业场所的出入口、主要通道安装闭路电视监控设备。（ ）

29. 根据《娱乐场所管理条例》规定，我国对娱乐场所的使用面积也有限制。（ ）

30. 根据《娱乐场所管理条例》规定，歌舞娱乐场所可以不在显著位置悬挂未成年人禁入标志，但坚决不能接纳未成年人进入。（ ）

二、单选题

1. 依据《中华人民共和国食品安全法》规定，生产不符合食品安全标准的食品或者经营明知是不符合食品安全标准的食品，消费者除要求赔偿损失外，还可以向生产者或者经营者要求支付货款（ ）或者损失（ ）的赔偿金。

A. 3 倍；10 倍　　B. 10 倍；3 倍

C. 5 倍；10 倍　　D. 10 倍；5 倍

2. 依据《中华人民共和国食品安全法》规定，食品生产经营者在有发生食品安全事故潜在风险时，应当立即停止食品生产经营活动，并向所在地（ ）报告。

A. 县级人民政府食品安全监督管理部门

B. 县级人民政府卫生行政部门

C. 地市级人民政府食品安全监督管理部门

D. 地市级人民政府卫生行政部门

3. 依据《中华人民共和国食品安全法》规定，特殊医学用途配方食品应当经（ ）注册。

A. 国务院食品安全监督管理部门

B. 省级人民政府食品安全监督管理部门

C. 地市级人民政府食品安全监督管理部门

D. 县级以上人民政府食品安全监督管理部门

4. 依据《食品安全法实施条例》规定，食品生产经营许可的有效期为（ ）。

A. 1 年　　B. 2 年

C．3年　　D．5年

5．依据《中华人民共和国食品安全法》规定，事故发生单位和接收病人进行治疗的单位，除向食品安全监督管理部门报告外，还要向（　　）报告。

A．食品安全监督管理部门　　B．旅游行政部门

C．农业行政部门　　D．卫生行政部门

6．依据《中华人民共和国食品安全法》规定，食品生产者发现其生产的食品出现（　　）的情况，应当立即停止生产，召回已经上市销售的食品，通知相关生产经营者和消费者，并记录召回和通知情况。

A．不符合食品安全标准　　B．技术明显落后于业界水平

C．食品口感受到公众质疑　　D．食品严重滞销

7．依据《中华人民共和国食品安全法》规定，国家建立食品安全（　　）追溯制度。

A．全程　　B．半程

C．重点环节　　D．责任

8．《食品安全法》规定，（　　）负责组织食品安全风险评估工作。

A．国务院卫生行政部门　　B．国家食品安全委员会

C．国家食品安全监督管理部门　　D．国家工商行政管理部门

9．依据《中华人民共和国食品安全法》规定，食品生产经营者违反《食品安全法》规定，造成他人人身、财产或者其他损害的，依法承担赔偿责任，其财产不足以同时承担民事赔偿责任和缴纳罚款、罚金时，（　　）。

A．按照比例承担法律责任　　B．先承担民事赔偿责任

C．先承担缴纳罚款责任　　D．先承担缴纳罚金责任

10．依据《中华人民共和国食品安全法》规定，食品安全事故行政处理措施的实施主体是（　　）。

A．市级以上人民政府质量监督部门

B．市级以上人民政府食品安全监督管理部门

C．县级以上人民政府农业行政部门

D．县级以上人民政府食品安全监督管理部门

11．饭店提供的服务一般都是（　　）服务，这是由饭店自身的企业性质决定的。

A．住宿　　B．餐饮

C．无偿　　D．有偿

12．饭店经营者的权利不包括（　　）。

A．向旅客收取小费的权利

B．合理拒绝接待旅客的权利

C．制止旅客在饭店内不良行为的权利

D．要求旅客赔偿合理损失的权利

13．当出现客人损坏饭店设施时，下列说法正确的是（　　）。

A．如果是主观因素造成的不需赔偿，客观因素造成的需要赔偿

B．如果是客观因素造成的不需赔偿，主观故意造成的需要赔偿

C．不论是主观因素还是客观因素造成的均需赔偿

D．不论是主观因素还是客观因素造成的均无需赔偿

14．（　　）是旅客应当履行的最重要的合同义务。

A．遵守饭店规则　　B．支付住宿费用

C．正确使用饭店的设施、设备　　D．遵守社会公序良俗

15．饭店应当把保障旅客的（　　）放在首要位置，切实保障旅客的利益。

A．人身安全　　B．财产安全

C．日常安全　　D．消防安全

16．（　　）是旅馆业治安管理的主体，依法履行管理职责。

A．工商部门　　B．行政机关

C．公安机关　　D．司法机关

17．《旅馆业治安管理办法》规定，开办旅馆，其房屋建筑、消防设备、出入口和通道等，必须符合消防治安法规的有关规定且要具备必要（　　）。

A．保安制度　　B．保安部门

C．保安人员　　D．防盗安全设施

18．2009 年 9 月 28 日 10 时，舟山新华侨饭店入住了去普陀山拜佛的三位日本客人，该饭店应当在（　　）向当地公安机关报送住宿登记表。

A．9 月 29 日 10 时前　　B．9 月 28 日 12 时前

C．9 月 28 日 20 时前　　D．9 月 29 日 20 时前

19．申请开办饭店，未经公安机关审查批准，也未向工商行政管理部门申请登记，未领取营业执照而开业的，依据《旅馆业治安管理办法》，公安机关可以（　　）。

A．酌情给予警告或者处以 200 元以下罚款

B．酌情给予警告或者处以 500 元以下罚款

C．酌情给予警告，并处 200 元以下罚款

D．酌情给予警告，并处 500 元以下罚款

20．根据《旅馆业治安管理办法》规定，经批准开业的饭店，如有歇业、转业、合并、迁移、改变名称等情况，应当在工商行政管理部门办理变更登记后（　　）内，向当地的县市公安局、公安分局备案。

A．3 日　　B．3 个工作日

C．5 日　　D．5 个工作日

21. 根据《娱乐场所管理条例》规定，每日（　　），娱乐场所不得营业。

A. 凌晨1时至上午6时　　B. 凌晨1时至上午8时

C. 凌晨2时至上午6时　　D. 凌晨2时至上午8时

22. 根据《娱乐场所管理条例》规定，歌舞娱乐场所的包厢、包间内不得设置（　　），并应当安装展现室内整体环境的（　　）门窗。包厢、包间的门不得有（　　）装置。

A. 内锁；透明；通道　　B. 通道；封闭；控制

C. 隔断；透明；内锁　　D. 隔断；封锁；内锁

23. 实施《娱乐场所管理条例》禁止的违法犯罪行为或者为违法犯罪分子提供条件的，由县级公安部门没收违法所得和非法财物，责令停业整顿（　　）。

A. 1个月至3个月　　B. 3个月至5个月

C. 3个月至6个月　　D. 1个月至6个月

24. 根据《娱乐场所管理条例》规定，娱乐场所未按照规定安装闭路电视监控设备或者中断使用，情节严重的，由县级公安部门责令停业整顿（　　）。

A. 3个月　　B. 6个月

C. 1个月至3个月　　D. 1个月至6个月

25. 根据《娱乐场所管理条例》规定，娱乐场所设置具有赌博功能的电子游戏机机型、机种、电路板等游戏设施设备的，由县级公安部门没收违法所得和非法财物，并处违法所得（　　）的罚款。

A. 2倍以上5倍以下　　B. 2倍以上6倍以下

C. 2倍以上3倍以下　　D. 2倍以上4倍以下

26. 根据《娱乐场所管理条例》规定，（　　）应当建立娱乐场所的经营活动信用监管制度，建立健全信用约束机制，并及时公布行政处罚信息。

A. 旅游主管部门　　B. 公安部门

C. 文化主管部门　　D. 工商行政管理部门

27. 根据《娱乐场所管理条例》规定，娱乐场所以现金、有价证券作为奖品，或者回购奖品，情节严重的，由县级人民政府文化主管部门责令停业整顿（　　）。

A. 3个月　　B. 6个月

C. 1个月至3个月　　D. 1个月至6个月

28. 根据《娱乐场所管理条例》规定，以下关于娱乐场所音像制品的说法中错误的是（　　）。

A. 娱乐场所使用的音像制品或者电子游戏应当是依法出版、生产的产品

B. 娱乐场所使用的音像制品或者电子游戏应当是依法出版、生产或者进口的产品

C. 歌舞娱乐场所播放的曲目和屏幕画面以及游艺娱乐场所的电子游戏机内的

游戏项目，不得含有违背社会公德或者民族优秀文化传统的内容

D. 歌舞娱乐场所使用的歌曲点播系统可以与境外的曲库相连接

29. 根据《娱乐场所管理条例》规定，（ ），游艺娱乐场所设置的电子游戏机不得向未成年人提供。

A. 除公休日外

B. 除国家法定节假日外

C. 除公休日和国家法定节假日外

D. 除寒暑假外

30. 根据《娱乐场所管理条例》规定，（ ）负责对娱乐场所日常经营活动的监督管理。

A. 县级以上人民政府卫生行政主管部门

B. 县级以上人民政府公安部门

C. 县级以上人民政府工商行政管理部门

D. 县级以上人民政府文化主管部门

31. 根据《娱乐场所管理条例》规定，以下关于娱乐场所营业的说法中错误的是（ ）。

A. 从业人员无须统一着工作服

B. 从业人员佩戴工作标识并携带居民身份证或者外国人就业许可证

C. 从业人员应当遵守职业道德和卫生规范，诚实守信，礼貌待人

D. 从业人员不得侵害消费者的人身和财产权利

32. 根据《娱乐场所管理条例》规定，（ ）负责对娱乐场所消防、治安状况的监督管理。

A. 县级以上人民政府卫生行政主管部门

B. 县级以上人民政府公安部门

C. 县级以上人民政府工商行政管理部门

D. 县级以上人民政府文化主管部门

33. 根据《娱乐场所管理条例》规定，娱乐场所可以设在（ ）。

A. 居民楼内　　B. 机关周围

C. 车站　　D. 建筑物地下一层

34. 根据《娱乐场所管理条例》规定，中外合资经营、中外合作经营的娱乐场所申请从事娱乐场所经营活动，应当向（ ）提出申请。

A. 国务院文化主管部门

B. 国务院公安部门

C. 所在地省、自治区、直辖市人民政府文化主管部门

D. 所在地省、自治区、直辖市人民政府公安部门

35. 根据《娱乐场所管理条例》规定，娱乐场所改建、扩建营业场所或者变更场地、主要设施设备、投资人员，或者变更娱乐经营许可证载明的事项的，应当向原发证机关申请重新核发娱乐经营许可证，并向（　　）备案。

A. 卫生行政主管部门　　B. 公安部门

C. 工商行政管理部门　　D. 文化主管部门

36. 根据《娱乐场所管理条例》规定，娱乐场所改建、扩建营业场所或者变更场地、主要设施设备、投资人员，或者变更娱乐经营许可证载明的事项，需要办理变更登记的，应当依法向（　　）办理变更登记。

A. 卫生行政主管部门　　B. 公安部门

C. 工商行政管理部门　　D. 文化主管部门

37. 根据《娱乐场所管理条例》规定，娱乐场所依法取得营业执照和相关批准文件、许可证后，应当在（　　）内向所在地县级公安部门备案。

A. 15 日　　B. 15 个工作日

C. 30 日　　D. 30 个工作日

三、多选题

1. 依据《中华人民共和国食品安全法》规定，保健食品的标签、说明书不得涉及疾病预防、治疗功能，内容应当真实，与注册或者备案的内容相一致，载明（　　）。

A. 适宜人群　　B. 不适宜人群

C. 功效成分或者标志性成分名称　　D. 功效成分或者标志性成分含量

E. 本品不能代替药物

2. 根据《食品安全法》规定，保健食品声称保健功能，应当具有科学依据，不得对人体产生（　　）危害。

A. 急性　　B. 亚急性

C. 慢性　　D. 生物性

E. 化学性

3. 依据《中华人民共和国食品安全法》规定，发生食品安全事故需要启动应急预案的，县级以上人民政府应当立即成立事故处置指挥机构，启动应急预案，可以采取的行政处理措施包括（　　）。

A. 开展应急救援工作

B. 封存可能导致食品安全事故的食品及其原料

C. 封存被污染的用于食品的包装材料、容器

D. 销毁存在食品安全问题的食品

E. 做好信息发布工作

4. 依据《中华人民共和国食品安全法》规定，食品安全事故应急预案应对（　　）

等作出规定。

A．食品安全事故分级

B．事故处置组织指挥体系与职责

C．预防预警机制

D．处置程序

E．善后处置措施

5．依据《中华人民共和国食品安全法》规定，事故单位在发生食品安全事故后隐匿、伪造、毁灭有关证据的，则由有关主管部门按照各自职责分工（　　）。

A．责令改正

B．责令停产停业

C．没收违法所得

D．并处 10 万元以上 30 万元以下罚款

E．造成严重后果的，吊销许可证

6．依据《中华人民共和国食品安全法》规定，县级以上地方人民政府对发生在本行政区域内的食品安全事故，未及时组织协调有关部门开展有效处置，造成不良影响或者损失，或者隐瞒、谎报、缓报食品安全事故的，对直接负责的主管人员和其他直接责任人员（　　）。

A．给予记过处分

B．情节较重的，给予降级和撤职处分

C．情节较重的，给予降级或撤职处分

D．情节严重的，给予开除处分

E．造成严重后果的，直接负责的主管人员和其他直接责任人员还应当引咎辞职

7．依据《中华人民共和国食品安全法》规定，县级以上人民政府食品安全监督管理、卫生行政、农业行政等部门隐瞒、谎报、缓报食品安全事故，或者接到食品安全事故报告未及时处理，造成事故扩大或者蔓延的，对直接负责的主管人员和其他直接责任人员（　　）。

A．给予记大过处分

B．情节较重的，给予降级和撤职处分

C．情节较重的，给予降级或撤职处分

D．情节严重的，给予开除处分

E．造成严重后果的，直接负责的主管人员和其他直接责任人员还应当引咎辞职

8．依据《中华人民共和国食品安全法》规定，国家建立食品安全风险评估制度，运用科学方法，对（　　）进行风险评估。

A．食品

B．食品添加剂

C. 食品相关产品中营养成分因素

D. 食品相关产品中化学性危害因素

E. 食品相关产品中物理性危害因素

9. 依据《中华人民共和国食品安全法》规定，国家对（　　）等特殊食品实行严格监督管理。

A. 保健食品　　B. 特殊医学用途配方食品

C. 老年人配方食品　　D. 婴幼儿配方食品

E. 进口食品

10. 依据《中华人民共和国食品安全法》规定，食品安全工作实行（　　）的工作原则。

A. 预防为主　　B. 动态评估

C. 风险管理　　D. 全程控制

E. 社会共治

11. 旅游饭店对客人应尽的义务除按标准提供客房和服务外，还包括（　　）。

A. 接待所有要求入住的客人　　B. 不干涉客人隐私

C. 保障客人的人身安全　　D. 保障客人的财物安全

E. 按照合同约定提供服务

12.《旅馆业治安管理办法》规定，饭店对旅客寄存的财物建立（　　）制度。

A. 领取　　B. 交接

C. 登记　　D. 查验

E. 送还

13. 当旅客离店后，如果在客房内发现旅客遗留下来的财物，饭店应当（　　）。

A. 将财物记录在登记册上

B. 写明旅客的姓名、房号、离店时间、物品名称及拾得者姓名

C. 交领班送客房部妥善保管

D. 根据旅客登记所留下的地址或联系方式，设法将遗留财物归还原主

E. 当旅客索取时，饭店应当无条件返还，不得收取保管费

14. 根据《娱乐场所管理条例》规定，下列不得开办娱乐场所或者在娱乐场所内从业的人员有（　　）。

A. 曾犯有组织、强迫、引诱、容留、介绍卖淫罪的

B. 曾犯有盗窃罪的

C. 因犯罪曾被剥夺政治权利的

D. 因吸食、注射毒品曾被强制戒毒的

E. 因卖淫、嫖娼曾被处以罚款的

15. 根据《娱乐场所管理条例》规定，下列关于娱乐场所的环境规则说法正确的有

(　　)。

A．在营业场所的出入口、主要通道安装闭路电视监控设备

B．装置歌舞娱乐场所的包厢、包间内不得设置隔断，但是可以装置内锁

C．亮度不得低于国家规定的标准

D．歌舞娱乐场所使用的歌曲点播系统不得与境内外的曲库连接

E．游艺娱乐场所不得以现金或者有价证券作为奖品，不得回购奖品

16．根据《娱乐场所管理条例》规定，实施《娱乐场所管理条例》禁止的违法犯罪行为的，(　　)。

A．由县级公安部门没收违法所得和非法财物，责令停业整顿 1 个月至 3 个月

B．由县级公安部门没收违法所得和非法财物，责令停业整顿 3 个月至 6 个月

C．并处 1 万元以上 2 万元以下罚款

D．由原发证机关吊销娱乐经营许可

E．情节严重的，由原发证机关吊销娱乐经营许可

17．根据《娱乐场所管理条例》规定，娱乐场所的监督管理制度包括(　　)。

A．警示记录公开制度　　B．信息通报制度

C．信用监管制度　　D．风险评估制度

E．及时处理举报制度

18．根据《娱乐场所管理条例》规定，下列情形属于娱乐场所内禁止的娱乐活动有(　　)。

A．违反宪法确定的基本原则的　　B．损害国家荣誉、利益的

C．宣扬邪教、迷信的　　D．违背社会舆论和社会民意的

E．侮辱、诽谤他人，侵害他人合法权益的

习题强化答案

一、判断题

1．对	2．对	3．错	4．错	5．对
6．错	7．错	8．对	9．错	10．错
11．错	12．错	13．对	14．错	15．错
16．对	17．对	18．错	19．错	20．错
21．对	22．错	23．对	24．对	25．对
26．错	27．错	28．对	29．对	30．错

二、单选题

1．B	2．A	3．A	4．C	5．D
6．A	7．A	8．A	9．B	10．D
11．D	12．A	13．C	14．B	15．A

16. C	17. D	18. A	19. A	20. A
21. D	22. C	23. C	24. C	25. A
26. C	27. C	28. D	29. B	30. D
31. A	32. B	33. D	34. C	35. B
36. C	37. A			

三、多选题

1. ABCDE	2. ABC	3. ABCE	4. ABCD	5. BCE
6. CD	7. ACD	8. ABDE	9. ABD	10. ACDE
11. BCDE	12. ABC	13. ABCD	14. ACD	15. ACE
16. BE	17. ABCE	18. ABCE		

第十一章　旅游纠纷处理法律制度

真题解读

● 【2017 年真题 · 判断】《旅游投诉处罚办法》规定，旅游投诉处理机构应当在受理旅游投诉之日起 60 日内作出处理。（　　）

【答案】对

【解析】略

【点评】中等难度，本知识点平时训练经常涉及。

● 【2018 年真题 · 单选】依据《旅游投诉处理办法》，旅游投诉处理机构对于超过旅游合同结束之日起（　　）的旅游投诉，不予受理。

A. 90 天　　B. 180 天

C. 60 天　　D. 30 天

【答案】A

【解析】根据《旅游投诉处理办法》第 9 条的规定，下列情形不予受理：（1）人民法院、仲裁机构、其他行政管理部门或者社会调解机构已经受理或者处理的；（2）旅游投诉处理机构已经作出处理，且没有新情况、新理由的；（3）不属于旅游投诉处理机构职责范围或者管辖范围的；（4）超过旅游合同结束之日 90 天的；（5）不符合本办法第 10 条规定的旅游投诉条件的；（6）本办法规定情形之外的其他经济纠纷。属于第（3）项规定的情形的，旅游投诉处理机构应当及时告知投诉人向有管辖权的旅游投诉处理机构或者有关行政管理部门投诉。

【点评】中等难度，本知识点平时训练经常涉及。

● 【2018 年真题 · 单选】依据《旅游投诉处理办法》，旅游投诉处理结构接到投诉，应当在（　　）内出作出处理。

A. 5 日　　B. 3 个工作日

C. 3 日　　D. 5 个工作日

【答案】D

【解析】根据《旅游投诉处理办法》，旅游投诉处理机构在接到投诉后 5 个工作日内作出处理。

【点评】中等难度，本知识点平时训练经常涉及。

● 【2018 年真题 · 单选】王某在酒店住宿时，将客房内提供的阅览图书彩图撕下，因损毁图书较多，酒店向法院提起诉讼，并向法院提交损毁图书以证明其受到的损失，损毁图书属于的证据类型是（　　）。

A．图书资料　　B．影像资料

C．书证　　D．物证

【答案】D

【解析】书证是指用文字、符号或图画所表达的思想内容来证明案件事实的证据。物证是指能够证明案件真实情况的一切物品痕迹。其特点是以物品的外部特征、物质属性以及它所处的位置，来反映一定的案件事实。

【点评】难度较大，本题干扰选项是C，看到图书会让人误认为是"书证"。然而，结合证据的各种类型，可以判断出它是"物证"。

● 【2017年真题·单选】某旅行社司机张某驾车前往景区途中与行人王某发生碰撞，交警用数码相机拍摄了碰撞情况，后王某提起诉讼，要求旅行社赔偿损失，并向法院提交了一只闪存盘，内附交警拍摄的照片，该照片作为（　　）证据。

A．书证　　B．电子数据

C．鉴定意见　　D．勘验笔录

【答案】B

【解析】电子数据是指通过电子邮件、电子数据交换、网上聊天记录、博客、微博客、手机短信、电子签名、域名等形成或者存储在电子介质中的信息。存储在电子介质中的录音资料和**影像资料**，适用电子数据的规定。

【点评】送分题，本题没有迷惑选项。

● 【2017年真题·单选】《旅游投诉处理办法》规定，投诉人（　　）以上，以同一事由投诉同一被投诉人的，为共同投诉。

A．2人　　B．3人

C．4人　　D．5人

【答案】C

【解析】《旅游投诉处理办法》第14条，投诉人4人以上，以同一事由投诉同一被投诉人的，为共同投诉。

【点评】简单难度，本题属于平时训练的重点内容。

● 【2017年真题·单选】《旅游投诉处理办法》规定，被投诉人应当在接到《旅游投诉受理通知书》之日起（　　）内作出书面答复。

A．7个工作日　　B．10日

C．10个工作日　　D．7日

【答案】B

【解析】《旅游投诉处理办法》第18条，被投诉人应当在接到通知之日起10日内作出书面答复，提出答辩的事实、理由和证据。

【点评】中等难度，本知识点平时训练经常涉及。

● 【2018 年真题 · 多选】依据《旅游投诉处理办法》，下列关于旅游投诉一般处理程序的表述，正确的是（　　）。

A. 被投诉人应当在接到通知之日起 10 个工作日内做出书面答复

B. 投诉人和被投诉人应当对自己的投诉或者答辩提供证据

C. 鉴定、检测的时间计入投诉处理时间

D. 旅游投诉处理机构在受理投诉之日起 5 个工作日内，将《旅游投诉受理通知书》和投诉书副本送达被投诉人

E. 旅游投诉处理机构应当在受理旅游投诉之日起 60 个工作日内作出处理

【知识点】旅游投诉的受理与处理

【答案】BD

【解析】《旅游投诉处理办法》第 25 条规定，旅游投诉处理机构应当在受理旅游投诉之日起 60 日内，做出处理。鉴定、检测的时间不计入投诉处理时间。故 C、E 错误。旅游投诉处理机构处理旅游投诉，应当立案办理，填写《旅游投诉立案表》，并附有关投诉材料，在受理投诉之日起 5 个工作日内，将《旅游投诉受理通知书》和投诉书副本送达被投诉人。被投诉人在接到通知之日起 10 日内作出书面答复，提出答辩的事实、理由和证据。故 A 错误、D 正确。投诉人和被投诉人应当对自己的投诉或者答辩提供证据，旅游投诉处理机构应当对双方当事人提出的事实、理由及证据进行审查。故 B 正确。

【点评】中等难度，平时训练也强调注意区分"工作日"和"日"。

● 【2017 年真题 · 多选】依据《旅游投诉处理办法》，旅游投诉处理机构不予受理的情形是（　　）。

A. 超过旅游合同签订之日起 90 天的

B. 不属于旅游投诉处理机构职责范围或者管辖范围的

C. 投诉人与被投诉事项没有直接利害关系的

D. 旅游投诉处理机构已经做出处理，但又出现新情况的

E. 人民法院已经受理的

【答案】BCE

【解析】《旅游投诉处理办法》第 9 条的规定，下列情形不予受理：（1）人民法院、仲裁机构、其他行政管理部门或者社会调解机构已经受理或者处理的；（2）旅游投诉处理机构已经作出处理，**且没有新情况、新理由的**；（3）不属于旅游投诉处理机构职责范围或者管辖范围的；（4）超过旅游合同**结束**之日 90 天的；（5）不符合本办法第 10 条规定的旅游投诉条件的；（6）本办法规定情形之外的其他经济纠纷。属于第（3）项规定的情形的，旅游投诉处理机构应当及时告知投诉人向有管辖权的旅游投诉处理机构或者有关行政管理部门投诉。

【点评】中等难度，本题仔细分析后作答并不困难。

● 【2016年真题 · 多选】《旅游投诉处理办法》规定了旅游投诉处理机构受理旅游投诉案件的形式要件，包括（　　）。

A. 旅游投诉一般采用书面形式，一式两份

B. 采用书面形式的投诉状应当载明规定的内容

C. 投诉事项比较简单的，投诉人可以口头投诉

D. 采用口头形式投诉的，旅游投诉处理机构要进行记录或者登记

E. 对于不符合受理条件的口头投诉，旅游投诉处理机构必须向投诉人送达《旅游投诉不予受理通知书》

【答案】ABCD

【解析】旅游投诉一般采用书面形式，一式两份，采用书面形式的投诉状应当载明规定的内容，投诉事项比较简单的，投诉人可以口头投诉，采用口头形式投诉的，旅游投诉处理机构要进行记录或者登记。对于不符合受理条件的**书面投诉**，旅游投诉处理机构必须向投诉人送达《旅游投诉不予受理通知书》。

【点评】中等难度，根据常识可知，书面投诉才下达通知书。

习题强化

一、判断题

1. 依据《旅游投诉处理办法》规定，对于明显不符合受理条件的投诉，旅游投诉处理机构可以口头告知投诉人不予受理及其理由。（　　）
2. 依据《旅游投诉处理办法》规定，投诉人3人以上，以同一事项投诉同一被投诉人的，为共同投诉。（　　）
3. 依据《旅游投诉处理办法》规定，旅游投诉必须是书面形式。（　　）
4. 依据《旅游投诉处理办法》规定，旅游投诉的对象是损害旅游者合法权益的旅游经营者。（　　）
5. 依据《旅游投诉处理办法》规定，上级旅游投诉处理机构有权处理下级旅游投诉处理机构管辖的投诉案件。（　　）
6. 依据《旅游投诉处理办法》规定，旅游投诉处理机构应当在受理旅游投诉之日起60日内做出处理，并且相关鉴定、检测时间计入在内。（　　）
7. 依据《旅游投诉处理办法》规定，旅游投诉受理后调解不成的，或者调解书生效后没有执行的，投诉人可以按照国家法律、法规的规定，向人民法院提起诉讼。（　　）
8. 依据《旅游投诉处理办法》规定，人民法院、仲裁机构、其他行政管理部门或者社会调解机构已经受理或者处理的旅游纠纷，旅游投诉处理机构不再受理。（　　）

9. 依据《旅游投诉处理办法》的有关规定，发生管辖争议的、旅游投诉处理机构可以协商确定，或者报请共同的上级旅游投诉处理机构指定管辖。（ ）

10. 依据《中华人民共和国民事诉讼法》规定，“当事人对自己提出的主张，没有义务提供证据”。（ ）

11. 依据《中华人民共和国民事诉讼法》规定，当事人拒绝陈述的，不影响人民法院根据证据认定案件事实。（ ）

12. 根据《最高人民法院关于审理旅游纠纷案件适用法律若干问题的规定》，旅行社因解散造成旅游者预交旅游费用损失的，投诉人与旅行社不能达成调解协议的，旅游投诉处理机构应当作出划拨旅行社质量保证金赔偿的决定。（ ）

13. 根据《最高人民法院关于审理旅游纠纷案件适用法律若干问题的规定》，旅行社对交通、住宿等供应商未尽谨慎选择义务的，则应当承担相应的连带赔偿责任。（ ）

14. 依据《最高人民法院关于审理旅游纠纷案件适用法律若干问题的规定》，单位、家庭等集体旅游合同中的任何一位游客，均可以自己的名义起诉。（ ）

二、单选题

1. 根据《中华人民共和国旅游法》第 94 条，旅游者与旅游经营者发生纠纷，旅游者一方人数众多并有共同请求的，（ ）参加协商、调解、仲裁、诉讼活动。

A. 应当委托代理人　　B. 可以委托代理人

C. 应当推选代表人　　D. 可以推选代表人

2. 为保护游客合法权益，我国法律规定，（ ）应当指定或者设立统一的旅游投诉受理机构。

A. 设区的市级以上人民政府　　B. 市级以上人民政府

C. 县级以上人民政府　　D. 县级人民政府

3. 依据《旅游投诉处理办法》规定，旅游投诉由旅游合同签订地或者被投诉人所在地（ ）地方旅游投诉处理机构管辖。

A. 市级以上　　B. 乡镇级以上

C. 省级以上　　D. 县级以上

4. 依据《旅游投诉处理办法》规定，旅游投诉的主体是（ ）。

A. 旅游行政管理机关　　B. 旅行社

C. 旅游者　　D. 景区

5. 文化和旅游部于（ ）发布了《旅游投诉处理办法》，目的是维护旅游者和旅游经营者的合法权益，依法公正处理旅游投诉。

A. 1991 年　　B. 1995 年

C. 2010 年　　D. 2012 年

6. 北京游客王先生在广州探亲时，与上海 S 旅行社在广州的分社签订了赴珠海旅游的合同，在珠海旅游期间，王先生因未参加导游私自安排的购物项目被导游和司机强行关在旅游大巴上，于是向旅游投诉处理机构提出投诉。依据《旅游投诉处理办法》规定，下列不属于该案件投诉地域管辖范围的是（　　）。

A. 北京　　B. 上海

C. 广州　　D. 珠海

7. 依据《旅游投诉处理办法》规定，旅游投诉机构应当（　　）公布旅游者的投诉信息。

A. 每年　　B. 每季度

C. 每月　　D. 每周

8. 依据《旅游投诉处理办法》规定，（　　）应当为受理的投诉制作档案并妥善保管相关资料。

A. 国家旅游主管部门　　B. 旅游投诉受理机构

C. 当地人民政府　　D. 当地旅游主管部门

9. 依据《旅游投诉处理办法》规定，当事人向旅游投诉处理机构请求保护合法权益的投诉时效期间为从旅游合同结束之日起（　　）。

A. 10 天　　B. 30 天

C. 60 天　　D. 90 天

10. 依据《旅游投诉处理办法》规定，在旅游投诉中，被投诉者应当积极配合旅游投诉处理机构的工作，在接到《旅游投诉受理通知书》之日起（　　）内做出书面答复，提出答辩的事实、理由和证据。

A. 5 日　　B. 7 日

C. 10 日　　D. 15 日

11. 依据《旅游投诉处理办法》规定，下列关于旅游投诉处理中的和解，表述错误的是（　　）。

A. 投诉人与被投诉人自行和解的，应当将和解结果告知旅游投诉处理机构

B. 旅游投诉处理机构应当核实和解情况并予以记录

C. 和解记录应由双方当事人、投诉处理人员签名或者盖章

D. 旅游投诉达成和解的，可以免除对被投诉人违法行为的处罚

12. 依据《旅游投诉处理办法》规定，下列不属于旅游投诉构成的实质要件的是（　　）。

A. 投诉人与投诉事项有直接利害关系

B. 有明确的被投诉人

C. 有明确的投诉证据

D．有具体的投诉请求、事实和理由

13．依据《旅游投诉处理办法》规定，旅游投诉一般应当采用书面形式，一式（　　）份，并载明规定的内容。

A．五　　B．四

C．三　　D．两

14．依据《旅游投诉处理办法》的有关规定，下列关于投诉说法错误的是（　　）。

A．旅游经营者违反合同约定的，旅游者可以投诉

B．知道自己的朋友与旅游经营者发生纠纷，可以向旅游投诉处理机构投诉

C．旅游投诉的处理实行调解

D．旅游投诉机构调解不成的，应终止调解，制作《旅游投诉终止调解书》。即完成本次投诉

15．依据《旅游投诉处理办法》规定，旅游投诉处理机构处理旅游投诉，实行（　　）。

A．裁决制度　　B．调解制度

C．协商制度　　D．仲裁制度

16．依据《旅游投诉处理办法》规定，旅游投诉处理机构在接到投诉人的投诉状或者口头投诉时，应当在（　　）个工作日内做出受理或不受理的处理。

A．5　　B．7

C．10　　D．3

17．根据《旅游投诉处理办法》规定，下列关于旅游投诉的说法不正确的是（　　）。

A．处理旅游者与旅游经营者之间的争议

B．由旅游行政管理部门、旅游质量监督管理机构或者旅游执法机构处理

C．对发生的民事争议进行调解

D．对旅游经营者的违法行为进行投诉

18．根据《旅游投诉处理办法》规定，旅游投诉处理机构处理旅游投诉，应当立案办理，填写（　　），并附有关投诉材料，在受理投诉之日起5个工作日内，将《旅游投诉受理通知书》和投诉书副本送达被投诉人。

A．《旅游投诉立案表》　　B．《旅游投诉受理通知书》

C．《旅游投诉调查取证委托书》　　D．《旅游投诉转办函》

19．依据《中华人民共和国民事诉讼法》规定，下列关于不同种类证据的证明标准表述错误的是（　　）。

A．对于书证和物证，提交原件或者原物确有困难的，可以提交复制品、照片、副本、节录本

B．当事人提供的视听资料可以直接确定为法院审理中认定事实的根据

C．不能正确表达意思的人，不能做证

D．当事人拒绝陈述的，不影响人民法院根据证据认定案件事实

20．根据《最高人民法院关于审理旅游纠纷案件适用法律若干问题的规定》，关于旅游纠纷案件的受理范围，下列表述错误的是（　　）。

A．旅游纠纷是指旅游者与旅游经营者、旅游辅助服务者之间因旅游发生的合同纠纷或者侵权纠纷

B．旅游者在自行旅游过程中与旅游景点经营者因旅游发生的纠纷不适用于本规定

C．旅游纠纷发生在旅游者与旅游经营者和旅游辅助服务者之间，其中一方必为旅游者

D．旅游者持有提起违约之诉和侵权之诉的选择权，人民法院有根据旅游者选择案由基础上的决定权

21．根据《最高人民法院关于审理旅游纠纷案件适用法律若干问题的规定》，旅游经营者已投保责任险，旅游者因保险责任事故仅起诉旅游经营者的，人民法院可以应当事人的请求将保险公司列为第三人。下列表述错误的是（　　）。

A．保险公司可以第三人的身份参加诉讼

B．将保险公司列为第三人可以简化责任险的理赔程序和时间

C．只有旅游者可以提出该请求

D．旅游者和旅游经营者均可提出该请求

22．根据《最高人民法院关于审理旅游纠纷案件适用法律若干问题的规定》，下列表述错误的是（　　）。

A．旅游经营者、旅游辅助服务者对旅游者的个人信息负有保密义务

B．因第三人的行为造成旅游者人身损害、财产损失的，旅游经营者、旅游辅助服务者即便未尽到安全保障义务也无须承担责任

C．旅游者有权请求人民法院认定合同中的霸王条款内容无效

D．旅游经营者将旅游业务转让给其他旅游经营者，必须经得旅游者同意才可转让

23．下列（　　）不是《最高人民法院关于审理旅游纠纷案件适用法律若干问题的规定》规定的旅游经营者和旅游辅助服务者的义务。

A．安全保障义务　　B．告知义务

C．保密义务　　D．服务义务

24．根据《最高人民法院关于审理旅游纠纷案件适用法律若干问题的规定》，下列不属于旅游者有权要求退还未发生费用的情形是（　　）。

A．游客王女士因旅行社代办的签证信息有误，无法成行

B．因暴雨天气飞机延误，游客张先生未能前往旅游目的地

C．因旅游目的地突发地震灾害，甲旅行社经全体游客同意后提前中断旅游行程

D．游客李小姐因堵车未赶上出行航班，无法成行

25．根据《最高人民法院关于审理旅游纠纷案件适用法律若干问题的规定》，旅游者自行安排活动期间不包括（　　）。

A．旅行社安排的在旅游行程中独立的自由活动期间

B．旅游者不参加旅游行程的活动时间

C．经过导游、领队同意暂时离队的个人活动期间

D．未经过导游、领队同意离队的个人活动期间

26．根据《最高人民法院关于审理旅游纠纷案件适用法律若干问题的规定》，在旅游行程开始前，旅游者可以将其在旅游合同中的权利义务转让给第三人，下列表述错误的是（　　）。

A．旅游者享有任意转让权

B．合同性质不宜转让或者合同约定不可以转让的，不可以转让

C．旅游者请求旅游经营者退还减少的费用的，人民法院应予支持

D．仅在合理期间内可以转让

27．根据《中华人民共和国旅游法》规定，下列关于旅游者与旅游经营者发生纠纷时的解决途径中，不恰当的是（　　）。

A．双方协商

B．为旅游者合法权益避免受损而干扰旅行社的正常经营活动

C．向消费者协会申请调解

D．根据仲裁协议提请仲裁

28．根据《最高人民法院关于审理旅游纠纷案件适用法律若干问题的规定》，下面关于旅游纠纷的解决，表述错误的一项是（　　）。

A．旅游者可以根据自身需要，自愿选择协商、调解、仲裁和诉讼等途径解决纠纷

B．旅游者应在旅游纠纷发生过程中注意收集和保留证据，从而切实维护自身的合法权益

C．旅游者不履行或不完全履行法定或者约定的义务，易引发旅游纠纷

D．旅游纠纷一般都在民事责任范围内，不涉及行政责任范围

29．依据《最高人民法院关于审理旅游纠纷案件适用法律若干问题的规定》，旅游经营者因过错致其代办的手续、证件存在瑕疵，旅游者请求旅游经营者补办或者协助补办相关手续、证件并承担相应费用的，人民法院应该（　　）。

A．予以支持　　B．不予支持

C．驳回起诉　　D．不予受理

30. 根据《最高人民法院关于审理旅游纠纷案件适用法律若干问题的规定》，下列属于旅游经营者、旅游辅助服务者不予免责情形的是（　　）。
A. 旅游者自行安排旅游活动期间旅行社未做必要提示
B. 旅游者未履行如实告知义务的
C. 因不可抗力等客观原因导致旅游合同无法履行的
D. 旅游者擅自脱团的

31. 根据《最高人民法院关于审理旅游纠纷案件适用法律若干问题的规定》，关于旅游者单方解除合同，下列说法不正确的是（　　）。
A. 在旅游行程开始前可以解除
B. 在旅游行程进行中可以解除
C. 在旅游行程进行中不可以解除
D. 旅游者有权请求旅游经营者退还尚未实际发生的费用

32. 根据《最高人民法院关于审理旅游纠纷案件适用法律若干问题的规定》，下列关于旅游者的权利表述正确的是（　　）。
A. 旅游者可以随意转让合同
B. 旅游行程开始后旅游者单方解除合同，则无权请求旅游经营者退还尚未实际发生的费用
C. 旅游者有权要求退回因拒绝旅游经营者安排的购物活动被增收的费用
D. 旅游者可以要求旅游经营者同时承担违约责任和侵权责任

33. 旅游经营者准许他人挂靠其名下从事旅游业务，造成旅游者人身损害、财产损失，旅游者请求旅游经营者与挂靠人承担连带责任的，人民法院应该（　　）。
A. 予以支持　　B. 不予支持
C. 驳回起诉　　D. 不予受理

34. 根据《最高人民法院关于审理旅游纠纷案件适用法律若干问题的规定》，关于“自由行”的构成要件不包括（　　）。
A. 旅游经营者事先设计，以确定的总价提供交通、住宿等服务
B. 不提供导游和领队服务
C. 由旅游者自行安排游览行程
D. 旅游者自行设计旅游线路

35. 根据《最高人民法院关于审理旅游纠纷案件适用法律若干问题的规定》，下列关于旅游经营者的权利表述错误的是（　　）。
A. 旅游经营者无权转让合同
B. 旅游经营者有权要求旅游者支付合理费用
C. 因旅游辅助服务者的原因导致旅游经营者违约，可以将旅游辅助服务者追加为第三人

D．因不可抗力等客观原因导致旅游合同无法履行的，旅游经营者可以免责

三、多选题

1．旅游投诉应当符合的条件包括（　　）。

A．有明确的被投诉人

B．投诉人人身、财产遭受损害

C．投诉人与投诉事项有直接利害关系

D．有具体的投诉请求

E．有具体的事实和理由

2．旅游经营者为旅游者代管的行李物品损毁、灭失，旅游者请求赔偿损失的，人民法院应予以支持。但损失是由于（　　）情形除外。

A．旅游者的过错造成的

B．物品的自然属性造成的

C．不可抗力、意外事件造成的

D．其他旅游者的过错造成的

E．旅游者未听从旅游经营者的事先申明或者提示，未将现金、有价证券、贵重物品由其随身携带而造成的

3．根据《最高人民法院关于审理旅游纠纷案件适用法律若干问题的规定》第8、13、25条，人民法院不予支持旅游者请求的承担赔偿责任和违约责任的情形有（　　）。

A．未按旅游经营者的要求提供与旅游活动相关的个人健康信息并履行如实告知义务

B．不听从旅游经营者的告知、警示，参加不适合自身条件的旅游活动

C．未按旅游经营者出团前告知、警示自备防范危险发生的药品

D．因不可抗力等不可归责于旅游经营者的客观原因导致旅游合同无法履行

E．旅游者在自行安排的旅游活动中合法权益受到侵害

4．依据《旅游投诉处理办法》规定，旅游投诉的特征主要包括（　　）。

A．投诉主体只能是旅游者

B．被投诉主体只能是旅游经营者

C．请求解决的纠纷属于民事争议

D．处理旅游投诉是旅游投诉处理机构的具体行政行为

E．处理旅游纠纷是旅游投诉处理机构法定职权内的行为

5．依据《旅游投诉处理办法》规定，投诉人可以就下列事项向旅游投诉处理机构投诉（　　）。

A．旅游主管部门违规向旅行社收取费用的

B．认为旅游经营者违反合同约定的

C. 因旅游经营者的责任致使投诉人人身、财产受到损害的

D. 因不可抗力、意外事故致使旅游合同不能履行或者不能完全履行，投诉人与被投诉人发生争议的

E. 其他损害旅游者合法权益的

6.《旅游投诉处理办法》规定了旅游投诉处理机构受理旅游投诉案件的实质要件，包括（ ）。

A. 投诉人与投诉事项有直接利害关系

B. 有明确的被投诉人

C. 有具体的投诉请求

D. 有具体的事实和充分的理由

E. 投诉人所在地设有管辖权的旅游投诉受理机构

7. 依据《旅游投诉处理办法》规定，旅游投诉处理机构包括（ ）。

A. 旅游行政管理部门　　B. 旅游质量监督管理机构

C. 消费者协会　　D. 旅游执法机构

E. 当地工商局

8. 依据《旅游投诉处理办法》规定，下列各项关于旅游投诉者在旅游投诉过程的权利，表述正确的是（ ）。

A. 有权了解处理的情况

B. 投诉不予受理、投诉转办的，有权获得书面告知的权利

C. 有权与被投诉人和解，有权请求调解

D. 有权要求旅游投诉处理机构在规定的时间处理投诉

E. 进入旅游投诉处理机构受理流程后，不能与被投诉人协商和解

9. 依据《旅游投诉处理办法》的有关规定，下列关于共同投诉说法正确的是（ ）。

A. 投诉人 4 人以上

B. 以不同投诉事由对同一被投诉人的投诉

C. 可以由投诉人推选 1 至 3 名代表进行投诉

D. 代表人参加旅游投诉处理机构处理投诉过程的行为，对全体投诉人发生效力

E. 代表人变更、放弃投诉请求或者进行和解，应当经全体投诉人同意

10. 依据《中华人民共和国民事诉讼法》规定，下列关于当事人的举证责任，表述正确的是（ ）。

A. 当事人的主张由当事人提供证据加以证明

B. 当事人因不履行举证责任而应当承担相应法律后果

C. 人民法院根据当事人的主张和案件审理情况，确定当事人应当提供的证据及其期限

D．当事人只能在人民法院规定的期限内提供证据

E．人民法院认为审理案件需要的证据，由原被告当事人根据利害关系分别调查收集

11．根据《最高人民法院关于审理旅游纠纷案件适用法律若干问题的规定》，旅游者的自行安排活动期间包括（　　）。

A．旅游经营者安排的在旅游行程中独立的自由活动期间

B．旅游者不参加旅游行程的活动期间

C．旅游者经导游或者领队同意暂时离队的个人活动期间

D．旅游者擅自脱团以后的自由活动期间

E．自驾游旅游者的旅行活动期间

12．依据《最高人民法院关于审理旅游纠纷案件适用法律若干问题的规定》，除（　　）情形外，旅游经营者或者旅游辅助服务者为旅游者代管的行李物品损毁、灭失，旅游者请求赔偿损失的，人民法院应予支持。

A．损失是由于旅游者未听从旅游经营者或者旅游辅助服务者的事先声明或者提示，未将现金、有价证券、贵重物品由其随身携带而造成的

B．损失是由于第三人的原因造成的

C．损失是由于不可抗力、意外事件造成的

D．损失是由于旅游者的过错造成的

E．损失是由于物品的自然属性造成的

13．依据《最高人民法院关于审理旅游纠纷案件适用法律若干问题的规定》，在同一旅游行程中，旅行社提供相同服务，因旅游者的（　　）等差异增收费用的，旅行社应返还增收的费用。

A．性别　　B．年龄

C．户籍　　D．职业

E．收入

14．下列可以适用《最高人民法院关于审理旅游纠纷案件适用法律若干问题的规定》进行处理的纠纷是（　　）。

A．旅游者与旅游经营者之间因旅游发生的合同纠纷

B．旅游者与旅游辅助服务者之间因旅游发生的合同纠纷

C．旅游者与旅游经营者之间因旅游发生的侵权纠纷

D．旅游者与旅游辅助服务者之间发生的侵权纠纷

E．旅游经营者与旅游辅助服务者之间发生的侵权纠纷

15．根据《最高人民法院关于审理旅游纠纷案件适用法律若干问题的规定》，旅游经营者、旅游辅助服务者的免责情形包括（　　）。

A．导游、领队强迫游客购物，导致旅游者人身损害、财产损失的

B．旅游者擅自脱团，遭受人身损害、财产损失的

C．旅游者在自行安排的旅游活动中合法权益受到侵害的

D．因不可抗力等客观原因导致旅游合同无法履行的

E．旅游者未履行如实告知义务，导致旅游过程中出现人身损害、财产损失的

16．根据《最高人民法院关于审理旅游纠纷案件适用法律若干问题的规定》，下列属于“旅游经营者有权要求旅游者支付合理费用”的情形的是（　　）。

A．为旅游者安排的另行付费的项目

B．为老年旅游者提供的与其他游客相同的服务项目

C．旅游者转让旅游合同

D．旅游者单方解除合同

E．因不可抗力等客观因素变更旅游行程

习题强化答案

一、判断题

1．对	2．错	3．错	4．对	5．对
6．错	7．对	8．对	9．对	10．错
11．对	12．对	13．错	14．对	

二、单选题

1．D	2．C	3．D	4．C	5．C
6．B	7．B	8．B	9．D	10．C
11．D	12．C	13．D	14．B	15．B
16．A	17．D	18．A	19．B	20．B
21．C	22．B	23．D	24．D	25．D
26．A	27．B	28．D	29．A	30．A
31．C	32．C	33．A	34．D	35．A

三、多选题

1．ACDE	2．ABCE	3．ABDE	4．ABCDE	5．BCDE
6．ABCD	7．ABD	8．ABCD	9．ACDE	10．ABC
11．ABC	12．ACDE	13．BD	14．ABCD	15．BCDE
16．CDE				

第十二章　旅游资源法律制度

真题解读

- 【2018 年真题 · 判断】依据《博物馆条例》，博物馆从事文物等藏品的商业经营活动，不得违反办馆宗旨，不得损害观众利益。（　　）

【答案】错

【解析】博物馆**不得**从事文物等藏品的商业经营活动。博物馆从事**其他**商业经营活动，不得违反办馆宗旨，不得损害观众利益。

【点评】难度较大，本题迷惑性较强，偷换概念，将"其他商业经营活动"换成"文物等藏品的商业经营活动"。

- 【2018 年真题 · 单选】《中华人民共和国野生动物保护法》规定，国家重点保护野生动物名录，由国务院野生动物保护主管部门组织科学评估后制定，并每（　　）年根据评估情况确定对名录进行调整。

A．1　　B．2

C．3　　D．5

【答案】D

【解析】国家对珍贵、濒危的野生动物实行重点保护。国家重点保护的野生动物分为一级保护野生动物和二级保护野生动物。国家重点保护野生动物名录，由国务院野生动物保护主管部门组织科学评估后制定，并**每 5 年**根据评估情况确定对名录进行调整，后报国务院批准公布。

【点评】中等难度，虽然考查较偏但我们平时训练亦有涉及。

- 【2018 年真题 · 单选】依据《风景名胜区条例》，国家级风景名胜区的总体规划，报（　　）审批。

A．国务院建设主管部门　　B．省级人民政府

C．国务院　　D．省级人民政府建设主管部门

【答案】C

【解析】国家级风景名胜区的总体规划，由省、自治区、直辖市人民政府审查后，报**国务院**审批。

【点评】中等难度，本题属于平时训练的重点内容。

- 【2018 年真题 · 单选】《中华人民共和国文物保护法》规定，（　　）文物中的孤

品和易损品，禁止出境展览。

A．一级　　B．二级

C．三级　　D．四级

【答案】A

【解析】《文物保护法》第 62 条，一级文物中的孤品和易损品，禁止出境展览。

【点评】简单难度，失分可惜。

- 【2018 年真题·单选】依据《中华人民共和国野生植物保护条例》，出售国家重点保护野生植物的，由工商行政管理部门或者野生植物行政主管部门根据职责分工没收野生植物和违法所得，可以并处违法所得（　　）以下的罚款。

A．10 倍　　B．5 倍

C．3 倍　　D．1 倍

【答案】A

【解析】违反《野生植物保护条例》规定，出售、收购国家重点保护野生植物的，由工商行政管理部门或者野生植物行政主管部门按照职责分工没收野生植物和违法所得，可以并处违法所得 10 倍以下的罚款。

【点评】本题考查相对较偏，中等难度。

- 【2017 年真题·多选】《中华人民共和国文物保护法》规定，文物收藏单位以外的公民、法人和其他组织可以收藏通过（　　）方式取得的文物。

A．从经营文物拍卖的拍卖企业购买

B．从文物商店购买

C．从文物收藏单位购买

D．接受赠与

E．依法继承

【答案】ABDE

【解析】《文物保护法》第 50 条规定，文物收藏单位以外的公民、法人和其他组织可以收藏通过下列方式取得的文物：（1）依法继承或者接受赠与；（2）从文物商店购买；（3）从经营文物拍卖的拍卖企业购买；（4）公民个人合法所有的文物相互交换或者依法转让；（5）国家规定的其他合法方式。故本题选 ABDE。

【点评】中等难度，本题可用排除法，C 项明显错误。

- 【2016 年真题·多选】依据《中华人民共和国文物保护法》，单位和个人应当依法承担民事责任的情形有（　　）。

A．造成文物损毁　　B．造成文物流失

C．走私文物　　D．造成文物灭失

E．盗掘古文化遗产、古墓葬群

【答案】AD

【解析】《文物保护法》规定，违反法律规定，**造成文物灭失、损毁**的单位和个人，应当依法承担民事责任。

【点评】本题难度较大，注意题目问的是“承担民事责任”，错误选项要承担刑事责任。

- 【2016年真题·多选】世界文化遗产定义中的遗址是指从（　　）角度看具有突出的普遍价值的人类工程或者自然与人联合工程以及包括考古地址的区域。

A．人种学　　B．文化

C．人类学　　D．审美

E．历史

【答案】ACDE

【解析】所谓遗址是指从**历史、审美、人种学或人类学**角度看具有突出的普遍价值的人类工程或自然与人联合工程以及考古地址等地方。

【点评】难度较大，本题考查较偏较怪。

习题强化

一、判断题

1．依据《风景名胜区条例》规定，风景名胜区是指具有观赏、文化或者科学价值，自然景观比较集中，环境优美，可供人们游览或者进行科学、文化活动的区域。（　　）

2．依据《风景名胜区条例》规定，风景名胜区可划分为国家级、省级、县级风景名胜区三级。（　　）

3．依据《风景名胜区条例》规定，新设立的风景名胜区与自然保护区不得重合或者交叉。（　　）

4．依据《风景名胜区条例》规定，在风景名胜区核心景区内可以适当设立宾馆、招待所、培训中心、疗养院等建筑物。（　　）

5．依据《风景名胜区条例》规定，进入风景名胜区的门票，由风景名胜区管理机构委托其他承包经营者出售。（　　）

6．依据《风景名胜区条例》规定，旅游旺季，风景名胜区可以适当超过允许容量接纳游客，但不能过多。（　　）

7．依据《风景名胜区条例》规定，风景名胜区管理机构的工作人员不得在区内的企业兼职。（　　）

8．依据《风景名胜区条例》规定，国务院旅游行政主管部门按照国务院规定的职责分工，负责全国风景名胜区的有关监督管理工作。（　　）

9．依据《风景名胜区条例》规定，风景名胜区应当自设立之日起3年内编制完成

总体规划。（ ）

10. 依据《中华人民共和国自然保护区条例》规定，自然保护区的缓冲区可以开展旅游和生产经营活动。（ ）

11. 依据《中华人民共和国自然保护区条例》规定，在自然保护区的核心区和缓冲区内，不得建设任何生产设施。（ ）

12. 依据《中华人民共和国自然保护区条例》规定，国务院环境保护行政主管部门负责全国自然保护区的综合管理。（ ）

13. 依据《中华人民共和国文物保护法》规定，文物收藏单位以外的公民、法人和其他组织合法收藏的文物可以依法流通。（ ）

14. 依据《中华人民共和国文物保护法》规定，国有文物、非国有文物中的珍贵文物和国家规定禁止出境的其他文物，不得出境；但是依照法律规定出境展览或者因特殊需要经国务院批准出境的除外。（ ）

15. 依据《中华人民共和国文物保护法》规定，具有科学价值的古脊椎动物化石和古人类化石同文物一样受国家的保护。（ ）

16. 依据《中华人民共和国野生动物保护法》规定，需要猎捕国家一级保护野生动物的，应当向国务院野生动物保护主管部门申请特许猎捕证。（ ）

17. 依据《中华人民共和国野生动物保护法》规定，以食用为目的，可以购买国家重点保护的野生动物及其制品。（ ）

18. 根据《博物馆条例》规定，国家要求博物馆向公众免费开放。（ ）

19.《国家级文化生态保护区管理办法》所规定的国家级文化生态保护区，是指以保护非物质文化遗产为核心，对历史文化积淀丰厚、存续状态良好，具有重要价值和鲜明特色的文化形态进行整体性保护，并经文化和旅游部同意设立的特定区域。（ ）

20. 国家级文化生态保护区建设管理机构应当整合多方资源，推动将非物质文化遗产保护知识纳入当地国民教育体系，推进非物质文化遗产进校园、进课堂、进教材。（ ）

21. 申报和设立国家级文化生态保护区应本着多而优的原则，坚持公开、公平、公正，履行申报、审核、论证、批准等程序。（ ）

22. 文化和旅游部组织对申报设立国家级生态保护区材料进行审核。对申报材料齐全且符合要求的申请地区，文化和旅游部根据年度工作计划组织考察组进行实地考察。（ ）

23. 鼓励和引导社会力量参与文化生态保护工作，同时鼓励社会资金参与国家级文化生态保护区建设工作。（ ）

24. 国家级文化生态保护区建设管理机构应当每年定期组织举办有影响力的非物质文化遗产展示展演活动，利用传统节日、文化和自然遗产日等重要节点开展非

物质文化遗产宣传传播活动。（ ）

25. 中华人民共和国文化和旅游部第1号令，《国家级文化生态保护区管理办法》自2019年3月1日起施行。（ ）

二、单选题

1.《保护世界文化和自然遗产公约》规定，缔约国领土内世界遗产的确定、保护、保存、展出和遗传后代，主要是（ ）的责任。

A. 世界遗产委员会　　B. 国际社会

C. 有关民间组织　　D. 有关国家

2. 违反《风景名胜区条例》，在景物、设施上刻画、涂污或者以其他方式故意损坏国家保护的文物、名胜古迹的，按照（ ）的有关规定予以处罚。

A.《风景名胜区条例》　　B.《文物保护法》

C.《治安管理处罚法》　　D.《旅游法》

3.《风景名胜区条例》规定，风景名胜区是指具有（ ）价值，自然景观、人文景观比较集中，环境优美，可供人们游览或者进行科学、文化活动的区域。

A. 观赏、历史或者科学　　B. 观赏、文化或者科学

C. 观赏、艺术或者历史　　D. 文化、艺术或者历史

4. 根据《风景名胜区条例》规定，风景名胜区内的景观和自然环境，应当根据（ ）的原则，严格保护，不得破坏或者随意改变。

A. 科学规划　　B. 可持续发展

C. 统一管理　　D. 永续利用

5. 依据《风景名胜区条例》规定，未经风景名胜区管理机构审核，在风景名胜区内设置、张贴商业广告的，由风景名胜区管理机构处以（ ）罚款。

A. 1万元以上5万元以下　　B. 5万元以上10万元以下

C. 10万元以上50万元以下　　D. 50万元以上100万元以下

6. 依据《风景名胜区条例》规定，未经风景名胜区管理机构审核，在风景名胜区内举办大型游乐活动的，由风景名胜区管理机构处以（ ）罚款。

A. 1万元以上5万元以下　　B. 5万元以上10万元以下

C. 10万元以上50万元以下　　D. 50万元以上100万元以下

7. 依据《风景名胜区条例》规定，未经风景名胜区管理机构审核，在风景名胜区内改变水资源、水环境自然状态的，由风景名胜区管理机构处以（ ）罚款。

A. 1万元以上5万元以下　　B. 5万元以上10万元以下

C. 10万元以上50万元以下　　D. 50万元以上100万元以下

8. 依据《风景名胜区条例》规定，个人在风景名胜内进行开荒、修坟立碑等破坏景观、植被、地形地貌的活动的，由风景名胜区管理机构责令停止违法行为、限期恢复原状或者采取其他补救措施，没收违法所得，并处（ ）罚款。

A．1000 元以上 1 万元以下　　B．1000 元以上 5000 元以下
C．5000 元以上 1 万元以下　　D．1 万元以上 5 万元以下

9．依据《风景名胜区条例》规定，在景物、设施上刻画、涂污或者在风景名胜区内乱扔垃圾的，由风景名胜区管理机构责令恢复原状或者采取其他补救措施，处（　　）元的罚款。

A．20　　B．30
C．50　　D．100

10．依据《风景名胜区条例》规定，施工单位在施工过程中，对周围景物、水体、林木植被、野生动物资源和地形地貌造成破坏的，由风景名胜区管理机构责令停止违法行为、限期恢复原状或者采取其他补救措施，并处（　　）的罚款。

A．1 万元以上 10 万元以下　　B．2 万元以上 10 万元以下
C．1 万元以上 5 万元以下　　D．5 万元以上 10 万元以

11．根据《风景名胜区条例》第 12 条规定，风景名胜区规划分为（　　）。

A．总体规划和详细规划　　B．长期规划和短期规划
C．发展规划和建设规划　　D．综合规划和专项规划

12．依据《风景名胜区条例》规定，在风景名胜区内修建储存爆炸物、易燃性、放射性、毒害性物品设施的，由风景名胜区管理机构处以（　　）罚款。

A．1 万元以上 5 万元以下　　B．5 万元以上 10 万元以下
C．10 万元以上 50 万元以下　　D．50 万元以上 100 万元以下

13．依据《风景名胜区条例》规定，在风景名胜区内举办大型游乐活动，应当经（　　）审核后，依照有关法律、法规的规定报有关主管部门批准。

A．大型活动举办单位的主管部门　　B．风景名胜区管理机构
C．同级旅游行政管理部门　　D．同级公安机关

14．依据《风景名胜区条例》规定，风景名胜区门票收入和风景名胜资源有偿使用费应专门用于风景名胜资源的（　　）以及风景名胜区内财产的所有权人、使用权人损失的补偿。

A．开发和管理　　B．开发和经营
C．保护和管理　　D．经营和管理

15．依据《中华人民共和国自然保护区条例》规定，擅自移动或者破坏自然保护区界标的，由自然保护区管理机构责令其改正，并可以根据不同情节处以（　　）的罚款。

A．50 元以上 100 元以下　　B．100 以上 1000 元以下
C．100 元以上 2000 元以下　　D．100 元以上 5000 元以下

16．依据《中华人民共和国自然保护区条例》规定，未经批准进入自然保护区或者在自然保护区内不服从管理机构管理的，由自然保护区管理机构责令其改正，

并可以根据不同情节处（　　）的罚款。

A．50 元以上 100 元以下　　B．100 元以上 1000 元以下

C．100 元以上 2000 元以下　　D．100 元以上 5000 元以下

17．依据《中华人民共和国自然保护区条例》规定，在自然保护区进行砍伐、放牧、狩猎、捕捞、采药、开垦、烧荒、开矿、采石、挖沙等活动，对自然保护区造成破坏的，可以处以（　　）的罚款。

A．100 元以上 300 元以下　　B．100 元以上 1000 元以下

C．300 元以上 1000 元以下　　D．300 元以上 10000 元以下

18．根据《中华人民共和国自然保护区条例》规定，我国自然保护区划分为（　　）两级。

A．国家级、地方级　　B．国家级、省级

C．一级、二级　　D．重点级、一般级

19．依据《中华人民共和国自然保护区条例》规定，自然保护区内禁止任何单位和个人进入，也不允许从事科学研究活动的是（　　）。

A．实验区　　B．缓冲区

C．核心区　　D．边缘区

20．依据《中华人民共和国自然保护区条例》规定，我国立法将自然保护区划分为若干区域，实施不同强度的保护和管理，其中可以从事参观考察和旅游活动的区域是（　　）。

A．实验区　　B．缓冲区

C．核心区　　D．边缘区

21．依据《中华人民共和国文物保护法》规定，根据旅游资源的分类原则，位于河南省渑池县境内的仰韶文化遗址属于（　　）。

A．具有历史、艺术、科学价值的古文化遗址

B．与重大历史事件有关的具有重要史料价值的遗址

C．历史上各时代珍贵的艺术品

D．反映历史上各民族社会制度、社会生产和社会生活的代表性实物

22．依据《中华人民共和国文物保护法》规定，文物出境展览，一级文物超过国务院规定数量的，应当报（　　）批准。

A．旅游局　　B．文物局

C．海关　　D．国务院

23．依据《中华人民共和国文物保护法》规定，任何单位或者个人运送、邮寄、携带文物出境，应当向（　　）申报，后凭文物出境许可证放行。

A．旅游局　　B．文物局

C．海关　　D．国务院

24. 依据《中华人民共和国文物保护法》规定，可分为一级文物、二级文物和三级文物的是（　　）。

A. 可移动文物　　B. 珍贵文物

C. 一般文物　　D. 不可移动文物

25. 依据《中华人民共和国文物保护法》规定，对不可移动文物进行修缮、保养、迁移，必须遵守（　　）原则。

A. 注重外观形象　　B. 突出文化内涵

C. 提升文物档次　　D. 不改变文物原状

26. 依据《中华人民共和国文物保护法》规定，保存文物特别丰富并且具有重大历史价值或者革命纪念意义的城市，由国务院核定公布为（　　）。

A. 全国重点文物保护单位　　B. 历史文化名城

C. 优秀旅游城市　　D. 最佳旅游城市

27. 依据《中华人民共和国文物保护法》规定，历史上各时代重要实物、艺术品、文献、手稿、图书资料、代表性实物等可移动文物，分为珍贵文物和（　　）。

A. 普通文物　　B. 特殊文物

C. 高级文物　　D. 一般文物

28. 一农民在自家玉米田种植时，挖到一箱古董，内有不少的瓷器和玉器，经行家鉴定是我国宋代宫中的酒器。该农民正确做法是（　　）。

A. 是在自家田里挖得，个人收藏

B. 上缴国家

C. 是珍贵文物，卖给古玩店

D. 卖给外国人，获取高价回报

29. 依据《中华人民共和国野生动物保护法》规定，因科学研究、种群调控、疫源疫病监测或者其他特殊情况，需要猎捕国家二级保护野生动物的，应当向（　　）野生动物保护主管部门申请特许猎捕证。

A. 国务院　　B. 省、自治区、直辖市人民政府

C. 县级以上　　D. 当地

30. 依据《中华人民共和国野生动物保护法》规定，猎捕非国家重点保护野生动物的，应当依法取得（　　）地方人民政府野生动物保护主管部门核发的狩猎证，并且服从猎捕量限额管理。

A. 国务院　　B. 省、自治区、直辖市人民政府

C. 县级以上　　D. 当地

31. 依据《中华人民共和国野生动物保护法》规定，持枪猎捕的，应当依法取得（　　）核发的持枪证。

A. 野生动物保护主管部门　　B. 公安机关

C．旅游管理部门　　　　　　　　　　D．环境保护部门

32．依据《中华人民共和国野生动物保护法》规定，以收容救护为名买卖野生动物及其制品的，将处以野生动物及其制品价值（　　）的罚款。

A．一倍以上五倍以下　　　　　　　B．二倍以上十倍以下

C．二倍以上五倍以下　　　　　　　D．五倍以上十倍以下

33．根据《中华人民共和国野生动物保护法》规定，未经批准、未取得或者未按照规定使用专用标识，出售、购买、利用、运输、携带、寄递国家重点保护野生动物及其制品的，将在没收违法所得的同时，处野生动物及其制品价值（　　）的罚款。

A．一倍以上五倍以下　　　　　　　B．二倍以上十倍以下

C．二倍以上五倍以下　　　　　　　D．五倍以上十倍以下

34．依据《中华人民共和国野生动物保护法》规定，为违法出售、购买、利用野生动物及其制品或者禁止使用的猎捕工具提供交易服务的，由县级以上人民政府市场监督管理部门责令停止违法行为，限期改正，没收违法所得，并处违法所得（　　）的罚款。

A．一倍以上五倍以下　　　　　　　B．二倍以上十倍以下

C．二倍以上五倍以下　　　　　　　D．五倍以上十倍以下

35．依据《中华人民共和国野生动物保护法》规定，国家重点保护的野生动物分为（　　）两级。

A．国家级、地方级　　　　　　　　B．国家级、省级

C．一级、二级　　　　　　　　　　D．重点级、一般级

36．依据《中华人民共和国野生植物保护条例》第16条规定，禁止采集国家（　　）保护野生植物。

A．一级　　　　　　　　　　　　　B．二级

C．三级　　　　　　　　　　　　　D．四级

37．依据《中华人民共和国野生植物保护条例》规定，下列不属于国家对野生植物资源保护方针的是（　　）。

A．加强保护　　　　　　　　　　　B．积极发展

C．合理利用　　　　　　　　　　　D．培育优先

38．依据《中华人民共和国野生植物保护条例》规定，按其保护级别，野生植物分为（　　）保护野生植物。

A．国家重点、地方重点　　　　　　B．国家重点、省级重点

C．国家一级、国家二级　　　　　　D．国家重点、国家一般

39．依据《博物馆管理》规定，博物馆应当自取得登记证书之日起（　　）内向公众开放。

A. 1个月　　B. 3个月
C. 6个月　　D. 1年

40. 依据《博物馆管理》规定，下列哪一项不是设立博物馆的必备条件？（　　）
A. 固定的馆址　　B. 大量的珍贵藏品
C. 专业技术人员　　D. 必要的办馆资金

41. 依据《博物馆条例》规定，国家（　　）主管部门负责全国博物馆监督管理工作。
A. 林业　　B. 建设
C. 文物　　D. 旅游

42. 依据《保护非物质文化遗产公约》规定，非物质文化遗产不包括（　　）方面。
A. 文化景观　　B. 表演艺术
C. 节庆活动　　D. 传统手工艺

43.《国家级文化生态保护区管理办法》所称的“国家级文化生态保护区”，是指以保护（　　）为核心，对历史文化积淀丰厚、存续状态良好，具有重要价值和鲜明特色的文化形态进行整体性保护，并经文化和旅游部同意设立的特定区域。
A. 文化和自然遗产　　B. 人文环境
C. 非物质文化遗产　　D. 生态环境

44. 文化和旅游部（　　）对国家级文化生态保护区建设情况进行检查；每（　　）年对国家级文化生态保护区开展一次总体规划实施情况和建设成效评估，评估报告向社会公布。
A. 不定期；3年　　B. 5年；3年
C. 不定期；5年　　D. 3年；5年

45. 文化和旅游部近日出台《国家级文化生态保护区管理办法》，规定申报国家级文化生态保护区要具备良好的文化生态区域性整体保护工作基础，应当在本省（区、市）内已实行文化生态区域性整体保护（　　）以上，成效明显。
A. 一年　　B. 两年
C. 三年　　D. 四年

46. 国家级文化生态保护区总体规划实施（　　）年后，由省级人民政府文化主管部门向文化和旅游部提出验收申请；文化和旅游部根据申请组织开展国家级文化生态保护实验区建设成果验收。
A. 一年　　B. 两年
C. 三年　　D. 四年

47. 国家级文化生态保护实验区设立后一年内，所在地区人民政府应当在文化生态保护区规划纲要的基础上，细化形成国家级文化生态保护区（ ），经省级人民政府文化主管部门审核，报省级人民政府审议通过后发布实施，并报文化和旅游部备案。

A．总体规划 B．详细规划

C．整体规划 D．具体规划

48．国家级文化生态保护区总体规划实施（ ）后，由省级人民政府文化主管部门向文化和旅游部提出验收申请；文化和旅游部根据申请组织开展国家级文化生态保护实验区建设成果验收。验收合格的，正式公布为国家级文化生态保护区并授牌。

A．1 年 B．2 年

C．3 年 D．5 年

三、多选题

1．我国的自然保护区的区域构成依法分为（ ）。

A．缓冲区 B．核心区

C．延伸区 D．观测区

E．实验区

2．依据《风景名胜区条例》规定，风景名胜区总体规划需包括以下内容（ ）。

A．风景资源评价

B．功能结构和空间布局

C．游客容量

D．重大建设项目布局

E．生态资源保护措施

3．依据《风景名胜区条例》规定，在风景名胜区内禁止进行（ ）活动。

A．开山、开矿等破坏景观、植被和地形地貌的

B．乱扔垃圾

C．修建储存爆炸性、易燃性、放射性、毒害性、腐蚀性物品的设施

D．在景观或设施上刻画、涂污

E．举办大型游乐活动

4．依据《风景名胜区条例》规定，国家对风景名胜区实行（ ）原则。

A．科学规划 B．统一管理

C．分级管理 D．严格保护

E．永续利用

5．依据《中华人民共和国自然保护区条例》规定，自然保护区是对（ ）等保护对象所在的陆地、水体或者海域，依法划出一定面积予以特殊保护和管理的区域。

A．有代表性的自然生态系统

B．珍稀濒危野生动植物物种的天然集中分布区

C．有特殊意义的自然遗址

D．有重大国际影响的文化遗址

E．有特殊观赏、文化、科学价值的遗址遗迹

6．依据《中华人民共和国自然保护区条例》规定，下列地点可以列为国家级自然保护区的是（　　）。

A．在国内外有典型意义　　B．在科学上有重大国内影响

C．有特殊科学研究价值　　D．在科学上有重大国际影响

E．有重要科学研究价值

7．依据《中华人民共和国文物保护法》规定，文物收藏单位可以通过（　　）方式取得文物。

A．购买　　B．接受捐赠

C．从经营文物拍卖的拍卖企业购买　　D．依法交换

E．考古挖掘

8．依据《中华人民共和国文物保护法》规定，下列方式取得文物合法的是（　　）。

A．和其他公民个人合法所有的文物进行交换

B．依法继承或接受赠与

C．从文物商店购买

D．从自家院落里挖出文物

E．从经营文物拍卖的拍卖企业购买

9．依据《中华人民共和国文物保护法》规定，不可移动文物根据文物的历史、艺术、科学价值，可以划分为（　　）。

A．全国重点文物保护单位　　B．省级文物保护单位

C．市、县级文物保护单位　　D．一级文物保护单位

E．二级文物保护单位

10．依据《中华人民共和国文物保护法》规定，文物收藏单位以外的公民、法人和其他组织可以通过（　　）方式取得文物的收藏。

A．从文物商店购买

B．依法继承或者接受赠予

C．从经营文物拍卖的拍卖企业购买

D．公民个人合法取得的文物相互交换或者依法转让

E．从私人手里购买

11．依据《中华人民共和国文物保护法》规定，某外国人携带文物出境，下列说法正确的是（　　）。

A. 必须向海关申报

B. 必须有许可出口凭证

C. 必须从指定的口岸出境

D. 如该文物具有重要的科学价值，禁止出境

E. 一律禁止出境

12. 依据《中华人民共和国文物保护法》规定，下列属于民间收藏文物的是（　　）。

A. 依法继承或者接受赠与所得的文物

B. 从小摊贩购买的文物

C. 从经营文物拍卖的拍卖企业购买的文物

D. 公民个人合法所有的文物相互交换或者依法转让的文物

E. 国家规定的其他合法方式得到的文物

13. 依据《中华人民共和国文物保护法》规定，有下列（　　）行为之一，构成犯罪的，依法追究刑事责任。

A. 盗掘古文化遗址、古墓葬的

B. 故意或者过失损毁国家保护的珍贵文物的

C. 擅自将国有馆藏文物出售或者私自送给非国有单位或者个人的

D. 将国家禁止出境的珍贵文物私自出售或者送给外国人的

E. 在文物上刻画，情节轻微的

14. 依据《中华人民共和国文物保护法》规定，文物是指遗留在社会上或埋藏在地下的历史文化遗产。具有（　　）的古文化遗址、古墓葬、古建筑、石窟寺和石刻受国家法律保护。

A. 历史　　　　B. 艺术

C. 观赏价值　　　　D. 文化价值

E. 科学价值

15. 依据《中华人民共和国野生动物保护法》规定，国家对野生动物实行（　　）的原则。

A. 保护优先　　　　B. 繁育优先

C. 规范利用　　　　D. 合理利用

E. 严格监管

16. 依据《中华人民共和国野生动物保护法》规定，对野生动物及其栖息地状况的调查、监测和评估应包括以下内容（　　）。

A. 野生动物野外分布区域、种群数量及结构

B. 野生动物栖息地的面积、生态状况

C. 野生动物及其栖息地的主要威胁因素

D．野生动物人工繁育情况

E．野生动物的科考、生态价值

17.《中华人民共和国野生植物保护条例》规定，禁止出口（　　）。

A．国家一级保护野生植物

B．国家二级保护野生植物

C．可以用作药材的野生植物

D．未定名具有重要价值的野生植物

E．新发现具有重要价值的野生植物

18．依据《中华人民共和国非物质文化遗产法》规定，非物质文化遗产，是指各族人民世代相传并视为其文化遗产组成部分的各种传统文化表现形式，以及与传统文化表现形式相关的实物和场所。包括（　　）。

A．传统口头文学以及作为其载体的语言

B．传统美术、书法、音乐、舞蹈、戏剧、曲艺和杂技

C．传统技艺、医药和历法

D．传统礼仪、节庆等民俗

E．传统竞技和工艺

19．依据《博物馆条例》规定，博物馆藏品属于国有文物的，不得（　　）给外国人。

A．转让　　B．出租

C．质押　　D．展示

E．出售

20．国家级文化生态保护区建设应坚持（　　）理念，既保护非物质文化遗产，也保护孕育发展非物质文化遗产的人文环境和自然环境，实现“遗产丰富、氛围浓厚、特色鲜明、民众受益”的目标。

A．传承发展　　B．保护优先

C．整体保护　　D．合理利用

E．见人见物见生活

21．具备下列（　　）条件的，可以申报国家级文化生态保护区。

A．传统文化历史积淀丰厚，具有鲜明地域或民族特色，文化生态保持良好

B．非物质文化遗产传承有序，传承实践富有活力、氛围浓厚，当地民众广泛参与，认同感强

C．非物质文化遗产资源丰富，是当地生产生活的重要组成部分

D．有文化生态保护区建设管理机构和工作人员

E．在省（区、市）内已实行文化生态区域性整体保护两年以上，成效明显

22．申报国家级文化生态保护区，应当提交（　　）材料。

A．省级人民政府同意申请的相关文件

B．文化生态保护区规划纲要

C．当地居民的意愿书

D．省级人民政府文化主管部门组织的专家评审论证意见

E．本省（区、市）内实行文化生态区域性整体保护的相关文件

23．文化生态保护区规划纲要应包括（　　）内容。

A．对文化形态形成的地理环境、历史沿革、现状、鲜明特色、文化内涵与价值的描述和分析

B．保护区域范围及重点区域

C．规划区内建设用地规模

D．建设目标、工作原则、保护内容、保护方式

E．保障措施及保障机制

24．国家级文化生态保护区建设管理机构的职责主要包括（　　）。

A．负责实施国家级文化生态保护区总体规划

B．组织或委托有关机构开展文化生态保护理论和实践研究

C．开展文化生态保护的宣传教育和培训

D．对文化生态保护区规划纲要组织专家论证

E．评估、报告和公布国家级文化生态保护区建设情况和成效

习题强化答案

一、判断题

1．错	2．错	3．对	4．错	5．错
6．错	7．对	8．错	9．错	10．错
11．对	12．对	13．对	14．对	15．对
16．对	17．错	18．错	19．对	20．对
21．错	22．对	23．对	24．对	25．对

二、单选题

1．D	2．C	3．B	4．B	5．B
6．B	7．B	8．A	9．C	10．B
11．A	12．D	13．B	14．C	15．D
16．D	17．D	18．A	19．C	20．A
21．A	22．D	23．C	24．B	25．D
26．B	27．D	28．B	29．B	30．C
31．B	32．B	33．B	34．C	35．C
36．A	37．D	38．A	39．C	40．B

41．C	42．A	43．C	44．C	45．B
46．C	47．A	48．C		

三、多选题

1．ABE	2．ABCDE	3．ABCD	4．ABDE	5．ABC
6．ACD	7．ABCD	8．ABCE	9．ABC	10．ABCD
11．ABCD	12．ACDE	13．ABCD	14．ABE	15．ACE
16．ABCD	17．DE	18．ABCD	19．ABCE	20．BCE
21．ABCDE	22．ABDE	23．ABDE	24．ABCE	

第二编

方针政策篇

第十三章　十九大报告与十八届四中全会公报

真题解读

- 【2018 年真题 · 判断】党的十九大报告提出，中国将高举和平、发展、合作、共赢的旗帜，恪守维护世界和平、促进共同发展的外交政策宗旨。（　）

  【答案】对

  【解析】略

  【点评】送分题，本题为十九大原文，根据常识也可以做出判断。

- 【2018 年真题 · 判断】《中共中央关于全面推进依法治国若干重大问题的决定》提出，全面推进依法治国，总目标是建设中国特色社会主义法制体系，建设社会主义法治国家。（　）

  【答案】错

  【解析】《中共中央关于全面推进依法治国若干重大问题的决定》提出，全面推进依法治国，总目标是建设中国特色社会主义**法治**体系，建设社会主义法治国家。

  【点评】中等难度，作答时应注意挖掘关键词，"法制"和"法治"的区别要搞清楚。

- 【2017 年真题 · 判断】人民当家做主是中国特色社会主义最本质的特征，是社会主义法治最根本的保证。（　）

  【答案】错

  【解析】社会主义法治必须坚持**党的领导**，党的领导既是中国特色社会主义最本质的特征，也是社会主义法治最根本的保证。

  【点评】中等难度，平时大量训练加深印象，考试时发现没见过的说法均判断为"错"。

- 【2018 年真题 · 单选】《中共中央关于全面推进依法治国若干重大问题的决定》指出，（　）是社会主义民主政治的根本保障。

  A．制度化、规范化、法治化　　B．制度化、规范化、公开化

  C．制度化、规范化、程序化　　D．制度化、合理化、程序化

  【答案】C

  【解析】要长期坚持、不断发展我国社会主义民主政治，积极稳妥推进政治体制改革，推进社会主义民主政治**制度化、规范化、程序化**，保证人民依法通过各种

途径和形式管理国家事务，管理经济文化事业，管理社会事务，巩固和发展生动活泼、安定团结的政治局面。

【点评】难度较大，考查较偏，需要日常训练时特别记忆。

- **【2018 年真题 · 单选】**党的十九大报告指出，确保到（　　）我国现行标准下农村贫困人口实现脱贫，贫困县全部摘帽，解决区域性整体贫困，做到脱真贫、真脱贫。

A．2020 年　　B．2025 年

C．2030 年　　D．2035 年

【答案】A

【解析】十九大报告指出，重点攻克深度贫困地区脱贫任务，确保到 **2020 年**我国现行标准下农村贫困人口实现脱贫，贫困县全部摘帽，解决区域性整体贫困，做到脱真贫、真脱贫。

【点评】送分题，本题属于平时训练的重点内容，2020 年要实现小康，容易识记。

- **【2018 年真题 · 单选】**党的十九大报告指出，我国社会主要矛盾已经转化为人民日益增长的美好生活需要和（　　）之间的矛盾。

A．低水平的经济发展　　B．落后的社会文化

C．不平衡不充分的发展　　D．落后的社会生产

【答案】C

【解析】十九大报告指出，明确新时代我国社会主要矛盾是人民日益增长的美好生活需要和**不平衡不充分的发展**之间的矛盾，必须坚持以人民为中心的发展思想，不断促进人的全面发展、全体人民共同富裕。

【点评】简单难度，本题属于平时训练的重点内容。

- **【2018 年真题 · 单选】**党的十九大报告指出，从 2020 年到（　　），在全面建成小康社会的基础上，基本实现社会主义现代化。

A．2025 年　　B．2020 年

C．2030 年　　D．2035 年

【答案】D

【解析】十九大报告原文，从 2020 年到本世纪中叶可以分为两个阶段：第一个阶段，从 2020 年到 **2035 年**，在全面建成小康社会的基础上，再奋斗十五年，基本实现社会主义现代化。第二个阶段，从 2035 年到本世纪中叶，在基本实现现代化的基础上，再奋斗十五年，把我国建成富强民主文明和谐美丽的社会主义现代化强国。

【点评】简单难度，本题属于平时训练的重点内容，“2035 年”是一个重要的时间节点。

● 【2017 年真题 · 单选】我国根本的政治制度是（　　）。

A. 地方自治制度　　B. 选举制度

C. 人民代表大会制度　　D. 政治协商制度

【答案】C

【解析】以人民代表大会为基石的**人民代表大会制度**是我国的根本政治制度。

【点评】送分题，本题属于平时训练的重点内容。

● 【2016 年真题 · 单选】中国共产党第一次专题研究依法治国问题的中央全会是（　　）。

A. 十八届二中全会　　B. 十八届三中全会

C. 十八届四中全会　　D. 十八届五中全会

【答案】C

【解析】2014 年 10 月 20 日，党的**十八届四中全会**在北京召开，这是中国共产党第一次专题研究依法治国问题的中央全会。

【点评】送分题，本题属于常识题，"十八届四中全会"开启了依法治国。

● 【2018 年真题 · 多选】中国共产党第十九次全国代表大会的主题是（　　）。

A. 高举中国特色社会主义伟大旗帜，决胜全面建成小康社会

B. 永远把人民对美好生活的向往作为奋斗目标

C. 夺取新时代中国特色社会主义伟大胜利

D. 不忘初心，牢记使命

E. 为实现中华民族伟大复兴的中国梦不懈奋斗

【答案】ACDE

【解析】中国共产党第十九次全国代表大会的主题是：**不忘初心，牢记使命，高举中国特色社会主义伟大旗帜，决胜全面建成小康社会，夺取新时代中国特色社会主义伟大胜利，为实现中华民族伟大复兴的中国梦不懈奋斗。**

【点评】简单难度，本题属于平时训练的重点内容。

● 【2018 年真题 · 多选】党的十九大报告指出，必须认识到，我国社会主要矛盾的变化，没有改变（　　）。

A. 我国是世界综合国力和国际影响力领先国家的国际地位

B. 我国是世界最大的发展中国家的国际地位

C. 我国仍处于并将长期处于社会主义初级阶段的基本国情

D. 我们对我国基本实现社会主义现代化的判断

E. 我们对我国社会主义所处历史阶段的判断

【答案】BCE

【解析】我国社会主要矛盾的变化，没有改变我们对我国社会主义所处历史阶段的判断，我国仍处于并将长期处于社会主义初级阶段的基本国情没有变，我国是

世界最大发展中国家的国际地位没有变。

【点评】简单难度，本题属于平时训练的重点内容。

● 【2016 年真题 · 多选】要实现全面依法治国的总目标，必须全面贯彻和坚持的基本原则包括（　　）。

A．坚持中国共产党的领导

B．坚持人民主体地位

C．坚持法律面前人人平等

D．坚持依法治国和以德治国相结合

E．坚持从人民利益出发

【答案】ABCD

【解析】要实现全面推进依法治国的总目标，就必须要全面贯彻和坚持五项基本原则，即坚持中国共产党的领导、坚持人民主体地位、坚持法律面前人人平等、坚持依法治国和以德治国相结合、**坚持从中国实际出发**。

【点评】中等难度，本题平时训练亦有涉及。

● 【2016 年真题 · 多选】重大行政决策的法定程序包括（　　）。

A．公众参与　　B．专家论证

C．风险评估　　D．合理性审查

E．集体讨论

【答案】ABCE

【解析】党的十八届四中全会决定指出，明确重大行政决策的法定程序，即公众参与、专家论证、风险评估、**合法性审查**和集体讨论决定。

【点评】难度较大，本题考查较偏较细。

习题强化

一、判断题

1. 十九大报告指出，新时代中国特色社会主义思想，明确坚持和发展中国特色社会主义，总任务是在全面建成小康社会的基础上，分两步走在本世纪下半叶建成富强民主文明和谐美丽的社会主义现代化强国。（　　）
2. 十九大报告指出，全面深化改革总目标是完善和发展中国特色社会主义制度、推进国家治理体系和治理能力现代化。（　　）
3. 十九大报告指出，事实证明，“一国两制”是解决历史遗留的香港、澳门问题的最佳方案，也是香港、澳门回归后保持长期繁荣稳定的最佳制度。（　　）
4. 十九大报告指出，世界正处于大发展大变革大调整时期，经济与发展仍然是时代主题。（　　）

5. 十九大报告指出，党在新时代的强军目标是建设一支听党指挥、能打胜仗、作风优良的人民军队，把人民军队建设成为世界一流军队。　（　　）
6. 十九大报告指出，实现中华民族伟大复兴是近代以来中华民族最伟大的梦想。
7. 十九大报告指出，我国仍处于并将长期处于社会主义初级阶段的基本国情没有变，我国是世界最大发展中国家的国际地位没有变。　（　　）

二、单选题

1. 十九大报告指出，要加强和创新社会治理，打造（　　）的社会治理格局。
   A. 互通有无　　B. 共同享有
   C. 共建共治共有　　D. 共建共治共享
2. 十九大报告明确了新时代国防和军队建设的三个发展阶段和总体目标，其中第二阶段力争到（　　）年，基本实现国防和军队现代化。
   A. 2019　　B. 2020
   C. 2030　　D. 2035
3. 十九大报告指出，（　　）明确界定了两岸关系的根本性质，是确保两岸关系和平发展的关键。
   A. "九二共识"　　B. 一国两制
   C. 和平统一　　D. 一个中国原则
4. 十九大报告指出，综合分析国际国内形势和我国发展条件，从2020年到本世纪中叶可以分两个阶段来安排，其中第一个阶段从2020年到（　　）年。
   A. 2030　　B. 2035
   C. 2040　　D. 2045
5. 十九大报告指出，从2035年到本世纪中叶，在基本实现现代化的基础上，再奋斗15年，把我国建成富强民主文明和谐（　　）的社会主义现代化强国。
   A. 美丽　　B. 美好
   C. 生态　　D. 绿色
6. 十九大报告指出，（　　）原则是两岸关系的政治基础。
   A. 和平统一　　B. 一个中国
   C. 一国两制　　D. 九二共识
7. 十九大报告指出，中国特色社会主义制度的最大优势是（　　）。
   A. 多党合作　　B. 政治协商
   C. 人民民主专政　　D. 中国共产党领导
8. 十九大报告指出，坚持和加强党的全面领导，坚持党要管党、全面从严治党，以加强党的长期执政能力建设、先进性和纯洁性建设为主线，以党的（　　）为统领，以坚定理想信念宗旨为根基，以调动全党积极性、主动性、创造性为着力点。

A．政治建设　　B．思想建设
C．组织建设　　D．作风建设

9．十九大报告指出，解决台湾问题、实现祖国完全统一，是全体中华儿女共同愿望，是中华民族（　　）所在。
A．根本利益　　B．战略利益
C．重要利益　　D．国家利益

10．十九大报告指出，要支持香港、澳门融入国家发展大局，以粤港澳大湾区建设、（　　）、泛珠三角区域合作等为重点，全面推进内地同香港、澳门互利合作，制定完善便利香港、澳门居民在内地发展的政策措施。
A．粤港澳合作　　B．经济特区建设
C．长江经济带建设　　D．长三角建设

11．十九大报告指出，中国坚定奉行（　　）的和平外交政策，尊重各国人民自主选择发展道路的权利，维护国际公平正义，反对把自己的意志强加于人，反对干涉别国内政，反对以强凌弱。
A．维护和平　　B．独立自主
C．求同存异　　D．相互尊重

12．十九大报告指出，从十九大到二十大，是“两个一百年”奋斗目标的（　　）。
A．历史转折期　　B．战略决胜期
C．历史交汇期　　D．战略机遇期

13．十九大报告指出，从现在到 2020 年，是全面建成小康社会（　　）。
A．决胜期　　B．交汇期
C．转折期　　D．机遇期

14．十九大报告指出，新时代我国社会主要矛盾是（　　）。
A．人民日益增长的物质生活需要和落后的社会生产之间的矛盾
B．人民日益增长的美好生活需要和不平衡不充分的发展之间的矛盾
C．生产力和生产关系之间的矛盾
D．人民日益增长的美好生活需要和落后的社会生产之间的矛盾

15．十九大报告指出，中国特色社会主义事业总体布局是（　　）。
A．“五位一体”　　B．“四个全面”
C．“四个自信”　　D．两步走战略

16．十九大报告指出，中国特色社会主义最本质的特征是（　　）。
A．中国共产党领导　　B．突出政治建设
C．坚持以人为本　　D．集中统一领导

17．十九大报告指出，中国特色大国外交要推动构建新型国际关系，推动（　　）。
A．世界经济一体化进程　　B．全球化进程

C. 构建人类命运共同体　　D. 一带一路进程

18. 十九大报告指出，新时代中国特色社会主义思想，明确坚持和发展中国特色社会主义，总任务是实现社会主义现代化和（　　）。

A. 共同富裕　　B. 发展生产力

C. 中华民族伟大复兴　　D. 加强党的领导

19. 十九大报告指出，我们党要团结带领人民有效应对重大挑战、抵御重大风险、克服重大阻力、解决重大矛盾，必须（　　）。

A. 进行具有许多新的历史特点的伟大斗争

B. 推进党的建设新的伟大工程

C. 推进中国特色社会主义伟大事业

D. 实现中华民族伟大复兴的梦想

20. 十九大报告指出，实现伟大梦想，必须建设伟大工程。这个伟大工程就是我们党正在深入推进的（　　）。

A. 马克思主义理论研究和建设工程

B. 党的建设新的伟大工程

C. 中国特色社会主义伟大事业

D. 具有许多新的历史特点的伟大斗争

21. 十九大报告指出，（　　）是改革开放以来党的全部理论和实践的主题，是党和人民历尽千辛万苦、付出巨大代价取得的根本成就。

A. 新民主主义　　B. 社会主义

C. 中国特色社会主义　　D. 共产主义

22. 十九大报告指出，伟大斗争，伟大工程，伟大事业，伟大梦想，紧密联系、相互贯通、相互作用，其中起决定性作用的是（　　）。

A. 具有许多新的历史特点的伟大斗争

B. 党的建设新的伟大工程

C. 中国特色社会主义伟大事业

D. 中华民族伟大复兴梦想

23. 十九大报告指出，（　　）是指导党和人民实现中华民族伟大复兴的正确理论。

A. 中国特色社会主义文化　　B. 中国特色社会主义道路

C. 中国特色社会主义理论体系　　D. 中国特色社会主义制度

24. 十九大报告指出，全党要牢牢把握社会主义初级阶段这个基本国情，牢牢立足社会主义初级阶段这个最大实际，牢牢坚持（　　）这个党和国家的生命线、人民的幸福线。

A. 党的基本原则　　B. 党的基本路线

C. 党的基本方针　　D. 党的基本政策

25. 十九大报告指出，中国特色社会主义进入新时代，意味着中国特色社会主义（　　）不断发展，拓展了发展中国家走向现代化的途径，给世界上那些既希望加快发展又希望保持自身独立性的国家和民族提供了全新选择，为解决人类问题贡献了中国智慧和中国方案。

A. 思想、理论、制度、文化　　B. 道路、思想、制度、文化

C. 道路、理论、制度、文化　　D. 道路、理论、思想、文化

26. 全面推进依法治国的总目标是（　　）。

A. 建设中国特色社会主义法治体系

B. 建设社会主义法治国家

C. 建设中国特色社会主义法治体系，建设社会主义法治国家

D. 建设中国特色的社会主义法治国家

27. 依法治国的主体是（　　）。

A. 党　　B. 国家

C. 政府　　D. 人民

三、多选题

1. 十九大报告指出，中国特色社会主义进入新时代，意味着（　　）。

A. 近代以来久经磨难的中华民族迎来了从站起来、富起来到强起来的伟大飞跃

B. 科学社会主义在 21 世纪的中国焕发出强大生机活力

C. 中国已经全面建成小康社会

D. 中国仍处于并将长期处于社会主义初级阶段的基本国情已经发生变化

E. 中国特色社会主义道路、理论、制度、文化不断发展，拓展了发展中国家走向现代化的途径

2. 十九大报告指出，新时代中国特色社会主义思想，是（　　）。

A. 对马列主义、毛泽东思想、邓小平理论、“三个代表”重要思想、科学发展观的继承和发展

B. 马克思主义中国化的最新成果

C. 党和人民实践经验和集体智慧的结晶

D. 中国特色社会主义理论体系的重要补充

E. 全党全国人民为实现中华民族伟大复兴而奋斗的行动指南

3. 中国共产党第十九次全国代表大会的主题包括（　　）。

A. 不忘初心，牢记使命

B. 高举中国特色社会主义伟大旗帜，决胜全面建成小康社会

C. 深化依法治国实践

D. 夺取新时代中国特色社会主义伟大胜利

E. 为实现中华民族伟大复兴的中国梦不懈奋斗

4. 十九大报告指出，全面推进党的政治建设、思想建设、(　　)，把制度建设贯穿其中，深入推进反腐败斗争，不断提高党的建设质量。

A．组织建设　　B．作风建设

C．纪律建设　　D．廉政建设

E．反腐建设

5. 十九大报告指出，全面深化改革总目标是（　　）。

A．发挥市场在资源配置中的决定性作用

B．全面建成小康社会

C．完善和发展中国特色社会主义制度

D．推进国家治理体系和治理能力现代化

E．实现中华民族伟大复兴

6. 十九大报告指出，全党要更加自觉地增强（　　），既不走封闭僵化的老路，也不走改旗易帜的邪路，保持政治定力，坚持实干兴邦，始终坚持和发展中国特色社会主义。

A．道路自信　　B．理论自信

C．制度自信　　D．文化自信

E．发展自信

7. 十九大报告指出，实现伟大梦想，必须（　　）。实现伟大梦想，必须（　　）。实现伟大梦想，必须（　　）。

A．进行伟大斗争　　B．建设伟大工程

C．推进伟大事业　　D．开辟伟大道路

E．继续伟大事业

8. 全面推进依法治国的重大意义包括（　　）。

A．是坚持和发展中国特色社会主义的本质要求和重要保障

B．是实现国家治理体系和治理能力现代化的必然要求

C．是新常态下培育新经济新增长点的需要

D．是完善中国特色社会主义法律体系的重要基础

E．事关党和国家长治久安

9. 社会主义法治体系包括（　　）。

A．建立完备的法律规范体系　　B．建立严密的法治实施体系

C．建立有力的法治监督体系　　D．建立严密的法治保障体系

E．建立完善的党内法规体系

10. 全面推进依法治国的重大任务包括（　　）。

A．完善中国特色社会主义法律体系

B．加快建设法治政府

C．提高司法公信力
D．加强生态文明建设
E．推进法治社会建设

11．全面推进依法治国必须全面贯彻和坚持的基本原则包括（　　）。
A．坚持中国共产党的领导　　B．坚持人民主体地位
C．坚持法律面前人人平等　　D．坚持依法治国和以德治国相结合
E．坚持从中国实际出发

12．全面推进依法治国的指导思想包括（　　）。
A．把中国特色社会主义理论体系作为长期坚持的行动指南
B．把坚持党的领导、人民当家做主、依法治国有机统一作为唯一的正确路径
C．把“四个维护”作为永远的价值追求
D．把推进国家治理体系和治理能力现代化作为全面深化改革的总目标
E．把实现中华民族伟大复兴的中国梦作为崇高使命和奋斗目标

13．全面推进依法治国要求坚持（　　）共同推进，坚持法治国家、法治政府、法治社会一体建设，实现科学立法、严格执法、公正司法、全民守法，促进国家治理体系和治理能力现代化。
A．依法治国　　B．依法执政
C．依法行政　　D．严格执法
E．全民守法

习题强化答案

一、判断题

1．错	2．对	3．对	4．错	5．对
6．对	7．对			

二、单选题

1．D	2．D	3．A	4．B	5．A
6．B	7．D	8．A	9．A	10．A
11．B	12．C	13．A	14．B	15．A
16．A	17．C	18．C	19．A	20．B
21．C	22．B	23．C	24．B	25．C
26．C	27．D			

三、多选题

1．ABE	2．ABCE	3．ABDE	4．ABC	5．CD
6．ABCD	7．ABC	8．ABE	9．AE	10．ABCE
11．ABCDE	12．ABCE	13．ABC		

第十四章　旅游业发展相关政策

真题解读

● 【2018 年真题 · 判断】《国务院办公厅关于加强旅游市场综合监管的通知》提出，要充分发挥“12315”等旅游服务热线和旅游投诉举报网络平台作用，鼓励社会各界积极提供各类违法违规行为线索。（　　）

【答案】错

【解析】要充分发挥**“12301”**等旅游服务热线和旅游投诉举报网络平台作用，鼓励社会各界积极提供各类违法违规行为线索。

【点评】本题属于偷换概念，简单难度，“12315”是什么？是消费者投诉热线……

● 【2018 年真题 · 判断】《国务院办公厅关于促进全域旅游发展的指导意见》提出，大力实施乡村旅游扶贫富民工程，通过资源整合积极发展旅游产业，健全完善“景区带村、能人带户”的旅游扶贫模式。（　　）

【答案】对

【解析】略

【点评】中等难度，此类试题除了平时训练加深印象外，还可以用“找茬”的方法作答，找不到破绽就选“对”。

● 【2018 年真题 · 单选】《国务院办公厅关于促进全域旅游发展的指导意见》提出，牢固树立绿水青山就是金山银山理念，坚持保护优先、合理有序开发，防止破坏环境、摒弃盲目开发，实现经济效益、社会效益、（　　）相互促进、共同提升。

A．生态效益　　B．政治效益

C．科技效益　　D．文化效益

【答案】A

【解析】《国务院办公厅关于促进全域旅游发展的指导意见》指出，注重产品、设施与项目的特色，不搞一个模式，防止千城一面、千村一面、千景一面，推行各具特色、差异化推进的全域旅游发展新方式。牢固树立绿水青山就是金山银山理念，坚持保护优先，合理有序开发，防止破坏环境，摒弃盲目开发，实现**经济效益、社会效益、生态效益**相互促进、共同提升。

【点评】简单难度，题干已提到“绿水青山就是金山”，很容易确定“生态效益”

为正确答案。

- 【2017年真题·单选】“十三五”时期，我国由景点旅游发展模式向全域旅游发展模式转变，创新发展思路要求，要推进融合发展，丰富旅游供给，形成综合新动能，在推进（　　）方面取得新突破。

A．“景点+”　　B．“旅游+”

C．“互联网+”　　D．“全域旅游+”

【答案】B

【解析】推进融合发展，丰富旅游供给，形成综合新动能，在推进**“旅游+”**方面取得新突破。

【点评】中等难度，此类试题需要平时通过训练来加深印象。

- 【2017年真题·单选】《“十三五”旅游业发展规划》中“指导思想”所提出的牢固树立和贯彻落实的发展理念是（　　）。

A．创新、提质、绿色、开放、共享

B．创新、协调、绿色、开放、共享

C．创新、提质、绿色、开放、共赢

D．创新、协调、绿色、开放、共赢

【答案】B

【解析】按照“五位一体”总体布局和“四个全面”战略布局，牢固树立和贯彻落实**创新、协调、绿色、开放、共享**发展理念，以转型升级、提质增效为主题，以推动全域旅游发展为主线。

【点评】中等难度，本题属于平时训练的重点内容。

- 【2016年真题·单选】依法全面履行政府职能，行政机关要坚持（　　）。

A．法定职责依法为，法无授权决不为

B．法定职责依法为，法无授权不可为

C．法定职责必须为，法无授权请示为

D．法定职责必须为，法无授权不可为

【答案】D

【解析】党的十八届四中全会《决定》指出：“行政机关要坚持**法定职责必须为、法无授权不可为**，勇于负责、敢于担当，坚决纠正不作为、乱作为，坚决克服懒政、怠政，坚决惩处失职、渎职。”

【点评】难度较大，本题出自法规文件，任何教材均未提及。

习题强化

一、判断题

1.《国务院办公厅关于加强旅游市场综合监管的通知》指出，要建立健全旅游诚信体系，将旅游失信行为纳入社会信用体系记录范围，推进旅游失信行为记录与不文明行为记录与全国信用信息共享平台共享，开展联合惩戒。（　）

2.《国务院办公厅关于加强旅游市场综合监管的通知》指出，旅游行业主管部门应按照“属人管理、部门联动、行业自律、各司其职、齐抓共管”的原则，建立对旅游市场执法、投诉受理工作的有效协调机制，明确各相关部门责任。（　）

3.《国务院办公厅关于加强旅游市场综合监管的通知》指出，购物店要自觉抵制商业贿赂。（　）

4.《国务院办公厅关于加强旅游市场综合监管的通知》指出，旅游市场综合监管工作小组隶属于文化和旅游部。（　）

5.《国务院办公厅关于加强旅游市场综合监管的通知》指出，在旅游市场监管中，应探索建立第三方评价制度。（　）

6.《“十三五”旅游业发展规划》要求，“十三五”时期，要深入实施《旅游质量发展纲要（2013—2020年）》，加快建立以导游评价为主的旅游目的地评价机制。（　）

7.《“十三五”旅游业发展规划》要求，“十三五”时期，要改革体制机制，释放旅游业的发展活力，形成微观调控有力、宏观放宽搞活的发展局面。（　）

8.《“十三五”旅游业发展规划》要求，“十三五”时期，要严格遵守相关法律法规，坚持保护优先、开发服从保护的方针，对不同类型的旅游资源开发活动进行统一指导。（　）

9.《“十三五”旅游业发展规划》要求，“十三五”时期，要通过大力提振出境旅游，有序发展入境旅游等措施，推进国际旅游合作，构建旅游开发新格局。（　）

10. 实施乡村旅游精品工程，培育农村发展新动能，促进乡村旅游可持续发展，文化和旅游部会同15个部门共同研究制定了《关于促进乡村旅游可持续发展的指导意见》。（　）

11.《关于促进乡村旅游可持续发展的指导意见》提出，优化乡村旅游区域整体布局，鼓励东北地区围绕服务中心城市，重点推进环都市乡村旅游度假带建设，提升乡村旅游产品品质，推动乡村旅游目的地建设。（　）

12.《关于促进乡村旅游可持续发展的指导意见》提出，优化乡村旅游区域整体布局，鼓励中西部地区围绕脱贫攻坚，重点推动乡村旅游与新型城镇化有机结合，合理利用古村古镇、民族村寨、文化村镇，打造“三区三州”深度贫困地区旅游大环线，培育一批乡村旅游精品线路。（ ）

13.《关于促进乡村旅游可持续发展的指导意见》提出，应制定乡村旅游发展规划，支持有条件的地区组织开展乡村旅游资源普查和发展状况调查，编制乡村旅游发展规划，以行政区域为限，制定区域性乡村旅游发展规划。（ ）

14.《文化和旅游部关于实施旅游服务质量提升计划的指导意见》提出以习近平新时代中国特色社会主义思想为指导，按照“创新、协调、绿色、开放、共享”的发展理念，着力解决文化旅游发展市场化问题，推动旅游业高质量发展。（ ）

15. 导游和领队是旅游服务和形象的重要窗口，是传承和弘扬中华优秀文化和社会主义核心价值观的重要力量，是提升旅游服务质量的关键因素。（ ）

16. 为提升旅游服务质量，在线旅游企业应不断完善风险提示、信息披露、资质审核、应急管理等制度，提供良好的在线旅游消费环境。（ ）

17. 导游领队服务质量问题比较集中的领域。要针对导游领队服务不规范、不透明、不诚信等重点问题，不断提高服务水平。（ ）

18.《文化和旅游部关于实施旅游服务质量提升计划的指导意见》指出，实施旅游服务质量提升计划，应坚持政府、市场主体、行业组织、个人 4 个层面协同推进。（ ）

二、单选题

1.《国务院办公厅关于加强旅游市场综合监管的通知》指出，旅游行业的核心价值观是（ ）。

A．热情友好、宾客至上　　B．真诚公道、信誉第一

C．不卑不亢、一视同仁　　D．游客为本、服务至诚

2.《国务院办公厅关于加强旅游市场综合监管的通知》首次发布国务院层面的部门责任清单，明确了（ ）个部门监管职能。

A．11　　B．12

C．13　　D．14

3.《国务院办公厅关于加强旅游市场综合监管的通知》指出，价格举报电话是（ ）。

A．12308　　B．12315

C．12320　　D．12358

4.《国务院办公厅关于加强旅游市场综合监管的通知》规定，旅游市场监管中，政府应发挥（ ）责任。

A．领导　　B．主体

C．辅助　　D．主导

5.《国务院办公厅关于加强旅游市场综合监管的通知》规定，旅游市场监管中，应充分发挥社会公众的（　　）责任。

A．领导　　B．主体

C．辅助　　D．监督

6.《国务院办公厅关于加强旅游市场综合监管的通知》规定，旅游市场监管中，应着重落实旅游企业的（　　）责任。

A．领导　　B．主体

C．辅助　　D．监督

7.《国务院办公厅关于加强旅游市场综合监管的通知》规定，应尽快编制《全国旅游标准化发展规划》，此规划的时间跨度为（　　）年。

A．2016—2020　　B．2016—2025

C．2016—2026　　D．2016—2030

8.《国务院办公厅关于加强旅游市场综合监管的通知》指出，在推进旅游市场监管随机抽查中，各有关部门应在各自职责范围内，配合旅游部门建立（　　）个名录库。

A．2　　B．3

C．4　　D．5

9.《国务院办公厅关于促进全域旅游发展的指导意见》指出：应扎实推进“厕所革命”，在重要旅游活动场所设置第（　　）卫生间。

A．一　　B．二

C．三　　D．五

10.《国务院办公厅关于促进全域旅游发展的指导意见》要求，以弘扬（　　）为主线发展红色旅游，积极开发爱国主义和革命传统教育、国情教育等研学旅游产品。

A．社会主义核心价值观　　B．向革命先烈学习

C．重走长征路　　D．中国特色社会主义

11.《国务院办公厅关于促进全域旅游发展的指导意见》规定，大力推进“（　　）”，促进产业融合、产城融合，全面增强旅游发展新功能，使发展成果惠及各方，构建全域旅游共建共享新格局。

A．旅游＋　　B．全域旅游

C．互联网＋　　D．旅游外交

12.《国务院办公厅关于加强旅游市场综合监管的通知》规定，在（　　）年年底前将旅游市场执法列入综合行政执法体制改革试点。

A．2016　　B．2017

C．2018　　D．2019

13.《“十三五”旅游业发展规划》指出实现“十三五”时期旅游业发展目标，必须以（　　）为主题。

A．转型升级、绿色环保　　B．开放共享、绿色环保

C．开放共享、提质增效　　D．转型升级、提质增效

14. 根据《“十三五”旅游业发展规划》，下列对“十三五”时期我国旅游业发展机遇表述正确的是（　　）。

A．全面建成小康社会有利于大众旅游消费持续快速增长

B．旅游业被确立为幸福产业有利于旅游业成为优势产业

C．贯彻五大发展理念有利于促进旅游业转型升级

D．推进供给侧结构性改革有利于优化旅游发展环境

15.《“十三五”旅游业发展规划》要求，“十三五”时期，要推进旅游标准化建设，完善标准体系，建立（　　）相互衔接、协同发展的旅游标准制修订机制。

A．旅游监管与市场自由　　B．政府监管与市场自主

C．政府主导与市场自由　　D．政府主导与市场自主

16.《“十三五”旅游业发展规划》要求，“十三五”时期，要推进导游体制改革，建立适应市场需求的导游准入制度，加快形成（　　）导游管理新体制。

A．政府主导、自由执业、服务规范、社会监督

B．政府主导、执业灵活、服务规范、社会监督

C．市场主导、执业灵活、服务规范、社会监督

D．市场主导、自由执业、服务规范、社会监督

17.《“十三五”旅游业发展规划》要求，“十三五”时期，要贯彻“开放”的发展理念，实施旅游业（　　）战略，支持有条件的旅游企业统筹利用国际国内两个市场，制定实施国家旅游援外计划，提升旅游业国际影响力。

A．旅游＋　　B．旅游外交

C．引进来　　D．走出去

18.《“十三五”旅游业发展规划》要求，“十三五”时期，要进一步规范旅游市场秩序，创新旅游监管机制，完善（　　）旅游投诉受理机制。

A．12301　　B．13030

C．12306　　D．12308

19.《“十三五”旅游业发展规划》要求，“十三五”时期，要推动旅游经济稳步增长，使城乡居民出游人数年均增长（　　）左右，到2020年，旅游市场总规模达到67亿人次。

A．9%　　B．10%

C．11%　　D．12%

20.《“十三五旅游业发展规划》要求，“十三五”时期，要优化旅游发展模式，实现从景点旅游发展模式到（　　）发展模式的转变。

A．大众旅游　　B．全民旅游

C．全域旅游　　D．休闲度假

21.《“十三五”旅游业发展规划》要求，“十三五时期”，要实施（　　）战略，推动旅游与城镇化、新型工业化、农业现代化和现代服务业的融合发展，拓展旅游发展新领域。

A．景区 +　　B．旅游 +

C．互联网 +　　D．通讯 +

22.《“十三五”旅游业发展规划》要求，“十三五”时期，要依托有竞争力的旅游骨干企业，促进（　　）经营，形成一批大型旅游企业集团。

A．规模化、品牌化、专业化　　B．规模化、特色化、专业化

C．规模化、品牌化、网络化　　D．规模化、特色化、网络化

23.《“十三五”旅游业发展规划》要求，“十三五”时期，要支持中小微旅游企业（　　）发展，加快推进中小旅游企业服务体系建设。

A．网络化、专业化　　B．特色化、专业化

C．特色化、品牌化　　D．网络化、品牌化

24.《“十三五”旅游业发展规划》要求，“十三五”时期，要发挥市场在资源配置中的（　　）作用，遵循旅游市场内在规律。

A．主体性　　B．基础性

C．决定性　　D．引导性

25.《“十三五”旅游业发展规划》要求，“十三五”时期，要推动旅游业从资源驱动和低水平要素驱动向（　　）驱动转变，使其成为旅游业发展的不竭动力。

A．技术　　B．创新

C．人才　　D．知识

26.《十三五”旅游业发展规划》指出，我国旅游业发展的根本目的是（　　）。

A．旅游经济增长　　B．综合效益提升

C．人民群众满意　　D．国际影响力提升

27. 实现“十三五”时期旅游发展目标，必须以全面贯彻落实（　　）发展理念为主线。

A．创新、协调、绿色、开放、共享

B．创新、提质、绿色、开放、共享

C．创新、提质、绿色、开放、共赢

D．创新、改革、绿色、开放、共赢

28. 我国旅游业发展“十三五”时期努力建成（　　）。

A. 全面小康型旅游资源大国　　B. 全面小康型旅游大国
C. 全面小康型旅游资源强国　　D. 全面小康型旅游强国

29.《关于促进乡村旅游可持续发展的指导意见》提出的主要目标是，到（　　）年，旅游基础设施和公共服务设施进一步完善，乡村旅游服务质量和水平全面提升，富农惠农作用更加凸显，基本形成布局合理、类型多样、功能完善、特色突出的乡村旅游发展格局。

A. 2020　　B. 2022
C. 2030　　D. 2035

30. 下列不属于《关于促进乡村旅游可持续发展的指导意见》提出的突出乡村旅游文化特色的主要措施有（　　）。

A. 乡村旅游和中医药相结合，开发康养旅游产品
B. 创新表现形式，开发一批乡村文化旅游产品
C. 乡村与专业艺术院团合作，打造特色鲜明、体现地方人文的文化旅游精品
D. 在乡村地区开展红色旅游、研学旅游

31.《文化和旅游部关于实施旅游服务质量提升计划的指导意见》指出，用（　　）年左右的时间，实现对全国持证导游轮训一遍的目标，有条件的地方可由导游行业组织来承担导游培训任务。

A. 3　　B. 5
C. 8　　D. 10

32. 为提升旅游服务质量，（　　）旅游景区要完善旅游引导标识，标识应布局合理、科学设置、制作精良。

A. A 级　　B. 3A 级
C. 4A 级　　D. 5A 级

33.（　　）旅游景区应采用至少有中英文的导览标识，中英文对照说明要准确、科学，不能有错字、错译和语病。

A. A 级　　B. 3A 级
C. 4A 级　　D. 5A 级

34.《文化和旅游部关于实施旅游服务质量提升计划的指导意见》指出，（　　）是旅游服务质量提升的重要保障。

A. 诚信制度　　B. 信用制度
C. 公平公正的市场秩序制度　　D. 规范制度

35.《文化和旅游部关于实施旅游服务质量提升计划的指导意见》指出，（　　）是现代治理能力的重要体现，是旅游服务质量提升的重要指标。

A. 旅行社服务水平　　B. 导游和领队业务能力
C. 完善旅游信用体系　　D. 平稳有序的旅游市场秩序

三、多选题

1.《国务院办公厅关于加强旅游市场综合监管的通知》要求，各有关部门在各自职责范围内，规范相关市场秩序执法检查工作，要配合旅游部门建立旅游市场主体（　　）。

A．分片名录库　　B．分类名录库

C．异常对象名录库　　D．特殊对象名录库

E．重点对象名录库

2.《国务院办公厅关于促进全域旅游发展的指导意见》指出，发展全域旅游，有利于不断提升旅游业（　　）的水平。

A．现代化　　B．集约化

C．品质化　　D．国际化

E．融合性

3.《国务院办公厅关于促进全域旅游发展的指导意见》指出：全域旅游着力推动了旅游业（　　）。

A．从门票经济向产业经济转变

B．从粗放低效方式向精细高效方式转变

C．从封闭的旅游自循环向开放的“旅游 +”转变

D．从景区内部管理向全面依法治理转变

E．从企业单打独享向政府统筹转变

4.《国务院办公厅关于促进全域旅游发展的指导意见》指出，推行各具特色、差异化推进的全域旅游发展新方式，有利于实现（　　）相互促进、共同提升。

A．经济效益　　B．社会效益

C．生态效益　　D．文化效益

E．政治效益

5.《国务院办公厅关于促进全域旅游发展的指导意见》指出，全域旅游“四名一体”的发展模式主要依托（　　）。

A．风景名胜区　　B．历史文化名城名镇名村

C．特色景观旅游名镇　　D．名山大川

E．传统村落

6.《国务院办公厅关于促进全域旅游发展的指导意见》指出，建立统一受理旅游投诉举报机制，积极运用（　　）等多种手段，形成线上线下联动、高效便捷畅通的旅游投诉举报受理、处理、反馈机制，做到及时公正，规范有效。

A．“12301”智慧旅游服务平台　　B．“12345”政府服务热线

C．手机 APP　　D．微信公众号

E．MSN

7. 根据《“十三五”旅游业发展规划》，下列对“十三五”时期我国旅游业发展趋势表述正确的是（　　）。

A. 消费品质化　　B. 需求大众化

C. 竞争国际化　　D. 发展全域化

E. 产业现代化

8. 根据《“十三五”旅游业发展规划》，“十三五”时期，我国旅游业的发展目标是（　　）。

A. 旅游经济稳步增长　　B. 全域旅游加速发展

C. 综合效益显著提升　　D. 人民群众更加满意

E. 国际影响力大幅提升

9. 根据《“十三五”旅游业发展规划》，“十三五”时期，要实现旅游业对（　　）的综合贡献率达到85%以上。

A. 餐饮业　　B. 住宿业

C. 民航业　　D. 铁路客运业

E. 娱乐业

10.《“十三五”旅游业发展规划》要求，“十三五”时期，要贯彻“绿色”发展理念，落实（　　）措施，提升旅游生态文明建设。

A. 技术创新，打造发展新引擎　　B. 实施绿色旅游开发

C. 加强旅游环境保护　　D. 创新绿色发展机制

E. 加强宣传教育

11.《“十三五”旅游业发展规划》要求，“十三五”时期，要贯彻“开放”发展理念，落实（　　）措施，构建旅游开发新格局。

A. 实施旅游外交战略　　B. 加强人才培养国家合作

C. 大力提振入境旅游　　D. 有序发展出境旅游

E. 深化与港澳台旅游合作

12.《关于促进乡村旅游可持续发展的指导意见》指出，促进乡村旅游可持续发展，应坚持（　　）的基本原则。

A. 生态优先，绿色发展　　B. 因地制宜，特色发展

C. 以农为本，多元发展　　D. 丰富内涵，品质发展

E. 共建共享，有序发展

13.《关于促进乡村旅游可持续发展的指导意见》提出的主要目标是，到2022年，旅游基础设施和公共服务设施进一步完善，乡村旅游服务质量和水平全面提升，富农惠农作用更加凸显，基本形成（　　）的乡村旅游发展格局。

A. 布局合理　　B. 乡风文明

C. 类型多样　　D. 功能完善

E．特色突出

14．持续提升旅游区点软硬件水平，对提高旅游服务质量具有重要意义。下列属于政府提高旅游服务质量行动举措的有（　　）。

A．完善、细化、落实A级旅游景区复核和退出机制

B．全面落实景区流量控制制度，加快推广景区门票网上预约制度

C．对景区管理人员、一线服务人员开展管理实务、日常业务、应急处置等培训

D．严格实施旅游度假区和生态旅游示范区标准，加大复核工作力度

E．持续抓好全国红色旅游经典景区建设

15．旅游住宿业是旅游业的重要支柱，也是提高旅游服务质量的关键领域。为优化旅游住宿服务，市场主体和行业组织应（　　）。

A．培育一批特色鲜明的文化主题旅游饭店、精品旅游饭店

B．星级饭店应提升游客消费便利化程度，不得拒收现金。

C．星级饭店要优化对一线服务人员的奖惩措施，进一步增强服务人员的职业责任感

D．民宿业主和从业人员要主动学习相关标准和规范，提升服务技能和管理能力

E．增强凝聚行业共识和加强行业自律的能力

16．《文化和旅游部关于实施旅游服务质量提升计划的指导意见》指出，要适应旅游市场监管的新形势新需要，以建立（　　）制度为突破口，加快建立以信用监管为核心的新型旅游监管制度，不断完善旅游信用体系。

A．相关信用信息记录　　B．黑名单

C．红名单　　D．重点关注名单

E．信用评级

17．《文化和旅游部关于实施旅游服务质量提升计划的指导意见》指出，按照（　　）原则，强化旅游市场综合监管，对具有共性的“黑社”“黑导”“黑车”和“黑店”等违法违规行为，联合市场监管、公安等部门，加大打击力度。保持对“不合理低价游”、强迫或者变相强迫消费、虚假宣传等高频违法行为的高压态势。

A．谁主管、谁负责　　B．谁审批、谁监管

C．谁主管、谁监管　　D．谁决策、谁负责

E．谁组织、谁负责

18．《文化和旅游部关于实施旅游服务质量提升计划的指导意见》指出，加快推进导游体制机制改革工作。探索建立体现（　　）等综合因素的职业评价制度，促进导游薪酬和社会保险制度落实，依法保障导游合法劳动权益。

A．导游专业技能　　B．职业素养

C．执业贡献　　D．从业年限

E．职业道德

19．为提升旅游服务质量，A 级景区应（　　）。

A．完善旅游引导标识　　B．提升游客消费便利化程度

C．不得拒收现金　　D．中英文的导览标识

E．设外币兑换点

习题强化答案

一、判断题

1．对	2．错	3．对	4．错	5．对
6．错	7．错	8．错	9．错	10．错
11．错	12．对	13．错	14．错	15．对
16．对	17．错	18．对		

二、单选题

1．D	2．B	3．D	4．A	5．D
6．B	7．A	8．A	9．C	10．A
11．A	12．A	13．D	14．A	15．D
16．C	17．D	18．A	19．B	20．C
21．B	22．C	23．B	24．C	25．B
26．C	27．A	28．B	29．B	30．A
31．B	32．A	33．D	34．B	35．D

三、多选题

1．BC	2．ABCD	3．ABCD	4．ABC	5．ABCE
6．ABCD	7．CDE	8．ACDE	9．ABCD	10．BCDE
11．ACDE	12．ABCD	13．ACDE	14．ABDE	15．BCDE
16．BD	17．BC	18．ABCD	19．ABC	

严格依据2019年全国导游人员资格考试大纲编写

蜗牛导考教研室 编

全国导游基础知识

QUANGUO DAOYOU JICHU ZHISHI

全国导游资格考试
笔试科目精选精练

中国环境出版集团·北京

图书在版编目（CIP）数据

全国导游基础知识 / 蜗牛导考教研室编 .—北京：中国环境出版集团，2019.7
全国导游资格考试笔试科目精选精练
ISBN 978-7-5111-4045-6

Ⅰ.①全… Ⅱ.①蜗… Ⅲ.①导游—资格考试—习题集 Ⅳ.① F590.633-44

中国版本图书馆 CIP 数据核字（2019）第 140740 号

出 版 人 武德凯
责任编辑 田 怡
责任校对 任 丽
装帧设计 彭 杉

出版发行 中国环境出版集团
（100062 北京市东城区广渠门内大街 16 号）
网 址：http://www.cesp.com.cn
电子邮箱：bjgl@cesp.com.cn
联系电话：010-67112765（编辑管理部）
发行热线：010-67125803，010-67113405（传真）
印 刷 北京市联华印刷厂
经 销 各地新华书店
版 次 2019 年 7 月第 1 版
印 次 2019 年 7 月第 1 次印刷
开 本 787×1092 1/16
印 张 19.75
字 数 379 千字
定 价 165.00 元（全四册）

前 言

导游资格考试全国统考已进入第 4 个年头，经过我们多年对考试的研究分析可知，大量的做题训练是通过笔试的根本保障。

但我们不鼓励盲目做题，在教材系统复习基础之上，练习优质试题才有效果，否则事倍功半。为此，我们严格依据新大纲研发了这套《速记宝典》配套纸质版习题——《全国导游资格考试笔试科目精选精练》系列（以下简称《精选精练》。

这套《精选精练》由我们集结蜗牛导考教研室各位专家精心编制，具备质量优、题量大、价格低三大特点，经历 3 年来全国几十万考生作答检测，是我们多年教学研究的精华沉淀，也是市面上不可多得的精品，此次出版则是为了更好地满足全国考生对纸质版习题练习的需求。

本书有不同于市场同类书的以下特点。

1. 三年真题

包含我们收集的 2016、2017 和 2018 年全套真题，2018 年真题及典型真题重点解读，其余真题归入习题强化，部分真题根据今年新大纲修改或删除。

2. 精选习题

每道习题均是精挑细选，重要考点全部覆盖，体现新大纲变化特点，主攻基础性、易得分试题，大幅提升您的备考效率。

3. 超大题量

约 7000 道试题，市面同类图书约 4000 题量，给您酣畅淋漓的作答体验；各科目题量分布科学，多选题加入全选，完全符合国家机考最新考查特点。

4. 疑难解答

微信公众号“蜗牛导考”定期刊登疑难试题解析，与读者持续交流；开创“纸质版答案＋公众号疑难试题解析”的方式，每套书减少约 100 页纸张消耗，同时降低读者购买价格。

5. 排版美观

即使是一本普通习题册，我们也绝不降低品质；为避免读者视觉疲劳，提高复习效率，本书力求排版宽松、布局美观，相同题量下，比市面同类图书多出约五分之一页码。

6. 品质保障

本书由蜗牛导考联合 101 贝考、中国环境出版集团荣誉出品；是我们在 2019 年推出的重磅作品，是继教材《速记宝典》引爆全国之后，蜗牛导考的又一力作；图书出版过程由专业老师和编辑人员层层把关，确保品质第一。

7. 经济实惠

本套《精选精练》物美价廉，一套四本，约 1000 页的篇幅，在定价时力争减轻考生负担，做到为考生减负。

请务必关注微信公众号“蜗牛导考”（微信号：woniudk101），获取有关本书的疑难试题解答、补录试题、勘误等。

由于水平和时间有限，本书难免有不足之处，恳请广大读者给予指正，以便我们不断完善、进步。也在此祝福各位考生在《精选精练》的助力下，顺利通过考试。

蜗牛导考教研室

2019 年 7 月 1 日于北京

编委会

主 编： 王 启

编 者： 卢俊莉　　王明亮

张玉珠　　谢丽芹

阮 艳　　黄文琳

王安黎

目 录

第一编

前导篇

第一章　中国共产党历史和新中国成立 70 周年辉煌成就

真题解读

- **【2018 年真题 · 判断】**“秋收起义”标志着中国共产党独立领导革命战争、创建人民军队和武装夺取政权的开始。　(　　)

  【答案】错

  【解析】“南昌起义”在全党和全国人民面前树立起一面革命武装斗争的旗帜，标志着中国共产党独立领导革命战争、创建人民军队和武装夺取政权的开始。

  【点评】简单难度，“偷换概念”是出题人常用的命题方式，本题把“南昌起义”换成“秋收起义”，平时复习要准确区分不同的概念，把握特性，比如“南昌起义”的特点是“创建人民军队”，而“秋收起义”的特点是“从进攻大城市转到向农村进攻”。

- **【2018 年真题 · 判断】**“九一八”事变爆发后，日本开始了全面侵华战争，中国则展开了全民族抗战。　(　　)

  【答案】错

  【解析】1937 年 7 月 7 日，**卢沟桥事变爆发**，日本由此开始了全面侵华战争，中国则展开了全民族抗战。

  【点评】简单难度，注意区别“九一八”——抗战开始、“七七事变”——全面抗战。

- **【2018 年真题 · 单选】**中国共产党诞生于（　　）年，这是中国历史上开天辟地的大事。

  A．1921 年　　B．1919 年
  C．1927 年　　D．1949 年

  【答案】A

  【解析】中国共产党第一次全国代表大会于 **1921 年 7 月 23** 日召开宣告了中国共产党的正式成立。

  【点评】党的生日都不知道，还要别人怎么送分了。

- **【2018 年真题 · 单选】**从组织上确定党对军队的领导，成为建设无产阶级领导的新型人民军队重要开端的重大事件是（　　）。

A. 三湾改编　　B. 南昌起义
C. 红军长征　　D. 洛川会议

【答案】A

【解析】1927 年 9 月 29 日，毛泽东在三湾村对部队进行改编，建立党的各级组织和党代表制度，支部建在连上，班、排有小组。**三湾改编**从组织上确立了党对军队的领导，这是建设无产阶级领导的新型人民军队的重要开端。

【点评】中等难度，本题考查较偏。党的重大历史事件抓住关键点：南昌起义——创建人民军队、三湾改编——从组织确定党对军队的领导。

- 【2018 年真题·单选】古田会议决议案的中心思想是（　　）。

A. 用无产阶级思想进行军队和党的建设
B. 农村包围城市
C. 武装夺取政权
D. 整顿队伍、纠正错误

【答案】A

【解析】古田会议决议案的中心思想是**用无产阶级思想进行军队和党的建设**。在军队建设方面，决议规定中国的红军是一个执行革命的政治任务的武装集团，党指挥枪而不是枪指挥党等；在党的建设方面，决议强调了加强党的思想建设的重要性等。

【点评】中等难度，本题考查较偏。党的重大历史事件抓住关键点：古田会议——用无产阶级思想进行军队和党的建设。

- 【2018 年真题·单选】中国人民抗日救亡民主运动新高潮到来的标志性历史事件是（　　）。

A. 西安事变　　B. 一二九运动
C. 七七事变　　D. 五四运动

【答案】B

【解析】“民主运动”指民众发动起来的，选项中只有“**一二九运动**”和“五四运动”属于，“五四运动”爆发于 1919 年，和抗日救亡无关，故选 B。

【点评】中等难度，本题考查较偏。党的重大历史事件抓住关键点：一二九运动——抗日救亡民主运动新高潮。

- 【2018 年真题·单选】中国共产党第（　　）代表大会明确提出建设有中国特色社会主义的重大命题。

A. 十二次　　B. 十三次
C. 十四次　　D. 十五次

【答案】A

【解析】党的十二大明确提出建设有中国特色的社会主义的重大命题和“小康”

社会战略目标，改革开放由此全面展开，社会主义现代化建设出现新局面。

【点评】中等难度，本题考查较偏。党的重大历史事件抓住关键点：党的十二大——明确提出建设有中国特色的社会主义的重大命题和“小康”社会战略目标。

- 【2018年真题·单选】在中国共产党第（　　）全国代表大会上，习近平新时代中国特色社会主义思想正式写入党章。

A．十七次　　B．十八次

C．十六次　　D．十九次

【答案】D

【解析】十八大，习近平当选为中央委员会总书记；十九大，习近平新时代中国特色社会主义思想正式写入党章。

【点评】中等难度，本题主要在“十八大”和“十九大”中做选择，根据我国政治常识可知：十八大，习近平刚当选总书记，不可能立即把自己的思想写入党章。

- 【2017年真题·单选】1978年12月召开的中国共产党（　　），冲破了前期“左”倾错误的严重束缚，拉开了改革开放的序幕。

A．八大一中全会　　B．十一届三中全会

C．十二届二中全会　　D．十四届一中全会

【答案】B

【解析】十一届三中全会从根本上冲破了长期“左”倾错误的严重束缚，重新确立了马克思主义的思想路线、政治路线和组织路线，我国改革开放由此拉开了序幕。

【点评】简单难度，党的重大历史事件抓住关键点：十一届三中全会——冲破了长期“左”倾错误的严重束缚。

- 【2018年真题·多选】中国共产党第八次全国代表大会宣布，我国国内的主要矛盾已经是（　　）。

A．中国人民同帝国主义、封建主义和资本主义之间的矛盾

B．人民对于建立先进的工业国的要求同落后的农业国的现实之间的矛盾

C．无产阶级同资产阶级之间的矛盾

D．人民对于经济文化迅速发展的需要同当前经济文化不能满足人民需要的现状之间的矛盾

E．人民群众日益增长的物质文化需要同落后的社会生产之间的矛盾

【答案】BD

【解析】党的八大宣布我国国内的主要矛盾已经是“人民对于建立先进的工业国的要求同落后的农业国的现实之间的矛盾，已经是人民对于经济文化迅速发展的需要同当前经济文化不能满足人民需要的状况之间的矛盾”。

【点评】中等难度，中国共产党每次代表大会的重要内容都要记清楚，本题考的

是党的八大的重要内容。

●【2018 年真题·多选】中国共产党历史上具有转折意义的会议有（　　）。

A．十一届三中全会　　B．瓦窑堡会议

C．遵义会议　　D．古田会议

E．八七会议

【答案】AC

【解析】**遵义会议**是中共历史上一个生死攸关的转折点，开始确立了以毛泽东同志为主要代表的马克思主义正确路线在党中央的领导地位，开始形成以毛泽东同志为核心的党的第一代中央领导集体，这是党和革命事业转危为安、不断打开新局面最重要的保证。

十一届三中全会会议的主要任务是确定把全党工作重点转移到社会主义现代化建设上来。党和人民踏上建设中国特色社会主义的伟大征程，十一届三中全会作为一个伟大的转折点载入党的光辉史册。

【点评】难度较大，本题同时考查多个知识点，有争议的是E项“八七会议”，注意“八七会议”属于“转变”而非“转折”。

第一节　中国共产党发展简史

习题强化

一、判断题

1．1921 年 7 月 23 日，中国共产党第一次全国代表大会在上海召开。国内各地的党组织和旅日的党组织派出 13 名代表，代表全国 70 多名党员。（　　）

2．中国共产党“一大”选举陈独秀为中央局书记，宣告中国共产党正式成立，并且制定了党的最低纲领和最高纲领。（　　）

3．1935 年遵义会议上，成立了由毛泽东、周恩来、王稼祥组成的新的“三人团”，以毛泽东为首，负责全军的军事行动。（　　）

4．遵义会议是党的历史上一个生死攸关的转折点，它标志着中国共产党在政治上开始走向成熟。（　　）

5．1956 年年底，我国基本完成了对生产资料私有制的社会主义改造，初步建立起公有制占绝对优势的社会主义经济制度。（　　）

6．党的十二大制定了新党章，规定党中央不设总书记只设主席。规定中央和省一级设立顾问委员会。此后，党的全国代表大会每五年召开一次，实现了制度化。（　　）

二、单选题

1. 中国共产党第一次全国代表大会于（　　）在上海举行。

A. 1921年7月1日　　B. 1921年7月23日

C. 1921年7月31日　　D. 1920年7月1日

2. 2017年10月31日，中共中央总书记、国家主席、中央军委主席习近平带领中共中央政治局常委们在浙江嘉兴南湖边瞻仰红船。南湖红船是中国共产党（　　）全国代表大会召开地之一。

A. 第一次　　B. 第二次

C. 第三次　　D. 第四次

3. 1926年7月9日，国民革命军在（　　）誓师北伐，直接目标是受帝国主义支持的北洋军阀。

A. 福州　　B. 广州

C. 杭州　　D. 苏州

4. 1927年8月1日，在以（　　）为书记的中共中央前敌委员会领导下，在南昌打响武装反抗国民党反动派的第一枪。

A. 周恩来　　B. 朱德

C. 叶挺　　D. 贺龙

5. 1927年8月7日，中共中央在汉口召开紧急会议，会议着重批判了大革命后期以（　　）为首的中央所犯的"右"倾机会主义错误。

A. 陈独秀　　B. 毛泽东

C. 瞿秋白　　D. 周恩来

6. 1927年，中国共产党确定土地革命和武装反抗国民党反动派方针的会议是（　　）。

A. 八七会议　　B. 古田会议

C. 赣南会议　　D. 十二月会议

7. 下列关于中国共产党历史上的重要会议说法错误的是（　　）。

A. 党的二大：制定了党的最高纲领和最低纲领

B. 党的四大：批评了陈独秀的右倾错误

C. 瓦窑堡会议：决定建立最广泛的抗日民族统一战线

D. 党的十三大：明确提出了党在社会主义初级阶段的基本路线

8.（　　）年9月9日爆发了秋收起义。

A. 1924　　B. 1925

C. 1926　　D. 1927

9. 1927年10月上旬，（　　）率领起义军到达井冈山地区，开始了创建井冈山革命根据地的斗争。

A. 朱德　　B. 林彪

C. 贺龙　　D. 毛泽东

10. 1937 年，日本帝国主义发动全面侵华战争的标志是（　　）。

A. 九·一八事变　　B. 一·二八事变

C. 华北事变　　D. 卢沟桥事变

11. “百团大战”作战 1824 次，毙伤日、伪军（　　）万人，打击了日军的侵略气焰，在抗战局面比较低沉时振奋了全国民心。

A. 2.3　　B. 2.4

C. 2.5　　D. 2.6

12. 1940 年 8 月 20 日至 1941 年 1 月 24 日，八路军总部在华北发动了一次大规模对日军的进攻。陆续参战的部队达到（　　）团、20 余万人，史称“百团大战”。

A. 103 个　　B. 104 个

C. 105 个　　D. 106 个

13. 中国共产党确立毛泽东思想为党的指导思想并写入党章的会议是（　　）。

A. 党的四大　　B. 党的七大

C. 党的六届七中全会　　D. 遵义会议

14. 中华民族经历 14 年艰苦卓绝的斗争，最终于（　　）取得抗日战争的伟大胜利。

A. 1931 年　　B. 1937 年

C. 1945 年　　D. 1949 年

15. 新中国成立前国民党与共产党两党曾经有（　　）合作。

A. 一次　　B. 二次

C. 三次　　D. 四次

16.（　　）从根本上冲破了长期“左”倾错误的严重束缚，重新确立了马克思主义的思想路线、政治路线和组织路线。

A. 八七会议　　B. 党的八大

C. 党的十一届三中全会　　D. 党的十二大

17.（　　）制定了新党章，规定党中央不设主席只设总书记。

A. 党的十二大　　B. 党的十四大

C. 党的十五大　　D. 党的十六大

18. 中国共产党第十八次全国代表大会于（　　）年 11 月 8 日至 14 日，在北京召开。

A. 2011　　B. 2012

C. 2013　　D. 2014

19. “不忘初心，牢记使命，高举中国特色社会主义伟大旗帜，决胜全面建成小康社会，夺取新时代中国特色社会主义伟大胜利，为实现中华民族伟大复兴的中国梦不懈奋斗。”是党的（　　）大会主题。

A. 十八大　　B. 十九大

C. 十一届三中全会　　D. 新时期

20. 明确提出建设有中国特色的社会主义的重大命题和“小康”社会战略目标的党代会是（　　）。

A. 十一届三中全会　　B. 十二大

C. 十三大　　D. 十四大

21. （　　）标志着中国共产党独立领导革命战争，创建人民军队和武装夺取政权的开始。

A. 北伐战争　　B. “八七”会议

C. 秋收起义　　D. 南昌起义

22. 红军长征的时间是（　　）。

A. 1 年　　B. 2 年

C. 3 年　　D. 4 年

三、多选题

1. 中共一大召开的地点是（　　）。

A. 上海　　B. 广州

C. 浙江　　D. 北京

E. 南昌

2. 1935 年 3 月中旬，成立了由（　　）组成的新的“三人团”以周恩来为首，负责全军的军事行动。

A. 毛泽东　　B. 博古

C. 周恩来　　D. 李立

E. 王稼祥

3. 三大战役指 1948 年 9 月 12 日至 1949 年 1 月 31 日，中国人民解放军同国民党军进行的战略决战的（　　）。

A. 湘江之战　　B. 辽沈战役

C. 淮海战役　　D. 百团大战

E. 平津战役

4. 1927 年 8 月 1 日，在以周恩来为书记的中共中央前敌委员会领导下，（　　）等人，率领中共所掌握和影响下的军队 2 万多人，在南昌打响武装反抗国民党反动派的第一枪。

A. 贺龙　　B. 陈毅

C. 叶挺　　　　D. 朱德

E. 刘伯承

第二节　新中国成立70周年重大成就

一、判断题

1. 党的十八大以来，以习近平同志为核心的党中央，带领全党全国各族人民进行伟大斗争、建设伟大工程、推进伟大事业、实现伟大梦想，形成了习近平新时代中国特色社会主义思想。（　　）
2. “民族区域自治”伟大构想开辟了以和平方式实现祖国统一的崭新道路。（　　）
3. 我国建成了世界上规模最大、覆盖人口最多的社会保障体系。（　　）
4. 1970年4月，我国第一颗人造卫星发射成功，使中国成为第五个发射人造卫星的国家。（　　）
5. 两弹一星元勋是指于敏、邓稼先、钱学森等21位为研制“两弹一星”做出突出贡献的科技专家。（　　）
6. 江泽民同志将“两弹一星精神”概括为“热爱祖国、无私奉献，自力更生、艰苦奋斗，大力协同、勇于登攀”十六个字。（　　）
7. 2017年11月5日，中国第一代导航卫星顺利升空，它标志着中国正式开始建造“北斗”全球卫星导航系统。（　　）
8. 嫦娥工程分为“无人月球探测”“载人登月”和“建立月球基地”三个阶段。（　　）
9. 被誉为“中国天眼”的FAST大型天文望远镜是具有我国自主知识产权、世界最大单口径、最灵敏的数码望远镜。（　　）
10. 截至2018年底，中国高铁运营里程占全球高铁运营里程的三分之二以上，是世界上唯一高铁成网运行的国家，是世界上运营里程最长、在建规模最大的国家。（　　）
11. 南水北调工程通过三条调水线路与长江、黄河、淮河和珠江四大江河的联系，构成以“四横三纵”为主体的总体布局。（　　）

二、单选题

1. 党的（　　）以后，我们党果断作出把党和国家工作中心转移到经济建设上来、实行改革开放的历史性决策。

A. 八届全国人大三次会议　　　　B. 十一届三中全会

C. 十二届全国人大三次会议　　　　D. 十八届四中全会

2. 2018年，我国国内生产总值为900309亿元，经济总量首次站上90万亿元的历史新台阶，稳居世界第（　　）位。

A．一　　B．二
C．三　　D．四

3．中国是世界上第（　　）个有原子弹的国家。
A．二　　B．三
C．四　　D．五

4．被誉为“中国天眼”的 500 米口径球面射电望远镜，由我国天文学家（　　）于 1994 年提出构想，历时 22 年建成，于 2016 年 9 月 25 日落成启用。
A．于敏　　B．屠呦呦
C．南仁东　　D．程开甲

5．FAST 作为世界最大的单口径望远镜，将在未来（　　）年保持世界一流地位。
A．5 ～ 10　　B．10 ～ 20
C．20 ～ 30　　D．30 ～ 50

6．（　　）大型客机是中国首款按照最新国际适航标准，具有自主知识产权的干线民用飞机。
A．C919　　B．ARJ21
C．CR929　　D．AG600

7．C919 大型客机，全称 COMAC C919，C 是英文缩写 China 的首字母，也是中国商飞英文缩写 COMAC 的首字母，第一个“9”的寓意是（　　）。
A．尊贵至高　　B．尽力拼搏
C．“九天”，寓意天非常高　　D．天长地久

8．C919 大型客机，全称 COMAC C919，C 是英文缩写 China 的首字母，也是中国商飞英文缩写 COMAC 的首字母，第一个“9”的寓意是天长地久，“19”代表的是（　　）。
A．客机最大载客量为 190 座　　B．2019 年研发
C．19 型号　　D．飞行距离“要久”

9．关于我国重大工程与建设项目，下列说法不正确的是（　　）。
A．三峡水电站是世界上规模最大的水电站
B．嫦娥一号获取了世界第一幅全月图
C．青藏铁路于 2006 年全线通车
D．青藏铁路突破“筑路禁区”建成通车，创造了世界交通史上的奇迹

10．关于港珠澳大桥，下列说法错误的是（　　）。
A．是世界最长的跨海大桥
B．连起世界最具活力的经济区
C．在 2018 年 10 月 24 日开通运营
D．港珠澳大桥从西向东依次为青州航道桥、江海直达船航道桥以及九洲航道桥

三、多选题

1. 下列属于我国 70 年科技成就的是（　　）。
   A. 多复变函数论　　B. 陆相成油理论
   C. “两弹一星”　　D. 超级杂交水稻
   E. 量子反常霍尔效应
2. “两弹一星”是指（　　）。
   A. 原子弹　　B. 核弹
   C. 氢弹　　D. 导弹
   E. 人造卫星
3. 北斗卫星导航系统由（　　）组成。
   A. 空间段　　B. 航站段
   C. 地面段　　D. 信息段
   E. 用户段
4. 全球四大成熟的卫星导航系统是（　　）。
   A. 中国北斗卫星导航系统　　B. 日本准天顶卫星系统
   C. 美国全球定位系统　　D. 俄罗斯格洛纳斯卫星导航系统
   E. 欧洲伽利略卫星导航系统
5. 被誉为“中国天眼”的 FAST 大型天文望远镜是（　　）的射电望远镜。
   A. 具有我国自主知识产权　　B. 世界最大单口径
   C. 世界最灵敏　　D. 世界最大地面基础望远镜
   E. 世界上光谱获取率最高
6. 中国把 150 座以上的客机称为大客机，“三个大飞机”是指我国自主研制三型大飞机，分别是大型运输机（　　）、大型客机（　　）和大型水陆两栖飞机（　　）。
   A. 运 -20　　B. CR929
   C. ARJ21　　D. C919
   E. AG600
7. 下列关于青藏铁路工程的描述正确的是（　　）。
   A. 是通往西藏腹地的第一条铁路
   B. 是世界上海拔最高的高原铁路
   C. 是世界上线路最长的高原铁路
   D. 被国外媒体评为“是有史以来最困难的铁路工程项目”
   E. 2014 年，青藏铁路全线通车
8. 关于三峡水利工程下列说法正确的是（　　）。
   A. 是世界上规模最大的水电站

B．中国有史以来建设最大型的工程项目

C．是湖北省宜昌市境内的长江巫峡段与下游的葛洲坝水电站构成梯级电站

D．是全世界最大的水力发电站

E．是全世界最大的清洁能源生产基地

习题强化答案

第一节　中国共产党发展简史

一、判断题

1．错　2．错　3．错　4．对　5．对
6．错

二、单选题

1．B　2．A　3．B　4．A　5．A
6．A　7．B　8．D　9．D　10．D
11．C　12．C　13．B　14．C　15．B
16．C　17．A　18．B　19．B　20．B
21．D　22．B

三、多选题

1．AC　2．ACE　3．BCE　4．ACDE

第二节　新中国成立 70 周年重大成就

一、判断题

1．对　2．错　3．对　4．对　5．错
6．对　7．错　8．对　9．错　10．对
11．错

二、单选题

1．B　2．B　3．D　4．C　5．C
6．A　7．D　8．A　9．D　10．D

三、多选题

1．ABCDE　2．BDE　3．ACE　4．ACDE　5．ABC
6．ADE　7．ABCD　8．ABDE

第二章 中国旅游业发展概况

真题解读

- 【2018 年真题 · 判断】世界旅游联盟是全球唯一的政府间国际旅游组织。（ ）

  【答案】错

  【解析】世界旅游组织（WTO）是全球唯一的政府间国际旅游组织。

  【点评】*送分题，注意准确区分不同组织的名称。*

- 【2018 年真题 · 单选】2011 年 3 月 30 日国务院常务会议通过决议，确定每年的（ ）是中国旅游日。

  A．9 月 27 日　　B．7 月 15 日

  C．5 月 19 日　　D．4 月 5 日

  【答案】C

  【解析】“5 · 19 中国旅游日”是广大人民群众和旅游业每年一度的重要节日。2018 年“5 · 19 中国旅游日”活动的主题定为“全域旅游，美好生活”。

  【点评】*送分题，平时练习识记即可。*

- 【2017 年真题 · 单选】从经济学角度讲，旅游市场构成要素中的客体是指（ ）。

  A．旅行社　　B．旅游者

  C．旅游信息　　D．旅游产品

  【答案】D

  【解析】从经济学的角度说，旅游市场由旅游市场主体、旅游市场客体和旅游市场中介三个要素构成。其中，旅游市场客体是指**可供交换的旅游产品**。

  【点评】*简单难度，平时练习识记即可。*

- 【2017 年真题 · 单选】在我国入境游客人数统计中，（ ）游客一直占据绝大多数。

  A．日本　　B．韩国

  C．台湾　　D．港澳

  【答案】D

  【解析】在入境游客人数中，**中国香港、澳门游客**一直占绝大多数，如 1978 年占

86%，2016 年仍占 79.68%。

【点评】简单难度，平时练习识记即可。

● 【2017 年真题 · 单选】首个总部落户于中国北京的国际性旅游组织是（　　）。

A. 世界旅行社协会联合会　　B. 太平洋亚洲旅游协会

C. 世界旅游城市联合会　　D. 世界旅游联盟

【答案】C

【解析】**世界旅游城市联合会**是一个旅游领域的非政府、非营利性国际组织，也是首个总部落户中国、落户北京的国际性旅游组织，是全球第一个以城市为主体的国际旅游组织。

【点评】简单难度，平时练习识记即可。

● 【2018 年真题 · 多选】目前中国国内旅游市场的主要特点有（　　）。

A. 以散客为主　　B. 人均消费水平高

C. 市场规模大　　D. 发展潜力足

E. 消费增长快

【答案】ACDE

【解析】中国老百姓比较穷，不可能"人均消费水平高"，排除 B 项。

【点评】中等难度，多选题注意应用排除法。

第一节　中国旅游业与世界旅游组织

习题强化

一、判断题

1. 中国旅行社是中华人民共和国成立后我国成立最早的旅行社。（　　）
2. 我国旅游业有计划、有组织的发展始于中国旅行游览事业管理总局的成立。（　　）
3. 正式批准开展中国公民出境旅游业务是在澳门回归之后。（　　）
4. 旅游市场的主体指的是旅游产品的供应者。（　　）
5. 为适应旅游经济事业的发展，中国旅行游览事业管理总局于 1980 年更名为国家旅游局。（　　）
6. 我国入境旅游市场是由外国人市场、边境市场和港澳台地区市场三部分组成。（　　）
7. 由于我国国内旅游人均消费水平低，所以我国国内旅游消费总额远远低于入境游客的消费总额。（　　）
8. 我国公民的出境旅游包括出国旅游、边境旅游和港澳台地区旅游。（　　）

二、单选题

1. 我国旅游业被列入国家经济和社会发展计划是在（　　）年。

A. 1984　　B. 1985

C. 1987　　D. 1988

2. 提出到2020年要将我国旅游业建设成国民经济的战略性支柱产业和人民群众更加满意的现代服务业的文件是（　　）。

A. 国务院发布的《关于加快发展旅游业的意见》

B. 国务院发布的《关于促进旅游业改革发展的若干意见》

C. 国务院批准发布的《国民旅游休闲纲要》

D. 国务院发布的《“十三五”旅游业发展规划》

3.《国民旅游休闲纲要》提出到2020年要基本建成与（　　）相适应的现代国民旅游休闲体系。

A. 社会发展　　B. 经济发展

C. 小康社会　　D. 和谐社会

4. 随着我国经济发展进入新时代，我国旅游业也从高速旅游增长阶段转向（　　）发展阶段。

A. 质量提升　　B. 优质旅游

C. 品质旅游　　D. 产业融合

5. 中华人民共和国成立前我国成立的第一家旅行社是（　　）。

A. 现代旅行社　　B. 公路旅游服务社

C. 名胜导游局　　D. 中国旅行社

6. 中国旅行游览事业管理总局成立于（　　）年。

A. 1954　　B. 1964

C. 1974　　D. 1984

7. 经过40年努力，我国旅游业正在经历前所未有的历史性转变，其中之一是从景点旅游向（　　）转变。

A. 区域旅游　　B. 全域旅游

C. 线路旅游　　D. 系列旅游

8. 经过40年努力，我国旅游业正在经历前所未有的历史性转变，其中之一是从粗放型旅游发展向（　　）发展转变。

A. 比较集约型旅游　　B. 集约型旅游

C. 比较高端型旅游　　D. 高端型旅游

9. 我国公民出境旅游目的地主要集中在（　　）。

A. 美洲地区　　B. 欧洲地区

C. 亚洲地区　　D. 大洋洲地区

10．目前世界上第一大出境旅游消费国是（　　）。

A．美国　　B．德国

C．日本　　D．中国

11．将每年的 5 月 19 日确定为中国旅游日是因为（　　）。

A．徐霞客诞生于这一天　　B．徐霞客开始旅行于这一天

C．徐霞客去世于这一天　　D．《徐霞客游记》开篇于这一天

12．世界旅游组织是一个（　　）国际旅游组织。

A．民间　　B．政府间

C．地区性　　D．地方性

13．世界旅游联盟的总部设在（　　）。

A．北京　　B．上海

C．杭州　　D．重庆

14．国际山地旅游联盟的总部设在（　　）。

A．贵阳　　B．昆明

C．成都　　D．济南

三、多选题

1．2009 年以来，我国旅游业的创新发展主要表现在（　　）。

A．旅游业与相关产业的融合发展　　B．旅游供给侧改革的创新发展

C．厕所革命的创新发展　　D．旅游 + 互联网的发展

E．全域旅游的开展

2．我国国内旅游市场的主要特点有（　　）。

A．国内旅游市场规模大　　B．居民出游频率高

C．人均消费水平高　　D．旅游形式以散客为主

E．旅游消费增长快

3．中国公民出境旅游市场的主要特点有（　　）。

A．出境旅游发展速度快　　B．出境旅游消费水平高

C．出境旅游以自助游为主　　D．旅游目的地以欧洲为主

E．旅游目的以休闲度假为主

第二节　旅游热点概述和新业态介绍

一、判断题

1．旅游厕所是游客出行必备的生活设施，是旅游公共服务水平高低的直接体现，更是反映社会经济发展程度的重要标志。　　（　　）

2．旅游厕所革命已从景区走向全域、从城市走向农村，成为遍及城乡的一场社会

革命，成为引领中国旅居环境乃至城乡人居环境变革的推动性力量。（ ）

3. 厕所革命的成效不仅在于厕所建设管理方面，更在于其已成为引领文明旅游、引领文明新风的重要窗口，成为国家文明示范工程。（ ）

4.《全国旅游厕所建设管理新三年行动计划（2018 — 2020）》明确提出再建旅游厕所 6.4 万座，实现“数量充足、分布合理，管理有效、服务到位，环保卫生、如厕文明”的新三年目标。（ ）

5. 全域旅游是以旅游业带动和促进经济社会协调发展的一种新的区域协调发展理念和模式。（ ）

6. 发展全域旅游，能改善农村生态环境，建设美丽乡村，实现城市文明和农村文明的直接相融，促进农民在家就能开阔视野、提升文明素质，加快从传统生活方式向现代生活方式转变。（ ）

7. 旅游扶贫指通过开发贫困地区和城乡结合地区丰富的旅游资源，兴办旅游经济实体，使旅游业形成区域支柱产业，实现贫困地区居民和地方财政双脱贫致富。（ ）

8.《2019 年全国文化和旅游厅局长会议报告》提出，推进文化事业、文化产业和旅游业融合发展，总的思路是坚持“宜融则融、能融尽融”。（ ）

9. 推动文化和旅游工作各领域、多方位、全链条深度融合，要着力推进理念融合、职能融合、产业融合、市场融合、服务融合，要从工作层面、渠道方面、载体方面着力推进对外和对港澳台交流融合。（ ）

10.《2019 年全国文化和旅游厅局长会议报告》提出，推动文化和旅游融合发展既是大课题又是新任务，因此相关工作要尊重规律、要因地制宜、要稳中求进，但不能摸着石头过河。（ ）

11.《2011—2015 年全国红色旅游发展规划纲要》指出，红色旅游的范围以中国共产党领导下的革命战争时期内容为重点，将 1840 年以来中国大地上发生的以爱国主义和革命传统精神为主题、有代表性的重大事件和重要人物的历史文化遗存也纳入红色旅游发展的范围。（ ）

12. 乡村旅游指通过养颜健体、营养膳食、修心养性、关爱环境等各种手段，使人在身体、心智和精神上都能达到自然和谐的优良状态的各种旅游活动的总和。（ ）

二、单选题

1. 厕所革命已成为我国旅游行业的（ ）。

A.“一号工程” B.“二号工程”

C.“三号工程” D.“四号工程”

2. 2017 年 3 月 5 日，（ ）在政府工作报告中提到了全域旅游。这是“全域旅游”第一次被写入政府工作报告，引起了公众广泛关注。

A．习近平　　B．李克强

C．栗战书　　D．汪洋

3．以（　　）旅游局为代表的一些省级旅游局率先在 1991 年全国旅游局长会议上提出了“旅游扶贫”的口号。

A．甘肃省　　B．云南省

C．西藏自治区　　D．贵州省

4．国家发展改革委、国家旅游局、国务院扶贫办等七部委联合印发了《关于实施乡村旅游富民工程推进旅游扶贫工作的通知》，明确了到（　　）年，支持 6000 多个贫困村开展乡村旅游。

A．2020　　B．2021

C．2025　　D．2030

5．在我国，智慧旅游的概念于 2010 年由（　　）部分城市的旅游部门率先提出。

A．四川省　　B．云南省

C．江苏省　　D．浙江省

6．我国“在线旅游”作为一个新的服务业态成型于 2003 年的（　　）上市。

A．驴妈妈　　B．携程

C．艺龙　　D．去哪儿

7．《2011—2015 年全国红色旅游发展规划纲要》指出，将（　　）年以来中国大地上发生的以爱国主义和革命传统精神为主题、有代表性的重大事件和重要人物的历史文化遗存也纳入红色旅游发展的范围。

A．1840　　B．1945

C．1949　　D．2011

8．2018 年我国国内研学旅行人数达到了 400 万人次，市场规模达到了 125 亿元，人均消费 3117 元 / 次。2018 年我国研学旅行机构数量达 12000 家，逐渐（　　）。

A．由政府转向由企业主导　　B．由企业转向由政府主导

C．由政府转向由企业支持　　D．由政府转向由企业指导

9．2016 年，（　　）被多地列入“十三五”规划之中，并编制了详细的发展战略及指导性政策意见。

A．红色旅游产业　　B．OTA 产业

C．研学旅游产业　　D．康养产业

10．国家智慧旅游公共服务网络和平台是（　　）。

A．12301.cn　　B．12303.cn

C．12306.cn　　D．12311.cn

11．在线旅游的英文简称为（　　）。

A．OTT　　B．OTA

C．O2B　　D．B2B

三、多选题

1．“旅游厕所革命”到2017年最终实现旅游景区、旅游线路沿线、交通集散点、旅游餐馆、旅游娱乐场所、休闲步行区等地方的厕所全部达到三星级标准，并达到“(　　)”的要求。

A．数量充足　　B．卫生文明

C．实用免费　　D．有效管理

E．干净整洁

2．文化和旅游部部长雒树刚表示，通过文化和旅游的融合发展，文化更加富有活力；旅游也更加富有魅力。具体表现的趋势有：通过文化和旅游的融合发展，能够(　　)。

A．推出更多文化和旅游精品　　B．创造更加舒适、便利的旅游环境

C．实现安全旅游、文明旅游　　D．推动中外人文交流

E．提高城镇化水平

3．研学旅行产品按照资源类型分为的类型有(　　)。

A．知识科普型　　B．自然观赏型

C．体验考察型　　D．励志拓展型

E．文化康乐型

4．我国乡村旅游的发展趋势有(　　)。

A．推进社会主义新农村建设　　B．农业多产化

C．农村景区化　　D．农民多业化

E．资源产品化

习题强化答案

第一节　中国旅游业与世界旅游组织

一、判断题

1．错	2．对	3．错	4．错	5．错
6．错	7．错	8．对		

二、单选题

1．B	2．A	3．C	4．B	5．D
6．B	7．B	8．A	9．C	10．D
11．D	12．B	13．C	14．A	

三、多选题

1. ABCDE　　2. ADE　　3. ABC

第二节　旅游热点概述和新业态介绍

一、判断题

1. 错　　2. 对　　3. 对　　4. 对　　5. 对
6. 对　　7. 错　　8. 对　　9. 对　　10. 错
11. 对　　12. 错

二、单选题

1. A　　2. B　　3. D　　4. A　　5. C
6. B　　7. A　　8. A　　9. D　　10. A
11. B

三、多选题

1. ABCD　　2. ABCD　　3. ABCDE　　4. ABCDE

第二编

基础篇

第三章 中国历史文化

真题解读

- 【2018 年真题 · 判断】晋文公任用管仲为相，进行政治、经济、军事改革，成为春秋时期的第一个霸主。 ( )

  【答案】错

  【解析】齐桓公任用管仲为相，成为春秋时期第一个霸主。

  【点评】简单难度，典型的偷换概念，齐桓公才是第一个霸主，晋文公大器晚成排第二。

- 【2018 年真题 · 判断】在西安半坡遗址中发现的稻种是目前世界上已知年代最早的栽培稻。 ( )

  【答案】错

  【解析】长江流域河姆渡文化，使中国成为世界上最早种植水稻的国家。

  【点评】简单难度，典型的偷换概念，水稻在南边才能种。

- 【2017 年真题 · 判断】父系氏族社会，手工业已经从农业中分离出来，社会出现了贫富分化阶级对立。 ( )

  【答案】对

  【解析】父系氏族公社，此时父权确立，手工业已从农业中分离出来，已能制作精美的陶器和玉器。在贫富分化加剧的情况下，阶级对立出现，由此导致原始社会解体，国家随之产生。

  【点评】简单难度，考查基本的知识识记，注意区分“父系氏族”和“母系氏族”。

- 【2018 年真题 · 单选】中国古代最杰出的浪漫主义长篇神话小说是 ( )。

  A.《世说新语》 B.《西游记》

  C.《山海经》 D.《聊斋志异》

  【答案】B

  【解析】《西游记》是我国最杰出的浪漫主义长篇神话小说。

  【点评】送分题，考查简单识记知识，《西游记》——浪漫、神话。

- 【2018 年真题 · 单选】中国第一部茶叶专著的作者是 ( )。

  A. 李时珍 B. 陆羽

  C. 李白 D. 袁枚

【答案】B

【解析】唐代陆羽的《茶经》是世界上第一部茶叶专著，他本人被尊为“茶圣”。

【点评】送分题，平时经常训练的内容，考查基本的知识识记。

● 【2018 年真题 · 单选】中国古代使用时间最长、最精确的历法是（　　）。

A.《黄帝历》　　B.《大衍历》

C.《太初历》　　D.《授时历》

【答案】D

【解析】郭守敬集前代历法之大成，制定《授时历》，这是中国古代使用时间最长，也是最精确的历法，它以 365.2425 天为一年，与国际通行的公历（格里哥利历）完全相同，但比之早了 300 年。

【点评】简单难度，平时经常训练的内容，考查基本的知识识记。郭守敬——中国古代使用时间最长、最精确——《授时历》。

● 【2018 年真题 · 单选】北魏时期（　　）编写的《齐民要术》，是中国现存最早、最完备的农书。

A. 贾思勰　　B. 王桢

C. 氾胜之　　D. 徐光启

【答案】A

【解析】贾思勰的《齐民要术》总结了农业生产技术和经验，记载了谷物、蔬菜瓜果和树木种植法、牲畜饲养法、养鱼法以及各种酿造法、食物贮藏法等，是我国现存最早、最完备的农书。

【点评】简单难度，平时经常训练的内容，考查基本的知识识记。贾思勰——《齐民要术》——我国现存最早、最完备的农书。

● 【2018 年真题 · 单选】商鞅是（　　）学说的代表人物之一。

A. 兵家　　B. 法家

C. 墨家　　D. 道家

【答案】B

【解析】战国时期的韩非是法家学说的集大成者，著有《韩非子》，其他法家代表人物有李悝、商鞅等。

【点评】送分题，平时经常训练的内容，考查基本的知识识记。

● 【2018 年真题 · 单选】被誉为“中国科学史上里程碑”的古代著作是（　　）。

A.《梦溪笔谈》　　B.《天工开物》

C.《农政全书》　　D.《齐民要术》

【答案】A

【解析】沈括的《梦溪笔谈》详细记载了当时数学、气象、地理、地质、物理以及冶金、机械、营造、造纸技术等各个方面的科技成就，被誉为“中国科学史上的里程碑”。

【点评】简单难度，平时经常训练的内容，考查基本的知识识记。沈括——《梦溪笔谈》——科技成就。

● 【2018 年真题 · 多选】中国古代帝王谥号中，有褒扬寓意的是（　　）。

A．灵　　B．武

C．文　　D．怀

E．昭

【答案】BCE

【解析】谥号原寓褒贬同情之意，属于表扬的有文、武、昭、穆等，属于贬义的有厉、灵、幽、炀等，属于表同情的有哀、怀、愍、悼等。

【点评】简单难度，平时经常训练的内容，考查基本的知识识记。

● 【2018 年真题 · 多选】下列文化名人中，属于儒家代表人物的有（　　）。

A．程颐　　B．朱熹

C．荀子　　D．王阳明

E．孟子

【答案】ABCDE

【解析】儒家代表人物有孔子、孟子、荀子、董仲舒、朱熹、程颢、程颐、王守仁（阳明）。

【点评】中等难度，本题同时考查多个知识点，需要了解儒家流派。

● 【2018 年真题 · 多选】中国书法史上以草书著称的书法家有（　　）。

A．颜真卿　　B．王羲之

C．张旭　　D．柳公权

E．怀素

【答案】CE

【解析】汉朝的张芝被誉为“草圣”，唐朝的张旭、怀素擅长狂草，有“张癫素狂”之说。

【点评】中等难度，考查基本的知识识记。注意题目问的是“以草书著称的书法家”，并不是问“草圣”，同时本题亦可用排除法。

习题强化

第一节　中国历史概述

一、判断题

1．1912 年，孙中山领导的辛亥革命，推翻了清王朝的统治。　　（　　）

2. 唐代创立的三省六部制和科举制为以后各朝代沿袭、改进。 （ ）
3. 汉武帝建立了以皇帝为中心的政治体制，实行郡县制度，由其奠定的封建国家框架在以后的2000多年中一直被沿用。 （ ）
4. 汉武帝采用了董仲舒的建议，罢黜百家，独尊儒术，设立太学，教授五经，使儒学获得了独尊地位。 （ ）
5. 距今约200万年的元谋人化石是中国境内目前已知最早的古人类化石。 （ ）
6. 东周前半期称为春秋时期，因鲁国的史书《春秋》而得名。 （ ）
7. 秦国于221年扫平六国，统一全国。 （ ）
8. 北魏孝文帝以汉化为主题的改革是中国文化史上的盛事。 （ ）
9. 西安半坡氏族是黄河流域母系氏族公社的一个典型。 （ ）
10. 郑和下西洋是我国也是世界航海史上的壮举，显示了明朝国力的强盛。（ ）
11. 我国是世界上最早种植水稻的国家。 （ ）
12. 浙江余姚河姆渡氏族是黄河流域母系氏族公社仰韶文化的一个典型。 （ ）
13. 河姆渡遗址中发现的稻种，是目前世界上确认的已知年代最早的栽培稻，证实中国是世界上最早种植水稻的国家。 （ ）
14. 仰韶文化以西安半坡遗址最为典型，因其出土文物陶器上绘制各种彩色图案，故又称为“彩陶文化”。 （ ）
15. 夏朝的最后一个国王是桀，他是历史上有名的暴君。 （ ）

二、单选题

1. 距今约70万～20万年前的（ ）已经学会使用打制石器和天然火。
   A. 元谋人　　B. 北京人
   C. 蓝田人　　D. 山顶洞人
2. 在下列古人类中，明确显示已经具有原始宗教意识的是（ ）。
   A. 山顶洞人　　B. 蓝田人
   C. 元谋人　　D. 河姆渡人
3. 我国设置行省的制度开始于（ ）。
   A. 唐朝　　B. 隋朝
   C. 北宋　　D. 元朝
4. 秦始皇扫平六国的时间是（ ）。
   A. 公元前230年　　B. 公元前228年
   C. 公元前222年　　D. 公元前221年
5. 我国万里长城形成的朝代是（ ）。
   A. 东周　　B. 秦朝
   C. 汉朝　　D. 唐朝
6. 战国时期较为彻底的变法是（ ）。

A．魏国李悝变法　B．楚国吴起变法
C．秦国商鞅变法　D．韩国申不害变法

7．以下关于少数民族建立的王朝，不正确的是（　　）。
A．满族建立了清朝　B．党项族建立了辽
C．女真族建立了金　D．蒙古族建立了元

8．古代丝绸之路的开拓者是（　　）。
A．唐代的玄奘　B．明代的郑和
C．西汉的司马迁　D．西汉的张骞

9．我国封建社会繁荣阶段是（　　）。
A．三国、两晋、南北朝时期　B．辽、宋、金、元时期
C．明清时期　D．隋、唐、五代时期

10．中国历史上第一个王朝是（　　）。
A．夏　B．商
C．周　D．秦

11．古人类时代，最早掌握了人工取火技术的是（　　）。
A．北京人　B．蓝田人
C．半坡人　D．北京山顶洞人

12．中国疆域的规模大体确定是在（　　）代。
A．秦　B．唐
C．元　D．清

13．汉武帝采取积极的对外政策，派遣（　　）打击匈奴，保证了河西走廊的安全。
A．董仲舒、王莽　B．张骞、班超
C．卫青、霍去病　D．司马迁、李广

14．下列选项将我国境内出现的几类原始人进行了先后排列。哪一项的排列符合这一规律？（　　）
A．元谋人、北京人、河姆渡和半坡原始居民、山顶洞人
B．北京人、元谋人、山顶洞人、河姆渡和半坡原始居民
C．元谋人、山顶洞人、北京人、河姆渡和半坡原始居民
D．元谋人、北京人、山顶洞人、河姆渡和半坡原始居民

15．历史上成吉思汗和他的子孙建立的王朝是（　　）。
A．辽　B．西夏
C．元　D．金

16．距今约（　　），是中国历史上的母系氏族时期。
A．5万～1万年前　B．1万～7000年前

C．7000～5000年前 D．5000～4000年前

17．在我国古代传说中，“钻木取火”的始祖是（ ）。

A．有巢氏 B．庖牺氏

C．燧人氏 D．神农氏

18．制定礼和刑的是（ ），其目的是用来维护贵族内部的等级制度，镇压奴隶和平民。

A．东周 B．商朝

C．夏朝 D．西周

三、多选题

1．历史上的“三国鼎立”是指（ ）。

A．秦 B．魏

C．吴 D．赵

E．蜀

2．唐朝在（ ）在位时，分别出现了“贞观之治”“开元盛世”。

A．唐高祖 B．唐太宗

C．武则天 D．唐玄宗

E．唐中宗

3．在中国历史上与北宋同时并存的政权是（ ）。

A．辽 B．齐

C．西夏 D．晋

E．金

4．父系氏族阶段的代表性文化是（ ）。

A．仰韶文化 B．河姆渡文化

C．大汶口文化中晚期 D．龙山文化

E．良渚文化

5．下列说法正确的有（ ）。

A．中国是世界上最早植桑养蚕的国家

B．中国是水稻、小麦、大豆、苎麻的原产地

C．中国是世界上最大的果树原产地之一

D．早在新石器时代，中国就形成了“南稻北粟”的农业格局

E．春秋战国时，中国已确立了耕作与时令的关系

6．对河姆渡遗址及河姆渡人说法正确的有（ ）。

A．母系氏族文化遗存的杰出代表之一

B．其中发现的稻种是目前世界上确认的已知年代最早的栽培稻

C．河姆渡人还最先发明打井技术

D．最先建造了中国南方特有的干栏式建筑

E．已能制作精美的陶器和玉器

7．中国是（　　）等作物的原产地。

A．大豆　　B．苎麻

C．花生　　D．小麦

E．水稻

8．东晋灭亡后，相继出现了（　　）四个朝代，称为南朝。

A．周　　B．梁

C．齐　　D．宋

E．陈

9．唐朝与日本和（　　）等许多国家建立了广泛的经济和文化联系。

A．朝鲜　　B．越南

C．印度　　D．伊朗

E．阿拉伯

10．下列对秦朝的描述中，正确的是（　　）。

A．是中国历史上第一个统一的、多民族的中央集权制王朝

B．建立了以皇帝为中心的政治体制

C．实行三省六部制

D．统一了文字、度量衡和货币

E．修筑了秦长城、驰道、直道

11．下列属于母系氏族文化遗存的是（　　）。

A．仰韶文化　　B．良渚文化

C．河姆渡文化　　D．龙山文化

E．红山文化

12．战国时期，因多年的兼并战争形成了（　　）、燕、赵、魏、秦七雄争霸的格局。

A．齐　　B．楚

C．吴　　D．韩

E．越

13．被尊崇为中华民族的始祖的是（　　）。

A．女娲　　B．伏羲

C．炎帝　　D．大禹

E．黄帝

14．下列对汉武帝时期的西汉的描述中，正确的是（　　）。

A．经济繁荣、府库充实

B．派大将卫青、霍去病打击匈奴

C．在西北边地屯田，修筑长城（汉长城）

D．派张骞出使西域，开辟了丝绸之路

E．采用董仲舒的建议，罢黜百家，独尊儒术

15．下列发生在现代史上的大事件中直接与抗战有关的是（　　）。

A．“九一八”事变

B．“四一二”反革命政变

C．“西安事变”

D．“卢沟桥事变”

E．“七一五”反革命

16．朱元璋强化中央集权的措施有（　　）。

A．在地方设三司

B．以八股取士

C．建立厂卫特务机构

D．废除三省六部

E．废除丞相

17．通过禅让制产生的部落首领是（　　）。

A．尧

B．汤

C．禹

D．启

E．舜

第二节　古代文化哲学

一、判断题

1．清代蒲松龄的《聊斋志异》是我国古代文言长篇小说的高峰。（　　）

2．北宋司马迁的《资治通鉴》是我国第一部编年体通史巨著。（　　）

3．司马迁的《史记》是我国第一部纪传体通史巨著，是我国二十四史之首，还是传记文学的开山之作，被誉为“史家之绝唱，无韵之《离骚》”。（　　）

4．唐政府组织编写的《唐本草》是世界上第一部由国家编订颁布的药典，被誉为“东方医学圣典”。（　　）

5．明代中叶，“四大徽班”进京后，博采众长，形成了中国戏剧的代表剧种——京剧。（　　）

6．《乐府诗集》是汉武帝时由乐府采集民间诗歌选编配乐而成的诗集，其中《木兰辞》是我国古代长篇叙事诗的艺术典范。（　　）

7．中国戏剧起源于上古原始社会的民间舞蹈，西周末年专门设立“梨园”作为训练艺人的场所。（　　）

8．孟子是战国时期儒家的代表，他提出“性善论”，注重个体修养；而荀子主张礼法并用，提出“性恶论”，强调后天学习的重要性。（　　）

9．战国时期屈原创造了“楚辞体”诗歌，其代表作是《离骚》，是我国古代第一篇

长诗。（　）

10. 元代，文学成就突出的是散曲和杂剧。（　）

11. 春秋时的孔丘是儒家学说的创始人，其言行思想集中反映在《孔子》中。（　）

12. 书圣王羲之和他的儿子小书圣王献之被称作是“二王”。（　）

13. 张择端的《清明上河图》把南宋民俗画推向了高潮，在美术史上享有盛名。（　）

14. 清代花鸟画派有以徐渭、陈淳为首的“水墨写意派”，以周之冕为代表的“勾花点叶派”。（　）

15. 在中国艺术的各个门类中，绘画是最具中国特色的传统艺术，它深刻地反映着中华民族的文化精神和审美情趣。（　）

16. 楷书是从汉隶和章草中蜕变出来的一种书体。（　）

17. 铸在青铜器上的文字叫“金文”，又叫“钟鼎文”“铭文”，是最早有系统记录汉语的文字。（　）

18. 清代花鸟画派有“水墨写意派”和“勾花点叶派”。（　）

19. 儒家思想学说是中国2000多年思想文化的主干。（　）

20. 山水画在魏晋南北朝仍作为背景附属于人物画，隋唐时开始独立成画。（　）

21. 元朝书法的核心人物是赵孟頫。（　）

22. 春秋时的孔丘是儒家学说的创始人，其言行思想集中反映在《孔子》中。（　）

23.《诗经》是中国最早的诗歌总集。（　）

24.《道德经》即为《老子》。（　）

二、单选题

1. 中国第一部断代体史书是（　）。

A.《春秋》　B.《史记》

C.《汉书》　D.《资治通鉴》

2. 被誉为“天下第一行书”的古代书法作品是（　）。

A.《兰亭集序》　B.《祭侄文稿》

C.《古诗四帖》　D.《多宝塔碑》

3.《诗经》开启了中国（　）文学之先河，对此后中国2000多年的文学发展产生了极为深远的影响。

A. 唯美主义　B. 现代主义

C. 浪漫主义　D. 现实主义

4. 我国古代第一位用诗歌形式反映田园生活的“田园诗人”是（　）。

A. 谢灵运　B. 陶渊明

C．向秀　　D．王维

5．（　　）是构成珍贵传统文化系统中内涵最丰富、最能代表中华民族智慧及其自我觉醒意识的精华部分。

A．中国画　　B．中国文学

C．中国史学　　D．中国传统哲学

6．我国第一部纪传体通史是（　　）。

A．《史记》　　B．《汉书》

C．《春秋》　　D．《尚书》

7．被称为“书圣”的晋代著名书法家是（　　）。

A．蔡襄　　B．王羲之

C．王献之　　D．颜真卿

8．（　　）是当时世界上最进步的文字，今天的汉字就是由它演变而来的。

A．甲骨文　　B．金文

C．石鼓文　　D．隶书

9．最早的有系统记录的汉语文字是（　　）时代的甲骨文。

A．西周　　B．殷商

C．东周　　D．春秋

10．在我国，目前可以看到的最早的古代绘画实物是战国时期的帛画（　　）。

A．《龙凤人物图》　　B．《历代帝王图卷》

C．《送子天王图》　　D．《游春图》

11．我国迄今发现的最早的山水画《游春图》的作者是（　　）。

A．顾恺之　　B．展子虔

C．阎立本　　D．吴道子

12．《步辇图》是（　　）的代表作品。

A．阎立本　　B．吴道子

C．顾恺之　　D．王维

13．（　　）是一种由歌、念、诵、舞等组成的综合艺术，其《王魁》《赵贞女蔡二郎》剧目家喻户晓。

A．南戏　　B．黄梅戏

C．独角戏　　D．京剧

14．《三国演义》的作者是（　　）。

A．罗贯中　　B．吴承恩

C．蒲松龄　　D．吴敬梓

15．唐代诗人中被誉为“诗圣”的是（　　）。

A．李白　　B．杜甫

C. 白居易　　D. 王勃

16. 阮籍、嵇康属于（　　）群体。

A. 竹林七贤　　B. 唐宋八大家

C. 建安七子　　D. 扬州八怪

17. 对汉民族思想影响最为深刻的是（　　）。

A. 儒家　　B. 道家

C. 法家　　D. 阴阳家

18.（　　）是我国第一部以农民起义为题材的长篇小说。

A.《三国志》　　B.《三国演义》

C.《封神演义》　　D.《水浒传》

19.（　　）是我国古代长篇白话小说的高峰。

A.《水浒传》　　B.《三国演义》

C.《红楼梦》　　D.《西游记》

20. 唐朝的张旭、怀素擅长（　　），有“张癫素狂”之说。

A. 草书　　B. 楷书

C. 行书　　D. 隶书

21.（　　）创造了一套在保健医学中有很高价值的“五禽戏”。

A. 扁鹊　　B. 华佗

C. 张仲景　　D. 孙思邈

22. 颜真卿的（　　）作品《祭侄文稿》是书法史上的名篇。

A. 行书　　B. 楷书

C. 草书　　D. 隶书

23. 在隋唐时期的画家中，王洽以（　　）闻名。

A. 金碧山水　　B. 泼墨山水

C. 水墨山水　　D. 设色山水

24.《乐府诗集》是（　　）时由乐府采集民间是个选编配乐而成的诗集，真实地反映了汉代社会生活和人民的思想感情。

A. 汉文帝　　B. 汉成帝

C. 汉元帝　　D. 汉武帝

25.（　　）反映了儒家学说为适应明代社会出现的个性解放要求而进行的调整，对后代有深远的影响。

A. 程朱理学　　B. 阳明心学

C. 儒家哲学　　D. 周朝礼学

26. 明代王阳明继承了宋代（　　）“直探本心”的主张，强调知行合一，成为明代最大的理学家。

A．朱熹　　B．陆九渊
C．程颐　　D．程颢

27.（　　）提出“兼爱”“非攻”“尚同”等很有价值的思想。
A．孔子　　B．老子
C．墨子　　D．庄子

28．清朝遗民画家（　　）的花鸟画笔墨简练，有时满幅大纸只画一鸟或一石，用夸张手法来寄托自己的思想感情。
A．石涛　　B．金农
C．郑燮　　D．朱耷

29.（　　）是我国古代文言短篇小说的高峰。
A.《红楼梦》　　B.《三国演义》
C.《聊斋志异》　　D.《水浒传》

30．我国最早的著名长篇历史小说是（　　）。
A.《西游记》　　B.《水浒传》
C.《三国演义》　　D.《红楼梦》

31．三国时期的（　　）是第一个画佛像的画家。
A．曹操　　B．曹丕
C．曹植　　D．曹不兴

32．唐代诗人中被誉为“诗仙”的是（　　）。
A．李白　　B．杜甫
C．白居易　　D．王勃

33．东晋时期的（　　）擅长人物画，其代表作有《女史箴图》《洛神赋图》。
A．曹不兴　　B．顾恺之
C．阎立本　　D．吴道子

34．“性善论”和“民贵君轻”的思想是由（　　）提出的。
A．孔子　　B．孟子
C．老子　　D．韩非子

35.（　　）的出现，标志着汉字的方块化已经定型，汉字的字体演变已经成熟。
A．小篆　　B．隶书
C．楷书　　D．行书

36．郑燮（郑板桥）属于哪个群体？（　　）。
A．南宋四家　　B．元四家
C．明四家　　D．扬州八怪

37．我国古典小说“四大名著”是（　　）。
A.《西游记》《三国演义》《水浒传》《金瓶梅》

B.《西游记》《三国演义》《聊斋志异》《水浒传》

C.《红楼梦》《西游记》《三国演义》《聊斋志异》

D.《西游记》《三国演义》《红楼梦》《水浒传》

38. 我国第一部文人独立创作的长篇世情小说是（　　）。

A.《西游记》　　B.《红楼梦》

C.《儒林外史》　　D.《金瓶梅》

39. 儒家学派中，（　　）提出了“民贵君轻”的思想主张。

A. 孔子　　B. 孟子

C. 荀子　　D. 朱熹

40.（　　）是理学发展的集大成者。

A. 朱熹　　B. 陆九渊

C. 程颐　　D. 程颢

41. 北宋张择端的《清明上河图》的画面是（　　）。

A. 山水　　B. 花鸟

C. 民俗　　D. 宗教

42. 秦始皇巡幸各地时，丞相李斯等人用（　　）书写了颂扬秦始皇丰功伟绩的刻石。

A. 大篆　　B. 小篆

C. 隶书　　D. 楷书

43. 汉朝的（　　）被誉为“草圣”。

A. 张芝　　B. 刘德升

C. 蔡邕　　D. 曹喜

44. 京剧以演历史故事为主，传统剧目有（　　）多种。

A. 1000　　B. 1100

C. 1200　　D. 1300

45. 五代与宋代文学成就最突出的是（　　）。

A. 词　　B. 散文

C. 小说　　D. 戏曲

46. 我国现存也是世界上最早的史书是（　　）。

A.《左传》　　B.《春秋》

C.《尚书》　　D.《史记》

47. 唐朝传奇小说《柳毅传》的作者是（　　）。

A. 陈鸿　　B. 刘禹锡

C. 李朝威　　D. 李商隐

48.（　　）倡导“诗中有画，画中有诗”形成诗、书、画三位一体的独特风格，被后人奉为文人画的始祖。

A．吴道子　　B．王维

C．李思训　　D．展子虔

49．我国第一部编年体历史著作是（　　）。

A．《左传》　　B．《国语》

C．《论语》　　D．《春秋》

50．儒家学派的创始人是（　　）。

A．孔丘　　B．孟轲

C．荀况　　D．屈原

51．战国时期的（　　）是法家学说的集大成者。

A．李悝　　B．韩非

C．商鞅　　D．申不害

52．（　　）是屈原吸收南方民歌精华，融合古代神话传说而撰写成的我国古代第一篇长诗。

A．《九歌》　　B．《离骚》

C．《九章》　　D．《天问》

53．中国古代绘画史上被人们称为“画圣”的画家是（　　）。

A．顾恺之　　B．吴道子

C．王维　　D．张择端

54．“元曲四大家”之一的马致远代表作是（　　）。

A．《倩女离魂》　　B．《拜月亭》

C．《墙头马上》　　D．《汉宫秋》

55．孔子学说及儒家思想的核心是（　　）。

A．仁学　　B．法治

C．民本　　D．性善

56．古代著名史学著作《史记》《资治通鉴》的作者分别为（　　）。

A．司马迁、司马昭　　B．司马炎、司马迁

C．司马迁、司马光　　D．司马相如、司马昭

57．在中国古代历史上，被儒家尊奉为“亚圣”的是（　　）。

A．孔子　　B．孟子

C．荀子　　D．朱熹

58．孔子门人记录孔子言行的书集是（　　）。

A．《礼记》　　B．《论语》

C．《大学》　　D．《中庸》

59．（　　）是中国古代第一个大量写作山水诗的作家。

A. 陶渊明 B. 王粲
C. 谢灵运 D. 孔融

60. 在我国绘画史上（ ）第一个明确提出"以形写神"的主张。
A. 钟繇 B. 苏轼
C. 顾恺之 D. 王羲之

61.（ ）时的画院日趋完备，"画学"也被正式列入科举之中，这是中国历史上宫廷绘画最为兴盛的时期。
A. 隋朝 B. 唐朝
C. 北宋 D. 南宋

62. 中国画在技法上可分为（ ）。
A. 工笔画、写意画 B. 人物画、花鸟画
C. 工笔画、山水画 D. 泼笔画、写意画

63.（ ）是我国古代科学文化的大发展时期，出现了"百家争鸣"的繁荣景象，形成了繁荣昌盛的思想文化，成为中国后世学术之母。
A. 春秋战国 B. 秦汉
C. 三国两晋 D. 南北朝

64. 在下列中国古代戏曲文学作品中明代剧作家汤显祖的作品是（ ）。
A.《牡丹亭》 B.《长生殿》
C.《桃花扇》 D.《窦娥冤》

65. 下列诸子百家的主张中，属于孟子的是（ ）。
A. "兼爱""非攻" B. "性恶论"
C. "民贵君轻" D. "君权神授"

66. 唐代有"草圣"之誉的书法家是（ ）。
A. 褚遂良 B. 虞世南
C. 张芝 D. 张旭

67.《清明上河图》是北宋画家（ ）的作品。
A. 王羲之 B. 王桢
C. 李清照 D. 张择端

68. 明代《金瓶梅》的作者是（ ）。
A. 施耐庵 B. 蒲松龄
C. 兰陵笑笑生 D. 吴敬梓

69. 楷书的创始人是（ ）。
A. 钟繇 B. 刘德升
C. 王羲之 D. 颜真卿

70. 中国文学史上第一部诗歌总集《诗经》，共（ ）篇。

A．303　　B．304

C．305　　D．306

71．秦始皇统一六国之后，鉴于各国文字差异，文化阻隔，实行“书同文”的政策，推行（　　）为标准字体。

A．石鼓文　　B．大篆

C．小篆　　D．隶书

三、多选题

1．隶书成熟于汉代，以下属于汉隶代表作的有（　　）。

A．《石门颂》　　B．《衡方碑》

C．《曹全碑》　　D．《物器碑》

E．《古帖碑》

2．“楷书四大家”包括唐代书法家（　　）和元代书法家赵孟頫。

A．柳公权　　B．颜真卿

C．张旭　　D．怀素

E．欧阳询

3．（　　）被誉为“草圣”。

A．张旭　　B．蔡邕

C．王羲之　　D．张芝

E．苏轼

4．对《史记》说法正确的有（　　）。

A．我国第一部纪传体通史巨著

B．位居我国二十四史之首

C．传记文学的开山之作

D．世界上最早的史书，后世“正史”的楷模

E．被誉为“史家之绝唱，无韵之《离骚》”

5．两汉时期，在中国史学领域产生了两部史学专著，它们是（　　）。

A．《资治通鉴》　　B．《论衡》

C．《史记》　　D．《子虚赋》

E．《汉书》

6．以下与顾恺之有关的说法是（　　）。

A．擅长人物与动物画　　B．第一个明确提出“以形写神”

C．第一个画佛像的画家　　D．代表作有《女史箴图》《洛神赋图》

E．被后人尊为“画圣”

7．下列说法正确的是（　　）。

A．《水浒传》是我国第一部以农民起义为题材的长篇小说

B.《西游记》是我国最杰出的魔幻主义长篇神话小说
C.《三国志》是我国最早的长篇历史小说
D.《红楼梦》是我国古代长篇白话小说的高峰
E.《聊斋志异》是我国古代文言文短篇小说的高峰

8. 汉代的文学体裁主要是（　　）。
A. 哲理散文　　B. 赋
C. 戏剧　　D. 曲
E. 乐府

9. 以下名画哪些是隋唐时期的？（　　）。
A.《洛神赋图》　　B.《送子天王图》
C.《历代帝王图卷》　　D.《游春图》
E.《龙凤人物图》

10. 下列说法正确的有（　　）。
A. 鲁国史书《春秋》是我国第一部编年体史书
B. 左丘明对《春秋》进行加工改造而成《左传》
C. 西汉司马迁的《史记》是我国第一部纪传体通史巨著，位居我国二十四史之首
D. 班固的《汉书》是我国第一部断代体史书
E. 北宋司马光的《资治通鉴》是我国第一部编年体通史巨著

11. 中国古代绘画史上，被称为“元四家”的是（　　）。
A. 倪瓒　　B. 王蒙
C. 吴镇　　D. 赵孟頫
E. 黄公望

12. 对儒家学说说法正确的有（　　）。
A. 孔子主张德政
B. “礼”与“仁”是孔子儒学思想的主要组成部分
C. 孔子思想在中华民族的思想和文化发展史上影响最大、时间最久、程度最深
D. 孟子主张礼法并用，提出“性恶论”强调后天学习的重要性
E. 荀子提出“性善论”，注重个体修养

13. 下列刻石碑文中用小篆书写的是（　　）。
A.《泰山刻石》　　B.《琅琊台刻石》
C.《衡方碑》　　D.《石门颂》
E.《会稽刻石》

14. 颜真卿的（　　）等历来受学书者推崇。
A.《九成宫醴泉铭》　　B.《麻姑仙坛记》

C.《神策军碑》 D.《多宝塔碑》
E.《玄秘塔碑》

15. 在宋代画坛上，画墨竹皆以意趣见长的是（ ）。
A. 米芾 B. 苏轼
C. 米友仁 D. 文同
E. 马远

16. 下列（ ）为“竹林七贤”的代表诗人。
A. 曹植 B. 嵇康
C. 王粲 D. 孔融
E. 阮籍

17. 甲骨文是刻在（ ）上的文字，反映了商朝统治者占卜及当时的社会生活状况。
A. 龟甲 B. 树皮
C. 兽骨 D. 竹签
E. 陶器

18. 下列作品中，属于明代的著名小说是（ ）。
A.《西游记》 B.《三国演义》
C.《红楼梦》 D.《聊斋志异》
E.《水浒传》

19. 下面有关吴道子的描述正确的是（ ）。
A. 他的画风格奔放 B. 是水墨山水的代表
C. 被称为画圣 D. 他的画还注重线条笔法
E. 代表作《送子天王图》

20. 下列属于春秋战国时期“儒家”代表人物的有（ ）。
A. 孔子 B. 孟子
C. 韩非子 D. 庄子
E. 墨子

21. 中国国画按照题材内容可以分为下列哪些种类？（ ）。
A. 人物画 B. 花鸟画
C. 山水画 D. 抽象画
E. 静物画

22. 下列书法家中哪些属于“宋四家”？（ ）。
A. 张择端 B. 苏轼
C. 黄庭坚 D. 米芾
E. 蔡襄

23．道家的代表人物有（　　）。

A．老子　　B．荀子

C．商鞅　　D．韩非

E．庄子

第三节　古代科学技术

一、判断题

1．2015 年中国女药物学家屠呦呦获得“诺贝尔生理学或医学奖”，以表彰她对疟疾治疗所做的贡献。（　　）

2．东汉张衡发明了世界上第一台利用水力转动的地动仪，发明了世界上最早测定地震方位的仪器——浑天仪。（　　）

3．中成药是成品药，分丸、散、膏、丹、片、口服液、药酒等。（　　）

4．尽管宋代的《武经总要》中记载了最早的火药兵器，但我国最迟在唐初就已经发明了火药。（　　）

5．张衡先后创制和改进了十多种天文仪器。（　　）

6．中医治疗疾病的具体方法种类繁多，内容丰富，且各具特色，主要有药物疗法、针灸疗法、火罐疗法、外治疗法、饮食疗法和意念疗法等。（　　）

7．中医强调“治病须治人”，精神治疗至关重要。（　　）

8．中国三大国粹是京剧、国画和武术。（　　）

9．战国时期的《神农本草经》是我国第一部完整的药物学著作。（　　）

10．冬虫夏草具有补虚损、益精气等功效，我国冬虫夏草的主产区在青海省。（　　）

11．中药按加工工艺分为中药材和中成药。（　　）

12．八纲辨证是中医各种辨证的总纲，八纲指阴阳、表里、寒热、虚实八类症候。（　　）

二、单选题

1．中国最早提出勾股定理的数学著作是（　　）。

A.《周髀算经》　　B.《孙子算经》

C.《九章算术》　　D.《五经算术》

2．东汉南阳太守（　　）发明“水排”，利用水利鼓风冶铁，比欧洲早 1000 多年。

A．郦道元　　B．王祯

C．杜诗　　D．曾公亮

3．（　　）是一部从全国范围内对整个农业进行系统研究、总结中国农业生产经验的综合性农学著作，书中图文并茂地介绍了农业生产工具，颇具特色。

A.《汜胜之书》 B.《农书》

C.《农政全书》 D.《齐民要术》

4.（ ）是我国现存最早的天文历算和数学著作，书中有比较复杂的分数运算和开平方的方法，还最早提出了勾股定理。

A.《缀术》 B.《周髀算经》

C.《九章算术》 D.《张丘建算经》

5.（ ）贯穿着“治国治民”的农政思想，是一部集中国古代农学之大成的著作。

A.《汜胜之书》 B.《农书》

C.《农政全书》 D.《齐民要术》

6.（ ）曾经对指南针进行了深入的研究，还发现了磁偏角。

A. 沈括 B. 王祯

C. 孙思邈 D. 曾公亮

7. 中国古代数学形成了完整体系的标志是（ ）。

A.《周脾算经》 B.《九章算术》

C.《缀术》 D.《梦溪笔谈》

8.（ ）与国际通行的公历（格里高利历）基本相同，但比之早了约 300 年。

A.《太初历》 B.《大明历》

C.《大衍历》 D.《授时历》

9. 元代的《授时历》中一年的周期与现行公历基本相同，但问世比现行公历早 300 年，其发明者是（ ）。

A. 僧一行 B. 沈括

C. 张衡 D. 郭守敬

10. 首创望、闻、问、切“四诊法”的著名医师是（ ）。

A. 华佗 B. 李时珍

C. 扁鹊 D. 张仲景

11.（ ）发明了木活字和转轮排字架，使拣字、排字、印刷都得以完善。

A. 王祯 B. 毕昇

C. 沈括 D. 曾公亮

12. 发明了世界上最早测定地震方位的地动仪的是（ ）。

A. 张骞 B. 张仲景

C. 张衡 D. 张陵

13.（ ）中有世界公认的较早的黑子记录。

A.《诗经》 B.《春秋》

C.《甘石星经》 D.《汉书·五行志》

14. 发明活字印刷术的是我国北宋的（　　）。

A. 沈括　　B. 宋慈

C. 米芾　　D. 毕昇

15. 自（　　）造纸术发明之后，纸便逐渐成了书写绘画的主要材料。

A. 宋代　　B. 明代

C. 元代　　D. 汉代

16. 九九乘法口诀在（　　）成为士人的普通知识，有了分数的概念。

A. 春秋　　B. 战国

C. 两汉　　D. 三国

17. “絮纸”是我国造纸术的萌芽，它起源于（　　）。

A. 东汉　　B. 西汉

C. 春秋　　D. 战国

18. 西汉晚期的（　　）一般被认为是我国最早的一部农书。

A.《汜胜之书》　　B.《齐民要术》

C.《农书》　　D.《农政全书》

19. 中国历史上第一次有确切日期的日食纪录在（　　）。

A.《春秋》　　B.《夏历》

C.《甘石星经》　　D.《诗经》

20. 中国人文地理学的开山鼻祖是（　　）。

A. 郦道元　　B. 徐弘祖

C. 王士性　　D. 沈括

21.（　　）发明了世界上第一台利用水力转动的浑天仪。

A. 张衡　　B. 僧一行

C. 苏颂　　D. 落下闳

22. 汉武帝时，开始以正月为岁首，并制定出中国第一部较完整的历书（　　）。

A.《甘石星经》　　B.《太初历》

C.《大衍历》　　D.《授时历》

23.（　　）是我国最早的一部野外考察记录和优秀的地理著作。

A.《水经注》　　B.《五岳游草》

C.《广游志》　　D.《徐霞客游记》

24. 世界上关于哈雷彗星的最早记录保留在（　　）。

A.《甘石星经》　　B.《春秋》

C.《诗经》　　D.《汉书·五行记》

25. 战国时期，世界上最早的天文学著作出现，它就是（　　）。

A.《甘石星经》　　B.《太初历》

C.《大衍历》　　D.《授时历》

26.（　　）是祖冲之所编制。

A.《大衍历》　　B.《大明历》

C.《太初历》　　D.《授时历》

27.（　　）对前代药物学进行了全面总结，是当时世界上内容最丰富，考订最翔实的药物学著作。

A.《洗冤录》　　B.《本草纲目》

C.《千金方》　　D.《唐本草》

28. 我国第一部针灸学专著《针灸甲乙经》作者是（　　）。

A. 张仲景　　B. 华佗

C. 孙思邈　　D. 皇甫谧

29. 成书于唐朝的古代医学名著是（　　）。

A.《伤寒杂病论》　　B.《黄帝内经》

C.《千金方》　　D.《本草纲目》

30. 世界上第一个研究岩溶地貌的人是（　　）。

A. 杜诗　　B. 徐霞客

C. 王士性　　D. 郦道元

31. 纸张成为我国主要书写工具而普遍使用的时期是在（　　）。

A. 西汉　　B. 东汉

C. 魏晋　　D. 三国

32. 被誉为“中国 17 世纪的工艺百科全书”的是（　　）。

A.《水经注》　　B.《梦溪笔谈》

C.《天工开物》　　D.《广游志》

33. 世界上用科学方法实测地球子午线长度的创始人是（　　）。

A. 僧一行　　B. 沈括

C. 张衡　　D. 郭守敬

34. 西周时的商高是见于著述的中国古代第一位（　　）。

A. 医学家　　B. 数学家

C. 天文学家　　D. 农学家

35. 我国最古老最简单的天文仪器是（　　），用来度量日影的长短。

A. 圭表　　B. 浑天仪

C. 水运仪象台　　D. 简仪

36.（　　）最早提出了十进小数的概念。

A. 商高　　B. 祖冲之

C. 张丘建　　D. 刘徽

37.（ ）书中负数的概念以及正负数的加减法运算法则，具有世界意义的成就。

A.《缀术》 B.《周髀算经》

C.《九章算术》 D.《张丘建算经》

38.（ ）是古代地学史上最系统、最完备的水文地理著作。

A.《水经注》 B.《五岳游草》

C.《徐霞客游记》 D.《广游志》

39. 我国最迟在（ ）初就发明了火药。

A. 唐 B. 宋

C. 元 D. 明

40.（ ）等人所编著的《武经总要》中记载了最早的火药兵器、还列有 3 种火药配方。

A. 毕昇 B. 王祯

C. 孙思邈 D. 曾公亮

41.（ ）在他的书中提出将硫黄、硝石、木炭制成药粉用以发火炼丹的配方。

A. 毕昇 B. 王祯

C. 孙思邈 D. 曾公亮

42.（ ）发明了木活字和转轮排字架，使拣字、排字、印刷都得以完善。

A. 毕昇 B. 王祯

C. 孙思邈 D. 曾公亮

43. 世界上第一次把圆周率的数值精确到小数点后第 7 位的数学家是（ ）。

A. 刘徽 B. 祖冲之

C. 沈括 D. 朱载堉

44.（ ）被称为人类“文明之母”。

A. 商高 B. 印刷术

C. 造纸术 D. 刘徽

45.（ ）准确地提出了球体积公式的推算原理。

A. 商高 B. 祖冲之

C. 张丘建 D. 刘徽

46. 南宋时期（ ）的《洗冤集录》是我国第一部系统的法医学著作，比西方早 300 年。

A. 王唯一 B. 刘完素

C. 张从正 D. 宋慈

47.（ ）制造的水运仪象台，它的一套动力装置“可能是欧洲中世纪天文钟的直接祖先”。

A. 张衡 B. 僧一行

C．苏颂　　D．落下闳

48．(　　)开了中医临床辨证论治的先河，被称为“医圣”。

A．华佗　　B．孙思邈

C．张仲景　　D．王叔和

49．(　　)是我国现存最早的一部医书，为中医学奠定了理论基础，历来被中医界奉为理论经典。

A．《黄帝内经》　　B．《神农本草经》

C．《伤寒杂病论》　　D．《脉经》

50．我国现存最早的医书《黄帝内经》是(　　)时期编定的。

A．春秋　　B．战国

C．西汉　　D．东汉

51．(　　)创办世界上第一座医校，比欧洲早200年。

A．唐太宗　　B．唐高宗

C．唐玄宗　　D．唐中宗

52．主要产在我国云南、广西等省区，药性味甘苦微温，具有止血、化瘀、消肿之功效，俗称“金不换”的中药材是(　　)。

A．三七　　B．鹿茸

C．冬虫夏草　　D．阿胶

53．三七的主要产地是(　　)。

A．云南、广西　　B．云南、贵州

C．四川、云南　　D．广东、江西

54．(　　)人参的产量、出口量均居全国首位。

A．黑龙江　　B．辽宁

C．河北　　D．吉林

55．(　　)味甘微苦、性温，具有大补元气、生津、安神之功效。

A．冬虫夏草　　B．鹿茸

C．人参　　D．三七

56．(　　)味甘、性温，具有壮元阳、益精血、强筋骨之功效。

A．冬虫夏草　　B．鹿茸

C．人参　　D．三七

57．(　　)的《脉经》是我国现存最早的脉学著作。

A．华佗　　B．孙思邈

C．张仲景　　D．王叔和

58．世界上最早的、由国家颁布的药典是(　　)。

A．《四部医典》　　B．《唐本草》

C.《千金方》　　D.《本草纲目》

三、多选题

1. 大活络丹与（　　）等都是著名中成药。

A. 漳州片仔癀　　B. 云南白药

C. 六神丸　　D. 安宫牛黄丸

E. 大活络丹

2. 华佗的重大成就有（　　）。

A. 首创了“四诊法”　　B. 发明了“麻沸散”

C. 创造了“五禽戏”　　D. 监制了针灸铜人

E. 编写了《千金方》

3. 下列对我国古代天文学成就的描述中，正确的是（　　）。

A.《诗经》中有中国历史上第一次有确切日期的月食记录

B.《春秋》保存了世界上关于哈雷彗星的最早记录

C.《甘石星经》是世界上最早的天文学著作，书中记录了 800 多个恒星的名字，并划分其星宿与体系，对后世发展颇具影响

D.《汉书・五行志》中有世界公认的较早的黑子记录

E. 隋朝和尚僧一行在世界上第一次测量出地球子午线长度，他通过观察发现了恒星位置移动现象

4. 下列对《九章算术》的描述中，正确的是（　　）。

A. 它是我国古代最重要的数学著作

B. 它的作者是西汉人

C. 其中负数的概念以及正负数的加减法运算法则，是具有世界意义的成就

D. 隋唐时期的刘徽对它的注释是中国数学史上的重要文献，他最早提出十进位小数的概念

E. 它的出现，标志着我国古代数学体系的形成

5. 下列对我国古代四大发明之一的印刷术的描述中，正确的是（　　）。

A. 印刷术被称为人类“文明之母”，是中华民族对世界文明的又一重大贡献

B. 印刷术可以分为雕版印刷术和活字印刷术两种类型

C. 雕版印刷术是在宋朝日臻成熟，开始大量印刷书籍

D.《金刚经》是我国发现最早的标有确切年代的雕版印刷品

E. 北宋毕昇发明了活字印刷术。这是排版印刷的开始，它既经济又快捷，堪称人类印刷史上的空前革命

6. 王士性是中国人文地理学的开山鼻祖，著有（　　）三部地理著作。

A.《水经注》　　B.《五岳游草》

C.《梦溪笔谈》　　D.《广游志》

E.《广志绎》

7. 茶圣、医圣、诗圣分别是（　　）。

A. 李白　　B. 杜甫

C. 华佗　　D. 张仲景

E. 陆羽

8. 中医理论体系的核心是（　　）的方法。

A. 治病须治人　　B. 气治则安

C. 整体观念　　D. 辨证论治

E. 气乱则病

9. 下列古代名医中属于东汉的是（　　）。

A. 扁鹊　　B. 张仲景

C. 王叔和　　D. 华佗

E. 孙思邈

10. 人参具有（　　）之功效。

A. 大补元气　　B. 滋阴壮阳

C. 生津　　D. 安神

E. 美容

11. 下列著作中哪些是医学方面的著述？（　　）。

A.《黄帝内经》　　B.《伤寒杂病论》

C.《千金方》　　D.《齐民要术》

E.《神灭论》

12. 下列成就，属于唐朝的有（　　）。

A. 茶圣陆羽著有茶叶专著《茶经》

B. 第一部编年体通史巨著的出现

C. 天文学家僧一行第一次测出地球子午线的长度

D. 出现了筒车和曲辕犁

E. 祖冲之第一次把圆周率的数值精确到小数点后第七位

第四节　历史文化常识

一、判断题

1. 十天干的顺序依次为甲、乙、丙、丁、戊、己、辛、庚、壬、癸。（　　）

2. 乡试因考期在春天，故又称“春闱”。（　　）

3. 乡试一般每两年一次在各省省城举行，乡试的第一名称为状元。（　　）

4. 光绪三十一年，清统治者决定推行新的学校制度，科举制度宣告废除。（　　）

5. 庙号始于商代，明确称谓于汉代。 （ ）
6. 每三年一次在京城举行的会试中取中者称为“举人”。 （ ）
7. 谥号是古代帝王及官僚死后，根据其生前事迹而加给的称号。属于表同情的有哀、怀、愍、悼。 （ ）
8. 据统计，我国现存姓氏有2500多个，而历史上出现过的姓氏有2.2万个。 （ ）
9. 谥号是古代帝王及官僚死后，根据其生前事迹而追加的称号。 （ ）
10. 五行之间相互影响，形成“相生”“相克”的关系，相生如下：木生火、火生土、土生金、金生水、水生木。 （ ）

二、单选题

1. 一年四季共有二十四节气，其中，前四个节气依次称为（ ）。
A．立春、雨水、惊蛰、春分　　B．雨水、立春、惊蛰、春分
C．立春、惊蛰、雨水、春分　　D．立春、雨水、春分、惊蛰
2. 在中国的农历二十四节气中，在清明与立夏之间的节气是（ ）。
A．惊蛰　　B．谷雨
C．小满　　D．芒种
3. 我国古代分一日为12个时辰，时辰和现在时间有对应关系，如“卯时”对应的时间应为（ ）。
A．1时至3时　　B．3时至5时
C．5时至7时　　D．7时至9时
4. 在中国传统的12时辰中，辰时相当于现在的（ ）。
A．3时—5时　　B．5时—7时
C．7时—9时　　D．9时—11时
5. 周文王将八卦互相搭配变成了六十四卦，其中六十三卦为上坎下离，其中坎、离象征（ ）基本自然物象。
A．天、地　　B．水、火
C．山、风　　D．雷、泽
6. 李白的号是（ ）。
A．放翁　　B．板桥
C．青莲居士　　D．摩诘居士
7. 古人常在名和字外还有号（亦称别号），一般为尊称或美称，如陆游的号是（ ）。
A．青莲居士　　B．稼轩
C．放翁　　D．五柳先生
8. 梁山好汉“智多星”“豹子头”“母夜叉”等。这些都是（ ），大部分是对人

物外貌、能力或品行的概括。

A. 名　　B. 表字

C. 诨号　　D. 别号

9. 诸葛亮字孔明，“亮”与“明”是（　　）。

A. 同义词　　B. 意思相近

C. 意思相反　　D. 相互阐释或补充

10. 中国古代对人称呼常用（　　）。

A. 名　　B. 字

C. 号　　D. 诨号

11. 被称为“秋闱”的科举考试是（　　）。

A. 童试　　B. 乡试

C. 会试　　D. 殿试

12. 二十四节气中小满之后是（　　）。

A. 谷雨　　B. 立夏

C. 芒种　　D. 夏至

13. 按照干支纪年，2018 年是“戊戌”年，那么 2019 年应该是（　　）。

A. 丁申年　　B. 丙申年

C. 己亥年　　D. 丙酉年

14. 参加乡试的是生员，又称（　　），俗称秀才。

A. 贡士　　B. 举子

C. 庠生　　D. 白衣

15. 生肖纪年中与“未”相对的是十二生肖中的（　　）。

A. 狗　　B. 猪

C. 蛇　　D. 羊

16. “周平王元年”“鲁孝公二十七年”是用（　　）纪年来表示的。

A. 帝号纪年法　　B. 年号纪年

C. 星象纪年　　D. 干支纪年

17.《丑末寅初》为天津曲世家骆玉笙演唱的著名鼓曲，该曲从字面上理解指的是（　　）左右。

A. 1 点钟　　B. 2 点钟

C. 3 点钟　　D. 4 点钟

18. 古代纪月，用“孟”“仲”“季”分别纪一年四季春、夏、秋、冬中的三个月。仲春、孟夏、季秋、仲冬依次是指（　　）。

A. 二月、四月、九月、十一月　　B. 正月、五月、八月，十月

C. 三月、四月、七月、十一月　　D. 二月、六月、九月，十月

19. 仲春、季夏、孟秋、季冬分别是指哪几个月（　　）。

A. 二月、六月、七月、十二月　　B. 一月、六月、八月、十二月

C. 三月、六月、八月、十一月　　D. 一月、五月、八月、十一月

20.《清高宗实录》、“开元盛世”中的“高宗”“开元”分别是指（　　）。

A. 庙号、年号　　B. 庙号、尊号

C. 谥号、年号　　D. 谥号、庙号

21. 近代史上“甲午战争”“戊戌变法”“辛亥革命”等重大事件，也是用（　　）来表示的。

A. 帝号纪年法　　B. 年号纪年

C. 星象纪年　　D. 干支纪年

22. 中国古代第一个年号是（　　）。

A. 中大通　　B. 天册万岁

C. 建元　　D. 洪熙

23. 庚午年属于（　　）年。

A. 猴　　B. 蛇

C. 羊　　D. 马

24. 黄巾起义的口号是“岁在甲子，天下大吉”，说明当时民间已普遍使用（　　）的方式。

A. 年号纪年　　B. 干支纪年

C. 庙号纪年　　D. 公历纪年

25. 乡试、会试、殿试中考取第一名考生依次称为（　　）。

A. 会元、解元、状元　　B. 状元、解元、会元

C. 解元、会元、状元　　D. 解元、状元、会元

26. “赐进士出身”是属于廷试的哪一等的成绩？（　　）

A. 一甲　　B. 二甲

C. 三甲　　D. 四甲

27. 会试是由礼部主持的中央级考试，考中者称（　　）。

A. 秀才　　B. 举人

C. 贡士　　D. 进士

28. 用干支纪年，2019 年是“己亥”年，2020 年应该是（　　）。

A. 丁酉年　　B. 庚子年

C. 丁亥年　　D. 己亥年

29. 干支纪年萌芽于西汉，（　　）时以政府命令的形式在全国通行。

A. 东汉　　B. 东晋

C. 西晋　　D. 三国

30. 科举制度是中国古代特有的选官制度，它正式开始于（　　）。

A. 汉朝　　B. 隋朝

C. 唐朝　　D. 宋朝

31. 据统计，我国现存姓氏有（　　）多个。

A. 3500　　B. 3600

C. 3700　　D. 3800

32. 游客从画店中购了一幅近年绘制的国画，上题“岁在甲申明轩画于扬州并记”。已知 2009 年为己丑年，请推算该画创作的年份是（　　）。

A. 2003 年　　B. 2002 年

C. 2004 年　　D. 2005 年

33. 把“玄武门”改为“神武门”，“玄武大帝”改为“真武大帝”是避（　　）皇帝之讳。

A. 康熙　　B. 雍正

C. 乾隆　　D. 道光

34. “周文王”“汉高祖”“皇太后”“康熙”分别属于（　　）。

A. 庙号、尊号、年号、谥号　　B. 尊号、年号、庙号、谥号

C. 谥号、庙号、尊号、年号　　D. 谥号、尊号、庙号、年号

35. 古代科举考试中，考中者称为“举人”的一级考试是（　　）。

A. 院试　　B. 乡试

C. 会试　　D. 殿试

36. 二十四节气中唯一既是节气又是节日的是（　　）。

A. 立春　　B. 清明

C. 冬至　　D. 立冬

37. 五行相克理论中，金克（　　）。

A. 水　　B. 木

C. 土　　D. 火

38. 五行相生理论中，土生（　　）。

A. 水　　B. 木

C. 火　　D. 金

39. 古代称金、木、水、火、土为“五行”，且有相生相克之说，其中木克（　　）。

A. 金　　B. 火

C. 水　　D. 土

40. 用于识别、区分氏族，实行族外婚，即其作用是“别婚姻”的是（　　）。

A. 名　　B. 姓

C．氏　　　　D．字

41.《临川先生文集》中的“王临川”用的是（　　）称谓。

A．别号　　　　B．官爵

C．地望　　　　D．排行

三、多选题

1．下列称谓中使用“庙号”的是（　　）。

A．宋太祖　　　　B．清高宗

C．唐太宗　　　　D．隋炀帝

E．汉武帝

2．避讳的方法有（　　）。

A．缺笔法　　　　B．改读法

C．改字法　　　　D．加笔划法

E．空字法

3．明清科举考试中，关于殿试，正确的说法是（　　）。

A．是由礼部主持的中央级考试

B．一甲只取三名，称作“赐进士及第”

C．二甲称为“赐进士出身”

D．一甲的前三名即状元、榜眼、探花同称“连中三元”

E．因考试在秋季，故又称“秋闱”

4．科举考试中的“连中三元”，是指考生在（　　）中均考取第一名，即解元、会元和状元。

A．院试　　　　B．乡试

C．会试　　　　D．殿试

E．府试

5．中国古代科举考试中的“连中三元”是指（　　）。

A．状元　　　　B．闱元

C．会元　　　　D．解元

E．胪元

6．封建时代科举盛名包括（　　）。

A．荣登榜首　　　　B．连中三元

C．独占鳌头　　　　D．蟾宫折桂

E．金榜题名

7．殿试是科举考试的最高级别，录取者分为三甲，分别赐予（　　）。

A．进士　　　　B．进士及第

C．进士出身　　　　D．同进士出身

E．进士榜首

8．关于八卦，说法正确的是（　　）。

A．离卦象征火　　B．兑卦象征山

C．乾卦象征天　　D．坎卦象征水

E．巽卦象征泽

9．关于八卦，说法正确的有（　　）。

A．八卦是 8 种符号，象征 8 种基本自然物象

B．传说八卦是伏羲画出的

C．八卦中乾代表天，坤代表地

D．八卦中艮代表水，兑代表泽

E．传说后来周文王又把八卦互相搭配变成六十四卦

10．下列关于谥号、庙号和年号，说法正确的有（　　）。

A．对隋以前的帝王一般称谥号

B．唐至元的皇帝通常称庙号

C．朝廷重臣的谥号叫官谥，一般为一两个字

D．新君即位，于次年改用新年号，叫“改元”

E．一般每个朝代的第一个皇帝称“祖”，之后的嗣君都称“宗”

11．在十二生肖（属相）中，“寅虎”之后的三个属相依次是（　　）。

A．丑牛　　B．卯兔

C．辰龙　　D．巳蛇

E．申猴

12．十二地支与十二种动物相配中，正确的有（　　）。

A．寅虎、午马　　B．酉鸡、丑牛

C．卯兔、子鼠　　D．戌狗、亥牛

E．申猴、辰龙

13．在我国二十四节气中，“夏至”之后的两个节气是（　　）。

A．小满　　B．芒种

C．小暑　　D．大暑

E．白露

14．下列节气中，不属于二十四节气的有（　　）。

A．重阳　　B．雨水

C．端午　　D．秋分

E．大寒

15．谥号原寓褒、贬、同情之意，下列属于表扬的是（　　）。

A．文　　B．武

C. 怀　　D. 穆

E. 灵

16. 下列关于谥号、庙号和年号，说法正确的有（　　）。

A. 谥号是古代帝王及官僚死后，根据其生前事迹而加给的称号

B. 谥号寓褒贬同情之意

C. 庙号是帝王死后，其继承者在太庙立室奉祀，并追尊以某祖、某宗的名号

D. 年号始于秦始皇时期

E. 年号是皇帝用以纪年而设置的称号

17. 下列关于谥号的说法中，正确的有（　　）。

A. 西汉开始有谥号　　B. 文、武、昭是表示褒义的

C. 炀、灵、幽是表示贬义的　　D. 哀、怀、愍是表示同情的

E. 帝王死后，其继承者将其追尊为“某宗”“某祖”的名号

18.《红楼梦》中林黛玉的母亲名敏，因此林黛玉读书时，凡遇“敏”字皆念作“密”字，写字遇到“敏”字亦减一二笔。林黛玉在此用了古代避讳中的（　　）。

A. 改字　　B. 空字

C. 缺笔　　D. 改读

E. 删减

19. 在中国古代，平时用到帝王、圣人、长者或尊者的名字时必须设法避开或改写，这称为避讳。避讳有“国讳”“家讳”和“圣人讳”三种。与此对应的避讳方法有（　　）。

A. 改字法　　B. 缺笔法

C. 改读音法　　D. 改纪年法

E. 空字法

20. 对于避讳，说法正确的有（　　）。

A. 中国古代，人们言谈和书写时遇到君父尊亲的名字要设法回避，叫避讳

B. 对帝王及孔子之名，众所共讳，称公讳、君讳或圣讳

C. 人子不能直言父辈尊亲之名，称家讳或私讳

D. 避讳之法一般为改字、空字、缺笔、改读等

E.《红楼梦》中林黛玉的母亲名敏，因此她遇到“敏”要设法回避

21. 下列属于地支的有（　　）。

A. 癸　　B. 酉

C. 寅　　D. 庚

E. 辰

22. 古人用十二地支记辰，因而把一天分为十二个时辰，用地支表示。请问 7 ～ 9 点、13 ～ 15 点、19 ～ 21 点分别是（　　）。

A．辰时　　B．巳时
C．午时　　D．未时
E．戌时

23．下列古代时辰与现在时间对应的关系中，正确的有（　　）。
A．丑时，3 时—5 时　　B．子时，23 时—1 时
C．未时，15 时—17 时　　D．午时，11 时—13 时
E．巳时，9 时—11 时

24．下列关于名、字，说法正确的有（　　）。
A．古人幼时取名以供长辈呼唤
B．字是古人成年后取的别名，与名相表里，又叫“表字”
C．古代男子到 18 岁成人，要举行冠礼，要另取一个字
D．古代女子到了 15 岁许嫁时，要举行笄礼，也要取字
E．名和字在意义上一般是有联系的，字往往是名的阐释和补充

25．下列关于号，说法正确的有（　　）。
A．号，亦称别号，一般为尊称、美称
B．古人在人际交往中，名具有“名以正体”的严肃性，一般用于谦称、卑称
C．下对上、平辈之间，称名不称字
D．在一般情况下直呼对方的名是不礼貌的
E．古人对人称呼常用字

26．下列对名、字、号的解释中，正确的是（　　）。
A．名是一个人区别于其他人的称号
B．古人幼时取名以供长辈呼唤
C．字是古人成年后取的别名，与名相表里，又叫“表字”
D．韩愈字退之，“愈”和“退之”则意义相反
E．号是古人在名和字以外的别名，一般为调侃、戏弄

27．下列与“五行”中的“金”具有对应关系的“五色”“五方”“五脏”和“五音”是（　　）。
A．商　　B．肺
C．西　　D．宫
E．白

28．下列与“五行”中的“水”具有对应关系的是（　　）。
A．北　　B．夏
C．黑　　D．肾
E．角

29．下列关于我国古代的阴阳五行说法中，正确的有（　　）。

A．相互对立或消长的两种现象、事物和联系都可用阴和阳来表示

B．“五行”指金、木、水、火、土

C．五行中的金对应五方中的北

D．阴阳说认为日属阳；月属阴；天属阳，地属阴

E．五行相克中，金克木，木克土，土克火

习题强化答案

第一节　中国历史概述

一、判断题

1．错	2．错	3．错	4．对	5．错
6．对	7．错	8．对	9．对	10．对
11．对	12．错	13．对	14．对	15．对

二、单选题

1．B	2．A	3．D	4．D	5．B
6．C	7．B	8．D	9．D	10．A
11．D	12．C	13．C	14．D	15．C
16．C	17．C	18．D		

三、多选题

1．BCE	2．BD	3．ACE	4．CDE	5．ABCDE
6．ABCD	7．ABDE	8．BCDE	9．ACDE	10．ABDE
11．AC	12．ABD	13．CE	14．ABCDE	15．ACD
16．ABCE	17．ACE			

第二节　古代文化哲学

一、判断题

1．错	2．错	3．对	4．错	5．错
6．错	7．错	8．对	9．对	10．对
11．错	12．对	13．错	14．错	15．错
16．对	17．错	18．错	19．对	20．对
21．对	22．错	23．对	24．对	

二、单选题

1．C	2．A	3．D	4．B	5．D
6．A	7．B	8．A	9．B	10．A
11．B	12．A	13．A	14．A	15．B
16．A	17．A	18．D	19．C	20．A

21. B	22. A	23. B	24. D	25. B
26. B	27. C	28. D	29. C	30. C
31. D	32. A	33. B	34. B	35. C
36. D	37. D	38. D	39. B	40. A
41. C	42. B	43. A	44. D	45. A
46. C	47. C	48. B	49. D	50. A
51. B	52. B	53. B	54. D	55. A
56. C	57. B	58. B	59. C	60. C
61. C	62. A	63. A	64. A	65. C
66. D	67. D	68. C	69. A	70. C
71. C				

三、多选题

1. ABC	2. ABE	3. AD	4. ABCE	5. CE
6. BD	7. ADE	8. BE	9. BCD	10. ABCDE
11. ABCE	12. ABC	13. ABE	14. BD	15. BD
16. BE	17. AC	18. ABE	19. ACDE	20. AB
21. ABC	22. BCDE	23. AE		

第三节　古代科学技术

一、判断题

1. 对	2. 错	3. 对	4. 对	5. 错
6. 错	7. 错	8. 错	9. 错	10. 对
11. 对	12. 对			

二、单选题

1. A	2. C	3. B	4. B	5. C
6. A	7. B	8. D	9. D	10. C
11. A	12. C	13. D	14. D	15. D
16. A	17. B	18. A	19. D	20. C
21. A	22. B	23. D	24. B	25. A
26. B	27. B	28. D	29. C	30. B
31. C	32. C	33. A	34. B	35. A
36. D	37. C	38. A	39. A	40. D
41. C	42. B	43. B	44. B	45. B
46. D	47. C	48. C	49. A	50. C
51. A	52. A	53. A	54. D	55. C

56．B	57．D	58．B		

三、多选题

1．ABCDE	2．BC	3．BCD	4．ACE	5．ABDE
6．BDE	7．BDE	8．CD	9．BD	10．ACD
11．ABC	12．ACD			

第四节　历史文化常识

一、判断题

1．错	2．错	3．错	4．对	5．对
6．错	7．对	8．错	9．对	10．对

二、单选题

1．A	2．B	3．C	4．C	5．B
6．C	7．C	8．C	9．A	10．B
11．B	12．C	13．C	14．C	15．D
16．A	17．C	18．A	19．A	20．A
21．D	22．C	23．D	24．B	25．C
26．B	27．C	28．B	29．A	30．B
31．A	32．C	33．A	34．C	35．B
36．B	37．B	38．D	39．D	40．B
41．C				

三、多选题

1．ABC	2．ABCE	3．BC	4．BCD	5．ACD
6．BCDE	7．BCD	8．ACD	9．ABCE	10．ABCDE
11．BCD	12．ABCE	13．CD	14．AC	15．ABD
16．ABCE	17．BCD	18．CD	19．ABCE	20．ABCDE
21．BCE	22．ADE	23．BDE	24．ABDE	25．ABDE
26．ABCD	27．ABCE	28．ACD	29．ABD	

第四章　中国古代建筑

真题解读

● 【2018 年真题 · 判断】商代已经出现了较为成熟的夯土建筑技术，建造了规模相当大的宫室和陵墓。（　）

【答案】对

【解析】略

【点评】难度较大，考查较偏，判断题作答技巧——拿不准就选对。

● 【2018 年真题 · 判断】在中国古代建筑结构方式中，“穿斗式”结构多用于宫殿、坛庙、寺院等大型建筑。（　）

【答案】错

【解析】“抬梁式”可以使建筑物的面阔和进深加大，以满足扩大室内空间的要求，成为大型宫殿、坛庙、寺观、王府、宅第等豪华壮丽建筑物所采取的主要结构形式。

【点评】简单难度，简单的偷换概念，考查对基本概念的理解。

● 【2018 年真题 · 单选】世界文化遗产西递和宏村均位于安徽省（　）。

A．歙县　　B．黟县

C．休宁县　　D．绩溪县

【答案】B

【解析】西递、宏村古民居位于中国东部安徽省**黟县**境内的黄山风景区。

【点评】难度较大，考查较细。

● 【2018 年真题 · 单选】中国古代帝王在天坛祭天的时间是（　）。

A．冬至　　B．秋分

C．夏至　　D．春分

【答案】A

【解析】郊祭中类别、地点和时间分别是：祭天、南郊、**冬至日**；祭地、北郊、夏至日；祭日、东郊、春分日；祭月、西郊、秋分日。

【点评】难度较大，考查较细。

● 【2018 年真题 · 单选】中国古代规模最大的帝王陵墓是（　）。

A．明长陵　　B．唐乾陵

C．汉茂陵　　D．秦始皇陵

【答案】D

【解析】**秦始皇陵**是中国历史上第一个皇帝嬴政的陵墓，中国古代最大的一座帝王陵墓。

【点评】实属送分题，没什么可说的。

- 【2018 年真题 · 单选】中国现存规模最大、保存最完整的古代城垣是（　　）。

A．西安古城　　B．平遥古城

C．丽江古城　　D．南京古城

【答案】A

【解析】**西安城墙**是中国现存规模最大、保存最完整的古代城垣。现存城墙为明代建筑，全长 13.7 公里，城墙用黄土分层夯筑。

【点评】简单难度，平时训练的重点内容。

- 【2018 年真题 · 单选】南京古城门中，现存规模最大、最完整的堡垒瓮城是（　　）。

A．石城门　　B．神策门

C．聚宝门　　D．清凉门

【答案】C

【解析】南京古城门中聚宝门规模最大，是我国现存最大、最为完整的堡垒瓮城，在我国城垣建筑史上占有极其重要的地位。

【点评】简单难度，平时训练的重点内容。

- 【2018 年真题 · 单选】中国古代第一座启闭式桥梁是（　　）。

A．程阳永济桥　　B．潮州广济桥

C．泉州洛阳桥　　D．苏州宝带桥

【答案】B

【解析】潮州湘子桥，又称**广济桥**，距今已有 800 余年的历史，是我国第一座启闭式桥梁。

【点评】简单难度，平时训练的重点内容。

- 【2018 年真题 · 单选】中国古代建筑中，呈四坡五脊形状的屋顶是（　　）。

A．悬山顶　　B．歇山顶

C．硬山顶　　D．庑殿顶

【答案】D

【解析】庑殿顶，屋面四坡五脊，前后屋面相交形成一条正脊，两侧屋面与前后屋面相交形成四条斜脊，俗称五脊顶。

【点评】中等难度，考查基本的知识识记。

- 【2018 年真题 · 多选】秦始皇统一中国后，以（　　）为基础，修建了著名的万里长城。

A．赵长城　　B．燕长城

C．秦长城　　D．魏长城

E．齐长城

【答案】ABC

【解析】秦始皇统一中国后，以**秦、赵、燕**三国的北方长城作为基础，修缮增筑，成为西起临洮、东至辽东的长城。

【点评】简单难度，考查基本的知识识记。

● 【2018 年真题·多选】中国古代宫殿布局的突出特点有（　　）。

A．中轴对称　　B．左祖右社

C．面朝后市　　D．前朝后寝

E．文东武西

【答案】ABD

【解析】中国古代宫殿建筑的布局特点包括“**严格的中轴对称、左祖右社、前朝后寝**”。

【点评】中等难度，平时经常训练的内容，考查基本的知识识记。

习题强化

第一节　古建筑概述、宫殿与坛庙

一、判断题

1．古代官式建筑中以重檐歇山顶的规格最高，如故宫太和殿。（　　）

2．隋唐时期我国的古代建筑进入了成熟阶段。（　　）

3．攒尖顶屋面在顶部交汇于一点，形成锥形，多在尖端置宝顶装饰。（　　）

4．材料越好、层数越高的台基级别就越高；须弥座台基级别高于普通座台基。（　　）

5．中国传统木构架建筑有“墙倒屋不倒（塌）”的特点。（　　）

6．我国古代宫殿中最高等级的建筑物选用三层须弥座式带汉白玉基座，重檐庑殿顶。（　　）

7．在古建筑中，建筑物侧面间的深度叫“开间”。（　　）

8．我国古代建筑的彩画共有三种，按等级从高到低排列依次为和玺彩画、苏式彩画和旋子彩画。（　　）

9．天坛北圆南方的坛墙和圆形建筑搭配方形外墙的设计，都寓意着“天圆地方”

的宇宙观。（ ）

10. 文溯阁是雍正时期在沈阳故宫西路营造的建筑。（ ）

11. 北京社稷坛按“五行”中五方五色的配置，用五色土覆盖于坛面，以象征“普天之下，莫非王土”和祈求全国风调雨顺、五谷丰登。（ ）

12. 帝王登基后需要进行祭天、地、日、月活动，因都在郊外进行，统称为郊祭。（ ）

13. 按照中国文化的传统习俗，成对的石狮系左雌右雄摆放的。（ ）

14. 天坛为元、明、清三代皇帝祭天祈谷的地方。（ ）

15. 我国古代的标准量器，从小到大依次为斛、斗、升、合、龠。（ ）

16. 北京故宫是世界上现存规模最大、最完整的古代木构建筑群，为元明清三代皇宫。（ ）

17. 地坛是我国现存最大的祭地之坛。（ ）

18. 祭天在南郊，时间是冬至日；祭地在北郊，时间是夏至日。（ ）

19. “前朝”，即为帝王上朝治政、举行大典之处。“后寝”，即为帝王与后妃们生活居住之地。（ ）

20. 古代设在宫殿、城垣、桥梁、陵墓前作为标志和装饰用的大柱称为华表。（ ）

21. 香炉是古代的一种礼器，举行大典时用来燃檀香和松柏枝。（ ）

22. 吉祥缸是置于宫殿前的防火灾用水缸。（ ）

23. 日晷利用太阳的投影和地球自转的原理，借指针所生阴影的位置来显示时间。（ ）

24. 北京故宫三大殿中，太和殿又称为“金銮殿”，系举行重大国典之处；乾清宫则是清皇帝举行殿试的场所。（ ）

25. 天坛南边围墙左右两角呈弧形，北边围墙左右两角呈方形，以象征古人“天圆地方”的观念。（ ）

26. 中国古建筑发展的大转变时期发生在宋代。（ ）

27. 宋朝建筑的规格一般比唐朝小，但比唐朝更为秀丽，绚烂而富于变化，出现了各种复杂形式的殿阁楼台。（ ）

28. 官式建筑屋顶形式级别从高到低依次为重檐庑殿、重檐歇山、单檐歇山、单檐庑殿。（ ）

29. 斗拱是中国古代建筑独特的构件，方形木块叫斗，弓形短木叫拱。（ ）

30. 元代建筑的特点是单体建筑的屋顶坡度平缓、出檐深远，斗拱比例较大，柱子较粗壮，多用板门和直棂窗，风格庄重朴实。（ ）

31. 古建筑柱子的颜色反映了建筑物的级别，其中黄色的级别最高，其次为红色，再其次是黑色。（ ）

32．北京社稷坛其总体形制与太庙相同。 （ ）

33．北京故宫前朝是皇帝奉行大典、召见群臣、行使权力的场所，以太和殿、中和殿、保和殿三大殿为中心。 （ ）

二、单选题

1．我国古代“以中为尊”的意识与古人对（ ）的崇拜有关。

A．泰山　　B．皇帝
C．北极星　　D．祖先

2．中国古代建筑按屋顶的形式区分等级，下列从高到低排序正确的是（ ）。

A．重檐攒尖顶—单檐歇山顶—硬山顶—悬山顶
B．重檐庑殿顶—重檐歇山顶—悬山顶—硬山顶
C．单檐庑殿顶—单檐歇山顶—硬山顶—悬山顶
D．重檐歇山顶—重檐庑殿顶—悬山顶—硬山顶

3．下列宫殿建筑的室外陈设中，象征着国家统一和强盛的是（ ）。

A．华表　　B．日晷
C．嘉量　　D．石狮

4．由四个倾斜的屋面、一条正脊、四条垂脊、四条戗脊组成的屋顶是（ ）。

A．硬山顶　　B．庑殿顶
C．悬山顶　　D．歇山顶

5．大型宫殿、坛庙、寺观、王府、宅第等豪华壮丽建筑物所采取的木构架结构是（ ）。

A．抬梁式　　B．穿斗式
C．井干式　　D．三段式

6．（ ）是世界上现存规模最大，最完整的古代木构建筑群。

A．沈阳故宫　　B．布达拉宫
C．颐和园　　D．北京故宫

7．祭地在北郊的地坛，时间在（ ）。

A．春分日　　B．夏至日
C．秋分日　　D．冬至日

8．故宫太和殿的屋顶形式是（ ）。

A．重檐庑殿顶　　B．重檐攒尖顶
C．悬山顶　　D．硬山顶

9．从柱色来看，（ ）的级别最高。

A．红色　　B．金色
C．黑色　　D．黄色

10．《营造法式》这一建筑文献出现在（ ）。

A．秦代　　B．唐代
C．宋代　　D．明代

11．我国南方民居和较小的殿堂楼阁多采用的木构架结构是（　　）。
A．抬梁式　　B．穿斗式
C．井干式　　D．三段式

12．彩画的使用有严格的等级规定，级别由高到低分为（　　）三种。
A．和玺彩画；旋子彩画；苏式彩画
B．旋子彩画；苏式彩画；和玺彩画
C．和玺彩画；苏式彩画；旋子彩画
D．旋子彩画；和玺彩画；苏式彩画

13．我国现存礼制建筑中规模最大、等级最高的建筑群是北京（　　）。
A．社稷坛　　B．天坛
C．地坛　　D．太庙

14．在（　　）规定，庶民民居不得饰彩画。
A．唐代　　B．宋代
C．元代　　D．明代

15．清朝规定皇宫正殿门为（　　）。
A．红色　　B．金色
C．黑色　　D．黄色

16．可以使建筑物的面阔和进深加大，以满足扩大室内空间的要求的木构架结构形式是（　　）。
A．穿斗式　　B．井干式
C．抬梁式　　D．混合式

17．下列屋顶中，级别最高的是（　　）。
A．重檐庑殿顶　　B．重檐歇山顶
C．重檐攒尖顶　　D．单檐庑殿顶

18．（　　）是一种最原始而简单的木构架结构，在山区林地易见到。
A．抬梁式　　B．穿斗式
C．井干式　　D．三段式

19．有五脊二坡，又称挑山顶的屋顶是（　　）。
A．硬山顶　　B．庑殿顶
C．悬山顶　　D．歇山顶

20．下列屋顶中，级别最低的是（　　）。
A．硬山顶　　B．悬山顶
C．卷棚顶　　D．攒尖顶

21.（　　）没有明显的正脊，颇具曲线所独有的阴柔之美。

A．硬山顶　　B．庑殿顶

C．悬山顶　　D．卷棚顶

22. 故宫保和殿、天安门采用的屋顶是（　　）。

A．重檐庑殿顶　　B．重檐歇山顶

C．重檐攒尖顶　　D．单檐庑殿顶

23. 屋面四坡五脊，前后屋面相交形成一条正脊，两侧屋面与前后屋面相交形成四条斜脊，俗称五脊顶的是（　　）。

A．硬山顶　　B．庑殿顶

C．悬山顶　　D．歇山顶

24. 平面为圆形或多边形，屋面在顶部交会于一点，形成锥形的是（　　）。

A．庑殿顶　　B．歇山顶

C．卷棚顶　　D．攒尖顶

25.（　　）是寺庙佛座上方或宫殿宝座上的凹进部分。含五行以水克火，预防火灾之意。

A．平棊　　B．平闇

C．藻井　　D．天花板

26. 亭是游览观赏性的小建筑，其屋顶以（　　）最多。

A．庑殿顶　　B．歇山顶

C．攒尖顶　　D．盝顶

27. 北京太庙大殿开间是（　　）。

A．5 间　　B．7 间

C．9 间　　D．11 间

28. 隋唐时期是中国古代建筑体系的（　　）。

A．形成时期　　B．发展时期

C．成熟时期　　D．高峰时期

29. 彩画有防潮、防腐、防蛀功能，下列等级最高的彩画是（　　）。

A．苏式彩画　　B．旋子彩画

C．和玺彩画　　D．民间彩画

30. 在中国古建筑中，屋面以中间横向，正脊分前后两面坡、左右两面山墙或与屋面齐平或高出屋面的屋顶形式为（　　）。

A．庑殿顶　　B．歇山顶

C．硬山顶　　D．悬山顶

31. 多用于面积不大的建筑屋顶，屋面较陡，无正脊，数条垂脊交合于顶部，上覆以宝顶。符合这一特点的屋顶形式是（　　）。

A．庑殿顶　　B．歇山顶
C．盝顶　　D．攒尖顶

32．中国古代建筑最有特色的部分为（　　）
A．台基　　B．屋顶
C．屋檐　　D．屋脊

33．（　　）被中国古建筑学家称为世界建筑史之奇迹“唯一的孤例”，不仅是儒家文化的载体，更是一座屹立于世界东方的文化艺术殿堂。
A．地坛　　B．北京社稷坛
C．天坛　　D．曲阜孔庙

34．明清帝王在（　　）祭祀祖先。
A．天坛　　B．地坛
C．太庙　　D．社稷坛

35．（　　）是我国现存最大、最完整的宫殿建筑群。
A．武当山古建筑群　　B．承德避暑山庄
C．曲阜三孔　　D．北京明清故宫

36．北京故宫为明清两代的皇宫，有（　　）位皇帝相继在此登基执政。
A．14　　B．24
C．34　　D．44

37．（　　）今为劳动人民文化宫。
A．天坛　　B．故宫
C．太庙　　D．社稷坛

38．中国古代宫殿左前方设祖庙，用来祭祀（　　）。
A．祖先　　B．土地神
C．粮食神　　D．圣人

39．以下关于宫殿外陈设的叙述，错误的是（　　）。
A．吉祥缸，又称为“门海”，比喻缸中水似海可以扑灭火灾
B．嘉量象征着国家的统一和强盛
C．日晷是用来显示时间的工具
D．石狮摆放一般为左雌右雄

40．为表示君权“受命于天”，皇帝必须亲自去天坛祭天。祭天在京城南郊，时间在（　　）。
A．冬至日　　B．夏至日
C．春分日　　D．秋分日

41．下列宫殿中，位于沈阳故宫的是（　　）。
A．养心殿　　B．武英殿

C．交泰殿　　D．崇政殿

42．北京天坛由五组建筑组成，其中用于祭天的建筑是（　　）。

A．圜丘坛　　B．祈年殿

C．皇穹宇　　D．斋宫

43．天坛、地坛、日坛、月坛分别是封建皇帝祭天、地、日、月之所，分别位于北京城的（　　）。

A．南郊、北郊、西郊、东郊　　B．南郊、北郊、东郊、西郊

C．南郊、东郊、西郊、北郊　　D．南郊、西郊、北郊、东郊

44．宫殿等皇家建筑充分反映了以皇权为核心的（　　）思想。

A．等级　　B．统治

C．礼制　　D．宗法

45．始建于七世纪的布达拉宫是举世闻名的（　　）。

A．殿宇式建筑群　　B．干栏式建筑群

C．独立封闭式瓦房建筑　　D．宫堡式建筑

46．北京故宫是我国（　　）两代的皇宫。

A．秦汉　　B．隋唐

C．宋元　　D．明清

47．故宫中吉祥缸的用途是（　　）。

A．标准量器　　B．装饰

C．盛满清水以防火灾　　D．象征长寿

48．地坛的形状呈（　　）。

A．圆形　　B．方形

C．土字形　　D．工字形

49．古代宫殿外都有各种陈设，其中具有避邪作用的是（　　）。

A．华表　　B．石狮

C．吉祥缸　　D．铜龟铜鹤

50．故宫博物院成立于（　　）年。

A．1919　　B．1925

C．1949　　D．1987

51．皇帝举行登基大典、庆典、接受文武百官朝贺的地方为（　　）。

A．太和殿　　B．中和殿

C．保和殿　　D．乾清宫

52．专供帝王祭祀土地神、粮食神的坛庙建筑被称为（　　）。

A．社稷坛　　B．天坛

C．地坛　　D．太庙

53. 故宫是世界上现存规模最大、最完整的古代木构建筑群，为明清两代的皇宫，清代后期（　　）作为殿试的场所。

A. 太和殿　　B. 中和殿

C. 保和殿　　D. 交泰殿

54. 万物由天而生，因而历朝历代封建帝王建起了祭天、祭祖、祭社稷的坛庙建筑。体现了中国古代（　　）的传统思想。

A. 敬天祀祖　　B. 皇权至上

C. 阴阳五行　　D. 仁义道德

55. 便于施工，最能抗震，但较难建成大型殿阁楼台，常见于我国南方民居的木构架结构是（　　）。

A. 抬梁式　　B. 井干式

C. 穿斗式　　D. 斗拱式

56. 中国古代建筑的主要结构方式是（　　）。

A. 砖木结构　　B. 木结构

C. 混凝土结构　　D. 夯土结构

57. 硬山顶高出的山墙，主要的作用是（　　）。

A. 美观装饰　　B. 防风采光

C. 防止火灾蔓延　　D. 挡风避邪

58. 下列选项中，位于沈阳故宫东路的建筑是（　　）。

A. 崇政殿　　B. 大政殿

C. 文溯阁　　D. 仰熙斋

59. 历代帝王登基后，要在（　　）亲自去天坛祭天，以表示君权“受命于天”，且要秉承天意治理国家。

A. 冬至日　　B. 夏至日

C. 春分日　　D. 秋分日

60. 北京社稷坛是按“五行”中五方五色配置的，其中，南方为（　　）。

A. 青色　　B. 白色

C. 红色　　D. 黄色

61. 布达拉宫主体建筑中，（　　）主要是达赖喇嘛的灵塔和各类佛殿。

A. 白宫　　B. 红宫

C. 冬宫　　D. 红山

62. 按照中国文化的传统习俗，成对石狮左雄右雌，雌狮爪下为（　　）。

A. 球　　B. 幼狮

C. 祥云　　D. 龙

63. 故宫三大殿中，（　　）建筑等级方面地位仅次于太和殿，为重檐歇山顶，是皇帝节日宴请各亲王藩属的地方。

A. 中和殿　　B. 保和殿

C. 乾清宫　　D. 坤宁宫

64. 我国古时的标准量器是（　　）。

A. 斛　　B. 日晷

C. 嘉量　　D. 樽

65.（　　）竖立在皇宫和帝王陵墓之前，将其作为皇家建筑的特殊标志。

A. 华表　　B. 石狮

C. 吉祥缸　　D. 铜鹤

66. 清代（　　）在沈阳故宫即位称帝。

A. 清太宗皇太极　　B. 清世祖福临

C. 清圣祖玄烨　　D. 清太祖努尔哈赤

三、多选题

1. 置于宫殿前盛满清水以防火灾的水缸，被称为（　　）。

A. 嘉量　　B. 门海

C. 福海　　D. 吉祥缸

E. 如意缸

2. 北京故宫内廷有三座花园，分别是（　　）。

A. 宁寿宫花园　　B. 清宁宫花园

C. 慈宁宫花园　　D. 坤宁宫花园

E. 御花园

3. 下列关于宫殿布局的说法正确的是（　　）。

A. 左祖右社是中国礼制思想的一个重要体现

B. 所谓“左祖”是在宫殿左前方设祖庙

C. 祖庙也称太庙，是帝王祭祀祖先的地方

D. 所谓“右社”是在宫殿右前方设社稷坛

E. 社为土地，稷为粮食，社稷坛是帝王祭祀土地神、粮食神的地方

4. 传统思想在古代建筑中，主要体现在（　　）。

A. 敬天祀祖　　B. 皇权至上

C. 以中为尊　　D. 阴阳五行

E. 实用思想

5. 下列屋顶形式中，有重檐的是（　　）。

A. 庑殿顶　　B. 歇山顶

C. 硬山顶　　D. 悬山顶

E. 攒尖顶

6. 我国古代建筑处处体现出“以中为尊”，中轴线几乎成为我国古建筑群体现（ ）和（ ）的凝固线。

A. 神权 B. 皇权

C. 政权 D. 民权

E. 人权

7. 中国古代建筑以其（ ）和在世界建筑史上占有重要地位，被称为“凝固的诗，立体的画”。

A. 独特的取材 B. 巧妙的结构

C. 别具风格的造型艺术 D. 多种屋顶形式

E. 丰富的彩画

8.（ ）是我国古代建筑最具特色的外观特征。

A. 大屋顶 B. 飞腾的挑檐

C. 丰富的色彩 D. 高大的台基

E. 多样的彩画

9. 以下关于台基的描述正确的是（ ）。

A. 承托建筑物

B. 防潮、防腐

C. 防火、防雷击

D. 根据材料、层数和结构的不同来区分等级

E. 须弥座台基的等级高于普通座台基

10. 我国古代建筑的基本特征有以下哪几方面？（ ）

A. 巧妙而科学的木构架结构 B. 庭院式的组群布局

C. 丰富多彩的艺术形象 D. 古代建筑森严的等级

E. 对称的布局结构

11. 彩画多出现于（ ）等构件上，构图与构件形状紧密结合，绘制精巧、色彩丰富。

A. 梁枋 B. 斗拱

C. 天花 D. 门柱

E. 藻井

12. 在下列现存古代建筑中，建于唐代的有（ ）。

A. 山西太原晋祠圣母殿 B. 山西五台山南禅寺部分建筑

C. 河北正定隆兴寺 D. 山西五台山佛光寺部分建筑

E. 浙江宁波保国寺

13. 中国古代建筑台基的作用主要是（ ）。

A. 承托建筑物 B. 防潮

C．防腐　　D．防火

E．增强单体建筑的高大雄伟

14．北京天坛以（　　）为主体建筑。

A．圜丘坛　　B．斋宫

C．祈年殿　　D．皇穹宇

E．神库

15．下列动物中，象征长寿的有（　　）。

A．狮子　　B．鸽子

C．铜鹤　　D．铜龟

E．金鱼

16．下面关于石狮子的描述正确的是（　　）。

A．辟邪的作用　　B．显示尊贵和威严

C．左雌右雄　　D．雄狮爪下为球，象征着一统天下

E．雌狮爪下踩幼狮，象征着子孙绵延

17．在布局上，天坛按照使用性质的不同划分为神乐署和（　　）等五组建筑。

A．圜丘坛　　B．皇穹宇

C．祈年殿　　D．享殿

E．斋宫

18．祭祀天、地、日、月等活动，是历代帝王登基后的重要活动，下列说法正确的是（　　）。

A．祭天在南郊的天坛，时间在冬至日

B．祭地在北郊的地坛，时间在夏至日

C．祭日于东郊的日坛，时间在秋分日

D．祭月于西郊的月坛，时间在春分日

E．祭天、地、日、月等活动都在郊外进行

19．下面关于嘉量的描述正确的是（　　）。

A．古代的计时工具

B．古代的标准量器

C．古代的一种礼器

D．全套从大到小依次为斛、斗、升、合、龠

E．象征着国家的统一和强盛

20．以下关于布达拉宫描述正确的是（　　）。

A．位于西藏拉萨市的红山上

B．是一座规模宏大的宫堡式建筑群

C．始建于7世纪吐蕃赞普松赞干布时期

D．主体建筑分白宫和红宫

E．红宫是达赖喇嘛的冬宫，白宫主要是达赖喇嘛的灵塔殿和各类佛殿

21．北京故宫内廷的主要建筑有（　　）。

A．乾清宫　　B．崇政殿

C．交泰殿　　D．清宁宫

E．坤宁宫

22．故宫前朝三大殿是（　　）。

A．交泰殿　　B．太和殿

C．中和殿　　D．保和殿

E．养心殿

23．与北京故宫并称中国四大古建筑群的包括（　　）。

A．万里长城　　B．承德避暑山庄

C．岱庙　　D．曲阜三孔

E．秦始皇陵

24．（　　）并称中国古代三大宫殿式建筑。

A．泰山天贶殿　　B．北京故宫太和殿

C．曲阜孔庙大成殿　　D．三清山三清殿

E．承德避暑山庄澹泊敬诚殿

25．中国古代的社稷坛主要用来祭祀（　　）神明。

A．祖先　　B．粮食神

C．土地神　　D．孔子

E．关羽

26．中国古代皇帝进行的郊祭活动有（　　）。

A．祭天　　B．祭地

C．祭日　　D．祭月

E．祭祖先

27．下列属于宫殿的陈设的是（　　）。

A．华表　　B．左祖右社

C．日晷　　D．嘉量

E．吉祥缸

28．我国古代宫殿布局“左祖右社”体现了中国礼制思想中（　　）的思想。

A．以示辟邪　　B．崇敬祖先

C．提倡孝道　　D．祭祀土地神

E．祭祀粮食神

29．下列关于北京故宫保和殿的叙述中，正确的是（　　）。

A. 重檐歇山式屋顶　　B. 俗称“金銮殿”
C. 皇帝上朝前小憩之所　　D. 皇帝举行登基大典的地方
E. 元旦等节日皇帝宴请亲王、藩属的地方

30. 歇山顶由（　　）构成。
A. 一条正脊　　B. 四条垂脊
C. 四条戗脊　　D. 四条斜脊
E. 四条扒梁

31. 下列关于中国古代建筑基本构件的表述，正确的选项是（　　）。
A. 须弥座台基级别高于普通座台基
B. 面阔间数越多，建筑物级别越高
C. 斗拱是中国古代建筑独特的构件，其中方形木块叫斗
D. 和玺彩画是等级最高的彩画
E. 官式建筑中重檐庑殿顶规格最高

32. 对于中国古代建筑表示级别的说法，下列表述正确的是（　　）。
A. 旋子彩画是彩画级别中的最高等级
B. 须弥座台基级别高于普通座台基
C. 苏式彩画是彩画级别中的最低等级
D. 面阔间数越多，建筑物级别越高
E. 歇山式屋顶级别仅次于庑殿式

33. 沈阳故宫中路，皇太极时期续建的建筑有（　　）。
A. 大清门　　B. 崇政殿
C. 凤凰楼　　D. 清宁宫
E. 大政殿

34. 关于中国宫殿外陈设说法正确的是（　　）。
A. 华表设立在皇宫和帝王陵园之前，作为皇家建筑的特殊标志
B. 嘉量是我国古时的标准量器，全套从大到小依次为龠、合、升、斗、斛
C. 石狮有辟邪、表示尊贵和威严的作用
D. 吉祥缸也称门海，其实是一种消防设施
E. 铜龟、铜鹤的陈设象征长寿

35. 关于中国现存著名宫殿，描述正确的是（　　）。
A. 北京故宫是世界上现存规模最大的古代木结构建筑群
B. 沈阳故宫的西路建筑为乾隆时期所增建
C. 布达拉宫在 17 世纪之后成为历代班禅的驻地
D. 沈阳故宫主体建筑分为白宫和红宫
E. 明清 24 位皇帝相继在北京故宫登基执政

36. 明清时期与帝王宫殿建在一起的坛庙有（　　）。

A. 社稷坛　　B. 日坛

C. 地坛　　D. 祖庙

E. 天坛

37. 北京社稷坛坛面是按“五行”中五方五色配置的，以下配置正确的是（　　）。

A. 中央为黄土　　B. 东方为青土

C. 南方为红土　　D. 西方为黑土

E. 北方为白土

第二节　陵墓

一、判断题

1. 木椁墓室取代砖石墓室是中国古代陵墓制度一次划时代的变化。（　　）
2. 秦始皇陵位于陕西临潼，北宋陵位于河南开封。（　　）
3. 汉茂陵是汉武帝刘彻的陵墓，位于陕西兴平市，周围有霍去病、卫青等 20 余个陪葬墓。（　　）
4. 我国古代的墓室结构依次经历了土穴墓、砖石墓和木椁墓三个发展阶段。（　　）
5. 清代帝王陵全部集中在辽宁和河北两省境内。（　　）
6. 到了唐朝，陵前的神道石刻有了很大的发展，大型的“石像生”仪仗队石刻已经形成。（　　）
7. 宋代帝王陵恢复了“方上”形式，规模要比秦汉时代大得多。（　　）
8. 唐代陵墓封土形式改为“以山为陵”，唐乾陵为典型。（　　）
9. 位于明十三陵区正中的是长陵。（　　）
10. 汉茂陵是西汉帝王陵中规模最大的一座。（　　）

二、单选题

1. 唐代帝王陵墓封土的形式是（　　）。

A. 方上　　B. 以山为陵

C. 陵台　　D. 宝城宝顶

2. 清东陵位于（　　）。

A. 北京昌平区　　B. 辽宁沈阳市

C. 河北遵化市　　D. 陕西乾县

3. 在明十三陵中，以雄伟的地面建筑闻名于世的陵墓是（　　）。

A. 定陵　　B. 长陵

C. 景陵　　D. 永陵

4. 明十三陵中央陵区的长陵是（　　）的坟墓。

A．朱元璋　　B．朱棣
C．朱允炆　　D．朱翊钧

5．从汉代开始，普遍采用（　　），这是中国古代陵墓制度一次划时代的大变化。
A．土穴墓　　B．木椁墓
C．砖石墓　　D．石室墓

6．唐高宗和女皇武则天的合葬墓是（　　）。
A．唐乾陵　　B．唐昭陵
C．唐定陵　　D．唐泰陵

7．从汉到隋、唐、宋、元、明、清各代，砖石砌筑的墓室和地宫不断发展，最著名的地下宫殿是明代万历皇帝的（　　）。
A．明孝陵　　B．明显陵
C．明定陵　　D．明长陵

8．下列陵墓中，地点在南京的有（　　）。
A．明孝陵　　B．明显陵
C．唐乾陵　　D．明十三陵

9．下列陵墓中，地点在今湖北省的有（　　）。
A．明孝陵　　B．明显陵
C．唐乾陵　　D．明十三陵

10．大约从（　　）开始，出现“封土为坟”的做法。
A．夏朝　　B．商朝
C．周朝　　D．秦朝

11．（　　）规划布局和建筑手法独特，在明代帝陵规制中具有承上启下的作用。尤其是“一陵两冢”的陵寝结构为历代帝王陵墓所绝无仅有。
A．明定陵　　B．明孝陵
C．明长陵　　D．明显陵

12．湖南长沙马王堆的西汉墓，属于（　　）。
A．土穴墓　　B．木椁墓
C．空心砖墓　　D．石室墓

13．（　　）位于陕西西安临潼，是中国古代最大，也是世界最大的帝王陵墓。
A．秦始皇陵　　B．汉茂陵
C．唐昭陵　　D．唐乾陵

14．封建帝王陵墓的封土因时代不同而不同，下列描述全对的一组是（　　）。
A．秦汉两代为“方上”、唐代改为“以山为陵”、宋代恢复“方上”、明清两代的“宝城宝顶”形式
B．秦汉两代为“方上”、唐代改为“以山为陵”、宋代恢复“以山为陵”、明清

两代的“宝城宝顶”形式

C．秦汉两代为“宝城宝顶”、唐代改为“方上”、宋代恢复“以山为陵”、明清两代的“以山为陵”形式

D．秦汉两代为“宝城宝顶”、唐代改为“方上”、宋代恢复“以山为陵”、明清两代的“方上”形式

15．用来祭祀之用的陵墓建筑物是（　　）。

A．朝房　　B．祭殿

C．神道　　D．护陵监

16．砖石墓出现的时期是（　　）。

A．原始社会　　B．商周时期

C．秦朝　　D．西汉

17．下面中国古代帝王陵墓中，其封土采用“宝城宝顶”形制的为（　　）。

A．唐乾陵　　B．秦始皇陵

C．唐昭陵　　D．明定陵

18．明神宗万历皇帝朱翊钧的陵墓是下列哪一个皇帝陵？（　　）

A．孝陵　　B．长陵

C．定陵　　D．永陵

19．“宝城宝顶”是（　　）时期的封土形式。

A．秦汉　　B．宋

C．唐　　D．明清

20．汉茂陵历时（　　）修建完成。

A．52 年　　B．53 年

C．54 年　　D．55 年

21．秦始皇兵马俑坑是在（　　）发现的。

A．1974 年　　B．1978 年

C．1988 年　　D．1989 年

22．（　　）是明朝开国皇帝朱元璋的陵墓。

A．明孝陵　　B．明显陵

C．明献陵　　D．明茂陵

23．进入阶级社会后，在统治阶级中流行（　　）。

A．土穴墓　　B．木椁墓

C．砖石墓　　D．悬棺墓

24．在原始社会早期，墓室结构为（　　）。

A．土穴墓　　B．木椁墓

C．空心砖墓　　D．石墓

25. 历时 53 年修葺完成，汉代帝王陵墓中规模最大的汉茂陵是（　　）的陵墓。

A. 汉高祖刘邦　　B. 汉惠帝刘盈

C. 汉武帝刘彻　　D. 汉景帝刘启

26.（　　）是最具代表性的“方上”陵墓。

A. 秦始皇陵　　B. 明孝陵

C. 清东陵　　D. 唐乾陵

三、多选题

1. 采用“方上”的封土方式建筑帝王陵墓盛行于（　　）。

A. 明清　　B. 宋

C. 唐　　D. 秦汉

E. 战国

2. 以下帝王陵寝“以山为陵”的是（　　）。

A. 秦始皇陵　　B. 唐昭陵

C. 唐乾陵　　D. 明十三陵

E. 清东陵

3. 帝王陵的地面建筑主要包括（　　）。

A. 祭祀建筑区　　B. 地宫

C. 神道　　D. 护陵监

E. 石牌坊

4. 清代帝王陵墓位于河北的是（　　）。

A. 福陵　　B. 永陵

C. 昭陵　　D. 清东陵

E. 清西陵

5. 山东曲阜“三孔”是指（　　）。

A. 孔府　　B. 孔庙

C. 孔碑　　D. 孔林

E. 孔塔

6. 以下关于汉茂陵描述正确的是（　　）。

A. 位于陕西省兴平市

B. 是汉武帝刘彻的陵墓

C. 历时 53 年才修成，是“汉兴厚葬”的典型

D. 茂陵周围还有霍去病、卫青等 20 余个陪葬墓

E. 是西汉帝王陵中规模最大的一座

7. 清陵中，地点在辽宁的有（　　）。

A. 永陵　　B. 福陵

C．昭陵　　D．清东陵

E．清西陵

8．以下陵墓封土形式依次为方上、以山为陵、宝城宝顶的是（　　）。

A．唐乾陵；北宋陵；清东陵　　B．唐乾陵；汉茂陵；清东陵

C．秦始皇陵；唐乾陵；明定陵　　D．北宋陵；唐乾陵；清景陵

E．汉茂陵；明长陵；清福陵

9．下列陵墓中，地点在陕西的有（　　）。

A．秦始皇陵　　B．汉茂陵

C．唐乾陵　　D．北宋陵

E．明十三陵

10．明代皇陵主要分布在（　　）地区。

A．北京　　B．天津

C．南京　　D．河北

E．湖北

11．清代帝王陵墓主要集中在（　　）。

A．辽宁新宾　　B．辽宁沈阳

C．河北遵化　　D．北京昌平

E．河北易县

12．以下帝王陵寝封土为“宝城宝顶”的是（　　）。

A．汉茂陵　　B．明显陵

C．唐乾陵　　D．清西陵

E．明十三陵

13．下列关于古代帝王陵墓封土的说法中，正确的有（　　）。

A．秦汉时期为“方上”形式

B．唐朝时期为“以山为陵”形式

C．宋朝时期延续“以山为陵”的形式

D．明清时期为“宝城宝顶”形式

E．宋代恢复“方上”的形式，但不是简单重复

14．以下有关宝城宝顶的表述正确的是（　　）。

A．唐乾陵为典型例子

B．在地宫上砌筑高大的圆形砖城，于砖城内填上土，使之高出城墙成一圆顶，这一圆顶即为宝顶

C．宝城上建有明楼

D．明楼内立石碑，刻着皇帝的庙号、谥号

E．封土呈覆斗形

第三节 古城、古长城与古镇古村

一、判断题

1. 居庸关位于北京市昌平区境内，其得名始自汉代。 ( )
2. 我国古城的城垣一般有两重，外面的称城，里面的称郭。 ( )
3. 城墙是长城沿线的重要据点，通常设在交通要冲，并有几道关墙，设置关门等。 ( )
4. 八达岭是丝绸之路上的重要一站，也是目前保存最完整的一座城关，被誉为“天下第一雄关”。 ( )
5. 长城上著名的关隘有山海关、居庸关和嘉峪关等。 ( )
6. 明长城东起山海关，西至嘉峪关，全长 7000 多千米。 ( )
7. 嘉峪关是明代万里长城西端的终点。 ( )
8. 明南京城墙原有 13 座城门，保存至今的有聚宝、石城、神策、清凉四座，其中以聚宝门规模最大。 ( )
9. 我国现存的著名古代城池有江苏南京古城、陕西西安古城、山西平遥古城和云南丽江古城。 ( )

二、单选题

1. 我国现存最大、最为完整的堡垒瓮城是（ ）。
   A．北京正阳门 B．南京聚宝门
   C．西安永宁门 D．平遥东门
2. 我国明长城保存最完整、最具有代表性的段落是（ ）。
   A．八达岭长城 B．金山岭长城
   C．慕田峪长城 D．司马台长城
3. 沈阳故宫按照建筑布局和建造时间分为东、中、西三路，三路上的重要建筑依次是（ ）。
   A．崇政殿，文溯阁，大政殿 B．大政殿，文溯阁，崇政殿
   C．大政殿，崇政殿，文溯阁 D．崇政殿，大政殿，文溯阁
4. （ ）城外有护城河，城内街道、集市、楼房、商店均保留原有形制，是研究我国明代县城建置的实物资料。
   A．南京古城 B．西安古城
   C．平遥古城 D．丽江古城
5. （ ）是长城入海的端头部分，有“中华之魂”的盛誉。
   A．八达岭长城 B．居庸关
   C．嘉峪关 D．老龙头长城
6. 据文献记载，春秋时（ ）最早修筑长城数百里，称“方城”。

A．齐国　　B．楚国

C．秦国　　D．赵国

7.（　　）城垣内侧周长 33 千米，为世界第一。

A．南京古城　　B．西安古城

C．平遥古城　　D．丽江古城

8．八达岭长城是我国（　　）长城中保存最完整、最具有代表性的段落之一。

A．楚国　　B．秦代

C．汉代　　D．明代

9．素有万里长城第一关之称的是（　　）。

A．居庸关　　B．嘉峪关

C．娘子关　　D．山海关

10．在下列我国著名的古城池中，具有浓厚的民族特色，同时融合了外来建筑特色的是（　　）。

A．江苏南京城　　B．陕西西安古城

C．云南丽江古城　　D．山西平遥古城

11．我国历史上规模最大、长度达 1 万公里的古长城是（　　）。

A．秦长城　　B．楚长城

C．汉长城　　D．明长城

12．我国被列入《世界遗产名录》，没有森严城墙的古城是（　　）。

A．徽州古城　　B．阆中古城

C．丽江古城　　D．商丘古城

13．在历史上曾保护过丝绸之路的长城是（　　）。

A．秦长城　　B．汉长城

C．隋长城　　D．明长城

14．长城的建筑主体是（　　）。

A．城墙　　B．敌台

C．烽堠　　D．关隘

15．“苗疆长城”位于（　　）。

A．山西大同　　B．甘肃玉门

C．浙江临海　　D．湖南湘西

16．现存世界最长的古城城垣属于（　　）。

A．西安古城　　B．丽江古城

C．平遥古城　　D．南京古城

17．下列村落中首批列入中国历史文化名村的是（　　）。

A．浙江武义俞源村　　B．北京门头沟灵水村

C．山西阳城皇城村　　D．安徽歙县渔梁村

18．下列古镇中首批入选中国历史文化名镇的是（　　）。

A．福建永定下洋镇　　B．福建上杭古田镇

C．浙江象山石浦镇　　D．浙江湖州南浔镇

三、多选题

1．长城的结构主要包括（　　）等部分。

A．箭楼　　B．关隘

C．敌台　　D．城墙

E．烽火台

2．下列关于中国古长城的表述中，正确的有（　　）。

A．据文献记载，春秋时楚国最早修筑长城

B．秦始皇统一中国后，以秦、赵、燕三国的北方长城作为基础，修缮增筑，成为西起临洮、东至辽东的长城

C．汉武帝在三次征服匈奴的基础上所修筑的长城，是规模最大的古长城

D．明长城东起嘉峪关，西至西宁

E．是中国古代规模最宏大的防御工程

3．下列关于丽江古城的描述正确的是（　　）。

A．位于云南西北部　　B．始建于南宋末年

C．未受中原建城礼制影响　　D．城中道路网不规则

E．黑龙潭是古城的主要水源

4．秦长城的起始点分别是（　　）。

A．临洮　　B．嘉峪关

C．辽东　　D．鸭绿江

E．蒲昌海

5．汉长城的起始点分别是（　　）。

A．临洮　　B．嘉峪关

C．辽东　　D．鸭绿江

E．蒲昌海

6．南京古城原有城门 13 座，其中（　　）四门保存至今。

A．聚宝　　B．玄武

C．石城　　D．神策

E．清凉

7．中国古代城墙上的防御工事有（　　）。

A．城楼　　B．角楼

C．垛口　　D．关隘

E．烽堠

8．以下有关嘉峪关的表述正确的是（　　）。

A．明代万里长城西端的终点

B．有“天下第一雄关”的美名

C．关城平面呈方形

D．关城中有一过街塔基座，名云台

E．目前保存最完整的一座城关

9．下列关于长城的说法正确的有（　　）。

A．长城是中国古代规模最宏大的防御工程

B．八达岭长城是明代长城中保存最完好、最具代表性的一段

C．“两京锁钥无双地，万里长城第一关”写的是嘉峪关

D．居庸关取“徙居庸徒”之意，居庸关是北京西北的门户

E．长城上利用举火和燃烟来传达军情的高台建筑是烽火台

10．下列名镇中，首批被列入中国历史文化名镇名录的有（　　）。

A．浙江省乌镇　　B．福建省古田镇

C．江苏省周庄镇　　D．河北省暖泉镇

E．江西省瑶里镇

11．秦始皇统一六国后，以（　　）三国的北方长城作为基础，修缮增筑，成为西起临洮、东至辽东的长城。

A．齐　　B．秦

C．燕　　D．赵

E．魏

第四节　古楼阁、古石桥和佛塔

一、判断题

1．滕王阁屡毁屡建，现在的建筑是于 1989 年按照梁思成绘制草图重建的，主体建筑为宋式仿木结构。（　　）

2．妙应寺白塔属于典型的覆钵式塔。（　　）

3．崇圣寺三塔是大理“文献名邦”的象征，是云南古代历史文化的象征，也是中国南方最古老、最雄伟的建筑之一。（　　）

4．北宋蔡襄主持修建的我国著名连拱石桥泉州洛阳桥以其“种蛎固基法”的科学创新而著称于世。（　　）

5．广济桥是我国第一座启闭式桥梁。（　　）

6．安济桥是世界上现存最大的敞肩桥。（　　）

二、单选题

1．中国现存最大的盝顶建筑是（　　）。

A．烟雨楼　　B．滕王阁
C．岳阳楼　　D．黄鹤楼

2．（　　）成为古桥中最富有生命力的一种桥型。

A．梁桥　　B．浮桥
C．索桥　　D．拱桥

3．为了使桥基和桥墩石胶结牢固，采用“种蛎固基法”的是（　　）。

A．河北赵州桥　　B．北京卢沟桥
C．苏州宝带桥　　D．泉州洛阳桥

4．下列古桥中，建筑年代最早的是（　　）。

A．河北赵州桥　　B．北京卢沟桥
C．江苏宝带桥　　D．福建洛阳桥

5．在我国的古代名桥中，孔数最多的连拱石桥是（　　）。

A．河北赵州桥　　B．北京卢沟桥
C．苏州宝带桥　　D．泉州洛阳桥

6．（　　）又称喇嘛塔，是藏传佛教的一种独特的建筑形式。

A．楼阁式塔　　B．密檐式塔
C．覆钵式塔　　D．金刚宝座塔

7．（　　）屋顶为四坡盝顶，屋面上凸下凹，为中国现存最大盝顶建筑。

A．岳阳岳阳楼　　B．武汉黄鹤楼
C．宁波天一阁　　D．南昌滕王阁

8．中国现存最高、最古老的一座木结构佛塔是（　　）。

A．西安大雁塔　　B．西安小雁塔
C．山西应县木塔　　D．洛阳永宁寺塔

9．安济桥又名赵州桥，建于隋开皇至大业年间，由著名工匠李春设计建造，是世界上现存最大的（　　）。

A．联拱桥　　B．梁式桥
C．浮桥　　D．敞肩桥

10．（　　）又称舟桥，因其架设便易，常用于军事目的，故也称“战桥”。

A．梁桥　　B．浮桥
C．索桥　　D．拱桥

11．（　　）属于覆钵式塔。

A．妙应寺白塔　　B．北京真觉寺塔
C．崇圣寺三塔　　D．西安大雁塔

12.（ ）是玄奘西行求法、归国译经的纪念建筑物，具有重要的历史价值。

A．西安大雁塔　　B．西安小雁塔

C．嵩岳寺塔　　D．崇圣寺三塔

13.（ ）是唐代著名佛寺荐福寺的佛塔，是中国早期方形密檐式砖塔的典型作品。

A．应县木塔　　B．大雁塔

C．嵩岳寺塔　　D．西安小雁塔

14.（ ）开创了桥梁的新类型，是世界桥梁工程中的首创，也是世界上现存最大的敞肩桥。

A．苏州宝带桥　　B．赵县安济桥

C．泉州洛阳桥　　D．潮州湘子桥

15.（ ）是应用得最为普遍的一种桥，在历史上也较其他桥形出现得早。

A．梁桥　　B．浮桥

C．索桥　　D．拱桥

16. 有“十八梭船廿四洲”风貌的名桥是（ ）。

A．洛阳桥　　B．安济桥

C．湘子桥　　D．永济桥

17.（ ）大都是实心的，一般不能登临。

A．楼阁式塔　　B．密檐式塔

C．覆钵式塔　　D．金刚宝座塔

18. 滕王阁载誉古今，是与（ ）的《滕王阁序》分不开的，其经典语句“落霞与孤鹜齐飞，秋水共长天一色”广为流传。

A．王昌龄　　B．王炯

C．王之涣　　D．王勃

19.（ ）为数众多、历史最久，形式也最为壮观。

A．楼阁式塔　　B．密檐式塔

C．覆钵式塔　　D．金刚宝座塔

20. 由尼泊尔青年匠师阿尼哥设计的塔是（ ）。

A．西安大雁塔　　B．北京妙应寺白塔

C．北京真觉寺金刚宝座塔　　D．山西应县佛宫寺释迦塔

21. 山西应县木塔、河南登封嵩岳寺塔、北京妙应寺塔、北京真觉寺塔依次属于（ ）塔。

A．楼阁式、密檐式、覆钵式、亭子式

B．楼阁式、密檐式、覆钵式、金刚宝座式

C．亭子式、密檐式、覆钵式、金刚宝座式

D．楼阁式、亭子式、覆钵式、金刚宝座式

22．源于中国传统建筑且能登高远眺的佛塔形式是（　　）。

A．楼阁式　　B．密檐式

C．覆钵式　　D．金刚宝座

23．为滕王阁作序的人是（　　）。

A．李元婴　　B．阎都督

C．吴子章　　D．王勃

24．具有侗族建筑风格的桥是（　　）。

A．泉州洛阳桥　　B．苏州宝带桥

C．程阳风雨桥　　D．潮州广济桥

25．在我国下列著名的古桥中，依据结构和形式为浮桥的是（　　）。

A．赵州安济桥　　B．泉州洛阳桥

C．潮州广济桥　　D．四川泸定桥

26．我国现存最早的砖塔是（　　）。

A．西安小雁塔　　B．定县开元寺塔

C．西安大雁塔　　D．河南嵩岳寺塔

27．在下列著名楼阁中，以“落霞与孤鹜齐飞，秋水共长天一色”而名扬天下的是（　　）。

A．黄鹤楼　　B．岳阳楼

C．太白楼　　D．滕王阁

28．因为“先天下之忧而忧，后天下之乐而乐”这句名言，从此更加闻名遐迩的名楼是（　　）。

A．云南昆明大观楼　　B．湖北黄鹤楼

C．湖南岳阳楼　　D．西安钟楼

29．北京妙应寺塔与西安大雁塔分别属于（　　）。

A．覆钵式塔；楼阁式塔　　B．密檐式塔；楼阁式塔

C．金刚宝座塔；密檐式塔　　D．覆钵式塔；密檐式塔

30．岳阳楼位于湖南岳阳古城上，它的扬名与宋代词人（　　）所写的千古名文《岳阳楼记》密切相关。

A．苏轼　　B．范仲淹

C．柳永　　D．欧阳修

31．北京妙应寺白塔的设计者是（　　）。

A．喻皓　　B．沈括

C．阿尼哥　　D．徐光启

32．我国现存最长的一座多孔石拱桥是（　　）

A．赵州桥　　B．卢沟桥
C．永济桥　　D．宝带桥

33．洛阳桥是北宋郡守蔡襄主持修建的，位于（　　）。
A．福建省　　B．河北省
C．河南省　　D．广东省

34．我国建筑年代最早、规模最大的一座藏式佛塔是（　　）。
A．云南大理千寻塔　　B．北京妙应寺白塔
C．西安小雁塔　　D．西安大雁塔

35．我国现存最早的藏书楼是（　　）。
A．南昌滕王阁　　B．宁波天一阁
C．湖南岳阳楼　　D．武汉黄鹤楼

36．世界上现存最早的敞肩桥是（　　）。
A．河北赵县安济桥　　B．苏州宝带桥
C．泉州洛阳桥　　D．北京卢沟桥

37．我国现存最早的砖塔，整个塔身线条清晰流畅、造型雄伟秀丽的是（　　）。
A．登封嵩岳寺塔　　B．大理千寻塔
C．西安大雁塔　　D．西安小雁塔

38．泉州开元寺双塔属于（　　）塔。
A．楼阁式　　B．覆钵式
C．密檐式　　D．金刚宝座式

39．楼阁式塔源于中国传统建筑中的楼阁形式，可以登高远眺。下列属于此类塔的是（　　）。
A．西安大雁塔　　B．西安小雁塔
C．北京真觉寺塔　　D．北京妙应寺白塔

40．浙江宁波天一阁属于（　　）。
A．文化楼阁　　B．宗教楼阁
C．游赏性楼阁　　D．军事性楼阁

41．我国现存的孔数最多的连拱古石桥是苏州宝带桥，共有（　　）个孔。
A．43　　B．53
C．63　　D．73

三、多选题

1．下列名塔中属于楼阁式塔的有（　　）。
A．大理崇圣寺三塔　　B．应县木塔
C．登封嵩岳寺塔　　D．西安大雁塔
E．泉州开元寺双塔

2. 下列关于中国古塔的说法中，正确的有（　　）。
   A. 应县木塔是楼阁式塔
   B. 密檐式塔一般可以登临
   C. 北京真觉寺塔是现存年代最早、规模最大的覆钵式塔
   D. 金刚宝座塔最早的实物始建于唐代
   E. 楼阁式塔历史最久
3. 关于我国著名古桥的描述中，说法正确的是（　　）。
   A. 安济桥，建于隋开皇年间，由著名工匠李春设计建造
   B. 洛阳桥是我国古代著名的梁式砖桥，由蔡襄主持建造
   C. 湘子桥距今已有 800 余年的历史，是我国第一座启闭式桥梁
   D. 程阳风雨桥是苗族文化在建筑艺术上的结晶
   E. 卢沟桥桥身两侧望柱的柱头上均雕刻伏卧石狮，大小共 501 个
4. 下列关于我国著名古桥的说法中，正确的是（　　）
   A. 卢沟桥桥身两侧望柱的柱头上均雕刻伏卧石狮，大小 501 个
   B. 风雨桥是木石结构的廊桥，是侗族文化在建筑艺术上的结晶
   C. 洛阳桥是我国古代梁氏石桥，北宋由郡守蔡襄主持建造
   D. 湘子桥距今有 800 余年历史，是我国第一座启闭式桥梁
   E. 赵州桥建于隋开皇年间，由著名工匠李春设计建造
5. 下列古代桥梁中，属于石拱桥的有（　　）。
   A. 赵州桥　　B. 卢沟桥
   C. 洛阳桥　　D. 宝带桥
   E. 程阳永济桥
6. 我国佛塔按艺术造型可分为（　　）。
   A. 楼阁式　　B. 密檐式
   C. 覆钵式　　D. 金刚宝座式
   E. 笋塔
7. 储存四库全书的清代皇家藏书楼有（　　）。
   A. 文渊阁　　B. 文清阁
   C. 文澜阁　　D. 文溯阁
   E. 文汇阁
8.（　　）属于密檐式塔。
   A. 西安大雁塔　　B. 崇圣寺三塔
   C. 泉州开元寺双塔　　D. 嵩岳寺塔
   E. 西安小雁塔
9. 拱式桥是我国古代桥梁的重要类型，下列属于拱式桥的有（　　）。

A．苏州宝带桥 B．河北赵州桥

C．泉州洛阳桥 D．程阳永济桥

E．北京卢沟桥

10．江南三大名楼指（ ）。

A．云南昆明大观楼 B．湖北黄鹤楼

C．湖南岳阳楼 D．西安钟楼

E．江西滕王阁

11．中国佛塔可分为楼阁式、密檐式、覆钵式和金刚宝座式等类型。下列属于楼阁式佛塔的有（ ）。

A．山西应县木塔 B．西安大雁塔

C．河南登封嵩岳寺塔 D．北京真觉寺金刚宝座塔

E．北京妙应寺白塔

12．佛塔一般由下列哪几个部分构成？（ ）

A．地宫 B．基座

C．塔身 D．塔檐

E．塔刹

13．与泉州开元寺双塔同属一种塔类型的是？（ ）

A．河南嵩岳寺塔 B．西安大雁塔

C．应县木塔 D．崇圣寺三塔

E．西安小雁塔

14．关于江南三大名楼说法正确的有（ ）。

A．黄鹤楼位于湖北武汉，楼分五层，攒尖顶，层层飞檐，新建屋面全部采用黄瓦，是为了附会“黄鹤之意”

B．岳阳楼位于湖南岳阳，始建于三国东吴时期，自古有“洞庭天下水，岳阳天下楼”之誉

C．“落霞与孤鹜齐飞，秋水共长天一色”出自范仲淹的《岳阳楼记》

D．“故人西辞黄鹤楼，烟花三月下扬州”出自崔颢的《黄鹤楼》

E．滕王阁位于江西南昌，因滕王李元婴始建而得名

15．关于我国现存著名的古桥，说法正确的有（ ）。

A．河北安济桥是世界上现存最大的敞肩桥

B．潮州湘子桥是我国孔数最多的连拱石桥

C．卢沟桥是北京现存最古老的连拱石桥

D．程阳永济桥建有 5 座侗族风格的楼亭

E．苏州宝带桥是我国第一座启闭式桥梁

16．按照古楼阁的类型分，军事性楼阁包括（ ）。

A．烽火楼　　B．敌楼
C．箭楼　　D．城楼
E．瞭望台

习题强化答案

第一节　古建筑概述、宫殿与坛庙

一、判断题

1．错	2．对	3．对	4．对	5．对
6．对	7．错	8．错	9．对	10．错
11．对	12．对	13．错	14．错	15．错
16．错	17．对	18．对	19．对	20．对
21．对	22．对	23．对	24．错	25．错
26．对	27．对	28．错	29．对	30．错
31．错	32．错	33．对		

二、单选题

1．C	2．B	3．C	4．D	5．A
6．D	7．B	8．A	9．B	10．C
11．B	12．A	13．B	14．D	15．A
16．C	17．A	18．C	19．C	20．C
21．D	22．B	23．B	24．D	25．C
26．C	27．D	28．C	29．C	30．C
31．D	32．B	33．D	34．C	35．D
36．B	37．C	38．A	39．D	40．A
41．D	42．A	43．B	44．A	45．D
46．D	47．C	48．B	49．B	50．B
51．A	52．A	53．C	54．A	55．C
56．B	57．C	58．B	59．A	60．C
61．B	62．B	63．B	64．C	65．A
66．B				

三、多选题

1．BD	2．ACE	3．ABCDE	4．ABCD	5．ABE
6．AB	7．ABC	8．AB	9．ABDE	10．ABC
11．ABCE	12．BD	13．ABCE	14．AC	15．CD
16．ABDE	17．ABCE	18．ABE	19．BDE	20．ABCD

21. ACE　22. BCD　23. BCD　24. ABC　25. BC
26. ABCD　27. ACDE　28. BCDE　29. AE　30. ABC
31. ABCDE　32. BCDE　33. ABCD　34. ACDE　35. ABE
36. AD　37. ABC

第二节　陵墓

一、判断题

1. 错　2. 错　3. 对　4. 错　5. 对
6. 对　7. 错　8. 对　9. 对　10. 对

二、单选题

1. B　2. C　3. B　4. B　5. C
6. A　7. C　8. A　9. B　10. C
11. D　12. B　13. A　14. A　15. B
16. D　17. D　18. C　19. D　20. B
21. A　22. A　23. B　24. A　25. C
26. A

三、多选题

1. BD　2. BC　3. ACD　4. DE　5. ABD
6. ABCDE　7. ABC　8. CD　9. ABC　10. ACE
11. ABCE　12. BDE　13. ABDE　14. BCD

第三节　古城、古长城与古镇古村

一、判断题

1. 错　2. 错　3. 错　4. 错　5. 对
6. 错　7. 对　8. 对　9. 对

二、单选题

1. B　2. A　3. C　4. C　5. D
6. B　7. A　8. D　9. D　10. C
11. C　12. C　13. B　14. A　15. D
16. D　17. A　18. B

三、多选题

1. BCDE　2. ABCE　3. ABCDE　4. AC　5. CE
6. ACDE　7. ABC　8. ABE　9. ABDE　10. ABC
11. BCD

第四节 古楼阁、古石桥和佛塔

一、判断题

1．对	2．对	3．对	4．错	5．对
6．对				

二、单选题

1．C	2．D	3．D	4．A	5．C
6．C	7．A	8．C	9．D	10．B
11．A	12．A	13．D	14．B	15．A
16．C	17．B	18．D	19．A	20．B
21．B	22．A	23．D	24．C	25．C
26．D	27．D	28．C	29．A	30．B
31．C	32．D	33．A	34．B	35．B
36．A	37．A	38．A	39．A	40．A
41．B				

三、多选题

1．BDE	2．AE	3．ACE	4．ABCDE	5．ABD
6．ABCD	7．ACDE	8．BDE	9．ABE	10．BCE
11．AB	12．ABCE	13．BC	14．ABE	15．ACD
16．BCD				

第五章　中国古典园林

真题解读

- 【2018 年真题 · 判断】上林苑始建于汉武帝时期，是秦汉宫苑建筑的典型代表。（　　）

  【答案】错

  【解析】**秦始皇建上林苑**（汉武帝扩建），是秦汉宫苑建筑的典型代表。

  【点评】中等难度，考查较细。

- 【2018 年真题 · 判断】中国古代园林建筑追求“天人合一”的境界，以达到“虽由人作、宛自天成”的效果。（　　）

  【答案】对

  【解析】略

  【点评】送分题，这种自夸型表述根本挑不出错。

- 【2017 年真题 · 判断】颐和园是我国现存最大的古典皇家园林。（　　）

  【答案】错

  【解析】承德避暑山庄又名承德离宫或热河行宫，位于河北省承德市，是清代皇帝夏天避暑和处理政务的场所。始建于康熙年间，建成于乾隆年间，占地 564 万平方米，是**中国现存最大的古典皇家园林**。

  【点评】实属送分题，没什么可说的。

- 【2018 年真题 · 单选】在两个相距较远的景物之间利用乔木、花卉等作为过渡，以增加层次美。这种古典园林的构景手法是（　　）。

  A．借景　　B．添景

  C．对景　　D．夹景

  【答案】B

  【解析】当甲风景点在远方，如果在中间、近处有乔木、花卉作中间、近处的过渡景，景色就显得有**层次美**，这中间的乔木和近处的花卉，便叫作**添景**。

  【点评】简单难度，考查对基本概念的理解。

- 【2018 年真题 · 单选】中国古典园林多用于假山“收顶”的石材是（　　）。

  A．宣石　　B．太湖石

  C．黄石　　D．灵璧石

【答案】B

【解析】叠山的石材主要有两种：一是黄石，因其质地坚硬，不易受风雨的侵蚀，用于假山的基础部分，称叠脚。二是**太湖石**，因其具有皱、瘦、漏、透四大特点，置于假山的上部，供游人玩赏品味，称收顶。

【点评】中等难度，平时经常训练的内容，考查基本的知识识记。

- 【2017 年真题 · 单选】中国古典园林建筑中，从甲风景点可观赏乙风景点，从乙风景点可观赏到甲风景点的构景方法是（　　）。

A．借景　　B．框景

C．对景　　D．添景

【答案】C

【解析】在园林中，从甲风景点可观赏乙风景点，从乙风景点可观赏甲风景点的构景方法，叫**对景**。杭州西湖北面的保俶塔，与南面重建的雷峰塔，就是一组绝妙的对景。

【点评】简单难度，考查对基本概念的理解。

- 【2017 年真题 · 单选】在园林中起着划分内外范围、分隔内部空间和遮挡劣景作用的是（　　）。

A．桥　　B．亭

C．假山　　D．围墙

【答案】D

【解析】围墙在园林中起着划分内外范围、分隔内部空间和遮挡劣景的作用，精巧的围墙还可以装饰园景。

【点评】简单难度，考查对基本概念的理解，“划分内外范围”只能是围墙了。

- 【2017 年真题 · 单选】苏州现存最大的古典园林是（　　）。

A．拙政园　　B．狮子林

C．留园　　D．沧浪亭

【答案】A

【解析】拙政园占地 5.2 万平方米，是苏州现存最大的古典园林，也是苏州园林的代表作。

【点评】简单难度，平时经常训练的内容，考查基本的知识识记。

- 【2018 年真题 · 多选】现存中国古典园林按地理位置可划分为（　　）。

A．北方园林　　B．西南园林

C．江南园林　　D．中南园林

E．岭南园林

【答案】ACE

【解析】现存中国古典园林按地理位置可划分为**北方**、**江南**和**岭南**三种类型。

【点评】实属送分题，没什么可说的。

- 【2018 年真题·多选】下列著名古典园林中，位于苏州的有（　　）。

A．个园　　B．网师园

C．沧浪亭　　D．拙政园

E．留园

【答案】BCDE

【解析】苏州四大历史名园是**沧浪亭**（宋朝）、**狮子林**（元朝）、**拙政园**（明朝）、**留园**（清朝）。**网师园**地处苏州旧城东南隅，始建于南宋。A 项，个园位于扬州。

【点评】中等难度，平时经常训练的内容，考查基本的知识识记。

- 【2017 年真题·多选】"理水"是中国古典园林主要的造园手法之一，理水的方法有（　　）。

A．掩　　B．叠

C．隔　　D．堆

E．破

【答案】ACE

【解析】古典园林理水之法，一般有三种：**掩、隔、破**。

【点评】简单难度，平时经常训练的内容，考查基本的知识识记，谐音记忆——眼割破。

习题强化

第一节　古典园林概述、构成要素和造园艺术

一、判断题

1．春秋时期出现了以宫室建筑为主的宫苑。（　　）

2．皇家园林规模宏大，假山假水较多，园中建筑色彩富丽堂皇，建筑体型高大。（　　）

3．我国古典园林的成熟阶段是在唐宋时期，现存的园林大多都属于这个时期保留下来的。（　　）

4．顺德的清晖园，按其占有者身份划分，属私家园林；按其所处地理位置划分，属扬子江类型园林。（　　）

5．我国古典园林建筑中，假山一般可分为土山和石山两种基本类型。（　　）

6．中国园林深受传统儒道思想的自然审美观的影响，追求"天人合一"，体现了顺应自然的指导思想特征。（　　）

7. 苏州的拙政园，按其占有者身份划分，属私家园林；按其所处地理位置划分，属扬子江类型园林；按气候划分可称温带园林。（　　）
8. 中国园林追求人工几何美，重在表现人为力量，称几何规则式园林。（　　）
9. 私家园林中的山多为假山。（　　）
10. 西方园林追求淳朴自然美，处处显示人与自然的和谐与共融，称自然山水式园林。（　　）
11. 皇家园林是专供帝王休憩享乐的园林。（　　）
12. 太湖石质地坚硬，不易受风雨侵蚀，用于假山的基础部分，称叠石。（　　）
13. 古典园林着意表现自然美，对花木的选择标准是讲姿美、色美和味香。（　　）
14. 古代园林中的建筑是园林艺术的重要组成部分，是景点上的重要标志，因此愈多越好，越大越好。（　　）
15. 太湖石置于假山的上部，供游人玩赏品味，称收顶。（　　）
16. 亭是供人休息、纳凉、避雨与观赏四周景色的地方，因而亭的四周景色往往相当优美，是观赏景色的佳境。（　　）
17. 舫是仿造舟船造型的建筑，常建于水际或池中。（　　）
18. 厅堂属于园林中的二类建筑。（　　）
19. 春秋战国时期的园林中已经有了成组的风景。（　　）
20. 规模较小，常用假山假水，园中建筑色彩淡雅素净、体型小巧玲珑，且居住和游览合一，表现园主人悠游林下，寄情山水的心态的是皇家园林。（　　）
21. 岭南类型的园林也称广东类型，按气候带划分可归类于热带园林。这里的造园条件比北方和江南都好。（　　）
22. 魏晋南北朝时期，我国园林开始转向崇尚自然，私家园林逐渐增加。（　　）
23. 当水面很小时，可用乱石为岸，并植配以细竹野藤，这种理水手法被称作掩。（　　）
24. 苏州环秀山庄的假山是江南私家园林叠山的代表。（　　）
25. 花木对山石景观起衬托作用外，又往往和园主人追求的精神境界有关，如玉兰、牡丹、紫薇象征荣华富贵；石榴象征多子多孙等。（　　）

二、单选题

1. （　　）时期园林艺术进入精深发展阶段，园林在设计和建造上都达到了高峰。

A．魏晋南北朝　　B．唐宋

C．元朝　　D．明清

2. 中国古典园林萌芽于商周时期，达到成熟阶段是在（　　）时期。

A．魏晋南北朝　　B．秦汉

C．唐宋　　D．春秋战国

3. 艮岳修建的朝代是（　　）。

A．唐朝　　B．宋朝
C．明朝　　D．清朝

4．（　　）园林体系表现的是自然美使人工美和自然美融为一体，做到“虽由人作，宛自天开”。

A．西亚　　B．中国
C．欧洲　　D．南亚

5．宋徽宗所建（　　），集天下珍禽异兽数以万计。

A．灵囿　　B．艮岳
C．上林苑　　D．豹房

6．（　　）时期是中国园林发展的转折点。

A．西汉　　B．东汉
C．魏晋南北朝　　D．唐宋

7．江南类型园林的特点是（　　）。

A．风格粗犷　　B．淡雅朴素
C．具有热带风光　　D．建筑富丽堂皇

8．（　　）树立了皇家园林一池三山的模式，开创了人为造山的先例。

A．灵囿　　B．艮岳
C．辋川别业　　D．上林苑

9．按园林的使用者身份分，北京恭王府属于（　　）。

A．皇家园林　　B．私家园林
C．宗教园林　　D．公共园林

10．按地理位置，中国古代园林可分为北方、江南和（　　）等三种类型。

A．岭南　　B．南方
C．苏州　　D．江浙

11．江南类型园林的代表城市是（　　）。

A．南京　　B．上海
C．苏州　　D．杭州

12．根据文献记载，囿出现的朝代是（　　）。

A．商周　　B．秦汉
C．魏晋南北朝　　D．隋唐

13．北方类型园林的特点是（　　）。

A．明媚秀丽　　B．淡雅朴素
C．具有热带风光　　D．建筑富丽堂皇

14．造园条件最好的园林类型是（　　）。

A．北方类型　　B．江南类型

C．岭南类型　　D．西南类型

15．具有热带风光的园林类型是（　　）。

A．北方类型　　B．江南类型

C．岭南类型　　D．西南类型

16．（　　）是指在圈定的范围内让草木和鸟兽滋生繁育。

A．台　　B．圜

C．囿　　D．苑

17．引渭水作长池并在池中筑蓬莱山以象征神山仙境的上林苑是由（　　）下令修建的。

A．汉武帝　　B．唐太宗

C．秦始皇　　D．康熙皇帝

18．下列中国古代园林中属岭南类型名园的是（　　）。

A．何园　　B．沧浪亭

C．清晖园　　D．豫园

19．（　　）不仅体量较大，而且造型丰富，在园林中起到重要的点景作用。

A．厅堂　　B．楼阁

C．亭　　D．轩

20．（　　）在园林中还起着“点景”与“引景”的作用，既美化了风景，还可以作为游览的“向导”。

A．厅堂　　B．楼阁

C．亭　　D．轩

21．在园林植物中，象征高官厚禄的是（　　）。

A．玉兰　　B．牡丹

C．石榴　　D．紫薇

22．园林中的主体建筑是（　　），其位置确定后，全园的景色布局才依次衍生变化，造成各种各样的园林景致。

A．榭　　B．厅堂

C．书房馆斋　　D．舫

23．在园林植物中，象征多子多孙的是（　　）。

A．玉兰　　B．牡丹

C．石榴　　D．紫薇

24．在私家园林中，待客与集会活动的场所是（　　）。

A．楼阁　　B．厅堂

C．书房　　D．榭

25．在园林中以建筑和绿化将曲折的池岸加以掩映，此种理水方法是（　　）。

A．掩　　B．隔
C．破　　D．挑

26．中国自然式园林中的建筑形式有厅、堂、楼、阁、馆、斋、轩、榭等，其中“斋”一般是供（　　）之用。

A．会客　　B．宴客
C．读书　　D．游憩

27．中国古人以玉兰象征（　　）。

A．人品清逸、气节高尚　　B．坚强和长寿
C．洁净无瑕　　D．荣华富贵

28．建于水边或花畔，借以成景，平常为长方形，开敞或设窗扇的是（　　）。

A．亭　　B．台
C．楼　　D．榭

29．在园林中不仅有交通的功能，更重要的是有观赏作用的是（　　）。

A．舫　　B．亭
C．轩　　D．廊

30．中国古典园林最初的形式是“囿”，形成于（　　）。

A．夏商时期　　B．商周时期
C．战国时期　　D．春秋时期

31．浙江竹素园拥有江南三大奇石中的（　　）。

A．瑞云峰　　B．绉云峰
C．冠云峰　　D．玉玲珑

32．在园林中，建在水边可供人游憩、眺望的建筑是（　　）。

A．楼阁　　B．书房斋馆
C．亭　　D．榭

33．苏州拙政园的浮翠阁引自（　　）诗中的“三峰已过天浮翠”。

A．潘岳　　B．文徵明
C．苏东坡　　D．王献臣

34．我国古典园林中一种既“引”且“观”的建筑是（　　）。

A．榭　　B．舫
C．轩　　D．廊

35．在园林中可以用来观赏风景、储藏书画，还可供佛的是（　　）。

A．楼阁　　B．水榭
C．书房馆斋　　D．轩

36．唐代诗人（　　）在其辋川别业中养鹿放鹤，以寄托“一生几经伤心事，不向空门何处销”的情怀。

A. 李白　　B. 骆宾王
C. 王维　　D. 孟浩然

三、多选题

1. 私家园林是我国古代园林重要组成部分，它的特点是（　　）。
A. 常用假山假水　　B. 建筑体型小巧玲珑
C. 园中建筑金碧辉煌　　D. 居住和游览合一
E. 专供帝王休憩享乐之用

2. 下列关于古建筑形式“廊”的说法中，正确的是（　　）。
A. 廊有复廊和单廊之分
B. 廊是围合空间的主要构件
C. 廊能遮阳避雨，还能品味周围景色
D. 廊是园林中的主体建筑
E. 廊有交通功能和观赏的用途

3. 以下园林中属于皇家园林的是（　　）。
A. 北京的北海公园　　B. 北京颐和园
C. 北京恭王府　　D. 承德避暑山庄
E. 上海豫园

4. 以下园林中属于岭南园林代表的是（　　）。
A. 何园　　B. 豫园
C. 清晖园　　D. 可园
E. 余荫山房

5. 花木对园林山石景观起衬托作用，又往往和园主追求的精神境界有关，以下象征荣华富贵的花卉有（　　）。
A. 玉兰　　B. 牡丹
C. 兰花　　D. 桂花
E. 紫薇

6. 以下关于江南类型园林描述正确的是（　　）。
A. 园林地域范围小　　B. 景致细腻精美
C. 河湖、园石、常绿树木较多　　D. 建筑物都较高而宽敞
E. 建筑淡雅朴素

7. 以下关于私家园林描述正确的是（　　）。
A. 居住和游览合一　　B. 常用假山假水
C. 建筑体型小巧玲珑　　D. 建筑色彩淡雅素净
E. 表现园主人寄情山水的心态

8. 江南园林主要分布在（　　）。

A．广东
B．上海
C．杭州
D．苏州
E．洛阳

9．江南类型的园林也称（ ）。

A．南方类型
B．热带类型
C．岭南类型
D．扬子江类型
E．亚热带园林

10．中国古典园林的特征有（ ）。

A．顺应自然的指导思想
B．规则有序的艺术特色
C．诗情画意的艺术风格
D．力求含蓄的造园手法
E．以水为魂的造园特色

11．北方园林的代表大多集中于（ ）。

A．北京
B．西安
C．洛阳
D．开封
E．郑州

12．北方类型的园林的特点是（ ）。

A．范围较大
B．建筑富丽堂皇
C．河川湖泊、园石和常绿树木较少
D．风格粗犷，秀丽媚美略显不足
E．园林景致细腻精美，明媚秀丽

13．我国皇家园林的特点是（ ）。

A．规模宏大
B．真山真水较多
C．园中建筑色彩金碧辉煌
D．园中建筑体型高大
E．居住和游览合一

14．岭南类型园林较著名的有（ ）等。

A．清晖园
B．可园
C．拙政园
D．余荫山房
E．留园

15．唐宋时期造园的特点是（ ）。

A．官僚及文人墨客自建园林或参与造园工作
B．将诗与画融入园林的布局与造景中
C．反映了当时社会上层地主阶级的诗意化生活要求
D．唐宋写意山水园在体现自然美的技巧上取得了很大的成就
E．进入园林精深发展阶段

16．按园林所处地理位置划分，中国园林可划分的类型是（ ）。

A．皇家园林
B．私家园林

C．北方类型　　D．江南类型

E．岭南类型

17．下列说法正确的是（　　）。

A．颐和园、恭王府、北海公园都是皇家园林

B．拙政园、留园、恭王府都是私家园林

C．拙政园、留园是私家园林，避暑山庄、北海公园是皇家园林

D．颐和园、恭王府是皇家园林，网师园、上海的豫园是私家园林

E．颐和园、拙政园、北海公园都是北方园林

18．下列我国古代园林中，分别为皇家园林和私家园林的是（　　）。

A．恭王府花园；个园　　B．承德避暑山庄；寄畅园

C．留园；承德避暑山庄　　D．颐和园；豫园

E．个园；拙政园

19．属于私家园林特点的是（　　）。

A．规模较小　　B．常用真山真水

C．色彩淡雅素净　　D．建筑小巧

E．现存有承德避暑山庄

20．下列选项中，关于私家园林表述正确的是（　　）。

A．北京颐和园　　B．北京恭王府

C．苏州沧浪亭　　D．苏州留园

E．上海豫园

21．太湖石具有（　　）的特点，常置于假山的上部，供游人玩赏品味。

A．瘦　　B．皱

C．硬　　D．漏

E．透

22．下列关于园林建筑描述正确的是（　　）。

A．舫是仿造舟船造型的建筑

B．舫在形体上模仿船头、船尾的形式

C．榭建于水边或花畔，借以成景

D．轩形式优美，讲究对称布局

E．斋供读书用，环境当隐蔽清幽

23．园林中动物的作用主要有以下几个方面？（　　）。

A．观赏娱乐　　B．科学研究

C．寄予美好寓意　　D．商品出售

E．扩大和深化自然境界

24．有关廊的描述不正确的是（　　）。

A．不仅有交通的功能还有观赏的用途

B．是园林中的主体建筑

C．留园的曲廊为“江南三大名廊”之一

D．是围合空间的构件

E．廊按结构形式分为：单廊、复廊两种

25．中国古典园林着意表现自然美，对花木的选择标准是（ ）。

A．姿美 B．色美

C．动态美 D．味香

E．意境美

26．我国古典园林的叠山的石材主要有（ ）两种。

A．黄石 B．太湖石

C．灵璧石 D．花岗石

E．宣石

27．下列有关匾额、楹联和刻石的表述正确的是（ ）。

A．完全由园主自己题写

B．匾额是指悬置于门楣之上的题字牌

C．直接引用前人已有的现成诗句，或略做变通

D．还有一些是即兴创作的

E．能够起到点景的作用

28．许多植物寄托着古今人类的感情和理想。松柏表示（ ）。

A．柔韧 B．坚强

C．清高 D．虚心

E．长寿

29．古代造园常用的理水之法有（ ）。

A．掩 B．隔

C．断 D．破

E．叠

30．假山的类型可分为（ ）。

A．卵石山 B．泥山

C．土山 D．石山

E．土石混合山

31．亭是一种开敞的小型建筑物，它的作用有（ ）。

A．宴客 B．休憩

C．纳凉 D．避雨

E．观赏四周景色

32. 下列属于中国古典园林的构成要素的是（　　）。

A. 山　　B. 水

C. 动物　　D. 布局

E. 植物

33. 北方类型的园林也称（　　）。

A. 黄河类型　　B. 渭河类型

C. 淮河类型　　D. 亚寒带园林

E. 温带园林

34. 下关于黄河类型的园林描述正确的是（　　）。

A. 建筑富丽堂皇　　B. 景致细腻精美

C. 河湖、园石较多　　D. 以北京为代表

E. 园林风格粗犷

35. 唐宋写意山水园在体现自然美的技巧上取得了很大的成就，如（　　）等。

A. 障景　　B. 构木

C. 叠石　　D. 堆山

E. 理水

36. “江南三大名廊”包括（　　）。

A. 颐和园的长廊　　B. 沧浪亭的复廊

C. 拙政园的水廊　　D. 留园的曲廊

E. 岳阳楼的碑廊

37. 下列关于园林植物象征意义的表述，正确的是（　　）。

A. 竹子象征人品清逸和气节高尚　　B. 松柏象征坚强和长寿

C. 梅花象征洁净无瑕　　D. 兰花象征幽居隐士

E. 玉兰、牡丹象征荣华富贵

38. 下列说法正确的有（　　）。

A. 竹子象征人品清逸和气节高尚　　B. 紫薇象征高官厚禄

C. 石榴象征多子多孙　　D. 松柏象征坚强和长寿

E. 莲花象征洁净无瑕

第二节　构景手段

一、判断题

1. 为了突出理想景色，常将左右两侧以树丛、树干、土山或建筑等加以屏障，于是形成左右遮挡的狭长空间，这种手法叫夹景。（　　）

2. 园林建筑中的门、窗、洞，或乔木树枝抱合成的景框，往往把远处的山水美景

或人文景观包含其中，这便是框景。（　　）

3. 从甲观赏点观赏乙观赏点，从乙观赏点观赏甲观赏点的方法叫借景。（　　）

4. 借景是将园外的景色和风光，巧妙地收进园内游人眼中，以丰富园内景色，使园内外景色融为一体，让游人扩展视觉和联想，以小见大。（　　）

二、单选题

1. 透过葡萄、老梅、修竹等图案的窗隙，可见园外或院外的美景。这类窗户的构景作用是（　　）。

A. 透景　　B. 漏景
C. 借景　　D. 障景

2. 中国园林造景中，在园林入口处常迎门挡以假山的手法是（　　）。

A. 对景　　B. 抑景
C. 添景　　D. 夹景

3. 在扬州瘦西湖划船，远方的主景是白塔，通向白塔的两岸是长堤春柳，从湖中看，两岸长堤春柳与远方的塔形成的造景手段是（　　）。

A. 夹景　　B. 抑景
C. 借景　　D. 障景

4. 用山、石、花等将园林中一些不足之处加以掩盖或处理，使之成为一种美景的构景方法叫（　　）。

A. 抑景　　B. 障景
C. 夹景　　D. 框景

5. 能使园林突破自身的局限，使整个园景扩大延伸，将院内院外的景致连接的构景手法是（　　）。

A. 借景　　B. 抑景
C. 漏景　　D. 框景

6. 当甲风景点在远方，如果在中间、近处有乔木、花卉作中间、近处的过渡景，景色就显得有层次美，这中间的乔木和近处的花井，叫作（　　）。

A. 框景　　B. 对景
C. 夹景　　D. 添景

7. 无锡寄畅园因园外惠山的景色而显得更加秀丽。产生这一效果的构景手法是（　　）。

A. 抑景　　B. 障景
C. 借景　　D. 添景

8. 颐和园内，在昆明湖和万寿山之间湖畔多种垂柳，垂柳的构景作用主要是（　　）。

A. 对景　　B. 添景

C．借景　　D．框景

9．“山重水复疑无路，柳暗花明又一村”采取的是（　　）手法。

A．夹景　　B．借景

C．添景　　D．抑景

10．“山重水复疑无路，柳暗花明又一村。”是抑景中的（　　）体现。

A．山抑　　B．水抑

C．树抑　　D．曲抑

11．园林的围墙或走廊的墙上，常常设以漏窗并雕以各种几何图形或图案，透过窗隙可见园外或廊外的美景，这叫作（　　）。

A．透景　　B．漏景

C．借景　　D．框景

12．“窗含西岭千秋雪，门泊东吴万里船”，这里所采用的造景手段是（　　）。

A．添景　　B．漏景

C．对景　　D．框景

13．园林内，透过门洞可见另一院落中的美景。这种园林构景手法为（　　）。

A．漏景　　B．添景

C．借景　　D．框景

14．在中国园林中，最好的景色往往藏在后面，这种构景手法叫作（　　）。

A．抑景　　B．添景

C．夹景　　D．对景

15．园林中观赏道两侧的行道树，从构景手法来说属于（　　）。

A．漏景　　B．借景

C．抑景　　D．夹景

16．杭州西湖“三潭印月”有雕以梅、兰、竹、菊，分别寓意春、夏、秋、冬的一组有孔的窗，这是用的（　　）法。

A．透景　　B．框景

C．漏景　　D．添景

17．在颐和园后山的苏州河中划船，远方的苏州桥主景，为两岸起伏的土山和美丽的林带所夹峙，构成明媚动人的景色。此构景手法属于造园手法中的（　　）。

A．抑景　　B．框景

C．夹景　　D．添景

18．承德避暑山庄以天然山色和外八庙来衬映山庄的气氛，构成园外有园、景外有景的效果。在构景手法上属于（　　）。

A．框景　　B．对景

C．漏景　　D．借景

19. 站在杭州白堤垂柳下观赏远景时，西湖美景因为有倒挂的柳丝作为装饰而生动起来，这就是造园手法中的（　　）。

A. 抑景　　B. 框景

C. 借景　　D. 添景

20. 我国古典园林构景中，把园外或远处的景，组合到园内的景观画面中来，使空间推展极远。这一远景处理手法为（　　）。

A. 抑景　　B. 对景

C. 借景　　D. 框景

21. 游西湖时，在“平湖秋月”景点可观赏“苏堤春晓”景点，而在“苏堤春晓”可观赏“平湖秋月”。这种构景手段称为（　　）。

A. 抑景　　B. 添景

C. 对景　　D. 借景

22. 当一个孤立的风景点在远方，而视线的两侧比较空旷，就显得单调乏味；如果两侧用园林建筑、假山或花卉屏障起来，该景点就显得突出而有诗情画意，这种构景手法即为（　　）。

A. 抑景　　B. 对景

C. 夹景　　D. 漏景

23. 登上杭州花港观鱼的藏山阁，远处的南屏山、西山层林尽入眼帘，这是（　　）。

A. 抑景　　B. 借景

C. 框景　　D. 添景

24. 有人把西湖南面的雷峰塔与北面的保俶塔比喻为“雷峰如老衲，保俶如少女”，从构景方法上看它们是一组绝妙的（　　）。

A. 夹景　　B. 借景

C. 障景　　D. 对景

25. 将园外的景色风光，巧妙地收进游人眼中，使园内外景色融为一体的构景手法是（　　）。

A. 对景　　B. 添景

C. 借景　　D. 框景

26. 杭州西湖北面的保俶塔，与南面重建的雷峰塔，就是绝妙的（　　）。

A. 对景　　B. 漏景

C. 借景　　D. 框景

三、多选题

1. 抑景主要有（　　）之分。

A. 远抑　　B. 曲抑

C．近抑　　D．山抑

E．树抑

2．中国古典园林中的借景除了有远借、近借外，还有（　　）之分。

A．前借　　B．后借

C．仰借　　D．俯借

E．应时而借

3．下列有关抑景的表述正确的是（　　）。

A．“先藏后露”

B．“欲扬先抑”

C．“山重水复疑无路，柳暗花明又一村”

D．让人一进门就看到最好的景色

E．园林入口处常迎门挡以假山

第三节　著名古代园林

一、判断题

1．苏州的沧浪亭、狮子林、拙政园、留园分别代表宋、元、明、清四个朝代的艺术风格，被称为我国“四大园林”。（　　）

2．寄畅园位于无锡市，取王羲之“取欢仁智乐，寄畅山水阴”句中的“寄畅”两字命名。（　　）

3．北京颐和园初建成时称“清晖园”。（　　）

4．豫园位于上海南市区城隍庙，园主原为潘允端，该园为其以“豫悦老亲”名义而建。（　　）

5．苏州的狮子林主次分明又富于变化，园内有园，景外有景，精巧幽深之至。（　　）

6．皇家园林是专供帝王及皇家的宗室外戚休憩享乐的林园。如北京的颐和园、北京恭王府等均为著名的皇家园林。（　　）

7．苏州拙政园全园以水为中心，突出水的主题。（　　）

8．余荫山房是典型的岭南园林风格。（　　）

9．颐和园的仁寿殿为帝后生活区。（　　）

10．苏州狮子林为宋代园林的代表。（　　）

11．苏州四大名园是指沧浪亭、狮子林、可园与留园。（　　）

12．广东顺德清晖园是典型的岭南园林。（　　）

13．广东东莞的可园在造园时运用了“咫尺山林”的手法，故能在有限的空间里再现大自然的景色。（　　）

14．何园的四季假山在扬州古典园林中别具特色。　　（　　）

15．可园是广东“四大园林”中保存原貌最好的古典园林。　　（　　）

二、单选题

1．我国现存占地面积最大的古典皇家园林是（　　）。

A．北京颐和园　　B．苏州拙政园

C．苏州留园　　D．承德避暑山庄

2．（　　）是中国目前保存最完整的皇家园林。

A．北京颐和园　　B．苏州拙政园

C．苏州留园　　D．承德避暑山庄

3．园林专家惊叹：“造园者未见此山，正如学诗者不知李杜。”这里的此山指的是（　　）的假山。

A．上海豫园　　B．苏州环秀山庄

C．苏州留园　　D．杭州竹素园

4．著名的“玉玲珑”位于（　　）内。

A．何园　　B．寄畅园

C．留园　　D．豫园

5．（　　）号称“四季假山”，融造园法则与山水画理于一体，随候异色，被陈从周先生誉为“国内孤例”。

A．网师园　　B．狮子林

C．扬州个园　　D．留园

6．扬州个园取（　　）的“月映竹成千个字”之句命名。

A．计成　　B．潘岳

C．袁枚　　D．苏轼

7．（　　）被认为是苏州古典园林中以少胜多的典范。

A．网师园　　B．狮子林

C．拙政园　　D．留园

8．（　　）以建筑布置精巧、奇石众多而著称。

A．沧浪亭　　B．狮子林

C．拙政园　　D．留园

9．园内山水布置和景点题名蕴含着浓郁的隐逸气息，意谓“渔父钓叟之园”的是（　　）。

A．网师园　　B．寄畅园

C．留园　　D．个园

10．（　　）规模宏伟，景色佳丽，兼有明清两代南方园林建筑风格，被誉为“奇秀甲于东南”。

A．网师园　　B．上海豫园
C．扬州个园　　D．留园

11．有康熙、乾隆御题 72 景之说的著名园林是（　　）。
A．避暑山庄　　B．颐和园
C．北海公园　　D．拙政园

12．园名出自王羲之诗句的寄畅园在（　　）。
A．无锡　　B．苏州
C．东莞　　D．杭州

13．承德避暑山庄始建于（　　）年间。
A．乾隆　　B．康熙
C．雍正　　D．顺治

14．建于北宋的沧浪亭是苏州四大名园之一，它的特色是（　　）。
A．以假山著称　　B．以对比、借景取胜
C．未入园林先成景　　D．以竹为植物主景

15．颐和园中谐趣园是仿（　　）而建。
A．无锡寄畅园　　B．苏州拙政园
C．北京恭王府　　D．上海豫园

16．江南奇石“冠云峰”在（　　）内。
A．苏州拙政园　　B．苏州留园
C．杭州竹素园　　D．上海豫园

17．始建于清代的清晖园位于广东的（　　）。
A．广州　　B．番禺
C．东莞　　D．佛山

18．下列有热河行宫之称的是（　　）。
A．颐和园　　B．北海公园
C．承德避暑山庄　　D．拙政园

19．颐和园在乾隆时期的名称是（　　）。
A．行宫　　B．好山园
C．清漪园　　D．静宜园

20．在颐和园政治活动区中，重要的建筑是（　　）。
A．玉澜堂　　B．仁寿殿
C．宜芸馆　　D．乐寿堂

21．留园位于苏州姑苏区，以建筑布置精巧、奇石众多而著称。中部以（　　）见长，是全园的精华所在。
A．水景　　B．假山布局

C．水榭布局　　D．植物造景

22．网师园被认为是苏州古典园林中（　　）的典范。

A．以小见大　　B．以柔克刚

C．以偏概全　　D．以少胜多

23．园名意为和煦普照之日光，喻父母之恩德的是（　　）。

A．清晖园　　B．豫园

C．梁园　　D．余荫山房

24．园主特别爱竹，园内翠竹成林，园名取自清袁枚诗句的是（　　）。

A．个园　　B．留园

C．寄畅园　　D．豫园

25．（　　）中的长廊、石舫、佛香阁、大戏楼、十七孔桥等建筑堪称世界建筑文化中的珍品，在中外园林艺术史上有极高的地位。

A．承德避暑山庄　　B．圆明园

C．颐和园　　D．御花园

26．有“江南三大奇石”之冠之称的是（　　）。

A．苏州留园的冠云峰　　B．苏州环秀山庄的假山

C．杭州竹素园的绉云峰　　D．上海豫园的玉玲珑

三、多选题

1．江南三大奇石是（　　）。

A．豫园玉玲珑　　B．留园冠云峰

C．拙政园宣石　　D．竹素园绉云峰

E．个园灵璧石

2．苏州的（　　）被称为苏州“四大园林”。

A．沧浪亭　　B．狮子林

C．拙政园　　D．留园

E．网师园

3．以下属于中国四大园林的是（　　）。

A．北京颐和园　　B．北海公园

C．承德避暑山庄　　D．苏州拙政园

E．苏州留园

4．既是中国四大园林又是苏州四大名园的是（　　）。

A．狮子林　　B．留园

C．拙政园　　D．豫园

E．沧浪亭

5．下列属于苏州园林的有（　　）。

A．寄畅园　　B．个园
C．拙政园　　D．留园
E．网师园

6．中国现存著名园林中，以假山著称的园林是（　　）。
A．狮子林　　B．个园
C．可园　　D．余荫山房
E．寄畅园

7．现存著名的私家园林有（　　）。
A．留园　　B．拙政园
C．网师园　　D．可园
E．豫园

8．清代广东“四大园林”也被称为岭南“四大园林”，它们是（　　）。
A．顺德清晖园　　B．东莞可园
C．番禺余荫山房　　D．开平立园
E．佛山梁园

9．下列关于苏州留园的叙述中，正确的有该园（　　）。
A．园林中部以山水景色为主
B．东园内置石景“冠云峰”为宋代“花石纲”的遗物
C．四个主景区之间，以曲廊相连
D．又名“寄啸山庄”
E．园内有园，景外有景，精巧幽深之至

10．承德避暑山庄宫殿区的建筑是（　　）。
A．正宫　　B．松鹤斋
C．万壑松风　　D．东宫
E．南宫

11．在下列园林中，属苏州古代园林的是（　　）。
A．清晖园　　B．拙政园
C．留园　　D．余荫山房
E．梁园

12．承德避暑山庄苑景区可分为（　　）。
A．湖泊区　　B．平原区
C．山峦区　　D．寺庙区
E．宫殿区

13．下列对我国著名园林的说法，正确的是（　　）。
A．网师园是我国园林中以少胜多的典范

B. 个园的分峰叠石手法被誉为“国内孤例”
C. 余荫山房是南方四大园林中保存原貌最好的
D. 留园的水景是全园的精华所在
E. 豫园兼有明清两代南方园林的建筑风格

14. 承德避暑山庄之外，半环山庄的是雄伟的寺庙群，俗称“外八庙”，象征着（　　）。

A. 八正道　　B. 国家的半壁江山
C. 民族团结　　D. 欢迎八方香客
E. 中央集权

习题强化答案

第一节　古典园林概述、构成要素和造园艺术

一、判断题

1. 错	2. 错	3. 错	4. 错	5. 错
6. 对	7. 错	8. 错	9. 对	10. 错
11. 对	12. 错	13. 对	14. 错	15. 对
16. 对	17. 对	18. 错	19. 对	20. 错
21. 对	22. 对	23. 错	24. 对	25. 错

二、单选题

1. D	2. C	3. B	4. B	5. B
6. C	7. B	8. D	9. B	10. A
11. C	12. A	13. D	14. C	15. C
16. C	17. C	18. C	19. B	20. C
21. D	22. B	23. C	24. B	25. A
26. C	27. D	28. D	29. D	30. B
31. B	32. D	33. C	34. D	35. A
36. C				

三、多选题

1. ABD	2. ACE	3. ABD	4. CDE	5. ABD
6. ABCE	7. ABCDE	8. BCD	9. ADE	10. ACD
11. ABCD	12. ABCD	13. ABCD	14. ABD	15. ABCD
16. CDE	17. BC	18. BD	19. ACD	20. BCDE
21. ABDE	22. ACE	23. ACE	24. BDE	25. ABD
26. AB	27. BCDE	28. BE	29. ABD	30. CDE

31．BCDE　32．ABCE　33．AE　34．ADE　35．CDE
36．BCD　37．ABDE　38．ABCDE

第二节　构景手段

一、判断题

1．对　2．对　3．错　4．对

二、单选题

1．B　2．B　3．A　4．B　5．A
6．D　7．C　8．B　9．D　10．D
11．B　12．D　13．D　14．A　15．D
16．C　17．C　18．D　19．D　20．C
21．C　22．C　23．B　24．D　25．C
26．A

三、多选题

1．BDE　2．CDE　3．ABCE

第三节　著名古代园林

一、判断题

1．错　2．对　3．错　4．对　5．错
6．错　7．对　8．对　9．错　10．错
11．错　12．对　13．对　14．错　15．错

二、单选题

1．D　2．A　3．B　4．D　5．C
6．C　7．A　8．D　9．A　10．B
11．A　12．A　13．B　14．C　15．A
16．B　17．D　18．C　19．C　20．B
21．A　22．D　23．A　24．A　25．C
26．D

三、多选题

1．ABD　2．ABCD　3．ACDE　4．BC　5．CDE
6．AB　7．ABCDE　8．ABCE　9．ABC　10．ABCD
11．BC　12．ABC　13．ABDE　14．CE

第六章 中国旅游景观

真题解读

- 【2018 年真题 · 判断】我国著名的丹霞地貌景观有广东丹霞山、安徽九华山等。（ ）

【答案】错

【解析】我国著名的丹霞地貌景观有广东丹霞山、福建武夷山、江西龙虎山、浙江江郎山、安徽齐云山、湖南崀山、贵州赤水、甘肃张掖等，安徽九华山属于**花岗岩地貌**。

【点评】简单难度，平时经常训练的内容，考查基本的知识识记。

- 【2018 年真题 · 判断】雁荡山有“东南第一山”之称，其中，灵峰、灵岩、大龙湫景区被称为“雁荡三绝”。（ ）

【答案】对

【解析】雁荡山素以独特的奇峰怪石、飞瀑流泉、古洞畸穴、雄嶂胜门和凝翠碧潭扬名海内外，被誉为“海上名山，寰中绝胜”，史称“**东南第一山**”。其中，**灵峰**、**灵岩**、**大龙湫**三个景区被称为“雁荡三绝”；灵峰夜景、灵岩飞渡是其两大特别景观。

【点评】简单难度，考查基本的知识识记。

- 【2018 年真题 · 判断】冰川地貌景观是一种在高山和高纬度地区形成的独特景观，分为冰川侵蚀景观和冰川堆积景观。（ ）

【答案】对

【解析】冰川地貌主要指冰川侵蚀和堆积作用形成的地貌景观，是**高山和高纬度地区**具有的特殊形态特征的地貌景观，分为**冰川侵蚀**地貌景观和**冰川堆积**地貌景观。

【点评】中等难度，判断题作答技巧——挑不出错就选对。

- 【2018 年真题 · 单选】“江作青罗带，山如碧玉簪”是描写漓江山水的千古名句，其作者是（ ）。

A. 李白　　B. 王维

C. 韩愈　　D. 欧阳修

【答案】C

【解析】唐朝诗人**韩愈**的“江作青罗带，山如碧玉簪”的诗句，是桂林山水的最佳写照。

【点评】简单难度，平时经常训练的内容，考查基本的知识识记。

● 【2018 年真题 · 单选】目前中国唯一一个被列入《世界遗产名录》的湖泊是（　　）。

A．云南泸沽湖　　B．杭州西湖

C．武汉东湖　　D．江西鄱阳湖

【答案】B

【解析】杭州西湖位于浙江省杭州市西面，是中国大陆主要的观赏性淡水湖泊之一，也是现今《世界遗产名录》中少数几个和**中国唯一的一个湖泊类文化遗产**。

【点评】送分题，考查基本的知识识记，注意选项中只有杭州西湖属于世界遗产。

● 【2018 年真题 · 单选】中国海岸线总长度约（　　）千米。

A．2.2 万　　B．1.8 万

C．3.2 万　　D．1.4 万

【答案】C

【解析】我国海岸线总长度约 **3.2 万千米**，其中大陆海岸线北起中朝边境的鸭绿江口，南到中越边境的北仑河口，全长 1.8 万千米；岛屿海岸线 1.4 万千米。

【点评】简单难度，考查基本的知识识记，注意题目问的是海岸线总长度，包括大陆海岸线和岛屿海岸线。

● 【2018 年真题 · 单选】中国著名的“变色湖”是（　　）。

A．新疆喀纳斯湖　　B．昆明洱海

C．安徽太平湖　　D．西藏纳木错

【答案】A

【解析】**喀纳斯湖**湖面碧波万顷，群峰倒映，还会随着季节和天气的变化而时时变换颜色，是有名的“变色湖”。这里是我国唯一的南西伯利亚区系动植物分布区，既具北国风光之雄浑，又具江南山水之娇秀。

【点评】送分题，平时经常训练的内容，考查基本的知识识记。

● 【2018 年真题 · 单选】有“奇峰三千、秀水八百”之称的中国名山是（　　）。

A．武陵源　　B．泰山

C．三清山　　D．庐山

【答案】A

【解析】武陵源独特的石英砂岩峰林在国内外均属罕见，素有“奇峰三千，秀水八百”之称。

【点评】简单难度，平时经常训练的内容，考查基本的知识识记。

● 【2018 年真题 · 单选】中国著名瀑布中，水流量最大的是（　　）。

A．贵州黄果树瀑布　　　　B．黄河壶口瀑布

C．庐山三叠泉瀑布　　　　D．黑龙江吊水楼瀑布

【答案】B

【解析】壶口瀑布位于陕西宜川和山西吉县之间的黄河之上。滚滚黄河水至此，300余米宽的洪流骤然被两岸所束缚，上宽下窄，在50米的落差中翻腾倾涌，河水似从巨大无比的壶中倾出，故名“壶口瀑布”，是**我国水流量最大的瀑布**。

【点评】简单难度，平时经常训练的内容，考查基本的知识识记。注意识记关键点：壶口瀑布——我国水流量最大的瀑布。

- 【2018年真题·单选】被誉为“中国古代道教建筑露天博物馆”的名山是（　　）。

A．江西三清山　　　　B．江西龙虎山

C．四川青城山　　　　D．山东崂山

【答案】A

【解析】江西三清山1600余年的道教历史孕育了丰厚的道教文化内涵，按八卦布局的三清宫古建筑群，被誉为“**中国古代道教建筑的露天博物馆**”。

【点评】简单难度，考查基本的知识识记。誉称是经常考查的内容，平时复习要多加注意。

- 【2018年真题·多选】按照成因分类，属于火山湖的有（　　）。

A．五大连池　　　　B．天山天池

C．长白山天池　　　　D．镜泊湖

E．滇池

【答案】ACD

【解析】五大连池、镜泊湖属于火山堰塞湖，长白山天池属于火山口湖。**火山堰塞湖、火山口湖均属于火山湖**。故本题选ACD。

【点评】难度较大，本题横向考查，要求的知识理解能力较高，超出我们平时训练的范畴。

- 【2017年真题·多选】我国特别适宜观赏云海景观的名山有（　　）。

A．衡山　　　　B．峨眉山

C．庐山　　　　D．雁荡山

E．黄山

【答案】ABCE

【解析】我国著名的云海景观有**黄山云海、庐山云海、峨眉云海、衡山云海**。

【点评】中等难度，考查基本的知识识记，云海——黄庐峨衡。

习题强化

第一节　地貌旅游景观

一、判断题

1. 三清山以盛夏如春的凉爽气候为中外游客所向往，是国内久负盛名的风景名胜区和避暑游览胜地。主要旅游景点有美庐别墅、含鄱口、三叠泉、五老峰等。（　　）
2. 著名的黄山风景区是典型的花岗岩地貌景观。（　　）
3. 甘肃鸣沙山和宁夏沙坡头是我国著名的荒漠景观。（　　）
4. 福建武夷山、江西龙虎山、浙江江郎山、安徽齐云山、湖南崀山、贵州赤水、甘肃张掖都是我国著名的丹霞地貌景观。（　　）
5. 安徽黄山、陕西华山和江西龙虎山都属于花岗岩名山。（　　）
6. 恒山悬空寺建筑特色可以概括为“奇、悬、巧”三个字。明代大旅行家徐霞客称其为“天下巨观”，三教殿内，释迦牟尼、老子、孔子共居一室，耐人寻味，堪称中国宗教史上的一段佳话。（　　）
7. 北岳恒山位于陕西省浑源县，恒山景观之最为悬空寺。（　　）
8. 湖南张家界是世界上最典型的石英砂岩峰林地貌。（　　）
9. 蕈状石是垦丁地质公园最具代表性的地貌景观，景点“女王头”早已成为垦丁地质公园的象征。（　　）
10. 我国是世界上岩溶地貌分布最广泛、发育最充分、类型最齐全的国家，其中以广西、云贵高原最为集中。（　　）
11. 江西龙虎山为花岗岩山体，形成了世界上已知花岗岩地貌中分布最密集、形态最多样的峰林。（　　）
12. 冰川侵蚀地貌景观一般分布在雪线以下位置，包括冰斗、角峰、羊背石等；冰川堆积地貌景观则大多分布在雪线以下，包括冰瀑、冰塔林等。（　　）
13. 中国的流纹岩景观地貌主要分布于浙江，著名的流纹岩地貌景观有浙江雁荡山、神仙居、仙都峰，杭州西湖宝石山等。（　　）
14. 黄山主要为花岗岩山体，莲花峰、光明顶、天都峰是黄山三大主峰，其中莲花峰最高。（　　）
15. 唐朝诗人韩愈的“江作青罗带，山如碧玉簪”的诗句，是武夷山的最佳写照。（　　）
16. 衡山又名“寿岳”，为花岗岩山体，72 峰挺拔巍峨，海拔 1300.2 米的祝融峰是衡山最高峰，它也是五岳的最高峰。（　　）

17. 中国是世界上喀斯特地貌分布最广泛、发育最充分、类型最齐全的国家，以广西、云贵高原最为集中。代表性景观有广西桂林山水，云南石林，四川九寨沟、湖南张家界。（　　）
18. 中国陆地领土面积 960 万平方千米，约占全球陆地的 1/15。（　　）
19. 云南石林是世界上规模最大、风景极秀美的岩溶风景区，有"甲天下"的美誉。（　　）
20. 花岗岩属于岩浆岩中的深层侵入岩，岩性坚硬。（　　）
21. 华山西岳庙是帝王封禅告祭时居住和举行大典的地方。（　　）
22. 庐山素有"匡庐奇秀甲天下"之美誉，是国内久负盛名的风景名胜区和避暑游览胜地。（　　）
23. 湖南张家界属于"石英砂岩峰林峡谷"地貌，但其中的黄龙洞则属于喀斯特地貌。（　　）
24. 位于四川松潘县的黄龙，地表钙华是黄龙景观的最大特色。（　　）
25. 花岗岩属于岩浆岩中的深层侵入岩，易发生球状风化，形成巨大的"石蛋"造型或浑圆多姿的巨石兀立形态。（　　）
26. "奇峰、幽谷、秀水、深林、溶洞"被称为九寨沟"五绝"。（　　）
27. 流纹岩地貌是火山喷发出的岩浆、火山灰等在流动冷却过程中形成的地貌景观，以湖南张家界景区最为典型。（　　）
28. 我国位于欧亚大陆东部，太平洋西海岸，面积约 960 万平方公里。（　　）

二、单选题

1. 中国古代三大宫殿建筑天贶殿、大成殿、太和殿分别位于（　　）。
   A. 泰山岱庙，曲阜孔庙，北京故宫
   B. 承德避暑山庄，泰山岱庙，北京故宫
   C. 曲阜孔庙，承德避暑山庄，北京故宫
   D. 曲阜孔庙，北京故宫，泰山岱庙
2. 新疆乌尔禾属于（　　）景观。
   A. 丹霞地貌　　B. 荒漠地貌
   C. 流纹岩地貌　　D. 石英砂岩峰林地貌
3. （　　）历史上是读书人聚集讲学之地，先后在此出现了邺侯书院、文定书院、集贤书院等 10 余所书院。
   A. 泰山　　B. 华山
   C. 衡山　　D. 嵩山
4. 在下列各景观中为流纹岩景观的是（　　）。
   A. 长白山　　B. 雁荡山
   C. 昆明石林　　D. 盘山

5. 下列名山中属于著名的石英砂岩峰林地貌景观的是（　　）。

A. 湖南武陵源　　B. 浙江雁荡山

C. 江西三清山　　D. 福建武夷山

6.（　　）是五岳中唯一位于长江以南的山。

A. 泰山　　B. 衡山

C. 恒山　　D. 嵩山

7. 五岳中以幽静著称的是（　　）。

A. 泰山　　B. 华山

C. 恒山　　D. 衡山

8. 以怪石、奇松、云海、温泉四绝而闻名海内外的是（　　）。

A. 福建武夷山　　B. 山东泰山

C. 安徽黄山　　D. 江西龙虎山

9."黄河金带"是五岳中（　　）名景之一。

A. 泰山　　B. 华山

C. 恒山　　D. 嵩山

10. 属于花岗岩地貌的观光旅游型山地的是（　　）。

A. 恒山　　B. 武夷山

C. 长白山　　D. 黄山

11. 中国的花岗岩景区有（　　）。

A. 武夷山、三清山、九华山　　B. 泰山、齐云山、崂山

C. 华山、鼓浪屿、黄山　　D. 千山、雁荡山、齐云山

12.（　　）为花岗岩山体，不同成因的花岗岩微地貌密集分布，形成了世界上已知花岗岩地貌中分布最密集、形态最多样的峰林。

A. 庐山　　B. 三清山

C. 武陵源　　D. 雁荡山

13. 我国著名的花岗岩山地——黄山、泰山、华山、衡山分别位于（　　）。

A. 海南省、湖北省、浙江省、江苏省

B. 安徽省、湖北省、浙江省、湖南省

C. 山东省、陕西省、浙江省、湖南省

D. 安徽省、山东省、陕西省、湖南省

14. 与大理素负盛名的"风花雪月"四景有关的是（　　）。

A. 玉龙雪山　　B. 苍山

C. 泸沽湖　　D. 丽江

15. 常有群峰簇拥、峭拔危立、雄伟险峻特点的地貌类型是（　　）。

A. 花岗岩地貌　　B. 丹霞地貌

C. 岩溶地貌　　D. 流纹岩地貌

16. 素有“碧水丹山”“奇秀甲东南”之美誉的是（　　）。

A. 黄山　　B. 天柱山

C. 雁荡山　　D. 武夷山

17. 素以山水奇秀而驰名中外，被誉为“海上名山，寰中绝胜”的是（　　）。

A. 泰山　　B. 普陀山

C. 雁荡山　　D. 崂山

18. 三清山位于（　　）。

A. 江西上饶　　B. 山西浑源

C. 河南登封　　D. 陕西华阴

19. （　　）有“关东第一山”之誉。

A. 长白山　　B. 大兴安岭

C. 小兴安岭　　D. 天山

20. （　　）是一本孕育了20多亿年的“天然地质天书”，也是大理石和大理冰期的命名地。

A. 苍山　　B. 阿里山

C. 普陀山　　D. 雁荡山

21. 祝融峰是（　　）的最高峰。

A. 衡山　　B. 庐山

C. 雁荡山　　D. 三清山

22. （　　）有着“圣地仙境，人间瑶池”的美誉，是中国唯一保护完好的高原湿地。

A. 九寨沟　　B. 黄龙

C. 武陵源　　D. 武夷山

23. （　　）是世界上最大的独立纬向山系，同时也是世界上距离海洋最远的山系和全球干旱地区最大的山系。

A. 祁连山　　B. 天山

C. 阴山　　D. 昆仑山

24. 曲折索回的九曲溪贯穿于丹崖群峰之间，如玉带串珍珠，人称“三三秀水清如玉，六六奇峰翠插天”，构成了奇幻百出的（　　）水之胜。

A. 恒山　　B. 武当山

C. 衡山　　D. 武夷山

25. （　　）西部是全球生物多样性保护的关键地区，分布着世界同纬度带现存最完整、最典型、面积最大的中亚热带原生性森林生态系统

A. 恒山　　B. 武当山

C．衡山　　D．武夷山

26．（　　）留下了琳琅满目的碑碣、摩崖、楹联石刻，摩崖石刻居各名山之最。

A．衡山　　B．恒山

C．泰山　　D．华山

27．台湾野柳、海南东寨港红树林属于（　　）景观。

A．丹霞地貌　　B．海岸地貌

C．流纹岩地貌　　D．石英砂岩峰林地貌

28．（　　）是世界上最典型的石英砂岩峰林峡谷地貌，景区内有形态各异的数千座岩峰。

A．山东泰山　　B．安徽黄山

C．九华山　　D．湖南张家界

29．（　　）以险峻著称，自古以来就有“奇险天下第一山”等说法。

A．泰山　　B．华山

C．恒山　　D．嵩山

30．悬空寺是（　　）景观之最，距离地面高约 50 米，其建筑特色可概括为“奇、悬、巧”三个字。

A．泰山　　B．华山

C．衡山　　D．恒山

31．明代大旅行家徐霞客称（　　）为“天下巨观”。

A．东岳庙　　B．方广寺

C．少林寺　　D．悬空寺

32．丹霞地貌以（　　）丹霞山最为典型，因此得名。

A．山东　　B．广东

C．广西　　D．云南

33．（　　）岩石演变完整，岩浆岩、沉积岩、变质岩的出露，构成了中国最古老的岩系——“登封朵岩”。

A．恒山　　B．华山

C．衡山　　D．嵩山

34．被后人传颂为“五岳归来不看山，黄山归来不看岳”，源自（　　）对黄山的赞誉。

A．徐霞客　　B．沈括

C．苏东坡　　D．李白

35．（　　）具有扼关带水、地险山雄的特殊地理环境，成为历代兵家必争之地。

A．恒山　　B．华山

C．衡山　　D．嵩山

36. 安徽黄山、江西龙虎山、四川九寨沟依次属于（　　）地貌类型。

A. 丹霞、花岗岩、岩溶　　B. 花岗岩、丹霞、岩溶

C. 花岗岩、丹霞、流纹岩　　D. 岩溶、花岗岩、丹霞

37. 佛寺丛林祝圣寺位于五岳中的（　　）。

A. 泰山　　B. 恒山

C. 华山　　D. 衡山

38. 下列属于丹霞地貌的是（　　）。

A. 湖南张家界　　B. 福建武夷山

C. 山东崂山　　D. 浙江雁荡山

39. （　　）作用是荒漠地貌塑造其形态的最主要地质营力。

A. 地下水　　B. 风力

C. 潮汐　　D. 地表水

40. 五岳中最高的是（　　）。

A. 泰山　　B. 华山

C. 恒山　　D. 嵩山

41. 武陵源景区属（　　）岩石组成的山地。

A. 花岗岩　　B. 火山岩

C. 石英砂岩　　D. 大理岩

42. （　　）享有“五岳独尊”“五岳之首”的盛誉。

A. 衡山　　B. 恒山

C. 泰山　　D. 华山

43. 五岳诸峰中海拔最高的山峰是（　　）。

A. 嵩山峻极峰　　B. 恒山天峰岭

C. 华山南峰　　D. 泰山玉皇顶

44. 有“陕西故宫”之称的庙宇是（　　）。

A. 中岳庙　　B. 岱庙

C. 西岳庙　　D. 南岳庙

45. （　　）拥有世界上保存最完整、分布最集中、品类最齐全、状貌最典型的新老时期火山地质地貌，14 座新老时期火山，喷发年代跨越 200 多万年。

A. 镜泊湖　　B. 五大连池

C. 纳木错　　D. 喀纳斯湖

46. （　　）钙华景观类型齐全，是一座名副其实的天然钙华博物馆。

A. 九寨沟　　B. 黄龙

C. 武陵源　　D. 武夷山

47. （　　）被誉为“天然火山博物馆”和“打开的火山教科书”。

A．长白山　　B．雁荡山
C．五大连池　　D．天山

48．（　　）景观具有多样性，有沙滩、贝壳、崩崖、沙瀑、钟乳石洞，有热带雨林稀有植物、种类繁多的昆虫蝴蝶，是长达半年的候鸟迁徙落脚地。

A．厦门　　B．青岛
C．舟山　　D．垦丁

49．名句“五岳归来不看山，黄山归来不看岳”出于（　　）。

A．郦道元　　B．徐弘祖
C．高启　　D．袁枚

三、多选题

1．衡山四绝包括（　　）。

A．祝融峰之高　　B．藏经殿之秀
C．方广寺之深　　D．祝圣寺之古
E．水帘洞之奇

2．奇峰和（　　）被称为武陵源“五绝”。

A．幽谷　　B．温泉
C．秀水　　D．深林
E．溶洞

3．下列属于我国喀斯特地貌代表性景观的是（　　）。

A．广西桂林山水　　B．云南石林
C．贵州织金洞　　D．重庆金佛山
E．北京石花洞

4．流纹岩地貌景观山地主要有（　　）。

A．雁荡山　　B．仙都峰
C．三清山　　D．庐山
E．宝石山

5．翠海、叠瀑和（　　）被称为“九寨沟六绝”。

A．彩林　　B．雪峰
C．峡谷　　D．藏情
E．蓝冰

6．关于泰山的叙述，正确的有（　　）。

A．泰山古称“岱山”“岱宗”，其主峰玉皇顶海拔 2154.9 米，是五岳最高峰
B．泰山同衡山、恒山、华山、嵩山合称五岳，因地处东部，故称东岳，以雄伟著称
C．泰山享有“五岳独尊”“五岳之首”的盛誉

D. 泰山石刻可以说是中国文化史中的一朵奇葩，泰山摩崖石刻居各名山之最
E. 旭日东升、晚霞夕照、黄河金带、云海玉盘是泰山的四大自然名景

7. 自古就有“桂林山水甲天下”之誉，下列（ ）概括了桂林山水的特点。
A. 山清 B. 水秀
C. 洞奇 D. 石美
E. 峰翠

8. 我国著名的荒漠景观有（ ）。
A. 台湾野柳 B. 新疆乌尔禾
C. 甘肃鸣沙山 D. 甘肃张掖
E. 宁夏沙坡头

9. 长白山天池是（ ）三条大江的源头。
A. 松花江 B. 图们江
C. 牡丹江 D. 鸭绿江
E. 乌苏里江

10. 野柳地质公园位于台北县万里乡，以海蚀地貌而闻名，造就了（ ）等奇特景观。
A. 蜂窝石 B. 烛状石
C. 豆腐石 D. 红树林
E. 蕈状岩

11. 位于江西的名山旅游地有（ ）。
A. 庐山 B. 三清山
C. 龙虎山 D. 武夷山
E. 井冈山

12. 华山险景主要有（ ）。
A. 鹞子翻身 B. 千尺幢
C. 长空栈道 D. 老君犁沟
E. 天都峰

13. 海岸地貌主要是指海岸地带受（ ）等作用而形成的地貌。
A. 波浪 B. 潮汐
C. 海流 D. 内外营力
E. 生物

14. 我国喀斯特地貌分布以（ ）最为集中。
A. 广东 B. 山西
C. 广西 D. 云贵高原
E. 四川

15．高山铁路和（　　）号称阿里山五奇。

A．樱花　　B．晚霞

C．日出　　D．云海

E．森林

16．黄龙以（　　）四绝著称于世。

A．峡谷　　B．彩池

C．雪山　　D．蓝冰

E．森林

17．（　　）三个景区被称为“雁荡三绝”。

A．灵峰　　B．凝翠碧潭

C．灵岩　　D．大龙湫

E．雄嶂胜门

18．花岗岩地貌景观特征为（　　）。

A．岩性坚硬　　B．岩体造型丰富

C．易发生球状风化　　D．易形成奇峰异洞、峭壁幽谷

E．随着观者步移景迁，同一景物从不同角度呈现出多种不同的形象特征

19．闻名海内外的黄山四绝包括（　　）。

A．怪石　　B．奇松

C．深谷　　D．云海

E．温泉

20．黄山位于安徽省南部黄山市境内，（　　）为黄山三大主峰。

A．莲花峰　　B．峻极峰

C．光明顶　　D．祝融峰

E．天都峰

21．下列属于我国著名的花岗岩地貌景观的是（　　）。

A．山东泰山　　B．安徽齐云山

C．安徽九华山　　D．江西三清山

E．浙江普陀山

22．悬空寺为恒山景观之最，其建筑特色可以概括为（　　）三个字。

A．高　　B．奇

C．妙　　D．巧

E．悬

23．以下属于丹霞风光的是（　　）。

A．福建武夷山　　B．江西龙虎山

C．安徽齐云山　　D．南京栖霞山

E．湖北武当山

24．下列属于岩溶地貌风景区的是（　　）。

A．湖北神农架　　B．云南路南石林

C．贵州织金洞　　D．浙江雁荡山

E．广西桂林山水

25．对五大连池，说法正确的有（　　）。

A．位于黑龙江省五大连池市境内

B．拥有世界上保存最完整、分布最集中、品类最齐全、状貌最典型的新老时期火山地质地貌

C．有14座新老时期火山，喷发年代跨越200多万年

D．被誉为“天然火山博物馆”和“打开的火山教科书”

E．是一处著名的火山景观和以矿泉为特色的疗养胜地

26．我国的第二阶梯由（　　）组成。

A．青藏高原　　B．黄土高原

C．塔里木盆地　　D．华北平原

E．东北平原

第二节　水体旅游景观

一、判断题

1．堰塞湖是由火山喷出的岩浆、地震引起的山崩或泥石流引起的滑坡体等壅塞河床，而积水成湖的。（　　）

2．蓝天、白云、海滩、海水（4S）被称为最具吸引力的旅游资源。（　　）

3．青岛海滨位于山东半岛南部，城市依山就势，具有“青山、碧海、绿树、红瓦”特点。（　　）

4．五大连池、长白山天池、镜泊湖都是堰塞湖。（　　）

5．我国最深的湖泊是吐鲁番的艾丁湖。（　　）

6．吊水楼瀑布位于黑龙江省北安市。（　　）

7．青岛海滨被称为“海上花园”。（　　）

8．济南有七十二泉，“家家泉水，户户垂杨”，有“泉城”之誉。（　　）

9．位于万里长江第一湾的虎跳峡具有“狂涛卷起，飞瀑撼天”的雄伟气势。（　　）

10．京杭大运河是世界上里程最长、工程最大、最古老的运河。（　　）

11．世间罕见的“森林瀑布”可以在风景如画的贵州黄果树看到。（　　）

12．长江在重庆奉节以下至湖北宜昌为雄伟险峻的三峡江段，自西向东依次是西陵

峡、巫峡、瞿塘峡。 ( )

13. 水温在30度以上或显著高于当地年平均气温的泉为温泉。 ( )

14. 长江是中华民族的母亲河，全长6300公里，干流贯穿9个省级行政区。 ( )

15. 日月潭是台湾最大的人工湖泊，形成“青山拥碧水，明潭抱绿珠”的美丽景观。 ( )

16. 浙江杭州的虎跑泉属于奇特泉。 ( )

17. 奇特泉是景观奇特、具有观赏价值的泉。如云南大理的蝴蝶泉，安徽寿县的喊泉，四川广元的含羞泉，广西桂平的喷乳泉，台湾地区台南的水火泉。 ( )

18. 钱塘江潮被誉为“天下第一潮”，是世界一大自然奇观。 ( )

二、单选题

1. 以下属于堰塞湖成因景观的湖泊是（ ）。

A. 洞庭湖　　B. 五大连池

C. 太湖　　D. 西湖

2. 云南大理蝴蝶泉是著名的（ ）。

A. 冷泉　　B. 观赏泉

C. 矿泉　　D. 温泉

3. 洞庭湖在我国的五大淡水湖中排位是（ ）。

A. 第一　　B. 第二

C. 第三　　D. 第四

4. 从湖泊的成因类型看，新疆喀纳斯湖属于（ ）。

A. 构造湖　　B. 海迹湖

C. 风成湖　　D. 冰川湖

5. 长白山天池是我国最深的湖泊，从成因来看，它是（ ）。

A. 构造湖　　B. 河迹湖

C. 火山口湖　　D. 堰塞湖

6.（ ）是中国落差最大的瀑布。

A. 诺日朗瀑布　　B. 蛟龙瀑布

C. 壶口瀑布　　D. 吊水楼瀑布

7.（ ）是我国最大的咸水湖。

A. 青海湖　　B. 洞庭湖

C. 镜泊湖　　D. 鄱阳湖

8. 镜泊湖、长白山天池、云南滇池从成因上分类，属于（ ）。

A. 咸水湖、火山口湖、溶蚀湖　　B. 堰塞湖、火山口湖、构造湖

C. 风成湖、冰川湖、构造湖　　D. 溶蚀湖、堰塞湖、冰川湖

9. 长江是我国最大最长的河流，发源于（ ）唐古拉山的主峰各拉丹冬雪山。
A．青藏高原 B．云贵高原
C．四川盆地 D．塔里木盆地
10. 以下属于构造湖成因景观的湖泊是（ ）。
A．洞庭湖 B．千岛湖
C．长白山天池 D．滇池
11. 滇池、洱海、日月潭从成因来看，属于（ ）。
A．构造湖 B．堰塞湖
C．海迹湖 D．河迹湖
12. 附近有山海关、孟姜女庙等古迹的海滨风景区是（ ）。
A．青岛 B．连云港
C．大连—旅顺口 D．北戴河
13. 长江为中国第一大江，其所流经的省级行政区有（ ）个。
A．8 B．9
C．10 D．11
14. 若从重庆出发沿长江顺流而下，游客将先后经过（ ）。
A．瞿塘峡、西陵峡、巫峡 B．巫峡、西陵峡、瞿塘峡
C．西陵峡、巫峡、瞿塘峡 D．瞿塘峡、巫峡、西陵峡
15. 我国最大的火山堰塞湖是（ ）。
A．大明湖 B．肇庆星湖
C．镜泊湖 D．青海湖
16. 被唐代茶圣陆羽定为“天下第一泉”的是（ ）。
A．北京玉泉 B．杭州虎跑泉
C．镇江中泠泉 D．庐山谷帘泉
17. 杭州西湖、云南滇池、长白山天池和黑龙江五大连池分别是（ ）。
A．潟湖、构造湖、火山口湖、火山堰塞湖
B．风成湖、冰川湖、河成湖、潟湖
C．火山堰塞湖、构造湖、火山口湖、风成湖
D．潟湖、火山口湖、构造湖、火山堰塞湖
18. 中国最大的火山口湖是（ ）。
A．天山天池 B．庐山大天池
C．长白山天池 D．黑龙江五大连池
19. “桂林山水甲天下”，其中的“水”指的是（ ）。
A．楠溪江 B．富春江
C．漓江 D．九曲溪

20. “巴人悬棺”景点属于（　　）。

A．华山　　B．衡山

C．三清山　　D．三峡

21.（　　）是浙江省第一大河，发源于安徽省黄山市休宁县境内，流经安徽、浙江二省。

A．浦江　　B．飞云江

C．曹娥江　　D．钱塘江

22. 国务院批准的中国首个以海洋经济为主题的国家战略层面新区是（　　）。

A．浦东新区　　B．舟山群岛新区

C．青岛海滨新区　　D．三亚海滨新区

23. 中国第一大淡水湖是（　　）。

A．鄱阳湖　　B．洞庭湖

C．太湖　　D．洪泽湖

24. 位于万里长江第一湾的（　　）气势雄伟，人称“魔鬼大峡”。

A．瞿塘峡　　B．巫峡

C．西陵峡　　D．虎跳峡

25.（　　）是中国第一大群岛。

A．舟山群岛　　B．东沙群岛

C．南沙群岛　　D．西沙群岛

26. 长江最后注入（　　）。

A．渤海　　B．黄海

C．东海　　D．南海

27.（　　）年径流量 3300 多亿立方米，居全国江河水系的第二位，仅次于长江。

A．金沙江　　B．海河

C．钱塘江　　D．珠江

28. 黄河入海口位于（　　）。

A．渤海　　B．黄海

C．东海　　D．南海

29. 清人曾作霖说（　　）是“山中有水水中山，山自凌空水自闲”。

A．杭州西湖　　B．喀纳斯湖

C．日月潭　　D．镜泊湖

30. 贵州省威宁县的草海，从成因来看，属于（　　）。

A．构造湖　　B．堰塞湖

C．岩溶湖　　D．河迹湖

31.（　　）平均水深 204 米，最深处达 373 米，为我国第一深水湖泊。

A．滇池　　B．长白山天池

C．五大连池　　D．新疆喀纳斯湖

32．世界最大的水利枢纽工程三峡工程就位于（　　）中段。

A．瞿塘峡　　B．巫峡

C．虎跳峡　　D．西陵峡

33．壶口瀑布位于（　　）大峡谷下段，有“黄河之水天上来”之势。

A．晋陕　　B．晋豫

C．青陇　　D．豫鲁

34．（　　）水景规模之巨，景型之多，数量之众，形态之美，布局之精和环境之佳等指标经综合鉴定，位居中国风景名胜区水景之冠。

A．漓江　　B．黄龙

C．九寨沟　　D．桂林山水

35．（　　）是一处以山、海、礁、岛自然景观为主的风景名胜区，是著名的海滨疗养、旅游和避暑胜地。

A．北戴河海滨　　B．大连—旅顺口海滨

C．青岛海滨　　D．海南三亚海滨

36．（　　）是一座风姿绰约的“海上花园”，“城在海上，海在城中”。

A．厦门　　B．青岛

C．舟山　　D．三亚

37．（　　）以滩缓、沙细、浪小、潮平著称，是著名的海滨避暑胜地。

A．北戴河海滨　　B．大连—旅顺口海滨

C．青岛海滨　　D．海南三亚海滨

38．（　　）有“高原明珠”的美称，尤其是以摩梭人独特的文化和民族风俗而具有独特、丰富的内涵。

A．洞庭湖　　B．洪泽湖

C．鄱阳湖　　D．泸沽湖

39．“往事越千年，魏武挥鞭，东临碣石有遗篇。萧瑟秋风今又是，换了人间”描写的景点是（　　）。

A．北戴河　　B．黄河

C．长江　　D．太湖

40．黄果树瀑布位于（　　）省。

A．黑龙江　　B．山西

C．陕西　　D．贵州

41．（　　）是我国最宽的瀑布。

A．诺日朗瀑布　　B．黄果树瀑布

C. 壶口瀑布　　D. 吊水楼瀑布

42.（　　）为亚洲第一大跨国瀑布。

A. 德天瀑布　　B. 蛟龙瀑布

C. 壶口瀑布　　D. 吊水楼瀑布

43. 被誉为温泉城的城市是（　　）。

A. 广东从化　　B. 福州

C. 泉州　　D. 济南

44. 吊水楼瀑布是（　　）一道亮丽的风景。

A. 洞庭湖　　B. 洪泽湖

C. 鄱阳湖　　D. 镜泊湖

45.（　　）中有大量长江流域的珍贵鱼类，每年还有许多珍贵的鸟类栖息在这里，被称为“白鹤世界”“珍禽王国”。

A. 洞庭湖　　B. 洪泽湖

C. 鄱阳湖　　D. 太湖

46. 敦煌的月牙泉，从成因来看，属于（　　）。

A. 构造湖　　B. 风成湖

C. 岩溶湖　　D. 冰川湖

47.（　　）享有“中华第一瀑”之盛誉。

A. 诺日朗瀑布　　B. 黄果树瀑布

C. 壶口瀑布　　D. 吊水楼瀑布

48. 著名的黄果树瀑布、桂林山水都在（　　）流域。

A. 钱塘江　　B. 金沙江

C. 珠江　　D. 大渡河

49. 喀纳斯湖位于（　　）。

A. 西藏　　B. 黑龙江

C. 新疆　　D. 青海

50. 京杭大运河是世界上里程最长、工程最大、最古老的运河，全长约（　　）千米。

A. 1794　　B. 1479

C. 1497　　D. 1947

51.（　　）被称为“天湖”，为世界上海拔最高的大型湖泊。

A. 青海湖　　B. 纳木错

C. 天池　　D. 羊卓雍错

52. 我国大陆海岸线北起鸭绿江，南至（　　）。

A. 钱塘江口　　B. 珠江入海口

C．深圳河口　　D．北仑河口

53．（　　）多级下跌，崖顶与崖壁上长满繁茂青翠的树木，水流从林木中穿流下泻，形成罕见的“森林瀑布”奇观。

A．诺日朗瀑布　　B．黄果树瀑布

C．壶口瀑布　　D．吊水楼瀑布

54．镜泊湖是我国最大的火山堰塞湖，它位于（　　）。

A．四川省　　B．云南省

C．黑龙江省　　D．吉林省

55．太湖、西湖从成因来看，属于（　　）。

A．构造湖　　B．堰塞湖

C．河成湖　　D．潟湖

56．长江是中国第一长河，发源于青藏高原（　　）主峰。

A．唐古拉山　　B．巴颜喀拉山

C．阿勒泰山　　D．喀喇昆仑山

57．三江“并流而不交汇”是世界上罕见的自然地理景观，“三江”是指（　　）。

A．岷江—沱江—嘉陵江　　B．嘉陵江—澜沧江—沱江

C．金沙江—怒江—漓江　　D．金沙江—澜沧江—怒江

三、多选题

1．按照湖泊类型划分，属于构造湖的是（　　）。

A．日月潭　　B．滇池

C．洱海　　D．长白山天池

E．纳木错

2．在我国五大淡水湖中，湖面面积第二和第一大的是（　　）。

A．洞庭湖　　B．太湖

C．洪泽湖　　D．巢湖

E．鄱阳湖

3．属于堰塞湖的是（　　）。

A．滇池　　B．洱海

C．五大连池　　D．镜泊湖

E．杭州西湖

4．我国著名的三江并流景区，是指（　　）三条江河。

A．怒江　　B．澜沧江

C．雅鲁藏布江　　D．金沙江

E．森格藏布江

5．由地壳运动产生断裂凹陷形成的湖泊是（　　）。

A．滇池　　B．洱海
C．长白山天池　　D．五大连池
E．台湾日月潭

6．下列属于我国著名的奇特泉的是（　　）。
A．四川广元含羞泉　　B．江苏镇江金山泉
C．浙江杭州虎跑泉　　D．山东济南趵突泉
E．云南大理蝴蝶泉

7．京杭大运河北起北京，南至杭州，沟通（　　）等河流，是世界上最长的一条人工运河。
A．海河　　B．黄河
C．淮河　　D．长江
E．钱塘江

8．关于喀纳斯湖，说法正确的有（　　）。
A．是典型的冰川湖泊
B．是有名的“变色湖”
C．是我国唯一的南西伯利亚区系动植物分布区
D．被称为“白鹤世界”“珍禽王国”
E．是中国最大的火山堰塞湖

9．对于黄河，说法正确的有（　　）。
A．是世界上含沙量最高的河流
B．黄河中游河段长期淤积抬升形成举世闻名的“地上悬河”
C．黄河是中华民族的母亲河
D．黄河流域保留了众多的古人类遗址、古都城遗迹、帝王陵墓、宗教胜迹等
E．是中国第二长河

10．中国三大瀑布景观是（　　）。
A．黄果树瀑布　　B．壶口瀑布
C．吊水楼瀑布　　D．九寨沟瀑布
E．大龙湫瀑布

11．下列属于长江三峡景区历史名胜古迹的有（　　）。
A．白帝城　　B．严子陵钓台
C．古栈道遗迹　　D．昭君故里
E．龙门石窟

12．关于长白山天池，说法正确的有（　　）。
A．是中国和朝鲜的界湖
B．是松花江、乌苏里江、鸭绿江三条大江的源头

C．是我国最大的火山口湖
D．是中国最深的湖泊
E．是世界上海拔最高的大型湖泊

13．青岛海滨位于山东半岛南部，（　　）成为青岛独占鳌头的风光特色。
A．青山　　B．碧海
C．绿树　　D．粉墙
E．红瓦

14．以下被誉为“天下第一泉”的有（　　）。
A．北京玉泉　　B．济南趵突泉
C．镇江中泠泉　　D．庐山谷帘泉
E．杭州虎跑泉

15．对于长江三峡，说法正确的有（　　）。
A．在重庆奉节以下至湖北宜昌之间
B．自西向东分别是西陵峡、瞿塘峡、巫峡
C．瞿塘峡是三峡中最短的一个，以雄伟险峻著称
D．巫峡以幽深秀丽著称
E．西陵峡是长江三峡中最长的峡，以滩多水急著称

16．下列湖泊中，由火山喷出的岩浆、地震引起的山崩或泥石流引起的滑坡体等壅塞河床，积水成湖的有（　　）。
A．千岛湖　　B．镜泊湖
C．五大连池　　D．长白山天池
E．西湖

17．京杭大运河北起北京，南到杭州，途经北京、天津、（　　）六省市，沟通了海河、黄河、淮河、长江、钱塘江五大水系。
A．河北　　B．河南
C．山东　　D．江苏
E．浙江

18．关于我国江河，说法正确的有（　　）。
A．珠江流经6省区和越南北部，在下游从8个入海口注入南海
B．长江流经11省（区）市，全长6300公里
C．京杭大运河沟通了五大水系
D．钱塘江发源于安徽
E．三江并流是指金沙江、怒江和澜沧江并行流动形成的地貌奇观

19．长江三峡是由（　　）组成。
A．瞿塘峡　　B．巫峡

C．虎跳峡　　D．西陵峡
E．三门峡

20．黄河、长江都流经以下哪些省？(　　)。
A．甘肃　　B．四川
C．陕西　　D．青海
E．西藏

21．下列湖泊，属于我国五大淡水湖的有（　　）。
A．杭州西湖　　B．洞庭湖
C．青海湖　　D．鄱阳湖
E．太湖

22．属于河成湖的是（　　）。
A．滇池　　B．洱海
C．鄱阳湖　　D．洞庭湖
E．杭州西湖

23．下列湖泊中属于“构造湖”的是（　　）。
A．云南滇池　　B．云南洱海
C．新疆喀纳斯湖　　D．浙江千岛湖
E．黑龙江五大连池

第三节　动植物、天象旅游景观

一、判断题

1．每到秋天，北京香山漫山遍野的枫树叶红得像火焰一样，形成著名的植物景观“香山红叶”。(　　)
2．雨凇是在低温条件下，小雨滴附着于景物之上冻结的半透明、透明的冰层与冰块。(　　)
3．雾气在低于0℃时，附着在物体上而直接凝华生成白色絮状凝结物，这种天气景观被称作烟雨。(　　)
4．一些名山上佛光景观的产生与光线的折射作用有关。(　　)
5．中国的峨眉山、黄山、庐山、五台山都有佛光出现的记载，以“峨眉佛光”最为著名。(　　)
6．佛光和海市蜃楼是大气中光的反射现象所构成的奇幻景观。(　　)
7．满陇桂雨是新西湖十景之一，有金桂、银桂、丹桂、四季桂等品种。(　　)

二、单选题

1．世界上最大的丹顶鹤繁殖地在我国的（　　）省。

A．四川 B．云南
C．青海 D．黑龙江

2．在下列月色景观中，位于河北承德避暑山庄的是（　　）。
A．二泉映月 B．梨花伴月
C．平湖秋月 D．三潭映月

3．中国欣赏海市蜃楼最有名的地方是（　　）。
A．普陀山 B．蓬莱阁
C．庐山 D．北戴河

4．我国佛光出现次数最多的著名景观地是（　　）。
A．天山 B．峨眉山
C．武夷山 D．昆仑山

5．（　　）蜃景景观出现次数最多。
A．浙江普陀山 B．连云港海州湾
C．北戴河联峰山 D．山东蓬莱

6．（　　）的雨凇景观誉称“玻璃世界”。
A．峨眉 B．庐山
C．衡山 D．九华山

7．佛光是大气中的（　　）现象所构成的奇幻景观。
A．反射 B．衍射
C．折射 D．透射

8．海市蜃楼是光线产生（　　）现象所构成的奇幻景观。
A．投射和衍射 B．折射和衍射
C．投射和全反射 D．折射和全反射

9．我国不少旅游区都有特有动物，如扎龙的（　　）。
A．猴群 B．大象
C．丹顶鹤 D．大熊猫

10．（　　）拥有全东南亚最大的海洋水族馆及主题游乐园。
A．大连老虎滩极地海洋馆 B．青岛极地海洋世界
C．香港海洋公园 D．上海海底世界

11．著名的吉林“树挂”属于下列哪一种奇特大气景观？（　　）
A．云海 B．雾凇
C．烟雨 D．霞景

12．我国雾凇出现最多的是（　　）市。
A．吉林 B．沈阳
C．哈尔滨 D．大连

13.（　　）素有“冰城”之称，每年冰雪节都举行大型冰雕，冰灯，雪灯的展出活动。

A．吉林　　B．沈阳

C．哈尔滨　　D．大连

14．我国（　　）雨凇最多。

A．庐山　　B．黄山

C．峨眉山　　D．恒山

15．“巴山夜雨”现象是（　　）两地交界大巴山地的山间谷地，气温高、湿度大，谷底中湿热空气不易扩散，夜间降温后湿热空气上升使水汽凝结而出现的细雨蒙蒙现象。

A．重庆、陕西　　B．四川、重庆

C．四川、云南　　D．贵州、重庆

16．因为气温在垂直方向剧烈变化，使空气密度在垂向上出现显著差异，产生光线折射和全反射现象，导致远处景物在眼前呈现出奇幻景观，这一现象叫作（　　）。

A．蜃景景观　　B．佛光景观

C．极光景观　　D．云海景观

三、多选题

1．下列有动植物旅游景观，说法正确的有（　　）。

A．北京香山红叶是秋天黄栌树叶红得像火焰一样而形成的

B．黑龙江扎龙国家级自然保护区是世界上最大的丹顶鹤繁殖地

C．西双版纳野象谷是我国最大的亚洲象聚集地

D．大连老虎滩极地海洋馆有亚洲最大以展示珊瑚礁生物群为主的大型海洋生物馆——珊瑚馆

E．每年的5月是青海湖观鸟的最好季节

2．在我国（　　）都有极光出现。

A．黑龙江漠河　　B．黑龙江哈尔滨

C．新疆阿勒泰　　D．内蒙古包头

E．新疆乌鲁木齐

3．下列关于“月色”的天气景观中，赏月地点与月色搭配组合正确的是（　　）。

A．无锡——二泉映月

B．杭州西湖——三潭映月

C．云南大理——象山夜月

D．南京夫子庙——文德桥半边月

E．桂林漓江——平湖秋月

4. 有佛光出现的景区是（　　）。

A. 峨眉山　　B. 泰山

C. 庐山　　D. 黄山

E. 武夷山

5. “巴山夜雨”现象是指渝陕交界大巴山地的山间谷地，出现细雨蒙蒙的景观。其主要成因是（　　）。

A. 气温高、湿度大

B. 谷地中湿热空气不易扩散

C. 夜间降温后湿热的空气上升使水汽凝结

D. 低层空气有逆温现象

E. 冷却水滴附着在寒冷的物体表面

6. 属于气象旅游资源的是（　　）。

A. 吉林树挂　　B. 断桥残雪

C. 巴山夜雨　　D. 漠河极光

E. 金顶佛光

习题强化答案

第一节　地貌旅游景观

一、判断题

1. 错	2. 对	3. 对	4. 对	5. 错
6. 对	7. 错	8. 对	9. 错	10. 对
11. 错	12. 错	13. 对	14. 对	15. 错
16. 错	17. 错	18. 对	19. 错	20. 对
21. 错	22. 对	23. 对	24. 对	25. 对
26. 错	27. 错	28. 对		

二、单选题

1. A	2. B	3. C	4. B	5. A
6. B	7. C	8. C	9. A	10. D
11. C	12. B	13. D	14. B	15. A
16. D	17. C	18. A	19. A	20. A
21. A	22. B	23. B	24. D	25. D
26. C	27. B	28. D	29. B	30. D
31. D	32. B	33. D	34. A	35. A
36. B	37. D	38. B	39. B	40. B

41. C　42. C　43. C　44. C　45. B
46. B　47. C　48. D　49. B

三、多选题

1. ABCE　2. ACDE　3. ABCDE　4. ABE　5. ABDE
6. BCDE　7. ABCD　8. BCE　9. ABD　10. ABCE
11. ABCE　12. ABCD　13. ABCE　14. CD　15. BCDE
16. ABCE　17. ACD　18. ABC　19. ABDE　20. ACE
21. ACDE　22. BDE　23. ABC　24. BCE　25. ABCDE
26. BC

第二节　水体旅游景观

一、判断题

1. 对　2. 错　3. 对　4. 错　5. 错
6. 错　7. 错　8. 对　9. 对　10. 对
11. 错　12. 错　13. 错　14. 错　15. 错
16. 错　17. 对　18. 对

二、单选题

1. B　2. B　3. B　4. D　5. C
6. B　7. A　8. B　9. A　10. D
11. A　12. D　13. D　14. D　15. C
16. D　17. A　18. C　19. C　20. D
21. D　22. B　23. A　24. D　25. A
26. C　27. D　28. A　29. C　30. C
31. B　32. D　33. A　34. C　35. B
36. A　37. A　38. D　39. A　40. D
41. A　42. A　43. B　44. D　45. C
46. B　47. B　48. C　49. C　50. A
51. B　52. D　53. A　54. C　55. D
56. A　57. D

三、多选题

1. ABCE　2. AE　3. CD　4. ABD　5. ABE
6. AE　7. ABCDE　8. ABC　9. ACDE　10. ABC
11. ACD　12. ACD　13. ABCE　14. ABCD　15. ACDE
16. BC　17. ACDE　18. ABCDE　19. ABD　20. BD
21. BDE　22. CD　23. AB

第三节　动植物、天象旅游景观

一、判断题

1．错	2．对	3．错	4．错	5．对
6．错	7．对			

二、单选题

1．D	2．B	3．B	4．B	5．D
6．B	7．B	8．D	9．C	10．C
11．B	12．A	13．C	14．C	15．A
16．A				

三、多选题

1．ABCDE	2．AC	3．ABD	4．ABCD	5．ABC
6．ABCE				

第七章 中国饮食文化

真题解读

- 【2018 年真题 · 判断】苏菜也称淮扬菜，由扬州菜和淮安菜组成。（ ）

  【答案】错

  【解析】苏菜由**淮扬菜**（扬州、淮安）、**江宁菜**（南京、镇江）、**苏锡菜**（苏州、无锡）等组成，以淮扬菜为代表。

  【点评】难度较大，考查较细。前半句对、后半句错，俗称挖坑题。

- 【2018 年真题 · 判断】谭家菜是我国延续时间最长的典型官府菜。（ ）

  【答案】错

  【解析】**孔府菜**是我国延续时间最长的典型官府菜，其烹调技艺和传统名菜都是代代承袭，世世相传。

  【点评】简单难度，平时经常训练的内容，考查基本的知识识记。

- 【2018 年真题 · 判断】中国烹饪技术发展经历了不同的时期，其中夏商周为"铁烹时期"。（ ）

  【答案】错

  【解析】中国烹饪经历了夏商周的"铜烹时期"、**西汉以后**的"铁烹时期"，发展到现在，烹饪工艺不断改进和完善，形成了富有中国特色的风味体系。

  【点评】难度较大，考查较细，夏商周流行青铜器。

- 【2018 年真题 · 判断】福建龙岩沉缸酒的酿法集我国黄酒酿造的各种传统精湛技术于一身。（ ）

  【答案】对

  【解析】福建龙岩沉缸酒历史悠久，是一种特甜型酒，酒度在 14% ～ 16%，总糖可达 22.5% ～ 25%。龙岩沉缸酒的酿法集我国黄酒酿造的各项传统精湛技术于一身。

  【点评】实属送分题，没什么可说的。

- 【2018 年真题 · 单选】黑茶属于（ ），主要产于湖南、四川、云南、湖北等地。

  A．半发酵茶　　B．未发酵茶

  C．发酵茶　　D．后发酵茶

【答案】D

【解析】黑茶属于**后发酵茶**，随时间的不同，发酵程度会发生变化。

【点评】中等难度，考查较细。

● 【2018 年真题 · 单选】被誉为“金镶玉”的中国名茶是（　　）。

A．西湖龙井　　　　B．君山银针

C．黄山毛峰　　　　D．安吉白茶

【答案】B

【解析】**君山银针**属于黄茶，其特点是芽头茁壮紧实，挺直不曲，长短大小匀齐，茸毛密盖，芽身金黄，称为“金镶玉”。

【点评】中等难度，平时经常训练的内容，考查基本的知识识记。

● 【2018 年真题 · 单选】高浓度啤酒的原麦汁浓度为（　　）。

A．24°～28°　　　　B．14°～20°

C．10°～12°　　　　D．6°～8°

【答案】B

【解析】低浓度啤酒（6°～8°，2%）、中浓度啤酒（10°～12°，3.1%～3.8%）和高浓度啤酒（**14°～20°，4.9%～5.6%**）。

【点评】难度较大，考查较偏较细，不会做也正常。

● 【2018 年真题 · 单选】中国清香型白酒的代表是（　　）。

A．西凤酒　　　　B．五粮液

C．汾酒　　　　D．洋河大曲

【答案】C

【解析】中国清香型白酒的代表是**山西杏花村汾酒**。

【点评】简单难度，平时训练的重点内容，考查基本的知识识记。

● 【2018 年真题 · 单选】中国四大菜系中，以爆、扒技法见长，善用酱、葱、蒜调味和用清汤、奶汤增鲜的是（　　）。

A．苏菜　　　　B．粤菜

C．川菜　　　　D．鲁菜

【答案】D

【解析】鲁菜讲究调味醇正，口味偏于咸鲜，具有鲜、嫩、香、脆的特色。烹调技法以爆、扒技法独特而专长，颇具特色的是善用酱、葱、蒜调味和用清汤、奶汤增鲜。

【点评】简单难度，平时训练的重点内容，考查基本的知识识记。

● 【2018 年真题 · 多选】宫廷菜是中国古代专供皇室成员享用的菜肴，其特点主要为（　　）。

A．烹调细腻　　　　B．造型精美

C．刀工讲究　　D．选料考究

E．口味清淡

【答案】ABCD

【解析】宫廷菜特点如下：选料考究，配料严格；烹调细腻，讲究刀工；造型美观，寓意吉祥。

【点评】难度较大，本题要根据排除法作答，除了E项不确定，其他选项都确定选。

- 【2016年真题·多选】下列白酒中属于酱香型的是（　　）。

A．郎酒　　B．泸州老窖

C．茅台酒　　D．西凤酒

E．汾酒

【答案】AC

【解析】泸州老窖属于浓香型酒，西凤酒属于兼香型酒，汾酒属于清香型酒。

【点评】中等难度，平时经常训练的内容，考查基本的知识识记。

- 【2016年真题·多选】淮扬菜的代表性菜品有（　　）。

A．霸王别姬　　B．松鼠鳜鱼

C．清蒸石鸡　　D．香芋扣肉

E．清炖蟹粉狮子头

【答案】ABE

【解析】苏菜又称淮扬菜，代表名菜有松鼠鳜鱼、碧螺虾仁、响油鳝糊、叫花鸡、太湖银鱼、清炖蟹粉狮子头、大煮干丝、三套鸭、水晶肴肉、盐水鸭、霸王别姬、羊方藏鱼等。

【点评】中等难度，平时经常训练的内容，考查基本的知识识记。

习题强化

第一节　中国主要菜系

一、判断题

1. 中国的烹饪历史经历了“石烹时代”到“铁烹时代”才发展到现在。（　　）
2. 川菜具有用料广博、味道多样、菜肴适应面广三个特征，其中尤以味型多样、变化巧妙而著称。（　　）
3. 川菜调味多用三椒（辣椒、花椒、胡椒）和鲜姜、豆瓣酱等，不同的配比，化出了麻辣、酸辣、椒麻、麻酱、蒜泥、芥末、红油、糖醋、鱼香、怪味等各种

味型。（　　）

4．鲁菜的形成可以追溯到春秋战国时期，南北朝时已粗具规模。（　　）

5．粤菜是在长期与西方经济往来和文化交流中，汲取了外来的各种烹饪原料和烹饪技艺日渐完善起来的。（　　）

6．“春有刀鲚夏有鲥，秋有肥鸭冬有蔬”这句话是关于粤菜的描述。（　　）

7．我国的“四大菜系”，即鲁菜、苏菜、川菜、粤菜。（　　）

8．糖醋鲤鱼是江苏菜系的著名菜肴。（　　）

9．粤菜口味清淡，重汤菜。（　　）

10．鲁菜追求本味，清鲜平和，适应性强。（　　）

11．宫保鸡丁、麻婆豆腐、鱼香肉丝、怪味鸡等都是川菜的代表菜。（　　）

12．鲁菜的口味特点是清爽平和，清鲜而略带甜味，咸甜适中。（　　）

13．在漫长的历史发展过程中，用火加工食物是人类饮食文化的起点；青铜器的发明是烹饪技术的第一次飞跃，人类真正进入烹饪时代。（　　）

14．八仙过海、黄焖鱼翅是孔府菜的代表名菜。（　　）

15．福建各地对鱼虾、禽畜、野味烹制均有专长，尤其对“蛇”的制作有独到之处。（　　）

二、单选题

1．我国烹饪历史上的“铁烹时期”是在（　　）以后。

A．周代　　B．西周

C．春秋　　D．西汉

2．下列属于粤菜的代表菜是（　　）。

A．三套鸭　　B．糖醋鲤鱼

C．夫妻肺片　　D．脆皮乳猪

3．下列菜系中，以选料广博奇杂、菜肴新颖奇异而闻名全国的是（　　）。

A．沪菜　　B．鲁菜

C．川菜　　D．粤菜

4．属于我国四大菜系的广东风味的菜肴是（　　）。

A．鱼香肉丝　　B．葱爆海参

C．樟茶鸭子　　D．脆皮乳猪

5．我国北方历史悠久、影响最大的菜系是（　　）。

A．鲁菜　　B．苏菜

C．粤菜　　D．川菜

6．对元明清时期的宫廷御膳影响最大的菜系是（　　）。

A．京菜　　B．沪菜

C．粤菜　　D．鲁菜

7. 下列属于苏菜代表菜的是（　　）。

A. 油爆双脆　　B. 松鼠鳜鱼

C. 太爷鸡　　D. 麻婆豆腐

8. 下列属于粤菜代表菜的是（　　）。

A. 白云猪手　　B. 九转大肠

C. 盐水鸭　　D. 宫保鸡丁

9. 中国烹饪经历了夏商周的“铜烹时期”、西汉以后的（　　），发展到现在，烹饪工艺不断改进和完善，形成了富有中国特色的风味体系。

A. 陶烹时期　　B. 瓷烹时期

C. 铜烹时期　　D. 铁烹时期

10. 全国各地以鸡为原料的菜中有很多名菜，如叫花鸡、太爷鸡、辣子鸡，上述三道菜所属的菜系依次是（　　）。

A. 川菜、粤菜、鲁菜　　B. 苏菜、鲁菜、川菜

C. 鲁菜、徽菜、川菜　　D. 苏菜、粤菜、川菜

11. “霸王别姬”是（　　）的代表菜。

A. 苏菜　　B. 鲁菜

C. 浙菜　　D. 湘菜

12. 有“一菜一格，百菜百味”之美誉的是（　　）。

A. 粤菜　　B. 川菜

C. 鲁菜　　D. 苏菜

13. “四大菜系”形成时间是（　　）。

A. 春秋战国　　B. 西汉两晋

C. 南北朝　　D. 明清

14. 四大菜系是指以下（　　）四种菜肴派系。

A. 鲁菜、闽菜、川菜、粤菜　　B. 闽菜、浙菜、湘菜、徽菜

C. 川菜、粤菜、闽菜、京菜　　D. 川菜、鲁菜、粤菜、淮扬菜

15. 属于我国四大菜系的四川风味的菜肴是（　　）。

A. 爆双脆　　B. 葱爆海参

C. 宫保鸡丁　　D. 大煮干丝

16. 宫保鸡丁是属于以下选项中的哪个菜系（　　）。

A. 四川风味　　B. 江苏风味

C. 山东风味　　D. 湖南风味

17. 代表鲁菜、川菜、粤菜、淮扬菜的四个名菜是（　　）。

A. 葱爆海参、鱼香肉丝、油焖春笋、梅菜扣肉

B. 糖醋鲤鱼、宫保鸡丁、松鼠鳜鱼、烤乳猪

C. 糖醋鲤鱼、麻辣豆腐、太爷鸡、清炖蟹粉狮子头
D. 葱爆海参、鱼香肉丝、油焖春笋、脆皮乳猪

18. “龙虎斗”又名“龙虎凤大烩”“菊花龙虎凤”，是驰名中外的（　　）传统名菜。
A. 广东　　B. 福建
C. 湖南　　D. 江西

19. 在下列中国菜肴中，为粤菜的是（　　）。
A. 清炖蟹粉狮子头　　B. 鱼香肉丝
C. 东江盐焗鸡　　D. 油爆双脆

20. 鱼香肉丝、松鼠鳜鱼、糖醋鲤鱼、脆皮乳猪分别代表（　　）的风味流派。
A. 山东、四川、广东、江苏　　B. 四川、江苏、山东、广东
C. 江苏、广东、四川、山东　　D. 广东、山东、江苏、四川

21. 素有“北方代表菜”之称的是（　　）。
A. 湘菜　　B. 粤菜
C. 鲁菜　　D. 淮扬菜

22. 以麻辣、鱼香、怪味等擅长的菜系是（　　）。
A. 川菜　　B. 鲁菜
C. 淮扬菜　　D. 粤菜

23. 下列名菜中，属于川菜的是（　　）。
A. 樟茶鸭子　　B. 水晶肴肉
C. 油泡鲜虾仁　　D. 葱烧海参

24. 在下列菜系中，不属于“十大菜系”之列的是（　　）。
A. 徽菜　　B. 川菜
C. 沪菜　　D. 秦菜

25. 霸王别姬、宫保鸡丁、龙虎斗，上述三道菜所属的菜系依次是（　　）。
A. 鲁菜；苏菜；粤菜　　B. 鲁菜；粤菜；苏菜
C. 苏菜；川菜；粤菜　　D. 粤菜；川菜；苏菜

26. 夫妻肺片、怪味鸡是（　　）代表菜。
A. 鲁菜　　B. 苏菜
C. 粤菜　　D. 川菜

27. 糖醋鲤鱼、油爆双脆是（　　）代表菜。
A. 鲁菜　　B. 苏菜
C. 粤菜　　D. 川菜

28. （　　）用料广泛、以江河湖海水鲜为主，擅长炖、焖、煨，代表菜有清炖蟹粉狮子头、大煮干丝等。

A．鲁菜　　B．苏菜
C．粤菜　　D．川菜

三、多选题

1．下列哪些国家是当今世界“三大烹饪流派”的代表？（　　）
A．日本　　B．美国
C．法国　　D．中国
E．土耳其

2．下列属于淮扬菜的代表菜是（　　）。
A．清炖蟹粉狮子头　　B．羊方藏鱼
C．水晶肴肉　　D．三套鸭
E．叫花鸡

3．我国传统四大菜系包括鲁菜和（　　）。
A．闽菜　　B．川菜
C．粤菜　　D．苏菜
E．徽菜

4．在以下地方风味中，属于山东风味的是（　　）。
A．油爆双脆　　B．葱爆海参
C．鱼香肉丝　　D．麻婆豆腐
E．糖醋鲤鱼

5．下列关于川菜的描述中，正确的是（　　）。
A．有“食在中国，味在四川”之说
B．对蛇的制作有独到之处
C．尤以味型多样、变化巧妙而著称
D．用料广博、味道多样、菜肴适应面广
E．主要分为蓉派、渝派和盐帮菜三类

6．下列对山东菜表述正确的是（　　）。
A．八大菜系之首
B．具有鲜、嫩、香、脆的特色。
C．味型丰富，百菜百味
D．烹调技法以爆、扒技法独特而专长
E．用料广博、味道多样、菜肴适应面广

7．广东菜系简称粤菜，其主要组成的地方风味菜肴有（　　）。
A．广州菜　　B．湛江菜
C．潮州菜　　D．韶关菜
E．惠州菜

8．下列属于鲁菜的代表菜是（　　）。

A．糖醋鲤鱼　　B．德州扒鸡

C．清汤燕窝　　D．太爷鸡

E．九转大肠

9．关于粤菜，以下说法正确的是（　　）。

A．选料广博奇杂

B．汲取了外来的各种烹饪原料和烹饪技艺

C．讲究调味醇正，口味偏于咸鲜

D．口味清淡，重汤菜

E．追求本味，清鲜平和，适应性强

10．下列代表菜中属于川菜的有（　　）。

A．鱼香肉丝　　B．宫保鸡丁

C．夫妻肺片　　D．樟茶鸭子

E．麻婆豆腐

11．在下列地方风味菜肴中，为江苏菜的有（　　）。

A．三套鸭　　B．霸王别姬

C．羊方藏鱼　　D．宫保鸡丁

E．葱爆海参

12．下列菜肴中，属于江苏菜的代表菜有（　　）。

A．清炖蟹粉狮子头　　B．佛跳墙

C．东坡肉　　D．炒西施舌

E．叫花鸡

13．下列名菜中属于鲁菜的是（　　）。

A．油爆双脆　　B．原壳鲍鱼

C．符离集烧鸡　　D．海米珍珠笋

E．五彩炒蛇丝

14．下列对淮扬菜特点描述正确的是（　　）。

A．讲究调味醇正，口味偏于咸鲜，具有鲜、嫩、香、脆的特点

B．刀工精细，烹调方法多样，擅长炖焖煨焐

C．调味遍及酸、甜、苦、辣、咸；食味讲究清、鲜、嫩、爽、滑、香，即五滋六味

D．追求本味，清香平和，适应性强

E．菜品风格雅丽，形质均美

第二节 风味特色菜

一、判断题

1．孔府菜是我国延续时间最长的典型官府菜。（ ）

2．中国素菜以寺院菜、宫廷素菜、民间素菜三大派系著称。（ ）

3．官府菜在规格上一般不低于宫廷菜，而又与庶民菜有极大的差别。（ ）

4．中国的素菜源远流长，产生于先秦两汉时期，主要用于祭祀和重大典礼。（ ）

5．由于谭家菜选料考究，制作精细，尤其重刀功和调味，因而深受各界食客的赞赏与推崇。（ ）

6．宫廷菜是专供帝王、后妃、王室家族以及达官贵人享用的菜肴，其特点是选材华贵珍奇，配料讲究典式规格。（ ）

7．孔府菜的烹饪技艺和风格特色，对我国的烹饪文化，特别是鲁菜的形成和发展都有着重大的影响。（ ）

8．清代的宫廷菜主要由三种风味构成，即北京菜、满洲烧烤牛羊肉和苏杭口味。（ ）

9．随园菜是因清代袁枚的《随园食单》而得名的官府菜。（ ）

10．北京的仿膳宫廷菜保留了清代宫廷菜的传统风味。（ ）

二、单选题

1．杭州的仿宋菜是（ ）。

A．两色腰子　　B．蟹酿橙

C．怀抱鲤鱼　　D．一品锅

2．在以下菜肴中，属于随园菜的菜肴是（ ）。

A．糟鹅掌　　B．扒大乌参

C．素燕鱼翅　　D．怀抱鲤鱼

3．在下列中国特殊风味菜中，为孔府菜的是（ ）。

A．御笔猴头　　B．黄焖牛肉

C．文思豆腐　　D．雪梨鸡片

4．下列不属于孔府菜代表菜的是（ ）。

A．诗礼银杏　　B．怀抱鲤鱼

C．雪梨鸡片　　D．八仙过海

5．在以下菜肴中，属于谭家菜的菜肴是（ ）。

A．糟鹅掌　　B．黄焖鱼翅

C．炒豆腐脑　　D．怡红祝寿

6．谭家菜的代表名菜是（ ）。

A．清汤燕窝　　B．蟹酿橙

C．东坡脯　　D．莲花鸡签

7．下列对官府菜的描述不正确的是（　　）。

A．用料广博益寿　　B．口味中庸平和

C．用餐环境古朴高贵　　D．十分讲究造型艺术

8．东坡脯、莲花鸡签属于（　　）。

A．北京仿膳宫廷菜　　B．杭州仿宋菜

C．开封仿宋菜　　D．西安仿唐菜

9．火腿炖肘子是（　　）中的代表名菜。

A．谭家菜　　B．随园菜

C．红楼菜　　D．孔府菜

10．（　　）以烹制燕窝和鱼翅出名。

A．红楼菜　　B．粤菜

C．浙菜　　D．谭家菜

三、多选题

1．素菜的特点有（　　）。

A．营养独特，健身疗疾　　B．选料极广，珍品繁多，制作考究

C．菜名寓意深远，古朴典雅　　D．原料全素，时鲜为主，清爽素净

E．模仿荤菜，形态逼真，口味相似

2．下列属于开封仿宋菜的代表菜是（　　）。

A．水晶脍　　B．两色腰子

C．驼蹄羹　　D．东华鲊

E．东坡脯

3．在我国，（　　）的素菜享有盛名。

A．杭州灵隐寺　　B．成都宝光寺

C．湖北武当山　　D．厦门南普陀寺

E．上海玉佛寺

4．谭家菜以（　　）的烹制最为有名。

A．海参　　B．燕窝

C．鲍鱼　　D．鱼翅

E．鳗鱼

5．下列菜肴名品中属于谭家菜代表菜的是（　　）。

A．诗礼银杏　　B．怀抱鲤鱼

C．清汤燕窝　　D．红烧鲍鱼

E．乌龙戏珠

6．清代宫廷菜主要是在（　　）三种各具特色的风味菜的基础上发展而来的。

A．山东风味　　B．满族风味
C．西北风味　　D．四川风味
E．苏杭风味

7．清宫宫廷菜的特点有（　　）。
A．制作精细　　B．注重营养、豪华奢侈
C．形色美观　　D．选料严格
E．以清、鲜、酥、嫩著称

8．下列属于北京清代仿膳宫廷菜的是（　　）。
A．凤尾鱼翅　　B．遍地锦装鳖
C．金蟾玉鲍　　D．水晶烩
E．一品官燕

9．下列属于我国著名的素餐馆是（　　）。
A．上海功德林　　B．北京北海公园仿膳饭庄
C．北京功德林　　D．颐和园听鹂馆
E．天津真素园

10．官府菜讲究（　　）和筵席名目繁多且用餐环境古朴高贵。
A．用料广博益寿　　B．制作奇巧精致
C．烹调细腻，讲究刀工　　D．味道中庸平和
E．菜名典雅得趣

11．下列属于随园菜的代表名菜是（　　）。
A．素燕鱼翅　　B．鳆鱼炖鸭
C．白玉虾圆　　D．雪梨鸡片
E．乌龙戏珠

12．下列属于官府菜的是（　　）。
A．红楼菜　　B．谭家菜
C．清宫菜　　D．孔府菜
E．随园菜

13．与诗礼银杏同属孔府菜代表名菜的有（　　）。
A．八仙过海　　B．怀抱鲤鱼
C．御笔猴头　　D．金蟾玉鲍
E．宫门奉鱼

14．以下哪些属于中国三大素食派系？（　　）
A．南方素菜　　B．北方素菜
C．宫廷素菜　　D．官府素菜
E．寺院素菜

第三节　传统名茶名酒

一、判断题

1. 碧螺春产于湖南洞庭湖。（　）
2. 黄酒酒精一般为 14% ～ 16%，因酒色黄亮或黄中带红而得名。（　）
3. 茶叶按初加工可分为绿茶、红茶、乌龙茶、白茶、紧压茶和花茶六大类。（　）
4. 黄酒酒精含量一般在 20° ～ 25° 之间。黄酒还可作烹饪的调料及中药的辅料。（　）
5. 葡萄酒按酒的色泽，可分为红葡萄酒、白葡萄酒、黄葡萄酒三大类。（　）
6. 根据葡萄酒的含糖量，葡萄酒可分为红葡萄酒、白葡萄酒、桃红葡萄酒三大类。（　）
7. 我国是茶树的原产地，是最早发现茶叶的功效、栽培茶树、制成茶叶的国家。茶叶自古以来就是我国的三大特产之一。（　）
8. “越陈越香”是祁门红茶区别于其他茶类的最大特点。（　）
9. 滇红是云南红茶的统称，分为滇红工夫茶和滇红碎茶两种。前者滋味强烈，后者滋味醇和。（　）
10. 太湖碧螺春又名洞庭碧螺春，原名为“吓煞人香”，后经乾隆皇帝改名为“碧螺春”茶。（　）
11. 紧压茶也称“边销茶”，尤受我国北方人民喜爱。（　）
12. 绿茶是不发酵的茶叶，初制时采用高温杀青，以保持鲜叶原有的嫩绿。（　）
13. 花茶出现于清代，以精制后的茶叶和香花为原料，经过窨制工艺制成，尤受我国北方人民喜爱。（　）
14. 乌龙茶也称“青茶”，属半发酵茶，介于红茶与绿茶之间。（　）
15. 白茶是半发酵的茶叶。（　）
16. 宋代茶圣陆羽的《茶经》是我国也是世界第一部茶叶科学专著。（　）
17. 葡萄酒原产于欧洲地区，汉代经“丝绸之路”传入中原。（　）
18. 中国最著名的啤酒是雪花啤酒。（　）
19. 五粮液酒因以优质糯米、小米、高粱、小麦、玉米五种粮食为原料酿制而得名。（　）
20. 绿茶产量大，品种多，是最古老的茶叶品种。它是不发酵的茶叶。（　）
21. 泸州老窖特曲是酱香型白酒的典型代表。（　）
22. 白酒形成不同香型和风味特点，目前主要有酱香型、浓香型、清香型、米香型和其他香型五种。浓香型以贵州茅台酒为代表。（　）
23. 红茶出现于唐朝，用全发酵法制成。（　）

24. 黄山毛峰主要产于安徽黄山景区及周围地区，特级毛峰又称黄山云雾茶。（　　）
25. 名酒五粮液和董酒均产于四川。（　　）
26. 茅台产于贵州省仁怀市，一直以来被誉为“外交酒”。（　　）
27. 著名的乌龙茶有君山银针、白牡丹等。（　　）
28. 君山银针属于白茶，芽身金黄，称为“金镶玉”。（　　）
29. 五粮液酒以“醇香浓郁，清冽甘爽，饮后尤香，回味悠长”的独特风格闻名于世。（　　）
30. 山西汾酒可以说是我国历史上最早的名酒，素以入口绵、落口甜、饮后余香、回味悠长的特色而著称。（　　）
31. 青岛啤酒，酒度 3.5%，麦芽浓度 12°，是中国啤酒中最著名的。（　　）
32. 汤色浅黄，叶底明亮，滋味甘醇，香气清雅。若以玻璃杯冲泡，可见芽尖冲上水面，悬空竖立；这是对中国名茶安溪铁观音的描述。（　　）
33. 桂林三花酒是清香型白酒的代表。（　　）
34. 武夷岩茶按产品分，有铁观音、名枞、肉桂、水仙、奇种五类。（　　）

二、单选题

1. 西凤酒属于（　　）酒。
   A. 浓香型　　B. 米香型
   C. 清香型　　D. 兼香型
2. 泸州老窖酒的香型属于（　　）。
   A. 酱香型　　B. 米香型
   C. 窖香型　　D. 清香型
3. 我国名茶中的武夷岩茶的制作方法采用的是（　　）。
   A. 后发酵法　　B. 全发酵法
   C. 半发酵法　　D. 不发酵法
4. 有“液体面包”美称的酒类是（　　）。
   A. 黄酒　　B. 啤酒
   C. 果酒　　D. 白酒
5. 西湖龙井茶属于（　　）。
   A. 红茶　　B. 白茶
   C. 乌龙茶　　D. 绿茶
6. （　　）是最古老的茶叶品种。
   A. 绿茶　　B. 红茶
   C. 黑茶　　D. 白茶
7. 湖南的“君山银针”属于茶叶分类中的（　　）系列。

A. 绿茶　　B. 黄茶

C. 乌龙茶　　D. 黑茶

8. 下列属于半发酵茶的是（　　）。

A. 白牡丹　　B. 云南滇红

C. 铁观音　　D. 黄山毛尖

9. 在水和热的作用下，芽条在杯中上下浮动，最终个个竖立，人称“三起三落”。这是冲泡（　　）特有的现象。

A. 普洱　　B. 大红袍

C. 君山银针　　D. 白毫银针

10. “越陈越香”的普洱茶属于（　　）。

A. 红茶　　B. 黄茶

C. 黑茶　　D. 青茶

11. 太湖碧螺春属于（　　）。

A. 绿茶　　B. 黄茶

C. 白茶　　D. 黑茶

12. 红茶的制作方法（　　）。

A. 不发酵　　B. 半发酵

C. 全发酵法　　D. 杀青焖黄

13. 武夷岩茶属于（　　）。

A. 红茶　　B. 白茶

C. 乌龙茶　　D. 绿茶

14. 红茶始出现于清朝，其制作的关键工艺是（　　）。

A. 渥红　　B. 高温杀青

C. 闷蒸　　D. 自然萎凋、干燥

15. 泸州老窖，桂林三花酒，杏花村汾酒分别属于（　　）。

A. 浓香型，米香型，清香型　　B. 清香型，米香型，浓香型

C. 酱香型，浓香型，清香型　　D. 浓香型，酱香型，清香型

16. 茅台酒的香型属于（　　）。

A. 酱香型　　B. 米香型

C. 窖香型　　D. 清香型

17. 具有香气清悦醇和的特点的是（　　）。

A. 绿茶　　B. 红茶

C. 青茶　　D. 黄茶

18. 在下列名茶中，属于不发酵茶的是（　　）。

A. 安徽祁红　　B. 西湖龙井

C．福建铁观音　　D．武夷岩茶

19．安溪铁观音是（　　）中的珍品。

A．绿茶　　B．红茶

C．乌龙茶　　D．黄茶

20．产于福建安溪等县的铁观音属于（　　）。

A．绿茶　　B．黄茶

C．白茶　　D．青茶

21．碧螺春、武夷山岩茶、普洱茶分别属于哪类茶？（　　）

A．红茶；紧压茶；花茶　　B．绿茶；白茶；红茶

C．绿茶；乌龙茶；黑茶　　D．红茶；紧压茶；乌龙茶

22．作为许多重大外事活动的见证人，被誉为“国酒”“外交酒”的是（　　）。

A．茅台酒　　B．五粮液

C．张裕葡萄酒　　D．青岛啤酒

23．下列属于乌龙茶品种的是（　　）。

A．西湖龙井　　B．君山银针

C．武夷岩茶　　D．黄山毛峰

24．中国是世界上最早酿酒的国家之一，远在（　　）年前的龙山文化时期，我国劳动人民就掌握了酿酒技术。

A．2000　　B．3000

C．4000　　D．5000

25．山西杏花村汾酒是（　　）的代表。

A．酱香型酒　　B．浓香型酒

C．清香型酒　　D．米香型酒

26．原名“吓煞人香”的名茶是指（　　）。

A．黄山毛峰　　B．太湖碧螺春

C．西湖龙井　　D．安溪铁观音

27．黄酒也称为米酒，酒精含量一般为（　　）。

A．2%～6%　　B．16%～18%

C．10%～14%　　D．20%～25%

28．因具有天然的兰花香，俗称“观音韵”的是（　　）。

A．白牡丹　　B．白毫银针

C．安溪铁观音　　D．滇红

29．（　　）产于福建，以绿叶夹银色白毫，芽形似花朵，冲泡之后，绿叶托着嫩芽，宛若蓓蕾初开。

A．茉莉花　　B．白芽奇兰

C．大红袍　　D．白牡丹

30．（　　）古称"山阴甜酒""越酒"，距今已有2300多年的酿造历史。具有色泽橙黄清澈、香气芬芳浓郁、滋味鲜甜醇厚、越陈越香、久藏不坏的特点。

A．绍兴加饭酒　　B．花雕女儿红

C．闽越青红酒　　D．福建龙岩沉缸酒

31．有"色绿，香郁，味醇，形美"四绝之说的是绿茶中的（　　）。

A．黄山毛峰　　B．西湖龙井

C．太湖碧螺春　　D．黄山毛尖

32．桂林三花酒属于（　　）。

A．浓香型　　B．复香型

C．清香型　　D．米香型

33．董酒在香型上属于（　　）型白酒。

A．浓香　　B．清香

C．酱香　　D．兼香

34．铁观音茶属于（　　）。

A．全发酵茶　　B．半发酵茶

C．不发酵茶　　D．后发酵茶

三、多选题

1．根据葡萄酒的含糖量，分为（　　）等。

A．干红葡萄酒　　B．半干红葡萄酒

C．半甜红葡萄酒　　D．甜红葡萄酒

E．特甜葡萄酒

2．下列白酒中属于浓香型酒的是（　　）。

A．五粮液　　B．贵阳大曲

C．习水大曲　　D．洋河大曲

E．泸州老窖

3．西湖龙井茶有（　　）四绝之说。

A．色绿　　B．香郁

C．味醇　　D．形美

E．叶嫩

4．下列采用轻度发酵工艺制成的白茶是（　　）。

A．白毫银针　　B．安吉白茶

C．白牡丹　　D．太湖白茶

E．贡眉

5．啤酒是一种含有多种（　　）的饮料酒。

A．氨基酸　　B．硒
C．维生素　　D．蛋白质
E．二氧化碳

6．下列酒中，属于黄酒的有（　　）。
A．绍兴加饭酒　　B．味美思
C．龙岩沉缸酒　　D．特制白兰地
E．竹叶青

7．在下列中国传统名茶中，属于红茶类的有（　　）。
A．水金龟　　B．滇红
C．大红袍　　D．铁罗汉
E．祁红

8．在下列茶中属于再加工茶的是（　　）。
A．绿茶　　B．花茶
C．红茶　　D．紧压茶
E．青茶

9．下列著名白酒中，属于兼香型的有（　　）。
A．五粮液　　B．汾酒
C．董酒　　D．西凤酒
E．习水大曲

10．下列白酒中，产地为四川的有（　　）。
A．古井贡酒　　B．剑南春
C．郎酒　　D．董酒
E．洋河大曲

11．属于绿茶的是（　　）。
A．西湖龙井茶　　B．太湖碧螺春
C．黄山毛峰　　D．武夷岩茶
E．君山银针

12．下列名茶中属于乌龙茶的是（　　）。
A．西湖龙井茶　　B．铁观音
C．凤凰单枞　　D．武夷岩茶
E．冻顶乌龙

13．五粮液因选用高粱和（　　）等五种粮食为酿酒原料而得名。
A．大米　　B．糯米
C．玉米　　D．小麦
E．红薯

14．以下选项中，属于绿茶的基本特征有（ ）。

A．绿叶绿汤 B．色泽光润

C．味爽鲜醇 D．十分耐泡

E．清香芬芳

15．我国最著名的绿茶有（ ）。

A．西湖龙井茶 B．太湖碧螺春茶

C．黄山毛峰茶 D．福建白牡丹

E．武夷山岩茶

16．啤酒的特点是（ ）。

A．营养丰富 B．高热量

C．低热量 D．酒度高

E．低酒度

17．绍兴加饭酒的特点是（ ）。

A．色泽橙黄清澈 B．香气芬芳浓郁

C．滋味鲜甜醇厚 D．不能久藏

E．越陈越香

18．下列哪些属于世界三大饮料？（ ）

A．葡萄酒 B．茶叶

C．咖啡 D．可可

E．果汁

习题强化答案

第一节 中国主要菜系

一、判断题

1．错	2．对	3．对	4．对	5．对
6．错	7．对	8．错	9．对	10．错
11．对	12．错	13．错	14．错	15．错

二、单选题

1．D	2．D	3．D	4．D	5．A
6．D	7．B	8．A	9．D	10．D
11．A	12．B	13．D	14．D	15．C
16．A	17．C	18．A	19．C	20．B
21．C	22．A	23．A	24．D	25．C
26．D	27．A	28．B		

三、多选题

1．CDE	2．ABCDE	3．BCD	4．ABE	5．ACDE
6．ABD	7．ACE	8．ABE	9．ABD	10．ABCDE
11．ABC	12．AE	13．ABD	14．BDE	

第二节　风味特色菜

一、判断题

1．对	2．对	3．错	4．错	5．错
6．错	7．对	8．错	9．对	10．对

二、单选题

1．B	2．C	3．A	4．C	5．B
6．A	7．D	8．B	9．C	10．D

三、多选题

1．ADE	2．ABD	3．ABCDE	4．BD	5．CD
6．ABE	7．ACDE	8．ACE	9．ACE	10．ABDE
11．ABCD	12．ABDE	13．ABC	14．CE	

第三节　传统名茶名酒

一、判断题

1．错	2．错	3．错	4．错	5．错
6．错	7．对	8．错	9．错	10．错
11．错	12．对	13．错	14．对	15．错
16．错	17．错	18．错	19．错	20．对
21．错	22．错	23．错	24．对	25．错
26．对	27．错	28．错	29．错	30．对
31．对	32．错	33．错	34．错	

二、单选题

1．D	2．C	3．C	4．B	5．D
6．A	7．B	8．C	9．C	10．C
11．A	12．C	13．C	14．A	15．A
16．A	17．D	18．B	19．C	20．D
21．C	22．A	23．C	24．D	25．C
26．B	27．B	28．C	29．D	30．A
31．B	32．D	33．D	34．B	

三、多选题

1．ABCD	2．ABCDE	3．ABCD	4．ACE	5．ACDE
6．AC	7．BE	8．BD	9．CD	10．BC
11．ABC	12．BCDE	13．ABCD	14．ABCE	15．ABC
16．ABE	17．ABCE	18．BCD		

第八章 中国工艺美术

真题解读

- 【2018 年真题·判断】“双面绣”最能体现苏绣的艺术特征。 （ ）

  【答案】对

  【解析】双面绣《猫》是苏绣现代作品的代表。

  【点评】实属送分题，没什么可说的，记住关键词“双面绣——《猫》——苏绣”。

- 【2017 年真题·判断】汝窑以其“入窑一色，出窑万彩”的神奇“窑变”而闻名。 （ ）

  【答案】错

  【解析】钧窑以烧制乳浊釉瓷为主，以其“入窑一色，出窑万彩”的神奇“窑变”而闻名。

  【点评】简单难度，考查基本的知识识记，记住关键词“钧窑——变”。

- 【2018 年真题·单选】宣纸最早出现于（ ）。

  A．元代　　B．宋代

  C．明代　　D．唐代

  【答案】D

  【解析】宣纸最早产于**唐代**，它的原料是青檀皮。

  【点评】中等难度，考查较细，记住关键词“唐宣”。

- 【2018 年真题·单选】中国陶器创始于（ ）。

  A．旧石器时代　　B．新石器时代

  C．青铜时代　　D．铁器时代

  【答案】B

  【解析】中国是陶瓷的故乡，早在**新石器时代**，我国先民就已经开始制作陶器，这一时期的陶器具有粗糙、古朴的制作特点。在新石器时代晚期的仰韶、河姆渡、大汶口等文化遗址中出土了大量的灰陶、彩陶、黑陶和印纹陶等。

  【点评】中等难度，考查较偏较细。

- 【2018 年真题·单选】在风格上以“南方之秀”为主，兼具“北方之雄”的玉雕是（ ）。

  A．苏州玉雕　　B．扬州玉雕

C．上海玉雕　　D．北京玉雕

【答案】B

【解析】扬州玉雕是以“南方之秀”为主，兼以“北方之雄”的独特形式。

【点评】中等难度，考查基本的知识识记，记住关键词“扬秀雄”。

- **【2018 年真题 · 单选】**《百鸟朝凤》是我国四大刺绣中（　　）代表作品。

A．蜀绣　　B．粤绣

C．湘绣　　D．苏绣

【答案】B

【解析】粤绣的代表作有《百鸟朝凤》，形象逼真，生机盎然。

【点评】实属送分题，没什么可说的，记住关键词“粤绣——《百鸟朝凤》”。

- **【2017 年真题 · 单选】**最能体现苏绣艺术特征的是（　　）。

A．贴布绣　　B．双面绣

C．金银绣　　D．十字绣

【答案】B

【解析】最能体现苏绣艺术特征的是“**双面绣**”，使人可以从两面观赏。

【点评】实属送分题，没什么可说的，记住关键词“双面绣——《猫》——苏绣”。

- **【2017 年真题 · 单选】**我国最著名的白瓷产地是（　　）。

A．湖南醴陵　　B．福建德化

C．山东淄博　　D．浙江龙泉

【答案】B

【解析】福建德化是我国白瓷著名产地，德化窑是我国古代南方著名瓷窑。

【点评】简单难度，考查基本的知识识记，记住关键词“德化白瓷”，另外河北定窑也以烧制白瓷著称。

- **【2018 年真题 · 多选】**北京古雕漆制品的色彩以（　　）为主。

A．紫色　　B．绿色

C．蓝色　　D．黄色

E．红色

【答案】BE

【解析】北京雕漆以雕刻见长。在漆胎上涂几十层到几百层漆，厚 15 ~ 25 毫米，再用刀进行雕刻，故称“雕漆”。

在古代的雕漆制品中主要是以**红**、**绿**颜色为主，在史书上雕漆又称为“**剔红**”。还有剔黑、剔黄、剔绿等，均属于雕漆范畴，只是所涂颜色和表现方法有所不同。

目前，北京雕漆以**剔红**、**剔黑**为主，其他如红底黑花、黑底红花、黄底红花、绿底红花以及黄、绿、红三色的剔彩也常见。

【点评】中等难度，考查较细，注意题目问的是“古雕漆”。

- 【2018 年真题 · 多选】下列关于瓷窑的说法中，正确的有（　　）。

  A．汝窑以烧制青瓷著称　　B．钧窑以“窑变”著称

  C．定窑以烧制白瓷著称　　D．哥窑瓷器以造型端庄古朴著称

  E．官窑瓷器以胎骨坚薄、釉色翠美清新著称

  【答案】ABCDE

  【解析】本题说法均正确。

  【点评】难度较大，考查基本的知识识记。

- 【2018 年真题 · 多选】下列关于年画的说法中，正确的有（　　）。

  A．中国年画在宋代成为独立的艺术形式

  B．四川绵竹年画以彩绘见长，讲求构图完整、对称、饱满

  C．山东潍坊杨家埠年画以手工操作并用传统方法制作而成

  D．天津杨柳青年画以木刻水印和手工彩绘相结合的技法制作而成

  E．苏州桃花坞年画以木板雕刻、用一版一色传统水印法制作而成

  【答案】BCDE

  【解析】A 项，木版年画出现于雕版印刷术发明之后的宋代，**明代中叶**起已成为一种独立的艺术形式。其他选项描述正确。

  【点评】难度超大，考查较细，BCDE 四项都是吓人的纸老虎，用排除法作答比较合适。

习题强化

第一节　陶瓷器

一、判断题

1．龙泉青瓷分哥窑和弟窑，白胎和朱砂胎青瓷称“哥窑”。（　　）

2．原始陶器的彩绘纹饰多以动物图形出现。（　　）

3．中国是瓷器的故乡，瓷器的发明是中国对世界文明的伟大贡献。（　　）

4．现代最著名的“陶都”是江西景德镇。（　　）

5．龙泉青瓷是中国汉族传统制瓷珍品，在南宋时达到巅峰。（　　）

6．景德镇瓷器产于安徽省景德镇。（　　）

7．山东淄博美术陶瓷的名贵釉是雨点釉、茶叶末釉。（　　）

二、单选题

1. 我国陶器生产向瓷器生产的过渡是在（　　）时期。

A．西晋　　B．东汉

C．商周　　D．新石器

2.（　　）的瓷器造型优美、品种繁多、装饰丰富、风格独特，以“白如玉，明如镜，薄如纸，声如磬”的独特风格蜚声海内外。

A．湖南醴陵　　B．江苏宜兴

C．江西景德镇　　D．江西龙泉

3. 泡茶数天后不馊且仍能保持茶香，并享有天下“神品”之称的陶瓷器是（　　）。

A．德化白瓷　　B．宜兴紫砂器

C．醴陵釉下彩瓷　　D．淄博美术陶瓷

4. 具有“青如玉、明如镜、薄如纸、声如磬”特点的瓷器是（　　）。

A．景德镇青花瓷　　B．宜兴紫砂器

C．龙泉青瓷　　D．淄博美术陶瓷

5.（　　）被认为是中国的“陶都”。

A．湖南醴陵　　B．江苏宜兴

C．江西景德镇　　D．江西龙泉

6. 宋朝汝窑以烧制（　　）著称。

A．御用青瓷　　B．白瓷

C．乳浊釉瓷　　D．青花瓷

7.（　　）瓷器釉色胎骨坚薄，釉色翠美清新，腴润如脂。

A．官窑　　B．定窑

C．汝窑　　D．哥窑

8.（　　）瓷器以瑰丽、古朴的纹片为装饰手段。

A．钧窑　　B．定窑

C．汝窑　　D．哥窑

9.（　　）素有“紫口铁足”之称，堪称瓷中珍品。

A．哥窑青瓷　　B．宜兴紫砂器

C．醴陵釉下彩瓷　　D．江西景德镇青花瓷

10.（　　）青瓷传统烧制技艺于2009年9月30日正式入选联合国教科文组织世界非物质文化遗产保护名录。

A．湖南醴陵　　B．江苏宜兴

C．江西景德镇　　D．浙江龙泉

11.（　　）烧造历史最为悠久，位居四大名瓷之首，享有“瓷国明珠”之美誉。

A．玲珑瓷　　B．粉彩瓷
C．颜色釉瓷　　D．青花瓷

12．（　　）曾有“尺瓶寸盂视为无上之品，茗瓯酒盏叹为不世之珍”之说。
A．强化瓷　　B．骨质瓷
C．茶叶末釉　　D．雨点釉瓷

13．古人称赞（　　）说它：“黄杂绿色，娇嫩而不俗，艳于花，美如玉，最养目”。
A．强化瓷　　B．骨质瓷
C．茶叶末釉　　D．雨点釉瓷

14．（　　）以烧白瓷而著称。
A．官窑　　B．定窑
C．汝窑　　D．哥窑

15．陶器是用黏土成型，经（　　）的炉温焙烧而成的无釉或上釉的日用品和陈设品。
A．600℃～700℃　　B．700℃～800℃
C．800℃～900℃　　D．700℃～900℃

16．在世界陶瓷史上“中国白”一词也成了（　　）白瓷的代名词。
A．宜兴　　B．醴陵
C．淄博　　D．德化

17．瓷器的烧成温度必须在（　　）。
A．1200℃以上　　B．700～800℃
C．800℃以上　　D．1000℃以上

18．浙江龙泉瓷器的釉色多为（　　）。
A．白色　　B．黑色
C．黄色　　D．青色

19．擅长烧制釉下彩瓷器的地方是（　　）。
A．江西景德镇　　B．湖南醴陵
C．浙江龙泉　　D．福建德化

20．唐三彩是盛行于唐代的（　　），以黄、绿、褐为基本釉色，后来人们习惯地称为“唐三彩”。
A．瓷器　　B．陶器
C．雕漆　　D．脱胎漆器

三、多选题

1．名列宋代“五大名窑”的瓷窑有（　　）
A．汝窑　　B．定窑

C．哥窑　　D．弟窑

E．钧窑

2．龙泉青瓷具有的特点是（　　）。

A．明如镜　　B．白如玉

C．青如玉　　D．薄如纸

E．声如磬

3．周代是陶器发展的重要阶段，陶器大量被应用到建筑上，如（　　）等。

A．版瓦　　B．筒瓦

C．瓦当　　D．阑干砖

E．瓦钉

4．除“瓷都”江西景德镇外，（　　）和河北唐山也是中国瓷器的主要产地。

A．湖南醴陵　　B．福建德化

C．浙江余姚　　D．浙江龙泉

E．山东淄博

5．下列对福建德化白瓷的描述中，正确的是（　　）。

A．德化窑是我国古代南方著名瓷窑，因窑址位于德化县而得名

B．德化瓷土资源丰富，水源充足，交通运输方便，是烧制瓷器的理想之地

C．德化窑历史悠久，历经了两千年的历史

D．在中国陶瓷史上留下了光辉的一笔

E．在世界陶瓷史上“中国白”一词也成了德化白瓷的代名词

6．在新石器时代晚期的（　　）等文化遗址中出土了大量的灰陶、彩陶、黑陶和印纹陶等。

A．仰韶　　B．河姆渡

C．大汶口　　D．良渚

E．周口店

7．宜兴紫砂器呈（　　）。

A．黑色　　B．赤褐

C．浅黄　　D．紫色

E．紫黑色

8．湖南醴陵釉下彩瓷具有（　　）等特性，并以此保护着画面能始终保持原来色彩。

A．耐潮湿　　B．耐摩擦

C．耐风化　　D．洁白如玉

E．耐酸碱腐蚀

9．下列对中国陶瓷器的描述中，正确的是（　　）。

A．陶瓷器是陶器制品和瓷器制品的总称

B．陶器是用黏土成型，经 800℃～1000℃的炉温焙烧而成的无釉或上釉的日用品和陈设品

C．中国是陶瓷的故乡

D．早在旧石器时代，我国先民就已经开始制作陶器

E．东汉时釉陶已发展到了较高水平，陶器开始向瓷器过渡

10．“哥窑”青瓷以瑰丽、古朴的纹片为装饰手段，有（　　）和膳血纹、百圾碎等。

A．蟹爪纹　　B．牛毛纹

C．冰裂纹　　D．流水纹

E．鱼子纹

11．下列属于景德镇“四大传统名瓷”的有（　　）。

A．青花瓷　　B．颜色釉瓷

C．釉下彩瓷　　D．粉彩瓷

E．玲珑瓷

12．江西景德镇瓷器具有（　　）的独特风格。

A．白如玉　　B．薄如纸

C．声如磬　　D．明如镜

E．青如玉

13．“唐三彩”是一种盛行于唐代的陶器，以（　　）为基本釉色。

A．黄　　B．白

C．绿　　D．褐

E．黑

14．龙泉青瓷产品有（　　）两种。

A．弟窑　　B．哥窑

C．钧窑　　D．汝窑

E．官窑

第二节　四大刺绣、玉器和漆器

一、判断题

1．目前，北京雕漆以剔红、剔黑为主。（　　）

2．和田玉雕系以新疆和田所产玉石雕刻而成，和田玉又称昆山玉，简称昆玉，其中以称为羊脂玉的白玉最佳。（　　）

3．湘绣在湖南民间刺绣工艺的基础上，汲取了苏绣和粤绣的精华而发展起来的刺

绣工艺品，以着色富有层次、绣品若画为特点。湘绣以狮、虎为代表作，有“苏猫湘虎”的说法。（　　）

4．明代杭州顾名世家的刺绣品“顾绣”尤其闻名。（　　）

5．蜀绣的代表作有《蜀宫乐女演乐图》《水草鲤鱼》《熊猫》和《百鸟朝凤》。（　　）

6．扬州镶嵌漆器历史悠久，其产品以镶嵌螺钿最具特色，造型古朴典雅，做工精巧细致，纹样优美多姿，色彩和谐绚丽。（　　）

7．苏州苏绣、湖南湘绣、广东粤绣、四川蜀绣被誉为我国四大名绣。（　　）

8．北京玉雕集南北技艺之长，形成了自己独特的风格。（　　）

9．元明清瓷器的主流是青花瓷。（　　）

二、单选题

1．以“着色富有层次、绣品若画”为特点的名绣是（　　）。

A．苏绣　　B．湘绣

C．粤绣　　D．蜀绣

2．我国以“镶嵌螺钿”为特色的漆器产自（　　）。

A．成都　　B．扬州

C．福州　　D．北京

3．我国四大名绣中，绣工多为男工的是（　　）。

A．苏绣　　B．湘绣

C．粤绣　　D．蜀绣

4．被誉为“东方明珠”的刺绣是（　　）。

A．蜀绣　　B．苏绣

C．湘绣　　D．粤绣

5．双面绣《猫》是（　　）现代作品的代表作。

A．湘绣　　B．粤绣

C．蜀绣　　D．苏绣

6．我国漆器制作的最早时间是在（　　）。

A．六七千年以前　　B．五千年以前

C．四千年以前　　D．三千年以前

7．（　　）刺绣技法甚为独特，至少有 100 种以上精巧的针法绣技。

A．苏州苏绣　　B．湖南湘绣

C．广东粤绣　　D．四川蜀绣

8．在史书上雕漆又称为（　　）。

A．剔红　　B．剔黄

C．剔绿　　D．剔黑

9. 金银线垫绣是（　　）中具有特色的工种之一，它使绣上的景物形象富有立体感。

A. 苏州苏绣　　B. 湖南湘绣

C. 广东粤绣　　D. 四川蜀绣

10. 北京雕漆在漆胎上涂几十层到几百层漆，厚达（　　），再用刀进行雕刻，故称“雕漆”。

A. 10 ～ 15 毫米　　B. 15 ～ 25 毫米

C. 20 ～ 30 毫米　　D. 25 ～ 35 毫米

11. 漆器的主要品种为雕漆、镶嵌漆、脱胎漆等，其中镶嵌漆最著名的产地是（　　）。

A. 福州　　B. 扬州

C. 大理　　D. 嘉兴

12. 和田玉又称昆山玉，简称昆玉，其中以称为（　　）的白玉最佳。

A. 羊脂玉　　B. 象牙玉

C. 梨花玉　　D. 鱼肚玉

13. 双面异色的《水草鲤鱼》座屏是（　　）佳作。

A. 苏绣　　B. 湘绣

C. 蜀绣　　D. 粤绣

14. 和田玉产于（　　）和田市，因采自塔里木盆地南缘的昆仑山中，古称昆山玉，简称昆玉。

A. 内蒙古　　B. 新疆

C. 广西　　D. 宁夏

15. 质地坚固轻巧、造型别致，装饰技法丰富多样，色彩明丽和谐，可谓集众美于一身，具有非凡的艺术魅力指的是漆器名品中的脱胎漆器，产地是（　　）。

A. 福建福州　　B. 江苏扬州

C. 贵州大方　　D. 甘肃天水

16. 我国四大名绣中，代表作多以狮、虎为题材的是（　　）。

A. 苏绣　　B. 湘绣

C. 粤绣　　D. 蜀绣

三、多选题

1. 下列属于蜀绣代表作的是（　　）。

A. 双面异色的《水草鲤鱼》座屏

B.《熊猫》座屏

C.《百鸟朝凤》

D. 陈列在北京人民大会堂的巨幅作品《芙蓉鲤鱼》

E．双面绣《猫》

2．下列刺绣中，被认定我国四大刺绣的是（　　）。

A．顾绣　　B．苏绣

C．湘绣　　D．粤绣

E．蜀绣

3．当代漆器主要分布地有（　　）。

A．福建福州　　B．甘肃天水

C．四川成都　　D．山西平遥

E．贵州大方

4．下列对中国刺绣的描述，正解的是（　　）。

A．“双面绣”最能体现苏绣的艺术特征

B．中国刺绣作品有“苏猫湘虎”的说法

C．金银垫绣是粤绣中具有特色的工种之一

D．蜀绣的绣工多为男工

E．湘绣汲取了苏绣和粤绣的精华

5．五彩缤纷的衣锦纹满绣、绣画合一的线条绣、精巧细腻的双面绣和（　　）等都是蜀绣十分独特而精湛的技法。

A．晕针　　B．纱针

C．点针　　D．覆盖针

E．钩针

6．下列关于我国四大名绣说法正确的有（　　）。

A．《猫》是苏绣现代作品的代表

B．《百鸟朝凤》形象逼真、生机盎然，是粤绣的代表作品

C．蜀绣的代表作有《熊猫》《狮》

D．湘绣多用金线作刺绣花纹的轮廓线

E．苏绣被誉为“东方明珠”，最能体现苏绣艺术特征的是双面绣，使人可以从两面观赏

第三节　文房四宝、年画、剪纸和风筝

一、判断题

1．木版年画出现于雕版印刷术发明之后的明代。（　　）

2．宣纸分生、熟两种，生宣渍水渗化，是书画最理想的用纸。（　　）

3．山东潍坊杨家埠木版年画兴起于明代，清代达到鼎盛。（　　）

4．中国风筝有着悠久的历史和高超的技艺。其中以北京、天津、山东潍坊、四川、

广东所制的风筝最为著名。（ ）

5. 苏州桃花坞有“家家会刻版，人人善丹青”之誉。（ ）

6. 徽墨产于古徽州府。（ ）

7. 端砚产于广东省，利用石眼花纹雕刻的砚台尤为名贵，有“一两端石，一两金”之说。（ ）

8. 笔墨砚纸被称为“文房四宝”。（ ）

9. 湖笔产于浙江省湖州善琏镇，古属湖州故名，具有尖、齐、圆、健四大特点，被誉为“笔中之冠”。（ ）

二、单选题

1. 我国南方流传最广、影响最大的一种民间木版画是（ ）。
   A．苏州桃花坞木版年画　B．天津杨柳青木版年画
   C．山东潍坊杨家埠木版年画　D．四川绵竹木版年画

2.（ ）中的戏曲窗花也有独到之处，其擅取戏中典型的场面情节，充分体现人物的身段之美。
   A．陕西剪纸　B．山西剪纸
   C．扬州剪纸　D．浙江剪纸

3. 我国四大名砚是端砚、（ ）、洮河砚和澄泥砚。
   A．徽砚　B．歙砚
   C．宣砚　D．贺兰砚

4. 山西剪纸中最常见的是（ ）。
   A．窗花　B．喜花
   C．礼花　D．鞋花

5. 木版年画从（ ）中叶起已成为一种独立的艺术形式。
   A．唐代　B．宋代
   C．明代　D．清代

6. 大约在公元（ ）世纪，中国风筝传到了西方，此后逐渐形成各具特色的东西方风筝文化。
   A．10　B．11
   C．12　D．13

7. 2009年10月，中国（ ）项目被联合国教科文组织列入人类非物质文化遗产代表作名录。
   A．年画　B．剪纸
   C．木雕　D．锡器

8. 中国有“活化石”之称的剪纸是（ ）。
   A．浙江剪纸　B．山西剪纸

C．扬州剪纸　　D．陕西剪纸

9．端砚居“中国四大名砚”之首，其产地为（　　）。

A．安徽泾县　　B．广东肇庆

C．江苏吴县　　D．浙江湖州

10．宣纸产于（　　），有“纸寿千年”之说法。

A．广东省肇庆　　B．安徽南部泾县

C．古徽州府　　D．浙江省湖州市

11．湖笔、徽墨、宣纸、端砚分别产于（　　）。

A．湖州、肇庆、歙县、休宁　　B．湖南、休宁、泾县、肇庆

C．湖州、歙县、泾县、肇庆　　D．湖南、泾县、休宁、歙县

12．中国风筝的发明距今已有（　　）余年的历史，大约在公元12世纪，中国风筝传到了西方。

A．800　　B．1000

C．2000　　D．2500

13．（　　）有“纸寿千年”之说法。

A．水纹纸　　B．桑皮纸

C．宣纸　　D．白蜡纸

14．（　　）较为完整地传承了中华民族阴阳哲学思想。

A．河南剪纸　　B．陕西剪纸

C．浙江剪纸　　D．山西剪纸

三、多选题

1．徽墨具有色泽黑润、防蛀防虫、经久不褪的特点，制作徽墨的主要原料是（　　）。

A．松烟　　B．桐油烟

C．煤烟　　D．漆烟

E．胶

2．中国有名的剪纸主要有（　　）。

A．福州剪纸　　B．陕西剪纸

C．山西剪纸　　D．浙江剪纸

E．扬州剪纸

3．（　　）被称为文房四宝之首。

A．湖笔　　B．徽墨

C．歙砚　　D．宣纸

E．端砚

4．陕西剪纸具有（　　）的特点，散发出浓郁的泥土气息。

A．婉约典雅　　B．造型古拙
C．风格粗犷　　D．寓意明朗
E．形式多样

5．中国风筝的技艺概括起来只有四个字（　　），简称“四艺”。
A．扎　　B．糊
C．编　　D．绘
E．放

6．端砚取材于端石，端石是一种水层岩，具有（　　）等特点。
A．石质细　　B．易发墨
C．耐磨损　　D．墨汁细稠而不滞
E．不易干涸

7．天津杨柳青年画多取材于（　　）等，构图丰满，线条工整，色彩艳丽，人物的头脸多粉金晕染，极富装饰性。
A．老寿星　　B．美女
C．旧戏剧　　D．神话人物
E．胖娃娃

8．（　　）被誉为中国的四大名砚。
A．端砚　　B．歙砚
C．洮河砚　　D．澄泥砚
E．徐公石砚

9．南桃北柳是指（　　）。
A．苏州桃花坞　　B．天津杨柳青
C．景泰蓝　　D．潍坊风筝
E．景德镇陶瓷

10．中国风筝的技艺概括起来是（　　）。
A．选样式　　B．扎架子
C．糊纸面　　D．绘花彩
E．放风筝

11．被誉为我国四大民间木刻年画产地的是（　　）。
A．天津市杨柳青　　B．江苏省苏州市桃花坞
C．山东省潍坊市杨家埠　　D．河南省开封市朱仙镇
E．四川省绵竹

12．湖笔分（　　）四大类。
A．猪毫　　B．羊毫
C．狼毫　　D．紫毫

E．兼毫

13．宣纸具有纸质柔韧、洁白平滑、细腻匀整、（　　）和卷折无损等特点，有“纸寿千年”之说法。

A．不起皱
B．不掉毛
C．抗老化、久不变色
D．不蛀不腐
E．不怕舒卷

14．下列文房四宝中，产地在安徽的有（　　）。

A．湖笔
B．宣纸
C．徽墨
D．歙砚
E．澄泥砚

15．湖笔的主要特点有（　　）。

A．尖
B．平
C．齐
D．圆
E．健

16．宣纸的主要特点有（　　）。

A．纸质柔韧
B．洁白平滑
C．细腻匀整
D．容易起皱
E．便于收藏

17．下列关于文房四宝的介绍，正确选项是（　　）。

A．安徽泾县生产的纸被称为宣纸
B．徽墨是以松烟、桐油烟、漆烟、胶为主要原料制作而成的一种主要供传统书法、绘画使用的特种颜料
C．广东肇庆生产的砚台被称为端砚
D．浙江湖州生产的笔被称为湖笔
E．湖笔、徽墨、宣纸、歙砚，被称为文房四宝之首

18．下列对中国剪纸的描述，正确的是（　　）。

A．扬州剪纸以四时花卉见长
B．山西剪纸具有北方地区粗犷、雄壮、简练、淳朴的特点
C．陕西剪纸有“活化石”之称
D．浙江平阳一带送礼时放在礼物上的“圈盆花”最有特色
E．浙江金华地区的细纹刻纸多用于装饰龙盘灯

习题强化答案

第一节 陶瓷器

一、判断题

1. 错	2. 错	3. 对	4. 错	5. 对
6. 错	7. 对			

二、单选题

1. B	2. C	3. B	4. C	5. B
6. A	7. A	8. D	9. A	10. D
11. D	12. D	13. C	14. B	15. B
16. D	17. A	18. D	19. B	20. B

三、多选题

1. ABCE	2. ACDE	3. ABCDE	4. ABDE	5. ABDE
6. ABC	7. BCE	8. BDE	9. ACE	10. ABCDE
11. ABDE	12. ABCD	13. ACD	14. AB	

第二节 四大刺绣、玉器和漆器

一、判断题

1. 对	2. 对	3. 对	4. 错	5. 错
6. 对	7. 对	8. 对	9. 对	

二、单选题

1. B	2. B	3. C	4. B	5. D
6. A	7. D	8. A	9. C	10. B
11. B	12. A	13. C	14. B	15. A
16. B				

三、多选题

1. ABD	2. BCDE	3. ABCDE	4. ABCE	5. ABCD
6. ABE				

第三节 文房四宝、年画、剪纸和风筝

一、判断题

1. 错	2. 错	3. 对	4. 对	5. 错
6. 对	7. 错	8. 对	9. 对	

二、单选题

1. A	2. D	3. B	4. A	5. C
6. C	7. B	8. D	9. B	10. B
11. C	12. C	13. C	14. B	

三、多选题

1. ABDE	2. BCDE	3. ABDE	4. BCDE	5. ABDE
6. ABDE	7. BCE	8. ABCD	9. AB	10. BCDE
11. ABCE	12. BCDE	13. ABCDE	14. BCD	15. ACDE
16. ABCE	17. ABCD	18. ABCD		

第九章 中国宗教知识

真题解读

● 【2018 年真题 · 判断】小乘佛教认为世上只有一个佛，其教义重视救苦救难、普度众生。 ( )

【答案】错

【解析】小乘佛教认为世上只有一个佛，其教义重**自我解脱**。

【点评】简单难度，常用的挖坑方式——前对后错。

● 【2018 年真题 · 判断】在世界各大宗教中，基督教创立的时间最早。 ( )

【答案】错

【解析】佛教约创立于**公元前 6 世纪**。在世界各大宗教中，佛教创立的时间最早。

【点评】实属送分题，没什么可说的。

● 【2018 年真题 · 单选】北京最古老的天主教堂是（ ）。

A．西堂 B．南堂

C．东堂 D．北堂

【答案】B

【解析】北京南堂是北京最古老的天主教堂；利玛窦始建经堂，汤若望改建大堂；现为中国天主教北京主教座堂。

【点评】中等难度，平时经常训练的内容，考查基本的知识识记。

● 【2018 年真题 · 单选】伊斯兰教教派中，人数最多的是（ ）。

A．什叶派 B．逊尼派

C．苏菲派 D．哈瓦利吉派

【答案】B

【解析】逊尼派是伊斯兰教中人数最多的一派，中国伊斯兰教大多属于逊尼派。

【点评】简单难度，平时训练的重点内容。

● 【2018 年真题 · 单选】佛教四大名山中，普贤菩萨道场在（ ）。

A．九华山 B．普陀山

C．峨眉山 D．五台山

【答案】C

【解析】普贤菩萨，人称大行菩萨，道场在**四川峨眉山**；地藏菩萨，人称大愿菩萨，道场为安徽九华山；文殊菩萨，人称大智菩萨，道场在山西五台山；观世音菩萨，人称大悲菩萨，观世音道场为浙江定海普陀山。

【点评】简单难度，平时经常训练的内容，考查基本的知识识记。

- 【2018年真题·单选】道教供奉的水神是（　　）。

A. 文昌帝君　　B. 天妃娘娘

C. 真武大帝　　D. 王母娘娘

【答案】C

【解析】真武为北方神，五行中北方属水，因此真武又是水神，有防火的威力。

【点评】中等难度，考查较细。

- 【2018年真题·单选】佛教的“三方佛（横三世佛）”指的是（　　）。

A. 卢舍那佛—毗卢遮那佛—释迦牟尼佛

B. 弥勒佛—释迦牟尼佛—燃灯佛

C. 阿弥陀佛—释迦牟尼佛—药师佛

D. 释迦牟尼佛—卢舍那佛—阿弥陀佛

【答案】C

【解析】三方佛又名横三世佛，是以空间方位来分的，体现净土信仰。三方佛正中为娑婆世界教主释迦牟尼佛，左侧为东方净琉璃世界教主药师佛，右侧为西方极乐世界教主阿弥陀佛。

【点评】中等难度，平时经常训练的内容，考查基本的知识识记。

- 【2018年真题·单选】中国规模最大、保存最完整的清真寺是（　　）。

A. 西安化觉寺　　B. 杭州真教寺

C. 扬州仙鹤寺　　D. 北京牛街清真寺

【答案】A

【解析】西安化觉寺为中国传统式建筑，规模宏大，是我国现存规模最大、保存最完整的清真寺。

【点评】简单难度，平时经常训练的内容，考查基本的知识识记。

- 【2018年真题·单选】全国武庙之首是（　　）。

A. 解州关帝庙　　B. 杭州岳王庙

C. 洛阳关林　　D. 成都青羊宫

【答案】A

【解析】山西运城解州关帝庙创建于隋开皇九年（589年），是全国规模最大、最为壮观、保存最完好的关帝庙。

【点评】简单难度，平时训练的重点内容。

- 【2018年真题·多选】道教供奉的“四御”有（　　）。

A. 承天效法后土皇地祇　　B. 勾陈上宫天皇大帝

C．上清灵宝天尊　　D．中天紫微北极大帝

E．真武大帝

【答案】ABD

【解析】四御是仅次于三清、辅佐三清的四位天帝。一般指玉皇大帝、中天紫微北极大帝、勾陈上宫天皇大帝、承天效法后土皇地祇（女神）。

【点评】难度较大，常见出题套路——"四御"不一定要选四个。

● 【2018 年真题 · 多选】我国信仰上座部佛教的少数民族有（　　）。

A．蒙古族　　B．德昂族

C．阿昌族　　D．白族

E．傣族

【答案】BCE

【解析】云南上座部佛教主要分布在西双版纳、德宏、普洱、临沧和保山等地州，为傣、布朗、德昂、阿昌等族和部分佤族群众信仰。

【点评】中等难度，考查基本的知识识记，本题适合排除法，蒙古族和白族肯定不信上座部佛教。

习题强化

第一节　中国宗教概述与佛教

一、判断题

1．佛教的标志往往以法轮表示。因为佛之法轮如车轮辗转可摧破众生烦恼。（　　）

2．绕佛，即按逆时针方向行走，一圈、三圈或百圈、千圈，表示对佛的尊敬。（　　）

3．中国的佛教包容了西传佛教、南传佛教和藏传佛教三大体系。（　　）

4．佛教寺院的山门，也叫三门，由空门（中）、无相门（东）、无作门（西）组成，象征三解脱。（　　）

5．黄教是 15 世纪初宗喀巴创立的教派，其后世弟子形成达赖和班禅两大活佛转世系统。（　　）

6．钟楼在寺院的西侧，常供奉地藏菩萨。（　　）

7．文殊菩萨的坐骑是六牙白象，表示六度。（　　）

8．崇拜佛牙、佛塔、菩提树等释迦牟尼的纪念物是藏传佛教的特色之一。（　　）

9．东汉哀帝元寿元年，大月氏王使臣伊存向中国博士弟子景卢口授《浮屠经》，史

称这一佛教初传历史标志为“伊存授经”。（　）

10. “永平求法”，与“伊存授经”同为佛教初传中国的两大历史事件。（　）

11. 佛教的发展大致经历了四个时期，即原始佛教阶段、小乘佛教阶段、大乘佛教阶段和部派佛教阶段。（　）

12. 大乘把修行成果分为罗汉、菩萨、佛三个等次，认为所有人都有佛性，都能成佛。（　）

13. 佛教寺庙布局中，建在天王殿门前两边的是钟、鼓楼，东边的是钟楼，西边的是鼓楼。（　）

14. 龙门石窟以奉先寺石窟最为著名，敦煌石窟以莫高窟最为著名，云冈石窟以昙曜五窟最为著名。（　）

15. 四大天王又可以叫作四大金刚。（　）

16. 三身佛中，报身佛名叫“卢舍那佛”。（　）

17. 佛教信奉的对象有佛、菩萨、罗汉和护法天神。（　）

18. 宋、元、明、清四朝是中国佛教的创造阶段和鼎盛时期。（　）

19. 南传佛教其经典主要属藏语系统，亦称藏语系佛教。（　）

20. 佛教的旗帜或佛像的胸前的标志读为“万”，表示吉祥万德。（　）

21. 北传佛教是从古印度向北传入中国，再由中国传入朝鲜、缅甸、越南等国。（　）

22. 五百罗汉一般指参加释迦牟尼佛涅槃后第一次结集的五百比丘。（　）

23. 普陀山有“东南第一山”之誉。（　）

24. 世界上完整的佛教和佛教经典是在中国。（　）

25. 云冈石窟以昙曜五窟最为著名，其中第 19 窟露天大佛是云冈石窟最雄伟的雕像。（　）

26. 佛教是我国的本土宗教，大部分汉族人信仰它。（　）

27. “伽蓝七堂”指山门、佛殿、法堂、僧堂、厨库、藏经楼、西净。（　）

28. 佛教中的法师是指通晓佛法的僧人。（　）

29. 明代有“金五台，银峨眉，铜普陀，铁九华”之说，以区别四山在信徒心目中的不同地位。（　）

30. 南传佛教主要是巴利语经典，北传佛教主要是梵语经典，藏传佛教主要是藏语经典。（　）

31. 四大天王中，手持宝剑的是南方增长天王，手持琵琶的是东方持国天王，手持宝伞的是北方多闻天王，手持蛇类动物的是西方广目天王。（　）

32. 西方三圣指月光菩萨、药师佛和日光菩萨。（　）

33. 小乘佛教又名上座部佛教，在理论和实践的基础体系上仍接近于原始佛教。（　）

34. 横三世佛是指：释迦牟尼佛（左）、阿弥陀佛（中）、药师佛（右）。（ ）
35. 小乘认为世界上只有一个佛释迦牟尼，修行能达到的最高成果是菩萨。（ ）
36. 净土宗以往生西方极乐世界（教主阿弥陀佛，其左胁侍为大势至菩萨，右胁侍为观世音菩萨）为宗旨。（ ）
37. 天台宗以口念“南无阿弥陀佛”为修行方式，以“往生西方极乐世界”为宗旨，是最简便的法门，故在民间影响最大。（ ）
38. 三藏经指的是“经藏”“律藏”“论藏”。（ ）
39. “五阴”（或“五蕴”）——由色、受、想、行、识等组成，“色阴”包括“四大”——火、水、土、木等因素。（ ）
40. 雍和宫是我国内地最大的一座藏传佛教寺院。（ ）
41. 中国禅宗推六祖慧能为初祖，把南天竺菩提达摩看作是中国禅宗的真正创始人。（ ）

二、单选题

1. 藏传佛教中势力最大的一派是（ ）。
   A. 噶举派　　B. 萨迦派
   C. 格鲁派　　D. 宁玛派
2. 以（ ）宗喀巴肉身灵塔最著名。
   A. 甘丹寺　　B. 哲蚌寺
   C. 色拉寺　　D. 拉卜楞寺
3. （ ）僧人穿白色僧裙和上衣，俗称白教。
   A. 宁玛派　　B. 萨迦派
   C. 噶举派　　D. 格鲁派
4. 佛教开始传入中国是在（ ）时期。
   A. 东汉　　B. 西汉
   C. 魏晋　　D. 南北朝
5. 佛教基本教义四谛中，对造成痛苦与烦恼原因的分析的是（ ）。
   A. 苦谛　　B. 集谛
   C. 灭谛　　D. 道谛
6. （ ）以造像粗犷古朴、气魄雄伟、内容丰富多彩著称。
   A. 敦煌石窟　　B. 云冈石窟
   C. 龙门石窟　　D. 麦积山石窟
7. 我国以数以千计的敷彩泥塑造像著称于世的石窟是（ ）。
   A. 敦煌莫高窟　　B. 云冈石窟
   C. 克孜尔千佛洞　　D. 麦积山石窟
8. （ ）是中国最早的佛教寺院，有“释源”之誉。

A．浙江天台山国清寺　　B．河南洛阳白马寺

C．河南登封少林寺　　D．江苏南京霞寺

9．观音菩萨又称“南海大士”，是西方极乐世界教主（　　）的左胁侍。

A．释迦牟尼　　B．阿弥陀佛

C．药师佛　　D．卢舍那佛

10．唐代扬州的鉴真和尚东渡日本，在日本生活了10年，按照中国的营造方式在奈良建（　　）。

A．招提寺　　B．大钟寺

C．昭觉寺　　D．大昭寺

11．济公在佛教中是（　　）。

A．佛　　B．菩萨

C．罗汉　　D．护法天神

12．佛教基本教义“四圣谛”中的“谛”的含义是（　　）。

A．理想　　B．真理

C．境界　　D．意境

13．部派佛教按照阶段分为（　　）。

A．大乘、小乘　　B．大乘、上座部佛教

C．大众部佛教、小乘　　D．上座部佛教、大众部佛教

14．天王殿是佛寺中的基本殿堂，大殿正面多供奉的是（　　）。

A．千手观音佛像　　B．释迦牟尼佛像

C．大肚弥勒佛像　　D．药师佛佛像

15．五体投地是属于（　　）的最高礼节。

A．佛教　　B．道教

C．伊斯兰教　　D．基督教

16．在佛教寺院中，存放佛教经典之处的是（　　）。

A．鼓楼　　B．罗汉堂

C．藏经楼　　D．法堂

17．佛教中的大行菩萨、大愿菩萨、大智菩萨、大悲菩萨依次是（　　）。

A．普贤、地藏、文殊、观音　　B．文殊、普贤、观音、地藏

C．地藏、普贤、文殊、观音　　D．文殊、地藏、普贤、观音

18．格鲁派的创立人是（　　）。

A．朗达玛　　B．宗喀巴

C．八思巴　　D．达赖

19．（　　）是现存的藏传佛教规模最大的寺院，也是中国最大的寺院。

A．甘丹寺　　B．色拉寺

C．哲蚌寺　　D．扎什伦布寺

20．藏传佛教各派中，黄教、白教、花教、红教分别是指（　　）。

A．格鲁派、噶举派、萨迦派、宁玛派

B．格鲁派、萨迦派、宁玛派、噶举派

C．噶当派、噶举派、宁玛派、萨迦派

D．噶当派、萨迦派、宁玛振、噶举派

21．敦煌石窟、云冈石窟、龙门石窟、大足石刻分别位于（　　）。

A．宁夏、陕西、河南、四川　　B．宁夏、山西、河南、重庆

C．甘肃、山西、陕西、重庆　　D．甘肃、山西、河南、重庆

22．（　　）是一座依山岩凿成的通高 70.7 米的弥勒坐像，是我国也是世界最大石刻佛像。

A．乐山大佛　　B．灵山大佛

C．云冈石窟佛像　　D．灵隐寺佛像

23．佛教寺院内的“东方三圣”中间供奉（　　）。

A．日光菩萨　　B．药师佛

C．卢舍那佛　　D．燃灯佛

24．由于明清两朝的册封、扶持，（　　）派成为藏区执掌政权的教派。

A．红教　　B．花教

C．白教　　D．黄教

25．在理论和实践的基础体系上仍接近于原始佛教的上座部佛教又被称为（　　）。

A．大乘佛教　　B．小乘佛教

C．密宗　　D．禅宗

26．我国下列少数民族主要信仰大乘佛教的有（　　）。

A．白族　　B．塔吉克族

C．傣族　　D．蒙古族

27．华严宗又称（　　）。

A．贤首宗　　B．佛心宗

C．日莲宗　　D．法华宗

28．卢舍那佛、阿弥陀佛、弥勒佛分别是（　　）。

A．三身佛之一、三世佛之一、三方佛之一

B．三方佛之一、三世佛之一、三身佛之一

C．三世佛之一、三身佛之一、三方佛之一

D．三身佛之一、三方佛之一、三世佛之一

29．汉语系佛教宗派中，以口念“南无阿弥陀佛”为修行方式，以往生西方极乐世界为宗旨，在民间影响最大的派别是（　　）。

A．华严宗　　B．禅宗
C．法相宗　　D．净土宗

30．下列关于佛祖四大圣迹的说法中，正确是（　　）。
A．出生地蓝毗尼花园、成道地鹿野苑、初转法轮地拘尸那迦、涅槃地菩提伽耶
B．出生地蓝毗尼花园、成道地拘尸那迦、初转法轮地鹿野苑、涅槃地菩提伽耶
C．出生地菩提伽耶、成道地蓝毗尼花园、初转法轮地拘尸那迦、涅槃地鹿野苑
D．出生地蓝毗尼花园、成道地菩提伽耶、初转法轮地鹿野苑、涅槃地拘尸那迦

31．下列不属于佛教常见礼节的是（　　）。
A．合掌　　B．绕佛
C．五体投地　　D．礼拜

32．下列佛教造像组合中，属于东方三圣的是（　　）。
A．大势至菩萨—阿弥陀佛—观世音菩萨
B．普贤菩萨—释迦牟尼佛—文殊菩萨
C．月光菩萨—药师佛—日光菩萨
D．普贤菩萨—毗卢遮那佛—文殊菩萨

33．西藏布达拉宫的“布达拉”，原指（　　）菩萨所居之岛。
A．观世音　　B．文殊
C．普贤　　D．弥勒

34．获得的觉仅有自觉、觉他的是（　　）。
A．佛　　B．菩萨
C．罗汉　　D．法师

35．佛教基本教义四谛中，提出了佛教出世间的最高理想——涅槃的是（　　）。
A．苦谛　　B．集谛
C．灭谛　　D．道谛

36．道教中的“关圣帝君”在佛教中是（　　）。
A．药师佛　　B．伽蓝神
C．护法神　　D．地藏菩萨

37．佛教五大菩萨中，左手持净瓶、右手持杨柳，人称大悲菩萨的是（　　）。
A．文殊　　B．普贤
C．观音　　D．大势至

38．禅宗奉（　　）为初祖。
A．释迦牟尼　　B．菩提达摩
C．弘忍　　D．慧能

39．中国禅宗真正创始人是指（　　）。
A．菩提达摩　　B．释迦牟尼

C. 六祖慧能　　　　D. 五祖弘忍

40. 世界上现存规模最大，保存最完好的由建筑、壁画、泥塑组成的佛教艺术宝库是（　　）。

A. 敦煌石窟　　　　B. 云冈石窟

C. 龙门石窟　　　　D. 麦积山石窟

41. 在中国传统的内地佛教寺院内，天王殿大肚弥勒佛背后，面向大雄宝殿的护法天神是（　　）。

A. 迦兰神　　　　B. 那延罗天

C. 韦驮　　　　D. 关羽

42. 佛教将人类所居的所谓“秽土”称之为娑婆世界，其教主是（　　）。

A. 卢舍那佛　　　　B. 释迦牟尼佛

C. 阿弥陀佛　　　　D. 燃灯佛或者迦叶佛

43.（　　）手持锡杖，或手捧如意珠，人称大愿菩萨。

A. 文殊菩萨　　　　B. 观世音菩萨

C. 普贤菩萨　　　　D. 地藏菩萨

44. 按佛教天台宗说法，佛有“法身、报身、应身”三身，与他们相对应的佛名依次是（　　）。

A. 释迦牟尼佛、卢舍那佛、毗卢遮那佛

B. 卢舍那佛、释迦牟尼佛、毗卢遮那佛

C. 毗卢遮那佛、卢舍那佛、释迦牟尼佛

D. 卢舍那佛、毗卢遮那佛、释迦牟尼佛

45.（　　）僧人穿黑色僧衣，俗称黑教。

A. 宁玛派　　　　B. 苯教

C. 噶举派　　　　D. 格鲁派

46.（　　）是我国支派最多的佛教宗派，也是中国佛教史上流传最久远、对中国文化思想影响最广泛的宗派。

A. 禅宗　　　　B. 净土宗

C. 天台宗　　　　D. 华严宗

47.（　　）大体可以概括为“五阴聚合说”“十二因缘说”和“业报轮回说”。

A. 苦谛　　　　B. 集谛

C. 灭谛　　　　D. 道谛

48. 奉先寺中的卢舍那大佛是中国石窟史上空前绝后的佛像杰作，是（　　）艺术的代表作。

A. 敦煌石窟　　　　B. 云冈石窟

C. 龙门石窟　　　　D. 麦积山石窟

49. 我国现存最古老的木结构建筑的实物是（　　）。

A. 五台山南禅寺　　B. 山西太原晋祠圣母殿

C. 福建泉州清净寺　　D. 山西芮城永乐宫

50.（　　）约创立于公元前 6 世纪。

A. 佛教　　B. 道教

C. 伊斯兰教　　D. 基督教

51. “大肚弥勒”名契此，相传其道场在（　　）。

A. 天台国清寺　　B. 奉化岳林寺

C. 山东灵岩寺　　D. 南京栖霞寺

52.（　　）是纯粹中国化的佛教，它以觉悟众生心性的本源（佛性）为主旨。

A. 禅宗　　B. 净土宗

C. 天台宗　　D. 华严宗

53.（　　）手持宝剑（或宝卷），身骑狮子，人称大智菩萨。

A. 文殊菩萨　　B. 观世音菩萨

C. 普贤菩萨　　D. 地藏菩萨

54.（　　）是格鲁派第一座寺院和祖庭。

A. 甘丹寺　　B. 哲蚌寺

C. 色拉寺　　D. 拉卜楞寺

55.（　　）发掘出土释迦牟尼佛指舍利和举世仅存的唐密佛骨舍利供养曼荼罗（坛场）。

A. 江苏句容隆昌寺　　B. 陕西扶风法门寺

C. 西安大兴善寺　　D. 江西庐山东林寺

56. 四大天王中手持的法器中，（　　）代表遮挡世上的种种污垢。

A. 宝伞　　B. 缠龙（蛇）

C. 慧剑　　D. 琵琶

57. 伽蓝神关羽地位相当于寺院的（　　）。

A. 门神　　B. 土地神

C. 天神　　D. 地神

58.（　　）代表的意义是尽职尽力主持国家事务。

A. 东方持国天王　　B. 西方广目天王

C. 南方增长天王　　D. 北方多闻天王

59. 在佛教的护法天神中，韦驮原为（　　）的手下神将。

A. 东方持国天王　　B. 西方广目天王

C. 南方增长天王　　D. 北方多闻天王

60. 四大天王手持的法器中，（　　）代表变化。

A．宝伞　　B．缠龙（蛇）
C．慧剑　　D．琵琶

61．近代汉地佛教禅寺中绝大多数属（　　）宗。
A．沩仰　　B．曹洞
C．云门　　D．临济

62．西双版纳的小乘佛教受（　　）佛教的影响较大。
A．越南　　B．泰国
C．缅甸　　D．新加坡

63．（　　）以 74 个窟尚存的精美壁画著称于世，有“戈壁明珠”之誉。
A．克孜尔千佛洞　　B．云冈石窟
C．龙门石窟　　D．麦积山石窟

64．在 12 世纪末至 13 世纪初，随着（　　）的侵入，佛教基本上被逐出了印度国境。
A．苯教　　B．道教
C．基督教　　D．伊斯兰教

65．（　　）以盛唐石造像为代表，艺术风格逐渐脱离印度影响，向民族化、世俗化发展；造像身躯健美，丰满端庄。
A．大足石刻　　B．云冈石窟
C．龙门石窟　　D．麦积山石窟

66．（　　）以两宋石造像为代表，其造像审美意趣完全汉化、世俗化。
A．大足石刻　　B．云冈石窟
C．龙门石窟　　D．麦积山石窟

67．佛教四大圣地中，相传释迦牟尼诞生地位于今（　　）境内。
A．印度　　B．巴勒斯坦
C．尼泊尔　　D．不丹

68．四大天王手持的法器中，（　　）代表做事要合乎中道、恰到好处。
A．宝伞　　B．缠龙（蛇）
C．慧剑　　D．琵琶

69．佛教四大名山中，（　　）是我国唯一兼有汉地佛教和藏传佛教道场的佛教圣地。
A．五台山　　B．普陀山
C．峨眉山　　D．九华山

70．藏传佛教格鲁派历代班禅活佛的驻锡之地是（　　）。
A．甘丹寺　　B．哲蚌寺
C．扎什伦布寺　　D．色拉寺

71．佛教在世界范围的传播有三条路线，其中南传佛教以（　　）为主。

A．大乘佛教　　B．小乘佛教

C．密乘佛教　　D．以大乘佛教为主，小乘兼之

72．佛教三世佛从时间上体现佛的传承关系。未来世佛、现在世佛、过去世佛依次为（　　）。

A．释迦牟尼佛、弥勒佛、燃灯佛　　B．弥勒佛、燃灯佛、释迦牟尼佛

C．弥勒佛、释迦牟尼佛、燃灯佛　　D．燃灯佛、弥勒佛、释迦牟尼佛

73．（　　）系九华山规模最大的寺院，也是九华山唯一宫殿式建筑的寺院。

A．祇园寺　　B．百岁宫

C．东崖寺　　D．化城寺

74．（　　）是九华山的开山寺、总丛林。

A．化城寺　　B．祇园寺

C．东崖寺　　D．甘露寺

75．（　　）尤以唐代壁画艺术著称于世。

A．敦煌石窟　　B．云冈石窟

C．龙门石窟　　D．麦积山石窟

76．以佛教为国教的国家是（　　）。

A．泰国　　B．印度尼西亚

C．澳大利亚　　D．日本

77．（　　）代表的意义是天天进步。

A．东方持国天王　　B．西方广目天王

C．南方增长天王　　D．北方多闻天王

78．我国著名佛教石窟中素有“塑像馆”之誉的是（　　）。

A．云冈石窟　　B．敦煌石窟

C．麦积山石窟　　D．龙门石窟

79．（　　）成为律宗根本道场，有“律宗第一名山”之誉，现为全国唯一的律寺。

A．江苏句容隆昌寺　　B．江苏扬州大明寺

C．陕西西安大兴善寺　　D．江西庐山东林寺

80．佛教寺院的哼哈二将是（　　）。

A．优婆塞和优婆夷　　B．大迦叶和阿难

C．伽蓝神和护法神　　D．密迹金刚和那罗延天

81．佛教寺庙中对有一些僧人以职务相称，如“监院”是称呼（　　）。

A．方丈　　B．师太

C．三藏法师　　D．当家和尚

82．悬塑五百罗汉堂位于（　　）。

A．成都宝光寺罗汉堂　　B．苏州寒山寺左右配殿
C．北京碧云寺罗汉堂　　D．五台山殊像寺文殊阁

83．据玄奘译（　　），释迦牟尼令十六罗汉常住人间普济众生。
A．《观无量寿经》　　B．《赞十八罗汉》
C．《十八罗汉颂》　　D．《法住记》

84．二王尊（二仁王）指（　　）守护神密迹金刚和那罗延天。以金刚力士像置于山门殿空门内两侧，左尊开口、执杵，右尊合口、提棒。民间俗称为“哼哈二将”。
A．观音　　B．弥勒
C．释迦牟尼　　D．伽蓝

85．佛教教义四谛中，通向涅槃的修行方法的是（　　）。
A．苦谛　　B．集谛
C．灭谛　　D．道谛

86．下列佛教造像组合中，属于华严三圣的是（　　）。
A．大势至菩萨—阿弥陀佛—观音菩萨
B．普贤菩萨—释迦牟尼佛—文殊菩萨
C．月光菩萨—药师佛—日光菩萨
D．普贤菩萨—毗卢遮那佛—文殊菩萨

87．新疆克孜尔千佛洞的壁画反映了（　　）经典的内容。
A．大成佛教　　B．小乘佛教
C．藏传佛教　　D．原始宗教

88．为纪念“永平求法”事件，东汉永平十一年（公元68年），所建的寺庙为（　　）。
A．洛阳白马寺　　B．扶风法门寺
C．登封少林寺　　D．庐山东林寺

89．下列佛教居士中，在家修行的是（　　）。
A．比丘　　B．沙弥
C．优婆塞　　D．式叉摩那

90．峨眉山（　　）以屋顶终年无败叶积落著称于世，康熙帝曾题额“无垢园”。
A．报国寺　　B．万年寺
C．伏虎寺　　D．金顶

91．（　　）是我国内地城市中最大的一座藏传佛教寺院。
A．五当召　　B．雍和宫
C．拉卜楞寺　　D．甘丹寺

92．三方佛中，娑婆世界教主是（　　）。

A．释迦牟尼佛　　B．如来佛

C．药师佛　　D．阿弥陀佛

93．在世界各大宗教中，创立时间最早的是（　　）。

A．佛教　　B．道教

C．基督教　　D．伊斯兰教

94．佛教的标志是（　　）。

A．法轮和莲花　　B．万字符和法轮

C．万字符和莲花　　D．万字符、法轮和莲花

95．汉地佛教寺院天王殿中，手握慧剑的天王是（　　）。

A．东方持国天王　　B．南方增长天王

C．西方广目天王　　D．北方多闻天王

96．汉地佛教寺院天王殿中，右手持宝伞、左手握神鼠的天王是（　　）。

A．东方持国天王　　B．南方增长天王

C．西方广目天王　　D．北方多闻天王

97．汉地佛教寺院天王殿中，右手缠蛇（龙）、左手宝珠的天王是（　　）。

A．东方持国天王　　B．南方增长天王

C．西方广目天王　　D．北方多闻天王

98．佛教四大天王中，西方广目天王手缠的是（　　）。

A．宝剑　　B．琵琶

C．雨伞　　D．龙或蛇

99．四大天王是指（　　）。

A．东方持国天王、南方增长天王、西方广目天王、北方多闻天王

B．东方增长天王、南方持国天王、西方多闻天王、北方广目天王

C．东方多闻天王、南方广日天王、西方增长天王、北方持国天王

D．东方广目天王、南方多闻天王、西方持国天王、北方增长天王

100．佛教四大天王中，身着白色衣服、手持琵琶的是（　　）。

A．东方持国天王　　B．南方增长天王

C．西方广目天王　　D．北方多闻天王

101．大肚弥勒佛一般供奉在佛寺的（　　）中。

A．大雄宝殿　　B．天王殿

C．钟楼　　D．鼓楼

102．藏传佛教的派系中，俗称为“黄教”的是（　　）。

A．宁玛派　　B．萨迦派

C．格鲁派　　D．噶举派

103．藏传佛教各派中，“白教”是指（　　）。

A．宁玛派　　B．萨迦派
C．噶举派　　D．格鲁派

104．汉地俗称“花教”的藏传佛教教派指的是（　　）。
A．宁玛派　　B．萨迦派
C．噶举派　　D．格鲁派

105．四川乐山大佛雕凿的是（　　）。
A．释迦牟尼佛　　B．弥勒佛
C．阿弥陀佛　　D．药师佛

106．佛祖释迦牟尼成道地是（　　）。
A．鹿野苑　　B．蓝毗尼花园
C．拘尸那迦　　D．菩提伽耶

107．佛教四大圣地中，蓝毗尼花园是佛祖释迦牟尼的（　　）。
A．初转法轮地　　B．涅槃地
C．出生地　　D．成道地

108．佛祖释迦牟尼的初转法轮地是（　　）。
A．蓝毗尼花园　　B．菩提伽耶
C．鹿野苑　　D．拘尸那迦

109．举世闻名的佛祖四大圣迹中佛祖涅槃地是（　　）。
A．蓝毗尼花园　　B．菩提伽耶
C．鹿野苑　　D．拘尸那迦

110．契此是（　　）的名，相传为五代梁朝时明州（今宁波）奉化人。
A．观音菩萨　　B．大肚弥勒
C．韦陀菩萨　　D．地藏菩萨

111．格鲁派六大寺院之首，宗喀巴修建的格鲁派的第一座寺庙是（　　）。
A．哲蚌寺　　B．甘丹寺
C．色拉寺　　D．塔尔寺

112．华严三圣供奉中的“华藏世界教主”是（　　）。
A．释迦牟尼佛　　B．弥勒佛
C．毗卢遮那佛　　D．卢舍那佛

113．（　　）手持如意棒，身骑六牙大象，人称大行菩萨。
A．文殊菩萨　　B．观世音菩萨
C．普贤菩萨　　D．地藏菩萨

114．我国佛教石刻的第三个高潮时期是两宋时期，代表作是（　　）中的宋代造像。
A．大足石刻　　B．龙门石窟

C．敦煌石窟　　　　D．云冈石窟

115．活佛转世制度是（　　）的独特产物。

A．汉传佛教　　　　B．藏传佛教

C．上座部佛教　　　　D．大乘佛教

116．佛教寺院供奉的“西方三圣”是（　　）。

A．卢舍那佛—毗卢遮那佛—释迦牟尼佛

B．月光菩萨—药师佛—日光菩萨

C．大势至菩萨—阿弥陀佛—观世音菩萨

D．阿弥陀佛—释迦牟尼佛—药师佛

117．我国的鄂温克族主要信仰（　　）。

A．伊斯兰教　　　　B．藏传佛教

C．小乘佛教　　　　D．东正教

三、多选题

1．汉地佛教寺院天王殿中，西方广目天王手持的法器是（　　）。

A．琵琶　　　　B．慧剑

C．蛇（龙）　　　　D．宝伞

E．宝珠

2．以下国家属于南传佛教地区的是（　　）。

A．斯里兰卡　　　　B．日本

C．缅甸　　　　D．泰国

E．老挝

3．下列关于佛教四大菩萨的叙述中，正确的有（　　）。

A．文殊菩萨手持宝剑，身骑狮子，其道场在山西五台山

B．普贤菩萨手持如意棒，身骑六牙大象，其道场在四川峨眉山

C．观世音菩萨左手持净瓶，右手持杨柳枝，其道场在浙江普陀山

D．地藏菩萨手持锡杖，或手捧如意珠，其道场在安徽九华山

E．大势至菩萨头顶宝瓶，道场在江苏南通狼山

4．四众弟子是指（　　）。

A．比丘　　　　B．比丘尼

C．沙弥　　　　D．优婆夷

E．优婆塞

5．当代中国佛教界将佛教的宗旨归纳为（　　）。

A．诸恶莫做　　　　B．众善奉行

C．庄严国土　　　　D．利乐有情

E．六道轮回

6．以下有关我国佛教石窟对应正确的有（　　）。

A．北朝代表作——大同石窟

B．盛唐代表作——龙门石窟中的唐代龛窟

C．两宋时期代表作——大足石刻

D．南朝代表作——龙门石窟

E．北朝代表作——大足石刻

7．佛教供奉的对象中，竖三世佛包括（　　）。

A．阿弥陀佛　　B．弥勒佛

C．药师佛　　D．释迦牟尼佛

E．燃灯佛

8．藏传佛教的四个特征为（　　）。

A．咒术性　　B．对喇嘛的异常崇拜

C．活佛转世思想　　D．宗教和政治的结合

E．往生论

9．佛教中的“四谛”是指（　　）。

A．常谛　　B．苦谛

C．集谛　　D．灭谛

E．道谛

10．佛教的经典是（　　）。

A．经藏　　B．律藏

C．论藏　　D．苦谛

E．道谛

11．佛教中的“三法印”是指（　　）。

A．诸行无常　　B．诸法无我

C．诸恶莫做　　D．涅槃寂静

E．众善奉行

12．（　　）并称普陀三大寺。

A．普济寺　　B．法雨寺

C．慧济寺　　D．显通寺

E．大白塔

13．以下属于五台山“五大禅林”的有（　　）。

A．显通寺　　B．塔院寺

C．菩萨顶寺　　D．普济寺

E．罗睺寺

14．下列对大足石刻描述正确的是（　　）。

A．卢舍那大佛是大足石刻中最大的佛像

B．大足石刻位于四川省大足区境内

C．大足石刻存有晚唐、五代、两宋摩崖造像 5 万多躯

D．大足石刻造像中肌体很少裸露，穿着较厚重的汉化服装

E．大足石刻的壁画艺术受到印度、希腊等外来影响

15．北魏时期，统治者大量开凿石窟，其中著名的有（　　）。

A．龙门石窟　　B．云冈石窟

C．大足石刻　　D．乐山大佛

E．敦煌石窟

16．（　　）为塔尔寺的艺术三绝。

A．酥油花　　B．堆绣

C．绘画　　D．五百罗汉山

E．檀木大佛

17．克孜尔石窟呈现许多与汉地佛教石窟显著不同的特点，主要表现在（　　）。

A．壁画内容反映了小乘佛教经典内容

B．出现了大量裸体人物形象，女性比重尤大，且丰乳肥臀

C．艺术风格逐渐脱离印度影响，向民族化、世俗化发展

D．其建筑形制与壁画艺术受到印度、希腊、（波斯）萨珊等外来文化的影响

E．造像审美意趣完全汉化、世俗化，造像典雅、精致、秀丽

18．（　　）并称为九华山四大丛林。

A．祇园寺　　B．百岁宫

C．东崖寺　　D．化城寺

E．甘露寺

19．对大乘佛教，说法正确的有（　　）。

A．认为十方世界都有佛

B．修行果位分为罗汉、菩萨、佛三级

C．修行的最终目的在于成佛

D．该教派弘扬菩萨和“菩萨行”

E．在理论和实践的基础体系上仍接近于原始佛教

20．“五阴聚合说”中，色阴包括（　　）等“四大”因素。

A．气　　B．土

C．水　　D．火

E．风

21．寺院中常见的菩萨，组合为“三大士”的是（　　）。

A．文殊菩萨　　B．普贤菩萨

C．观世音菩萨　　D．地藏菩萨

E．大势至菩萨

22．寺院中弥勒造像有（　　）三种。

A．佛像　　B．菩萨像（天冠弥勒）

C．化身像（大肚弥勒）　　D．罗汉像

E．天王像

23．释迦三圣是指（　　）。

A．日光菩萨　　B．释迦牟尼佛

C．文殊菩萨　　D．月光菩萨

E．普贤菩萨

24．藏传佛教大藏经称为（　　）。

A．甘珠尔　　B．丹珠尔

C．正一经　　D．般若波罗蜜多心经

E．孝经

25．下列关于敦煌石窟的叙述中，正确的有该石窟（　　）。

A．保存有各代壁画 4.5 万平方米，彩塑 2000 多尊

B．位于中国甘肃省敦煌市东南 25 公里处的鸣沙山东麓断崖上

C．以莫高窟规模最大、内容最丰富、最著名，是世界上规模最大的佛教艺术宝库

D．以唐代壁画艺术著称于世

E．其艺术风格既继承了秦汉以来石刻传统技法，又有较多印度犍陀罗式、笈多式雕刻的影响

26．下列关于观世音菩萨道场普陀山的说法中，正确的有（　　）。

A．位于浙江省舟山群岛中的一个小岛，有“海天佛国”之称

B．普济寺、法雨寺、慧济寺并称普陀三大寺

C．每逢观音菩萨的节日，普陀山都有香会，为近代中国佛教最大的国际性道场

D．普济寺是普陀山规模最大寺院和佛教中心

E．法系以禅宗为主

27．对藏传佛教，说法正确的有（　　）。

A．藏传佛教源于印度，但吸引了原始苯教的一些神祇和仪式

B．活佛转世制度为藏传佛教所特有

C．格鲁派形成了达赖和班禅两大活佛转世系统

D．藏传佛教在其发展过程中出现两次大高潮，即前弘期和后弘期

E．在教义上，是大、小乘兼容而以大乘为主

28．指明人生解脱的归宿和解脱之路的二谛是（　　）。

A．苦　　B．集
C．缘　　D．道
E．灭

29．说明人生的本质及其形成的原因的二谛是（　　）。
A．苦　　B．集
C．缘　　D．道
E．灭

30．（　　）三代，大众佛教取得长足发展，出现“家家观世音，户户阿弥陀”的局面。
A．唐　　B．宋
C．元　　D．明
E．清

31．以下佛教寺院属于峨眉山名寺的是（　　）。
A．报国寺　　B．伏虎寺
C．东崖寺　　D．万年寺
E．（金顶）普光殿

32．临济和（　　）五家，合称禅门五宗。
A．沩仰　　B．曹洞
C．云门　　D．龙门
E．法眼

33．（　　）是 500 年来五台山佛教的最大特色。
A．青庙与黄庙并存　　B．显教与密教竞传
C．近代中国佛教最大的国际性道场　　D．拥有丰富的石雕、泥塑和壁画
E．是我国历史最悠久、最负盛名的寺院

34．下列属于汉地佛教寺院殿堂的有（　　）。
A．钟楼　　B．天王殿
C．灵官殿　　D．三清殿
E．大雄宝殿

35．属于藏传佛教寺院的有（　　）。
A．塔尔寺　　B．拉卜楞寺
C．扎什伦布寺　　D．广允缅寺
E．曼阁佛寺

36．下列是佛教称谓的有（　　）。
A．沙弥　　B．法师
C．阿訇　　D．神父

E．比丘

37．属于大乘佛教的特点有（　　）。

A．只承认一个佛，即释迦牟尼佛
B．最高修行果位是佛
C．以求自身解脱为满足
D．主张“一切众生，皆有佛性”
E．主张普度众生

38．以下表述符合上座部佛教（小乘佛教）特点的是（　　）。

A．世上只有一个佛，即佛祖释迦牟尼
B．弘扬菩萨和“菩萨行”
C．修行最高果位为罗汉
D．修行的最终目的在于成佛
E．特别重视禅定和早期佛教的一些戒律

39．北京雍和宫三绝是（　　）。

A．檀木大佛
B．佛牙舍利子
C．宗喀巴经文
D．五百罗汉山
E．金丝楠木佛龛

40．唐代鉴真和尚赴日本大弘律学并传播中国文化，被日本人民誉为（　　）。

A．日本律宗之开山祖
B．医药的始祖
C．文化的恩人
D．东洋建筑的导师
E．遣唐使的先驱

41．我国（　　）等少数民族信仰云南上座部佛教。

A．布朗族
B．傣族
C．德昂族
D．佤族（部分）
E．阿昌族

42．以下国家属于北传佛教地区的是（　　）。

A．中国
B．朝鲜
C．日本
D．蒙古
E．越南

43．“西方三圣”中，阿弥陀佛的左右胁侍的是（　　）。

A．日光菩萨
B．月光菩萨
C．大势至菩萨
D．观世音菩萨
E．地藏王菩萨

44．在藏传佛教中，宁玛派、噶举派和格鲁派因其僧服和僧帽的颜色不同而被分别称为（　　）。

A．花教
B．红教
C．白教
D．黄教

E．蓝教

45．佛祖的四大圣迹是（　　）。

A．蓝毗尼花园　　B．鹿野苑

C．菩提伽耶　　D．拘尸那迦

E．尼连禅河

46．以下我国佛教石窟和摩崖造像中，尤以唐代造像和壁画艺术著称于世的是（　　）。

A．克孜尔千佛洞　　B．云冈石窟

C．敦煌石窟　　D．大足石刻

E．龙门石窟

47．汉地佛教寺院山门殿供奉的造像为（　　）。

A．韦驮　　B．伽蓝神关羽

C．密迹金刚　　D．大肚弥勒

E．那罗延天

48．出家四众除比丘、比丘尼外，还包括（　　）。

A．优婆塞　　B．优婆夷

C．沙弥　　D．沙弥尼

E．式叉摩那

49．拉萨是藏传佛教的中心，著名的"拉萨三大寺"指的是（　　）。

A．拉卜楞寺　　B．扎什伦布寺

C．甘丹寺　　D．哲蚌寺

E．色拉寺

50．我国宗教信仰政策主要的基本内容有（　　）。

A．公民有信仰宗教和不信仰宗教的自由

B．各宗教一律平等

C．无神论与有神论之间相互尊重

D．宗教信仰高于法规和政策

E．宗教与国家政权分离

第二节　道教

一、判断题

1．道教认为，"道"是生化宇宙万物的原动力，造化之根，是先天地而存在的。（　　）

2．八仙传说故事先后见于唐代文人记载，至宋代最后定型。（　　）

3. 我国正一派主要流行在江南和台湾地区。 ( )
4. 道教认为众生均可修道成仙，长生不老。 ( )
5. 武当山古建筑群与北京故宫、曲阜三孔、承德避暑山庄并称我国四大古建筑群。 ( )
6. 一般来说，规模较小的称为宫观，规模较大的称为道院。 ( )
7. “三清”分别居于三清境。其中，道德天尊居于太清境。 ( )
8. 教外人对道士、道姑一般都可统称为道长。 ( )
9. 西岳庙为华山古老的寺观建筑群，西岳庙是古时祭祀西岳华山神的庙宇，有“陕西故宫”之称。 ( )
10. 正一道的特点是宣扬三教合一，注重内丹修炼。 ( )
11. 道教太上老君的地位高于玉皇大帝。 ( )
12. 正一道道士必须出家住宫观，不得蓄妻室，并制定严格的清规戒律。 ( )
13. 道教创立于东汉，张陵被称为张天师，被尊为道教的创始者。 ( )
14. 道教的尊神中地位次于三清的四位天帝是玉皇大帝、中天紫微北极大帝、勾陈上宫天皇大帝、承天效法后土皇地祇，合称四御。 ( )
15. 真武为北方之神，北方在五行中属水，故真武又被奉为水神。 ( )
16. 葛洪是东晋道士和道教理论家、医学家、炼丹术家，《抱朴子》是他思想的代表作。 ( )
17. 陕西芮城的永乐宫尤以960平方米元代道教壁画著称于世，有道教壁画艺术宝库之誉，与佛教壁画艺术宝库敦煌石窟交相辉映。 ( )
18. 明代《正统道藏》和《万历续道藏》是中国现存最早的《道藏》。 ( )
19. 万字符是道教宫观中的主要装饰图案。 ( )

二、单选题

1. 斋醮是指（ ）设坛祭祀的一种仪式，也称“法事”。
   A. 佛教　B. 道教
   C. 基督教　D. 伊斯兰教
2. 妈祖原名林默，生于（ ）建隆元年（960年）。
   A. 东汉　B. 西汉
   C. 北宋　D. 南宋
3. 道教的最高神是（ ）。
   A. 三官大帝　B. 四御
   C. 玉皇大帝　D. 三清
4. 全真道道观的最高负责人为（ ）。
   A. 住持　B. 道长
   C. 监院　D. 方丈

5. 中国第一座文昌庙，也是全国文昌庙的祖庙，位于（　　）梓潼七曲山。

A. 四川　　　　B. 湖北

C. 山西　　　　D. 江西

6. 魁星典型形象为一赤发蓝面鬼。一足立于鳌头之上，一手捧斗，一手执笔，“魁星点斗，独占鳌头”被人们称为（　　）。

A. 驱邪祛病的象征　　　　B. 发达富贵的象征

C. 读书人应试得中功名的象征　　　　D. 喜得贵子的象征

7. 东汉熹平年间，张角创（　　），也属于早期道教。

A. 龙门派　　　　B. 全真道

C. 正一道　　　　D. 太平道

8. 民间流传甚广的“八仙过海”的故事发生在（　　）。

A. 泰山碧霞祠　　　　B. 崂山太清宫

C. 山东蓬莱阁　　　　D. 湖北武当山

9.《抱朴子》是东晋道士（　　）思想的代表作，也是研究中国古代炼丹史的重要著作。

A. 陶弘景　　　　B. 张陵

C. 王重阳　　　　D. 葛洪

10. 作为道教标记的“八卦”是（　　）中的八种基本图形。

A. 道藏　　　　B. 无极图

C. 道德真经　　　　D. 周易

11. 历史上许多皇帝，如秦始皇、汉武帝等，都要登（　　）祭祀天地，称为封禅大典。

A. 泰山　　　　B. 黄山

C. 衡山　　　　D. 嵩山

12. 以下不属于道教的是（　　）。

A. 雍和宫　　　　B. 太清宫

C. 永乐宫　　　　D. 天妃宫

13. 许多道教宫观以“太清宫”“上清宫”命名，“太清”和“上清”分别是（　　）。

A. 灵宝天尊和元始天尊　　　　B. 元始天尊和道德天尊

C. 道德天尊和灵宝天尊　　　　D. 灵宝天尊和道德天尊

14. 在道观主要殿堂中，一般供奉青龙神和白虎神的是（　　）。

A. 玉皇殿　　　　B. 山门殿

C. 三清殿　　　　D. 三宫殿

15. 道教创立的历史有（　　）多年。

A. 2000　　B. 1300
C. 1800　　D. 3000

16. 以下不属于“八仙”的是（　　）。
A. 何仙姑　　B. 吕洞宾
C. 蓝采和　　D. 王灵官

17.（　　）是我国古代北方道教的中心，有“全真第一丛林”之称。
A. 北京白云观　　B. 终南山楼观台
C. 陕西西安鄠邑区重阳宫　　D. 青岛崂山太清宫

18. 全真教的创始人是（　　）。
A. 丘处机　　B. 王重阳
C. 张陵　　D. 葛洪

19.（　　）曾说“中国根柢全在道教”，“以此读史，有许多问题可以迎刃而解”。
A. 郭沫若　　B. 胡适
C. 鲁迅　　D. 李大钊

20. 在下列道教名山中，因该教名胜著名而被列入《世界遗产名录》的是（　　）。
A. 崂山　　B. 阁皂山
C. 武当山　　D. 茅山

21. 道教经籍的总集是（　　）。
A.《道德经》　　B.《正统道教》
C.《万历续道藏》　　D.《道藏》

22. 中国道教的护法主神，专门镇守道观山门、镇妖压魔的是（　　）。
A. 铁拐李　　B. 关羽
C. 王灵官　　D. 林默

23.（　　）为正一道祖庭。
A. 龙虎山　　B. 阁皂山
C. 茅山　　D. 罗浮山

24. 在元代，王重阳七大弟子分别开创全真七个支派，其中以（　　）开创的龙门派最为隆盛。
A. 马钰　　B. 谭处端
C. 丘处机　　D. 王处一

25. 中国道教宫观名胜中的玄妙观、白云观分别位于（　　）。
A. 江苏苏州、江苏南京　　B. 北京、江苏苏州
C. 江苏苏州、北京　　D. 山西芮城、江苏南京

26.（　　）成为酆都大帝祖庭和鬼国都城，山上有阴间天子殿、钟馗殿、奈何桥、孟婆茶楼等建筑。

A．龙虎山　　B．茅山
C．平都山　　D．七曲山

27．道教神团“四御”中，执掌阴阳生育、万物之美与大地山河之秀的是（　　）。
A．勾陈上宫天皇大帝　　B．中天紫微北极大帝
C．南极长生大帝　　D．承天效法后土皇地祇（女神）

28．道教中，掌管文化教育的尊神是（　　）。
A．真武大帝　　B．文昌帝君
C．魁星　　D．妈祖

29．我国妈祖庙的祖庭是（　　）。
A．台湾北港朝天宫　　B．海南妈祖庙
C．湄洲妈祖庙　　D．上海妈祖庙

30．道教产生于（　　）。
A．战国时期　　B．西汉末年
C．东汉末年　　D．魏晋南北朝

31．（　　）关帝庙是全国规模最大、最为壮观、保存最完好的关帝庙。
A．山西运城解州　　B．山东曲阜
C．河南洛阳　　D．山东淄博

32．（　　）以960平方米元代道教壁画著称于世，有道教壁画艺术宝库之誉，与佛教艺术宝库敦煌石窟交相辉映。
A．北京白云观　　B．成都青羊宫
C．芮城永乐宫　　D．沈阳太清宫

33．下列道教名山均在江西省境内的是（　　）。
A．武当山、齐云山　　B．终南山、茅山
C．崂山、青城山　　D．龙虎山、三清山

34．（　　）即位后，在武当山大力营建宫观，历时7年，真武信仰达到鼎盛，全国各地掀起修建真武庙的高潮。
A．赵匡胤　　B．朱元璋
C．朱棣　　D．忽必烈

35．旧时，各地遍布供奉三官的三官庙、三元庵、三官堂、三官殿中，最负盛名的是（　　）的三元宫。
A．成都　　B．南京
C．广州　　D．昆明

36．正一道道观的最高负责人称为（　　）。
A．师父　　B．监院
C．住持　　D．方丈

37.（　　）中建于清初的金殿，俗称铜瓦寺，为全国最大铜殿。

A．云南昆明太和宫　　B．广东佛山祖庙

C．广西容县经略真武阁　　D．武当山

38.（　　）是唯一受到儒、释、道三教共同尊崇的偶像。

A．关公　　B．孔子

C．老子　　D．观音

39．道教中（　　）地位相当于佛教的韦驮。

A．四御　　B．真武大帝

C．关圣帝君　　D．王灵官

40．道教中的（　　）相当于佛教的大雄宝殿。

A．灵官殿　　B．三清殿

C．玉皇殿　　D．三官殿

41．道教中的灵官殿相当于佛教的（　　）。

A．禅堂　　B．大雄宝殿

C．天王殿　　D．罗汉堂

42.（　　）协助玉皇大帝执掌南北极和天地人三才，统御众星，并主持人间兵革之事。

A．三清　　B．中天紫微北极大帝

C．勾陈上宫天皇大帝　　D．承天效法后土皇地祇

43.（　　）协助玉皇大帝执掌天地经纬、日月星辰和四时气候。

A．三清　　B．中天紫微北极大帝

C．勾陈上宫天皇大帝　　D．承天效法后土皇地祇

44．在我国民间有福、禄、寿三星之称的分别是（　　）。

A．天官、地官、水官　　B．天官、员外郎、南极仙翁

C．天官、地官、关圣帝君　　D．天官、员外郎、关圣帝君

45．道教中的真武大帝原是指黄道圈上二十八宿中的（　　）。

A．东方青龙　　B．西方白虎

C．南方朱雀　　D．北方七宿玄武

46．正一道的主要经典是（　　）。

A．《道德经》　　B．《正一经》

C．《般若波罗蜜多心经》　　D．《孝经》

47．道教真武大帝的道场在（　　）。

A．重庆丰都县平都山　　B．湖北丹江口市武当山

C．四川梓潼县七曲山　　D．广东博罗县罗浮山

48．张道陵在四川鹤鸣山得道后至（　　）传五斗米道，降魔治鬼，造福于人，故

该地为道教发祥地之一。

A．四川青城山　　B．陕西终南山

C．江西龙虎山　　D．江苏茅山

49．后世视（　　）为老子圣迹。

A．山西芮城永乐宫　　B．四川青城山祖师殿

C．四川成都青羊宫　　D．浙江杭州抱朴道院

50．在道教中供奉真武大帝的庙称真武庙，真武庙的祖庭在（　　）。

A．广东罗浮山　　B．湖北武当山

C．江西龙虎山　　D．安徽齐云山

51．五斗米道的创始人是（　　）。

A．张角　　B．张陵

C．张衡　　D．张鲁

52．道教的标记为（　　）。

A．太极图　　B．八卦太极图

C．阴阳太极图　　D．五行太极图

53．被民间看作“福神”，被列入福禄寿三星之中的是（　　）。

A．天官　　B．地官

C．水官　　D．黄帝

54．下列道教宫观中，享有“道观之祖”美誉的是（　　）。

A．陕西周至草楼观　　B．北京白云观

C．四川青城山常道观　　D．陕西西安鄠邑区重阳宫

55．道教的创始人是（　　）。

A．张鲁　　B．张陵

C．张角　　D．葛洪

三、多选题

1．我国以下道观中，属于全真道著名丛林的是（　　）。

A．北京白云观　　B．江西龙虎山上清宫

C．沈阳太清宫　　D．武汉长春观

E．苏州玄妙观

2．道教全真道最主要的三部经典是（　　）。

A.《道德经》　　B.《太上感应篇》

C.《孝经》　　D.《般若波罗蜜多心经》

E.《周易参同契》

3．有关真武大帝，说法正确的有（　　）。

A．为北方之神

B．又被奉为水神

C．武当山为全国各地真武庙的祖庭

D．朱棣即位后，真武信仰达到鼎盛，全国各地掀起修建真武庙的高潮

E．真武原指黄道圈上二十八宿中的北方七宿玄武，呈龟蛇形象，为星宿神

4．下列关于妈祖的表述中，正确的有（　　）。

A．旧时妈祖庙数量众多，居全国庙宇之首

B．道教将妈祖列为海上保护女神

C．妈祖得到宋元明清历代皇帝褒封

D．妈祖在福建莆田湄洲岛羽化升天

E．福建莆田湄洲岛妈祖庙创建于北宋雍熙四年（987 年），为全球妈祖庙的祖庭

5．以下道教名山中，属于符箓派三名山的是（　　）。

A．广东罗浮山　　B．江西龙虎山

C．江苏茅山　　D．江西閤皂山

E．四川青城山

6．下列选项中属于道教名山的是（　　）。

A．龙虎山　　B．峨眉山

C．茅山　　D．青城山

E．华山

7．三官指（　　）。

A．天官　　B．地官

C．火官　　D．水官

E．木官

8．下列关于道教道观的描述，正确的有（　　）。

A．道观中的山门殿供奉“三元大帝”

B．三清殿供奉道教最高尊神

C．道观中山门殿内的青龙神和白虎神，相当于佛寺中的空门两内立的哼哈二将

D．玉皇殿供奉玉皇大帝

E．灵官殿供奉王灵官

9．道教正一道的主要特征是（　　）。

A．创派人为王重阳　　B．道士可以娶妻生子、不住宫观

C．尚符箓　　D．主要流行于江南和台湾地区

E．重内丹修炼

10．金元以来至今，全国道教形成两大教派为（　　）。

A．龙虎山派　　B．全真道

C．青城派　　D．龙门派

E. 正一道

11. 下列关于全真道的描述，正确的有（　　）。

A. 全真道是金初创立的道教宗派，主要创始人为葛洪

B. 全真道以《道德经》《般若波罗蜜多心经》《孝经》为主要经典

C. 全真道重内丹修炼，不尚符箓，不事黄白之术，以修身养性为正道

D. 全真道士不必断除酒色财气，也不必出家住宫观，可以娶妻生子

E. 全真道主要流行于我国江南和台湾地区

12. 道教发祥地有（　　）。

A. 青城山　　B. 茅山

C. 终南山　　D. 龙虎山

E. 阁皂山

13. 下列属于道教护法神的是（　　）。

A. 关圣帝君　　B. 王灵官

C. 门神　　D. 灶君

E. 城隍

14. 供奉妈祖的殿宇被称为（　　）。

A. 妈祖庙　　B. 天后宫

C. 天妃宫　　D. 朝天宫

E. 女神宫

15. 备受读书人崇拜的是（　　）。

A. 真武大帝　　B. 文昌帝君

C. 魁星　　D. 关圣帝君

E. 王灵官

16. 原始道教阶段，道教以（　　）为代表。

A. 五斗米道　　B. 太平道

C. 全真道　　D. 正一道

E. 正心道

17. 道观的主要殿堂包括（　　）。

A. 灵官殿　　B. 三清殿

C. 罗汉堂　　D. 玉皇殿

E. 三官殿

18. 下列关于真武大帝的叙述中，正确的有（　　）。

A. 传真武在武当山修炼，得道飞升，威镇北方

B. 真武原指北方七宿玄武，呈龟蛇形状，为星宿神

C. 真武又是水神，有防止火灾之威力

D．真武被尊为北方最高神，协助玉皇大帝执掌天地经纬，日月星辰

E．武当山成为全国各地真武庙的祖庭

19．下列属于道教供奉对象的是（　　）。

A．韦陀　　B．济公

C．李铁拐　　D．天妃娘娘（妈祖）

E．玉皇大帝

20．道教形成过的派系主要有（　　）。

A．五斗米道　　B．全真道

C．天台宗　　D．正一道

E．太平道

21．以下道教名山中，属于丹鼎派名山的是（　　）。

A．广东罗浮山　　B．江西龙虎山

C．江苏茅山　　D．杭州葛仙岭

E．四川青城山

22．下列供奉的对象中，属于道教的有（　　）。

A．关圣帝君　　B．玉皇大帝

C．文昌帝君　　D．王灵官

E．天妃娘娘

23．下列关于道教的叙述中，正确的有（　　）。

A．原始道教以“五斗米道”和“太平道”为代表

B．金元以来至今，全国道教形成全真道与正一道两大派

C．全真道主要创派人为王重阳　　D．正一派在修行方法上重内丹修炼

E．全真道以行符箓为主要特征

24．中国现存最早的道藏是（　　）。

A．《道德经》　　B．《开元道藏》

C．《正统道藏》　　D．《万历续道藏》

E．《道藏》

25．下列世界遗产地中，以道教著称的是（　　）。

A．山西五台山　　B．湖南张家界

C．四川青城山　　D．江西三清山

E．湖北武当山

26．以下教义中属于道教教义的有（　　）。

A．四圣谛　　B．自然无为

C．清静寡欲　　D．原罪救赎说

E．柔弱不争

27．道教全真道的主要特征是（　　）。

A．重内丹修炼，以修身养性为正道

B．尚符箓

C．道士可以有家室，可不出家，不住宫观

D．道士必须出家住宫观，不得蓄妻室，有严格的清规戒律

E．主张道、佛、儒三教合一

28．我国三大妈祖庙指的是（　　）。

A．湄洲岛妈祖庙　B．福建泉州天后宫

C．山东蓬莱天后宫　D．天津天后宫

E．台湾北港朝天宫

29．道教中的山门殿一般供奉（　　）。

A．青龙神　B．白虎神

C．玄武神　D．朱雀神

E．三官

30．中国三国时代的历史人物关羽，在下列中国宗教、思想界受到尊奉的是（　　）。

A．佛教　B．道教

C．基督教　D．伊斯兰教

E．儒教

31．以下名山当中属于道教名山的是（　　）。

A．青城山　B．武当山

C．终南山　D．九华山

E．五台山

32．下列关于道教全真道特点说法中，正确的是（　　）。

A．以修身养性为正道　B．主要流行于江南和台湾地区

C．道士须出家住宫观，不得蓄妻室　D．不重内丹修炼，不尚符箓

E．主张道、佛、儒三教合一

33．下列道教宫观中，属于全真道“三大祖庭”的有（　　）。

A．重阳宫　B．草楼观

C．紫霄宫　D．白云观

E．玄妙观

第三节 基督教

一、判断题

1. 基督教发展史上的第一次分裂主要由宗教改革而引发。 （ ）
2. 基督教的经典为《圣经》，由《旧约》和《新经》两部分组成。 （ ）
3. 基督教在公元 11 世纪中叶时分裂为东正教和天主教；公元 16 世纪天主教内部脱离出新的宗派——抗罗宗，中国人称之为新教。 （ ）
4. 洗礼是基督教的入教仪式，经过洗礼，就意味着教徒的所有罪过获得了赦免。 （ ）
5. 在伊斯兰教的教义中，认为人生前犯有罪恶，其亡灵必须在炼狱暂时受苦才可升入天堂。 （ ）
6. 道教是通过“道”创造一切，包括地球和人。人们必须无条件敬奉和顺从，否则会受到惩罚。 （ ）
7. 天主教和东正教的“圣事”共有七件，即洗礼、坚振、告解、圣餐、终敷、神品和婚配。 （ ）
8. 东正教堂主要坐落于北京。 （ ）
9. 基督教在中国的传播有四个阶段，其中一传为景教，二传为也里可温教。 （ ）
10. 上海徐家汇天主堂为德国哥特式大教堂，远东地区最大教堂之一。 （ ）
11. 在天主教中，参与和辅助教皇管理整个罗马天主教行政及宗教事务的人员称为红衣主教。 （ ）
12. 北京北堂是北京现存最古老的天主教堂，是一座典型的哥特式建筑。 （ ）
13. 哈尔滨圣索菲亚教堂属于俄罗斯拜占庭式建筑，是哈尔滨现存最大的东正教堂。 （ ）
14. 天主教最高首领称“枢机主教”俗称“红衣主教”。 （ ）
15. 基督教在发展史上有两次大的分裂，因而形成三大教派，即天主教、东正教、新教。 （ ）

二、单选题

1. 基督教的创始人是（ ）。

A．释迦牟尼　　B．张陵

C．穆罕默德　　D．耶稣

2. 天主教管理一个堂区的负责人称（ ）。

A．神父　　B．主教

C．牧师　　D．牧首

3. 历史上，基督教有（ ）传中国之说。

A．二　　B．三

C．四　　D．五

4．基督教新教教堂的负责人称（　　）。

A．神父　　B．司铎

C．牧师　　D．主教

5．复活节是在（　　）。

A．12 月 25 日　　B．3 月 21 日—4 月 25 日

C．四月初八　　D．三月初三

6．在基督教的节日中，每年春分月圆后第一个星期日是（　　）。

A．圣诞节　　B．感恩节

C．复活节　　D．狂欢节

7．以下属于东正教教堂的是（　　）。

A．上海沐恩堂　　B．天津老西开教堂

C．哈尔滨圣索菲亚教堂　　D．北京北堂

8．基督教有广义和狭义之分，狭义的基督教是指其中的（　　）。

A．罗马公教　　B．新教

C．东正教　　D．正教

9．北京地区最大的天主教教堂是（　　）。

A．北京北堂　　B．北京南堂

C．王府井东堂　　D．北京西堂

10．天主教的最高首领被称为（　　），他对全世界的天主教教会拥有最高管理权。

A．教皇　　B．主教

C．神父　　D．牧师

11．基督教的经典是（　　）。

A．《大藏经》　　B．《道德经》

C．《新旧约全书》　　D．《古兰经》

12．基督教在（　　）由巴勒斯坦拿撒勒人耶稣创立。

A．公元前 1 世纪　　B．公元前 6 世纪

C．公元 1 世纪　　D．公元 7 世纪

13．西方人忌讳数字“13”，并将 13 日与星期（　　）视为凶日。

A．二　　B．三

C．四　　D．五

14．（　　）是英国在华建造的最大教堂。

A．上海国际礼拜堂　　B．上海沐恩堂

C．上海圣三一堂　　D．上海景灵堂

15．基督教的标志是（　　）。

A．十字架　　B．新月

C．太极八卦图　　D．万字符

16．（　　）因与宋氏家族的关联而著名。

A．上海国际礼拜堂　　B．上海沐恩堂

C．上海圣三一堂　　D．上海景灵堂

17．（　　）属美国学院哥特式风格，为典型的“社交堂”。

A．上海国际礼拜堂　　B．上海沐恩堂

C．上海圣三一堂　　D．上海景灵堂

18．明代来到中国的著名传教士利玛窦是（　　）人。

A．比利时　　B．法国

C．英国　　D．意大利

19．基督教于唐代贞观年间第一次传入中国，当时传入的教派为（　　）。

A．天主教　　B．东正教

C．聂斯脱利派（景教）　　D．新教

20．在基督教发展的历史上，发生两次大的分裂，第一次分裂出（　　）。

A．天主教与耶稣教　　B．新教与东正教

C．公教与新教　　D．天主教与东正教

21．东正教最高首领被称为（　　）。

A．大主教　　B．都主教

C．牧首　　D．枢机主教

三、多选题

1．上海著名的新教教堂有（　　）。

A．上海徐家汇大教堂　　B．上海国际礼拜堂

C．上海沐恩堂　　D．上海圣三一堂

E．上海景灵堂

2．基督教是（　　）的统称。

A．天主教　　B．红衣主教

C．东正教　　D．新教

E．萨满教

3．中国著名教堂中，属哥特式建筑的是（　　）。

A．北京北堂　　B．上海徐家汇天主堂

C．广州圣心大教堂　　D．上海沐恩堂

E．上海国际礼拜堂

4．中国基督教（新教）的著名教堂包括（　　）。

A．天津老西开教堂　　B．上海沐恩堂
C．哈尔滨圣·索菲亚教堂　　D．上海国际礼拜堂
E．上海圣母大教堂

5．下列属于中国天主教文化遗迹的有（　　）。
A．北京西什库教堂　　B．天津老西开教堂
C．上海国际礼拜堂　　D．广州圣心大教堂
E．哈尔滨圣索菲亚教堂

6．下列我国著名的基督教堂中，属于公教（天主教）教堂的是（　　）。
A．北京南堂　　B．北京北堂
C．上海沐恩堂　　D．天津老西开教堂
E．哈尔滨圣索菲亚教堂

7．下列不属于基督教信仰的是（　　）。
A．信仰上帝　　B．信前定
C．信仰耶稣　　D．信后世
E．信天使

8．基督教的基本教义可以归纳为（　　）。
A．上帝创世说　　B．信仰上帝说
C．原罪救赎说　　D．天堂地狱说
E．信前定

9．下列是基督教节日的有（　　）。
A．圣诞节　　B．圣纪节
C．复活节　　D．开斋节
E．宰牲节

10．新中国成立后，基督教（即新教）倡导（　　）的三自爱国运动。
A．自律　　B．自传
C．自主　　D．自养
E．自治

11．下列教堂中，属拜占廷式建筑风格的有（　　）。
A．哈尔滨圣索菲亚教堂　　B．上海圣母大教堂
C．上海圣三一堂　　D．北京南堂
E．北京北堂

12．基督教形成的三大教别为（　　）。
A．天主教　　B．东正教
C．新教　　D．景教
E．也里可温教

13．基督教主要礼仪中的圣餐、弥撒分为（　　）两部分。

A．拜圣血　　B．颂歌

C．布道　　D．祈祷

E．领圣体

14．下列称谓属于伊斯兰教的是（　　）。

A．大主教　　B．神父

C．阿訇　　D．毛拉

E．伊玛目

15．基督教在发展史上有两次大的分裂，时间分别是（　　）。

A．公元 7 世纪　　B．公元 11 世纪中叶

C．公元 13 世纪　　D．公元 16 世纪

E．公元 17 世纪

16．下列我国著名教堂中属于新教教堂的是（　　）。

A．上海佘山圣母大教堂　　B．上海国际礼拜堂

C．上海圣三一堂　　D．广州圣心大教堂

E．上海景灵堂

17．历史上上海一直是我国基督教新教的中心，著名的基督教新教教堂有（　　）。

A．上海沐恩堂　　B．上海佘山圣母大教堂

C．上海圣三一堂　　D．上海国际礼拜堂

E．上海圣母大教堂

第四节　伊斯兰教

一、判断题

1．伊斯兰教在唐朝时期传入中国。（　　）

2．阿拉伯式建筑的新疆喀什艾提尕尔清真寺是新疆最大的清真寺。（　　）

3．“伊斯兰”本意“顺服”。是一种顺服唯一的主宰安拉的旨意和戒律的宗教。（　　）

4．伊斯兰教的朝功是指：凡身体健康，旅途方便，并具有经济能力的穆斯林，一生中至少应去麦加克尔白（天房）朝拜一次；也可由别人代朝拜。（　　）

5．伊斯兰教不设偶像，清真寺是其最重要的物质文化景观。（　　）

6．伊斯兰教所崇拜的偶像是真主的化身——先知。（　　）

7．伊斯兰教要求信徒相信安拉是创造和主宰宇宙万物的唯一的神。（　　）

8．伊斯兰教穆斯林敬茶端饭都用右手，不用左手与人握手寒暄。（　　）

9．清真寺建筑在我国可分为传统式建筑和阿拉伯式建筑两种类型。（　　）

10.《古兰经》是阐发伊斯兰教教义和立法的首要依据，是对穆罕默德言行的综合记录，也是伊斯兰教信仰学、法学、伦理学、历史学等建立和发展的基础。（　　）

11. 信仰伊斯兰教的少数民族，大致上是西北地区的一些少数民族。（　　）

12. 圣纪节是伊斯兰教最隆重的节日，时间为伊斯兰教教历十月一日。（　　）

13. 伊斯兰教的《圣训》是对《古兰经》的补充和注释。（　　）

14. 依照伊斯兰教规定，不管清真寺中轴线朝向如何，礼拜正殿和殿内壁龛（圣龛）必须朝向麦加以示跪拜朝向。（　　）

15. 伊斯兰教派系分什叶派和逊尼派两派，世界上多数穆斯林属什叶派，我国穆斯林大部分属逊尼派。（　　）

16. 北京牛街清真寺为中国传统式建筑，规模宏大，是我国现存规模最大、保存最完整的清真寺。（　　）

17. 阿拉伯式清真寺建筑没有明显的中轴线，正殿必须朝向麦加，如福建泉州清真寺。（　　）

18. 广州怀圣寺是我国现存最古老的典型阿拉伯式清真寺，也是沿海清真古寺中规模最大、建筑艺术最好的一座清真寺。（　　）

二、单选题

1. 艾提尕尔清真寺位于（　　），是新疆地区最大的清真寺。

A. 吐鲁番　　B. 乌鲁木齐

C. 喀什　　D. 伊犁

2. 在下列宗教艺术中，属于伊斯兰教的是（　　）。

A. 礼拜、弥撒　　B. 礼功、朝功

C. 水陆法会、焰口施食　　D. 斋醮、建醮

3. 中国伊斯兰教下列清真寺中，属于阿拉伯式建筑风格的是（　　）。

A. 银川南关大寺　　B. 喀什艾提尕尔大寺

C. 同心清真大寺　　D. 乌鲁木齐陕西大寺

4. 开斋节时间是在伊斯兰教教历的（　　）。

A. 10 月 1 日　　B. 3 月 3 日

C. 6 月 6 日　　D. 9 月 9 日

5. 穆斯林逊尼派称其领袖为（　　）。

A. 牧首　　B. 阿訇

C. 伊玛目　　D. 毛拉

6. 我国伊斯兰教四大古寺之一，在阿拉伯国家享有盛誉的是（　　）。

A. 广州怀圣寺　　B. 扬州仙鹤寺

C. 杭州凤凰寺　　D. 泉州清净寺

7. 伊斯兰教的根本经典是（　　）。

A.《法华经》　B.《新约》

C.《古兰经》　D.《旧约》

8. 记录伊斯兰教穆罕默德的言行录的经典是（　　）。

A.《圣训》　B.《道德经》

C.《古兰经》　D.《孝经》

9. 伊斯兰教教徒在每年教历（　　）的时候进行全月斋戒。

A. 3月　B. 6月

C. 9月　D. 12月

10. 伊斯兰教的标记为（　　）。

A. 太阳　B. 新月

C. 满月　D. 十字

11.（　　）是伊斯兰教内部的神秘主义派别，在我国新疆南疆地区称依禅派。

A. 逊尼派　B. 什叶派

C. 哈瓦里吉派　D. 苏非派

12. 在中国，穆斯林最大的节日是（　　）。

A. 开斋节　B. 古尔邦节

C. 圣纪节　D. 肉孜节

13. 中国沿海伊斯兰教四大古寺中（　　）是沿海清真寺中规模最大、建筑艺术最好的一座。

A. 广州怀圣寺　B. 泉州清净寺

C. 杭州真教寺　D. 扬州仙鹤寺

14.（　　）是对参加过麦加朝圣的穆斯林的尊称。

A. 伊玛目　B. 阿訇

C. 毛拉　D. 哈吉

15. 伊斯兰教教徒礼拜必须面向沙特阿拉伯境内的圣城麦加，在中国即朝（　　）。

A. 东方　B. 南方

C. 西方　D. 北方

16. 伊斯兰教的创始人是（　　）。

A. 穆罕默德　B. 耶稣

C. 摩西　D. 乔达摩・悉达多

17. 清真寺的（　　）是宣礼员按时登高召唤穆斯林进行每日五次礼拜的地方。

A. 大殿　B. 经堂

C. 望月楼　D. 邦克楼

18. 我国下列信仰伊斯兰教的少数民族中，属什叶派的是（　　）。

A．哈萨克族　　B．塔吉克族
C．乌孜别克族　　D．塔塔尔族

19．伊斯兰教的“礼功”要求一日要做（　　）礼拜。
A．2次　　B．3次
C．4次　　D．5次

20．相传南宋时期穆罕默德十六世孙普哈丁来扬州传教时修建的是（　　）。
A．怀圣寺　　B．仙鹤寺
C．化觉寺　　D．真教寺

21．四大宗教中创立时间最晚的是（　　）。
A．佛教　　B．道教
C．伊斯兰教　　D．基督教

22．中国穆斯林大多属于伊斯兰教的（　　）。
A．逊尼派　　B．什叶派
C．苏菲派　　D．瓦哈比派

23．清真寺的教长称为（　　）。
A．毛拉　　B．哈吉
C．阿訇　　D．伊玛目

三、多选题

1．伊斯兰教的主要节日有（　　）。
A．开斋节　　B．圣诞节
C．圣纪节　　D．复活节
E．古尔邦节

2．伊斯兰教主要分为（　　）三大派。
A．逊尼派　　B．什叶派
C．哈瓦里吉派　　D．苏菲派
E．伊斯玛仪派

3．中国传统式建筑清真寺的特点有（　　）。
A．有明显中轴线
B．清真寺建筑内部不得设偶像
C．建筑内部不以动物形象作装饰
D．建筑内部多以阿拉伯文的经文和花草为饰
E．礼拜正殿和殿内壁龛背向西方

4．与广州怀圣寺并称为中国沿海伊斯兰教四大古寺的有（　　）。
A．扬州大明寺　　B．泉州麒麟寺
C．扬州仙鹤寺　　D．南通天宁寺

E. 杭州凤凰寺

5. 伊斯兰教的主要习俗有（　　）。

A. 进礼拜殿前必须作大、小净和脱鞋

B. 妇女须戴面纱、盖头

C. 饮食极注重洁净，不吃驴、骡、狗肉和外形丑陋之物

D. 敬茶、端饭、握手均用左手

E. 牛羊等必先经阿訇诵安拉之名宰后才能食用

6. 下列属于伊斯兰教信仰的有（　　）。

A. 信安拉　　B. 信天使

C. 信圣人　　D. 信前定

E. 信经典

7. 伊斯兰教的礼仪制度称为“五功”，其内容属于“五功”的有（　　）。

A. 坐功　　B. 念功

C. 礼功　　D. 斋功

E. 朝功

8. 在我国西北地区形成的（　　）四大门宦，属中国化的苏非派。

A. 虎夫耶　　B. 卡迪林耶

C. 哲合忍耶　　D. 伊斯玛仪

E. 库布林耶

习题强化答案

第一节　中国宗教概述与佛教

一、判断题

1. 对	2. 错	3. 错	4. 对	5. 对
6. 错	7. 错	8. 错	9. 错	10. 对
11. 错	12. 对	13. 对	14. 对	15. 对
16. 对	17. 对	18. 错	19. 错	20. 对
21. 错	22. 对	23. 错	24. 对	25. 错
26. 错	27. 错	28. 对	29. 错	30. 错
31. 对	32. 错	33. 对	34. 错	35. 错
36. 错	37. 错	38. 对	39. 错	40. 错
41. 错				

二、单选题

1. C	2. A	3. C	4. B	5. B

6. B　7. D　8. B　9. B　10. A
11. C　12. B　13. D　14. C　15. A
16. C　17. A　18. B　19. C　20. A
21. D　22. A　23. B　24. D　25. B
26. A　27. A　28. D　29. D　30. D
31. D　32. C　33. A　34. B　35. C
36. B　37. C　38. B　39. D　40. A
41. C　42. B　43. D　44. C　45. B
46. A　47. B　48. C　49. A　50. A
51. B　52. A　53. A　54. A　55. B
56. A　57. B　58. A　59. C　60. B
61. D　62. B　63. A　64. D　65. C
66. A　67. C　68. D　69. A　70. C
71. B　72. C　73. A　74. A　75. A
76. A　77. C　78. C　79. A　80. D
81. D　82. D　83. D　84. D　85. D
86. D　87. B　88. A　89. C　90. C
91. B　92. A　93. A　94. B　95. B
96. D　97. C　98. D　99. A　100. A
101. B　102. C　103. C　104. B　105. B
106. D　107. C　108. C　109. D　110. B
111. B　112. C　113. C　114. A　115. B
116. C　117. D

三、多选题

1. CE　2. ACDE　3. ABCD　4. ABDE　5. ABCD
6. ABC　7. BDE　8. ABCD　9. BCDE　10. ABC
11. ABD　12. ABC　13. ABCE　14. CD　15. AB
16. ABC　17. ABD　18. ABCE　19. ABCD　20. BCDE
21. ABC　22. ABC　23. BCE　24. AB　25. ABCD
26. ABCDE　27. ABCDE　28. DE　29. AB　30. CDE
31. ABDE　32. ABCE　33. AB　34. ABE　35. ABC
36. ABE　37. BDE　38. ACE　39. ADE　40. ABC
41. ABCDE　42. ABCE　43. CD　44. BCD　45. ABCD
46. CE　47. CE　48. CD　49. CDE　50. ABCE

第二节 道教

一、判断题

1. 对	2. 错	3. 对	4. 对	5. 错
6. 错	7. 对	8. 对	9. 对	10. 错
11. 对	12. 错	13. 对	14. 对	15. 对
16. 对	17. 错	18. 对	19. 错	

二、单选题

1. B	2. C	3. D	4. D	5. A
6. C	7. D	8. C	9. D	10. D
11. A	12. A	13. C	14. B	15. C
16. D	17. A	18. B	19. C	20. C
21. D	22. C	23. A	24. C	25. C
26. C	27. D	28. B	29. C	30. C
31. A	32. C	33. D	34. C	35. C
36. C	37. A	38. A	39. D	40. B
41. C	42. C	43. B	44. B	45. D
46. B	47. B	48. A	49. C	50. B
51. B	52. B	53. A	54. A	55. B

三、多选题

1. ACD	2. ACD	3. ABCDE	4. BCDE	5. BCD
6. ACDE	7. ABD	8. BCDE	9. BCD	10. BE
11. BC	12. AC	13. AB	14. ABCD	15. BC
16. AB	17. ABDE	18. ABCE	19. CDE	20. ABDE
21. AD	22. ABCDE	23. ABC	24. CD	25. CDE
26. BCE	27. ADE	28. ADE	29. AB	30. ABE
31. ABC	32. ACE	33. AD		

第三节 基督教

一、判断题

1. 错	2. 对	3. 对	4. 对	5. 错
6. 错	7. 对	8. 错	9. 对	10. 错
11. 对	12. 错	13. 对	14. 错	15. 对

二、单选题

1. D	2. A	3. C	4. C	5. B
6. C	7. C	8. B	9. A	10. A

11. C	12. C	13. D	14. C	15. A
16. D	17. B	18. D	19. C	20. D
21. C				

三、多选题

1. BCDE	2. ACD	3. ABCDE	4. BD	5. ABD
6. ABD	7. BDE	8. ACD	9. AC	10. BDE
11. AB	12. ABC	13. DE	14. CDE	15. BD
16. BCE	17. ACD			

第四节 伊斯兰教

一、判断题

1. 对	2. 对	3. 对	4. 对	5. 对
6. 错	7. 对	8. 对	9. 对	10. 错
11. 对	12. 错	13. 对	14. 错	15. 错
16. 错	17. 错	18. 错		

二、单选题

1. C	2. B	3. B	4. A	5. C
6. C	7. C	8. A	9. C	10. B
11. D	12. B	13. B	14. D	15. C
16. A	17. D	18. B	19. D	20. B
21. C	22. A	23. D		

三、多选题

1. ACE	2. ABD	3. ABCDE	4. BCE	5. ABCE
6. ABDE	7. BCDE	8. ABCE		

第十章　中国民族民俗

真题解读

- 【2018 年真题 · 判断】从全国范围来看，中国各民族的分布呈现以汉族为主体的大杂居、小聚居和交错居住的格局。（　　）

  【答案】对

  【解析】中国民族的地理分布特点：**大杂居、小聚居、相互交错居住**。

  【点评】简单难度，考查基本的知识识记。记住关键点——大杂居、小聚居、相互交错居住。

- 【2018 年真题 · 判断】我国共有 55 个少数民族，其中人口最少的是赫哲族。（　　）

  【答案】错

  【解析】少数民族中人口最多的是壮族，最少的是**珞巴族**。

  【点评】送分题，平时经常训练的内容，考查基本的知识识记。注意 56 个民族里面汉族不属于少数民族。

- 【2018 年真题 · 单选】“歌圩”是（　　）对歌、赛歌的盛大集会。

  A．土家族　　B．傣族

  C．壮族　　D．苗族

  【答案】C

  【解析】“歌圩”是**壮族**人民对歌、赛歌的盛大集会，相传与歌仙刘三姐有关。歌圩上所唱的歌，主要以男女青年追求美好爱情理想为主题，未婚青年常借此寻找到意中人。歌圩上还举办各种庙会活动，形成商品集散盛会。

  【点评】送分题，平时经常训练的内容，考查基本的知识识记。

- 【2018 年真题 · 单选】“西兰卡普”是（　　）独特的织锦工艺品。

  A．彝族　　B．壮族

  C．土家族　　D．纳西族

  【答案】C

  【解析】织绣艺术是**土家族**妇女的传统工艺，传统工艺还有雕刻、绘画、剪纸、蜡染等。土家织锦又称“西兰卡普”。

  【点评】简单难度，平时经常训练的内容，考查基本的知识识记。

- 【2018 年真题 · 单选】以“赶年”为主要节日的少数民族是（　　）。

A. 彝族　　B. 傣族

C. 土家族　　D. 黎族

【答案】C

【解析】土家族过“赶年”，就是比汉族提前一天至两天过年。

【点评】简单难度，平时经常训练的内容，考查基本的知识识记。

- 【2018 年真题 · 单选】“三道茶”是（　　）传统的品茶艺术和待客礼仪。

A. 白族　　B. 傣族

C. 彝族　　D. 苗族

【答案】A

【解析】一苦、二甜、三回味的“三道茶”是白族传统的品茶艺术和待客礼仪。

【点评】简单难度，平时经常训练的内容，考查基本的知识识记。

- 【2018 年真题 · 单选】“口袋房、曼子炕”是（　　）民居的特点。

A. 朝鲜族　　B. 土家族

C. 黎族　　D. 满族

【答案】D

【解析】满族民居一般东南开门，其结构形似口袋，三面设炕，西炕供奉祖先神位，南炕为家中长者所居，晚辈多居北炕，俗称“口袋房，曼子炕”，炕内有烟道与外屋炉灶及室外烟囱相连。

【点评】简单难度，平时经常训练的内容，考查基本的知识识记。

- 【2018 年真题 · 单选】爱穿白色素服，有“白衣民族”之称的少数民族是（　　）。

A. 彝族　　B. 朝鲜族

C. 维吾尔族　　D. 回族

【答案】B

【解析】**朝鲜族**爱穿白衣素服，因而有“白衣民族”之称。妇女穿短上衣、大长裙，脚穿船形胶鞋。男装为短上衣，外加坎肩，下穿宽大裤，出外常罩斜襟长袍，以布带打结，现在多改着西服。

【点评】简单难度，平时经常训练的内容，考查基本的知识识记。

- 【2018 年真题 · 多选】端午节的主要习俗有（　　）。

A. 吃粽子　　B. 挂钟馗像

C. 踏青　　D. 饮雄黄酒

E. 赛龙舟

【答案】ABDE

【解析】端午节的主要习俗活动有**赛龙舟、吃粽子、挂钟馗像、挂香袋、饮雄黄**

酒、插菖蒲、采药等活动，或煮水沐身以祛暑避邪。

【点评】中等难度，平时经常训练的内容，考查基本的知识识记。

● 【2018 年真题 · 多选】主要聚居于西南地区的少数民族有（　　）。

A. 黎族　　B. 白族

C. 纳西族　　D. 彝族

E. 藏族

【答案】BCDE

【解析】西南地区的少数民族有藏族、彝族、苗族、纳西族、白族、傣族，南方地区的少数民族有壮族、土家族、黎族。

【点评】中等难度，本题适合用排除法，黎族主要分布在海南省，属于南边。

习题强化

第一节　中国民族概述

一、判断题

1. 我国少数民族人口所占比例虽小，但分布地区很广，约占全国总面积的 70%以上。（　　）
2. 中国是一个统一的多民族国家，由 56 个少数民族组成。（　　）
3. 我国少数民族成分最多的省份是贵州省。（　　）
4. 我国少数民族中分布最广的是壮族。（　　）

二、单选题

1. 我国人口最多的少数民族是（　　）。

A. 蒙古族　　B. 回族

C. 藏族　　D. 壮族

2. 文字分为非拼音文字和拼音文字两大类，下列属于非拼音文字的是（　　）。

A. 彝文　　B. 藏文

C. 傣文　　D. 满文

3. 我国共有（　　）个语族。

A. 5　　B. 10

C. 16　　D. 60

4. 按字母形式和来源，蒙古文、满文、锡伯文为（　　）。

A. 印度字母变体体系　　B. 阿拉伯字母体系

C. 回鹘字母体系　　D. 朝鲜文字母体系

5. 按字母形式和来源，藏文、傣文为（　　）。

A. 印度字母变体体系　　B. 阿拉伯字母体系

C. 回鹘字母体系　　D. 朝鲜文字母体系

6. 按字母形式和来源，老维文、老哈萨克文为（　　）。

A. 印度字母变体体系　　B. 阿拉伯字母体系

C. 回鹘字母体系　　D. 朝鲜文字母体系

7. 中国的人口分布呈现（　　）的特点。

A. 东南密、西北疏　　B. 东南疏、西北密

C. 东西密、南北疏　　D. 东西疏、南北密

三、多选题

1. 我国少数民族的语言，大体上分属于（　　）语系。

A. 汉藏　　B. 阿尔泰

C. 南亚　　D. 印欧

E. 南岛

2. 我国人口最多的三个少数民族是（　　）。

A. 壮族　　B. 蒙古族

C. 满族　　D. 回族

E. 藏族

3. 除（　　）使用汉语外，其余 54 个民族都有各自的语言。

A. 汉族　　B. 回族

C. 满族　　D. 蒙古族

E. 壮族

4. 我国少数民族语言属阿尔泰语系的有（　　）。

A. 满语　　B. 维吾尔语

C. 蒙古语　　D. 藏语

E. 纳西语

5. 在下列各组少数民族的语言中，依次属于阿尔泰语系、汉藏语系的是（　　）。

A. 满语；壮语　　B. 维吾尔语；苗语

C. 蒙古语；彝语　　D. 白语；藏语

E. 黎语；朝鲜语

6. 下列少数民族的语言属汉藏语系的是（　　）。

A. 壮族　　B. 土家族

C. 藏族　　D. 满族

E. 维吾尔族

第二节 汉族及其传统节日

一、判断题

1. 清明节是目前我国二十四节气中唯一被确定的全国性法定节日。（ ）
2. 长期以来，对汉族民居影响最大的莫过于“风水术”定下的范式。（ ）
3. 正月是农历的元月，古人称夜为“宵”，所以称正月十五为元宵节，元宵节又称为“上元节”。（ ）
4. 赛龙舟是端午节中一项重要的活动，主要流行于我国南方水乡之地。（ ）
5. 在端午节，人们把避毒除害作为主要的活动内容。（ ）
6. 端午节不仅是汉族的节日，有些少数民族也过端午节。（ ）
7. 重阳节的习俗主要有登高、插柳、饮菊花酒等。（ ）
8. 公元前 221 年，秦始皇统一六国，周边的各族以“汉人”称呼中原人。（ ）
9. 钟馗原是门神，清代时变成了端午之神。（ ）
10. 春节起源于原始社会的腊祭。（ ）
11. 中秋节在每年阴历的八月十五，恰值三秋月之中，故名中秋节。（ ）
12. 汉族的服饰在式样上主要有上衣下裳和衣裳相连两种基本的形式，大襟左衽是其服装始终保留的鲜明特点。（ ）

二、单选题

1. 踏青又叫春游，古时叫探春，起源于（ ）。

A．汉代　　B．唐代

C．宋代　　D．元代

2. 王维诗句“遥知兄弟登高处，遍插茱萸少一人”中的“插茱萸”反映了（ ）习俗。

A．清明节　　B．端午节

C．中秋节　　D．重阳节

3. 根据国务院令，从（ ）年 1 月 1 日起，除春节外，清明节、端午节、中秋节等传统节日也成为全国性法定节日。

A．1989　　B．1998

C．2005　　D．2008

4. 祭月赏月活动始于周代，（ ）始定为中秋节。

A．汉代　　B．唐代

C．北宋　　D．南宋

5.（ ）年，我国把每年的重阳节定为老人节，成为尊老、爱老、敬老、助老的节日。

A．1989　　B．1998

C．2005　　D．2008

6．下列选项中，属于中秋节期间的民俗活动是（　　）。

A．插柳　　B．挂香袋

C．吃月饼　　D．饮雄黄酒

7．既是节气，又是节日的是（　　）。

A．春节　　B．清明节

C．中秋节　　D．端午节

8．汉族从（　　）时开始称为“华”“夏”或者“华夏”。

A．商　　B．春秋战国

C．魏晋　　D．汉代

9．清明节扫墓秦以前已有，但在（　　）才成为定俗。

A．汉代　　B．秦代

C．唐代　　D．宋代

10．寒食节的设立据说是为了纪念（　　）。

A．管仲　　B．鲍叔牙

C．晋文公　　D．介子推

11．（　　）是汉族宗教信仰的传统观念。

A．原始图腾　　B．万物有灵

C．天命与祖先崇拜　　D．风水走向

12．在中国传统节日中，被称为“踏青节”的是（　　）。

A．春节　　B．元宵节

C．清明节　　D．端午节

13．在元宵节之夜有放灯、观灯等娱乐活动，所以元宵节又称“灯节”。元宵要灯起源于（　　）。

A．秦　　B．汉

C．隋　　D．唐

14．钱塘观潮的最佳时节为（　　）。

A．元宵节前后　　B．清明节前后

C．端午节前后　　D．中秋节前后

15．我国将农历九月初九重阳节定为老人节的时间是（　　）。

A．1986 年　　B．1989 年

C．1997 年　　D．2001 年

16．下列选项中，（　　）是中国土生土长、具有汉民族特色的宗教。

A．佛教　　B．基督教

C．道教　　D．伊斯兰教

17．春节活动的持续时间是（　　）。

A．腊月三十至正月初五　　B．腊月三十至正月十五

C．腊月二十三至正月初五　　D．腊月二十三至正月十五

18．端午节的起源，最为广泛的说法是（　　）。

A．纪念屈原　　B．源于腊祭

C．源于赛龙舟　　D．源于避五毒的活动

19．江南地区，持蟹赏菊是（　　）的美事。

A．端午节　　B．元宵节

C．七夕节　　D．重阳节

20．1989年，我国把每年的（　　）定为老人节。

A．中秋节　　B．重阳节

C．端午节　　D．清明节

21．汉字属于（　　）文字系统。

A．表形　　B．表音

C．形音　　D．表意

三、多选题

1．清明节是汉族的传统节日，（　　）等少数民族也过此节。

A．白族　　B．满族

C．回族　　D．维吾尔族

E．彝族

2．端午节是汉族的传统节日，（　　）等少数民族也过此节。

A．苗族　　B．蒙古族

C．布依族　　D．藏族

E．回族

3．清明节属于我国传统节日，节庆的主要活动有（　　）。

A．放风筝　　B．祭扫坟墓

C．挂钟馗像　　D．踏青郊游

E．饮雄黄酒

4．对于汉族，下列说法正确的有（　　）。

A．汉族的饮食文化讲究色、香、味、形、器、意的完美结合，在世界上享有盛誉

B．夏朝时已形成以“华”“夏””单称或“华夏”连称的族体，以与周边各族相区别

C．汉族是以先秦华夏为核心，在秦汉时形成的统一的、稳定的民族

D．汉族是全世界人口最多的民族

E．天命崇拜、祖先崇拜是汉族宗教信仰的传统观念

5．春节是中国最隆重的传统节日。除汉族外，(　　)等民族都过此节。

A．傣族　　B．蒙古族

C．苗族　　D．壮族

E．朝鲜族

6．对于春节，说法正确的有(　　)。

A．中国最隆重的传统节日

B．过了除夕，春节就结束了

C．除夕之夜，即年三十晚，家家团聚，吃团圆饭，闭门团坐待旦，谓之守岁

D．贴春联、挂年画起源于古代的桃符

E．拜年是我国民间的传统习俗，是人们相互走访祝贺春节，表示辞旧迎新的一种形式

7．中秋节是汉族的传统节日，(　　)等少数民族也过此节。

A．蒙古族　　B．壮族

C．彝族　　D．土家族

E．朝鲜族

8．端午节又名(　　)。

A．端阳节　　B．天中节

C．女儿节　　D．粽子节

E．五月节

9．根据国务院规定，全国性法定节日有(　　)。

A．春节　　B．重阳节

C．清明节　　D．端午节

E．中秋节

10．我国的民族政策主要有(　　)。

A．坚持民族平等团结　　B．民族区域自治

C．使用和发展少数民族语言文字　　D．培养少数民族干部

E．尊重少数民族风俗习惯

第三节　北方部分少数民族

一、判断题

1．客人进入蒙古包后，忌讳坐在蒙古包的东北角。(　　)

2．首饰、长袍、腰带和靴子是蒙古族服饰的四个主要组成部分。(　　)

3．蒙古族的起源与中国北方古代少数民族的鞅鞨有着密切的渊源关系。(　　)

4. 那达慕大会是蒙古族最具特色的传统盛会，多在每年春夏牲畜肥壮季节举行。（ ）

5. 朝鲜族喜食狗肉，满族不吃狗肉。（ ）

6. 满语属于阿尔泰语系。（ ）

7. 到满族人家中做客，应坐西炕，但注意不能当着主人的面赶狗、骂狗。（ ）

8. 维吾尔族的一年一度最为隆重的节日是古尔邦节、肉孜节。（ ）

9. 回族人忌食猪肉，非信伊斯兰教的人不能动手取水井或水塘里的水，日常递送物品必须用右手。（ ）

二、单选题

1. 荷包香囊是（ ）妇女特别喜爱的随身佩物。

A. 傣族　　B. 黎族
C. 满族　　D. 苗族

2. “萨琪马”是（ ）具有独特风味的点心。

A. 满族　　B. 藏族
C. 蒙古族　　D. 回族

3. 满族最隆重的礼节是（ ）。

A. 献哈达　　B. 喝三道茶
C. 牛角酒　　D. 抱腰接面礼

4. 满族主要分布在东北三省及河北省，以（ ）最多。

A. 黑龙江　　B. 吉林
C. 辽宁　　D. 河北

5.（ ）以大米、小米为主食，以汤、酱、泡菜为副食，每餐必有汤。调味品最爱用辣椒和豆酱，泡菜是佐餐的主要菜肴。

A. 蒙古族　　B. 藏族
C. 维吾尔族　　D. 朝鲜族

6. 回族的（ ）台湾地区了《人类口头与非物质文化遗产名录》。

A. 摔跤　　B. 古尔邦节
C. 重刀武术　　D. 花儿

7.（ ）别称“马背民族”，以能歌善舞、喜摔跤、射箭、爱赛马著称，风格粗犷豪放。

A. 蒙古族　　B. 藏族
C. 维吾尔族　　D. 朝鲜族

8. 常装饰为穹庐顶的建筑多为我国（ ）的标志性建筑。

A. 蒙古族　　B. 回族
C. 维吾尔族　　D. 满族

9. 婴儿周岁生日、回甲节、回婚节是（　　）特色的三个家庭节日。

A. 苗族　　B. 壮族

C. 朝鲜族　　D. 满族

10. 中国的三大史诗之一的《江格尔》出自（　　）。

A. 回族　　B. 藏族

C. 蒙古族　　D. 朝鲜族

11. 老年男人戴“号帽”的民族是（　　）。

A. 苗族　　B. 回族

C. 朝鲜族　　D. 蒙古族

12. 开斋节是（　　）的传统节日。

A. 蒙古族　　B. 回族

C. 朝鲜族　　D. 藏族

13. 回族人不吃（　　）。

A. 骆驼肉　　B. 羊肉

C. 猪肉　　D. 牛肉

14. 下列选项中为维吾尔族最普遍的民间集体舞蹈的是（　　）。

A. 农乐舞　　B. 赛乃姆

C. 孔雀舞　　D. 安代舞

15. 维吾尔族大门忌朝（　　）开。

A. 东北　　B. 东南

C. 西　　D. 南

16.（　　）有自己的语言，但语系未定。

A. 满族　　B. 蒙古族

C. 朝鲜族　　D. 羌族

17. 朝鲜族（　　）已被列入“人类口头与非物质文化遗产名录”。

A. 长鼓舞　　B. 农乐舞

C. 象帽舞　　D. 顶水舞

18. 达瓦孜是（　　）喜闻乐见的娱乐表演项目。

A. 回族　　B. 蒙古族

C. 土家族　　D. 维吾尔族

19.（　　）是唯一在中国历史上曾两度建立过王朝的少数民族。

A. 蒙古族　　B. 藏族

C. 满族　　D. 壮族

20.（　　）的《阿凡提的故事》是广为流传、老幼皆知的民间故事。

A. 蒙古族　　B. 回族

C．维吾尔族　　D．满族

21.（　　）的男女老少都喜爱“尕帕”（四楞小花帽）。

A．蒙古族　　B．回族

C．维吾尔族　　D．满族

22.（　　）是古代维吾尔族人民创作大型套曲集，有“维吾尔音乐之母”的誉称，长期在民间流传。

A．达瓦孜　　B．夏地亚纳

C．十二木卡姆　　D．赛乃姆

23. 古代（　　）“旗袍”经过改进，成为我国妇女喜爱的传统服装。

A．蒙古族　　B．藏族

C．满族　　D．壮族

24.“满洲”的原意是（　　）之意。

A．吉祥　　B．光明的东方

C．永恒之火　　D．“团结”“联合”

25.（　　）是全民信仰伊斯兰教的民族。

A．蒙古族　　B．回族

C．白族　　D．朝鲜族

26. 蒙古族民歌中的（　　）已被列为世界口头与非物质文化遗产。

A．短调　　B．长调

C．嘎达梅林　　D．江格尔

27. 喜欢吃白肉血肠和猪肉酸菜炖粉条的中国少数民族是（　　）。

A．蒙古族　　B．满族

C．朝鲜族　　D．土家族

28. 喜欢吃狗肉与以打糕待客的中国少数民族是（　　）。

A．蒙古族　　B．朝鲜族

C．土家族　　D．纳西族

29.《十二木卡姆》被誉为东方音乐的瑰宝，它是（　　）的传统艺术精华。

A．回族　　B．蒙古族

C．维吾尔族　　D．朝鲜族

30. 维吾尔族的传统贸易集市称（　　）。

A．达瓦孜　　B．巴拉曼

C．达甫　　D．巴扎

31.（　　）对肉食的选择比较严格，只吃反刍类偶蹄食草动物，如牛、羊、驼肉，食谷物类的禽肉及带鳞的鱼类。

A．蒙古族　　B．回族

C．维吾尔族　　D．满族

32．不准杀狗，不吃狗肉，不戴狗皮帽子，不穿带狗皮袖头的衣服，这是（　　）最突出的忌讳。

A．朝鲜族　　B．苗族

C．蒙古族　　D．满族

三、多选题

1．蒙古族（　　）列入《人类口头与非物质文化遗产名录》。

A．马头琴音乐　　B．蒙古长调

C．祭敖包　　D．呼麦

E．摔跤

2．蒙古族的文化遗产十分丰厚，被列为国家非物质文化遗产名录的主要有（　　）。

A．马头琴音乐　　B．花儿

C．祭敖包　　D．那达慕

E．摔跤

3．朝鲜族带有民族特色的三个家庭节日是（　　）。

A．婴儿周岁生日　　B．回甲节

C．颁金节　　D．赶年

E．回婚节

4．回族的节日主要有（　　）。

A．库尔班节　　B．圣纪节

C．古尔邦节　　D．开斋节

E．春节

5．满族的舞蹈多姿多彩，多由（　　）等活动演化而来。

A．萨满祭祀　　B．迁徙

C．狩猎　　D．农耕

E．战斗

6．下列选项中，属于满族民俗文化的有（　　）。

A．农历除夕必须吃手扒肉　　B．具有精于骑射的特长

C．最隆重的礼节是抱腰接面礼　　D．信仰土谷神

E．住房一般东南开门

7．对满族，下列说法正确的有（　　）。

A．女真族是满族的直系祖先

B．满族主要分布在东北三省及河北省，尤以辽宁最多

C．满族过去长期信奉萨满教

D．满族最隆重的礼节是抱腰接面礼

E．满族的点心最为人们所称道的是“萨琪马”

8．蒙古族的那达慕大会早期只有（　　）活动。

A．射箭　　B．摔跤

C．骑马　　D．祭敖包

E．马奶节

9．下列选项中，属于维吾尔族民居特征的有（　　）。

A．院内一般有一影壁　　B．屋顶平坦，开天窗

C．室有夏室、冬室之分　　D．靠墙一边为待客的上座

E．大门忌朝西开

10．朝鲜族的饮食习俗主要有（　　）。

A．每餐必有汤　　B．调味品最爱用辣椒和豆酱

C．泡菜是佐餐的主要菜肴　　D．喜欢吃牛肉和狗肉

E．农历除夕必须吃手扒肉

11．对蒙古族，说法正确的有（　　）。

A．1206年“蒙古”开始成为民族的族称

B．“蒙古”其意为“团结”“联合”

C．蒙古族别称“马背民族”

D．蒙古地区的标志性建筑常饰以穹庐顶

E．那达慕大会是蒙古族最具特色的传统盛会

12．下列选项中属于回族文化遗产且被列入国家非物质文化遗产名录的有（　　）。

A．马头琴音乐　　B．清真小吃

C．十二木卡姆　　D．重刀武术

E．花儿

13．满族在中国历史上曾两度建立过的王朝是（　　）等。

A．宋朝　　B．金朝

C．元朝　　D．明朝

E．清朝

14．下列有关中国朝鲜族的表述，正确的是（　　）。

A．主要分布在东北三省，以辽宁省居多

B．住房屋顶平坦

C．有“白衣民族”之称

D．早期流行自然崇拜

E．父子关系是一切人伦关系的基础

15．回族的盖碗茶有（　　）等。

A．八宝茶　　B．白糖清茶
C．蜂蜜多味茶　　D．红糖砖茶
E．冰糖窝窝茶

16．蒙古族的服饰分为（　　）四个主要部分。
A．帽子　　B．长袍
C．腰带　　D．靴子
E．首饰

17．下列选项中，（　　）是维吾尔族的传统舞蹈。
A．大鼓舞　　B．顶水舞
C．八角鼓舞　　D．铁环舞
E．普塔舞

18．蒙古族饮食的类别大致可分为（　　）。
A．粮食　　B．蔬菜
C．奶食　　D．肉食
E．蛋类

19．回民风味小吃有（　　）。
A．豆汁儿　　B．牛羊杂碎
C．酿皮　　D．焦圈
E．白水鸡

20．（　　）是朝鲜族喜爱的传统体育活动。
A．顶水　　B．踢足球
C．跳板　　D．摔跤
E．荡秋千

21．维吾尔族舞蹈轻巧、优美，以旋转快速、动作多变著称。传统舞蹈有（　　）等，“赛乃姆”“夏地亚纳”是最普遍的民间集体舞蹈。
A．顶碗舞　　B．大鼓舞
C．铁环舞　　D．普塔舞
E．木卡姆舞

22．下列民间舞蹈中，属于朝鲜族的有（　　）。
A．农乐舞、扇子舞　　B．大鼓舞、顶碗舞
C．孔雀舞、象脚鼓舞　　D．长鼓舞、顶水舞
E．摆手舞、芦笙舞

23．（　　）是维吾尔族最普遍的民间集体舞蹈。
A．夏地亚纳　　B．大鼓舞
C．赛乃姆　　D．铁环舞

E．顶碗舞

24．朝鲜族是个能歌善舞的民族，典型的朝鲜族民族舞蹈有（　　）。

A．扇子舞　　B．象帽舞

C．顶水舞　　D．长鼓舞

E．农乐舞

25．下列关于维吾尔族饮食习惯的说法，正确的是（　　）。

A．以面粉、玉米、大米为主食　　B．爱喝酥油茶

C．习惯以“抓饭”待客　　D．喜食瓜果，少吃蔬菜

E．菜肴以酸辣为主要特点

第四节　西南部分少数民族

一、判断题

1．傣族的孔雀舞、泼水节等已被收录《国家非物质文化遗产名录》。（　　）

2．到藏族人家做客，喝酒时要遵循“三杯一口”的规矩。（　　）

3．傣族最有特色的建筑是吊脚楼。（　　）

4．纳西族普遍信奉东巴教，《东巴经》是用东巴文撰写的纳西族宗教经书。（　　）

5．傣族人普遍信仰大乘佛教。（　　）

6．白族的主要节庆活动有“三朵节”“绕三灵”“火把节”“耍海会”等。（　　）

7．有饮“转转酒”吃“坨坨肉”习俗的是羌族。（　　）

8．苗族的酸汤非常著名，喜吃糯食、羊肉，忌吃狗肉。（　　）

9．彝族人喜欢把款待客人的食品带走，认为这样能交到好运。（　　）

10．纳西族最具特色的服饰是妇女的“七星披肩”。（　　）

11．白族的三月街、扎染技艺、绕三灵习俗被列入《国家非物质文化遗产名录》。（　　）

12．摩梭人的“阿注婚姻”被民族学家喻为“人类社会家庭婚姻发展史的活化石”。（　　）

二、单选题

1．《阿诗玛》是（　　）民间著名的叙事长诗。

A．彝族　　B．哈尼族

C．纳西族　　D．壮族

2．（　　）是傣族人民送旧迎新的传统节日。

A．开门节　　B．泼水节

C．关门节　　D．水灯节

3．摩梭人的民居称为（　　），是一种井干式建筑。

A．木楞房　　B．吊脚楼
C．硝房　　D．土掌房

4．有镶牙套、染齿和文身习俗的民族是（　　）。
A．白族　　B．纳西族
C．傣族　　D．苗族

5．（　　）青年婚前社交自由。“串寨子”“丢包”等都是选择对象和表达爱情的方式。
A．傣族　　B．纳西族
C．白族　　D．彝族

6．唐卡是（　　）传统艺术。
A．回族　　B．藏族
C．彝族　　D．白族

7．祭鼓节是（　　）民间最大的祭祀活动。
A．纳西族　　B．白族
C．苗族　　D．傣族

8．芦笙节是（　　）民间传统节日，节日里他们会聚集在广场跳芦笙舞，进行斗牛、赛马、文艺表演、球类表演。
A．纳西族　　B．苗族
C．壮族　　D．藏族

9．藏族的医药、天文、历算、戏曲、文学、歌舞、唐卡等有较高水平，（　　）是世界上最长的史诗之一。
A．《江格尔》　　B．《格萨尔王传》
C．《十二木卡姆》　　D．《创世纪》

10．火把节是（　　）等民族的传统节日。
A．壮族、朝鲜族　　B．藏族、黎族
C．苗族、土家族　　D．彝族、白族

11．藏族的主要节日有（　　）。
A．火把节　　B．三朵节
C．耍海节　　D．雪顿节

12．“望果节”是（　　）的传统节日。
A．回族　　B．藏族
C．满族　　D．蒙古族

13．彝族最盛大的传统节日是（　　）。
A．火把节　　B．泼水节
C．耍海节　　D．三朵节

14. 我国的少数民族中，（　　）时尚招赘婚。

A. 黎族　　B. 纳西族

C. 彝族　　D. 傣族

15. “碉房”是（　　）的代表民居。

A. 藏族　　B. 维吾尔族

C. 白族　　D. 纳西族

16. 迎接远道来的贵客，苗族人习惯先请客人饮（　　）。

A. 迎宾酒　　B. 牛角酒

C. 进门酒　　D. 交心酒

17. “一正二耳”“三坊一照壁”“四合五天井”形容的是（　　）。

A. 晋陕民居　　B. 湘西民居

C. 白族民居　　D. 江浙民居

18. 外出时男女都穿“擦尔瓦”的民族是（　　）。

A. 黎族　　B. 傣族

C. 纳西族　　D. 彝族

19. （　　）主要崇拜“本主”。

A. 藏族　　B. 白族

C. 蒙古族　　D. 土家族

20. （　　）青年男女通过“游方”“跳月”等社交活动，可以自由对歌、恋爱成婚。

A. 黎族　　B. 苗族

C. 彝族　　D. 朝鲜族

21. （　　）的饮食以大米为主食，爱食糯米，习惯现舂现吃。

A. 纳西族　　B. 傣族

C. 黎族　　D. 白族

22. （　　）地区的“普洱茶”中外驰名，橡胶等亚热带经济作物发展较快，水果品种丰富。

A. 纳西族　　B. 傣族

C. 黎族　　D. 白族

23. 用昆虫为原料制作各种风味菜肴和小吃，是（　　）食物构成的一个重要部分。

A. 纳西族　　B. 傣族

C. 黎族　　D. 白族

24. 以青苔入菜，是（　　）特有的风味菜肴。

A. 纳西族　　B. 傣族

C. 黎族　　D. 白族

25.（　　）又称“观音街”“观音市”，是白族人民的传统盛会，已有上千年历史。

A．绕三灵　　B．三月街

C．耍海节　　D．三朵节

26.（　　）从事农业，是最早栽培水稻和使用犁耕的民族，有比较完整的耕作体系。

A．土家族　　B．傣族

C．黎族　　D．壮族

27. 纳西族的房屋多系土木工程结构，普遍采用（　　）的形式。

A．一正二耳　　B．四合五天井

C．吊脚楼　　D．三坊一照壁

28.（　　）姑娘的头饰上，显示着“风花雪月”。

A．白族　　B．纳西族

C．傣族　　D．土家族

29. 白族菜最负盛名的是（　　）。

A．坨坨肉　　B．琵琶猪

C．砂锅弓鱼　　D．酸辣江鱼

30.（　　）是傣族民间流传最广的男子舞蹈。

A．打柴舞　　B．摆手舞

C．孔雀舞　　D．象脚鼓舞

31. 火把节是彝族最盛大的传统节日。各地节期不一，一般在农历（　　）二十四。

A．四月　　B．六月

C．八月　　D．十月

32.（　　）建筑是傣族住房的特点。

A．干栏式　　B．木楞房

C．吊脚楼　　D．大围楼

33. 藏族在（　　）被称为“吐蕃”。

A．汉朝　　B．唐朝

C．宋朝　　D．清朝

34. 苗族的祖先可追溯到原始社会的（　　）部落。

A．荆蛮　　B．百越

C．蚩尤　　D．东夷

35. 彝族的原始宗教中，祭司称为（　　）。

A．三朵　　B．萨满

C．赞哈　　D．毕摩

36.（　　）是古代纳西族社会生活的百科全书。

A.《创世纪》　　B.《东巴经》
C.《东巴画谱》　　D.《白沙细乐》

37. 傣族民间歌手称为（　　）。
A. 阿訇　　B. 阿注
C. 赞哈　　D. 山哈

38.（　　）头顶留一块二三寸头发，称为“子尔”，汉称“天菩萨”。
A. 黎族　　B. 苗族
C. 彝族　　D. 朝鲜族

39.（　　）有自己的文字，是中国最早的音节文字。
A. 蒙古族　　B. 回族
C. 维吾尔族　　D. 彝族

40. 藏族自称“博巴”，意为（　　）。
A. 永恒之火　　B. 团结、联合
C. 本地人　　D. 农业人群

41. “分鸡心”是（　　）的交友礼节。
A. 彝族　　B. 苗族
C. 壮族　　D. 藏族

42.（　　）妇女的服饰有便装和盛装之分，盛装有多种多样，仅插在发髻上的头饰就有几十种，以银饰为主，堪称中国民族服饰之最。
A. 彝族　　B. 苗族
C. 壮族　　D. 藏族

43. “披星戴月”形容的是（　　）的服饰特色，象征着辛勤劳动。
A. 藏族　　B. 白族
C. 壮族　　D. 纳西族

44.《美人石》《阿凡提的故事》分别是下列哪个民族的民间故事？（　　）。
A. 蒙古族、苗族　　B. 满族、苗族
C. 蒙古族、藏族　　D. 白族、维吾尔族

45. 在下列舞蹈中，属于苗族民族舞蹈的是（　　）。
A. 竹竿舞　　B. 孔雀舞
C. 摆手舞　　D. 芦笙舞

46. 在下列我国少数民族中，信仰崇拜多神的东巴教的民族是（　　）。
A. 白族　　B. 纳西族
C. 彝族　　D. 土家族

47. 属于苗族传统的服饰有（　　）。
A. 圆领对襟无袖上衣　　B. 黑丝丝绒坎肩

C．百褶裙或宽脚长裤　　D．宽袖大领对襟短衣

48．云南白药为清代曲焕章所创，他是（　　）。

A．彝族人　　B．黎族人

C．白族人　　D．哈尼族人

49．有“抢婚”之俗的民族是（　　）。

A．傈僳族　　B．彝族

C．白族　　D．纳西族

50．雪顿节被认为是（　　）。

A．喝青稞酒的节日　　B．是吃酸奶子的节日

C．是庆祝丰收的节日　　D．是祈求一年风调雨顺的节日

51．到彝族家做客，要坐在（　　）。

A．进门左边的位置　　B．正厅主桌右侧

C．火塘的上方或右方　　D．火塘的下方

52．相传为（　　）人遗音的大型乐曲《白沙细乐》被誉为纳西族最古老的交响乐。

A．唐　　B．宋

C．元　　D．清

53．新中国成立后，（　　）提议把“夷”改为“彝”，意为“彝”字里面有米有丝，代表有吃有穿，象征日子富裕，鼎彝又是古代祭祀用的东西，包含庄重美好的意思，“彝族”就被定为彝族各支系的统一族称。

A．周总理　　B．阿诗玛

C．毛主席　　D．邓小平

54．藏族（　　）和藏戏已列入《人类口头与非物质文化遗产名录》。

A．《江格尔》　　B．《玛纳斯》

C．《创世纪》　　D．《格萨尔王传》

55．献哈达是藏族待客最普遍的一种礼仪，其中（　　）哈达用于最高、最隆重的仪式。

A．白色　　B．黄色

C．红色　　D．五彩

56．下列民族中，已公布入选《国家非物质文化遗产名录》项目最多的民族是（　　）。

A．蒙古族　　B．纳西族

C．壮族　　D．藏族

57．《格萨尔王传》是世界上最长的史诗之一，它是（　　）传统文化艺术。

A．藏族　　B．蒙古族

C．满族　　　　D．朝鲜族

三、多选题

1．对于苗族，说法正确的有（　　）。

A．祭山神是苗族民间最大的祭祀活动

B．“盘歌”是苗族青年男女向对方表达心意、显示才能的一种古老的对歌方式

C．芦笙舞是流传最广的民间舞期，芦笙是最具有代表性的乐器

D．苗族青年男女婚恋比较自由，通过“游方”“跳月”等社交活动，自由对歌，恋爱成婚

E．苗族建筑最有特色的是吊脚楼

2．下列关于彝族民俗文化的表述，正确的是（　　）。

A．彝文是中国最早的音节文字

B．彝族妇女有“哭嫁”的习俗

C．男女都爱穿形似斗篷的“擦尔瓦”

D．土掌房是独特的民居建筑

E．火把节是最盛大的传统节日

3．苗族文化遗产较为丰富，（　　）被列入国家非物质文化名录。

A．芦笙舞　　　　B．苗绣

C．银饰技艺　　　　D．蜡染技艺

E．吊脚楼营造技艺

4．藏族的主要节日有（　　）等。

A．藏历年　　　　B．雪顿节

C．花灯节　　　　D．敖包祭祀

E．望果节

5．傣族有（　　）的习俗。

A．文身　　　　B．染齿

C．凿齿　　　　D．镶牙套

E．抢亲

6．苗族的三大方言指的是（　　）。

A．黔东方言　　　　B．湘黔方言

C．滇北方言　　　　D．湘西方言

E．川黔滇方言

7．纳西族的建筑、雕刻和绘画融合（　　）三民族的传统风格，具有浓郁的地方特色。

A．汉族　　　　B．纳西族

C．彝族　　　　D．傣族

E．藏族

8．下列关于少数民族的民俗，表述错误的是（　　）。

A．十二木卡姆有“维吾尔音乐之母”的誉称

B．回族以善于经营而著称

C．颁金节是满族的传统节日

D．勒勒车是朝鲜族特有的牛车

E．藏族服饰的基本特征是短袖、宽腰、长裙、低靴

9．下列关于藏族民俗文化的表述，错误的是（　　）。

A．藏文的历史之悠久，仅次于汉文

B．传统节日望果节原名酸奶宴

C．主食糌粑，是用小麦炒熟磨成细粉

D．藏族农区多垒石建房，牧区则住帐篷

E．在已经公布的国家非物质文化遗产名录中，藏族入选的项目最多

10．藏族入选《国家非物质文化遗产名录》的包括有（　　）。

A．锅庄舞　　B．藏戏

C．唐卡　　D．藏医药

E．望果节

11．藏族服饰的基本特征是（　　）。

A．宽腰　　B．长袖

C．长裙　　D．长袍

E．长靴

12．下列对纳西族文化与习俗的描述中，正确的是（　　）。

A．丽江的火腿粑粑、宁蒗的琵琶猪和泸沽湖的酸鱼、鱼干，是纳西族的特色食品

B．纳西族最具特色的服饰是妇女的“七星披肩”

C．纳西族用东巴文撰写的《东巴经》是其宗教经书

D．《阿诗玛》是纳西族民间著名的叙事长诗

E．纳西族的一个支系摩梭人，至今仍保留着“阿夏”“阿注”走婚制和母系家庭的形式。

13．下列少数民族中过“火把节”的有（　　）。

A．傣族　　B．彝族

C．土家族　　D．白族

E．苗族

14．下列关于苗族民俗文化的表述，错误的是（　　）。

A．民居建筑最有特色的是吊脚楼　　B．妇女的服饰堪称中国民族服饰之最

C. 有“抢亲”的习俗　　D. 普遍爱吃坨坨肉
E. 芦笙是最有代表性的乐器

15. 下列关于白族民俗文化的表述，正确的是（　　）。
A. 火塘是白族人家神圣的地方　　B. 白族主要崇拜“本主”
C.《阿诗玛》是白族的叙事长诗　　D. 语言中含有大量的汉语借词
E. 最有特色的服饰是妇女的“七星披肩”

16. 傣族青年男女选择对象和表达爱情的方式是（　　）。
A. 游方　　B. 跳月
C. 丢包　　D. 放寮
E. 串寨子

17. 苗族青年男女恋爱婚姻比较自由，通过（　　）等社交活动自由对歌，恋爱成婚。
A. 丢包　　B. 游方
C. 抛绣球　　D. 跳月
E. 达甫

18. 白族平坝住房多为瓦房，布局一般多为（　　）。
A. 一正二耳　　B. 三坊一照壁
C. 九街十八巷　　D. 船型
E. 四合五天井

19. 白族的（　　）被列入国家非物质文化遗产名录。
A. 霸王鞭　　B. 扎染技艺
C. 八角鼓舞　　D. 绕三灵习俗
E. 砂锅弓鱼

20.（　　）是白族民间最普遍的舞蹈。
A. 霸王鞭　　B. 竹竿舞
C. 打柴舞　　D. 摆手舞
E. 八角鼓舞

21. 纳西族以玉米、大米和小麦为主食，其特色食品有（　　）。
A. 丽江的火腿粑粑　　B. 宁蒗的琵琶猪
C. 泸沽湖的酸鱼、鱼干　　D. 大理的“砂锅弓鱼”
E. 丽江的鸡豆凉粉

22.（　　）被称为藏族饮食“四宝”。
A. 酥油　　B. 茶叶
C. 糌粑　　D. 酸奶
E. 牛羊肉

23. 白族的节日主要有（　　）。

A. 三月街　　B. 绕三灵

C. 火把节　　D. 要海节

E. 吃新节

24. 对傣族，说法正确的有（　　）。

A. 傣族从事农业，是最早栽培水稻和使用犁耕的民族，有比较完整的耕作体系

B. 象脚鼓舞是傣族民间流传最广的男子舞蹈

C. 傣族文化遗产中列入国家非物质文化遗产名录中的主要有孔雀舞、泼水节等

D. 干栏式建筑是傣族住房的特点

E. 傣族的传统节日主要有泼水节、关门节和开门节等

25. 对纳西族，说法正确的有（　　）。

A. 著名的《创世纪》是一部歌颂劳动、反映纳西族男女忠贞爱情的长篇史诗

B. 用东巴文撰写的《东巴经》是纳西族的宗教经书，是古代纳西族社会生活百科全书

C. 丽江古城是融合纳西民族传统建筑及外来建筑特色的唯一城镇

D. 摩梭人是纳西族的一支，至今仍保留着“阿夏”“阿注”走婚制和母系家庭的形式

E. 纳西族最具有特色的服饰是妇女的“七星披肩”

26. 下列关于少数民族传统经济的表述，正确的有（　　）。

A. 傣族是最早栽培水稻和使用犁耕的民族

B. 彝族以农业为主，养殖业是主要的副业

C. 农业在藏族传统经济中所占的比重高于畜牧业

D. 维吾尔族善于在盆地和河谷边缘开发绿洲

E. 朝鲜族长期以垦荒为业

27. 白族的主要禁忌有（　　）。

A. 白族热情好客，但倒茶忌满杯，倒酒忌半杯，所谓“酒满敬人，茶满欺人”

B. 白族人家的火塘是个神圣的地方，忌讳向火塘内吐口水，禁止从火塘上跨过

C. 白族人家的门槛也忌讳坐人

D. 忌把款待客人的食品带走，认为带走这种食品是不讲义气

E. 不能进入主人内室，忌头朝向主人家内室睡觉

28.（　　）崇尚白色。

A. 壮族　　B. 蒙古族

C. 彝族　　D. 白族

E. 傣族

29. 在下列少数民族中，穿百褶裙的民族是（　　）。

A．彝族　　B．傣族

C．苗族　　D．黎族

E．满族

30．以下选项中属于苗族的有（　　）。

A．严禁食猪肉、忌养猪

B．不吃羊肉，忌狗肉上灶台

C．“分鸡心”指吃饭时把鸡心、鸭心夹给客人

D．若是远道而来的贵客，习惯先请客人饮“牛角酒”

E．妇女的盛装有多种样式，以金饰为主，堪称中国民族服饰之最

31．属于苗族节日的有（　　）。

A．龙船节　　B．赶歌节

C．赶秋坡　　D．四月八

E．肉孜节

32．对于彝族，说法正确的有（　　）。

A．四川凉山彝族自治州是我国最大的彝族聚居区

B．彝族有自己的文字，是中国最早的象形文字

C．彝族祭司称“毕摩”

D．外出时男女都穿“擦尔瓦”

E．火把节是彝族最盛大的传统节日

33．国家非物质文化遗产名录收入的傣族文化遗产主要有（　　）等。

A．孔雀舞　　B．象脚鼓舞

C．泼水节　　D．霸王鞭

E．八角鼓舞

34．以下被列入《人类非物质文化遗产代表作名录》的项目有（　　）。

A．朝鲜族农乐舞　　B．蒙古族的呼麦

C．维吾尔族的木卡姆艺术　　D．藏族的热贡艺术

E．彝族的《阿诗玛》

35．除西藏自治区外，藏族分布比较集中的省区还有（　　）。

A．宁夏　　B．甘肃

C．青海　　D．云南

E．四川

36．下列少数民族民间诗歌中，被列入中国“三大史诗”的有（　　）。

A．彝族《阿诗玛》　　B．维吾尔族《十二木卡姆》

C．蒙古族《江格尔》　　D．纳西族《创世纪》

E．藏族《格萨尔王传》

37．同源于古代“百越”并以“断发文身”为共同习俗的少数民族是（　　）。

A．布依族　　B．水族

C．壮族　　D．苗族

E．傣族

第五节　南方部分少数民族

一、判断题

1．彝族的传统民居有船型屋和金字塔形屋。（　　）

2．鼻箫是土家族独特的乐器。（　　）

3．黎族人主要分布于海南省，忌头朝门外睡觉，妇女有文面文身的习俗。（　　）

4．黎族妇女穿对襟无袖上衣，下穿无褶筒裙，多绣织花纹，筒裙有长短之分。（　　）

5．土家族喜食酸辣，有“辣椒当盐”之说。（　　）

6．壮族有自己的语言，属汉藏语系，20 世纪 50 年代创制了拉丁字母拼音文字。（　　）

7．土家锦又称“西兰卡普”，以织工精巧、图案别致、色彩绚丽、结实耐用而著称，与南京的云锦、成都的蜀锦、苏州的宋锦并称“中国四大名锦”。（　　）

8．土家族的房屋依山而建，俗称吊脚楼。（　　）

9．土家族旧称“僮”。（　　）

二、单选题

1．那达慕大会、古尔邦节、歌圩节、望果节依次属于（　　）民族的传统节日。

A．蒙古族、维吾尔族、壮族、藏族

B．朝鲜族、回族、彝族、黎族

C．维吾尔族、纳西族、土家族、藏族

D．蒙古族、维吾尔族、白族、回族

2．各民族都有禁忌，其中（　　）妇女有文身习俗，但忌男人参与或偷看。

A．苗族　　B．壮族

C．满族　　D．黎族

3．各民族有不同的饮食习惯，其中（　　）喜食酸味及嚼槟榔。

A．纳西族、白族　　B．彝族、壮族

C．纳西族、土家族　　D．壮族、傣族

4．（　　）儿女成年后就住在屋外的“寮房”里，以便自由恋爱，俗称“放寮”。

A．黎族　　B．傣族

C．壮族　　D．土家族

5.（　　）有菜肴以酸辣为主要特点，有“辣椒当盐”的嗜好。

A．纳西族　　B．傣族

C．藏族　　D．土家族

6.（　　）早年有婚后“不落夫家”的习俗，一般两三年后才住夫家。

A．纳西族　　B．傣族

C．壮族　　D．土家族

7．鼻箫是（　　）独特的乐器。

A．黎族　　B．傣族

C．壮族　　D．土家族

8．黎族妇女曾有文面文身的习俗，称为（　　）。

A．刺绣　　B．刻画

C．雕题　　D．美体

9.（　　）是黎族最盛大的民间传统节日。

A．春节　　B．三月三

C．火把节　　D．三朵节

10.（　　）的傩戏，被称为“中国戏剧的活化石”。

A．藏族　　B．白族

C．土家族　　D．苗族

11．元初，我国著名的纺织能手黄道婆，是到海南学习了（　　）的纺织技艺后名垂青史的。

A．苗族　　B．壮族

C．黎族　　D．傣族

12．竹筒烧饭是（　　）日常生活中独特的野炊方法。

A．白族　　B．纳西族

C．黎族　　D．彝族

13.（　　）是土家族村寨每年最隆重的集体祭祀。

A．祭牛王　　B．祭山神

C．祭土王　　D．祭本主

14.（　　）人自称“毕慈卡”，意为本地人。

A．纳西族　　B．土家族

C．黎族　　D．白族

15．土家族的先民与古代的（　　）有直接的渊源关系。

A．羌人　　B．氐人

C．巴人　　D．胡人

16．“三月三”是（　　）最盛大的民间传统节日，也是青年男女自由交往的日子。

A．黎族　　B．傣族

C．畲族　　D．土家族

17．在少数民族的传统民居中，船型屋是（　　）的特色民居。

A．土家族　　B．黎族

C．壮族　　D．朝鲜族

18．黎族服饰图案的取材，多采用（　　）崇拜物。

A．自然　　B．图腾

C．动物　　D．鬼神

19．下列舞蹈中，属于土家族民族舞蹈的是（　　）。

A．舂米舞　　B．竹竿舞

C．摆手舞　　D．踩堂舞

20．土家族无文字，通用（　　）。

A．土文　　B．藏文

C．纳西文　　D．汉文

21．壮族最隆重的节日是（　　）。

A．牛王节　　B．春节

C．龙舟节　　D．四月八

22．有些地方妇女耳环多且重，耳根下垂至肩，俗称“儋耳”。这是（　　）的习俗。

A．傣族　　B．黎族

C．壮族　　D．畲族

23．土家族祖先为了抗击外来侵略，提前吃年饭以出发迎战，这一习俗后来被称为（　　）。

A．吃新年　　B．回甲节

C．赶年　　D．中元节

三、多选题

1．下列关于少数民族的民俗，表述正确的是（　　）。

A．维吾尔族喜欢在墙上挂壁毯

B．颁金节是满族的传统节日

C．壮族有忌食牛肉、蛙肉的禁忌

D．盘歌是苗族青年男女的一种古老的对歌方式

E．纳西族的支系摩梭人有“走婚”的习俗

2．土家族文化遗存中被列为国家非物质文化遗产名录的主要有（　　）等。

A．摆手舞　　B．土家族织锦技艺

C．傩戏　　D．八宝铜铃舞

E．打柴舞

3．朝鲜族（　　）被列入《国家级非物质文化遗产名录》。

A．跳板　　B．蹋足球

C．骑马　　D．秋千

E．摔跤

4．居住方式为吊脚楼的少数民族有（　　）。

A．回族　　B．苗族

C．土家族　　D．傣族

E．壮族

5．（　　）是壮族地区最负盛名的特产。

A．三七　　B．水果

C．蛤蚧　　D．南珠

E．烟草

6．对土家族，说法正确的有（　　）。

A．“祭牛王”是土家族村寨每年最隆重的集体祭祀

B．“摆手舞”是最著名的土家舞蹈

C．土家族的傩戏，被称为“中国戏剧的活化石”

D．摆手舞、织锦技艺等被列为国家非物质文化遗产名录

E．菜肴以酸辣为主要特点，有“辣椒当盐”的嗜好

7．下列选项中，属于土家族饮食习惯的是（　　）。

A．喜欢吃糯食　　B．最爱吃腊肉、油茶等食品

C．蔬菜常以水煮的方法烹制　　D．有辣椒当盐的嗜好

E．菜肴以酸辣为其主要特点

8．下列关于少数民族服饰文化的表述，正确的有（　　）。

A．彝族男女都穿形似斗篷的“擦尔瓦”

B．维吾尔族男女老少喜爱戴“尕帕”

C．纳西族最具特色的服饰是妇女的“日月披肩”

D．白族姑娘的头饰上显示着“风花雪月”

E．傣族服饰图案的取材，多采用青蛙等图腾崇拜物

9．土家族著名的传统舞蹈及歌舞有（　　）。

A．八角鼓舞　　B．甩发舞

C．茅古斯　　D．八宝铜铃舞

E．摆手舞

10．土家族的哭嫁歌有（　　）。

A．女哭娘　　B．姐哭妹

C．骂媒人　　D．妹哭姐
E．娘哭女

11．下列民族中拥有自己文字的有（　　）。
A．苗族　　B．满族
C．土家族　　D．纳西族
E．维吾尔族

12．下列哪些民族的房屋是吊脚楼？（　　）。
A．苗族　　B．土家族
C．傣族　　D．黎族
E．藏族

13．对黎族，说法正确的有（　　）。
A．“竹竿舞”“打柴舞”场面欢快热烈
B．鼻箫是黎族独特的乐器
C．打柴舞、纺染织绣技艺以及“三月三”节日等列入国家非物质文化遗产
D．黎族儿女成年后就住在屋外的“寮房”里，以便自由恋爱，俗称“放寮”
E．“歌圩节”是黎族最盛大的民间传统节日，也是青年男女自由交往的日子

14．壮族的文化遗产中被列入国家非物质文化遗产名录的主要有（　　）等。
A．壮族织锦技艺　　B．壮族的傩戏
C．壮族歌圩　　D．铜鼓习俗
E．刘三姐歌谣

15．黎族的禁忌主要有（　　）。
A．敬神之物，忌乱翻动　　B．睡觉忌头朝门外
C．禁食猪、牛等动物肉　　D．忌讳影子被别人踩踏
E．妇女文身忌男人参与或偷看

16．黎族文化遗产中被列入国家非物质文化遗产的主要有（　　）。
A．打柴舞　　B．纺染织绣技艺
C．“三月三”节日　　D．黎锦
E．竹竿舞

17．下列选项中，属于黎族传统民俗文化的有（　　）。
A．擅制独木器　　B．鼻箫是其独特的乐器
C．纺织技术历史悠久　　D．习惯腌制生鱼、生肉
E．曾经盛行凿齿的习俗

18．下列少数民族中，（　　）有嚼槟榔的习俗。
A．彝族　　B．黎族
C．壮族　　D．土家族

E．傣族

19．我国的一些少数民族在饮食禁忌方面有共同之处，下列禁食狗肉的有（　　）。

A．壮族　　B．满族

C．土家族　　D．苗族

E．回族

20．下列民族中，（　　）的住宅属于干栏式建筑。

A．壮族　　B．傣族

C．土家族　　D．苗族

E．藏族

21．中国壮族的传统民族文化有（　　）。

A．花山崖壁画　　B．摆手舞

C．铜鼓　　D．芦笙舞

E．歌圩对歌

22．以下我国少数民族中信仰藏传佛教的有（　　）。

A．藏族　　B．蒙古族

C．苗族　　D．纳西族

E．土家族

23．被称为“中国四大名锦”的是（　　）。

A．壮锦　　B．宋锦

C．黎锦　　D．蜀锦

E．云锦

24．以下关于少数民族服饰，说法正确的是（　　）。

A．满族服饰因八旗制度而称为“旗袍”

B．蒙古族服饰大体分为长袍、腰带、靴子三个部分

C．白族爱穿白衣素服，因而有“白衣民族”之称

D．彝族男女所穿的披风称为“擦尔瓦”

E．土家族爱用青布包头

25．关于少数民族民居建筑说法正确的是（　　）。

A．土家族的吊脚楼一般临水而建

B．纳西族与白族的房屋建筑都有“三坊一照壁”的类型

C．彝族的土掌房内一般被分成了三间，火塘是家庭起居的活动中心

D．藏族农区多垒石建房，房屋平顶多窗，牧区住帐篷，移动方便

E．回族的民居多采用阿拉伯和中亚的建筑风格

习题强化答案

第一节 中国民族概述

一、判断题

1．错　2．错　3．错　4．错

二、单选题

1．D　2．A　3．B　4．C　5．A
6．B　7．A

三、多选题

1．ABCDE　2．ACD　3．AB　4．ABC　5．ABC
6．ABC

第二节 汉族及其传统节日

一、判断题

1．对　2．对　3．对　4．对　5．对
6．对　7．错　8．错　9．对　10．对
11．对　12．错

二、单选题

1．B　2．D　3．D　4．C　5．A
6．C　7．B　8．B　9．C　10．D
11．C　12．C　13．B　14．D　15．B
16．C　17．D　18．A　19．D　20．B
21．D

三、多选题

1．ABE　2．ABCDE　3．ABD　4．ACDE　5．BDE
6．ACDE　7．ABCE　8．ABCE　9．ACDE　10．ABCDE

第三节 北方部分少数民族

一、判断题

1．错　2．对　3．错　4．错　5．对
6．对　7．错　8．对　9．对

二、单选题

1．C　2．A　3．D　4．C　5．D
6．D　7．A　8．A　9．C　10．C
11．B　12．B　13．C　14．B　15．C

16. C	17. B	18. D	19. C	20. C
21. C	22. C	23. C	24. A	25. B
26. B	27. B	28. B	29. C	30. D
31. B	32. D			

三、多选题

1. BD	2. ACDE	3. ABE	4. BCD	5. ACE
6. ABCE	7. ABCDE	8. ABC	9. BCDE	10. ABCD
11. ACDE	12. DE	13. BE	14. CE	15. ABDE
16. BCDE	17. ADE	18. ACD	19. BCE	20. BCDE
21. ABCD	22. AD	23. AC	24. ABCDE	25. ACD

第四节　西南部分少数民族

一、判断题

1. 对	2. 错	3. 错	4. 对	5. 错
6. 错	7. 错	8. 错	9. 错	10. 对
11. 错	12. 对			

二、单选题

1. A	2. B	3. A	4. C	5. A
6. B	7. C	8. B	9. B	10. D
11. D	12. B	13. A	14. D	15. A
16. B	17. C	18. D	19. B	20. B
21. B	22. B	23. B	24. B	25. B
26. B	27. D	28. A	29. C	30. D
31. B	32. A	33. B	34. C	35. D
36. B	37. C	38. C	39. D	40. D
41. B	42. B	43. D	44. D	45. D
46. B	47. C	48. A	49. B	50. B
51. C	52. C	53. C	54. D	55. D
56. D	57. A			

三、多选题

1. BCDE	2. ACDE	3. ABDE	4. ABCE	5. ABD
6. ADE	7. ABE	8. DE	9. BC	10. ABCD
11. ABCE	12. ABCE	13. BD	14. CD	15. ABD
16. CE	17. BD	18. ABE	19. BD	20. AE
21. ABC	22. ABCE	23. ABCD	24. ABCDE	25. ABCDE

26. ADE　27. ABC　28. BD　29. AC　30. BCD
31. ABCD　32. ACDE　33. AC　34. ABCD　35. BCDE
36. CE　37. ABCE

第五节　南方部分少数民族

一、判断题

1. 错　2. 错　3. 对　4. 错　5. 对
6. 对　7. 错　8. 对　9. 错

二、单选题

1. A　2. D　3. D　4. A　5. D
6. C　7. A　8. C　9. B　10. C
11. C　12. C　13. C　14. B　15. C
16. A　17. B　18. B　19. C　20. D
21. B　22. B　23. C

三、多选题

1. ABCDE　2. AB　3. AD　4. BC　5. ACD
6. BCDE　7. BDE　8. ABD　9. CDE　10. ABC
11. ABDE　12. AB　13. ABCD　14. ACDE　15. ABDE
16. ABC　17. ABCD　18. BCE　19. BCE　20. AB
21. ACE　22. ABD　23. ABDE　24. ADE　25. BCD

第三编

拓展篇

第十一章　中国旅游文学

真题解读

● 【2018年真题·判断】楹联俗称对联或对子，是从律诗的对偶句中演化而来。（　　）

【答案】对

【解析】楹联俗称对联或对子，是从律诗的对偶句中演化出来的，是中国一种独特的文学样式，也是中华民族的文化瑰宝。

【点评】中等难度，平时经常训练的内容，考查基本的知识识记。

● 【2018年真题·判断】三国时期魏国曹丕创作的《燕歌行》，是我国早期五言诗的代表。（　　）

【答案】错

【解析】后汉张衡的《四愁诗》以及三国魏曹丕的《燕歌行》已经是比较成熟的作品，是早期七言诗的代表。

【点评】难度较大，考查较细，但不会脱离教材。五言诗成于汉代，东汉班固的《咏史》诗可以看作是五言诗成熟的标志，到东汉末年三国时期的曹丕已经不是早期五言诗啦。

● 【2018年真题·单选】明代徐霞客《游黄山记（后）》，反映作者登山的季节是（　　）。

A．冬季　　　　B．秋季

C．夏季　　　　D．春季

【答案】B

【解析】明代徐霞客《游黄山记（后）》的登山时间是明万历四十六年九月初三、初四，属于秋季，注意古代用阴历。

【点评】难度超大，考查得非常细，但不会脱离教材。相较于2016年范成大《峨眉山佛光记》，本题已经很简单了。

● 【2018年真题·单选】《诗经》中属于地方民歌部分的是（　　）。

A．赋　　　　B．风

C．雅　　　　D．颂

【答案】B

【解析】《诗经》是中国最早的诗歌总集，收集了西周初期至春秋中叶305首诗歌，分为“风”“雅”“颂”三部分。“风”指**“国风”**，为地方民歌，“雅”“颂”是“朝廷郊庙乐歌之辞”。其中最重要的是《国风》，价值最高。

【点评】难度较大，考查较细，但不会脱离教材。在“风”“雅”“颂”里面用排除法，“风”可猜测为民风，最可能正确。

- 【2018年真题·单选】宋代诗人陆游《游山西村》一诗的颔联是（　　）。

A．山重水复疑无路，柳暗花明又一村

B．箫鼓追随春社近，衣冠简朴古风存

C．莫笑农家腊酒浑，丰年留客足鸡豚

D．从今若许闲乘月，拄杖无时夜叩门

【答案】A

【解析】每首律诗限定八句四联，分别为首联、颔联、颈联和尾联，本题四个选项分别是《游山西村》的**颔联**、颈联、首联和尾联。

【点评】中等难度，考查较细。但是本题有作答技巧，考试一般考名句，《游山西村》最出名的是第二联：山重水复疑无路，柳暗花明又一村。

- 【2018年真题·单选】下列名句中，描写洞庭湖景致的是（　　）。

A．湖光秋月两相和，潭面无风镜未磨

B．萍香波暖泛云津，渔榭樵歌曲水滨

C．湖上春来似画图，乱峰围绕水平铺

D．松排山面千重翠，月点波心一颗珠

【答案】A

【解析】刘禹锡《望洞庭》描写的“洞庭秋月”是有名的月色景观：**湖光秋月两相和，潭面无风镜未磨**。遥望洞庭山水翠，白银盘里一青螺。

【点评】中等难度，考查对古典诗词的理解，要知晓诗词出处。

- 【2018年真题·单选】“与国咸休，安富尊荣公府第；同天并老，文章道德圣人家”是（　　）的大门联。

A．成都杜甫草堂　　　　B．邹城孟府

C．曲阜孔府　　　　　　D．北京恭王府

【答案】C

【解析】根据门联意思可知，描述的是**孔老夫子**，故选C。

【点评】简单难度，考查对门联文意的理解。

- 【2018年真题·单选】汉武帝时期设立的负责整理乐谱和采集各地民歌的机构叫（　　）。

A．太学　　　　B．教坊

C．乐府　　　　D．梨园

【答案】C

【解析】"乐府"是汉武帝时设立的音乐机构，负责制定乐谱和采集民歌，并训练乐工演奏，这种歌辞统称为"乐府诗"，又简称为"乐府"。

【点评】简单难度，考查基本的知识识记，知道"汉乐府"就行。

● 【2018年真题·多选】下列诗句中，出自唐代李白《登金陵凤凰台》的有(　　)。

A. 晴川历历汉阳树，芳草萋萋鹦鹉洲

B. 总为浮云能蔽日，长安不见使人愁

C. 三山半落青天外，二水中分白鹭洲

D. 吴宫花草埋幽径，晋代衣冠成古丘

E. 日暮乡关何处是，烟波江上使人愁

【答案】BCD

【解析】李白——《登金陵凤凰台》：凤凰台上凤凰游，凤去台空江自流。吴宫花草埋幽径，晋代衣冠成古丘。三山半落青天外，二水中分白鹭洲。总为浮云能蔽日，长安不见使人愁。

【点评】中等难度，此题已经考的比较简单了，另外2句出自崔颢的《黄鹤楼》，据说李白写这首诗的目的就是与崔颢的《黄鹤楼》争胜。

● 【2018年真题·多选】下列古代诗词作品中，属于律诗的有(　　)。

A. 屈原《离骚》

B. 杜甫《春望》

C. 柳永《望海潮》

D. 李白《望九华山赠青阳韦仲堪》

E. 白居易《春题湖上》

【答案】BDE

【解析】杜甫、李白和白居易均为唐代诗人，唐代流行律诗。

【点评】中等难度，考查对古典诗词的理解。也可以应用排除法，《离骚》是楚辞，《望海潮》是词。

习题强化

第一节 汉字、诗词、楹联

一、判断题

1. 沈约等总结了汉语平、上、去、入四声后，又把四声分成平、仄两类，古平声

为平，古上、去、入三声为仄。（　　）

2. 对联的横批，可以说是对联的题目，也是对联的中心。（　　）

3. 中国最早的文字是甲骨文，是在约公元14世纪的殷商后期形成的一种初步的定型文字。（　　）

4.《诗经》是中国最早的诗歌总集，收集了西周初期到春秋中叶300首诗歌，分为“风”“雅”“颂”三部分。（　　）

5. 印刷术发明后，刻字用的雕刻刀对汉字的形体发生了深刻的影响，产生了一种横细竖粗、醒目易读的印刷字体，后世称为宋体。（　　）

6. 甲骨文全部是象形字。（　　）

7. “两京锁钥无双地；万里长城第一关”是描写嘉峪关的对联。（　　）

8. “云朝朝朝朝朝朝朝散；潮长长长长长长长消。”是王十朋给温州江心屿江心寺撰写的对联。（　　）

9. 汉字发展的总趋势是越来越简化，越来越符号化，越来越规范化、标准化。（　　）

10. 注重形式美是诗歌的最大特点，也是最富有民族性的。（　　）

11. 宋代以后，民间新年悬挂春联已经相当普遍，孟昶“千门万户曈曈日，总把新桃换旧符”之句，就是当时盛况的真实写照。（　　）

二、单选题

1. 楹联“听飞瀑雄声，声声振耳；挹众山彩色，色色娱人。”描写的景点是（　　）。

A. 黄果树瀑布　　B. 镜泊湖

C. 青海湖　　D. 天池

2. 矗立在天安门广场的人民英雄纪念碑通高为（　　）。

A. 37.94米　　B. 36.94米

C. 35.94米　　D. 38.94米

3. 我国历史上最早用红纸代替桃木板撰写春联是在（　　）。

A. 五代　　B. 唐代

C. 宋代　　D. 明代

4. 楹联俗称对联或对子，是从（　　）的对偶句中演化出来的，是中国一种独特的文学样式，也是中华民族的文化瑰宝。

A. 诗经　　B. 乐府诗

C. 汉赋　　D. 律诗

5.《孔府大门联》“与国咸休，安富尊荣公府第；同天亦老，文章道德圣人家”的作者是清代政治家、文学家（　　）。

A. 魏源　　B. 顾炎武

C．王夫之　　D．纪昀

6. 李求真在“万里晴空，几片闲云浮海角；一湾碧水，八方游子恋天涯”联语巧妙地嵌入了“海角天涯”四个字，它是（　　）省的旅游名胜。

A．海南　　B．广东

C．广西　　D．贵州

7. 佚名《镜泊湖望湖亭联》的下联的是（　　）。

A．听飞瀑雄声，声声振耳

B．揾众山彩色，色色娱人

C．绝妙朋游，有明月一杯，好山四座

D．是何意态，看大江东去，秋色西来

8.《月到风来亭联》“爽借清风明借月，动观流水静观山”的作者是（　　）。

A．陶澍　　B．成多禄

C．赵之谦　　D．佚名

9.《广州镇海楼联》“几千劫危楼尚存。问谁摘斗摩霄，目空今古？五百载故侯安在？只我凭栏看剑，泪洒英雄”的作者彭玉麟是（　　）朝的著名政治家、军事家、书画家。

A．宋　　B．元

C．明　　D．清

10. 所谓押韵，就是把同韵的两个或更多的字放在同一位置上，一般把韵放在句尾，所以又叫（　　）。

A．韵尾　　B．韵头

C．韵脚　　D．韵腹

11. 对联的横批是对联（　　）的高度概括。

A．主题思想　　B．表现手法

C．意境　　D．艺术特色

12. 唐以前的诗以及后人模仿古诗而不按近体诗的格律所写的诗统称为（　　）。

A．今体诗　　B．近体诗

C．古体诗　　D．歌行体诗

13. 五言诗成于（　　）代，东汉班固的《咏史》诗可以看作是五言诗成熟的标志。

A．秦　　B．汉

C．魏晋　　D．唐

14. 汉赋的主要特点是（　　）。

A．铺陈　　B．排比

C．比喻　　D．骈偶化

15．随着时间的推移，最终使得文字从（　　）中分离出来，于是原始的文字就出现了。

A．结绳　　B．刻痕

C．图画　　D．筑器

16．中国最早的文字是（　　）。

A．金文　　B．小篆

C．大篆　　D．甲骨文

17．我国最早的一副春联是（　　）。

A．对月怀歌扇，裁云作舞衣

B．天上一轮满月，人间万家团圆

C．古往今来虽如是，浓妆淡抹总相宜

D．新年纳余庆，嘉节号长春

18．“新年纳余庆，佳节号长春”这副对联据说是中国最早的对联，作者是（　　）。

A．孟昶　　B．梅尧臣

C．苏轼　　D．黄庭坚

19．（　　）是中国最早的诗歌总集。

A．《诗经》　　B．《楚辞》

C．《文选》　　D．《尚书》

20．《乐府诗集》的作者是（　　）。

A．班固　　B．郭茂倩

C．张衡　　D．鲍照

21．《诗经》中的诗，大多数篇章都是（　　）。

A．四字句型　　B．五字句型

C．有三字尾　　D．七子句型

22．隶书的特点是（　　）。

A．古朴典雅　　B．静中有动，富有装饰性

C．风驰电掣，结构紧凑　　D．易识好写，实用性强且风格多样

23．联语“十里松杉围古寺，百重云水绕青山”出自（　　）。

A．《新界长山古寺联》　　B．《松山风雨亭联》

C．《九龙青山禅院联》　　D．《塔尔寺联》

24．所谓（　　），就是同类的词相对。

A．工对　　B．宽对

C．借对　　D．邻对

25．“左牵牛而右织女，似云汉之无涯。茂树荫蔚，芳草被堤……”属于的文学体

裁为（　　）。

A．诗经　　B．楚辞

C．汉赋　　D．乐府

26．杜甫的《登高》中“万里悲秋常作客，百年多病独登台”是本诗中的（　　）。

A．首联　　B．颔联

C．颈联　　D．尾联

27．“开辟荆榛，千秋功业驱除荷虏，一代英雄。”是（　　）赞颂郑成功的联。

A．乐时鸣　　B．康有为

C．叶剑英　　D．郭沫若

28．郭沫若的“开辟荆榛，千秋功业；驱除荷虏，一代英雄”联语赞颂的是（　　）。

A．郑成功　　B．戚继光

C．邓世昌　　D．岳飞

29．“天赐湖上名园，绿野初开，十亩荷花三径竹；人在瀛洲仙境，红尘不到，四围潭水一房山。”程云俶所撰此联描写的是西湖的（　　）。

A．三潭印月　　B．白堤

C．苏堤　　D．平湖秋月

30．“能攻心则反侧自消，从古知兵非好战；不审势即宽严皆误，后来治蜀要深思。”此联题于（　　）。

A．成都杜甫草堂　　B．成都武侯祠

C．郑成功纪念馆　　D．白帝城

31．“青冢有情尤识路，平沙无处可招魂”中的“青冢”指（　　）。

A．屈原墓　　B．王昭君墓

C．岳飞墓　　D．林则徐墓

32．一种横细竖粗、醒目易读的印刷字体，也是我们现代电子文档所广泛使用的宋体字产生于（　　）。

A．唐代　　B．宋代

C．元代　　D．明代

33．楚辞体一般为七言，在句中的第（　　）个字用“兮”字。

A．三　　B．四

C．五　　D．六

34．“无边落木萧萧下，不尽长江滚滚来”出自（　　）的《登高》。

A．李白　　B．杜甫

C．王维　　D．白居易

35．“烽火连三月，家书抵万金”出自杜甫的（　　）。

A.《春望》 B.《曲江》

C.《绝句》 D.《书愤》

36. 名句“行到水穷处，坐看云起时”出自（ ）。

A. 李白 B. 杜甫

C. 白居易 D. 王维

三、多选题

1. 撰写对联必须做到的几个要求是（ ）

A. 内容相关，上下衔接 B. 词性相对，位置相同

C. 平仄相同，音调和谐 D. 横批要画龙点睛，相互补充

E. 字数相等，断句一致

2. 楹联是由律诗的对偶句发展而来的，其要求有（ ）。

A. 平仄协调 B. 对仗工整

C. 情文并茂 D. 上下联结构相同

E. 下联尾字收平声

3. 佚名的《应县木塔联》上下联依次是（ ）。

A. 听飞瀑雄声，声声振耳

B. 绝妙朋游，有明月一杯，好山四座

C. 是何意态，看大江东去，秋色西来

D. 俯瞩桑干，滚滚波涛萦似带

E. 遥临恒岳，苍苍岫嶂屹如屏

4. 王锦的《昭君墓联》上下联是（ ）。

A. 昭君自有千秋在 B. 青冢有情犹识路

C. 平沙无处可招魂 D. 一身归朔漠，数代靖兵戎

E. 若以功名论，几与卫霍同

5. 依次填到程云俶《西湖三潭印月联》：“天赐湖上名园，绿野初开，（ ）亩荷花（ ）径竹；人在瀛洲仙境，红尘不到，（ ）围潭水（ ）房山。”

A. 百 B. 十

C. 三 D. 四

E. 一

6. 下面哪两句是《玉门关联》?（ ）

A. 峰高华岳三千丈 B. 险据秦关百二重

C. 北风卷地白草折 D. 无边晴雪天山出

E. 不断风云地极来

7. 汉字的演变规律概括起来主要表现在（ ）。

A. 笔画的线条化 B. 字形的符号化

C．书写的美观化　　D．字集的标准化
E．结构的规范化

8．唐代的格律诗，称为（　　），它是相对于古体诗而言，它成熟于唐代。
A．乐府诗　　B．骚体诗
C．歌行体诗　　D．近体诗
E．今体诗

9．近体诗也就是唐代的格律诗，它们是五七言的（　　），在唐代成熟并繁荣且达到了炉火纯青的地步。
A．律诗　　B．绝句
C．小令　　D．长调
E．散曲

10．律诗的基本特点有（　　）。
A．每首八句四联　　B．每句的平仄都有规定
C．押平声韵　　D．每篇的对仗都有规定
E．每首五律四十字，七律五十六字

11．格律诗要讲究（　　）。
A．炼字炼句　　B．押韵
C．平仄　　D．对仗
E．意境

12．近体诗用韵所依照的都是韵书，主要是下面的（　　），共206韵。
A．《广韵》　　B．《切韵》
C．《唐韵》　　D．《集韵》
E．《韵略》

13．对仗有（　　）及流水对等几种基本类型。
A．工对　　B．宽对
C．邻对　　D．借对
E．错对

14．对仗还要忌（　　）。
A．平淡　　B．谐音
C．合掌　　D．雷同
E．拗口

15．中国最早的文字是甲骨文，是在约公元前14世纪的殷商后期形成的一种初步的定型文字。此后，汉字经历了（　　）等的发展过程。
A．金文　　B．大篆、小篆
C．隶书　　D．草书、楷书、行书

E. 表音文字

16. 在文字产生之前人们为了帮助记忆、交流思想、传递信息，采用的最原始的记事方法为（　　）。

A. 结绳记事　　B. 图画记事

C. 契刻记事　　D. 文字记事

E. 筑器记事

17. 甲骨文就是用写或刻的方式留在（　　）上的文字，主要用来占卜，也有的用来记事。

A. 竹片　　B. 木片

C. 岩石　　D. 龟甲

E. 兽骨

18. 下列有关对联的说法，正确的有（　　）。

A. 楹联俗称对联或对子，是从律诗的对偶句中演化出来的，是中国一种独特的文学样式

B. 楹联形式上成双成对，语意上要做到既对又联

C. 悬挂张贴的对联一般都是竖写，上联在右边，下联在左边

D. 对联的平仄规律，与诗基本相同，一般沿用诗的一三五不论，二四六分明的基本法则

E. 对联严格规定上联末字用仄声，下联末字用平声

19. 词在宋代成就最为辉煌，下列是宋代著名词人的有（　　）。

A. 李白　　B. 苏轼

C. 曹雪芹　　D. 李清照

E. 王维

20.《诗经》是我国最早的诗歌总集，分为（　　）三部分。

A. 风　　B. 丰

C. 雅　　D. 颂

E. 诵

21. 关于天安门广场上的人民英雄纪念碑，正确的有（　　）。

A. 毛泽东主席为纪念碑奠基

B. 1952 年 8 月动工

C. 1958 年 4 月落成

D. 碑身正面的“人民英雄永垂不朽”是毛泽东题写的

E. 碑的背面碑文是周恩来起草并书写的 150 字碑文

22. 五律的“对”，只有下列（　　）两副对联的形式。

A. 平平平仄仄，仄仄仄平平　　B. 平平仄仄仄，仄仄平平平

C．仄仄平平仄，平平仄仄平　　　　D．仄仄仄平平，平平平仄仄
E．平平仄仄平，仄仄平平仄

第二节　古典旅游诗词名篇

一、判断题

1．“日暮长河盘大漠，天晴外部数疆封”出自元好问的《台山杂咏》。（　　）
2．《望海潮 · 东南形胜》是柳永盛赞苏州的一首词。（　　）
3．“雄关漫道真如铁，而今迈步从头越。”是毛泽东《沁园春 · 雪》中的句子。（　　）
4．“山重水复疑无路，柳暗花明又一村”是白居易《春题湖上》中的诗句。（　　）
5．陆游的诗句“山穷水尽疑无路，柳暗花明又一村”(《游山西村》）是脍炙人口的千古名句。（　　）
6．“岸似双屏合，天如匹练开”是李白形容瞿塘峡的诗句。（　　）
7．“泺水发源天下无，平地涌出白玉壶”描写的是被誉为“天下第一泉”的趵突泉。（　　）
8．《滕王阁诗》的作者是王维。（　　）
9．柳永在《望海潮》中，“三秋桂子，十里荷花”这两句把西湖以至整个杭州最美的特征概括出来，具有撼动人心的艺术力量。（　　）
10．“西对峨眉东逝水，悬崖九曲望风降”是吟咏四川峨眉山的诗句。（　　）
11．毛泽东的《浪淘沙 · 北戴河》下阙：“往事越千年，魏武挥鞭，东临碣石有遗篇。”中提到的“魏武”就是曹操。（　　）

二、单选题

1．李商隐诗句“瑶池阿母绮窗开，黄竹歌声动地哀”中的“瑶池”指的是（　　）天池。
A．新疆　　　　B．吉林
C．浙江　　　　D．青海
2．刘禹锡名句“白银盘里一青螺”描写的是（　　）。
A．太湖　　　　B．西湖
C．鄱阳湖　　　　D．洞庭湖
3．名句“三山半落青天外，二水中分白鹭州”出自哪位诗人之手（　　）
A．李白　　　　B．白居易
C．宋之问　　　　D．苏东坡
4．《登金陵凤凰台》一诗的作者是唐代（　　）。
A．诗仙李白　　　　B．诗圣杜甫

C. 诗魔白居易　　D. 诗鬼李贺

5.（　　）的《晨登衡岳祝融峰》一诗，写出了祝融峰高出云霄的气势，抒发了诗人特立独行的雄心与壮志。

A. 严复　　B. 梁启超

C. 章太炎　　D. 谭嗣同

6. 陆游《游山西村》一诗中具有哲理意味的名句是（　　）。

A. 莫笑农家腊酒浑，丰年留客足鸡豚

B. 山重水复疑无路，柳暗花明又一村

C. 箫鼓追随春社近，衣冠简朴古风存

D. 从今若许闲乘月，拄杖无时夜叩门

7. 林则徐的《出嘉峪关感赋》中尾联“谁道崤函千古险？回看只见一丸泥。”运用（　　）的角度，用函谷关小如泥丸来反衬嘉峪关的雄伟。

A. 俯瞰　　B. 仰视

C. 平视　　D. 近视

8.《念奴娇·赤壁怀古》是豪放词的代表作，作者是（　　）。

A. 辛弃疾　　B. 苏轼

C. 周邦彦　　D. 王安石

9.《望洞庭》一诗的作者是（　　）。

A. 张若虚　　B. 陈子昂

C. 刘禹锡　　D. 张志和

10.《游肇庆七星岩》一诗的作者是（　　）。

A. 叶剑英　　B. 陈毅

C. 周恩来　　D. 朱德

11.《送桂州严大夫》这首五律诗的作者是唐朝的（　　）。

A. 柳宗元　　B. 韩愈

C. 刘禹锡　　D. 张志和

12.《蝶恋花·海南岛》的作者是无产阶级革命家（　　）。

A. 董必武　　B. 陈毅

C. 叶剑英　　D. 朱德

13.《乐山大佛》这首七绝诗的作者是浙江籍的（　　）。

A. 艾青　　B. 戴望舒

C. 冯雪峰　　D. 乐时鸣

14.《滇海曲》的作者（　　）是明代著名文学家，位居明代三才子之首。

A. 冯梦龙　　B. 杨慎

C. 徐渭　　D. 凌蒙初

15.《趵突泉》一诗的作者赵孟頫，字子昂，汉族，号松雪道人。是（　　）代初期著名的书法家、画家、诗人，宋太祖赵匡胤十一世孙。

A．宋　　B．元

C．明　　D．清

16．赵孟頫的《趵突泉》一诗，是一首（　　）。

A．七言歌行体诗　　B．七言古风诗

C．七言律诗　　D．七言绝句

17.《游少林寺》一诗的作者沈佺期，是（　　）朝继“四杰”之后的著名诗人，与宋之问齐名，号称“沈宋”，被誉为律诗的奠基人之一。

A．秦　　B．汉

C．隋　　D．唐

18．白居易，字乐天，晚年号（　　）居士。

A．东坡　　B．香山

C．青莲　　D．六一

19.《春题湖上》的作者是（　　）。

A．阮元　　B．杨孟瑛

C．白居易　　D．苏东坡

20.《游山西村》的作者是爱国诗人（　　）。

A．陆游　　B．辛弃疾

C．杨万里　　D．苏轼

21．（　　）在中国文学史上享有崇高地位，存诗 9300 多首，是文学史上存诗最多的诗人。

A．李白　　B．杜甫

C．白居易　　D．陆游

22.《望海潮·东南形胜》的作者是宋代词人（　　）。

A．柳永　　B．苏轼

C．晏殊　　D．李清照

23.《寄扬州韩绰判官》一诗的作者是（　　），唐代杰出的诗人、散文家。

A．李白　　B．杜甫

C．李商隐　　D．杜牧

24.《登万里长城·汉时关塞重卢龙》一诗的作者是（　　）。

A．梁启超　　B．康有为

C．谭嗣同　　D．康广仁

25.《长白山》一诗的作者吴兆骞，字汉槎，苏州松陵人，是（　　）代诗人。

A．宋　　B．元

C．明　　D．清

26．毛泽东《登庐山》一诗的首联是（　　）

A．云横飞派浮黄鹤，浪下三吴起白烟

B．陶令不知何处去，桃花源里可耕田

C．一山飞峙大江边，跃上葱茏四百旋

D．冷眼向洋看世界，热风吹雨洒江天

27．诗句"江作青罗带，山如碧玉簪"赞美的景观是（　　）。

A．乌江山水　　B．长江三峡

C．九寨沟　　D．桂林山水

28．《台山杂咏》的作者是（　　）。

A．文天祥　　B．元好问

C．李治　　D．张可久

29．"二十四桥明月夜"诗句出自（　　）。

A．杜牧的《寄扬州韩绰判官》　　B．杜甫的《望月》

C．李商隐的《锦瑟》　　D．李白的《赠汪伦》

30．《黄鹤楼》是唐代诗人（　　）创作的一首七言律诗，被选入《唐诗三百首》。

A．杜甫　　B．李白

C．王勃　　D．崔颢

31．"萧瑟秋风今又是，换了人间"出自（　　）。

A．曹操的《观沧海》

B．康有为的《登万里长城》

C．毛泽东的《浪淘沙·北戴河》

D．苏轼的《念奴娇·赤壁怀古》

32．具有多方面文学才能，尤以诗的成就为最，在生前即有"小李白"之称的是（　　）。

A．苏轼　　B．李清照

C．陆游　　D．杨万里

33．"青山隐隐水迢迢，秋尽江南草未凋"是（　　）的诗句。

A．杜甫　　B．白居易

C．杜牧　　D．李贺

34．白居易的《春题湖上》写的是（　　）。

A．杭州西湖　　B．扬州瘦西湖

C．太湖　　D．洞庭湖

35．"此景只应天上有，岂知身在妙高峰？"描写的是（　　）。

A．华山　　B．五台山

C．泰山　　D．庐山

36．明代文学家杨慎的诗句“天气常如二三月，花枝不断四时春”，描写的景点是（　　）。

A．青海湖　　B．九寨沟

C．滇池　　D．月牙泉

37．叶剑英在《游肇庆七星岩》中写下这样的诗句：“借得西湖水一圜，更移阳朔七堆山”诗中的“阳朔”在（　　）境内。

A．广东　　B．湖南

C．广西　　D．贵州

38．“一山飞峙大江边，跃上葱茏四百旋”是形容（　　）的气魄。

A．井冈山　　B．龙虎山

C．三清山　　D．庐山

39．叶剑英的“借得西湖水一圜，更移阳朔七堆山”描写的是（　　）。

A．桂林山水　　B．阳朔山水

C．肇庆七星岩　　D．扬州瘦西湖

40．毛泽东《浪淘沙·北戴河》往事越千年，魏武扬鞭，东临碣石有遗篇。其中“东临碣石有遗篇”是指（　　）。

A．《短歌行》　　B．《蒿里行》

C．《观沧海》　　D．《龟虽寿》

41．刘禹锡《望洞庭》“遥望洞庭山水翠，白银盘里一青螺”运用（　　）修辞手法。

A．夸张　　B．比喻

C．对偶　　D．拟人

42．“眼前有景道不得，崔颢题诗在上头”，这是（　　）针对《黄鹤楼》诗的赞誉。

A．李白　　B．杜甫

C．陆游　　D．孟浩然

43．（　　）为“初唐四杰”之首。

A．杨炯　　B．卢照邻

C．骆宾王　　D．王勃

三、多选题

1．下列诗句出自康有为《登万里长城》的有（　　）。

A．百万控弦嗟往事，一鞭冷月踏居庸

B．山云吞吐翠微中，淡绿深青一万重

C．万壑千岩位置雄，偶从天巧见神功

D．西北天地五顶高，茫茫松海露灵鳌

E．汉时关塞重卢龙，立马长城第一峰

2．王勃为“初唐四杰”之首，另三杰是（　　）。

A．杨炯　　B．卢照邻

C．骆宾王　　D．张若虚

E．陈之昂

3．李白的《登金陵凤凰台》一诗的颔联和尾联是（　　）。

A．三山半落青天外，二水中分白鹭洲

B．吴宫花草埋幽径，晋代衣冠成古丘

C．青山隐隐水迢迢，秋尽江南草未凋

D．总为浮云能蔽日，长安不见使人愁

E．碧毯线头抽早稻，青罗裙带展新蒲

4．对毛泽东《登庐山》一诗中颈联“云横九派浮黄鹤，浪下三吴起白烟”分析正确的是（　　）。

A．对仗工整　　B．语言典丽

C．比喻生动形象　　D．意境含蓄幽美

E．“横、浮、下、起”具有连环动感，虚实相间，形成立体式画面

5．毛泽东《登庐山》一诗中颔联“冷眼向洋看世界，热风吹雨洒江天”的“热风”是写（　　）。

A．狂热之风　　B．台风飓风等

C．实写夏日之暖风　　D．也可以引申为热情之风，热烈之风

E．还可以引申为那时轰轰烈烈的“大跃进”之风

6．赵孟頫，字子昂，汉族，号松雪道人，中年曾署孟俯。浙江吴兴（今浙江湖州）人，是宋太祖赵匡胤十一世孙。元初著名的（　　）。

A．书法家　　B．画家

C．诗人　　D．剧作家

E．经学大师

7．《游武夷》一诗的作者郁达夫是中国著名的（　　）。

A．剧作家　　B．小说家

C．散文家　　D．诗人

E．为抗日救国而殉难的爱国主义作家

8．对郁达夫的《游武夷》一诗分析正确的是（　　）。

A．七言绝句

B．七言律诗

C．用语清新自然、明白易懂

D．结尾两句则把武夷山与西湖做比较

E．结尾两句在对比中概括了武夷山“碧水丹山”的奇特美景

9．“武夷三十六雄峰，九曲清溪境不同。山水若从奇处看，西湖终是小家容”，对此诗分析正确的是（　　）。

A．九曲溪是武夷山著名的景点之一

B．武夷山是我国著名的丹霞地貌景观

C．运用对比的手法突出了西湖的壮丽美景

D．押平声韵“ong”

E．作者郁达夫是福建省武夷山人

10．《台山杂咏》的作者元好问是金末元初著名（　　），是宋金对峙时期北方文学的主要代表，又是金元之际在文学上承前启后的桥梁，被尊为“北方文雄”“一代文宗”。

A．作家　　B．历史学家

C．文坛盟主　　D．科学家

E．诗人

11．康有为，广东南海人，人称“康南海”，是近代著名的（　　）和学者。

A．政治家　　B．思想家

C．社会改革家　　D．文学家

E．书法家

12．毛泽东主席的《浪淘沙·北戴河》一词上阕前三句依次是（　　）。

A．大雨落幽燕　　B．白浪滔天

C．萧瑟秋风今又是　　D．秦皇岛外打鱼船

E．换了人间

13．白居易在《春题湖上》一诗中描绘了由（　　）等景物构成的西湖春景图。

A．早稻　　B．暖树

C．新蒲　　D．早莺

E．新燕

14．白居易《春题湖上》一诗的颔联与颈联是（　　）。

A．几处早莺争暖树，谁家新燕啄春泥

B．乱花渐欲迷人眼，浅草才能没马蹄

C．松排山面千重翠，月点波心一颗珠

D．碧毯线头抽早稻，青罗裙带展新蒲

E．湖上春来似画图，乱峰围绕水平铺

15．以下（　　）句子出自毛泽东主席之手。

A．一山飞峙大江边，跃上葱茏四百旋

B．山水若从奇处看，西湖终是小家容

C．萧瑟秋风今又是，换了人间

D．严关百尺界天西，万里征人驻马蹄

E．雄关漫道真如铁，而今迈步从头越

16．出自崔颢《黄鹤楼》的诗句有（　　）。

A．故人西辞黄鹤楼，烟花三月下扬州

B．黄鹤一去不复返，白云千载空悠悠

C．总为浮云能蔽日，长安不见使人愁

D．日暮乡关何处是？烟波江上使人愁

E．晴川历历汉阳树，芳草萋萋鹦鹉洲

17．下面关于旅游文学名句正确的有（　　）。

A．“汉时关塞重卢龙，立马长城第一峰”的作者是康有为

B．“箫鼓追随春社近，衣冠简朴古风存”既写出春社欢快，又表达民风的淳朴可爱

C．“天河挂绿水，秀出九芙蓉”“挂”和“秀”两字体现出诗人奇异的想象力

D．“阁中帝子今何在？槛外长江空自流”出自王勃《滕王阁序》

E．《岳阳楼记》中表达作者远大政治抱负的句子是：不以物喜、不以己悲

18．下面关于旅游文学名句正确的有（　　）。

A．“日暮长河盘大漠，天晴外部数疆封”其中长河指黄河

B．“山重水复疑无路，柳暗花明又一村”这句描绘山村风光，被后世用来形容已陷入绝境，忽又出现转机

C．“天河挂绿水、秀出九芙蓉”描写的是九华山

D．赵孟頫《趵突泉》“云雾润蒸华不注，波澜声震大明湖”脱胎于孟浩然的《望洞庭湖赠张丞相》“气蒸云梦泽，波撼岳阳城”

E．毛泽东《忆秦娥·娄山关》表现了作者面对失利和困难从容不迫的气度和豪迈乐观的博大胸怀

19．“一山飞峙大江边，跃上葱茏四百旋。冷眼向洋看世界，热风吹雨洒江天。云横九派浮黄鹤，浪下三吴起白烟。陶令不知何处去，桃花源里可耕田。”，关于此诗，分析正确的是（　　）。

A．“一山”指黄山　　B．此诗名为《登庐山》

C．“三吴”指东吴，中吴，西吴　　D．“陶令”指陶渊明

E．作者是叶剑英

20．下列关于《苏幕遮·青海湖》说法中，正确的是（　　）。

A．词句“鸟语人喧，都道江山瑞”中“瑞”的意思是“秀丽”

B．词句“懒散鸬鹚礁上醉”中“鸬鹚”指的是“鱼鹰”

C．词句“雁鸥来，繁子嗣”描写的是青海湖鸟岛的景色

D．“苏幕遮”是词牌名

E．作者是当代诗人乐时鸣

21．陆游《游山西村》是一首七言律诗，其中运用对仗手法的诗句是（　　）。

A．莫笑农家腊酒浑，丰年留客足鸡豚

B．山重水复疑无路，柳暗花明又一村

C．箫鼓追随春社近，衣冠简朴古风存

D．从今若许闲乘月，拄杖无时夜叩门

E．王师北定中原日，家祭无忘告乃翁

第三节　历代游记名篇选读

一、单选题

1．龚自珍文句“山势尊，故木之华也先；山气厚，故木之华也怒”的“山”是指（　　）。

A．五台山　　　　B．泰山

C．天寿山　　　　D．恒山

2．《说天寿山》一文的作者是（　　）。

A．康有为　　　　B．梁启超

C．章太炎　　　　D．龚自珍

3．饱览“衔远山，吞长江，浩浩荡荡，横无际涯；朝晖夕阴，气象万千”的湖光山色美景的湖是（　　）。

A．鄱阳湖　　　　B．洞庭湖

C．太湖　　　　D．西湖

4．下面对《峨眉山佛光记》的作者范成大介绍有误的是（　　）。

A．字致能，号石湖居士，吴县人

B．宋仁宗绍兴二十四年（1154 年）进士

C．曾奉命出使金国

D．晚年归隐故乡石湖

5．对范成大《峨眉山佛光记》一文，分析有误的是（　　）。

A．作者以空间方位为顺序，详细记述了上峨眉山观览“佛光”的经过

B．对峨眉奇观的各种“佛光”现象，作者用他那生花妙笔，将其隐显变幻的万千景象，犹如万花筒似的呈现在读者眼前

C．如描写“摄身光”时，采用由表及里的写法，展开细致描写，勾勒出“摄身光”那独特的美妙如画的动人景象

D．作者用飞扬的笔法，为读者展示了广阔而又深邃的大自然那千变万化的美丽姿容

6．清代诗人袁枚，为（　　）年间进士。

A．顺治　　B．康熙

C．雍正　　D．乾隆

7．李健吾的《雨中登泰山》中下山的路上看到的果园是（　　）。

A．桃园　　B．苹果园

C．梨园　　D．葡萄园

二、多选题

1．下列关于范成大《峨眉山佛光记》的说法中，正确的是（　　）

A．作者是在夏天游览峨眉山

B．作者并没有登上金顶

C．作者知道旁边的瓦屋山也能观赏到佛光

D．作者认为佛光其实是观者自见其形

E．作者观赏到了峨眉山云海和远方的大雪山

2．下面不是徐弘祖《黄果树瀑布记》中描写瀑布的句子是（　　）。

A．下瞰峭壑阴森，枫松相间，五色纷披，灿若图绣

B．以石为天，以沙为地，以深壑为池，以悬崖为幔，以石脚插地为柱，以横石牵挂为栋梁

C．但见其上横白阔数丈，翻空涌雪，而不见其下截

D．捣珠崩玉，飞沫反涌，如烟雾腾空，势甚雄厉

E．正面揖飞流，奔腾喷薄之状，令人可望而不可即也

3．对《游桂林诸山记》的作者袁枚，介绍正确的是（　　）。

A．字子才

B．号简斋、随园老人

C．浙江钱塘（今杭州）人

D．清代诗人，论诗主张抒写性情，创“性灵”说

E．清乾隆年间进士，曾任江宁等地知县，辞官后侨居江宁，筑园林于小仓山，号随园

4．下面（　　）是乔宇《恒山记》中的语句。

A．余载喜载愕，敛色循坡东，迤岭北而上，最多珍花灵草，枝态不类；桃芬李奇葩，映带左右

B．山半稍憩，俯深窥高，如缘虚历空

C．上七里，是为虎风口，其间多横松强柏，状如飞龙怒虬，叶皆四衍蒙蒙然，怪其太茂

D．剑泉深不可测，飞岩如削。千顷云得天池诸山作案，峦壑竞秀，最可觞客

E．虎丘去城可七八里，其山无高岩邃壑，独以近城，故箫鼓楼船，无日无之

5．下面关于袁宏道的介绍，正确的有（　　）。

A．近代改良主义的先驱者

B．明代文学家，明神宗万历十九年（1591 年）进士，官至吏部郎中

C．与其兄袁宗道，弟袁中道都以文学见长，合称为“公安三袁”

D．“公安派”的创始者和领袖人物

E．在文学上主张“独抒性灵，不拘格套”的性灵说

6．下面对作家及其作品介绍正确的有（　　）。

A．龚自珍《说天寿山》主要说明了天寿山明十三陵的概况

B．乔宇《恒山记》讲的是因武宗去世，世宗即位，他因此赴西北宣谕，便顺道游览了恒山。本文即记其事

C．袁宏道《虎丘记》，说的是他解职离吴前，流连虎丘胜景，写下了这篇描写吴中民俗的散文

D．张岱的《晚游六桥待月记》，是他首次漫游西湖时写下的系列游记中的一篇

E．徐弘祖的《游黄山记》（后）是他第二次游黄山的日记

7．“南宋四大家”指的是（　　）

A．杨万里　　B．范成大

C．陆游　　D．王安石

E．尤袤

8．下面对范仲淹《岳阳楼记》词、句的注音或解释有误的是（　　）。

A．越明年：到第二年（庆历五年）。越：及，到

B．浩浩汤汤（dàng）：水势浩大的样子

C．居庙堂之高：端坐在高高的庙堂之上

D．大观：雄伟壮观的景象

E．微斯人，吾谁与归：假如没有这种人，我同谁一道呢？微，没有。归，归附，皈依

习题强化答案

第一节　汉字、诗词、楹联

一、判断题

1．对　2．对　3．错　4．错　5．对

6．错　7．错　8．对　9．对　10．对

11．错

二、单选题

1．B　2．A　3．D　4．D　5．D
6．A　7．B　8．C　9．D　10．C
11．A　12．C　13．B　14．D　15．C
16．D　17．D　18．A　19．A　20．B
21．A　22．B　23．C　24．A　25．C
26．C　27．D　28．A　29．A　30．B
31．B　32．D　33．B　34．B　35．A
36．D

三、多选题

1．ABE　2．ABE　3．DE　4．BC　5．BCDE
6．DE　7．ABDE　8．DE　9．AB　10．ABCDE
11．BCD　12．BC　13．ABCD　14．CD　15．ABCD
16．AC　17．DE　18．ABCDE　19．BD　20．ACD
21．ABCD　22．AC

第二节　古典旅游诗词名篇

一、判断题

1．错　2．错　3．错　4．错　5．错
6．错　7．对　8．错　9．对　10．错
11．对

二、单选题

1．A　2．D　3．A　4．A　5．D
6．B　7．A　8．B　9．C　10．A
11．B　12．C　13．D　14．B　15．B
16．C　17．D　18．B　19．C　20．A
21．D　22．A　23．D　24．B　25．D
26．C　27．D　28．B　29．A　30．D
31．C　32．C　33．C　34．A　35．B
36．C　37．C　38．D　39．C　40．C
41．B　42．A　43．D

三、多选题

1．AE　2．ABC　3．BD　4．ABE　5．CDE
6．ABC　7．BCDE　8．ACDE　9．ABD　10．ABCE
11．ABCE　12．ABD　13．AC　14．CD　15．ACE

16．BDE　17．ABC　18．ABCDE　19．BCD　20．BCDE
21．BC

第三节　历代游记名篇选读

一、单选题

1．C　2．D　3．B　4．B　5．A
6．D　7．B

二、多选题

1．AE　2．AB　3．ABCDE　4．ABC　5．BCDE
6．ABCE　7．ABCE　8．BC

第十二章 中国主要旅游客源国概况

真题解读

- 【2018 年真题·判断】土耳其首都安卡拉是该国第一大城市，素有“土耳其的心脏”之称。（ ）

【答案】错

【解析】土耳其首都安卡拉是该国**第二大城市**，素有“土耳其的心脏”之称。伊斯坦布尔是土耳其最大的城市，古代陆上丝绸之路的终点。

【点评】中等难度，利用大家思维惯性，许多国家的首都都不是第一大城市，比如美国、巴西。

- 【2018 年真题·判断】我国已成为世界第一大入境旅游市场和出境旅游市场。（ ）

【答案】错

【解析】法国是世界第一大入境旅游市场（世界第一旅游接待国），我国是世界第一大出境旅游市场。

【点评】简单难度，考查基本的知识识记。考查我国不是世界旅游强国，离“世界第一大入境旅游市场”还有一段很遥远的距离。

- 【2017 年真题·判断】加拿大国家政体为联邦议会制，英国女王是加拿大实际上的国家元首。（ ）

【答案】错

【解析】加拿大国家政体为联邦议会制，英国女王是加拿大**名义上**的国家元首，任命总督为其代表，联邦总理为政府首脑。

【点评】简单难度，考查基本的知识识记，同时也属于政治常识问题。

- 【2018 年真题·单选】目前世界上最高的双塔教堂是（ ）。

A．科隆大教堂　　B．圣彼得大教堂

C．巴黎圣母院　　D．柏林大教堂

【答案】A

【解析】**科隆大教堂**有两座哥特式尖塔，是目前世界上最高的双塔教堂，始建于1248 年，竣工于 1880 年，现已成为科隆市的象征和游客们向往的旅游胜地。

【点评】简单难度，平时经常训练的内容，考查基本的知识识记。

● 【2018 年真题 · 单选】小说《基督山伯爵》中描写的伊夫岛上高大阴森的城堡，位于法国的（　　）。

A．马赛　　B．巴黎

C．尼斯　　D．戛纳

【答案】A

【解析】马赛位于法国南部，是法国第二大城市，地中海最大的港口。最著名的景点是伊夫岛，岛上有一座高大而阴森的城堡，因大仲马的小说《基督山伯爵》而吸引众多游客慕名前来。

【点评】中等难度，考查较细，但不会脱离教材考。本章知识的特点就是又杂又细，全部掌握难度太大。

● 【2017 年真题 · 单选】金字塔在埃及共发现（　　）座，其中最有名的是胡夫金字塔。

A．76　　B．86

C．96　　D．106

【答案】C

【解析】金字塔在埃及共发现 **96 座**，最大的是开罗郊区吉萨的三座金字塔，是胡夫、哈夫拉和门卡乌拉祖孙三代的陵墓，其中最有名的是胡夫金字塔和狮身人面像，成为世界八大奇迹之一，也是埃及的象征。

【点评】中等难度，考查较细，同时本题也有争议。

● 【2017 年真题 · 单选】享有“东方夏威夷”之誉，已成为“海滩度假天堂”代名词的泰国旅游胜地是（　　）。

A．芭堤雅　　B．清迈

C．曼谷　　D．普吉岛

【答案】A

【解析】芭堤雅是泰国的一处著名海景度假胜地，享有“东方夏威夷”之誉，已成为“海滩度假天堂”的代名词。

【点评】简单难度，平时经常训练的内容，考查基本的知识识记。

● 【2017 年真题 · 单选】瑞士第一大城市是（　　）。

A．茵特拉根　　B．日内瓦

C．苏黎世　　D．伯尔尼

【答案】C

【解析】苏黎世是瑞士的第一大城市，也是欧洲最安全、最富裕和生活水准最高的城市之一。

【点评】中等难度，考查较细，但不会脱离教材。

● 【2018 年真题 · 多选】下列国家的别称，正确的是（　　）。

A．巴西——“咖啡王国”

B．新西兰——“世界边缘的国家”

C．澳大利亚——“骑在马背上的国家”

D．南非——“太阳之国”

E．印度尼西亚——“千岛之国”

【答案】ABDE

【解析】澳大利亚——农牧业发达，自然资源丰富，有“骑在羊背上的国家”“坐在矿车上的国家”和“手持麦穗的国家”之称。其他选项均表述正确。

【点评】难度较大，本题考查多个知识点，合理利用排除法作答。

习题强化

一、判断题

1．玉佛寺、卧佛寺、金佛寺被称为泰国三大国宝，其中卧佛寺是泰国唯一没有和尚居住的佛寺。（ ）

2．英国是世界第一旅游接待国。（ ）

3．平壤是韩国的首都，木槿花是韩国的国花。（ ）

4．斗牛是葡萄牙传统文化，也是葡萄牙的“国粹”。（ ）

5．鱼尾狮塑像是马来西亚的象征。（ ）

6．济州岛位于韩国最南端的北太平洋上，是个火山岛，也是韩国第一大岛，其中汉拿山是济州岛的象征。（ ）

7．梵蒂冈是世界上最小的国家，面积 0.44 平方公里，在罗马城的西北角，是一个“国中国”，也是全世界基督教的中心——以教皇为首的教廷的所在地。（ ）

8．普吉岛作为泰国境内唯一受封为省级地位的岛屿，位于泰国西南方，是泰国最大的岛，也是泰国最大的府。（ ）

9．印度首都新德里，素有印度“商业首都”和“金融首都”之称。（ ）

10．在新加坡，全面禁售、禁食口香糖，在封闭的公共场所吸烟是违法行为。（ ）

11．菲律宾首都马尼拉是全国政治、经济、文化和宗教中心，有“热带花园之都”之称，是全国最大的港口。（ ）

12．日本国名意为“日出之国”。国家政体为议会君主立宪制。天皇为国家象征，无权参与国政。（ ）

13．澳大利亚人忌讳兔子，认为这是一种不吉利的动物，看到它会倒霉。（ ）

14．美国国防部五角大楼位于华盛顿，它也是华盛顿面积最大的建筑。（ ）

15．大英博物馆建于 17 世纪，是世界上历史最悠久、规模最大的博物馆。（ ）

16. 在法国一般不宜送菊花、玫瑰、水仙花和金盏花，菊花是丧花，玫瑰花是送情人的，水仙花代表冷酷无情，金盏花表示悲伤。（　　）
17. 慕尼黑拥有“德国最大的书柜”德意志图书馆，是世界图书业的中心，也是欧洲最繁忙的展览场所。（　　）
18. 罗马的杜奥莫教堂是世界第二大教堂，达·芬奇的巨画《最后的晚餐》就画在这座教堂旁的修道院餐厅的墙壁上。（　　）
19. 巴厘岛是印度尼西亚唯一信奉印度教的地区，有寺院 4000 多座，故称“千庙之岛”。（　　）
20. 俄罗斯族的主要宗教是东正教，其次是伊斯兰教。（　　）
21. 裕廊飞禽公园是世界最大的鸟类公园，位于韩国。（　　）
22. 俄罗斯人一般以面包为主食，喜爱牛、羊肉，喜欢饮酒，伏特加特别受大众欢迎。（　　）
23. 日本国旗为太阳旗，国花是樱花。（　　）
24. 加拿大人喜爱枫叶图案，忌讳百合花图案。（　　）
25. 新加坡忌讳说“恭喜发财”之类的话。（　　）
26. 如果我们把俄罗斯客人安排在某酒店的 13 楼，他们会很乐意接受。（　　）
27. 英国居民多信奉天主教。（　　）
28. 马来西亚以佛教为国教，此外还信仰伊斯兰教、印度教和基督教。（　　）
29. 澳大利亚是世界上唯一一个国土覆盖整个大陆的国家。（　　）
30. 在韩国收到礼物时应当面打开。（　　）
31. 泰国人切忌用左手服务或吃东西。（　　）
32. 在饮食方面泰国人不喝热茶，喜欢吃带甜味的菜肴。（　　）
33. 日本国名意为“日出之国”，有 108 个活火山，被称为“火山、地震之国”。（　　）
34. 埃菲尔铁塔是世界上第一座钢铁结构的高塔，也是法国最高的建筑物，成为巴黎和法国的象征。（　　）

二、单选题

1. 用蜡染花布做成的“巴迪”服是（　　）的国服。

A. 菲律宾　　B. 印度尼西亚

C. 马来西亚　　D. 泰国

2. 曼哈顿是（　　）的核心和象征。

A. 纽约　　B. 华盛顿

C. 旧金山　　D. 洛杉矶

3. 在英国女王是国家元首，拥有象征性的地位，（　　）拥有最高政治权力。

A. 议会　　B. 内阁首相

C．总理　　D．国务卿

4．被称为“火山、地震之国”的是（　　）。

A．日本　　B．韩国

C．印度尼西亚　　D．冰岛

5．瑞士的首都是（　　）。

A．伯尔尼　　B．苏黎世

C．日内瓦　　D．巴塞尔

6．由中国鉴真和尚亲自建造的日本国宝——唐招提寺在（　　）。

A．奈良　　B．京都

C．大阪　　D．神户

7．位于日本东京的景点有（　　）。

A．清水寺　　B．知床半岛

C．上野公园　　D．岚山

8．韩国的国花是（　　）。

A．荷花　　B．木槿花

C．梅花　　D．樱花

9．韩国的第二大城市和最大的港口城市是（　　）。

A．首尔　　B．仁川

C．釜山　　D．济州岛

10．新加坡忌讳（　　），视为倒霉之色。

A．红色　　B．黄色

C．黑色　　D．绿色

11．新加坡著名的华人街景点名称是（　　）。

A．乌节路　　B．牛车水

C．金沙娱乐城　　D．圣淘沙

12．“世界佛教联谊会”总部所在地是（　　）。

A．清迈　　B．曼谷

C．新德里　　D．芭堤雅

13．亚洲唯一的粮食净出口国是（　　）。

A．中国　　B．日本

C．泰国　　D．越南

14．印度绝大多数国民信奉（　　）。

A．基督教　　B．伊斯兰教

C．佛教　　D．印度教

15．南非最大的城市，现为世界最大金矿区，素有“黄金之城”美誉的是（　　）。

A．茨瓦内　　B．布隆方丹

C．开普敦　　D．约翰内斯堡

16．南非的货币是（　　）。

A．南非兰特　　B．南非元

C．南非比索　　D．南非盾

17．目前非洲最大的城市，也是世界上最古老的城市之一的是（　　）。

A．开普敦　　B．开罗

C．伊斯　　D．约翰内斯堡

18．世界七大古迹之一的亚历山大灯塔遗迹位于埃及的（　　）。

A．开罗　　B．苏伊士

C．塞得港　　D．亚历山大

19．新西兰最大的城市是（　　）。

A．基督城　　B．惠灵顿

C．奥克兰　　D．皇后镇

20．人均拥有的帆船数量为全球之冠，故有“千帆之都”美誉的城市是（　　）。

A．惠灵顿　　B．奥克兰

C．黄金海岸　　D．夏威夷

21．巴西的官方语言是（　　）。

A．英语　　B．法语

C．葡萄牙语　　D．意大利语

22．澳大利亚的国花是（　　）。

A．百合花　　B．郁金香

C．水仙花　　D．金合欢

23．澳大利亚的首都是（　　）。

A．悉尼　　B．墨尔本

C．堪培拉　　D．布里斯班

24．瑞士著名的经济、金融和文化中心是（　　）。

A．伯尔尼　　B．苏黎世

C．日内瓦　　D．巴塞尔

25．（　　）被誉为湖上的花园城，主要景点有格罗斯大教堂、圣母教堂、圣彼得大教堂、班霍夫大街、瑞士国家博物馆等。

A．苏黎世　　B．瑞士

C．瑞典　　D．斯德哥尔摩

26．土耳其的首都是（　　）。

A．安卡拉　　B．伊斯坦布尔

C．伊兹密尔　　D．布尔萨

27．土耳其人招待贵宾的特色菜是（　　）。

A．烤全羊　　B．烤肉

C．烤鱼　　D．烤乳猪

28．加拿大的国树是（　　），也是加拿大民族的象征。

A．香樟树　　B．桉树

C．橡胶树　　D．枫树

29．加拿大的首都是（　　），也是世界上最寒冷的首都。

A．多伦多　　B．渥太华

C．蒙特利尔　　D．温哥华

30．美国最大的城市，也是联合国总部所在地的是（　　）。

A．纽约　　B．华盛顿

C．旧金山　　D．洛杉矶

31．美国旧金山的标志性景点是（　　）。

A．中央公园　　B．自由女神像

C．金门大桥　　D．联合国总部大楼

32．世界上天主教徒最多的国家是（　　）。

A．美国　　B．英国

C．巴西　　D．法国

33．用“面包加盐”的方式迎接贵宾表示最热烈欢迎的国家是（　　）。

A．俄罗斯　　B．立陶宛

C．斯洛伐克　　D．波兰

34．俄罗斯的国花是（　　）。

A．月季　　B．梅花

C．向日葵　　D．郁金香

35．被称为西班牙“国粹”的是（　　）。

A．哈蒙　　B．弗拉门科舞蹈

C．斗牛　　D．吉他

36．全年阳光充足，气候宜人，有“太阳王国”之称的国家是（　　）。

A．意大利　　B．西班牙

C．希腊　　D．法国

37．著名的亚欧大陆桥的欧洲始发点的国家是（　　）。

A．波兰　　B．瑞士

C．西班牙　　D．荷兰

38．荷兰通用货币是（　　）。

A．欧元　　B．荷兰盾
C．荷兰比索　　D．荷兰币

39．法国人忌讳（　　）的花，认为是不忠诚的表现。
A．白色　　B．绿色
C．红色　　D．黄色

40．欧盟人口最多也是欧洲最大经济体的国家是（　　）。
A．德国　　B．英国
C．法国　　D．意大利

41．欧洲中央银行总部设在（　　）。
A．柏林　　B．法兰克福
C．科隆　　D．慕尼黑

42．被喻为全球最大的“露天历史博物馆”的城市是（　　）。
A．罗马　　B．科隆
C．巴黎　　D．伦敦

43．世界上最大的葡萄酒生产国是（　　）。
A．法国　　B．西班牙
C．意大利　　D．澳大利亚

44．被誉为“百岛之城”之称，也是世界上唯一没有汽车的城市是（　　）。
A．伯尔尼　　B．惠灵顿
C．梵蒂冈　　D．威尼斯

45．菲律宾被（　　）统治长达300多年。
A．葡萄牙　　B．荷兰
C．西班牙　　D．日本

46．英国国旗为米字旗，国花是（　　）。
A．月季　　B．菊花
C．玫瑰　　D．水仙

47．欧洲最古老的中国城在英国的（　　）。
A．伦敦　　B．爱丁堡
C．利物浦　　D．威尔士

48．炸鱼、薯条和三明治是（　　）人的发明，也是现代快餐的标志。
A．英国　　B．美国
C．希腊　　D．意大利

49．世界上最早公开行亲吻礼的国家，也是使用亲吻礼频率最多的国家是（　　）。
A．法国　　B．英国
C．美国　　D．芬兰

50. 马来西亚最大的城市，有“世界锡都、胶都”之美誉的是（　　）。

A. 吉隆坡　　B. 布特拉贾亚

C. 雅加达　　D. 马六甲

51. 菲律宾属于（　　）气候。

A. 热带雨林　　B. 热带海洋

C. 亚热带季风　　D. 亚热带海洋

52. 被誉为“世界边缘的国家”是（　　）。

A. 澳大利亚　　B. 新西兰

C. 南非　　D. 埃及

53. 自由女神像是（　　）赠给美国建国 100 周年的礼物，已成为美国的标志，被列入世界文化遗产。

A. 英国　　B. 法国

C. 德国　　D. 中国

54. 下列旅游客源国中信奉伊斯兰教的国家是（　　）。

A. 泰国　　B. 印度尼西亚

C. 德国　　D. 美国

55. 在日本，常人不能使用的图案是（　　）。

A. 樱花　　B. 荷花

C. 菊花　　D. 梅花

56. 下列称“椰城”的城市是（　　）。

A. 雅加达　　B. 首尔

C. 吉隆坡　　D. 曼谷

57.（　　）是世界上最大的群岛国。

A. 印度尼西亚　　B. 马来西亚

C. 菲律宾　　D. 澳大利亚

58. 日本的主要宗教是（　　）。

A. 印度教　　B. 神道教和佛教

C. 佛教　　D. 基督教

59. 韩国忌讳的数字是（　　）。

A. 3　　B. 4

C. 13　　D. 14

60. 忌讳绿色的国家是（　　）。

A. 日本　　B. 法国

C. 美国　　D. 新加坡

61. “枫叶”是（　　）民族的象征。

A．美国　　B．德国
C．英国　　D．加拿大

62．加拿大国家和友谊的象征是（　　）。
A．枫树　　B．枫叶
C．橡树　　D．玫瑰

63．菲律宾的货币名称是（　　）。
A．卢比　　B．林吉特
C．欧元　　D．比索

64．法国的国花是（　　）。
A．牡丹花　　B．玫瑰花
C．鸢尾花　　D．雏菊

65．加拿大与美国交界的跨国瀑布是（　　）。
A．尼亚加拉瀑布　　B．维多利亚瀑布
C．伊瓜苏瀑布　　D．安赫尔瀑布

66．英国的政治制度是（　　）。
A．总统制　　B．君主立宪制
C．共和制　　D．议会制

67．把“女士第一，女士优先”的礼俗当作生活中的重要内容的是（　　）男子。
A．美国　　B．法国
C．英国　　D．日本

68．以首都的名称命名其国家的是（　　）。
A．马来西亚　　B．菲律宾
C．新加坡　　D．澳大利亚

69．俄罗斯人喜欢数字（　　）。
A．8　　B．9
C．6　　D．7

70．美国的自由神像位于（　　）
A．洛杉矶　　B．旧金山
C．华盛顿　　D．纽约

71．大都会博物馆位于（　　）。
A．韩国　　B．德国
C．英国　　D．美国

72．美国的国花是（　　）。
A．鸢尾花　　B．木槿花
C．胡姬花　　D．玫瑰

73．泰国的国花是（　　）。

A．扶桑花　　B．胡姬花

C．茉莉花　　D．金链花

74．英国人的饮食习惯一般是一日（　　）加茶点。

A．二餐　　B．三餐

C．六餐　　D．五餐

75．泰国以（　　）为国教。

A．佛教　　B．基督教

C．伊斯兰教　　D．道教

76．（　　）饮食以泡菜文化为特色，一日三餐都离不开泡菜。

A．泰国　　B．印度

C．韩国　　D．新加坡

77．世界上最大的佛塔婆罗浮屠佛塔位于（　　）。

A．马来西亚　　B．印度尼西亚

C．巴基斯坦　　D．印度

78．澳大利亚、俄罗斯、美国、加拿大四国的国土面积依次居世界的（　　）。

A．第一位、第二位、第三位、第四位

B．第六位、第一位、第四位、第二位

C．第二位、第一位、第四位、第六位

D．第四位、第一位、第二位、第三位

79．马来西亚的首都是（　　）。

A．首尔　　B．吉隆坡

C．马尼拉　　D．雅加达

80．日本人忌讳的花卉图案是（　　）。

A．荷花　　B．菊花

C．白花　　D．百合花

81．新加坡的象征是（　　）。

A．鱼尾狮塑像　　B．大三巴牌坊

C．胡姬花　　D．桂离宫

82．印度尼西亚巴厘岛有“千庙之岛”之誉称，这些庙宇属于（　　）建筑。

A．伊斯兰教　　B．印度教

C．佛教　　D．巴哈伊教

83．韩国著名旅游胜地济州岛的象征是（　　）。

A．正房瀑布　　B．白鹿潭

C．汉拿山　　D．梵鱼寺

84. 新西兰的（　　）是世界著名的“探险之都”。

A. 惠灵顿　　B. 奥克兰

C. 罗托鲁阿　　D. 昆斯敦（皇后镇）

85. 世界最长的河流是（　　）。

A. 密西西比河　　B. 尼罗河

C. 亚马孙河　　D. 长江

86.（　　）是欧洲乃至全世界最具魅力的黄金海岸。

A. 尼斯　　B. 巴黎

C. 马赛　　D. 里昂

87. 原意为“天使之城”，也是东南亚第二大城市的是著名旅游地（　　）。

A. 新加坡　　B. 曼谷

C. 吉隆坡　　D. 岘港

88.（　　）是号称实际上“最富有”的国家。

A. 比利时　　B. 瑞典

C. 瑞士　　D. 苏黎世

89. 世界上唯一一个有三个首都的国家是（　　）。

A. 巴西　　B. 埃及

C. 荷兰　　D. 南非

90. 新加坡人过春节流行主客共饮（　　），寓意“财运亨通”。

A. 肉骨茶　　B. 马黛茶

C. 元宝茶　　D. 茉莉花茶

91. 以下与北京结为姐妹城市的是（　　）。

A. 法兰克福　　B. 海德堡

C. 科隆　　D. 慕尼黑

92.（　　）守时观念较差，赴约常常迟到。

A. 德国人　　B. 法国人

C. 俄罗斯人　　D. 意大利人

三、多选题

1. 被誉为“泰国三大国宝”的是（　　）。

A. 大王宫　　B. 玉佛寺

C. 卧佛寺　　D. 金佛寺

E. 郑王庙

2. 伊斯坦布尔是土耳其最大的城市，也是古代陆上丝绸之路的终点，有（　　）等著名景观。

A. 托普卡匹珀宫　　B. 圣索菲亚博物馆

C．蓝色清真寺
D．罗马浴场
E．奥古斯都神殿

3．下列欧洲国家中居民主要信奉天主教的是（　　）。
A．英国
B．法国
C．意大利
D．俄罗斯
E．西班牙

4．下列关于美国的描述中，正确的是（　　）。
A．美国面积为 937 万平方公里，位居世界第三
B．美国大部分地区属暖温带和亚热带大陆性气候
C．美国人的主食是肉、鱼、菜类，主要饮料是咖啡
D．美国人口约 3.21 亿（截至 2015 年），是世界第一大经济体
E．美国由华盛顿哥伦比亚特区、52 个州和关岛等众多海外领土组成

5．法国巴黎是当今世界四大国际化都市之一，又被称为（　　）。
A．“世界会议城”
B．“香水之都”
C．“欧洲经济的火车头”
D．“时装之都”
E．“世界花都”

6．南非是世界上唯一一个有三个首都的国家，行政、司法、立法首都是下列（　　）三个城市。
A．茨瓦内
B．布隆方丹
C．开普敦
D．姆普马兰加
E．约翰内斯堡

7．下列属于泰国著名的旅游城市或景点的是（　　）。
A．芭堤雅
B．柴迪隆寺
C．裕廊鸟类公园
D．水原华城
E．普吉岛

8．下列对泰国叙述正确的是（　　）。
A．泰国又有“黄袍佛国”的美名
B．泰国人不喝热茶，不爱吃红烧、甜味的菜肴
C．泰国和尚绝对不能与女性有任何身体接触
D．泰国的国花是金链花
E．进入寺庙及进入他人房间前要脱鞋

9．印度著名的旅游金三角指的城市是（　　）。
A．加尔各答
B．孟买
C．阿格拉
D．斋浦尔
E．新德里

10．日本的风物特产主要有（　　）。

A．和服　　B．版画

C．京都油纸伞　　D．竹编工艺品

E．螺钿漆器制品

11．在韩国（　　）是皇家的颜色，象征着幸福。

A．黄色　　B．白色

C．蓝色　　D．黑色

E．红色

12．韩国素称“礼仪之邦”“君子之国”，下列叙述正确的是（　　）。

A．客人进门前必问“有人吗”，并在屋外脱鞋

B．到韩国家庭做客，一般可以带水果或巧克力、鲜花

C．数字“4”被认为是不吉利的

D．送礼用绿色、白色和黑色纸包装最佳

E．接受礼物时不应当面打开

13．新加坡是个购物的天堂，其特色商品主要有（　　）。

A．胡姬花饰品　　B．陶瓷

C．肉骨茶　　D．美珍香猪肉脯

E．鳄鱼皮制品

14．新加坡的官方语言是（　　）。

A．英语　　B．汉语

C．印尼语　　D．泰米尔语

E．马来语

15．日本位于亚洲东部，国土由（　　）等岛屿和沿海七千多个小岛组成。

A．北海道　　B．本州

C．九州　　D．龟屿

E．四国

16．被誉为马来西亚三大珍宝的是（　　）。

A．兰花　　B．巴迪布

C．兰卡威水晶　　D．巨猿

E．蝴蝶

17．下列对英国风俗礼仪叙述正确的是（　　）。

A．英国人讨厌墨绿色

B．忌用山羊、大象和孔雀图案

C．英国通行西方礼仪，忌讳数字“13”，不喜欢星期五

D．送礼时忌送百合花、菊花

E．到英国人家里做客时，应该提前 10 分钟以上到

18．属于菲律宾的特产有（　　）。

A．吕宋雪茄　　B．龙目岛瓷壶

C．木刻工艺品及刺绣　　D．椰壳制品

E．木吉他

19．下列对菲律宾叙述正确的是（　　）。

A．菲律宾 90% 以上的人信奉伊斯兰教

B．货币为菲律宾比索

C．宿务市是菲律宾的第二大城市

D．菲律宾人的主食是米饭

E．菲律宾男子的国服叫"巴隆他加禄"

20．印度尼西亚的著名旅游景点巴厘岛享有（　　）美誉。

A．花之岛　　B．艺术之岛

C．鸟之岛　　D．天堂岛

E．神明之岛

21．英国国土面积 24.41 万平方千米，由（　　）共同组成。

A．英格兰　　B．苏格兰

C．巴伐利亚　　D．北爱尔兰

E．威尔士

22．下列对印度风俗叙述正确的是（　　）。

A．印度妇女额头上常点有吉祥痣，表示喜庆、吉祥之意

B．印度男性则大多包头巾

C．纱丽是妇女的传统服饰

D．印度教徒禁食牛肉，进餐前有禁止洗澡的习惯

E．印度人饮食口味特点淡而清滑，印度烙饼和咖喱大米饭是印度人喜欢的主食

23．马来西亚是亚洲新兴的工业国之一，是世界上最大（　　）出产国。

A．天然橡胶　　B．水果

C．铁　　D．锡

E．棕榈油

24．下列对埃及叙述正确的是（　　）。

A．伊斯兰教是埃及的国教，其信徒主要是逊尼派

B．埃及在阿拉伯语中意为"辽阔的国家"

C．埃及首都开罗，是非洲最大的城市

D．亚历山大是埃及的第二大城市和最大的海港

E．埃及人多穿宽大的长袍，不论寒暑，男子都扎头巾或戴毡帽，妇女则以黑

纱蒙面

25．属于澳大利亚第二大城市墨尔本的著名景点有（　　）。

A．大洋路　　B．海港大桥

C．唐人街　　D．皇家展览馆

E．菲利浦岛

26．新西兰是个高度发达的资本主义国家，其（　　）出口值皆为世界第一。

A．羊肉　　B．奶制品

C．粗羊毛　　D．鹿茸

E．三文鱼

27．属于新西兰惠灵顿的名胜有（　　）。

A．新西兰国会大厦　　B．皇后码头

C．伊甸山　　D．伊丽莎白女王广场

E．卡皮蒂岛自然保护区

28．下列对南非叙述正确的是（　　）。

A．南非有黑人、白人、有色人和亚裔四大种族

B．开普敦有全球第二大赌场，是非洲的“拉斯维加斯”

C．南非黑人的主食是玉米、薯类、豆类

D．非洲木雕、动物毛皮挂毯等传统工艺品，鸵鸟工艺品是南非的特产

E．南非年平均日照时数为 7.5 ～ 9.5 小时，故被称为“太阳之国”

29．世界八大奇迹之一，也是埃及的象征是（　　）。

A．胡夫金字塔　　B．萨拉丁城堡

C．开罗塔　　D．卢克索

E．狮身人面像

30．巴西首都巴西利亚的著名景点有（　　）。

A．三权广场　　B．伊比拉普埃拉公园

C．东方街　　D．科巴卡巴纳海滩

E．总统纪念堂

31．澳大利亚农牧业发达，自然资源丰富有（　　）之称。

A．骑在羊背上的国家　　B．坐在矿车上的国家

C．手持麦穗的国家　　D．身在鲜花的国家

E．食在海洋的国家

32．澳大利亚特产主要有（　　）。

A．绵羊油　　B．澳宝

C．蜂蜜　　D．火山泥化妆品

E．树皮画

33．加拿大多伦多的主要景点有（　　）。
A．国家电视塔　　B．皇家安大略博物馆
C．卡萨罗玛城堡　　D．国会大厦
E．安大略艺术馆

34．加拿大主要信奉的宗教是（　　）。
A．天主教　　B．伊斯兰教
C．犹太教　　D．印度教
E．基督教新教

35．美国位于北美洲中部，其中（　　）州位于美国本土以外。
A．内华达　　B．加利福尼亚
C．新泽西　　D．夏威夷
E．阿拉斯加

36．属于美国华盛顿哥伦比亚特区的景观是（　　）。
A．国会大厦　　B．白宫
C．自由女神像　　D．帝国大厦
E．金门大桥

37．下列著名景点中，位于美国的有（　　）。
A．大本钟　　B．金门大桥
C．大都会艺术博物馆　　D．西敏寺
E．国会大厦

38．下列属于美国著名景点的是（　　）。
A．自由女神像　　B．裕廊飞禽公园
C．夏威夷群岛　　D．大峡谷国家公园
E．黄石国家公园

39．下列美国人风俗叙述正确的是（　　）。
A．忌讳数字“13”，不喜欢“星期五”
B．忌讳象征死亡的黑色，不喜欢红色
C．忌讳象征吸血鬼的蝙蝠图案
D．喜欢象征吉利的黑猫图案
E．喜欢白色秃鹰图案

40．号称荷兰四宝的是（　　）。
A．钻石　　B．郁金香
C．奶酪　　D．木鞋
E．风车

41．荷兰位于欧洲西部，与（　　）接壤。

A．德国　　B．比利时
C．法国　　D．意大利
E．葡萄牙

42．荷兰首都阿姆斯特丹的主要景点有（　　）。
A．小孩堤防风车村　　B．国立博物馆
C．荷兰王宫　　D．水坝广场
E．凡·高博物馆

43．瑞士以（　　）为官方语言。
A．德语　　B．法语
C．意大利语　　D．拉丁罗曼语
E．英语

44．瑞士有（　　）之誉。
A．钟表王国　　B．欧洲屋脊
C．世界公园　　D．度假之都
E．花卉王国

45．瑞士第一大城市苏黎世的主要景点有（　　）。
A．瑞士国家博物馆　　B．格罗斯大教堂
C．班霍夫大街　　D．圣彼得大教堂
E．圣母教堂

46．土耳其拥有世界七大奇迹中的（　　）。
A．阿耳忒弥斯神庙　　B．摩索拉斯陵墓
C．罗得岛的太阳神铜像　　D．亚力山大港的灯塔
E．奥林匹亚的宙斯神像

47．西班牙民风奔放热情，以（　　）而闻名。
A．斗牛　　B．弗拉门科舞蹈
C．吉他　　D．奶酪
E．郁金香

48．西班牙有三大特色小吃，分别是（　　）。
A．哈蒙　　B．托尔大
C．奶油汤　　D．芝士火锅
E．巧里索

49．属于西班牙巴塞罗那的著名景点有（　　）。
A．毕加索博物馆　　B．普拉多博物馆
C．太阳门　　D．奥运村及奥运会主体育场
E．古伊尔公园

50．下列叙述德国正确的是（　　）。

A．德国国花是矢车菊

B．科隆大教堂有两座哥特式尖塔，是目前世界上最高的双塔教堂

C．德国人忌讳“13”，最不吉利的是“13日星期五”

D．德国位于欧洲中部，是欧洲邻国最多的国家

E．德国人接受礼物时不能当着送礼者的面打开

51．意大利地处欧洲南部地中海北岸，其领土还包围着（　　）两个微型国家。

A．圣马力诺　　B．梵蒂冈

C．瑞士　　D．奥地利

E．斯洛文尼亚

52．被称为罗马三大古迹的是（　　）。

A．比萨斜塔　　B．圣马可教堂

C．地下墓穴　　D．斗兽场

E．万神殿

53．位于意大利中部的佛罗伦萨是（　　）等名人诞生地。

A．歌德　　B．爱迪生

C．凡·高　　D．但丁、达•芬奇

E．米开朗琪罗

54．俄罗斯跨越（　　）等气候带。

A．北寒带　　B．亚寒带

C．北温带　　D．亚温带

E．亚热带

55．被称为俄罗斯的标志，也是俄罗斯历史见证的是（　　）。

A．红场　　B．克里姆林宫

C．克格勃博物馆　　D．圣巴西尔大教堂

E．列宁陵墓

56．下列关于俄罗斯风俗叙述正确的是（　　）。

A．俄罗斯人一般以面包为主食，喜爱牛、羊肉，喜欢饮酒

B．如果有人不慎打翻盐罐或将盐撒在地上，被认为是家庭不和的征兆

C．俄罗斯数字禁忌跟西方人一样，也忌讳“13”

D．他们常用“9”这个数字，认为这是幸福和成功的象征

E．打碎杯、碟、盘则意味着富贵和幸福

57．下列属于巴黎的景点是（　　）。

A．凡尔赛宫　　B．协和广场

C．香榭丽舍大道　　D．伊夫岛

E．古罗马大剧院

58．下列属于法国的特色商品有（　　）。

A．格拉斯香水　　B．巴卡拉水晶

C．康涅克白兰地　　D．锡蜡制品

E．玻璃精工

59．属于德国第三大城市慕尼黑的景点有（　　）。

A．新天鹅堡　　B．玛利亚广场

C．歌德故居　　D．奥林匹克中心

E．宝马汽车博物馆

60．巴西经济实力居拉美首位，是农牧业大国，（　　）等产量都居全球首位。

A．咖啡　　B．茶叶

C．葡萄　　D．甘蔗

E．可可

61．茉莉花是（　　）的国花。

A．英国　　B．菲律宾

C．美国　　D．印度尼西亚

E．泰国

62．下列属于英国著名景点的是（　　）。

A．白金汉宫　　B．科隆大教堂

C．大英博物馆　　D．卢浮宫

E．威斯敏斯特宫

63．伦敦是英国的首都，下列景点属于伦敦的是（　　）。

A．白金汉宫　　B．圣吉尔斯大教堂

C．荷里路德宫　　D．温莎城堡

E．格林尼治天文台

64．下列属于泰国民俗风情的有（　　）。

A．泰国人见面或分手时，习惯稍低头，行合十礼

B．忌讳左手服务或用左手吃东西

C．进入寺庙及进入他人房间前要脱鞋

D．在饮食方面泰国人喜欢喝热茶

E．泰国以伊斯兰教为国教

65．有关加拿大的表述正确的有（　　）。

A．国土面积居世界第二位

B．加拿大素有“枫叶之国”的美誉

C．英语和法语同属于加拿大的官方语言

D．首都渥太华

E．加拿大人饮食以西餐为主，特别爱吃烤制食品，也喜欢中餐

66．下面有关日本人的禁忌描述正确的有（　　）。

A．忌荷花图案，认为是妖花

B．以使用象征日本皇族的菊花为荣

C．不喜欢数字 4、42、13

D．探望病人时忌用山茶花及淡黄色、白色的花

E．认为绿色是不祥之色

67．下列说法正确的有（　　）。

A．富士山被日本人民视为圣山，为日本象征

B．悉尼歌剧院为悉尼和澳大利亚的标志

C．威斯敏斯特宫大本钟为伦敦和英国标志

D．埃菲尔铁塔为巴黎和法国的象征

E．鱼尾狮塑像为韩国的象征

68．法国卢浮宫被列为国宝的三件藏品是（　　）。

A．《胜利女神》雕像　　B．《爱神维纳斯》雕像

C．《自由女神》雕像　　D．《蒙娜丽莎》油画

E．《掷铁饼者》雕像

69．有关下列景点所属国家的正确叙述是（　　）。

A．科隆大教堂（德国）　　B．珍岛分海奇观（韩国）

C．圣淘沙岛（新加坡）　　D．巴厘岛（印度）

E．夏威夷（美国）

70．有关下列美称所指，正确的叙述是（　　）。

A．“黄袍佛国”（泰国）　　B．“狮城”（新加坡）

C．日不落帝国（美国）　　D．“诗之岛”（印度尼西亚巴厘岛）

E．“椰城”（菲律宾雅加达）

71．（　　）被称为科隆三宝。

A．香水　　B．狂欢节

C．教堂　　D．宝马汽车

E．勃兰登堡门

72．日本传统文化的“三道”指的是（　　）。

A．剑道　　B．书道

C．茶道　　D．柔道

E．花道

73．法国巴黎的三大地标建筑是（　　）。

A．巴黎圣母院　　B．埃菲尔铁塔
C．枫丹白露　　D．罗浮宫
E．凯旋门

74．罗马的三多包括（　　）。

A．雕塑多　　B．喷泉多
C．斗兽场多　　D．教堂多
E．博物馆多

75．在德国，鲜花和葡萄酒是比较常见的礼物，但是德国人送花时特别忌讳送（　　）。

A．百合　　B．郁金香
C．玫瑰　　D．蔷薇
E．菊花

76．属于埃及的著名景点有（　　）。

A．贝莱贝伊宫　　B．阿斯旺大坝
C．卢克索神庙　　D．卡尔纳克神庙
E．奥古斯都神殿

77．关于魁北克市说法正确的是（　　）。

A．北美洲唯一一座有城墙的城市
B．魁北克老城区被列入世界文化遗产名录
C．是加拿大境内法兰西文化的发祥地
D．发现这块土地的人是法国人
E．是加拿大的第一座城市

78．法国人最爱吃的菜是（　　）。

A．蜗牛　　B．鹅肉
C．青蛙腿　　D．三文鱼
E．香肠

79．关于巴西，说法正确的是（　　）。

A．南美洲面积最大的国家　　B．世界上天主教徒最多的国家
C．有“咖啡王国”之称　　D．有世界最大的足球场
E．首都是里约热内卢

80．加拿大的官方语言是（　　）。

A．英语　　B．法语
C．德语　　D．意大利语
E．西班牙语

习题强化答案

一、判断题

1. 错	2. 错	3. 错	4. 错	5. 错
6. 对	7. 错	8. 错	9. 错	10. 对
11. 对	12. 对	13. 对	14. 对	15. 错
16. 对	17. 错	18. 错	19. 对	20. 对
21. 错	22. 对	23. 对	24. 对	25. 对
26. 错	27. 错	28. 错	29. 对	30. 错
31. 对	32. 错	33. 对	34. 错	

二、单选题

1. C	2. A	3. B	4. A	5. A
6. A	7. C	8. B	9. C	10. C
11. B	12. B	13. C	14. D	15. D
16. A	17. B	18. D	19. C	20. B
21. C	22. D	23. C	24. B	25. A
26. A	27. A	28. D	29. B	30. A
31. C	32. C	33. A	34. C	35. C
36. B	37. D	38. A	39. D	40. A
41. B	42. A	43. C	44. D	45. C
46. C	47. C	48. A	49. A	50. A
51. A	52. B	53. B	54. B	55. C
56. A	57. A	58. B	59. B	60. A
61. D	62. B	63. D	64. C	65. A
66. B	67. C	68. C	69. D	70. D
71. D	72. D	73. D	74. B	75. A
76. C	77. B	78. B	79. B	80. A
81. A	82. B	83. C	84. D	85. B
86. A	87. B	88. C	89. D	90. A
91. C	92. D			

三、多选题

1. BCD	2. ABC	3. BCE	4. BCD	5. ABDE
6. ABC	7. ABE	8. ABCDE	9. CDE	10. ABCD
11. AE	12. ABCE	13. ACDE	14. ABDE	15. ABCE
16. ADE	17. ABCD	18. ACDE	19. BCDE	20. ABDE
21. ABDE	22. ABCE	23. ADE	24. ABCDE	25. ACDE

26．ABCD	27．ABE	28．ACDE	29．AE	30．AE
31．ABC	32．ABCE	33．ABCE	34．AE	35．DE
36．AB	37．BCE	38．ACDE	39．ABCE	40．BCDE
41．AB	42．BCDE	43．ABCD	44．ABC	45．ABCDE
46．AB	47．ABC	48．ABE	49．ADE	50．ABCD
51．AB	52．CDE	53．DE	54．ABCD	55．AB
56．ABCE	57．ABC	58．ABCE	59．ABDE	60．ADE
61．BD	62．ACE	63．ADE	64．ABC	65．ABCDE
66．CDE	67．ABCD	68．ABD	69．ABCE	70．ABD
71．ABC	72．BCE	73．ABE	74．ABD	75．CDE
76．BCD	77．ABCDE	78．AC	79．ABCD	80．AB

严格依据2019年全国导游人员资格考试大纲编写

蜗牛导考教研室 编

导游业务

DAOYOU YEWU

全国导游资格考试
笔试科目精选精练

中国环境出版集团·北京

图书在版编目(CIP)数据

导游业务 / 蜗牛导考教研室编 . —北京：中国环境出版集团，2019.7
全国导游资格考试笔试科目精选精练
ISBN 978-7-5111-4045-6

Ⅰ. ①导… Ⅱ. ①蜗… Ⅲ. ①导游—资格考试—习题集 Ⅳ. ① F590.633-44

中国版本图书馆 CIP 数据核字（2019）第 140739 号

出 版 人 武德凯
责任编辑 田 怡
责任校对 任 丽
装帧设计 彭 杉

出版发行 中国环境出版集团
（100062 北京市东城区广渠门内大街 16 号）
网 址：http://www.cesp.com.cn
电子邮箱：bjgl@cesp.com.cn
联系电话：010-67112765（编辑管理部）
发行热线：010-67125803，010-67113405（传真）
印 刷 北京市联华印刷厂
经 销 各地新华书店
版 次 2019 年 7 月第 1 版
印 次 2019 年 7 月第 1 次印刷
开 本 787×1092 1/16
印 张 13.5
字 数 259 千字
定 价 165.00 元（全四册）

前 言

导游资格考试全国统考已进入第 4 个年头，经过我们多年对考试的研究分析可知，大量的做题训练是通过笔试的根本保障。

但我们不鼓励盲目做题，在教材系统复习基础之上，练习优质试题才有效果，否则事倍功半。为此，我们严格依据新大纲研发了这套《速记宝典》配套纸质版习题——《全国导游资格考试笔试科目精选精练》系列（以下简称《精选精练》。

这套《精选精练》由我们集结蜗牛导考教研室各位专家精心编制，具备质量优、题量大、价格低三大特点，经历 3 年来全国几十万考生作答检测，是我们多年教学研究的精华沉淀，也是市面上不可多得的精品，此次出版则是为了更好地满足全国考生对纸质版习题练习的需求。

本书有不同于市场同类书的以下特点。

1. 三年真题

包含我们收集的 2016、2017 和 2018 年全套真题，2018 年真题及典型真题重点解读，其余真题归入习题强化，部分真题根据今年新大纲修改或删除。

2. 精选习题

每道习题均是精挑细选，重要考点全部覆盖，体现新大纲变化特点，主攻基础性、易得分试题，大幅提升您的备考效率。

3. 超大题量

约 7000 道试题，市面同类图书约 4000 题量，给您酣畅淋漓的作答体验；各科目题量分布科学，多选题加入全选，完全符合国家机考最新考查特点。

4. 疑难解答

微信公众号“蜗牛导考”定期刊登疑难试题解析，与读者持续交流；开创“纸质版答案 + 公众号疑难试题解析”的方式，每套书减少约 100 页纸张消耗，同时降低读者购买价格。

5. 排版美观

即使是一本普通习题册，我们也绝不降低品质；为避免读者视觉疲劳，提高复习效率，本书力求排版宽松、布局美观，相同题量下，比市面同类图书多出约五分之一页码。

6. 品质保障

本书由蜗牛导考联合 101 贝考、中国环境出版集团荣誉出品；是我们在 2019 年推出的重磅作品，是继教材《速记宝典》引爆全国之后，蜗牛导考的又一力作；图书出版过程由专业老师和编辑人员层层把关，确保品质第一。

7. 经济实惠

本套《精选精练》物美价廉，一套四本，约 1000 页的篇幅，在定价时力争减轻考生负担，做到为考生减负。

请务必关注微信公众号“蜗牛导考”（微信号：woniudk101），获取有关本书的疑难试题解答、补录试题、勘误等。

由于水平和时间有限，本书难免有不足之处，恳请广大读者给予指正，以便我们不断完善、进步。也在此祝福各位考生在《精选精练》的助力下，顺利通过考试。

蜗牛导考教研室

2019 年 7 月 1 日于北京

编委会

主　编：王　启

编　者：卢俊莉　　王明亮

张玉珠　　谢丽芹

阮　艳　　黄文琳

王安黎

目 录

蜗牛导考

第一编

业务基础篇

第一章　导游服务

真题解读

- 【2018 年真题 · 判断】1841 年，英国人托马斯 · 库克组织了 570 人从莱斯特到拉夫巴勒参加禁酒大会，并专门配备了向导，这是世界上第一次提供商业性导游服务的旅游活动。（　　）

  【答案】错

  【解析】后半句错误，“并专门配备了向导，这是世界上第一次提供商业性导游服务的旅游活动。”是指 **1846 年托马斯 · 库克亲自带领一个旅行团到苏格兰旅行**。

  【点评】难度较大，考查较细。注意区分时间和事件，“禁酒大会”并未提供导游服务。

- 【2018 年真题 · 判断】导游服务将呈现内容高知识化、手段科技化、方法多样化、服务标准化、职业自由化五种发展态势。（　　）

  【答案】错

  【解析】导游服务在未来将出现如下五种趋势：（1）导游内容高知识化；（2）导游手段科技化；（3）导游方法多样化；（4）导游服务**个性化**；（5）导游职业自由化。

  【点评】难度较大，考查较细。服务标准化错误，出题人在个别词组上动手脚，读题时需要足够细心。

- 【2018 年真题 · 判断】1923 年，上海商业储备银行总经理陈光甫先生在同仁的支持下，成立了中国历史上的第一家旅行社——中国旅行社，同时产生了中国第一批导游。（　　）

  【答案】错

  【解析】1923 年 8 月，上海商业储备银行总经理陈光甫先生在该银行下创设了**旅游部**。

  【点评】中等难度，考查较细，当时只是“旅游部”。

- 【2018 年真题 · 单选】在社会主义核心价值观居于最高层次，对其他层次的价值理念具有统领作用的是（　　）。

  A．富强、民主、法制、和谐　　B．富强、民主、爱国、和谐

  C．富强、民主、诚信、和谐　　D．富强、民主、文明、和谐

【答案】D

【解析】社会主义核心价值观：**富强、民主、文明、和谐**是国家层面的价值目标，自由、平等、公正、法治是社会层面的价值取向，爱国、敬业、诚信、友善是公民个人层面的价值准则。国家层面的价值目标在社会主义核心价值观居于最高层次，对其他层次的价值理念具有统领作用。

【点评】难度较大，考查较细。平时复习要足够细致，留下深刻印象。

- 【2017 年真题 · 单选】导游人员在带团中要与饭店、餐馆、游览点、交通部门、商店、娱乐场所等企业之间进行联系，在其中起着（　　）的作用。

A．连接内外　　B．协调左右

C．贯穿始终　　D．沟通上下

【答案】B

【解析】协调左右，导游人员是旅行社与饭店、餐馆、游览点、交通部门、商店、娱乐场所等企业之间的第一联络员，在各旅游企业之间起着重要的协调作用。各旅游企业的相互协作，是导游服务中的生活服务部分得以顺利进行的重要保障，对提高旅游质量至关重要，而导游人员处在各项旅游服务协调的中心位置，责任重大，作用显著。

【点评】简单难度，导游业务的复习要侧重理解，包括基本概念。

- 【2017 年真题 · 单选】导游人员职业道德规范中的（　　）是导游必须遵守的一项基本道德规范，也是社会主义各行各业必须遵守的基本行为准则。

A．爱国爱企、自尊自强　　B．耐心细致、文明礼貌

C．团结协作、顾全大局　　D．克勤克俭、游客至上

【答案】A

【解析】**爱国爱企、自尊自强**不仅是导游人员必须遵守的一项基本道德规范，也是社会主义各行各业必须遵守的基本行为准则。

【点评】中等难度，考查较细。每条道德规范都有其侧重点，要注意区分记忆。

- 【2017 年真题 · 单选】世界上第一家商业性旅行社诞生于（　　）。

A．1847 年　　B．1845 年

C．1843 年　　D．1841 年

【答案】B

【解析】1845 年，托马斯 · 库克在莱斯特创办了世界上第一家商业性旅行社。

【点评】中等难度，考查较细。托马斯 · 库克的事件都有时间线：1841——禁酒大会，1845——第一次商业旅游活动，1845——第一家商业性旅行社，1846——第一次商业性导游陪同。

- 【2017 年真题 · 单选】增进了解、促进经济交流，因势利导、促销商品，扩大客源、间接创收。这些特性都体现了导游服务的（　　）。

A．经济性　　B．文化性
C．社会性　　D．涉外性

【答案】A

【解析】导游服务具有较为明显的**经济性**，且主要表现在以下四个方面：（1）优质服务，直接创收；（2）扩大客源，间接创收；（3）因势利导，促销商品；（4）增进了解，促进经济交流。

【点评】简单难度，根据字面意思也能作答。

● 【2016年真题·单选】在旅游行业核心价值观中，旅游业赖以生存和发展的根本价值取向是（　　）。

A．安全第一　　B．游客为本
C．热爱祖国　　D．服务至诚

【答案】B

【解析】"游客为本，服务至诚"是旅游服务行业的核心价值观。"游客为本"是指一切旅游工作都要以游客需求作为最根本的出发点和落脚点，是**旅游行业赖以生存和发展的根本价值取向**，它解决的是"旅游发展为了谁"的理念问题。"服务至诚"以最大程度的诚恳、诚信和真诚做好旅游服务工作，是旅游行业服务社会的精神内核，是旅游从业人员应当树立的基本工作态度和应当遵循的根本行为准则，解决的是"旅游发展怎么做"的理念问题。

【点评】简单难度，也是平时复习的重点。

● 【2016年真题·单选】国家旅游局从（　　）年开始组织导游人员资格考试。

A．1985　　B．1989
C．1994　　D．2001

【答案】B

【解析】**1989**年起，国家旅游局每年举行一次全国性的导游人员资格考试。

【点评】简单难度，考查基本的知识识记。

● 【2016年真题·单选】中国旅行社的英文简称是（　　）。

A．CYTS　　B．CTS
C．CFTS　　D．CITS

【答案】B

【解析】**中国旅行社**即"中旅"，简称**CTS**；中国青年旅行社即"青旅"，简称CYTS；中国国际旅行社即"国旅"，简称CITS。

【点评】简单难度，考查基本的知识识记。

● 【2018年真题·多选】根据原国家旅游局《加强旅游行业精神文明建设的意见》的规定，下列关于我国导游职业道德规范的表述，正确的有（　　）。

A．遵纪守法、敬业爱岗　　B．爱国爱企、自尊自强

C. 公私分明、诚实善良　　D. 克勤克俭、服务至上

E. 耐心细致、文明礼貌

【答案】ABCE

【解析】我国导游人员职业道德规范主要有以下几方面的内容:(1)爱国爱企、自尊自强;(2)遵纪守法、敬业爱岗;(3)公私分明、诚实善良;(4)克勤克俭、游客至上;(5)热情大方、清洁端庄;(6)一视同仁、不卑不亢;(7)耐心细致、文明礼貌;(8)团结协作、顾全大局;(9)优质服务、好学向上;(10)保护环境、义不容辞。D 项，应为“游客至上”。

【点评】难度较大，丢分亦属正常。

- 【2016 年真题·多选】导游服务在旅游中的作用主要有（　　）。

A. 纽带作用　　B. 标志作用

C. 反馈作用　　D. 扩散作用

E. 主导作用

【答案】ABCD

【解析】导游服务在旅游中的作用主要体现在：**纽带作用，标志作用，信息反馈作用，扩散作用**。导游服务在旅游服务的各项服务中处于主导地位，“主导”属于地位，不属于作用。

【点评】简单难度，考查基本的知识识记，记忆技巧——“纽标扩反”。

习题强化

一、判断题

1. 现代导游服务方式大致可以分为图文声像导游方式和实地口语导游方式两大类。（　　）
2. 人类最早的旅行活动，在原始社会时期就已经开始进行了。（　　）
3. 世界上第一次为旅行团正式配备职业导游是 1846 年托马斯库克组织的利物浦之行中。（　　）
4. 第一次世界大战后，由于世界范围的和平与发展，大众化旅游活动迅速发展，导游队伍得以不断壮大。（　　）
5. 1845 年，托马斯·库克与儿子约翰·梅森·库克成立了托马斯·库克父子公司。（　　）
6. 导游服务贯穿于旅游活动的始终，涉及食、住、行、游、购、娱六大旅游要素，是整个旅游服务中最重要的一个部分。（　　）
7. 导游人员要记住旅游合作单位之间的合作关系，了解各环节可能出现的差错和失误，一旦发生问题，就要采取措施，协助出事方摆脱困境，保证旅游团活动顺

利进行。 ( )

8. 各旅游接待单位之间的关系是既相互合作，又相互制约，导游人员在他们之间起着协调作用。 ( )

9. 导游服务的独立性强还表现在导游讲解也具有相对的独立性。 ( )

10. 导游服务是通过向旅游者提供劳务而创造价值的劳动，因此导游服务是一项体力劳动。 ( )

11. 个性化服务应该从大处着眼，不拘小节。 ( )

12. 导游工作是一项劳动密集型工作。 ( )

13. 导游服务虽是各项服务的纽带，但对旅游服务质量并非起决定作用。 ( )

14. 导游接待服务包括向导服务、讲解服务、生活服务和安全服务等。 ( )

15. 导游服务是一种简单的、高智能、低技能的服务工作。 ( )

16. 在正常情况下，导游人员为旅游者提供的导游讲解服务比旅游生活服务更为重要，而且前者正是导游人员的本职工作。 ( )

17. 导游服务质量的高低，直接关系到国家和地区旅游业的声誉。 ( )

18. 优质的导游服务，即将规范化服务与个性化服务密切结合起来。 ( )

19. 美国人托马斯·库克创办了世界上第一家旅行社，标志着近代旅游业的诞生。 ( )

20. 导游人员根据自己的接待实践，综合游客的意见，反馈到旅行社和有关旅游行政管理部门，促使旅游产品的设计、包装和质量得到不断改进和完善，更好地满足游客的需要。 ( )

21. 托马斯·库克以包租火车的方式，组织团体从莱斯特到拉夫巴勒参加一次禁酒大会。这次活动虽然不是一次纯粹的商业性活动，却成了近代旅游活动的标志。 ( )

二、单选题

1. 导游人员既代表接待方旅行社的利益，又肩负着维护游客合法权益的责任，这体现的是导游服务纽带作用中的（ ）方面。

A. 沟通上下　　B. 协调左右
C. 连接内外　　D. 标志信息

2. 下列各项导游服务的作用中，属于纽带作用的是（ ）。

A. 沟通上下　　B. 传播文化
C. 实现经济效益　　D. 传播地区形象

3. 旅游服务质量高低最敏感的标志是（ ）。

A. 旅行社拥有导游人员数量　　B. 导游人员整体规模
C. 导游人员学历水平　　D. 导游服务质量

4. 新中国第一家旅行社“华侨服务社”成立于（ ）。

A．1949 年　　B．1951 年
C．1954 年　　D．1980 年

5．旅游活动中，导游人员处于旅游接待工作的中心位置，接待着四海宾朋、八方游客，推动世界上这一规模最大的社会活动，所以导游人员所从事的工作本身就具有（　　）。
A．社会性　　B．文化性
C．服务性　　D．经济性

6．导游服务是审美和求知的媒介，这体现了导游服务的（　　）。
A．经济性　　B．涉外性
C．文化性　　D．社会性

7．中国国际旅行社的英文简称是（　　）。
A．CTS　　B．CITS
C．CYTS　　D．CCTS

8．优质导游服务能对旅游目的地的旅游产品和旅行社形象起到（　　）作用。
A．扩散或传播作用　　B．协调作用
C．抑制作用　　D．反馈作用

9．我国三大旅行社中国旅行社、中国国际旅行社、中国青年旅行社成立的时间分别是（　　）。
A．1954 年、1974 年、1980 年　　B．1974 年、1954 年、1980 年
C．1854 年、1980 年、1974 年　　D．1974 年、1980 年、1954 年

10．下列导游服务特点中，没有体现复杂多变特点的是（　　）。
A．服务对象复杂　　B．游客需求多样
C．人际关系单纯　　D．直面“精神污染”

11．外语导游人员在宣传中国、了解外国以及民间交往中起到了民间大使的作用，这体现了导游服务的（　　）。
A．文化性　　B．涉外性
C．社会性　　D．服务性

12．世界上第一次有商业性导游陪同的旅游活动出现于（　　）。
A．1841 年　　B．1845 年
C．1846 年　　D．1865 年

13．世界上第一次大规模的、有组织的、纯粹以商业为目的的旅游活动出现于（　　）。
A．1841 年　　B．1845 年
C．1846 年　　D．1872 年

14．旅游服务中的代表性工作是（　　）。

A．生活服务 B．交通服务
C．导游服务 D．游览服务

15．（ ）是集体主义原则在导游工作中的具体体现。
A．克勤克俭，游客至上 B．遵纪守法，敬业爱岗
C．团结协作，顾全大局 D．耐心细致，文明礼貌

16．世界公认的第一次商业性旅游是 1841 年由（ ）组织的。
A．陈光甫 B．华盛顿
C．徐霞客 D．托马斯·库克

17．导游服务是指导游人员代表（ ），按组团合同或协议书约定的内容和标准为旅游者提供向导、讲解和相关的旅游接待服务。
A．组团社 B．被委派的旅游企业
C．地接社 D．地方旅游主管部门

18．世界上第一家商业性旅行社诞生在英国的（ ）。
A．伦敦 B．拉夫伯勒
C．曼彻斯特 D．莱斯特

19．托马斯·库克发明了一种流通券（旅行支票）是在（ ）。
A．1865 年 B．1872 年
C．1892 年 D．1900 年

20．导游员通过引导和生动精彩的讲解，给游客以知识、乐趣和美的享受，这体现了导游服务的（ ）。
A．社会性 B．文化性
C．服务性 D．涉外性

21．在旅游服务的各项服务中始终处于主导地位的是（ ）。
A．住宿服务 B．餐饮服务
C．导游服务 D．购物服务

22．旅游接待服务的核心和纽带是（ ）。
A．住宿服务 B．交通服务
C．咨询服务 D．导游服务

23．感受导游服务质量最直接也是最权威的评判者是（ ）。
A．旅行社 B．旅游者
C．司机 D．旅游行政管理部门

24．标志着我国导游队伍的建设迈上了法律进程的事件是（ ）。
A．1989 年，国家旅游局每年举办一次全国导游人员资格考试
B．1999 年，国务院颁发了《导游人员管理条例》
C．2013 年，《中华人民共和国旅游法》颁布

D. 2017 年，《导游人员管理办法》颁布

25.（　　）是文化和旅游部下发的旅游服务行业核心价值观，并要求在全国旅游行业内进行全行业推广。

A. 爱国爱企，自尊自强　　B. 克勤克俭，游客至上

C. 团结协作，顾全大局　　D. 游客为本，服务至诚

26.（　　）不仅是导游人员必须遵守的一项基本道德规范，也是社会主义各行各业必须遵守的基本行为准则。

A. 公私分明，诚实善良　　B. 爱国爱企，自尊自强

C. 团结协作，顾全大局　　D. 一视同仁，不卑不亢

27. 1996 年 11 月，国家旅游局出台了（　　），这是第一个由官方制定和实施的旅游从业人员职业道德范本。

A.《导游人员管理条例》

B.《加强旅游行业精神文明建设的意见》

C.《导游服务标准》

D.《导游服务规范》

三、多选题

1. 导游服务的特点包括（　　）。

A. 社会性　　B. 跨文化性

C. 独立性强　　D. 脑体高度结合

E. 文化性

2. 我国内地旅行社业的主干框架最初是由（　　）共同搭建起来的。

A. 中国国际旅行社　　B. 中国旅行社

C. 中国青年旅行社　　D. 康辉国际旅行社

E. 春秋国际旅行社

3. 导游服务的经济性主要表现在（　　）。

A. 直接创收　　B. 扩大客源

C. 促销商品　　D. 促进经济交流

E. 促进文化交流

4. 导游服务的纽带作用是指把接待服务中的各项服务有机地联系起来，协同地完成旅游接待任务。其具体表现在（　　）。

A. 沟通上下　　B. 协调左右

C. 连接内外　　D. 服务始终

E. 宣传扩散

5. 中国导游人员最基本的道德规范中，“爱国爱企、自尊自强”应该表现为（　　）。

A．始终站在国家和民族的高度

B．平等对待每位旅游者

C．有民族自尊心和自信心

D．时刻以国家和企业利益为重

E．为国家和企业的发展多做贡献

6．党的十八大报告中指出，社会主义核心价值观是我们党凝聚全党全社会价值共识作出的重要论断，以下哪些项是社会主义核心价值观的内容（　　）。

A．富强、民主、文明、和谐是国家层面的价值目标

B．自由、平等、公正、法治是法治层面的价值目标

C．自由、平等、公正、法治是社会层面的价值取向

D．爱国、敬业、诚信、友善是公民个人层面的价值准则

E．爱国、敬业、诚信、友善是个人层面的价值目标

7．导游服务的性质包括（　　）。

A．文化性　　B．服务性

C．经济性　　D．社会性

E．涉外性

习题强化答案

一、判断题

1．对　2．对　3．错　4．错　5．错

6．对　7．对　8．对　9．对　10．错

11．错　12．错　13．错　14．对　15．错

16．错　17．对　18．对　19．错　20．错

21．对

二、单选题

1．C　2．A　3．D　4．A　5．A

6．C　7．B　8．A　9．B　10．C

11．B　12．C　13．B　14．C　15．C

16．D　17．B　18．D　19．C　20．B

21．C　22．D　23．B　24．B　25．D

26．B　27．B

三、多选题

1．BCD　2．ABC　3．ABCD　4．ABC　5．ACDE

6．ACD　7．ABCDE

第二章　导游人员

真题解读

● 【2018 年真题·单选】导游在社交场合与他人交谈时要注意保持一定的距离，从卫生的角度看，交谈的最佳距离为（　　）。

A. 1.5 米　　B. 1.4 米

C. 1.3 米　　D. 1.2 米

【答案】C

【解析】从卫生角度考虑，交谈的最佳距离为 **1.3 米**，这样就不至于因交谈而感染由飞沫传染的疾病。

【点评】中等难度，考查较细。

● 【2018 年真题·单选】导游应注重握手的礼仪规范。下列关于握手顺序的说法中，正确的是（　　）。

A. 男女之间，男方要先伸手，以示礼貌

B. 宾主之间，主人要先伸手，以示欢迎

C. 上级和下级之间，下级要先伸手，以示尊重

D. 长辈与晚辈之间，晚辈要先伸手，以示敬意

【答案】B

【解析】如果对方是年长者和身份高者，应先向他致意问好，待对方伸出手后，才能握手，用双手握以示尊敬；男女握手时，一般等女方先伸手；宾主之间主人应先向客人伸手，以示欢迎；长辈与晚辈之间，晚辈要等长辈先伸手，以示敬仰；上下级之间，下级要等上级先伸手，以示尊重。

【点评】中等难度，考查理解能力。记忆方法：地位高的先伸手——年长者和身份高者、女方、主人、长辈、上级。

● 【2018 年真题·单选】按照技术等级，可将我国导游分为四种类型。其中，（　　）须经《导游综合知识》和《导游能力测试》笔试，且考试合格。

A. 中级导游　　B. 高级导游

C. 初级导游　　D. 特级导游

【答案】B

【解析】高级导游的考试要求：“**导游综合知识**”和“**导游能力测试**”笔试合格。

【点评】中等难度，考查较细。导游等级是重点内容之一，所以需要着重掌握，尤其是细化不同等级的具体要求。

● 【2018年真题·单选】从主要职责来看，（　　）既要负责实施旅游接待计划，又要做好联络和组织协调工作，还要进行旅游宣传和调研。

A．景区导游　　B．地陪导游

C．全陪导游　　D．领队

【答案】C

【解析】全陪在导游工作团队中处于中心地位，起着主导作用。主要有5项职责，即：**实施旅游接待计划，联络工作，组织协调工作，维护安全、处理问题，宣传、调研工作**。

【点评】简单难度，导游人员基本内容之一，需要牢记。

● 【2017年真题·单选】按业务范围划分，我国导游人员分为全程陪同导游人员、地方陪同导游人员、景区景点讲解员和（　　）。

A．业余导游人员　　B．出境旅游领队

C．专职导游人员　　D．自由执业导游人员

【答案】B

【解析】按业务范围划分，我国导游人员分为全程陪同导游人员、地方陪同导游人员、景区景点讲解员和**出境旅游领队**。

【点评】实属送分题，没什么可说的。

● 【2017年真题·单选】下列关于高级导游员任职资格的要求中，正确的是（　　）。

A．具有本科以上学历或旅游类、外语类大专学历

B．报考前2年内实际带团不少于60个工作日

C．“导游知识专题”、“导游能力测试”笔试合格

D．取得中级导游人员资格满2年

【答案】A

【解析】取得中级导游员资格满3年，**具有本科以上学历或旅游类、外语类大专学历**，报考前3年内以中级导游员身份实际带团不少于90个工作日，经笔试导游能力测试和导游综合知识（对旅游政策法规的掌握和运用能力，对旅游业发展趋势的深入了解，对国内外重大事件的及时掌握和分析，以及对旅游相关知识的综合运用能力），合格者晋升为高级导游员。

【点评】中等难度，平时经常训练的内容，考查基本的知识识记。

● 【2016年真题·多选】下列关于导游相关礼仪规范的说法中，正确的有（　　）。

A．女导游可以佩戴耳环、手镯等饰物

B．带团时最好不要吃葱、蒜、韭菜等有异味的食物

C．坐下时不应高跷二郎腿

D．始终以微笑来面对游客，为游客提供微笑服务

E．不得随意进入游客的房间，但在有事需要进入时，应事先电话约定并准时抵达

【答案】BCDE

【解析】女导游不宜佩戴耳环、手镯等饰物。

【点评】中等难度，考查较细。需要加强记忆，把相对琐碎的内容记住。

习题强化

一、判断题

1．景区（点）导游人员亦称讲解员，其职责重点就是负责所在景区（点）的导游讲解，解答游客的问询。（　　）

2．就一地而言，地陪是典型的、完全意义上的导游人员。（　　）

3．女性导游员在工作过程中要注重礼仪，一般而言，白天化淡妆，晚上可化浓妆。（　　）

4．导游人员的仪表仪容、言谈举止是给客人留下良好第一印象的重要方面。（　　）

5．西餐桌上用刀叉进食时注意不要碰击盘子，不得挥舞餐具对着别人指指点点，但是可以用手取食。（　　）

6．导游人员应当加强自己的气质修养，在实践中经受磨炼，主动扬长避短，使自己的气质较快地适应导游服务工作特性的要求。（　　）

7．遇到重大情况和问题（如治安事故、交通事故等），导游人员可直接自行决定和处理。（　　）

8．申报高级导游人员，需取得中级导游人员资格满 4 年。（　　）

9．团结协作、顾全大局是导游人员最重要的一项业务要求，它是衡量导游人员工作态度的一项重要标准。（　　）

10．导游人员的工作对象甚为广泛，善于和各种人打交道是导游人员最重要的能力之一。（　　）

11．遵纪守法、敬业爱岗是导游人员处理与游客关系的一条基本行为准则。（　　）

12．服务技能可分为操作技能和智力技能两大类，导游服务需要的主要是操作技能。（　　）

13．业余导游人员，亦称兼职导游人员。他们无须经过培训、考核即可上岗。（　　）

14. 按照使用语言，可将我国导游人员分为中文导游人员和外语导游人员两种类型。（　）
15. 导游人员在带团过程中，要尊重旅游目的地群众的宗教信仰自由。（　）
16. 导游人员饮酒量不要超过自己酒量的 1/2。（　）
17. 恪守时间是旅游活动顺利进行的重要保证，在两地间交通周转时严格守时尤为重要，所以导游人员要强调守时的重要性，自己更要以身作则。（　）
18. 为使旅游活动兴趣盎然、客导之间和谐友好，导游人员可以幽默些，不时开点玩笑，但必须注意幽默和玩笑不得针对在场旅游者的心理缺陷和隐私。（　）
19. 在所有的旅游接待中，由地陪、全陪共同实施接待计划，保证接待任务圆满完成。（　）
20. 服饰方面，男性导游人员不应穿无领汗衫、短裤等。（　）
21. 导游人员上团时必须携带导游资格证、举导游旗，导游胸卡有时则可以不佩带。（　）
22. 根据《导游人员管理条例》规定，凡取得导游人员资格证书的人员均可从事导游接待工作。（　）
23. 导游人员接待有专业要求的团队，要做好相关专业知识、词汇的准备。（　）
24. 出境旅游领队是指依法取得从业资格，受组团社委派，全权代表组团社带领旅游团出境旅游，监督境外接待旅行社和导游人员等执行旅游计划，并为旅游者提供出入境等相关服务的工作人员。（　）
25. 作为一种商业性质的职业导游，是到了近代才产生的。（　）
26. 导游员在清点游客人数时最好是边点头边口中念着数。（　）
27. 导游服务是一种社会职业，对大多数导游人员来说，它是一种谋生的手段。（　）
28. 全陪是当地旅行社的代表，是导游服务集体中的核心人物。（　）
29. 近年来，自由执业导游占据了我国导游队伍的主体地位，其主要收入来源是旅行社（或旅游者）支付的导游服务费
30. 旅行中，遇到特殊情况，导游人员可以自行变更计划。（　）
31. 多人相遇时，可右手握朋友手，左手拍其肩头，以示亲热，还应与其他人打招呼，以示友好。（　）
32. 负责导游讲解是地陪导游人员和景区景点导游人员的共同职责。（　）
33. 取面包应用叉子去叉，然后放在旁边小碟中或大盘的边沿上。（　）
34. 在导游的知识修养的“五勤”中，以勤动嘴最重要。（　）
35. 导游人员与佛教徒交往时，不要主动与他们握手，以鞠躬礼为宜。（　）
36. 如果主宾身份高于主人，为表示尊重，可以安排在主人位子上坐，而让主人坐在主宾的位子上。（　）

37. 导游人员进行导游讲解时，有责任向旅游者进行文物保护、环境保护的宣传，提醒旅游者遵守旅游景区、景点的有关规定。（ ）
38. 男性导游员在坐立时，双膝左右略分；女性导游员的双膝并拢。（ ）
39. 导游人员在行走时，身体重心应适当前倾，双肩放松，两手随步伐自然摆动。（ ）
40. 导游人员要学好、用好我国的宗教政策，在与宗教界旅游者交往时，导游人员可以参与涉及宗教问题的争论等。（ ）
41. 华侨是我们的同胞，血浓于水，所以导游人员可向华侨介绍他们希望知道的所有情况，帮助他们更多地了解祖国。（ ）
42. 由于某种原因需要调整活动项目，时间又很紧。此时，地陪可直接与旅游者商量，多数旅游者同意后就可去新定的景点游览。（ ）
43. 在旅行、游览中，遇有可能危及旅游者人身安全的紧急情形时，经征得多数旅游者的同意，可以调整或者变更接待计划，也可以不报告旅行社。（ ）
44. 中文导游人员即普通话导游员。（ ）
45. 翻译、讲解、向导服务是景区导游服务的三大内容，其中向导服务是其核心内容。（ ）
46. 导游领队遇旅游者采取拒绝上下机（车、船）、滞留等方式非理性维权的，应与旅游者进行沟通、晓以利害。必要时应向驻外使领馆或当地警方等机构报告，寻求帮助。（ ）

二、单选题

1. 以下握手要领中，错误的是（ ）。
   A. 握手时应低头弯腰　　B. 握手时应上身稍微前倾
   C. 不要将左手插在裤袋里　　D. 不要边握手边拍人家肩头
2. 握手语的一般语意是：见面致意或离别欢送。一般是女性、年长者或主人先伸手，时间约为（ ）。
   A. 1—3 秒　　B. 1—4 秒
   C. 2—3 秒　　D. 3—4 秒
3. 施鞠躬礼时，以腰部为轴，整个腰及肩部向前倾（ ）。
   A. 15° ～ 90°　　B. 10° ～ 20°
   C. 15° ～ 45°　　D. 30° ～ 45°
4. 导游人员的走姿要给游客一种（ ）的感觉。
   A. 温文尔雅　　B. 轻盈稳健
   C. 谦恭有礼　　D. 悠然自得
5. TPO 原则是人们着装的总原则，其中 T 是指（ ）。
   A. 类型　　B. 时间

C．地点　　　　D．场合

6．男士在穿西服、皮鞋时搭配的袜子，最好是（　　）。

A．灰色　　　　B．黑色

C．白色　　　　D．蓝色

7．按照有关规定，具有大专或以上学历的初级导游人员晋升为中级导游人员的条件之一是取得导游证满（　　）。

A．1 年　　　　B．2 年

C．3 年　　　　D．4 年

8．初级导游人员报考中级导游人员的条件之一是报考前 3 年内实际带团应不少于（　　）个工作日。

A．60　　　　B．80

C．90　　　　D．100

9．导游的情操培养应以（　　）为中心。

A．思想品德　　　　B．敬业精神

C．导游服务　　　　D．健康心理

10．以导游为主要职业，但并不受雇于固定的旅行社，而是签订临时劳动合同为多家旅行社服务的导游人员是（　　）。

A．专职导游人员　　　　B．业余导游人员

C．特聘导游人员　　　　D．自由执业导游人员

11．（　　）一般为旅行社的正式职员。

A．全陪　　　　B．中级导游

C．外语导游　　　　D．专职导游

12．（　　）是一个人相当稳定的个性特点，俗称气度、脾气、秉性或性情。

A．情操　　　　B．气质

C．学风　　　　D．文化

13．导游人员是指按照（　　）的规定，取得导游证，接受旅行社委派，或同游客签订合同，为游客提供向导讲解及相关旅游服务的人员。

A．《导游人员管理条例》　　　　B．《旅行社管理条例》

C．《旅游服务基础术语》　　　　D．《导游服务质量》

14．（　　）是指受接待旅行社委派，代表接待社实施接待计划，为旅游团提供当地旅游活动的安排、讲解等服务的工作人员。

A．海外领队　　　　B．景区景点讲解员

C．全陪　　　　D．地陪

15．全陪导游人员是指接受（　　）委派，在领队和地陪的配合下实施旅游计划，为旅游者提供全程陪同服务的工作人员。

A．接待旅行社　　B．组团旅行社

C．国内旅行社　　D．国际旅行社

16．作为国内组团社的代表，负责旅游计划的全面落实，因而在整个旅游活动中起主导作用的是（　　）。

A．领队　　B．全陪

C．地陪　　D．景点讲解员

17．按业务范围划分，导游人员可以分为（　　）。

A．中文导游员和外语导游员

B．专职导游员和兼职导游员

C．出境旅游领队、全程陪同导游员、地方陪同导游员和景区景点讲解员

D．初级导游员、中级导游员、高级导游员和特级导游员

18．地陪导游员在带领以妇女为主的团队旅游时，下列讨论的话题中，最不合适的有（　　）。

A．美容美发　　B．个人隐私

C．购物知识　　D．情感问题

19．礼节、礼貌是构成精神文明的基本要素，其核心是（　　）。

A．平等　　B．诚信

C．尊重他人　　D．宽容

20．不以导游工作为主要职业，而利用业余时间从事导游工作的人员是（　　）。

A．全职导游员　　B．专职导游员

C．自由职业导游员　　D．兼职导游员

21．落实旅游者在当地的吃、住、行、游、购、娱等服务是（　　）的职责。

A．领队　　B．全陪

C．地陪　　D．讲解员

22．下列属于领队、全陪、地陪共同的基本职责的是（　　）。

A．当好旅游者的全程顾问　　B．在整个旅游活动中起主导作用

C．维护旅游者的安全　　D．景区景点的导游讲解

23．执行旅游接待计划是每位导游人员的主要责任，但在旅游地具体执行者应是（　　）。

A．地陪　　B．全陪

C．全陪和地陪　　D．全陪和领队

24．优雅的蹲姿能够体现一个人的风度，以下哪种蹲姿是不正确的（　　）。

A．高低式蹲姿　　B．交叉式蹲姿

C．平行式蹲姿　　D．单膝点地式蹲姿

25．导游人员与游客交换名片后，正确的做法是将名片（　　）。

A．拿在手上　　B．装入口袋
C．交给他人　　D．认真看一遍

26．一个大专以上学历的初级导游人员想要逐步晋升到特级导游人员，至少需要（　　）年。

A．9　　B．10
C．11　　D．12

27．高级导游员晋升为特级导游员，至少要（　　）以上。

A．2 年　　B．3 年
C．4 年　　D．5 年

28．下列关于介绍顺序的说法中，正确的是（　　）。

A．先把女子介绍给男子　　B．先把职位高者介绍给职位低者
C．先把年长者介绍给年轻者　　D．先把主人介绍给客人

29．带领中国公民出境旅游并为其提供全程导游服务的工作人员是（　　）。

A．出国领队　　B．全程陪同导游员
C．地方陪同导游员　　D．景点景区导游员

30．导游着装应注重服装色彩的搭配。一般来说，（　　）是服饰搭配最常见的三种颜色，它们最容易与其他颜色的服装搭配并产生良好的视觉效果。

A．黑、黄、白　　B．黑、灰、白
C．黑、蓝、白　　D．黑、青、白

三、多选题

1．渊博的知识是导游人员立业之基，导游人员的知识修养包括（　　）。

A．气质修养　　B．情操修养
C．学风修养　　D．人文修养
E．文化修养

2．坐姿的基本要领是（　　）。

A．上体自然挺直，臀部坐在椅子中央
B．两腿自然弯曲，双脚平落地上
C．女士可稍分双腿，以显示其自信
D．男士应两膝靠拢，以显示其矜持
E．男士可稍分双腿，以显示其自信

3．导游人员的身心健康包括（　　）方面。

A．身体健康　　B．心态平和
C．头脑冷静　　D．心情愉悦
E．思想健康

4．景区导游人员的主要职责包括（　　）。

A．导游讲解　　B．处理问题
C．做好调研工作　　D．安全提示
E．宣讲相关知识

5．导游人员的知识结构主要包括（　　）。
A．语言知识　　B．政策法规知识
C．心理学知识　　D．美学知识
E．国际知识

6．按技术等级划分，导游人员可分为（　　）。
A．初级导游员　　B．中级导游员
C．高级导游员　　D．特级导游员
E．一般导游人员

7．下列选项中，表述正确的是（　　）。
A．领队带领旅游团进行出境旅游
B．中文导游人员是讲汉语普通话的导游人员
C．讲朝鲜语的导游员是外语导游人员
D．地陪的工作范围在其服务的地区
E．全陪负责导游讲解服务

8．导游员经常要清点人数，正确的方法是（　　）。
A．请领队或全陪帮助清点
B．用手指边点边数以免漏数
C．心中默数
D．先请客人举手，然后点数
E．手垂下或放在身后，依照点数顺序弯曲手指

9．导游服务三要素指的是（　　）。
A．独立工作能力　　B．语言
C．知识　　D．服务技能
E．进取精神

10．下列属于地陪工作主要职责的是（　　）。
A．安排旅游活动　　B．宣传、调研工作
C．导游讲解　　D．处理问题和维护安全
E．做好接待工作

11．下列属于全程陪同导游主要职责的是（　　）。
A．宣传、调研　　B．导游讲解
C．实施旅游接待计划　　D．安排旅游活动
E．组织协调工作

12．导游人员的从业素质要求包括（　　）。

A．良好的职业形象　　B．广博的知识结构

C．较强的独立工作能力　　D．熟练的导游技能

E．健康的体魄和心态

13．关于拥抱礼节，以下哪些选项是正确的（　　）。

A．拥抱通常是欧美国家、俄罗斯和阿拉伯国家通行的见面方式

B．在庆典、仪式、迎送等较为隆重的场合，拥抱礼最为多见，尤其是政务活动

C．东亚、东南亚国家对拥抱礼不以为然，一般不使用拥抱礼

D．阿拉伯国家绝对禁止与异性在大庭广众之下拥抱

E．非洲、拉丁美洲、大洋洲很少国家使用拥抱礼

14．（　　）是导游人员的基本职责。

A．根据旅行社与游客签订的合同和约定，按照接待计划安排和组织游客参观、游览

B．负责向游客导游、讲解，介绍中国（地方）文化和旅游资源

C．注意保护旅游者的人身安全和财务安全，独立处理旅游团突发事件

D．宣传和引导游客文明旅游

E．配合和监督有关单位安排好游客的交通、食宿等事宜，确保接待计划顺利实施

15．导游人员按就业方式分，可分为（　　）。

A．旅行社专职导游人员　　B．兼职导游人员

C．义务导游人员　　D．自由执业导游人员

E．实习导游人员

16．导游在讲解时目光应注意（　　）。

A．平视　　B．环视

C．仰视　　D．俯视

E．直视

习题强化答案

一、判断题

1．对	2．对	3．错	4．对	5．错
6．对	7．错	8．错	9．错	10．对
11．错	12．错	13．错	14．对	15．对
16．错	17．对	18．对	19．错	20．对
21．错	22．错	23．对	24．对	25．对
26．错	27．对	28．错	29．对	30．错

31．错　32．对　33．错　34．错　35．错
36．对　37．对　38．对　39．对　40．错
41．错　42．错　43．错　44．错　45．错
46．对

二、单选题

1．A　2．A　3．A　4．B　5．B
6．B　7．B　8．C　9．C　10．D
11．D　12．B　13．A　14．D　15．B
16．B　17．C　18．B　19．C　20．D
21．C　22．C　23．A　24．C　25．D
26．B　27．D　28．D　29．A　30．B

三、多选题

1．CE　2．ABE　3．ABCE　4．ADE　5．ABCDE
6．ABCD　7．AD　8．ACE　9．BCD　10．ACDE
11．ACE　12．BCDE　13．ABCD　14．ABDE　15．ABD
16．AB

第二编

服务规范篇

第三章　团队导游

第一节　地陪导游

真题解读

● 【2018年真题·判断】在旅游团抵达景点下车前，地陪导游应告知游客旅游车的标志、停车地点、开车时间、游览线路、游览时间及游览注意事项。（　　）

【答案】错

【解析】交代游览中的注意事项：（1）抵达景点时，**下车前**地陪要讲清和提醒旅游者记住旅游车的型号、颜色、标志、车号和停车地点以及开车时间；（2）**在景点示意图前**，地陪应讲明游览线路、游览所需时间以及集合时间和地点等；（3）地陪还应向旅游者讲明游览参观中的注意事项，如禁止吸烟、不能拍照等。

【点评】*难度较大，考查较细。注意题目问的是“下车前”，而“游览线路、游览时间及游览注意事项”均不属于这个时间段要告知的。*

● 【2017年真题·判断】在旅游团赴景点途中的高速公路上，为了保证安全，导游可以不沿途导游讲解，也无需组织娱乐活动。（　　）

【答案】错

【解析】当汽车高速行驶时，禁止导游人员在车内站立讲解。如前往景点的路途较长，地陪可**同旅游者讨论一些他们感兴趣的热点问题，或组织适当的娱乐活动，如猜谜语、讲故事等，以活跃途中气氛。**

【点评】*中等难度，本题容易混淆的是站立讲解，还是不讲解，另一个关键点是需不需要组织活动，通常是需要活跃气氛的。*

● 【2018年真题·单选】旅游团办理饭店入住手续时，游客证件应由（　　）收取。

A．游客代表　　　　B．前厅服务员

C．地陪导游　　　　D．领队

【答案】D

【解析】旅游者进入饭店后，地陪应尽快协助领队或全陪办理好住店登记手续。请**领队或全陪**收齐旅游者证件，与旅游者名单表一起交给饭店前台。

【点评】*简单难度，收取证件是领队的工作。*

● 【2018年真题·单选】在接团前的服务准备阶段，地陪导游首先应做好的工作是（　　）。

A. 接站服务　　B. 形象准备

C. 熟悉接待计划　　D. 落实接待事宜

【答案】C

【解析】地陪的服务准备主要包括业务准备、语言和知识准备、物质准备、形象准备和心理准备。此阶段，地陪导游首先应做好的是业务准备中的**熟悉接待计划**。

【点评】简单难度，平时训练的重点内容。

● 【2018 年真题 · 单选】地陪导游与领队、全陪导游发现全陪导游接待计划上的“游览雷峰塔”，在地陪导游的接待计划上是“远眺雷峰塔”。对此，地陪导游首先应做的是（　　）。

A. 按地陪导游的接待计划实施　　B. 按全陪导游的接待计划实施

C. 向地接社汇报　　D. 向组团社汇报

【答案】C

【解析】领队（全陪）手中的计划与地陪的接待计划有部分出入，地陪应**及时报告地接社**查明原因，分清责任。若责任在我方，地陪应实事求是地说明情况，并致歉。若非我方责任，地陪也不应指责对方，必要时可请领队做好解释工作。

【点评】中等难度，平时训练的重点内容。

● 【2017 年真题 · 单选】一个德国旅游团结束了在上海的游览，准备乘坐 16：20 的飞机飞往广州，地陪导游员最迟应该在（　　）将游客送至机场。

A. 13：20　　B. 14：20

C. 14：50　　D. 15：20

【答案】B

【解析】地陪带团到达机场（车站、码头）必须留出充裕的时间。按照要求，出境航班提前 3 小时或按航空公司规定的时间；乘国内航班提前 **2 小时**；乘火车、轮船提前 1 小时。

【点评】简单难度，平时训练的重点内容，记忆方法——3-2-1。

● 【2017 年真题 · 单选】旅游团抵达海南三亚时，地陪导游员带领游客登上车后首先应该（　　）。

A. 致欢迎辞　　B. 整理行李架上的行李

C. 清点人数　　D. 提醒游客系好安全带

【答案】B

【解析】客人上车后，地陪应帮助旅游者将放在行李架上的手提行李整理齐顺，尤其注意行李架不得存放大型或重型行李，以免意外掉落砸伤客人。待客人坐定后，地陪要做好的第一件事是礼貌地清点人数，清点无误后方可示意司机开车。

【点评】中等难度，注意安全起见，上车后先整理行李架上的行李。

- 【2018 年真题 · 多选】下列关于地陪导游致欢送词的内容，正确的是（　　）。

A．征求意见语　　B．惜别语

C．感谢语　　D．回顾语

E．介绍语

【答案】ABCD

【解析】地陪导游致欢送词的内容包括：回顾语：回顾该旅游团在本地的旅游活动；感谢语：对领队、全陪和旅游者的合作表示感谢；惜别语：表达友谊和惜别之情；征求意见语：诚恳征求旅游者对导游工作的意见和建议；若旅游活动如有不尽如人意之处，可借此机会向旅游者表示歉意；祝愿语：期待重逢及美好祝愿等。

【点评】中等难度，平时训练的重点内容，注意介绍语属于欢迎词的内容。

- 【2018 年真题 · 多选】一个德国旅游团飞抵北京，在乘车前往饭店的途中，地陪导游应做的工作有（　　）。

A．提醒注意事项　　B．介绍下榻饭店

C．清点交接行李　　D．介绍北京概况

E．调整时差

【答案】BDE

【解析】赴饭店途中的导游服务：致欢迎词；调整时差；首次沿途导游（风光导游，本地概括介绍，介绍下榻的饭店，宣布下次的集合时间、地点及停车位置）。

【点评】中等难度，平时训练的重点内容。

- 【2017 年真题 · 多选】旅游团结束当天的游览返回饭店的途中，地陪导游员应做的主要工作是（　　）。

A．宣布次日活动日程　　B．推销其他旅游项目

C．提醒相关注意事项　　D．对沿途风光进行介绍

E．回顾当天活动内容

【答案】ACDE

【解析】一天的旅游活动结束后，在返回饭店的途中，地陪应做的主要工作有：（1）回顾当天活动内容；（2）进行风光导游；（3）宣布次日活动日程；（4）提醒注意事项。B 项，推销其他旅游项目属于散客导游工作内容。

【点评】简单难度，平时训练的重点内容。四项工作要牢记，所以 B 选项不是。

- 【2017 年真题 · 多选】旅游团抵达下榻的饭店后，地陪导游员应做好的入店服务主要有（　　）。

A．根据住房名单迅速分发房卡

B．介绍饭店设施和安全注意事项

C．处理游客进房的有关问题

D．宣布当日或次日的活动安排

E．确定叫早时间并通知前台办理

【答案】BCDE

【解析】地陪应做好的入店服务有：协助办理入住手续、介绍饭店设施、带领旅游者用好第一餐、宣布当日或次日的活动安排、处理旅游者进房有关问题、照顾行李进房、确定叫早时间。

A 项，地陪应请领队或全陪根据准备好的住房名单分发住房卡。

【点评】简单难度，平时训练的重点内容。地陪进入酒店的几项工作是重要知识点之一，必须牢记。

● 【2017 年真题 · 多选】导游员带领旅游团观看计划内的文艺演出时，应该做好的工作有（　　）。

A．解答游客提出的问题　　B．引领游客入场就座

C．劝阻游客中途退场　　D．介绍演出地点及设施

E．介绍节目内容和特点

【答案】ABDE

【解析】计划内的文娱活动，地陪应按照旅游计划的要求和安排，主动陪同旅游者前往娱乐场所观赏，并在途中对节目的内容和特点向他们做概要介绍。入场时，地陪应引导旅游者入座，介绍剧场的设施和位置，回答他们提出的问题。在旅游者观看演出过程中，对入境旅游者地陪要做好剧情介绍和必要的翻译工作。演出结束后，要提醒旅游者不要遗留物品并带领旅游者依次退场。

C 项，劝阻游客中途退场不属于导游员应做的工作。

【点评】中等难度，平时训练的重点内容。

习题强化

一、判断题

1．对于重点团、学术团、专业团、交流团、考察团等重点团队，为了更好地做好接待服务，一定要在游览前做好详细、周密的日程商定工作，避免临时起意或旅游团抵达后商定给服务带来麻烦。（　　）

2．入境的专业旅游团会见中方同行或者负责人，双方互赠礼品，地陪不必提醒客人如果有应税物品，需要办理必要的手续。（　　）

3．为了提升服务质量，导游全程任何路段都应该站立讲解。（　　）

4．接到入境团队后，导游人员应请旅游者调整好时差，并通知客人在今后的游览中均按照北京时间为作息时间标准。（　　）

5. 旅游团在饭店外餐馆用餐后，地方导游应严格按照旅游团人数、标准和饮用酒水数量与餐馆结账。 ( )
6. 核对、商定活动日程是旅游团抵达后的一项重要工作，标志着两国（或两地）导游人员开始实质性的合作共事。 ( )
7. 在旅游团离站前一天，地方导游员应协助地方接待社计调人员与旅游者结清洗衣、长途电话、食品饮料等费用。 ( )
8. 地方导游在接到旅游团后，从机场到饭店途中要进行风光导游，目的是满足游客初到一地的求知欲。 ( )
9. 在景点的示意图前，地方导游应向游客讲明游览路线，并对景点的主要景观做详细说明。 ( )
10. 一般情况下，地陪与客人在一起用餐，便于了解团队的用餐情况。 ( )
11. 旅游者主要是外国专业旅游团会见中国方面的同行或负责人时，导游人员可充当翻译。若有翻译，导游人员则在一旁静听。 ( )
12. 地陪首次沿途导游的内容主要包括沿途风光、目的地概况介绍、介绍下榻的饭店和宣布下次的集合时间、地点及停车位置。 ( )
13. 如果领队和全体旅游者一同提出的要求涉及接待规格、可能影响旅游活动顺利进行时，地陪必须请示旅行社有关领导，根据领导指示而定。 ( )
14. 为避免误机事故，应保证旅游团提前 90 分钟到达机场。 ( )
15. 在核定日程时，有几位游客提出高于该团接待规格并表示适当增加费用时，导游人员一般可予以满足，但要及时通报接待旅行社。 ( )
16. 旅游团希望增加购物场所，导游人员不得擅自同意。 ( )
17. 旅游者要求观看计划外的文娱活动，一般应予以协助，并提醒旅游者注意安全，除非必要，否则不必陪同前往。 ( )
18. 导游人员要时刻准备面对各种“旅游污染”，即“精神污染”和“物质诱惑”。 ( )
19. 导游人员了解旅游团（者）、安排活动日程的主要依据是组团社与旅游者之间签订的旅游合同。 ( )
20. 旅游团用餐时，地陪要引领旅游者进餐厅就座，简单介绍餐馆及菜肴特色后就可离开让他们用餐。用餐期间，导游人员不应打扰旅游者。 ( )
21. 地方导游员应提前与陪同旅游团的全程导游员取得联系，了解该团有何变化，约定接团时间和地点。 ( )
22. 旅游团抵达饭店后，地陪应迅速帮旅游团办理好住房登记手续，为游客分发住房卡片，并把自己的电话号码告知领队、全陪。 ( )
23. 地方导游在参观点担任翻译时，如果主人的表达中有不妥之处，并且没有时间提醒其纠正，地方导游可不予翻译，但事后要向主人说明，必要时还要把好

关，以免泄露有价值的经济情报。 （ ）

24．对于一般观光旅游团，核对、商定日程的时间可以在首次沿途导游过程中，也可以在旅游团抵达饭店后再进行。 （ ）

25．旅游团第一餐安排在旅游者进房前还是进房后，只需根据旅游者的需求而定。 （ ）

26．游客上车时，导游人员应先登车，以便协助旅游者就座和放置物品。 （ ）

27．快抵达景点时，下车前地陪导游员要讲清并提醒旅游者记住旅行车的型号、颜色、标志、车号和停车地点及开车时间。 （ ）

28．地陪在景点导游讲解时，要做到心中有数，先讲什么、后讲什么，中间穿插讲什么典故和趣闻故事都要预先设计。 （ ）

29．进入饭店后，地陪应向全团介绍饭店内的中西餐厅、娱乐场所、公共洗手间、商品部的位置。 （ ）

30．首次沿途导游是导游人员展示自我、与旅游者沟通感情的最好契机。 （ ）

31．在核对旅行日程时，当出现旅游者提出的要求与原计划不符且又涉及接待规格的情况，无论什么理由，地陪均应予以婉言拒绝。 （ ）

32．致欢迎词是全陪和地陪必不可少的服务程序之一。 （ ）

33．因为旅行社对旅游团在一地的活动日程一般都早有安排，所以地陪有时无需进行核对和商定日程的工作。 （ ）

34．如果旅游团乘飞机离开本地，地陪应该提前两天核实该团离开的飞机票，核对班次、起飞时间等。 （ ）

35．对于有关单位组织的社交性舞会，地陪一般应该陪同前往。 （ ）

36．为了顺利完成接待任务，地陪在接团前有必要将该团队的活动日程和具体时间安排告知司机。 （ ）

37．旅游团未到达之前，导游员可以提前上网查询或向机场（车站、码头）问讯处问清旅游团所乘交通工具到达的准确时间。 （ ）

38．旅游者入店后的第一餐一般由全陪、地陪一起陪同用餐，以留下良好的第一印象。 （ ）

39．由于境外组团社的原因导致接待计划的明显差错，作为接待方导游员理应协助领队做好补救工作。 （ ）

40．导游人员在接到旅游团后，协助客人登车，待客人坐稳后，立即请司机开车，尽快带领旅游团到下榻的宾馆。 （ ）

41．地陪应向酒店大堂值班经理确认旅游团队的叫早时间。 （ ）

42．在前往景点的途中，地陪的讲解内容是沿途景物介绍，讲解时要做到讲解速度与所见景物“同步”，其他内容一般尽量不要涉及。 （ ）

43．入住登记，地陪须取用游客证件时，应请领队向游客收取。一般情况下，地陪

不应保管旅游团的证件，用完后应立即归还旅游者或领队。（ ）

44. 地陪应该在客人入住饭店时介绍饭店的设施，用餐时应该引领旅游者入座。（ ）

45. 旅游团观看文娱节目时，地陪将旅游者引导入座，待演出开场后便可离开，在演出结束前 10 分钟返回，准备接旅游团回到饭店或进行下面的游览活动。（ ）

46. 根据规定导游人员不保管旅游者的证件，但老年旅游者的证件应例外对待，为安全起见，全陪应负起责任，集中保管他们的证件。（ ）

47. 送离境旅游团乘坐飞机，地陪无须为其办理有关离境手续，但地陪要向他们介绍办理出境、行李托运和离站手续的程序。（ ）

48. 旅游者上下车时，导游员应恭候在车门旁，热情地搀扶和协助每一位游客。（ ）

49. 全陪和地陪、领队一起到饭店总台领取房间钥匙，由全陪分配住房。（ ）

50. 在核定活动日程安排时，领队或者全陪提出要修改旅游接待计划时，地陪要当场委婉拒绝。（ ）

51. 地陪要带领旅游团用餐并讲清餐饮的有关规定，但一般不陪旅游者用餐。（ ）

52. 地陪的业务准备主要是做好计划准备、活动日程设计和住店的落实工作。（ ）

53. 导游人员要积极协助入境旅游者联系在华亲友并安排会见，还要帮助语言沟通。（ ）

54. 地陪在接到旅游团队后，应立即核实对方旅行团名称、团号、领队、全陪姓名及旅游者人数，避免出现错接事故。（ ）

55. 若旅游者乘汽车或火车离开时，地陪应等交通工具启动后方可返回。（ ）

56. 地陪必须在车上致欢迎词。（ ）

57. 地陪在结束当天活动离开饭店之前，应与领队商定第二天叫早时间，由地陪通知全团，领队通知饭店总服务台。（ ）

58. 若接待重点旅游团，地陪可亲自到客人下榻的饭店向饭店接待人员了解其团队排房情况，告知旅游团的抵达时间和旅游车牌号，并主动介绍该团的特点，配合饭店做好接待工作。（ ）

二、单选题

1. 地陪导游小张接待一个来自澳大利亚的旅游团，在核对商定日程时，领队提出要提高入住饭店规格，小张应（ ）。

A. 报告旅行社　　B. 婉言拒绝

C. 予以满足　　D. 告知领队超标，不能满足

2. 地陪送国内旅游团赴机场，通常应提前（　　）抵达机场。

A. 0.5 小时　　B. 1 小时

C. 1.5 小时　　D. 2 小时

3. 既有全陪又有领队的旅游团抵达机场（车站、码头）后，地陪要将行李员送来的交通票据和行李托运单清点无误后交给（　　）。

A. 全陪　　B. 领队

C. 团长　　D. 旅游者

4. 在旅游团离开一地之前，地陪要请全陪填写好旅游团和全陪在当地期间（　　）。

A. 旅游的意见和建议　　B. 旅游的活动项目

C. 各项费用的单据　　D. 旅游者的主要反映

5. 送出境旅游团时，地陪在同领队、全陪与行李员交接完行李后应将行李移交给（　　）。

A. 领队　　B. 团长

C. 旅游者　　D. 全陪

6. 送出境旅游团离境，地陪应在（　　）方可离开机场。

A. 与旅游者告别后　　B. 旅游者进入隔离区后

C. 旅游者办完出境手续后　　D. 旅游者所乘飞机起飞后

7. 送国内旅游团去火车站，地陪应在（　　）方可离开车站。

A. 与旅游者告别后　　B. 旅游者全部上车后

C. 车站铃声响起后　　D. 旅游者的火车启动后

8. 送走旅游团后，地陪要与司机办理（　　）。

A. 用车手续　　B. 结账手续

C. 交接手续　　D. 委托手续

9. 地陪下团后，应认真、妥善处理好（　　）。

A. 旅游团遗留的问题　　B. 旅游者的意见和建议

C. 旅游者对服务的投诉　　D. 全陪的意见与建议

10. 致完欢送词，地陪可将“旅游服务质量评价意见卡”分发给旅游者填写，如旅游者带回填写应向其说明（　　）。

A. 邮资总付　　B. 邮资自付

C. 邮资未付　　D. 邮资已付

11. 旅游团乘飞机离站前一天，地陪应向接待社行李员了解他与（　　）交接旅游者行李的时间。

A. 机场行李处　　B. 饭店行李员

C. 计调部人员　　D. 饭店客房部

12. 旅游团离开本地前一天，地陪应向（　　）问清是否将旅游团乘坐的航班通知了下一站，以免造成漏接。

A. 接待部　　B. 销售部

C. 办公室　　D. 计调部

13. 地陪给旅游者留下良好第一印象的重要环节是（　　）。

A. 致欢迎词　　B. 交通港迎接游客

C. 入住饭店服务　　D. 景点导游讲解

14. 离开饭店前，地陪应询问旅游者是否结清了与饭店的账目，提醒他们带好物品，并将客房钥匙交还（　　）。

A. 饭店行李员　　B. 饭店服务台

C. 客房服务员　　D. 饭店门童

15. 在同饭店办理旅游团住房结算时，地陪应认真核对（　　）。

A. 旅游团用房日期　　B. 旅游团用房时间

C. 旅游团用房数量　　D. 旅游团用房房号

16. 在当地旅游期间，如果旅游者提出自费观赏或参加某项文娱活动的要求，地陪一般应（　　）。

A. 予以婉拒　　B. 积极推荐

C. 予以协助　　D. 设法回避

17. 旅游团在景点游览期间若遇小贩强拉强卖的情况，地陪应该（　　）。

A. 严肃批评小贩的行为　　B. 立即报告景点管理人员

C. 立即报告城管人员　　D. 提醒旅游者不要上当受骗

18. 当旅游者离开当地前往下一站时，地陪应在旅游者（　　），核实旅游团（者）离开的交通票据。

A. 离站前一天　　B. 离站的当天

C. 抵站后当天　　D. 抵站前一天

19. 当境外旅游者要求会见在华亲友时，地陪应该（　　）。

A. 婉言拒绝　　B. 报告旅行社

C. 协助安排　　D. 当好翻译

20. 在景点游览过程中，地陪要与旅游团领队、全陪密切配合，随时清点人数以防止（　　）。

A. 旅游者财物被偷　　B. 旅游者遭受骚扰

C. 旅游者人身受到损害　　D. 个别旅游者走失

21. 旅游团的参观活动一般由旅行社的（　　）事先联络，并安排和落实好主人的接待。

A. 公关部门　　B. 计调部门

C．接待部门　　D．销售部门

22．地陪在参观点担任翻译时，如果主人的表达中有不妥之处，地陪在翻译前应（　　）。

A．予以批评，令其改正　　B．表示赞同，暗中改正

C．予以提醒，请其纠正　　D．佯装不知，不予翻译

23．旅游者通常参加的宴请活动是（　　）。

A．品尝风味餐　　B．中餐宴会

C．冷餐会　　D．鸡尾酒会

24．若旅游者自费预订了风味餐邀请地陪参加时，用餐中地陪应注意的问题是（　　）。

A．不要举杯敬酒　　B．不要反客为主

C．不要左顾右盼　　D．不要随意进食

25．从接待旅游团的地陪角度来看，地方导游服务的中心环节是（　　）。

A．各站联络服务　　B．生活照料服务

C．旅游购物服务　　D．参观游览服务

26．为了做好旅游团早上出发游览前的有关工作，地陪应至少提前（　　）分钟到达集合地点。

A．3　　B．5

C．8　　D．10

27．旅游团办理完饭店登记手续拿到住房号和住房卡（钥匙）后，地陪应请（　　）分发住房卡。

A．司机　　B．团长

C．领队或全陪　　D．饭店前台人员

28．如果个别旅游者愿意留在饭店或不随团活动，地陪应问清情况并协助安排，必要时向（　　）通报，请其予以适当的关照。

A．地接社计调部　　B．该团全程陪同

C．饭店有关部门　　D．该团随行领队

29．地陪带领旅游者到餐厅用第一餐时，应告知他们（　　），以免产生误会。

A．菜肴的主要特色　　B．酒水的主要品种

C．餐厅的主要设施　　D．用餐的有关规定

30．地陪带领旅游团到餐厅用第一餐时，应将领队介绍给餐厅经理或主管服务员，告知该团用餐的（　　）。

A．人员情况　　B．特殊要求

C．主要嗜好　　D．日常习俗

31．旅游团（者）下榻饭店后，如发现客房未打扫干净、卫生设备不符合清洁标

准、空调器发生故障或房间有蟑螂等问题，地陪应及时与饭店联系予以解决，并向旅游者表示（　　）。

A．同情　　B．安慰
C．歉意　　D．关怀

32．旅游团入住饭店后，若有个别旅游者未拿到行李，地陪应尽快（　　）。

A．思考对策　　B．报告组团社
C．追究责任　　D．查明原因

33．导游员同旅游团领队和旅游者商定活动日程是对旅游消费者的尊重，也是一种（　　）。

A．信誉　　B．礼遇
C．待遇　　D．荣誉

34．导游员同旅游团领队核对和商定日程一般在（　　）进行。

A．饭店大堂　　B．领队房间
C．全陪房间　　D．旅游车里

35．导游员应根据旅游团的（　　）来确定商谈日程的对象。

A．人数　　B．要求
C．特点　　D．性质

36．如果旅游团（者）或其领队提出对活动日程做重大修改的要求，并可能导致旅游接待计划发生较大变动或涉及接待规格的变动，原则上地陪应予（　　）。

A．婉言拒绝　　B．高度重视
C．积极响应　　D．严词拒绝

37．在核对和商定日程时，当领队提出新增旅游项目时地陪应（　　）。

A．征求组团社同意　　B．延长在本地的停留时间
C．及时向旅行社有关部门反映　　D．减少下一站的停留时间

38．旅游车抵达下榻的饭店后，在下车前地陪应提醒旅游者（　　）。

A．下车后在原地等候　　B．下车后不要走散
C．带好手提和随身物品　　D．记住饭店的名称

39．地陪在安排旅游者（　　）之前，应向全团宣布次日的活动安排，集合时间与地点。

A．开始就餐　　B．进入客房
C．参观游览　　D．自由活动

40．地陪在接团前应根据所接旅游团的特点和计划的参观游览项目做好有关（　　）和语言上的准备。

A．旅游物质　　B．行动计划
C．专业知识　　D．导游形象

41．地陪在向用餐的餐馆填写餐饮结算单时应注意的问题是填写的数字一定要与（　　）相符。

A．用餐时间　　B．实际用餐人数

C．菜肴品种数　　D．酒水种类数

42．地陪在旅游团（者）面前的首次亮相是指（　　）。

A．寻找游客　　B．沿途导游

C．清点人数　　D．迎接服务

43．地陪通常应提前（　　）抵达迎接旅游者的机场（车站、码头），并与司机商定旅行车停放位置。

A．10 分钟　　B．15 分钟

C．20 分钟　　D．30 分钟

44．为了解所接旅游团乘火车抵达的准确时间，地陪通常应在火车预定抵达时间前（　　）与车站问讯处联系。

A．1 小时　　B．2 小时

C．3 小时　　D．4 小时

45．地陪到达机场后，若得知所接旅游团所乘航班晚点时间较长，地陪应该（　　）。

A．继续在机场等待　　B．立即将情况报告接待社

C．与司机商量返回　　D．立即将情况报告组团社

46．接到应接的旅游团后，地陪应与领队和全陪核实旅游团的（　　）。

A．行李件数　　B．日程安排

C．实到人数　　D．特殊要求

47．地陪在提醒旅游者带齐随身手提物品后，在前方引导他们到达停车位置，站在（　　），面带笑容搀扶或协助他们上车。

A．领队身前　　B．司机左侧

C．全陪右侧　　D．车门一侧

48．地陪在接团前应与旅行社（　　）核实旅游团的用房情况是否与旅游接待计划相符。

A．计调部门　　B．接待部门

C．销售部门　　D．公关部门

49．接待计划是地方导游员了解旅游团基本情况和安排当地活动日程的（　　）。

A．主要依据　　B．指导原则

C．工作标准　　D．参考意见

50．地陪在出发接团前，通常应提前（　　）到达与旅游车司机商定的见面地点。

A．10 分钟　　B．15 分钟

C．20 分钟　　D．30 分钟

51．旅游者抵达饭店后，地陪要协助领队办理（　　）手续。

A．入住饭店　　B．行李运送

C．客房预订　　D．餐饮安排

52．在地陪与领队、全陪商量日程时，若领队、全陪的旅行计划与地陪的接待计有部分出入，地陪的处理办法应该（　　）。

A．以领队、全陪的计划为准　　B．以地陪手中的计划为准

C．以双方商定的计划为准　　D．及时报告接待旅行社

53．根据旅游团所乘交通工具离开的时间和地点，地陪应先与（　　）商定出发时间。

A．旅游者　　B．全陪

C．领队　　D．司机

54．某旅游团第二天早晨乘早班机离开，饭店餐厅无法提供正常早餐。在这种情况下，地陪的正确做法是（　　）。

A．与餐厅经理交涉，要求餐厅提早开餐

B．帮助游客提前在外卖店代购

C．请客人自行解决早餐

D．请餐厅提前准备简便餐食

55．旅游者登车坐定之后，地陪要做的第一件事是（　　）。

A．致欢迎词　　B．调整时间

C．清点人数　　D．沿途导游

56．在参观游览服务环节，地陪讲明游览路线、所需时间、集合时间和地点等应在（　　）。

A．车上　　B．景区大门口

C．景点示意图前　　D．饭店大厅

57．旅游团队离开饭店前，无特殊原因，地陪应在（　　）前办理退房手续。

A．上午 8 点　　B．上午 10 点

C．中午 12 点　　D．下午 6 点

58．地陪在接团后赶赴饭店途中的初次讲解中，首先应当（　　）。

A．介绍下榻饭店　　B．致欢迎词

C．介绍城市概况　　D．沿途风光导游

59．如旅游团乘坐国内航班离开本地，在离站前应由（　　）协助游客办理离开手续。

A．地陪　　B．全陪

C．领队　　D．旅行社计调人员

60. 观光游览服务阶段是导游服务的中心环节，这个阶段的工作以地陪为主，尤其要注意游览途中的（　　）。

A. 安全问题　　B. 讲解问题

C. 生活问题　　D. 疑难问题

61. 一般地陪与领队、全陪商定日程的时间宜在（　　）。

A. 旅游团抵达前通过电话商定

B. 旅游团抵达的当天，最好是在游览开始前进行

C. 游览活动进行中，可根据活动的时间来随时调整日程的安排

D. 随时随地，但应本着“主随客变”的原则，让领队、全陪来商定日程的时间

62. 一美国旅游团计划于 11 月 22 日离境，地陪小王和全陪小夏按规定提前将团队送往机场，到达机场后，旅游团需办理出境手续和行李托运事宜，该团的行李托运手续应由（　　）办理最妥当。

A. 地陪小王　　B. 全陪小夏

C. 领队　　D. 行李员

63. 在抵达饭店的途中，地陪应及时介绍（　　）的情况。

A. 旅行社　　B. 中国对外政策

C. 天气　　D. 入住饭店

64. 宣布当日的活动日程是（　　）的工作。

A. 领队　　B. 地陪

C. 全陪　　D. 旅游者

65. 通常，两国、两地导游人员之间的友好合作开始于（　　）。

A. 在机场、车站接到旅游团相互介绍致意时

B. 在前往饭店途中地陪致欢迎词时

C. 入住饭店后核定活动日程安排时

D. 地陪带领旅游团用第一餐时

66. 在旅游团乘坐火车抵达站点后，地陪首先应该（　　）。

A. 核实人数　　B. 清点行李

C. 认找旅游团　　D. 集合等车

67. 游客离开本地，地陪在办理国内航班的离站手续时，不正确的做法是（　　）。

A. 将交通票据交给全陪（或领队），请其清点核实

B. 地陪与全陪（或领队）按规定办理好财务拨款结算手续，并妥善保管好单据

C. 挥手致意，可以离开

D. 不急于离开，最好等旅游团所乘飞机起飞后离开

68. 旅行社安排旅游团在当地的购物次数和时间的依据是（　　）。

A. 旅游者的购物要求　　B. 活动日程的松紧

C．旅游接待计划　　　　D．当地特产的多寡

69．待一切安排妥当之后，地陪应与领队、全陪一起商定第二天的叫早时间，由（　　）通知全团成员，（　　）还应将叫早时间通知饭店前台办理旅游团的叫早手续。

A．地陪，地陪　　　　B．地陪，全陪

C．全陪或领队，地陪　　　　D．全陪或领队，领队

70．第一天游览结束，游客返回饭店下车时，地陪的正确做法是（　　）。

A．先下车，去安排晚餐

B．先下车，照顾游客下车

C．后下车，以示尊重游客

D．后下车，检查有无遗留物品、车窗是否关好

71．导游与司机合作的正确方法是（　　）。

A．乘车途中遇地震，应迅速让司机将车开往人员密集处停车

B．游客下车后，导游不需要提醒司机关好车窗、锁好车门，尽量不要走远

C．旅游车行驶途中，导游可以要求司机停车让无关人员上车

D．若遇陌生人拦车，导游应提醒司机不要停车

三、多选题

1．旅游团结束某地的旅游活动后，在离开饭店前地陪导游员应提供的服务有（　　）。

A．办理退房手续　　　　B．清点交运行李

C．致欢送辞　　　　D．提醒游客不要遗漏物品

E．发放“旅游服务质量评价意见卡”

2．为了给旅游者留下持久、深刻、难忘的印象，欢送词要（　　）。

A．语气真挚、富有感情

B．可以选用名人诗词或某些古语表达友谊和惜别之情

C．情深意切，略带文采

D．进行艺术加工，引起客人的兴趣与共鸣

E．与相处好的游客，互留联系方式

3．在商定日程安排的时候，应该遵循（　　）原则。

A．客随主便的原则　　　　B．主随客便的原则

C．宾客至上的原则　　　　D．合理而可能的原则

E．严格遵守协议的原则

4．为了更好的为游客提供服务，地陪导游人员应该做好相关物质准备，（　　）是地陪导游人员应该领取的必要的票证、表格和费用。

A．旅游团接待计划表　　　　B．旅游服务质量反馈表

C．旅游景区门票结算单　　D．旅游商店购物结算单
E．餐饮结算单

5．地陪带领旅游者购物时应做好的工作有（　　）。
A．介绍本地商品的特色　　B．介绍本地商品的生产地
C．讲清在购物场所停留时间　　D．讲清购物有关注意事项
E．进行必要的促销工作

6．入境旅游者因购物较多，向地陪提出帮助其托运，此时地陪应该（　　）。
A．请示旅行社领导
B．告知办理托运的手续
C．告知海关对携带出境物品的规定
D．请旅游者自行办理
E．给以必要的协助

7．当旅游团一天的旅游活动结束后，地陪应在返回饭店的途中对当天参观游览的内容做（　　）。
A．全面回顾　　B．简要小结
C．必要补充　　D．系统总结
E．解惑释疑

8．地陪首次沿途导游的内容主要有（　　）。
A．致欢迎词　　B．风光导游
C．饭店介绍　　D．地区情况介绍
E．行程介绍

9．下列关于旅游团在游览景点用餐的说法中，正确的有（　　）。
A．地陪应在景点游览前落实订餐工作
B．为了照料好旅游团，地陪可同旅游者同席用餐
C．地陪应告知用餐后全团的出发时间
D．用餐前地陪应向旅游者说明餐饮标准所含范围
E．用餐中地陪要巡视用餐情况，解答旅游者用餐中提出的问题

10．下列基本情况中，属于旅游团成员情况的有（　　）。
A．文化层次　　B．宗教信仰
C．社会阶层　　D．饮食习惯
E．年龄职业

11．地陪致欢迎词的主要内容有（　　）等。
A．向旅游者表示欢迎　　B．介绍自己和司机
C．介绍旅游活动日程　　D．表示提供服务的诚挚愿望
E．预祝客人在本地旅游愉快顺利

12. 下列地陪与计调部门落实参观点的有关情况中，属于地陪应问清的有（　　）。

A. 参观时间　　B. 参观人数

C. 参观点联系人　　D. 参观点联系电话

E. 参观路线

13. 地陪在送走旅游团后，应做好的后续工作主要有（　　）等。

A. 领受新的接待任务

B. 处理遗留问题

C. 到财务部门结账

D. 做好接团小结

E. 上交接团过程中发生的各种票单

14. 在带领旅游者到大型娱乐场所游玩时，地陪应做好的工作有（　　）。

A. 提醒旅游者不要走散　　B. 随时注意旅游者的动向

C. 随时观察周围的环境　　D. 了解不同娱乐的特点

E. 了解该娱乐场所出口位置

15. 在购物服务中，地陪要严格按照接待计划规定的（　　）带领旅游者购物。

A. 购物次数　　B. 购物范围

C. 购物场所　　D. 商品品种

E. 停留时间

16. 送站服务是地陪导游服务的最后一环，包括（　　）等项内容。

A. 送站前服务　　B. 结账服务

C. 离店服务　　D. 送行服务

E. 善后服务

17. 在送旅游团离开本地之前，地陪应做的工作主要有（　　）等。

A. 核实旅游团离开的交通票据　　B. 与全陪、领队商定出行李时间

C. 与司机商定集合、出发时间　　D. 与全陪、领队商定房费结算时间

E. 与全陪、领队商定叫早时间

18. 在核实旅游团离开本地交通票据中飞机起飞（火车开车、轮船起航）时间时，地陪应注意（　　）与交通票面上时间的一致性。

A. 接待计划上的时间　　B. 计调人员告知的时间

C. 时刻表上的时间　　D. 网上所载的时间

E. 问讯处告知的时间

19. 在向旅行社行李员交接行李之前，地陪要与全陪、领队和饭店行李员一起做好的工作有（　　）。

A. 确认托运行李的件数　　B. 检查箱、包是否上锁

C. 检查旅行证件是否放入行李中　　D. 检查箱、包是否捆扎好

E．检查箱、包是否有破损

20．旅游者离店上车后，地陪要再次询问旅游者的事项有（　　）。

A．是否结清了饭店的账目
B．是否办理好个人事务
C．是否有物品遗留在客房
D．是否将钥匙交到服务台
E．是否与饭店人员告别

21．地陪在带领旅游团（者）出发，前往旅游景点（参观点）之前，应做好的准备工作有（　　）等。

A．准备物品
B．清点人数
C．引导旅游者上车
D．核实旅游者用餐
E．报告当日的天气预报

22．在前往景区的沿途导游过程中，地陪应（　　）。

A．重申当日活动安排
B．了解游客生活需求
C．进行沿途导游讲解
D．介绍景区购物环境
E．进行游客满意调查

23．当旅游车抵达景点后旅游者未下车之前，地陪应讲清和提醒旅游者记住（　　）。

A．旅游车型号和标志
B．旅游车的颜色和车号
C．旅游车的停车地点
D．旅游车司机的姓名
E．游览后的开车时间

24．在景点示意图前，地陪应向旅游者讲清的问题有（　　）。

A．景点的游览路线
B．景点游览所需时间
C．游览的方式方法
D．游览后的集合时间
E．游览后的集合地点

25．在景点游览过程中，地陪的导游活动应做到（　　）。

A．导游与讲解的结合
B．观赏与拍照的结合
C．适当集中与分散的结合
D．劳与逸的结合
E．老年与青年旅游者的结合

26．在一天的旅游活动结束后返回饭店途中，地陪应做好的工作有（　　）。

A．对当天的活动内容进行简要小结
B．报告当天活动所取得的成果
C．进行沿途风光导游
D．宣布次日活动日程
E．告知次日活动的要求

27．在旅游者进入饭店外餐馆落座后，地陪应向他们介绍该餐馆的（　　）。

A．主要设施
B．菜肴特色

C．酒水类别　　D．自费项目

E．洗手间位置

28．旅游者在餐馆就座后，地陪应告知领队和旅游者的事项有（　　）。

A．餐饮标准所含范围　　B．旅游者自费的项目

C．用餐中的注意事项　　D．全陪地陪用餐地点

E．用餐后的出发时间

29．在旅游者在用餐过程中，地陪要巡视旅游者用餐情况一两次，目的是（　　）。

A．检查餐馆设施是否完好到位　　B．解答旅游者用餐中提出的问题

C．检查菜肴品种是否多种多样　　D．检查餐馆是否按标准提供服务

E．解决用餐中可能出现的问题

30．旅游者在餐馆用餐结束后，地陪要向该餐馆填写的“餐饮费结算单”的主要项目有（　　）。

A．实际用餐人数　　B．用餐标准

C．用餐类别　　D．酒水数量

E．旅游者反映

31．如果接待计划中安排有会见、宴会、舞会等，女性导游员应准备好适合这些场合的正装有（　　）。

A．套装　　B．晚礼服

C．旗袍　　D．中山装

E．西服

32．地陪导游服务程序中的迎接服务包括（　　）。

A．迎接旅游团抵达前的服务安排

B．旅游团抵达后的服务

C．旅游团赴饭店途中服务

D．在饭店与领队核商日程

E．行李运抵饭店服务

33．沿途风光导游是地陪首次向旅游者提供的导游服务，除了要有热情友好的态度之外，还应使自己的导游讲解做到（　　）。

A．内容简明扼要　　B．语言节奏明快清晰

C．方式方法多种多样　　D．景物取舍恰当

E．速度要与旅游者观赏同步

34．地陪在向旅游团致欢迎词时应做到（　　）。

A．态度要热情　　B．内容要依情而异

C．感情要真挚　　D．语言要朴实有趣

E．仪表要悠闲

35. 旅游车驶进下榻饭店后，地陪在下车前应向全团讲清（　　）。
A. 停车地点　　B. 旅行路线
C. 下次的集合时间　　D. 下次的集合地点
E. 餐食特色

36. 旅游团办理完入住饭店手续后，地陪应在饭店前台处领取印有（　　）的饭店卡片分发给旅游者。
A. 饭店设施　　B. 饭店名称
C. 饭店地址　　D. 饭店星级
E. 饭店电话

37. 若地陪不住饭店，应将自己的电话号码告知（　　）。
A. 全陪　　B. 饭店前台
C. 旅游者　　D. 领队
E. 司机

38. 当旅游团的行李运入饭店时，地陪要与（　　）一起进行核对。
A. 全陪　　B. 领队
C. 行李员　　D. 司机
E. 旅游者

39. 地陪提供的参观游览服务主要包括的内容有（　　）。
A. 出发前的准备　　B. 返程时的总结
C. 沿途导游服务　　D. 途中的娱乐活动
E. 景点的导游服务

40. 为了给旅游者留下良好的印象，导游人员的着装要（　　）。
A. 保持中华民族的文化传统　　B. 展现个人的性格特征
C. 符合导游人员的身份　　D. 突出个人的兴趣爱好
E. 方便旅游服务工作

41. 地陪在接团前应做好的心理准备有（　　）。
A. 准备面临艰苦复杂的工作
B. 准备接受旅游执法人员可能的检查
C. 准备承受旅游者的抱怨和投诉
D. 准备面对形形色色的“精神污染”和“物质诱惑”
E. 准备接受旅行社领导的批评

42. 为展现导游人员的职业形象，男性导游人员应（　　）。
A. 前发不覆额　　B. 瓜田不纳履
C. 鬓角不近耳　　D. 李下不整冠
E. 后发不及领

43. 在旅游团抵达前，地陪要向该团用餐的餐馆了解落实情况，告知该团的（　　）。

A. 用餐人数　　B. 餐饮标准

C. 酒水品牌　　D. 用餐日期

E. 特殊要求

44. 如果地接社为旅游团安排了行李车，地陪应与该车司机联系，告知旅游团（　　）。

A. 抵达时间　　B. 抵达地点

C. 行李数量　　D. 运送要求

E. 下榻饭店

45. 如接待计划中有地陪不熟悉的游览景点，地陪在接团前应了解该景点（　　）。

A. 所在位置　　B. 行车路线

C. 主要设施　　D. 最佳游览路线

E. 厕所位置

46. 在接团前，地陪应到旅行社有关部门领取的表单有（　　）等。

A. 接待计划表　　B. 旅游团名单

C. 旅游服务质量反馈表　　D. 借用物品表

E. 费用结算单

47. 接待计划是地陪（　　）的主要依据。

A. 了解旅游团基本情况　　B. 提供导游讲解服务

C. 预订相关旅游服务　　D. 落实相关景区安排

E. 安排地方活动日程

48. 地陪应事先核实旅游团所住客房的（　　）是否与旅游接待计划相符。

A. 房间设施　　B. 房间数目

C. 室内装饰　　D. 房间类别

E. 用房时间

49. 地陪导游服务的准备工作主要包括业务准备、（　　）等方面。

A. 物质准备　　B. 形象准备

C. 知识准备　　D. 财务准备

E. 心理准备

50. 领队、全陪或旅游者提出的要求与原日程不符且又涉及接待规格时，地陪应当（　　）。

A. 查明原因

B. 婉言拒绝

C. 向其解释我方不便单方面不执行合同

D．界定责任

E．如确有特殊理由，并且由领队和全体旅游者一起提出时，地陪必须请示旅行社有关部门

51．旅游团抵达前，地陪在向酒店确认住房时无须涉及的内容是（　　）。

A．房间数　　B．入住时间

C．房费是否含早餐　　D．房间所在楼层

E．团队名单

52．导游人员在带团体旅游者用第一餐时应（　　）。

A．在餐厅门口等候

B．讲明餐厅位置，让游客自行前往

C．陪同客人一起用餐以便照顾

D．说明用餐的有关消费规定

E．向餐厅有关人员转达客人的要求

53．在到达游览景点开始游览前，导游人员要向游客作提醒工作，提醒的内容包括（　　）。

A．旅行车的位置　　B．景点门票价格

C．景点游览线路　　D．景点开放时间

E．不要在景点购物

54．首次沿途导游的内容主要包括（　　）。

A．沿途风光介绍　　B．历史文化和城市风貌介绍

C．民俗风情和风物特产介绍　　D．接待社的基本情况介绍

E．所下榻饭店概况介绍

55．地陪在“落实接待事宜”时应（　　）。

A．核对日程安排表　　B．落实旅游车辆

C．落实用餐　　D．提前抵达接站地点

E．了解不熟悉的参观游览点

56．地陪带团前的业务准备包括（　　）。

A．熟悉接待计划　　B．带好相关物品

C．落实接待事宜　　D．注意仪表仪容

E．准备承受抱怨和投诉

57．导游员在确认旅游团日程所安排的每一次用餐时必须与餐厅核实确认的内容包括（　　）。

A．团队人数　　B．用餐的特殊要求

C．用餐标准　　D．旅游目的及旅游者的兴趣爱好

E．陪同、司机人数

58．旅游团从天坛返回到酒店（次日下午该团将飞往海南）北京地陪当天应该完成的工作是（　　）。

A．向旅客总结在京的活动内容

B．提醒游客好好休息

C．宣布次日活动安排

D．安排行李事宜

E．安排叫早服务

59．地陪导游在熟悉接待计划时一定要掌握交通票据的情况，主要有（　　）。

A．有无返程票

B．有无国内段国际机票

C．出境票的票种（是 OK 票还是 OPEN 票）

D．该团去下一站的交通票据是否按计划订妥

E．票据对应姓名

60．地陪在旅游团抵达前应做的服务安排（　　）。

A．联络司机　　B．核实人数

C．移交行李　　D．确认交通工具抵达时间

E．提前抵达接站地点

61．参观游览出发前，地陪应（　　）。

A．准时到达集合地，督促司机提前到达并做好各项准备工作

B．恭候在车门一侧，热情地招呼客人

C．待旅游者上车后，礼貌地清点人数

D．做好提醒、预报工作

E．做好参观景点的概况介绍

62．在导游服务程序中，以地陪服务为主的是（　　）。

A．入店服务　　B．参观游览服务

C．旅途服务　　D．送客服务

E．餐饮服务

63．地陪在为游客进行入店服务时，应该（　　）。

A．掌握领队、全陪和团员的房间号

B．向全团介绍饭店餐厅、公共洗手间等设施的位置

C．提醒旅游者住店期间的注意事项、客房内收费项目（如小酒吧、长途电话）及标准

D．照顾行李进房

E．带领旅游团用好第一餐

64．地陪在机场接到旅游团后，要在机场做好（　　）等工作，然后集合登车前往

下榻饭店。

A．核实团名　　B．集中、清点行李

C．注意事项提醒　　D．核对实到人数

E．核实领队（客人）姓名

65．在迎候旅游团时，可根据（　　）辨认寻找自己的旅游团。

A．身高　　B．体形

C．组团社徽记　　D．衣着

E．民族特征

66．地陪在出发送站前的时间四核实是指（　　）。

A．票面时间　　B．计划时间

C．时刻表时间　　D．问询时间

E．出发时间

67．送客服务是旅游者在旅游目的地所接受的最后一项服务，下列选项属于送行前业务的是（　　）。

A．及时归还证件　　B．商定集合、出发的时间

C．确定叫早和用餐的时间　　D．结清账目，归还物品

E．核实交通票据

68．旅行社安排旅游者观看计划内的文娱节目时，导游人员应注意（　　）。

A．旅游者邀请导游人员前往时，导游人员可以不参加

B．导游人员必须陪同前往

C．导游人员向旅游者简单介绍节目内容及其特点

D．导游人员要引导旅游者入座，介绍剧场位置、设施

E．在节目开场后，导游即可离开

69．某旅游团按计划应于 18 点乘飞机飞抵 B 市，该市接待社导游小王提前半小时到达机场，从机场咨询台得知该团的飞机因暴雨仍停留在上一站。此时，小王应该（　　）。

A．及时退晚餐

B．和司机商量是否等待

C．立即返回旅行社等候安排

D．立即调整活动日程，尽量保证不减少计划内的游览项目

E．及时向旅行社报告

第二节　全陪导游

真题解读

● 【2018 年真题 · 单选】一个既无领队又无团长的旅游团，从上海抵达海南，在入住饭店时，全陪导游应具体负责的工作是（　　）。

A．提供叫醒服务　　B．为游客分发房卡

C．介绍饭店设施设备　　D．带领游客用好第一餐

【答案】B

【解析】没有领队和团长的旅游团，由全陪负责其工作。包括办理好住店登记手续，收齐旅游者证件，拿到客房号和住房卡（钥匙）后，**分发住房卡**。

【点评】简单难度，考查基本的理解应变能力。

● 【2016 年真题 · 单选】云南旅行社派遣小王作为全陪导游带团去北京、内蒙古旅游，小王在陪同该团旅游过程中的重点工作首先是（　　）。

A．协助地陪解决随时可能发生的旅游故障

B．监督各站接待计划的执行

C．三个地方的衔接和联络工作

D．掌握相关专业知识

【答案】C

【解析】全陪的主要工作首先是**承担各站之间的有机衔接**，以及按照接待计划的安排对各站服务进行协助、检查和督促，使旅游团的接待计划得以全面、顺利实施。其次是做好旅游者的人身和财物安全工作，使可能发生的突发事件得到及时、有效处理。

【点评】难度较大，平时训练的重点内容。部分同学会选择监督各站接待计划的执行，但是全陪首先是保证团队顺利活动，因此做好衔接和联络工作是首当其冲的。

● 【2018 年真题 · 多选】某旅游团从武汉抵达新疆时，全陪导游的抵站服务主要包括（　　）。

A．转告地陪导游旅游团的有关情况

B．做好与地陪导游的接头工作

C．举地接社社旗带领游客出站

D．通知游客整理好随身物品

E．将地陪导游介绍给游客

【答案】ABE

【解析】C 项，全陪应手举组团社社旗，带领旅游者到指定的出口出站；D 项，

不属于全陪导游的抵站服务。

【点评】难度较大，主要考查全陪的抵站服务内容。

● 【2017年真题·多选】接待入境旅游团时，全陪导游员首站接团服务的主要工作有（　　）。

A. 协助领队带领旅游团入境

B. 提前半小时到达接站地点

C. 与领队核实团队实到人数

D. 集中清点游客的行李

E. 向游客介绍全程安排

【答案】BCDE

【解析】全陪的首站（入境站）接团服务包括迎接客人和入境介绍。

迎接客人包括：（1）迎接入境旅游团时，全陪应在接团前一天，与首站接待社联系，了解接待工作详细安排情况。（2）与首站地陪一起提前半小时到达接站地点，迎候旅游团。全陪要协助地陪认找应接的旅游团，防止漏接和错接。（3）认准旅游团后，全陪要向领队和旅游者问好，进行自我介绍，并介绍地陪，然后应立即询问和确认该团实到人数。如实到人数与接待计划有出入，应及时通报组团社，由组团社再通知各站接待社。（4）将旅游者的行李集中，并与领队、地陪一起进行清点，然后移交给行李员。若迎接的是首站国内旅游团，全陪也应提前半小时到达组团社与旅游者事先约定的集合地点，手举社旗等候旅游者的到来，待他们到齐后再出发。

入境介绍包括：（1）致欢迎词。（2）全程安排概述。（3）介绍旅途中的注意事项，发放本次行程的相关资料。

【点评】中等难度，应用排除法，全陪无法进入隔离区，A项明显与常理不符。

习题强化

一、判断题

1. 如果全陪发现地接社提供的旅游产品低于旅游计划上约定的质量标准，应及时向地陪提出改进和弥补要求，地陪在改进和弥补以后即可，不必填写在“全陪日志”上了。（　　）
2. 在送入境旅游团离境时，全程导游应向领队和旅游者介绍如何办理离境手续，并将他们送至登机口，欢迎他们再度光临。（　　）
3. 若陪同入境旅游团，全陪应事先请领队分配好包房、卧铺铺位；若陪同国内旅游团，全陪负责这项工作。（　　）
4. 全陪向旅游团提供的各站服务包括抵站服务、停留服务和离站服务。（　　）

5. 在旅游团抵达B市时，如有行李托运，全程导游应将旅游团行李托运单交给B市行李员。 ( )
6. 旅游者在游览活动中走失，原则上不能同意旅游者参与寻找。 ( )
7. 只有特殊身份和有很高社会地位的旅游者，才是特殊旅游者。 ( )
8. 旅游团的结账通常有现结和计划拨款两种。 ( )
9. 在旅游团离开各地之前，全陪应协助领队和地陪清点和交接托运行李，妥善保存行李票。 ( )
10. 全陪与领队商谈日程的原则：服务第一，宾客至上，遵循合同，平等协商。 ( )
11. 全程陪同导游人员在导游工作集体中处于中心地位，起着主导作用。在海外游客心目中，他们是东道国的代表，是旅游团在华活动的主要决策人。 ( )
12. 全陪在准备工作阶段，需要充实相应知识，主要包括客源国（地区）知识，景区、景点知识和专题知识。 ( )
13. 后续工作是全陪接待服务的最后环节。 ( )
14. 首站接团非常重要，在首站顺利完成对旅游团的接待，是全陪与游客之间建立良好关系的基础。 ( )
15. 在景点游览过程中，全陪的职责是协助地陪做好讲解和向导工作。 ( )
16. 末站服务是全陪整个服务工作中的最后流程，所以全陪要自始至终、一丝不苟。 ( )
17. 若发现当地接待工作有降低标准的情况，全陪应及时向地陪或地接社提出改进和弥补的要求。 ( )
18. 在地陪缺位或失职的情况下，全陪应主动兼行地陪的职责。 ( )
19. 全陪要参与核对、商定日程工作，如遇到难以解决的问题，例如领队提出与日程不符的要求时，全陪要及时与地陪协商，请其报告接待社解决。 ( )
20. 在有地陪随团的情况下，原则上地陪致完欢送词，全陪就不再致欢送词，以避免工作的重复。 ( )
21. 全陪是指受国内接待旅行社委派，作为接待社的代表，在领队和地陪的配合下实施接待计划，为旅行团提供全程陪同服务的工作人员。 ( )
22. 全陪作为组团社的代表，应自始至终参与旅游团全程的活动，负责旅游团移动中各环节的衔接，监督接待计划的实施，协调领队、地陪、司机等旅游接待人员的协作关系。 ( )
23. 旅游团离境后，全陪应认真处理好旅游团的遗留问题，提供可能的延伸服务。 ( )
24. 全陪在熟悉接待计划掌握旅游团队日程安排时，应了解计划中有无特殊安排，如会见、座谈、特殊文娱活动、额外游览项目，以及是否需要收费。 ( )

二、单选题

1. 全陪在迎接首站是国内旅游团时，应提前（　　）到达组团社与旅游者事先约定的集合地点，手举社旗等候旅游者的到来，待到齐后再出发。

A. 15 分钟　　B. 60 分钟

C. 45 分钟　　D. 30 分钟

2. 若旅游过程中有旅游者突然生病，通常情况下应由（　　）和患者亲属将其送往医院。

A. 地陪　　B. 司机

C. 全陪　　D. 团长

3. 在与境外旅游团领队核对、商定日程中，如果领队手中的日程与全陪的接待计划有出入时，全陪应（　　）。

A. 与地陪协商解决

B. 请领队征求全团旅游者意见后合理处理

C. 及时报告组团社

D. 向领队解释我方接待计划是有根据的不能改动

4. 当入境旅游团进入下榻的饭店后，全陪应协助（　　）办理入住登记手续。

A. 地方导游员　　B. 旅游团领队

C. 旅游团团长　　D. 地接行李员

5. 全陪带领旅游团在各站停留期间，除了应协助地陪做好工作、保障旅游者安全外，还应（　　）。

A. 做好各站的联络工作　　B. 做好各站的导游讲解

C. 检查各站的服务质量　　D. 检查各站的服务人员

6. 在核商旅游活动日程时，如果境外领队对活动日程做了较大变动，全陪应及时向（　　）报告。

A. 地接社　　B. 境外旅行社

C. 组团社　　D. 旅游主管部门

7. 全陪与领队对全程旅游活动日程商定后，应由（　　）向旅游者宣布。

A. 全陪　　B. 领队

C. 团长　　D. 地陪

8. 由于旅游团在各站的行、游、住、食、购、娱以各地的地陪为主，全陪的主要工作首先是（　　）。

A. 负责各站之间的有机衔接　　B. 协助地陪做好各项服务

C. 检查接待计划在各站的落实　　D. 协助处理发生的旅游事故

9. 如全程带领的旅游团赴华东线旅游，应准备的专业知识主要是（　　）。

A. 历史文化知识　　B. 石窟艺术知识

C．园林艺术知识　　　　D．喀斯特地貌知识

10．在接站地点，全陪应主动帮助地陪认找旅游团，(　　)。

A．避免误机　　　　B．避免空接

C．以防错接　　　　D．避免走失

11．在迎接入境旅游团时，全陪应在接团(　　)，与首站接待社联系，了解接待工作的详细的安排情况。

A．前一天　　　　B．前三天

C．前五天　　　　D．前一周

12．如首站接团时发现入境旅游团人数与接待计划不符，全陪应及时(　　)。

A．报告境外旅行社　　　　B．报告组团社

C．报告当地接待社　　　　D．地方旅游主管部门

13．当旅游者拿到住房卡后，全陪应掌握全团分房名单，并与领队(　　)。

A．一起清点旅游团行李　　　　B．一起检查旅游者入住情况

C．一起商讨旅游活动日程　　　　D．互通各自所住的房号

14．如地陪不住饭店，全陪应负起(　　)的责任。

A．确保旅游者安全和生活　　　　B．照顾旅游者安全和行为

C．照顾旅游者安全和生活　　　　D．关注旅游者安全和团结

15．旅游者进房后，全陪要做好的工作是(　　)。

A．与领队商讨活动日程　　　　B．向地陪了解安排情况

C．检查客房设施完好情况　　　　D．巡视旅游者住房情况

16．全陪与领队商谈旅游日程安排应以(　　)为依据。

A．游客意见　　　　B．接待计划

C．旅游法规　　　　D．地接计划

17．全陪导游员应在离开一地之前向(　　)通报旅游团的情况。

A．计调部　　　　B．组团社

C．上一站　　　　D．下一站

18．国内旅游团在景点游览时，(　　)应走在旅游团的后面，招呼滞后的旅游者。

A．地陪　　　　B．旅游团领队

C．景区讲解员　　　　D．全陪

19．全陪在接受旅游团的接待任务后，首先要(　　)，以便提供针对性服务。

A．认真与领队核对、商定日程

B．弄清并分析旅游团的基本情况，制定出合理的活动日程

C．提前抵达旅游团入境口岸，同地接社取得联系，互通情况

D．认真查阅接待计划及相关资料，全面掌握旅游团情况，研究该团成员特点和特殊要求

20. 入境旅游团在中国旅游期间，旅游接待人员之间合作关系的协调者通常是（　　）。

A. 全陪　　B. 地陪

C. 领队　　D. 全陪和地陪

21. 首站（入境站）接待服务中应由（　　）代表国内组团社和个人向旅游团致欢迎辞。

A. 地陪　　B. 全陪

C. 领队　　D. 景区导游员

22.（　　）需做好旅行中各站的联络工作。

A. 领队　　B. 全陪

C. 地陪　　D. 司机

23. 旅游团抵达目的地机场后，清点行李的工作应该由（　　）负责。

A. 地陪和行李员　　B. 领队和行李员

C. 全陪和行李员　　D. 地陪、全陪、领队和行李员

24. 全陪首站（入境站）接团时，应提前（　　）分钟到达接站地点。

A. 10　　B. 15

C. 20　　D. 30

25. 小张作为全陪导游准备带一个四川的旅游团去陕西旅游，他应准备的专业知识主要是（　　）。

A. 少数民族方面　　B. 石窟艺术方面

C. 历史人文方面　　D. 风景名胜方面

三、多选题

1. 途中服务是指全陪在陪同旅游团离开某地前往下一站的路途上为旅游者提供的服务，主要有（　　）等内容。

A. 提醒旅游者注意人身和财物安全

B. 做好旅游者生活照料服务

C. 向乘务人员致谢

D. 与旅游者进行信息沟通

E. 结清旅游团账目

2. 下列导游人员职责中，属于全陪导游员的有（　　）。

A. 负责旅游团各站之间的衔接

B. 带领旅游团游客参观游览

C. 向旅游者提供行程中各项服务

D. 监督地接社接待计划实施

E. 安排旅游团在各地的活动日程

3．下列旅游活动项目中，属于重点旅游团特殊安排项目的有（　　）。

A．会见　　B．宴请

C．座谈　　D．风味餐

E．舞会

4．旅游团在景点游览时，全陪提供的服务主要有（　　）。

A．关注旅游者动向　　B．历史典故的补充讲解

C．寻找走失的旅游者　　D．陪同零散旅游者

E．照顾生病的旅游者

5．旅游团结束在一地的旅游活动、准备前往下一站前，全陪应做好的工作有（　　）等。

A．提醒地陪核实旅游团的交通票据

B．清点和交接行李

C．向地陪致谢

D．向司机致谢

E．与饭店结算

6．旅游团在各站停留期间，全陪的工作主要有（　　）。

A．协助地陪的各项工作　　B．提供导游讲解服务

C．保障旅游者的安全　　D．检查各站的服务质量

E．安排旅游团的活动日程

7．全陪在旅游行程中应做好的旅游者安全工作主要有（　　）等。

A．入店时提醒旅游者将贵重物品存放在饭店前台保险柜里

B．睡觉时关好门窗，不要躺在床上抽烟

C．下车时提醒旅游者带好随身物品

D．游览时替旅游者看管贵重物品

E．游览中注意旅游者动向，防止走失

8．全陪应做好的物质准备主要有（　　）。

A．身份证件　　B．少量现金

C．接团资料　　D．游客物品

E．个人物品

9．全陪的首站（入境站）接团服务包括（　　）等内容。

A．联系司机　　B．迎接客人

C．入境介绍　　D．入店服务

E．商谈日程

10．全陪带领旅游团抵达下一站时应提供的服务主要有（　　）等。

A．带领旅游者出站　　B．与地陪接洽

C．与地陪确认房间安排　　　　D．转告旅游团情况
E．转告旅游者意见和要求

11．当旅游者在游览活动中走失，一般情况下应由（　　）负责寻找。
A．全陪　　　　B．领队
C．地陪　　　　D．其他旅游者
E．司机

12．在航空旅行途中，全陪的工作职责有（　　）。
A．帮助客人保管贵重物品
B．保管团队客人的护照
C．保管团队客人的机票、行李托运单
D．协助旅游者办妥登机、安检和行李托运等相关手续
E．提醒客人安全注意事项

13．《全陪日志》的内容包括（　　）。
A．旅游团的基本情况
B．旅游团日程安排及交通情况
C．各地接待质量
D．对发生的问题及事故的处理经过
E．旅游者的反馈及整改建议

14．全陪的服务准备工作包括（　　）。
A．熟悉接待计划　　　　B．制定活动日程
C．做好必要的物质准备　　　　D．与有关地接社联系
E．知识准备

15．全陪导游在团队运行结束后的后续工作包括（　　）。
A．与游客联系，帮助代购物品
B．处理旅游团遗留问题
C．填写“全陪日志”
D．按财务规定，尽快结清该团账目
E．归还在组团社所借物品

16．入境旅游团离开中国出境前，全陪要提醒旅游者备齐并随身携带（　　）。
A．海关申报单　　　　B．护照
C．旅游合同　　　　D．购物发票
E．机票

17．带领入境旅游团乘坐飞机抵达下一站机场后，全陪的主要工作有（　　）。
A．全陪应迅速认找地陪，并向其问好
B．全陪应尽快将地陪介绍给领队和旅游者

C. 全陪应将旅游团行李托运单交给地陪

D. 向地陪介绍旅行过程

E. 向地陪介绍旅游团成员的情况，转达他们的建议和要求

第三节 景区导游

真题解读

● 【2017年真题·单选】讲解员在讲述景区的有关民间传说时，其内容应有（　　）。

A. 资料可考　　B. 社会共识

C. 历史传承　　D. 事实依据

【答案】C

【解析】讲解中涉及的民间传说应有故事来源的**历史传承**，讲解员不得随意编造。

【点评】难度较大，考查较细。从传说角度分析问题的话，历史传承是正确的。

习题强化

一、判断题

1. 基于游客对讲解的时间长度、认知深度的不同要求，讲解员应对讲解内容至少准备三种讲解方案，以适应旅游团队或个体的不同需要。（　　）
2. 景区讲解员结合景物讲解的民间传说应有合理想象。（　　）
3. 景区讲解员在导游讲解中，在内容取舍上要以科学性和真实性为原则。（　　）
4. 旅游团游客在景区乘船游览时，讲解员的导游讲解应与行船的节奏保持一致。（　　）

二、单选题

1. 根据国家旅游局颁布的《旅游景区讲解服务规范》规定，景区（点）导游服务主要包括（　　）。

A. 知识准备和讲解服务

B. 仪容仪表和游客的沟通

C. 服务准备和讲解活动要求

D. 讲解导游词的准备和讲解活动

2. 景区讲解员在讲解过程中应对（　　）做好有关补充解释。

A. 文化知识　　B. 旅游特色

C. 使用的文言文　　D. 景物风貌

3．景区导游在对客讲解时，对于内容的取舍，应该遵循（　　）的原则。

A．讲解语言准确易懂　　B．生动性和趣味性

C．语言文明态度和气　　D．科学性和真实性

4．如果在导游讲解过程中发生意外情况，景区讲解员应及时联络（　　），以期尽快得到妥善处理或解决。

A．地接社计调部　　B．地方导游员

C．景区有关部门　　D．全程导游

5．景区讲解员在导游讲解中如遇尚存争议的科学原理或人物事件，则宜选用（　　）给以表达。

A．褒义词语　　B．贬义词语

C．中性词语　　D．专业术语

6．在旅游者观看景区节目（游览行程中包含）过程中，讲解员应自始至终（　　）。

A．保持沉默　　B．介绍剧情

C．进行协调　　D．坚守岗位

7．景区讲解员在讲解活动中，自始至终应该使用（　　），回答问题要耐心、和气、诚恳。

A．大众化语言　　B．书面语言

C．文明语言　　D．双语（中文和外语）

三、多选题

1．景区讲解员接待开始时的服务要求包括（　　）等。

A．代表本景区对游客表示欢迎　　B．介绍自己的姓名及所属单位

C．介绍自己的从业经历和爱好　　D．表达景区对提供服务的诚挚意愿

E．预祝游客旅游愉快

2．景区讲解员在旅游团游览前的讲解服务要求包括（　　）。

A．景区的开设背景　　B．景区的自然、人文景观

C．景区的一些规章和制度　　D．景区的游览价值和特色

E．游览时的注意事项

3．景区讲解员在进行本景区导游讲解中应注意的问题主要有（　　）。

A．讲述民间传说要有故事来源的历史传承，不得胡编乱造

B．使用文言文时应以大众化的语言进行补充解释

C．导游的讲解内容应力避同音异义词语造成的歧义

D．讲解内容涉及的历史人物应以书本上的说法为据

E．讲解内容如援引他人研究成果应予以适度说明

4．景区讲解员在导游讲解中要运用好的技巧主要有（　　）。

A．要根据旅游者的不同情况在讲解内容上注意繁简适度

B．要努力做到讲解安排的活跃生动，做好讲解与引导游览的有机结合

C．导游讲解中要使用准确易懂的语言，应吐字清晰

D．要安排并控制好讲解时间，以免影响游客的原有行程

E．要使用文明语言耐心回答游客提出的各种问题

5．景区内乘船游览时，讲解员应做好的工作主要有（　　）。

A．协助船员安排好旅游者入座

B．告知旅游者乘船的有关安全事项

C．帮助旅游者看管好行李物品

D．确保游览中的讲解与行船节奏一致

E．协助船员做好行船安全工作

6．旅游团游客在景区观看节目演出时（游览行程中包含），讲解员应做好的工作主要有（　　）。

A．向游客介绍本景区节目的内容与特色

B．组织游客入场，宣传文明观看演出

C．自始至终坚守岗位，注意游客动向

D．若有个别游客中途退场应予以妥善安排

E．巧妙地向游客推销其他付费项目

7．景区讲解员在接待之前应了解所接旅游团（者）的情况主要有（　　）。

A．游客身体状况　　B．停留时间

C．游程安排　　D．游客情绪

E．有无特殊要求

8．景区讲解员在上岗前应做好的准备工作主要有（　　）。

A．佩戴好上岗标志　　B．准备好导游旗

C．准备好无线传输讲解用品　　D．准备好要发放的景区资料

E．准备好接待团队的票证

第四节　导游领队引导文明旅游规范

真题解读

● 【2017 年真题 · 判断】《导游领队引导文明旅游规范》规定，导游、领队应一岗双责，应兼具为旅游者提供服务与引导旅游者文明旅游两项职责。（　　）

【答案】对

【解析】略

【点评】送分题，根据常识也可知说法正确。

- 【2018 年真题 · 单选】《导游领队引导文明旅游规范》规定，登机（车、船）时，导游领队应提醒旅游者不抢座、不占位，主动将上下交通工具方便的座位让给老人、孕妇、残障人士和（　　）。

A．身份特殊的旅游者　　B．宗教旅游者

C．带婴幼儿的旅游者　　D．儿童旅游者

【答案】C

【解析】导游领队应提醒旅游者不抢座、不占位，主动将上下交通工具方便的座位让给老人、孕妇、残障人士和**带婴幼儿的旅游者**。

【点评】中等难度，考查较细。亦可理解作答，"带婴幼儿的旅游者"肯定更需要座位。

- 【2018 年真题 · 单选】一旅游团 20 位游客从国内飞往俄罗斯观看 2018 年世界杯足球赛，领队在俄罗斯航班上需提供的服务是（　　）。

A．组织游客探讨足球赛事　　B．监督游客全程系好安全带

C．游客取餐时做好必要的翻译　　D．请空乘人员帮助游客填写入境卡

【答案】B

【解析】导游领队应**提醒旅游者乘坐交通工具的安全规范**和基本礼仪，遵守秩序，尊重他人。

【点评】简单难度，考查较细。本题考查的是《导游领队引导文明旅游规范》，提醒注意安全肯定不会错。

- 【2017 年真题 · 单选】某旅游团在境外与多个外国旅游团一起用自助餐时，部分团员一到餐厅就蜂拥至餐台前，并大声招呼同伴。对这种不文明行为，领队应采用（　　）的办法予以劝阻。

A．以退为进　　B．旁敲侧击

C．对比引导　　D．因势利导

【答案】C

【解析】对比引导是利用现场中正面的事例进行对比，以启示言行不妥的游客自省的办法。

【点评】中等难度，考查理解能力。题目有提示——"与多个外国旅游团一起用自助餐时"。

- 【2017 年真题 · 单选】领队小李带团赴马来西亚游览时，团中一位女游客见当地的小孩十分可爱，便走过去抚摸了一下他的头部，引起其父母的强烈反应。此时，小李应该（　　）。

A．尽力为游客的行为辩解　　B．不介入，让双方自行解决

C．立即对游客进行批评教育　　D．协助游客向对方赔礼道歉

【答案】D

【解析】《导游领队引导文明旅游规范》对于旅游者因无心之过而与旅游目的地风俗禁忌、礼仪规范不协调的行为，应及时提醒和劝阻，必要时**协助旅游者赔礼道歉**。

【点评】简单难度，根据常识也能作答。本题容易和对待孩子四不宜混淆，但其实考核的是《导游领队引导文明旅游规范》，注意区分。

- 【2018 年真题 · 多选】按照《导游领队引导文明旅游规范》，导游领队引导旅游者游览时，正确的做法有（　　）。

A．提醒旅游者摄影摄像时先后有序，不妨碍他人

B．提示旅游者爱护环境、不进入未开放区域

C．游览区域对着装有要求的，应在出发前提醒旅游者

D．提示旅游者爱护公物、保护文物

E．提醒旅游者遵守游览场所规则

【答案】ABDE

【解析】C 项，游览区域对旅游者着装有要求的（如教堂、寺庙、博物馆、皇宫等），导游领队应**提前一天**向旅游者说明，提醒准备。

【点评】中等难度，考查较细。C 项，2016 年也考过。

习题强化

一、判断题

1．导游、领队应在出行前将旅游文明需要注意的事项以适当方式告知旅游者，并在旅游出发地机场、车站等集合地点向旅游者重申。（　　）

2．导游、领队应当向旅游者告知和解释旅游文明行为规范，引导旅游者健康、文明旅游、劝阻旅游者违反社会公德的行为。（　　）

3．游览区域对旅游者着装有要求的（如教堂、寺庙、博物馆、皇宫等），导游领队应提前一天向旅游者说明，提醒准备。（　　）

二、单选题

1．根据《导游领队引导文明旅游规范》规定，导游领队在带领旅游者参加娱乐活动期间，应（　　）。

A．引导旅游者遵守秩序

B．提醒旅游者理性、诚信消费

C．在游览过程中，应适时提示卫生间位置

D．提醒旅游者爱护公物、保护文物，不攀登骑跨或胡写乱划

2．根据《导游领队引导文明旅游规范》规定，以下不属于导游领队乘坐交通工具

时引导文明旅游规范的是（　　）。

A. 引导旅游者遵守和配合乘务人员指示

B. 应提醒旅游者保持交通工具内的环境卫生

C. 保障交通工具安全有序运行

D. 遵守游览场所规则，依序文明游览

3. 根据《导游领队引导文明旅游规范》规定，下列不属于导游领队在登机（车、船）与出入口岸环节的工作的是（　　）。

A. 引导旅游者提前办理检票、安检、托运行李等手续

B. 组织旅游者依序候机

C. 游览过程中，应适时提示卫生间位置

D. 引导旅游者主动配合检查和指挥

4. 根据《导游领队引导文明旅游规范》规定，以下不属于导游、领队在购物环节应提醒旅游者的是（　　）。

A. 尊重购物场所购物数量限制

B. 试吃试用商品应征得同意

C. 听从工作人员指挥，注意安全，爱护环境

D. 适度议价

三、多选题

1. 导游领队引导文明旅游规范引导的基本要求有（　　）。

A. 应兼具为旅游者提供服务与引导旅游者文明旅游两项职责

B. 应掌握基本专业知识和业务技能

C. 在工作期间率先垂范

D. 合理引导旅游者

E. 正确和旅游者沟通

2. 导游领队人员在对不同旅游者进行分类引导过程中，个别游客出现了不文明的行为，以下属于导游人员正确的处理方法的有（　　）。

A. 对于旅游者无心之过，应及时提醒和劝阻

B. 对于违法的或者违反社会公德的，不听劝阻的，无法制止的，根据旅行社指示，导游领队可以代表旅行社与其解除合同

C. 对于违法或者违反社会公德的，应晓之以理，动之以情进行劝阻，但是无权解除合同

D. 对于违法的，不听劝阻，无法制止的，后果严重的，导游应主动向相关执法、管理机关报告，依法处理

E. 导游人员应向组团社报告，将客人列入旅游黑名单

3. 根据《导游领队引导文明旅游规范》规定，以下属于导游领队游览时引导文明

旅游规范的是（ ）。

A．爱护环境、不攀折花草

B．爱护公物、保护文物

C．根据要求使用摄像摄影设备，慎用闪光灯

D．遵守游览场所规则，依序文明游览

E．需拍摄他人肖像或与他人合影，应征得同意

4．根据《导游领队引导文明旅游规范》规定，以下属于引导的主要内容的是（ ）。

A．法律法规的提示和说明　　B．风俗禁忌的提醒

C．一岗双责、掌握知识　　D．绿色环保的说明

E．率先垂范、正确沟通

5．导游、领队人员在引导旅游者办理住宿时，应当做到以下提醒事项（ ）。

A．减少一次性物品的使用，减少环境污染

B．听从工作人员指挥，注意安全，爱护环境

C．引导旅游者尊重服务人员，服务人员问好时要友善回应

D．出入房间应轻关房门，不吵闹喧哗

E．在走廊等公共区域衣着得体

6．导游、领队在带领旅游者用餐时，应当做到以下提醒事项（ ）。

A．自助餐区域的食物、饮料不能带离就餐区

B．集体就餐时，正确使用公共餐具

C．适量点用，避免浪费

D．在就餐时抽烟，应指示其到指定抽烟区域就座

E．听从工作人员指挥，注意安全，爱护环境

习题强化答案

第一节 地陪导游

一、判断题

1．错	2．错	3．错	4．对	5．错
6．对	7．错	8．对	9．错	10．错
11．对	12．对	13．对	14．错	15．错
16．对	17．对	18．对	19．错	20．错
21．对	22．错	23．对	24．对	25．错
26．错	27．对	28．对	29．对	30．对
31．错	32．对	33．错	34．错	35．对
36．对	37．对	38．错	39．对	40．错

41. 错	42. 错	43. 对	44. 对	45. 错
46. 错	47. 对	48. 错	49. 错	50. 错
51. 对	52. 错	53. 错	54. 对	55. 对
56. 错	57. 错	58. 对		

二、单选题

1. B	2. D	3. A	4. C	5. C
6. B	7. D	8. B	9. A	10. D
11. B	12. D	13. A	14. B	15. C
16. C	17. D	18. A	19. C	20. D
21. B	22. C	23. A	24. B	25. D
26. D	27. C	28. C	29. D	30. B
31. C	32. D	33. B	34. A	35. D
36. A	37. C	38. C	39. B	40. C
41. B	42. D	43. D	44. A	45. B
46. C	47. D	48. A	49. A	50. D
51. A	52. D	53. D	54. D	55. C
56. C	57. C	58. B	59. A	60. A
61. B	62. C	63. D	64. B	65. C
66. C	67. C	68. C	69. C	70. B
71. D				

三、多选题

1. ABD	2. ABC	3. BCD	4. ABCE	5. ACDE
6. BCE	7. BCE	8. BCD	9. ACDE	10. ABDE
11. ABDE	12. ACD	13. BCDE	14. ABCE	15. ACE
16. ACD	17. ABCE	18. ACE	19. ABDE	20. ACD
21. ABCDE	22. AC	23. ABCE	24. ABDE	25. ACD
26. ACD	27. ABCDE	28. ABDE	29. BDE	30. ABD
31. ABC	32. ABC	33. ABDE	34. ABCD	35. ACD
36. BCE	37. AD	38. ABC	39. ACE	40. CE
41. ACD	42. ACE	43. ABDE	44. ABE	45. ABDE
46. ABCE	47. AE	48. BDE	49. ABCE	50. BCE
51. DE	52. DE	53. AC	54. ABCE	55. ABCE
56. AC	57. ABC	58. BCDE	59. ABCD	60. ADE
61. BCD	62. ABDE	63. ABCDE	64. ABDE	65. CDE
66. ABCD	67. ABCE	68. BCD	69. ADE	

第二节 全陪导游

一、判断题

1. 错	2. 错	3. 对	4. 对	5. 错
6. 对	7. 错	8. 对	9. 对	10. 对
11. 对	12. 对	13. 错	14. 对	15. 错
16. 对	17. 对	18. 对	19. 错	20. 错
21. 错	22. 对	23. 对	24 对	

二、单选题

1. D	2. C	3. C	4. B	5. C
6. C	7. B	8. A	9. C	10. C
11. A	12. B	13. D	14. C	15. D
16. B	17. D	18. D	19. D	20. A
21. B	22. B	23. D	24. D	25. C

三、多选题

1. ABD	2. ACD	3. ABC	4. ACDE	5. ABCD
6. ACD	7. ABCE	8. ABCE	9. BC	10. ABDE
11. AB	12. CDE	13. ABCDE	14. ACDE	15. BCDE
16. ABD	17. ABCE			

第三节 景区导游

一、判断题

1. 错	2. 错	3. 对	4. 对

二、单选题

1. C	2. C	3. D	4. C	5. C
6. D	7. C			

三、多选题

1. ABDE	2. ABDE	3. ABCE	4. ABCDE	5. ABDE
6. ABCD	7. BCE	8. ACDE		

第四节 导游领队引导文明旅游规范

一、判断题

1. 对	2. 对	3. 对

二、单选题

1. A	2. D	3. C	4. C

三、多选题

1. ABCDE	2. ABD	3. ABDE	4. ABD	5. ACDE
6. ABCD				

第四章　散客导游

真题解读

- 【2018 年真题 · 判断】散客旅游在旅游方式、游客人数、服务内容、付款方式和服务难度等方面与团队旅游存在差异。　(　　)

【答案】对

【解析】说法正确，散客旅游在旅游方式、游客人数、服务内容、付款方式和价格、服务难度等方面与团队旅游存在差异。

【点评】中等难度，考查基本的知识识记，判断题作答技巧——拿不准就选对。

- 【2018 年真题 · 单选】导游按计划到机场迎候散客，航班到港却没有接到客人。此时，导游首先应该（　　）。

A．向旅行社汇报

B．打电话联系客人

C．通知司机分头寻找

D．返回预订饭店寻找

【答案】B

【解析】根据生活常识可知，首先应该打电话联系客人。

【点评】中等难度，考查应变能力。教材描述比较过时，本题需要随机应变。

- 【2017 年真题 · 多选】下列关于散客旅游服务的说法中，正确的有（　　）。

A．导游员应在送站前 12 小时与散客确认送站时间和地点

B．每天出发前，导游员应提前半个小时抵达集合地点

C．对个体散客，导游员可采用对话的形式进行讲解

D．导游员可适时向散客推销服务项目

E．导游员应帮助散客办理住店手续

【答案】CDE

【解析】A 项，导游人员必须在送站前 **24 小时**与散客或散客小包价旅游团确认送站时间和地点；B 项，导游人员应**提前 15 分钟**抵达集合地点，引导散客上车。

【点评】中等难度，平时训练的重点内容，考查基本的知识识记。

习题强化

一、判断题

1. 导游员在帮助散客旅游者办理入住饭店手续后，要与其商量接待计划。（　　）
2. 由于组合旅游团的游客来自四面八方，互不相识，兴趣爱好各异，情况比较复杂，因此旅行社应配备全陪导游。（　　）
3. 散客送站服务与团队送站服务的主要不同之处主要表现在送站方式的不同上。（　　）
4. 为了做好散客的导游服务工作，导游员应有高度的工作责任感，多倾听游客的意见，并在此基础上做好组织协调工作。（　　）
5. 小李陪王先生夫妇游览颐和园，最好以对话方式进行讲解。（　　）
6. 散客旅游的付费方式多为现付费用。（　　）
7. 导游人员到机场接不到应接的散客，当确认迎接无望时，经旅行社计调部或散客部同意后，方可离开机场。（　　）
8. 导游人员若接的是乘飞机来的散客，应提前60分钟到达机场。（　　）
9. 只有接待旅游团时，其活动内容是按照预先确定的接待计划，接待散客时则没有预先的安排计划。（　　）
10. 为散客所做的沿途导游与旅游团队大同小异。（　　）
11. 散客对旅游服务的效率和质量地注重往往比团队旅游的游客更甚。（　　）
12. 半自助游是指个人、家庭或亲朋好友一起不使用旅行社的服务而自定行程、自助安排各项旅游事宜的旅游活动。（　　）
13. 散客导游人员在导游服务中，应该提前20分钟到达集合地点，引导游客上车。（　　）
14. 散客旅游的旅游项目的价格比团队旅游贵，因为团队旅游人多好杀价。（　　）
15. 地陪在为散客送站途中因故不能按约定时间和行车路线接住在不同饭店的散客时，要立即报告旅行社计调部，由其将相关变更及时通知相关散客。（　　）
16. 接待散客，地陪要事先与他商定游览日程并由其签字确认，但在以后的参观游览过程中，活动安排可随散客的意愿适当调整。（　　）
17. 散客团队成员复杂，接待标准统一，服务内容庞杂，只有全陪没有领队。（　　）
18. 导游员在迎接散客旅游者时要举写有客人姓名的接站牌。（　　）

二、单选题

1. 导游员所送散客如果与住在其他饭店的散客同乘一辆车去机场或火车站，要严格按照事先约定的（　　）抵达各饭店。

A. 时间　　　　B. 地点

C．程序　　D．方式

2．导游员将散客旅游者送到饭店后，应帮助其尽快完成（　　）手续。

A．饭店预订　　B．行李交接

C．住宿登记　　D．日程确认

3．导游员必须在送站前（　　）与散客旅游者确认送站时间和地点。

A．1 小时　　B．2 小时

C．12 小时　　D．24 小时

4．乘坐国内航班离站的散客旅游者，如果从中、小机场起飞，导游员应掌握好时间，使其提前（　　）到达机场。

A．30 分钟　　B．1 小时

C．2 小时　　D．3 小时

5．乘坐国内航班离站的散客旅游者，如果从大型机场起飞，导游员应掌握好时间，使其提前（　　）到达机场。

A．30 分钟　　B．1 小时

C．2 小时　　D．3 小时

6．乘坐国际航班离站的散客旅游者，导游员应掌握好时间，使其提前（　　）到达机场。

A．30 分钟　　B．1 小时

C．2 小时　　D．3 小时

7．乘坐火车离站的散客旅游者，导游员应掌握好时间，使其提前（　　）到达车站。

A．30 分钟　　B．1 小时

C．2 小时　　D．3 小时

8．为散客旅游者送站的导游员必须按照与旅游者约定的时间，提前（　　）到达游客下榻的饭店，协助旅游者办理离店手续。

A．20 分钟　　B．30 分钟

C．1 小时　　D．2 小时

9．地陪导游小张送两名散客乘坐 12:20 的航班从北京飞往新加坡，小张应该在（　　）将散客送达首都机场。

A．11:20　　B．11:50

C．10:20　　D．9:20

10．散客旅游者乘坐国内航班离站，导游员应在（　　）后方可离开机场。

A．飞机起飞　　B．办理登机手续

C．办理行李托运　　D．游客通过安检

11．相比团队旅游产品而言，散客旅游产品的（　　）。

A．价格更高　　B．服务更细
C．品质更优　　D．时间更长

12．迎接乘火车而来的散客旅游者，导游员通常应提前（　　）进车站站台等候。
A．30 分钟　　B．45 分钟
C．60 分钟　　D．90 分钟

13．如果未接到应接的散客旅游者，导游员应与司机配合，在尽可能的范围内寻找（　　）。
A．至多 20 分钟　　B．至少 20 分钟
C．至多 60 分钟　　D．至少 60 分钟

14．同接待团体游客相比，接待商务散客对（　　）要求更高。
A．组织安排　　B．服务水平
C．语言水平　　D．知识广度

15．旅游者自行安排旅游行程，以零星现付的方式购买各项旅游服务的旅游形式称为（　　）。
A．散客自助游　　B．小包价旅游
C．散客团队游　　D．散客一日游

16．散客旅游与团队旅游的区别，下列表述正确的是（　　）。
A．散客旅游付费方式是零星现付，团队旅游采用包价形式
B．团队旅游和散客旅游价格差不多
C．团队旅游与散客旅游行程均是由旅行社来安排。
D．团队旅游一般为 16 人以上

17．导游人员与散客确定日程安排后要将填好的安排表交（　　）签字确认。
A．旅行社计调　　B．散客
C．旅行社经理　　D．司机

18．下列关于散客旅游者的描述中，不正确的是（　　）。
A．自由度大，变化大　　B．规模小、批次多
C．对服务的要求不高　　D．预定期比较短

19．散客导游在迎接散客时，要在接站牌上写上（　　），以便客人能主动与其联系。
A．接待社名称　　B．组团社名称
C．导游员姓名　　D．旅游者姓名

三、多选题

1．导游员在到机场接待散客前应认真阅读接待计划，记下（　　）等。
A．迎接的日期　　B．客人航班抵达的时间
C．客人的姓名和人数　　D．客人的年龄和性别

E．客人下榻的饭店

2．导游员到机场迎接到应接的个体散客旅游者后要做好的工作有（　　）。

A．介绍所代表的旅行社和自己的姓名，对其表示欢迎

B．询问旅游者在机场是否还有需要办理的事情

C．询问旅游者托运的行李件数，并进行清点

D．帮助旅游者提取行李并引导其上车

E．介绍旅行社的业务和下榻饭店的情况

3．导游员送散客乘飞机时应做好的送站工作有（　　）。

A．在去机场的途中征求散客游览的意见和建议

B．代表旅行社向散客表示感谢

C．协助散客办理行李托运

D．提醒散客旅游者带好行李物品

E．在散客搭乘的飞机起飞后离开

4．导游员在送散客赴机场或火车站途中应做的主要工作有（　　）。

A．询问他们是否带好了行李物品

B．确认是否交还房间钥匙，付清账款

C．征询他们在本地停留期间的感受

D．征询他们对服务的意见和建议

E．代表旅行社对他们表示感谢

5．导游员送个别散客出境时应在游客到达机场后协助其（　　）。

A．带好行李物品　　B．办理离境手续

C．办理机场税　　D．办理机场建设费

E．至隔离区入口处同其道别

6．散客接站服务的准备包括（　　）等内容。

A．认真阅读接待计划　　B．预订城市间交通工具

C．做好出发前的准备　　D．代订地方风味餐

E．联系交通工具

7．地陪接受为一位散客送站任务后，应认真阅读送站计划，弄清（　　）。

A．所送散客姓名　　B．离开的日期、所乘航班或车次

C．游客下榻的饭店　　D．确认日程安排

E．是否与其他游客合乘一辆车去机场或车站

8．散客旅游的特点是（　　）。

A．批量大、批次少　　B．自由度大

C．服务要求多　　D．活动计划不容易变化

E．预定期长

9. 散客中有大量的公务和商务旅客，由于他们的旅行费用多由公司承担，因此他们在旅游中的应酬及商务、公务活动要求（　　）。

A. 接待的规格高　　B. 服务的水平较高

C. 服务要求单一　　D. 价格要求比较高

E. 节约成本

习题强化答案

一、判断题

1. 错	2. 错	3. 错	4. 对	5. 对
6. 对	7. 对	8. 错	9. 错	10. 对
11. 对	12. 错	13. 错	14. 错	15. 对
16. 对	17. 错	18. 对		

二、单选题

1. A	2. C	3. D	4. C	5. D
6. D	7. B	8. A	9. D	10. A
11. A	12. A	13. B	14. B	15. A
16. A	17. B	18. C	19. D	

三、多选题

1. ABCE	2. ABCD	3. ABCDE	4. CDE	5. ABCE
6. ACE	7. ABCE	8. BC	9. AB	

第三编

导游技能篇

第五章　导游语言技能

真题解读

- 【2017 年真题 · 判断】在机场送别旅游团游客时导游应采用谦和式语言。（　　）

【答案】错

【解析】若游客情绪低落时，宜采用劝导式或激励式语言；若游客火气很大时，宜采用微笑式或谦和式语言；若游客疲劳时，宜采用风趣式语言；在与游客平时交谈中，可采用闲谈式语言；在送别游客时应采用**抒情式**语言等等

【点评】难度较大，考的较偏、较细。

- 【2017 年真题 · 判断】在讲解杭州西湖孤山时，导游说"孤山不孤、断桥不断、长桥不长"，在这里，导游人员运用了形式逻辑中的矛盾律。（　　）

【答案】错

【解析】导游人员做出"孤山不孤"这一判断是从"孤"和"不孤"选择而来的，做出这一选择是由其思维逻辑决定的，即孤山是由火山喷出的流纹岩组成的，整个岛屿原来是和陆地连在一起的，所以说"孤山不孤"。那么，为什么又叫它孤山呢？一是因为自然的变迁，湖水将它与陆地分隔开来；二是因为这个风景优美的岛屿过去一直被自称为"孤家寡人"的皇帝所占有。同样，"断桥不断""长桥不长"也是如此。在这里，导游人员运用了形式逻辑中的**排中律**，从地质学的角度分析了孤山这个岛屿同陆地的内在联系及其转化。

【点评】简单难度，平时训练的重点内容，注意把握"矛盾律"和"排中律"基本概念的不同。

- 【2018 年真题 · 单选】在法国、英国、新西兰等国家，竖起大拇指是（　　）的意思。

A．请对方稍等　　B．请求搭车

C．请再来一杯啤酒　　D．祈祷幸运

【答案】B

【解析】在法国、英国、新西兰等国是请求"**搭车**"。

【点评】难度较大，考查较细。

- 【2018 年真题 · 单选】一游客在旅游车内抽烟，导游不便当众批评，边对着他

摇摇头并轻轻咳嗽，使游客自觉地熄灭了香烟。这种劝服技巧是（　　）。

A. 诱导式劝服　　B. 迂回式劝服

C. 协商式劝服　　D. 暗示式劝服

【答案】D

【解析】暗示式劝服是指导游不明确表示自己的意思，而采用含蓄的语言或示意的举动使人领悟的劝说。

【点评】简单难度，平时训练的重点内容，注意理解基本概念。

- 【2017年真题·单选】“苗族姑娘山歌唱得特别好，她们的歌声就像百灵鸟的声音一样动听。”导游讲解中的这种比喻是（　　）。

A. 使语言简洁明快的比喻　　B. 使自然景物形象化的比喻

C. 使抽象事物形象化的比喻　　D. 使人物形象更加鲜明的比喻

【答案】C

【解析】苗族姑娘的歌声是抽象的，将其比喻为百灵鸟鸣叫的声音就形象化了。

【点评】中等难度，平时训练的重点内容，注意理解基本概念。

- 【2017年真题·单选】“东坡赤壁的西面石壁更峻峭，就像刀劈的一样。留在壁面上的层层水迹，表明当年这儿确乎有过‘惊涛拍岸，卷起千堆雪’的雄奇景象。”导游讲解中的这种修辞手法属于“引用”中的（　　）。

A. 明引　　B. 直引

C. 意引　　D. 暗引

【答案】D

【解析】暗引是指把别人的话语融入自己的话语中，而不注明出处。譬如：“东坡赤壁的西面石壁更峻峭，就像刀劈的一样。留在壁面上的层层水迹，表明当年这儿确乎有过‘惊涛拍岸，卷起千堆雪’的雄奇景象。”这里引用的苏东坡《念奴娇·赤壁怀古》中的词句虽没有点明出处，但却是对赤壁景观最形象的描写和绝妙的概括，让游客听后产生无穷的遐想。

【点评】难度较大，考查较细，注意理解基本概念。

- 【2018年真题·多选】导游与游客初次见面，交谈的内容可以涉及（　　）。

A. 婚姻状况　　B. 工资收入

C. 身体状况　　D. 从事职业

E. 旅游目的

【答案】CDE

【解析】一般用于询问对方的姓名、职业。如“您贵姓”“您从事什么工作（职业）呢”等。但切忌直接询问对方的履历、工资、收入、家庭财产、衣饰价格、女性年龄、婚姻状况等私人生活方面的问题。C项，导游需要了解游客的身体状况来安排活动行程。

【点评】难度较大，争议主要在于C项，注意题目问的是“可以涉及”。

● 【2018年真题·多选】下列关于导游口头语言表达要领的表述中，正确的是（　　）。

A. 讲解重要内容时应加大音量

B. 讲解重要内容时可用强调语气停顿

C. 讲解众所周知的内容时语速可适当加快

D. 针对青年学生讲解时语速可适当加快

E. 表达肯定、庄严等感情状态时多用升调

【答案】ABCD

【解析】A项正确，根据需要对讲话中一些关键性词语进行强调时要适度加重音量，以引起游客的重视和注意，有时还要拖长音节或一字一顿地慢慢讲出。B项正确，强调语气停顿指说话时说到重要的地方，为加深游客内心印象所做的停顿。C项正确，对一些重要内容或导游要予以强调的事情，如重点旅游景观的年代、人名、数字等要放慢语速，以引起游客重视和注意，而一些众所周知的、不太重要的事情则可加快语速。D项正确，一般说来，对中青年游客，语速应适中或稍快，对老年游客，语速应放慢。E项错误，表示肯定、伤感多用**下降调**，例如，“下午两点我们游览天坛。”而表示庄严、平静则多用**直调**，例如，“街上行人很多。”

【点评】难度较大，本题主要考查理解能力以及常识，仔细分析是可以得分的。

● 【2016年真题·多选】导游在讲解时目光应注意（　　）。

A. 平视　　　　B. 环视

C. 仰视　　　　D. 俯视

E. 直视

【答案】AB

【解析】导游人员在导游讲解、致欢迎辞或欢送辞时，目光注视的方式应为**正视和环视**相结合。**正视即平视**，目光面对游客，表示“理性平等”；环视即扫视，目光环扫游客，以表示讲给每一位游客听。在这些场合，导游人员的目光不能仰视“看天”，以免给游客造成高傲、目中无人的错觉；反之，也不宜俯视“看地”，以免给游客形成心里没底、信心不足，是一位新手的感觉；同样，若目光仅停留在部分游客身上，则会让其他游客产生受冷落的感觉。导游人员也不宜长时间背对游客，使他们看不见导游人员的表情。在同个别游客交谈时，目光应以正视为宜，以表示庄重和尊重，但停留时间一般为1~2秒。为了同游客更好地交流，导游人员在饭店内、旅行车内不应戴墨镜，否则游客看不到导游人员的眼神。

【点评】中等难度，平时训练的重点内容，需要注意的是要明确记住仰视、平视、俯视分别在什么情况下应用。

习题强化

一、判断题

1. 为了强调导游与旅游者在导游交际中的角色关系，导游语言中“游客”这一称谓是使用频率最高的一种。 ( )
2. 一般说来，导游人员音量的大小应以多数游客都能听清为宜。 ( )
3. 西方人庆贺胜利常用的“V”形手势，应注意把手心对着观众。 ( )
4. 导游人员对西方客人不可用自谦式的自我介绍方式，否则会使游客对你产生不信任感。 ( )
5. 在散客导游中，导游人员常采用独白式进行讲解。 ( )
6. 体态语言不仅可以传递有声语言无法传递的信息，而且可以起到弥补强化有声语言的作用。 ( )
7. 导游对喜欢单独行动的游客说“请为大家介绍下您游览的新发现”以吸引游客随团活动，这种劝说方式是迂回式劝服。 ( )
8. 导游讲解时，对重要景观、年代、人名、数字、集合的时间和地点等，语速就要慢一些。 ( )
9. 导游语言的准确性原则是指导游语言表达条理清晰、有层次感。 ( )
10. 在人际交往中，眼神的投放是有讲究的，仰视对方表示让人感到你是自信的、坦诚的、认真的。 ( )
11. 将国家政治等严肃的问题作为幽默话题更能融洽导游与游客的关系。 ( )
12. 对导游人员来说，比较理想的语速是语速适中、快慢结合，而又有所变化。 ( )
13. 首语有点头和摇头两种。 ( )
14. 握手语一般在见面致意时适用，在离别欢送时不适用。 ( )

二、单选题

1. 几位年轻游客在游览时，纷纷爬到一尊大石象的背上照相，导游见了连忙上前告知：“希望大家不要欺负这头忠厚老实的大象！”这是导游采用了（ ）服务手段。

   A. 劝服　　B. 提醒

   C. 回绝　　D. 交谈

2. 游客离别前将吃剩的半瓶药送给导游，并表示药品很贵重，对治疗他的病很管用，想给导游作个纪念，导游人员谢绝道：“既然药贵重，又对您很管用，送给我这没病的人太可惜了，还是您自己带回去慢慢用更好”这属于导游的（ ）回绝。

A．柔和式　　B．迂回式

C．诱导式　　D．引申式

3．关于野人的传说在我国流传了几千年。3000 千年前，西南少数民族就将野人送给周成王；1976 年有人在神农架亲眼看到“红毛野人”，后又有人再次发现野人的毛发、粪便及野人窝；最令人惊叹的是“野人窝”，其制造与使用者是介于人和高等灵长目动物之间的奇异动物或野人。导游在这段导游词中采用的逻辑是（　　）。

A．演绎法　　B．分析法

C．比较法　　D．归纳法

4．溶洞厅堂宽敞，长廊曲折，石笋耸立，钟乳倒悬，特别是洞中多暗流，时隐时现，时急时缓，水声时如蛟龙咆哮，令人惊心动魄，时如深夜鸣琴，令人心旷神怡。在导游语言艺术中，采用的是（　　）修辞手法。

A．比喻　　B．映衬

C．夸张　　D．引用

5．李商隐《无题》中的诗句“春蚕到死丝方尽，蜡炬成灰泪始干”，前半句采用了（　　）修辞手法。

A．比拟　　B．拟人

C．双关　　D．夸张

6．我姓张，名曲，张是弯弓张，曲是弯弯曲曲的曲，但是大家不要误会，我不是一个弯弯曲曲的人，而是一个十分正直的人，我为什么要取名“曲”呢，大概是因为我小时候特别喜欢唱歌，所以我父亲给我起名“张曲”，现在，对于唱歌，我还是名副其实的，等会有空的，我将为大家演唱一两曲。以上介绍属于自我介绍中的（　　）。

A．自谦式　　B．调侃式

C．自识式　　D．自我推介式

7．伸出食指，在新加坡表示（　　）。

A．拜托　　B．请求

C．最重要　　D．让对方稍等

8．伸出食指，用来表示“让对方稍等”的是（　　）。

A．美国人　　B．英国人

C．法国人　　D．新加坡人

9．伸出食指往下弯曲，墨西哥人用来表示（　　）。

A．钱　　B．九

C．偷窃　　D．死亡

10．美国人爱用的“OK”手势，在日本表示（　　）。

A. 零　　B. 偷窃
C. 金钱　　D. 诅咒

11. 导游人员在讲解时，应注意自己的目光要统摄全部听讲解的游客，即可把视线落点放在（　　）游客的头部。
A. 最后边　　B. 最前面
C. 最前面两端　　D. 最后边两端

12. 竖起大拇指，希腊人用来表示（　　）。
A. 父亲　　B. 搭车
C. 滚开　　D. 首领

13. 导游讲解中，多用于表达肯定、赞许、期待、同情等感情状态的语调是（　　）。
A. 升调　　B. 降调
C. 平调　　D. 直调

14. 导游讲解中，多用于表达庄严、稳重、平静、冷漠等感情状态的语调是（　　）。
A. 升调　　B. 降调
C. 平调　　D. 直调

15. "你也知道我们湖北咸宁有个神秘的'131'军事工程？"这种导游讲解语调是（　　）。
A. 升调　　B. 降调
C. 平调　　D. 直调

16. "我们明天早晨8点准时出发。"这种导游讲解语调是（　　）。
A. 升调　　B. 降调
C. 平调　　D. 直调

17. "希望大家有机会再来我们湖北当阳，再来玉泉寺。"这种导游讲解语调是（　　）。
A. 升调　　B. 降调
C. 平调　　D. 直调

18. 对话式口头语言的特点是（　　）。
A. 目的性强　　B. 对语言环境依赖性强
C. 表达充分　　D. 对象明确

19. 导游讲解中，对于众所周知的事情语速应（　　）。
A. 多变　　B. 变慢
C. 加快　　D. 不变

20. 导游人员一般连续注视游客的时间应在（　　）秒钟，以免引起游客的厌恶和误解。

A．1—2　　B．3—4

C．4—5　　D．5—6

21．导游人员常用的目光语应是（　　）。

A．俯视　　B．仰视

C．正视　　D．斜视

22．“南浦大桥的建成已成为上海又一重要的标志。她仿佛一把钥匙，打开上海与世界的大门；她仿佛一部史册，叙述着中国的未来；她仿佛一曲优美的交响乐，奏出时代的最强音……”这种修辞手法是（　　）。

A．比拟　　B．排比

C．夸张　　D．双关

23．“四川有座峨眉山，离天只有三尺三。”这种修辞手法是（　　）。

A．比喻　　B．示现

C．夸张　　D．引用

24．导游讲解中，多用于表示兴奋、激动、惊叹、疑问等感情状态的语调是（　　）。

A．升调　　B．降调

C．平调　　D．直调

25．从狭义的角度看，导游语言是导游人员与游客交流思想感情、指导游览、进行讲解、传播文化时使用的一种具有丰富表达力、生动形象的（　　）。

A．副语言　　B．口头语言

C．态势语言　　D．书面语言

26．“长江是中国第一长河，名列世界第三”，这种逻辑方法是（　　）。

A．分析法　　B．综合法

C．比较法　　D．归纳法

27．“迎客松的主干高大挺直，修长的翠枝向一侧倾斜，如同一位面带微笑的美丽少女向上山的游客热情招手。”这种修辞手法是（　　）。

A．比喻　　B．夸张

C．比拟　　D．双关

28．修辞，是在运用口头语言和书面语言中创造的增强表达效果的格式。恰当地运用修辞，能使导游语言鲜明生动，更趋艺术化。在导游语言艺术中，最常用的是（　　）。

A．比喻　　B．夸张

C．拟人　　D．引用

29．导游人员向游客介绍：“西安牛羊肉泡馍的传统做法有三：一曰‘干泡’，通过煮制，汤汁完全入馍内。此馍筋而韧、黏而滑；二曰‘口汤’，煮的馍酥绵光滑，吃完碗内只留汤一口；三曰‘水围城’，宽汤煮馍，碗四周是汤，中点是馍，汤多馍散，清香绵滑……”导游人员的介绍使用的是哪种（　　）导游讲解的逻辑方法？

A．抽象法　　B．分析法

C．比较法　　D．归纳法

30．手势语是一种较为复杂的伴随语言。如中国人伸出食指往下弯曲表示“九”，日本人却用这个手指语表示（　　）。

A．“八”　　B．“胜利”

C．“偷窃”　　D．“OK”

31．下列关于手势语言说法正确的是（　　）。

A．中国人为了表示更加亲切，一般通过握手时间长来表示

B．手势语作为信息传递的方式，有时候甚至表达口语中没有的东西

C．日本人伸出食指往下弯曲表示“九”这个数字

D．招手一般表示“招呼”和“再见”，大多数用于近距离迎接和送别的场合

32．“苏州城内园林美，城外青山也秀美。那一座座山好似一头头保护苏州城的神兽，灵岩山像伏地的大象，太平山像金钱豹，金山像卧龙，虎丘山犹如……”，这段导游词体现了导游讲解语言的（　　）原则。

A．完整性　　B．生动性

C．逻辑性　　D．准确性

33．条理清楚的导游讲解必须建立在符合（　　）的基础上。

A．逻辑　　B．思维

C．情理　　D．情节

三、多选题

1．如果是单个游客，导游人员应采用（　　）的形式进行讲解。

A．独白　　B．对话

C．问答　　D．商讨

E．含蓄

2．导游人员劝服游客的语言技巧包括（　　）。

A．暗示式劝服　　B．诱导式劝服

C．柔和式劝服　　D．迂回式劝服

E．微笑式劝服

3．导游人员提醒游客的语言技巧包括（　　）。

A．敬语式提醒　　B．柔和式提醒

C．协商式提醒　　D．幽默式提醒

E．微笑式提醒

4．导游人员回绝游客的语言技巧包括（　　）。

A．协商式回绝　　B．柔和式回绝

C．引申式回绝　　D．诱导式回绝

E．迂回式回绝

5．伸出中指，用来表示“被激怒和极度不愉快”的是（　　）。

A．法国人　　B．美国人

C．新加坡人　　D．墨西哥人

E．新西兰人

6．伸出小指，用来表示“打赌”的是（　　）。

A．缅甸人　　B．美国人

C．印度人　　D．尼日利亚人

E．澳大利亚人

7．用拇指与食指尖形成一个圆圈并手心向前，用这个手势表示“诅咒”的是（　　）。

A．美国人　　B．日本人

C．巴西人　　D．希腊人

E．阿拉伯人

8．导游讲解时，在手势的运用上必须注意（　　）。

A．简洁易懂　　B．协调合拍

C．考虑游客嗜好　　D．节制使用

E．避免游客忌讳

9．在旅游活动中，导游人员对游客称谓总的原则应把握三点，即（　　）。

A．通用　　B．得体

C．亲密　　D．尊重

E．体贴

10．导游人员进行自我介绍的方法有（　　）。

A．自识式　　B．自谦式

C．调侃式　　D．言他式

E．礼仪式

11．导游人员在交谈过程中应注意（　　）。

A．结束交谈的最佳句号是微笑　　B．如对方看表，赶紧结束谈话

C．不要在对方谈兴正浓时中断谈话　　D．结束交谈要恰到好处

E．当对方谈兴已衰时，不要无话找话

12．导游人员切忌直接询问游客的（　　）等方面的问题。

A. 工作　　B. 工资
C. 收入　　D. 女性年龄
E. 婚姻状况

13. 导游人员与游客交谈的语言技巧主要包括（　　）。
A. 开头要寒暄　　B. 说话要真诚
C. 内容要健康　　D. 言语要中肯
E. 语速快慢相宜

14. 导游人员向游客道歉的语言技巧包括（　　）。
A. 微笑式道歉　　B. 协商式道歉
C. 迂回式道歉　　D. 自责式道歉
E. 敬语式道歉

15. 竖起大拇指，用来表示“祈祷幸运”的是（　　）。
A. 美国人　　B. 新西兰人
C. 墨西哥人　　D. 澳大利亚人
E. 法国人

16. 竖起大拇指，用来请求“搭车”的是（　　）。
A. 德国人　　B. 法国人
C. 英国人　　D. 墨西哥人
E. 新西兰人

17. 伸出食指，在缅甸表示（　　）。
A. 拜托　　B. 请求
C. 祈祷幸运　　D. 让对方稍等
E. 请走过来

18. 态势语言亦称为（　　）。
A. 体态语言　　B. 人体语言
C. 姿态语言　　D. 动作语言
E. 肢体语言

19. 因民族习惯的差异，首语在有些国家和地区有不同的含义，如（　　）少数民族奉行的是点头不算摇头算的原则。
A. 印度　　B. 泰国
C. 韩国　　D. 马来西亚
E. 不丹

20. 一般来说，人的视线向下接触表示（　　）。
A. 爱护　　B. 傲慢
C. 宽容　　D. 轻视

E．期待

21．一般来说，人的视线平行接触表示（　　）。

A．感性　　B．理性

C．平静　　D．平等

E．傲慢

22．导游人员常用的目光语应是“正视”，让游客从中感到（　　）。

A．自信　　B．爱护

C．坦诚　　D．亲切

E．友好

23．在导游讲解时，运用目光的方法很多，常用的有（　　）。

A．目光的联结　　B．目光的移动

C．目光的分配　　D．目光的幅度

E．目光与讲解的统一

24．导游人员应注意与游客目光的联结，切忌（　　）等不正确的目光联结方式。

A．目光呆滞　　B．眼帘低垂

C．目光平视　　D．视而不见

E．目光专注而无反应

25．导游语言是（　　）的结合体。

A．思想性　　B．科学性

C．趣味性　　D．知识性

E．逻辑性

26．导游语言除了符合语言规范之外，还具有（　　）。

A．观赏性　　B．准确性

C．逻辑性　　D．生动性

E．知识性

27．导游语言要做到准确性，导游人员必须注意（　　）。

A．态度严肃认真　　B．了解所讲内容

C．遣词造句准确　　D．讲解生动幽默

E．词语组合得当

28．独白式是导游人员讲述而游客倾听的语言传递方式，一般运用于导游人员（　　）之中。

A．致欢迎词　　B．致欢送词

C．团队讲解　　D．散客讲解

E．个别交谈

29．口头语言的表达要领主要包括（　　）。

A．语速快慢相宜　　B．音量大小适度
C．语调高低有序　　D．停顿长短合理
E．音量尽量放大

30．语调是指一个人讲话的腔调，即讲话时语音的高低起伏和升降变化。一般分为（　　）。
A．升调　　B．降调
C．直调　　D．平调
E．婉约调

习题强化答案

一、判断题

1．对	2．错	3．对	4．对	5．错
6．对	7．对	8．对	9．错	10．错
11．错	12．对	13．对	14．错	

二、单选题

1．B	2．D	3．A	4．B	5．C
6．C	7．C	8．A	9．A	10．C
11．D	12．C	13．B	14．D	15．A
16．B	17．B	18．B	19．C	20．A
21．C	22．B	23．C	24．A	25．B
26．C	27．C	28．C	29．B	30．C
31．B	32．B	33．A		

三、多选题

1．BCD	2．ABD	3．ACD	4．BCDE	5．BC
6．BD	7．CDE	8．ABDE	9．ABD	10．ABC
11．ABCDE	12．BCDE	13．ABCD	14．ACD	15．ACD
16．BCE	17．AB	18．ABD	19．AB	20．ACD
21．BD	22．ACDE	23．ABCE	24．ABDE	25．ABCD
26．BCD	27．ABCE	28．ABC	29．ABCD	30．ABC

第六章　导游讲解技能

真题解读

- 【2018 年真题 · 判断】在游览西岳华山时，导游向游客介绍“华山是五岳中唯一为道教所占据的名山”。这种导游讲解方法是“突出重点法”。（　　）

【答案】对

【解析】这段话体现了**突出景点的独特之处**，导游在讲解时必须讲清这些景点的特征与众不同之处，尤其在同一次旅游活动中参观多处类似景观时，更要突出介绍其特征。

【点评】实属送分题，没什么可说的。

- 【2018 年真题 · 单选】导游在带团游览苏州园林时，用“抑、透、添、夹、对、借、障、框、漏”九个字来讲解中国江南园林的造园艺术，这种导游方法是（　　）。

A．虚实结合法　　B．画龙点睛法

C．分段讲解法　　D．突出重点法

【答案】B

【解析】画龙点睛法是一种**用精辟的词语概括**旅游目的地或游览景点突出特征的讲解方法。一个旅游目的地，一个旅游景点，往往具体景观很多，即使经导游详细介绍，游客一时也难以形成总体认识，往往有见树不见林的感觉。此时，导游采用画龙点睛的手法，用精辟的词语对其进行概括，将有助于游客了解和认识其主要特征和精华所在。

【点评】简单难度，平时训练的重点内容。八种讲解方法，都是重点内容，一般出题也是变换题型出，所以各种讲解方法需要熟记。

- 【2017 年真题 · 单选】导游人员在少林寺讲解时将其概括为“禅宗祖庭，武林圣地”，该导游讲解方法属于（　　）。

A．突出重点法　　B．触景生情法

C．制造悬念法　　D．画龙点睛法

【答案】D

【解析】画龙点睛法就是导游人员**用凝练的词句概括**所游览景点的独特之处，给游客留下突出印象的导游方法。游客听了导游讲解，观赏了景观，既看到了

"林"，又欣赏了"树"，一般都会有一番议论。导游人员可趁机给予适当的总结，以简练的语言，甚至几个字，点出景物精华之所在，帮助游客进一步领略其奥妙，获得更多更高的精神享受。

【点评】中等难度，平时经常训练的内容，重点记住教材中所举的例子。

● 【2017 年真题 · 单选】导游讲解既要因人而异，又要因时制宜，因地制宜。这体现了导游讲解（　　）的原则。

A．地域性　　B．客观性

C．灵活性　　D．针对性

【答案】C

【解析】所谓灵活性是指导游讲解要因人而异、因时制宜、因地制宜。

【点评】简单难度，平时训练的重点内容。注意理解基本的概念，本题容易误选"针对性"。

● 【2016 年真题 · 单选】当外国旅游团在京杭大运河边游览时，恰好有船队经过，导游就为外国游客解说：古代这些船队就相当于今天的"高速铁路"，这样的讲解体现了（　　）的原则。

A．客观性　　B．针对性

C．灵活性　　D．计划性

【答案】C

【解析】所谓灵活性是指导游讲解要因人而异、因时制宜、因地制宜。本题导游员抓住时机，因势利导，充分体现了讲解中的灵活性原则。

【点评】简单难度，平时训练的重点内容，注意理解基本的概念。

● 【2016 年真题 · 单选】导游在长江三峡大坝介绍中说"三峡工程是世界上施工期最长、建筑规模最大的水利工程"，这是运用了（　　）的导游讲解方法。

A．概述法　　B．分段讲解法

C．突出重点法　　D．画龙点睛法

【答案】C

【解析】突出"……之最"属于突出重点法。

【点评】实属送分题，没什么可说的。

● 【2016 年真题 · 单选】在旅游团参观 5A 级景区绍兴兰亭前，导游详细介绍了王羲之创作天下第一行书，兰亭集序的故事，当游客追问兰亭序的真迹下落时，导游告诉游客等进入景区后再告知答案，这种导游讲解方法属于（　　）。

A．触景生情法　　B．虚实结合法

C．制造悬念法　　D．问答法

【答案】C

【解析】悬念法就是导游人员讲解时提出令人感兴趣的话题，但故意引而不发，激起游客急于知道答案的欲望，使其产生悬念的导游方法。俗称吊胃口、卖关子。

【点评】实属送分题，没什么可说的。

习题强化

一、判断题

1. 从讲解的连续性上看，无论是系统讲解还是分段讲解，都很难集中所有游客的注意力。（　　）
2. 突出重点法是导游人员用精辟的词语概括所游览景点的独特之处，给游客留下突出印象的导游方法。（　　）
3. 导游人员在讲解岳麓书院时，向游客强调这是世界上办学历史最悠久的大学之一，这是在运用突出重点法进行讲解。（　　）
4. 灵活性原则就是要看人说话，投其所好，导游人员讲的正是游客希望知道的并感兴趣的内容。（　　）
5. 分段讲解法就是对那些规模较大、内容较丰富的景点，导游人员将其分为前后衔接的若干部分来逐段进行讲解的导游方法。（　　）
6. 导游人员在接到讲解任务后，应温习"旧内容"，构思"新创意"。（　　）
7. 导游人员在旅游车上讲解时，在经过重要的景点或标志性建筑时，要及时向游客指示景物的方向，讲解的内容要及时与车外的景物相呼应。（　　）
8. 导游人员小王在介绍完太湖石后用"瘦、透、漏、皱"四个字来总结太湖石的特点是一种突出重点的导游讲解方法。（　　）
9. 旅游团在目的地的活动日程和时间安排是导游讲解计划性原则的中心。（　　）
10. 如果团队游览景区时间有限，景区导游可酌情选择区内重点景点进行讲解，不必面面俱到。（　　）
11. 触景生情法是导游人员沿途导游时使用的重要导游方法。（　　）
12. 导游人员在进行导游讲解时，无论采用何种方法或技巧，都必须以客观存在为依托，即必须建立在自然界或人类社会某种客观事实的基础之上。（　　）
13. 导游讲解方法中的概述法是指导游人员为帮助旅游者更好地了解景点，而在参观游览前介绍景点概况的手法。（　　）
14. 地陪运用各种导游手法并以客观事实为基础进行精彩的导游讲解，这表明他遵循了导游讲解时应遵循的艺术性原则。（　　）
15. 灵活、幽默、富于联想的讲解是激发游兴的手段，真挚、适时、方法多样的讲解是提高游兴的法宝。（　　）
16. 客观性是指导游讲解的内容要符合实际。（　　）

二、单选题

1. 游览漓江的时候，先讲“漓江”二字的含义及两岸风光秀美的特征，然后按照旅游线路再介绍各个旅游景点、景区的同时分叙其美景。导游在讲解过程中采用了（ ）的讲解方式。

A. 直叙　　B. 倒叙

C. 夹叙夹议　　D. 插叙

2. 导游员在讲述故宫太和殿广场时说，太和殿广场东西宽200米，南北进深130米，两者之间的比值是0. 65，给人以开阔和美的感受。该导游的这种讲解方法属于（ ）。

A. 虚实结合法　　B. 妙用数字法

C. 设置悬念法　　D. 触景生情法

3. 导游人员在讲“一陵两冢”的陵寝结构时突出的是（ ）。

A. 重点推介的内容　　B. 景点的独特之处

C. 具有代表性的景观　　D. 游客感兴趣的内容

4. 导游人员运用突出重点法讲解湖北省博物馆展出的曾侯乙墓出土文物时，把讲解重点放在乐器上，尤其是打击乐器中的曾侯乙编钟。这是突出了（ ）。

A. 景点的独特之处　　B. 重点推介的内容

C. 游客感兴趣的内容　　D. 该馆代表性的景观

5. 导游讲解的“借花献佛法”，亦即（ ）。

A. 自问自答法　　B. 我问客答法

C. 客问客答法　　D. 客问我答法

6. 导游人员把神农架的旅游特色概括为神圣、神秘和神奇，这种导游手法是（ ）。

A. 画龙点睛法　　B. 同类比拟法

C. 突出重点法　　D. 触景生情法

7. 导游人员介绍湖北利川的旅游特色时用“六个一”来概括：一个洞（腾龙洞）、一棵树（水杉王）、一座山（齐岳山）、一口井（大水井）、一个寨（鱼木寨）和一首歌（《龙船调》）。这种导游手法是（ ）。

A. 突出重点法　　B. 画龙点睛法

C. 同类比拟法　　D. 妙用数字法

8. 向游客介绍湖北鄂州的“吴王城”，虽然游客看到的只是残垣断壁，但导游人员以此为基础来创造意境，通过讲解再现1700多年前东吴都城的盛景。这体现了导游讲解的（ ）。

A. 计划性　　B. 针对性

C. 客观性　　D. 灵活性

9. 在游览十三陵定陵时，游客参观完出土文物后，导游员提出这样问题“中国皇帝的坟墓是什么样子的？万历皇帝又是怎样入葬的？大家若想知道答案，请随我去参观地宫吧。”这样的讲解技巧属于（　　）。

A. 自问自答法　　B. 虚实结合法

C. 突出重点法　　D. 制造悬念法

10. 导游讲解是为有效地传播知识、巧妙地联络感情服务的，下列不属于导游讲解准确性要求的是（　　）。

A. 事实要准确　　B. 道理要讲透

C. 条理要清楚　　D. 形式要多样

11. 在价值上将秦始皇陵地宫宝藏同古埃及第十八朝法老图坦卡蒙陵墓的宝藏相比，使游客对东、西方文化差异有进一步认识，这种导游方法称之为（　　）。

A. 同类相似类比　　B. 同类相异类比

C. 时代之比　　D. 联想法

12. 讲解员在讲述景区的有关民间传说时，其内容应有（　　）。

A. 资料可考　　B. 社会共识

C. 历史传承　　D. 事实依据

13. “先藏后露，欲扬先抑”的导游讲解手法称之为（　　）。

A. 虚实结合法　　B. 制造悬念法

C. 情景交融法　　D. 触景生情法

14. 去天坛游览，主要是参观祈年殿和圜丘坛，讲解内容主要也是这两组建筑。这种情况下，导游人员应该用（　　）讲解？

A. 分段讲解法　　B. 类比法

C. 画龙点睛法　　D. 突出重点法

15. 导游员小秦在带团游颐和园时本想结合园内景观给大家好好讲一下中国园林的建筑特点，但忽然下起了大雨。小秦便在长廊中给大家讲了几个喜闻乐见的长廊彩绘上的故事，小秦的讲解符合讲解原则中哪一项（　　）。

A. 针对性原则　　B. 正确性原则

C. 计划性原则　　D. 灵活性原则

16. 某导游在常熟沙家浜景区，引导旅游者一起回忆抗日战争时发生在芦苇荡中的英勇故事，该导游运用的导游讲解技巧是（　　）。

A. 平铺直叙　　B. 分段讲解

C. 触景生情　　D. 制造悬念

17. 导游在介绍江苏的水体旅游资源时说“江苏的名泉很多，这里有誉为‘天下第一泉’的镇江中泠泉，为什么被称为‘天下第一泉’呢？大家游览中泠泉后便可找到答案。”这里导游运用的讲解技巧是（　　）。

A．有问有答　　B．制造悬念
C．引用法　　D．类比旁通

18．将苏州称作“东方威尼斯”的讲解技巧属于（　　）。
A．同类相似类比　　B．同类相异类比
C．触景生情　　D．平铺直叙

19．导游员在讲解西湖旖旎的自然风光时，穿插介绍许仙和白娘子“千年等一回”的传说故事。这种导游讲解技巧是（　　）。
A．突出重点法　　B．触景生情法
C．虚实结合法　　D．制造悬念法

20．导游员在讲解时避免面面俱到而突出某一方面的讲解方法是（　　）。
A．问答法　　B．类比法
C．突出重点法　　D．分段讲解法

21．导游员张某带团游览故宫时，先介绍了故宫的历史及总的概况，又把故宫与沈阳故宫作了比较，这种导游方法是（　　）。
A．虚实结合法　　B．制造悬念法
C．突出重点法　　D．类比法

22．参观颐和园德和大戏楼时，地陪介绍说，这是中国现存规模最大、保存最完整的古代大戏楼。地陪使用的导游手法是（　　）。
A．突出重点法　　B．对比法
C．触景生情法　　D．虚实结合法

23．导游讲解时，导游词内容的广度、深度及结构都应该有较大的差异。这体现了导游讲解的（　　）。
A．针对性　　B．计划性
C．规范性　　D．正确性

24．导游人员根据旅游者的不同文化层次和审美情趣进行导游讲解，体现了导游讲解的（　　）。
A．文化性　　B．针对性
C．灵活性　　D．科学性

25．下列属于导游讲解方法里同类相异类比法的是（　　）。
A．将北京的王府井比作日本东京的银座
B．导游故宫讲到康熙时说与路易十三同一时代
C．游览颐和园时与凡尔赛宫花园进行比较
D．将北京的王府井比作上海的南京路

26．在一地旅游期间出现“前松后紧”或“前紧后松”现象，这说明地陪在现场活动时没有很好执行（　　）。

A．针对性原则　　B．计划性原则

C．灵活性原则　　D．科学性原则

27．下列不属于突出重点法的是（　　）。

A．突出讲解方法　　B．突出景点的特征及与众不同之处

C．突出大景点中具有代表性的景观　　D．突出旅游者感兴趣的内容

28．导游员在导游讲解时提出令人感兴趣的话题，但故意引而不发，激起旅游者急于知道答案的欲望。这种讲解方法是（　　）。

A．制造悬念法　　B．触景生情法

C．渗透法　　D．突出重点法

29．介绍杭州西湖时，先从其概况、传说、成因讲起，继而讲解湖中景物。这种讲解方法称为（　　）。

A．分段讲解法　　B．突出重点法

C．画龙点睛法　　D．虚实结合法

30．导游员小徐带领团队游览云居寺时给游客介绍了云居寺的“三绝”：石经、纸经、木经，又讲了云居寺被称为“东方艺术宝库”是北京最著名的古寺之一。请问小徐在工作中运用了什么样的讲解方法（　　）。

A．画龙点睛法　　B．制造悬念法

C．突出重点法　　D．“虚”“实”结合法

31．导游员带领以历史学家为主的旅游团游览故宫时，就不能大讲特讲建筑艺术，而应当更多地讲解故宫的历史沿革以及在故宫中发生的重大事件。这种讲解方法叫做（　　）。

A．触景生情法　　B．突出重点法

C．虚实结合法　　D．类比法

32．导游员小梁在带一个美国团游览天安门广场讲解人民大会堂时说：“这是中国的白宫。”在带一个英国团的时候又说：“这是中国的国会大厦。”请问小梁在带团时用了什么样的讲解方法（　　）。

A．概述法　　B．画龙点睛法

C．突出重点法　　D．类比法

33．有的地陪在导游讲解时信口开河、胡编乱造，虽然有时能让游客哈哈大笑，但他犯了忌，违背了导游讲解时的（　　）。

A．针对性原则　　B．严肃性原则

C．客观性原则　　D．计划性原则

34．导游员在讲解苏州园林时，既讲了中国古代自然山水园林的艺术特征，同时讲了西方园林几何式园林的艺术特征。这种讲解方法称为（　　）。

A．类比法　　B．悬念法

C．分段讲解法　　D．突出重点法

35．导游员的讲解要从旅游者不同的实际出发，因人、因景而异，这是导游讲解（　　）原则的体现。

A．计划性　　B．针对性

C．灵活性　　D．创造性

36．在景点游览时，地陪根据当时的时空条件和游客的具体情况选择最佳游览线路和合适的讲解内容，他这样做是遵循了导游讲解的（　　）。

A．灵活性原则　　B．计划性原则

C．选择性原则　　D．针对性原则

37．“桂林以其独具一格的‘山青、水秀、洞奇、石美’的自然山水风光成为观光旅游的胜地”。这句导游词中运用的导游讲解方法是（　　）。

A．画龙点睛法　　B．角色导引法

C．制造悬念法　　D．突出重点法

38．景点进门处“导游图”，最适用的讲解方法应是（　　）。

A．突出重点法　　B．概述法

C．画龙点睛法　　D．悬念法

39．导游员在讲解古建筑中“实”是指有关建筑物的（　　）。

A．历史沿革，名人轶事　　B．结构风格，名人轶事

C．建筑布局，功能用处　　D．神话故事，民间传说

40．某地陪带领旅游团参观高大宏伟的太和殿时，生动地向游客描述了皇帝登基的壮观场面。这种导游方法是（　　）。

A．画龙点睛法　　B．突出重点法

C．触景生情法　　D．虚实结合法

41．见物生情、借题发挥的导游讲解方法是（　　）。

A．触景生情法　　B．突出重点法

C．虚实结合法　　D．制造悬念法

三、多选题

1．问答法是在导游讲解时，导游人员向游客提问题或启发他们提问题的导游方法，包括（　　）。

A．自问自答法　　B．我问客答法

C．客问我答法　　D．客问客答法

E．设问提出法

2．导游人员运用虚实结合法讲解时，选择“虚”的内容要注意（　　）。

A．精　　B．神

C．活　　D．理

E．气

3．“触景生情法”就是要在导游讲解中（ ）。

A．见物生情 B．见景移情

C．即兴而发 D．藏而不露

E．借题发挥

4．制造悬念法是导游讲解常用的方法之一，其特点是（ ）。

A．吊胃口 B．卖关子

C．先藏后露 D．欲褒先贬

E．引而不发

5．导游讲解常用的类比法可以分为（ ）。

A．同类相似类比 B．异类相似类比

C．同类相异类比 D．异类相异类比

E．同类相关类比

6．导游讲解“虚实结合法”的“虚”是指与景观有关的（ ）。

A．艺术价值 B．民间传说

C．历史沿革 D．趣闻逸事

E．历史人物

7．导游讲解“虚实结合法”的“实”是指与景观有关的（ ）。

A．实体 B．实物

C．史实 D．趣闻逸事

E．艺术价值

8．导游人员运用虚实结合法进行导游讲解时，要注意（ ）。

A．以“实”为主，以“虚”为辅

B．不能“为了讲故事而讲故事”

C．选择“虚”的内容要“精”和“活”

D．“实”为“虚”服务，以“虚”烘托情节

E．多讲有意思的故事

9．导游讲解应遵循的原则包括（ ）。

A．客观性原则 B．针对性原则

C．计划性原则 D．灵活性原则

E．特色性原则

10．所谓针对性是指导游人员从游客的实际情况出发，（ ）地进行导游讲解。

A．因人而异 B．因时制宜

C．因地制宜 D．有的放矢

E．收放自如

11．讲解武当山，导游人员对宗教团以介绍道教文化为主；对疗养团重点讲解武当拳术的健身妙用。这体现了导游讲解的（　　）。

A．客观性　　B．针对性

C．灵活性　　D．计划性

E．代表性

12．关于“虚实结合法”说法正确的有（　　）。

A．虚实有机结合，不能生搬硬套

B．以实为主，虚为实服务

C．根据不同对象，虚、实灵活运用

D．虚的内容要精选并灵活运用

E．以虚加深实的存在

13．运用突出重点法，就是要在导游讲解中（　　）。

A．突出代表性景观　　B．突出“……之最”

C．突出景点的独特之处　　D．突出游客感兴趣内容

E．突出自身最熟悉的内容

14．所谓灵活性是指导游讲解要（　　）。

A．不断调整　　B．因人而异

C．因地制宜　　D．因时制宜

E．因事制宜

习题强化答案

一、判断题

1．对	2．错	3．对	4．错	5．对
6．对	7．对	8．错	9．对	10．对
11．对	12．对	13．对	14．错	15．对
16．对				

二、单选题

1．B	2．B	3．B	4．D	5．C
6．A	7．B	8．C	9．D	10．D
11．B	12．C	13．B	14．D	15．D
16．C	17．B	18．A	19．C	20．C
21．D	22．A	23．A	24．B	25．C
26．B	27．A	28．A	29．A	30．C
31．B	32．D	33．C	34．A	35．B
36．A	37．A	38．B	39．C	40．C

41．A

三、多选题

1．ABCD	2．AC	3．AE	4．ABCE	5．AC
6．BD	7．ABCE	8．ABC	9．ABCD	10．AD
11．BC	12．ABCDE	13．ABCD	14．BCD	

第七章 导游带团技能

真题解读

- 【2018 年真题 · 判断】导游可以把境外领队作为旅游团中的"重点客人"去尊重，遇事与其多磋商。（ ）

  【答案】对

  【解析】尊重领队就是导游要把领队作为旅游团中的"重点客人"去尊重，遇事与其多磋商。

  【点评】送分题，从文字描述来看就是正确的，注意"可以"二字。

- 【2017 年真题 · 判断】地陪带团中应多关注旅游团中的儿童，并针对其心理和生理特点，给他们买些玩具和零食，或给他们讲一些有趣的故事，以活跃气氛。（ ）

  【答案】错

  【解析】对有儿童的旅游团，导游人员应掌握"四不宜"的原则：**不宜为讨好儿童而给其买食物、玩具**；不宜在旅游活动中突出儿童，而冷落其他游客；即使家长同意也不宜单独带儿童外出活动；儿童生病，应及时建议家长请医生诊治，而不宜建议其给孩子服药，更不能提供药品给儿童服用。

  【点评】简单难度，平时训练的重点内容，考查基本的知识识记。

- 【2017 年真题 · 判断】导游员遇事多从游客的角度去思考，将维护游客的合法利益摆在首位，这体现了导游带团的服务至上原则。（ ）

  【答案】对

  【解析】导游人员在带团过程中，要有强烈的责任感和使命感，工作中要明辨是非，任何情况下都要严格遵守职业道德，遇事多从游客的角度去思考，将维护游客合法利益摆在首位，真正做到"**游客至上**"。

  "服务至上"既是导游的一条服务准则，也是导游职业道德中一项最基本的道德规范，还是导游在工作中处理问题的出发点。"**服务至上**"的关键在于关心他人，导游要始终将游客放在心上，时时刻刻关心游客。

  【点评】中等难度，平时训练的重点内容，考查对基本概念的理解。

- 【2018 年真题 · 单选】当旅游团乘坐汽车离开时，地陪导游应等旅游车启动，走远后才返回，以给游客留下美好的最终印象。体现了心理学上的（ ）。

A．首因效应　　B．晕轮效应

C．定型效应　　D．近因效应

【答案】D

【解析】心理学中有一种“**近因效应**”，是指在人际知觉中，最后给人留下的印象对人有强烈的影响。

【点评】中等难度，考的较偏较细。

- 【2018年真题·单选】具有易冲动、易遗忘、情绪不稳定、喜欢离群活动等个性特征的游客属于（　　）游客。

A．稳重型　　B．活泼型

C．忧郁型　　D．急躁型

【答案】D

【解析】**急躁型**的特点是：性急，好动，争强好胜，易冲动，好遗忘，情绪不稳定，比较喜欢离群活动。

【点评】实属送分题，没什么可说的。

- 【2018年真题·单选】清明踏青、重阳登高、春看兰花、夏眺莲荷、秋赏红叶、冬观腊梅——这些传统的旅游活动说明观景赏美要注意（　　）。

A．观赏距离　　B．观赏时机

C．观赏节奏　　D．观赏角度

【答案】B

【解析】观赏时机是指观景赏美**掌握好季节、时间和气象的变化**。如泰山观日出、庐山看日落、峨眉观佛光、钱塘看海潮等。清明踏青、重阳登高、春看兰花、秋赏红叶、冬观腊梅等都是自然万物的时令变化规律造成的观景赏美活动。

【点评】实属送分题，没什么可说的。

- 【2018年真题·单选】某旅游团因游客没有看到泰山日出而气氛沉闷，导游小孙见此在车上即兴说了一段山东快书，赢得了游客的阵阵掌声。这种调节游客情绪的方法是（　　）。

A．触景生情法　　B．转移注意法

C．分析法　　D．补偿法

【答案】B

【解析】转移注意法指在**游客产生烦闷或不快情绪时**，导游有意识地调节游客的注意力，使其从不愉快、不顺心的事情转移到愉快、顺心的事情上。

【点评】送分题，根据字面意思或者用排除法也该选B。

- 【2018年真题·单选】不同的游客在观赏同一自然美景时，会产生不同的审美感受，其中最高层次的审美感受是（　　）。

A．悦耳悦目　　B．悦心悦意

C．悦情悦谊　　　　D．悦志悦神

【答案】D

【解析】**悦志悦神**是审美感受的最高层次，体现了审美主体大彻大悟，从小我进入大我的超越感。如游览黄河、长江或登临泰山或在坛子岭上俯视三峡工程建设工地。

【点评】简单难度，根据字面意义，也知道"悦志悦神"是最高层次。

● 【2018年真题·多选】下列关于导游接待残障游客的做法中，正确的是（　　）。

A．时刻关注残障游客的动向　　　　B．设法弄清游客残障的原因

C．提前告知洗手间的位置　　　　D．选择线路时尽量不走或少走台阶

E．反复询问残障游客需要帮助

【答案】ACD

【解析】适时、恰当的关心照顾：（1）**适时询问残疾游客需要什么帮助**，但不宜问候过多，如果过多当众关心照顾，反而会使他们反感。（2）如果残疾游客不主动介绍，**不要打听其残疾的原因**，以免引起不快。（3）在工作中要**时刻关注残疾游客**，注意他们的行踪，给予恰当的照顾。尤其是在安排活动时，要多考虑残疾游客的生理条件和特殊需要，例如**选择路线时尽量不走或少走台阶**、**提前告诉他们洗手间的位置**、通知餐厅安排在一楼就餐等

【点评】中等难度，平时训练的重点内容。

● 【2016年真题·多选】游客在旅游不同阶段的心理活动会有变化，其中在旅游者中期阶段主要表现出的心理或行为有（　　）。

A．求新　　　　B．懒散

C．求发泄　　　　D．求全

E．求安全

【答案】BD

【解析】旅游初期——求安全心理、求新心理；旅游中期——**懒散心态**、**求全心理**、**群体心理**；旅游后期——忙于个人事务。

【点评】中等难度，平时训练的重点内容。各个阶段的游客状态，必须牢记，同时要注意区分。

「习题强化」

一、判断题

1．游客在游览祖国的大好河山时，唤起的那种精神意志上的昂奋和伦理道德上的超越感，我们称之为悦志悦神，它是审美感受的最高境界。　　（　　）

2. 导游人员应该在生活上对领队表示关心、在工作上给予领队支持。（　）
3. 导游服务具有周期性长的特点，导游人员应力求“日久见人心”。（　）
4. 各种不同游客的个性中以活泼型和急躁型居多，稳重型和忧郁型只是少数。（　）
5. 导游人员在旅游初期阶段的工作最为艰巨，也最容易出差错。（　）
6. 乘坐火车时，导游人员要尽力把自己安排在位于游客中间的包房和床位、席位。（　）
7. 导游人员带团乘坐任何交通工具时，按国际惯例，都要第一个下，最后一个上，这样便于照顾好游客。（　）
8. 年轻导游人员小李非常喜欢小孩，一次所带团中有一位可爱的小孩，小李甚是喜欢，于是每次一结束当天的导游活动，小李都会征得小孩的父母同意带这位小孩去游乐场玩。（　）
9. 许多老年西方游客，在旅游活动中不愿过多地受到导游人员的特别照顾，认为那是对他们的侮辱，显示出他们是无用之人。（　）
10. 遇到险情，应由导游人员保护车辆和游客，司机去求援。（　）
11. “服务至上”是导游人员处理问题的出发点，其关键在于时时刻刻关心游客。（　）
12. 旅游活动是一项相对单一的审美活动。（　）
13. 在旅游活动过程中，一般情况下，导游人员和司机不会与客人同桌用餐。（　）
14. 导游人员在接待残疾旅游者时，应尽量提高音量，确保游客能听清讲解。（　）
15. 导游的带团技能是导游根据旅游团的整体需要和不同游客的个别需要，熟练运用能提高旅游产品使用价值的方式、方法和技巧的能力。（　）
16. 对残疾旅游者最大的尊重就是把他们视为正常人。（　）
17. 规范化服务与个性化服务相结合是对导游人员服务的基本要求。（　）
18. 导游人员在向年老游客讲解时，要放慢讲解速度，加大音量，吐字清楚，必要时进行适当的重复。（　）
19. 接待截瘫的游客，选择路线时应尽量不走或少走台阶。（　）
20. 导游人员要尊重旅游者。尊重旅游者的一种重要做法是在旅游活动中，地陪要妥善安排，让旅游者进行“参与性”活动，发挥他们的特长，使其获得自我成就感，从而在心理上获得极大的满足。（　）
21. 孩子生病时，导游要提醒父母及早去医院诊治，如果情况紧急可将随身药品给孩子服用。（　）
22. 导游服务集体来自三方，有着各自的职责和明确的分工，需要协作共事。

（　　）

23. 距离和角度是两个不可或缺的观景赏美因素。不同的景观在不同的距离观赏，可能有截然不同的效果。（　　）

24. 在旅游结束阶段，导游应精力高度集中，用精彩的导游讲解缓解游客思家情绪。（　　）

25. 导游员在与外国游客聊天时，不要谈论政治，更不要开政治玩笑。（　　）

26. 旅游是旅行和游览相结合的活动，处理两者之间的关系应是“旅速游缓”。现在，一些水上和陆路旅行已成为时尚旅游活动，所以“旅速游缓”这个原则已不正确了。（　　）

27. 导游服务工作具有很强的独立性，导游人员尤其是全陪带团外出时，有很大的自主权，除非发生特大事件，基本上都是由导游人员自行决定。（　　）

28. 接待学生旅游团时，导游人员可以多安排一些活动，将大运动量的活动安排在最初的一两天之内。（　　）

29. 在导游服务过程中，全陪、地陪和领队之间出现矛盾和分歧时，以领队意见为准。（　　）

30. 导游搭配活动内容时，首先，应注意游览景点安排要避免雷同；其次，游览要与购物、娱乐相结合。（　　）

31. 在景点游览过程中，应做到导和游相结合，集中和分散相结合。（　　）

32. 导游人员第一次“亮相”的关键在于良好的仪容、仪表和使用得体的语言。（　　）

33. 个性化服务应该从大处着眼，不拘小节。（　　）

34. 导游人员不应打听残疾游客致残的原因。（　　）

35. 对待蛮横专断的领队，导游人员要注意适时地打击其嚣张气焰，必要时乘胜追击，维护好游客和旅行社的利益。（　　）

36. 在旅游活动的不同阶段，游客的心理与情绪表现是不同的，一般规律是：初期阶段的懒散心理、求全心理；个性表露阶段的求安全心理、求新心理。（　　）

37. 对待儿童应免收其用餐费。（　　）

38. 导游人员在接到残疾游客后，应当众询问需要什么帮助，不断地问候他们。（　　）

39. 接待聋哑游客时，导游应将其安排在旅游车前排就坐，以便他们在导游人员讲解时可通过口形来获取信息。（　　）

二、单选题

1. 旅游团在上一站的有些要求没有被满足，全陪应主动将这一情况告知下一站的地陪，反过来，当旅游者发生走失事故时，地陪应主动争取全陪配合，先请全陪代为寻找，这体现了导游服务集体之间（　　）。

A. 彼此尊重，相互学习　　B. 互相补台，勇担责任
C. 互通信息，争取对方配合　　D. 坚持原则，平等协商

2. 导游为调节游客在旅游过程中的心理状态所提供的服务称为（　　）。
A. 规范化服务　　B. 情绪化服务
C. 理性化服务　　D. 个性化服务

3. 依据心理学中的“近因效应”，在树立导游形象上要注重（　　）。
A. 重视“外貌形象”　　B. 维护高尚形象
C. 不要树立反面形象　　D. 留下美好的最终印象

4. 来自上层社会的游客大多严谨持重，期待听到（　　）的导游讲解。
A. 高品位　　B. 故事性
C. 大众化　　D. 趣味性

5. 一般游客喜欢不拘形式的交谈，期待听到（　　）的导游讲解。
A. 有深度　　B. 有品位
C. 故事性　　D. 专业性

6. 考察国情民风、体验异域生活、探亲访友寻根的旅游动机属（　　）。
A. 文化动机　　B. 社会动机
C. 经济动机　　D. 身心动机

7. 不主动与人交往，游览时喜欢细细欣赏，购物时比较爱挑选，这样的游客属于（　　）。
A. 稳重型　　B. 忧郁型
C. 急躁型　　D. 活泼型

8. “一句话能把人说笑，也能把人说跳。”这表明导游人员与游客说话应使用（　　）。
A. 礼貌语言　　B. 规范语言
C. 形象语言　　D. 柔性语言

9. 游客在九宫山顶观赏云雾缭绕的云中湖，欣赏九宫十景之一的“云湖夕照”时，适宜采用（　　）。
A. 动态观赏　　B. 静态观赏
C. 平视观赏　　D. 漏景观赏

10. “不识庐山真面目，只缘身在此山中。”说明观景赏美要注意保持一定的（　　）。
A. 心理距离　　B. 相对距离
C. 时间距离　　D. 空间距离

11. 以下关于导游人员带团乘坐飞机的说法中，错误的是（　　）。
A. 率先登机，安排游客座位　　B. 坐在游客中间靠走道位置

C．请游客聆听安全知识介绍　　D．率先下机，以便与地陪接洽

12．提供个性化服务并不容易，关键在于导游人员（　　）。

A．心中是否有游客　　B．前期准备是否充分

C．对游客的理解是否全面　　D．工作是否突出了个人风格

13．导游员讲解时注视游客的目光应该以（　　）为宜。

A．正视和平视　　B．正视和环视

C．正视和仰视　　D．正视和俯视

14．由于地陪的原因耽误了在某景点的游览时间，旅游者颇有微词。在这种情况下，地陪解决问题时不能使用（　　）。

A．物质补偿法　　B．转移注意法

C．精神补偿法　　D．分析法

15．下列关于导游员在和司机合作的说法中，错误的是（　　）。

A．线路变化时及时告诉司机　　B．告诉司机不要干预旅游活动

C．与司机共同研究日程安排　　D．尽量为司机争取舒适的食宿

16．导游人员经常使用的尊重旅游者的一种非常有效的方法是（　　）。

A．满足旅游者的要求使其获得满足感

B．多向他们请教使其感到受到了尊重

C．多提供有针对性的心理服务使其满足导游服务

D．让他们进行参与性活动使其获得自我成就感

17．某旅游团发现其饮食不符合协议书上注明的标准，情绪不佳，此时导游员应采用（　　）以消除游客的不满。

A．物质补偿法　　B．精神补偿法

C．转移注意法　　D．分析法

18．因旅游日程和计划的变更，地陪导游员经领导同意给予游客适当的物质补偿的方法中一般不考虑（　　）。

A．双倍退还团款　　B．加菜

C．加酒　　D．赠送小纪念品

19．导游工作主体成员间的良好沟通合作是完成旅游团接待工作的保证，他们共同的任务是（　　）。

A．认真执行旅游接待计划　　B．为旅游者提供满意的服务

C．为旅行社争取经济利益　　D．服务地方经济

20．全陪、地陪和领队意见不统一时，解决问题的最终依据是（　　）。

A．旅游企业之间及旅游企业与旅游者之间签订的合同

B．谁是旅游者的最终接待者

C．谁是在旅游活动过程中能使客人最满意

D. 谁最终能保证旅游者的人身和财产安全

21. 导游带团时遇到了一位处处刁难的领队，在处理这个问题时，地陪的做法欠妥当的是（ ）。

A. 有理、有利、有节地讲道理

B. 不予理睬，按既定方案办

C. 在做好工作的前提下，争取大多数人的支持

D. 与其进行个别交谈，指出其要求的不合理性

22. 导游服务中，时时处处以游客利益为重，平等待客，礼貌待客，为每一位游客服务，这体现了导游服务应遵循的（ ）。

A. 文明服务原则　　B. 为大家服务原则

C. 游客至上原则　　D. 履行合同原则

23. 带团过程中，接待方导游员与领队对某些活动安排出现意见分歧时，导游员正确的做法是（ ）。

A. 据理力争　　B. 当着游客的面质询领队

C. 坚持原则、避免正面冲突　　D. 让游客评判

24. 旅游过程中，领队经常为讨好游客而"抢话筒"，表现自己知多识广，使地陪的工作甚为被动。如果你是地陪，较合适的做法是（ ）。

A. 对领队的行为表示抗议

B. 任凭领队表现自己

C. 心里反感，但表面上笑脸相对

D. 有礼有节指出其行为不当，不让领队牵着鼻子走

25. 导游人员在与宗教界旅游者交流时，正确做法是（ ）。

A. 不宣传"无神论"

B. 不宣传"无神论"，但可批评"有神论"

C. 可参与"无神论""有神论"的讨论

D. 对方宣传"有神论"时，可就"无神论"做适当宣传

26. 导游员对于年老体弱的旅游者进行讲解时，应力求（ ）。

A. 热情洋溢　　B. 活泼流畅

C. 通俗易懂　　D. 细看慢讲

27. 旅游团中有老弱病残者，导游员的下列做法中，不正确的是（ ）。

A. 制定计划时要留有余地

B. 体力消耗大的项目不要集中安排

C. 活动节奏不要太快，做到劳逸结合

D. 夏天午后注意多休息，一般安排晚间活动

28. 在带（ ）游览时，导游员要注意控制节奏，放慢速度，讲解也应适当放慢

语速，加大音量，吐词要清晰，必要时可多作重复。

A．青少年旅游团　　B．公务旅游团
C．老年旅游团　　D．残疾人旅游团

29．旅行游览过程中，“旅速游缓”体现了导游服务（　　）。

A．能把握旅游者心理　　B．可以引导旅游者审美
C．灵活安排游览内容　　D．注重交往技巧

30．导游在与入境旅游团领队合作时，正确的做法是（　　）。

A．搞好关系，听从领队的指挥　　B．满足领队提出的各项要求
C．与领队建立亲密无间的关系　　D．尊重领队，遇事与其多磋商

31．领队在我国组团社与境外接待社之间以及游客与境外导游人员之间起（　　）作用。

A．协调　　B．缓冲
C．桥梁　　D．反馈

32．既是海外旅行社的代表，又是游客的代言人的导游人员是（　　）。

A．领队　　B．全陪
C．地陪　　D．讲解员

三、多选题

1．导游人员在带团过程中，既不要过分的关注儿童，也要因为儿童的特点给予必要的关心，（　　）是导游应该注意关照的。

A．天气变化时，要及时提醒家长给孩子增减衣物
B．天气干燥时，提醒家长多给孩子喝水
C．登山或者远足时，适当替父母抱孩子，防止孩子过度疲惫
D．外国儿童不会用中国的餐具，应先给餐厅打电话，准备刀叉
E．孩子生病时，提醒父母及早就医

2．下列游客购物时，导游人员应提醒游客坚持“五不要”的有（　　）。

A．贵重物品不要买　　B．金银物品不要买
C．珠宝玉器不要买　　D．大件物品不要买
E．海鲜水产不要买

3．接待好残障游客，关键在于导游人员要（　　）。

A．耐心解答问题　　B．预防游客走失
C．给以适时、恰当的关照　　D．给以具体、周到的服务
E．做好提醒工作

4．导游人员接待高龄游客，安排日程时应注意（　　）。

A．日程安排不要太紧　　B．活动量不宜过大
C．适当增加休息时间　　D．不可采用激将法

E．适当运用诱导法

5．接待有视力障碍的游客，导游人员应注意（ ）。

A．安排游客在前排就座　　B．能触摸的物品尽量让游客触摸

C．讲解时离游客稍远　　D．讲解内容细致生动

E．讲解速度适当放慢

6．全陪与地陪搞好协作关系，应该注意（ ）。

A．相互尊重　　B．相互推诿

C．善于向对方学习　　D．坚持原则，平等协商

E．勇担责任

7．导游人员与司机协作时，应注意（ ）。

A．及时通报相关信息

B．协助司机做好安全行车工作

C．征求司机对日程安排的意见

D．行车途中多与司机交流，以增进感情

E．多给司机荣誉

8．柔性语言的特点包括（ ）。

A．语气亲切　　B．语调柔和

C．措辞委婉　　D．说理自然

E．用平和的心理说话

9．导游人员引导游客观景赏美应注意（ ）。

A．传递正确的审美信息　　B．分析游客的审美感受

C．激发游客的想象思维　　D．把握观景赏美的方法

E．探索游客的审美动机

10．导游人员调节游客的观赏节奏应该做到（ ）。

A．有张有弛，劳逸结合　　B．有急有缓，快慢相宜

C．有收有发，详略得当　　D．有讲有停，导、游结合

E．有动有静，动静结合

11．导游人员合理安排团队的旅游活动，应该（ ）。

A．灵活搭配活动内容

B．科学安排游客饮食

C．遵循“旅速游缓”“先远后近”原则

D．注意旅行服务技巧

E．引导游客大量购物

12．乘坐飞机时，导游人员一般应（ ）。

A．率先登机

B．最后下飞机
C．在飞行时照料游客
D．坐在中间靠走道的位置
E．下机时跟着游客按顺序下机，提醒大家不要忘记取自己的行李

13．游客购物时，导游人员应提醒游客坚持“三要”，即（　　）。
A．要买喜欢的物品　　B．要商家办理托运
C．要商家开“发票”　　D．贵重物品要“保单”
E．要买值钱的物品

14．调节游客情绪的主要方法有（　　）。
A．情趣法　　B．精神补偿法
C．分析法　　D．物质补偿法
E．转移注意法

15．导游人员把握心理服务的要领包括（　　）。
A．尊重游客　　B．微笑服务
C．使用柔性语言　　D．了解游客心理
E．提供个性化服务

16．人们参加旅游团的心理动机一般是（　　）。
A．不受约束　　B．节省时间和金钱
C．有安全感　　D．省心，不用做决定
E．有伴侣、有团友

17．从旅游的角度看，游客的旅游动机可分为（　　）。
A．文化动机　　B．社会动机
C．经济动机　　D．身心动机
E．政治动机

18．根据个性特征的不同，可将游客分为（　　）。
A．稳重型　　B．忧郁型
C．急躁型　　D．活泼型
E．开放型

19．活泼型游客的个性特征包括（　　）。
A．爱交际，喜讲话　　B．好动，争强好胜
C．好出点子，乐于助人　　D．喜欢多变的游览项目
E．情绪不稳定

20．急躁型游客的个性特征包括（　　）。
A．乐于助人　　B．争强好胜
C．不愿麻烦他人　　D．情绪不稳定

E．喜欢离群活动

21．稳重型游客的个性特征包括（　　）。

A．游览时爱细细欣赏　　B．购物时爱挑选比较

C．喜欢离群活动　　D．少言语但重感情

E．不主动与人交往

22．忧郁型游客的个性特征包括（　　）。

A．情绪不稳定　　B．不愿麻烦他人

C．忧郁孤独　　D．身体弱，易失眠

E．少言语但重感情

23．游客初到异国他乡，表现得最为突出的心态是（　　）。

A．求全心理　　B．求新心理

C．懒散心态　　D．群体心理

E．求安全心理

24．游客在旅游中期阶段的心理主要有（　　）。

A．求新心理　　B．懒散心态

C．求全心理　　D．群体心理

E．求安全心理

25．游客在旅游中期阶段的懒散心态主要体现在（　　）。

A．时间概念较差　　B．个体观念更弱

C．游览中自由散漫　　D．到处丢三落四

E．团内矛盾渐显

26．导游人员激发游客的游兴可采用的方法是（　　）。

A．直观形象法　　B．转移注意法

C．运用语言艺术　　D．组织文娱活动

E．声像导游手段

27．老年游客的特点是（　　）。

A．好思古怀旧　　B．好追新猎奇

C．喜欢多动多看　　D．喜欢会见亲朋好友

E．喜欢游览名胜古迹

28．年轻的游客喜欢（　　）。

A．多动多看　　B．会见亲朋好友

C．追新猎奇　　D．游览名胜古迹

E．关心热门社会问题

29．导游人员带团的原则包括（　　）。

A．游客至上原则　　B．服务至上原则

C．履行合同原则　　D．公平对待原则
E．合理而可能原则

30．导游人员要想确立在旅游团中的主导地位，应做到（　　）。
A．以诚待人，热情服务　　B．换位思考，宽以待客
C．向游客提供心理服务　　D．树立良好的导游形象
E．树立威信，善于“驾驭”

31．导游人员要想在游客心目中树立良好的导游形象，必须做到（　　）。
A．确立主导地位　　B．重视“第一印象”
C．提供心理服务　　D．维护良好的形象
E．留下美好的最终印象

32．西方人较开放、感情外露、喜欢直截了当地表明意愿，其思维方式一般是（　　）。
A．由小到大　　B．由近及远
C．由大到小　　D．由远到近
E．由具体到抽象

33．东方人较含蓄、内向、往往委婉地表明意愿，其思维方式一般是（　　）。
A．由小到大　　B．由近及远
C．由大到小　　D．由远到近
E．由抽象到具体

34．导游人员带团的特点主要有（　　）。
A．服务的主动性　　B．工作的随意性
C．工作的流动性　　D．需求与个性的差异
E．服务的规范性

35．导游人员应根据（　　），适时调整音量大小与强弱。
A．讲解内容　　B．场合大小
C．旅游者人数多少　　D．有无辅助工具
E．部分游客喜好

36．旅游者与导游人员发生冲突，大多是因为旅游者对旅行社的安排不满所致，所以发生冲突时，导游人员应（　　）。
A．先道歉，力求化解矛盾　　B．劝慰旅游者以免事态扩大
C．分清责任，各自改进　　D．澄清问题，及时通报旅行社
E．不与旅游者正面冲突

37．导游人员在灵活安排游览内容时，应做到（　　）。
A．旅要速，游要缓　　B．先张后驰
C．先近后远　　D．先高后低

E. 有张有驰

38. 当旅游团结束了在一地的游览活动，前往机场乘飞机离开此地，到达机场后游客发现自己的贵重物品遗忘在饭店客房内，此时导游员的处理方法不正确的是（　　）。

A. 让司机马上调头返回饭店

B. 地陪陪同该游客立即返回饭店

C. 由于是游客个人疏忽，导游员可以不管

D. 请求饭店帮助查找，找到后将物品立即送到机场

E. 让全陪陪同该游客立即返回饭店

39. 要带好老年旅游团，导游须注意（　　）。

A. 行程安排要有张有弛　　B. 服务要耐心细致

C. 强调行动纪律　　D. 少讲多看

E. 加强心理疏导

40. 导游在接待儿童的旅游团时，对儿童的正确做法应是（　　）。

A. 不为讨好儿童而给其买食物、玩具

B. 不在旅游活动中突出儿童，而冷落其他游客

C. 家长同意后，可单独带儿童外出活动

D. 儿童生病，应及时建议家长请医生诊治

E. 不能提供药品给儿童服用

41. 导游员在接待高龄游客时，正确的做法有（　　）。

A. 不可采用激将法和诱导法　　B. 适当增加游客去厕所的次数

C. 耐心解答游客提出的问题　　D. 反复提醒游客带好随身物品

E. 日程不要太紧，项目不宜过多

习题强化答案

一、判断题

1. 对	2. 对	3. 错	4. 错	5. 错
6. 对	7. 对	8. 错	9. 对	10. 错
11. 对	12. 错	13. 对	14. 错	15. 对
16. 对	17. 错	18. 对	19. 对	20. 对
21. 错	22. 对	23. 对	24. 错	25. 对
26. 错	27. 错	28. 错	29. 错	30. 对
31. 对	32. 对	33. 错	34. 对	35. 错
36. 错	37. 错	38. 错	39. 对	

二、单选题

1. C	2. B	3. D	4. A	5. C
6. B	7. A	8. D	9. B	10. A
11. A	12. A	13. B	14. D	15. B
16. D	17. A	18. A	19. A	20. A
21. B	22. C	23. C	24. D	25. A
26. D	27. D	28. C	29. C	30. D
31. C	32. A			

三、多选题

1. ABDE	2. ABCDE	3. CD	4. ABCD	5. ABDE
6. ACDE	7. ABC	8. ABCD	9. ABCD	10. ABD
11. ABCD	12. CD	13. ACD	14. BCDE	15. ABCE
16. BCDE	17. ABCD	18. ABCD	19. ACD	20. BDE
21. ABE	22. CDE	23. BE	24. BCD	25. ACDE
26. ACDE	27. ADE	28. ACE	29. ABCD	30. ABE
31. BDE	32. ABE	33. CDE	34. ACD	35. ABCD
36. ABDE	37. ABDE	38. ABCE	39. AB	40. ABDE
41. ABCDE				

蜗牛导考

第四编

应变处理篇

第八章　导游应变技能

真题解读

- 【2018年真题·判断】在海上乘船游览突遇海啸时，导游应要求船只尽快回港、靠岸。（　　）

  【答案】错

  【解析】发生海啸时，航行在海上的船只不可以回港或靠岸，应该**马上驶向深海区**，深海区相对于海岸更为安全。

  【点评】难度较大，考查较偏。

- 【2018年真题·判断】一名英国游客在北京游览时得知家人生病，因而提出中途退团、回国的要求。对此，导游应立即同意并帮助游客办理分离签证及其离团手续。（　　）

  【答案】错

  【解析】导游要**立即报告接待旅行社**，经接待旅行社与组团社协商同意后可予以满足。

  【点评】送分题，这种涉及钱的事情，导游都得请示。

- 【2018年真题·判断】来华旅游的外国游客，会见其在中国的朋友，导游一般不陪同前往，也没有承担翻译的义务。（　　）

  【答案】对

  【解析】导游在帮助外国旅游者联系会见亲友或中国同行时，一般不参加会见，也没有承担翻译的义务。

  【点评】实属送分题，没什么可说的。

- 【2018年真题·判断】旅行途中遇到台风时，导游应要求司机立即停车，并组织游客尽快远离汽车，寻找低洼地或紧贴地面躲避。（　　）

  【答案】错

  【解析】如果台风到来时旅游团正在旅游车内，应马上**提醒司机将车开到地下车场或其他坚固的隐蔽处**。

  【点评】送分题，迅速寻找安全地带，人跑得再快也跑不过车。

- 【2018年真题·判断】导游带团游览时突遇地震，应迅速组织游客就近进入巷道、胡同避险，并提醒游客注意保护头部，防止砸伤。（　　）

【答案】错

【解析】室外遇地震，应带领旅游者**迅速跑到空矿场地蹲下**，尽量避开狭窄街道、高大建筑、玻璃幕墙建筑、立交桥、高压线、变压器、广告牌等危险处。

【点评】送分题，题目说法前后矛盾，巷道、胡同在地震时都属于危险地带。

- 【2018 年真题 · 判断】导游在面对游客集体投诉时，应请游客派出代表沟通，以避免人多嘴杂，影响沟通效果。（　　）

【答案】对

【解析】导游在接受旅游者口头投诉时，**应尽量采取个别接触的方式**，以避免对其他旅游者形成影响，对于集体投诉，最好请其派出代表，以免人多嘴杂，分散导游的思考。

【点评】送分题，从字面意思看也是正确的。

- 【2018 年真题 · 单选】一中国公民在国外旅游时不慎遗失护照，又急于回国，按规定，他须持报案证明和相关材料前往我国驻该国使（领）馆申领（　　）。

A.《中华人民共和国旅行证》

B.《中华人民共和国护照》

C.《中华人民共和国入出境通行证》

D.《中华人民共和国边境地区通行证》

【答案】A

【解析】中国公民出境旅游时丢失护照、签证：①请当地导游协助在接待社开具遗失证明；②持遗失证明到当地警察机构报案，并取得警察机构开具的报案证明；③持当地警察机构的报案证明和有关材料到我国驻该国使、领馆领取中华人民共和国**旅行证**；④回国后，可凭中华人民共和国旅行证和境外警方的报失证明，申请补发新护照。

【点评】中等难度，考查基本理解能力，注意区分《旅行证》和《护照》。

- 【2018 年真题 · 单选】遇到无理取闹的游客，导游应牢记自己的职责，首先要遵循（　　）原则。

A. 尊重游客　　B. 维护尊严

C. 符合法律　　D. 合理而可能

【答案】A

【解析】处理游客个别要求的原则有：合理而可能原则；认真倾听、耐心解释原则；尊重旅游者、不卑不亢原则。

尊重旅游者、不卑不亢原则是指旅游团队中也难免有个别无理取闹者，如有偶遇，导游应沉着冷静、不卑不亢，既不伤主人之雅又不损客人之尊，理明则让。经过导游的努力仍有解决不了的困难时，导游应向接待社领导汇报，请其帮助。

【点评】难度较大，具有一定灵活性。容易误选“合理而可能”，注意题目问的是

“首先要遵循”。

- 【2018年真题·单选】导游陪同旅行团去某大型商场购物，一游客购买了五床蚕丝被并要求导游代办托运，导游正确的做法是（　　）。

A. 立即同意　　B. 予以拒绝

C. 请旅行社联系托运　　D. 建议联系商场托运

【答案】D

【解析】旅游定点商店一般都有为顾客邮寄、托运商品的服务。旅游者购买了较多、较重或大件物品，要求导游帮忙托运。导游可告知**定点商店一般都有这种服务**，如没有，应积极、热情地帮助解决。“五床蚕丝被”指“较多、较重或大件物品”。

【点评】简单难度，平时训练的重点内容。

- 【2018年真题·单选】如果游客要求前往不健康的娱乐场所，导游首先应该（　　）。

A. 向旅行社汇报　　B. 报告公安部门

C. 提醒注意安全　　D. 予以断然拒绝

【答案】D

【解析】旅游者要求去不健康的娱乐场所或过不正常的夜生活，导游应**断然拒绝**，向其讲清我国的有关法律和政府的相关规定，严肃指出去不健康的娱乐场所过夜生活在中国是禁止的，是违法行为。

【点评】简单难度，平时训练的重点内容。按照书上写的，应“断然拒绝”。

- 【2018年真题·多选】在处理游客不当言行时，导游要特别注意“四个分清”，即分清（　　）的界限。

A. 无故和有因　　B. 单个的和有组织

C. 言论和行为　　D. 不当行为和违法行为

E. 有意和无意

【答案】ACDE

【解析】游客不当言行的处理，事前要认真调查核实，处理时要特别注意“四个分清”：分清不当行为和违法行为的界限；分清有意和无意的界限；分清无故和有因的界限；分清言论和行为的界限。

【点评】简单难度，考查基本的知识识记，重点是要记清楚“四个分清”。

- 【2018年真题·多选】旅游团游览北京故宫时，一游客提出曾经游览过故宫，要求自由活动。在不影响全团行程的情况下，导游正确的处理方式有（　　）。

A. 同意并告知游客饭店名称和自己的电话号码

B. 与领队一起耐心说服游客放弃自由活动

C. 同意并提醒游客注意安全、保管好财物

D．告知游客故宫门票费用不退

E．请示旅行社并按其指示行事

【答案】ACD

【解析】游客要求不影响整个旅游团的活动日程，可满足其要求，并提供必要的帮助。

【点评】中等难度，平时训练的重点内容，注意处理的方法和程序。

● 【2018 年真题 · 多选】导游发现有游客溺水时，可采用的救护方法有（　　）。

A．溺水者上岸后，应使其靠墙倒立

B．清理溺水者口鼻，保证呼吸道畅通

C．抛送救生圈等物品给溺水者

D．大声呼救，寻求帮助

E．直接入水托运溺水者

【答案】BCD

【解析】A 项，将溺水者平放在地面，迅速撬开其嘴，清除口、鼻内的脏东西（如淤泥、杂草等），解开衣扣、领口，以保持其呼吸道的畅通。E 项，如果导游不熟悉水性，下水也没用。

【点评】难度较大，本题要根据常识作答。

● 【2018 年真题 · 多选】游客在自由活动时不慎走失，导游应采取的措施有（　　）。

A．立即报告接待社，请求指示和帮助

B．向公安部门提供游客可辨认的特征

C．组织旅游团成员分头寻找

D．在原地等候走失的游客

E．向公安部门报案

【答案】ABE

【解析】导游应采取的措施有：①立即报告旅行社和公安部门。导游在得知游客自己在外出时走失，应立即报告旅行社领导，请求指示和帮助；通过有关部门向当地派出所报案，并提供走失者可辨认的特征，请求帮助寻找。②做好善后工作。找到走失者，导游应表示高兴；问清情况，安抚因走失而受惊吓的游客，必要时提出善意的批评，提醒其引以为戒，避免走失事故再次发生。③旅游者走失后出现其他情况，应视具体情况作为治安事故或其他事故处理。

【点评】中等难度，平时训练的重点内容。可以应用排除法，C、D 两项明显错误。

● 【2018 年真题 · 多选】一旅游团入住饭店，当游客提出因房间里（　　）需要调换房间时，导游应立即联系饭店予以满足。

A．中央空调出现故障　　B．有蚊子和蟑螂

C．卫生间太小　　　　　　　　　　D．看不到风景

E．床单有污迹

【答案】AB

【解析】B项正确，如有蟑螂、臭虫、老鼠等，游客提出换房应立即满足，必要时应调换饭店；A项，中央空调出现故障，不一定能够维修或者维修时间比较长，故应满足游客换房要求；E项，更换床单即可。

【点评】难度较大，具有一定灵活性。本题不仅要掌握书本上的内容，还应联系生活实际。

● 【2018年真题·多选】因旅游团的内部矛盾，团内一名游客要求单独用餐。对此，导游正确的处理方式有（　　）。

A．请领队进行调解

B．协助其与餐厅联系

C．主持公道解决矛盾

D．立即向旅行社报告

E．告知餐费自理，综合服务费不退

【答案】ABE

【解析】导游首先要了解情况，在可能的情况下（如用餐桌数在两桌以上）进行席位调整，尽量满足旅游者的要求。如确有困难，要耐心做好解释和劝解工作，也可以请领队出面调解。

如旅游者坚持要求单独用餐，导游可提供协助，但要告知其综合服务费不退且餐费自理等前提条件。

【点评】中等难度，平时训练的重点内容。本题适合应用排除法作答，C、D两项明显错误。

习题强化

第一节　游客个别要求的处理

一、判断题

1．外国游客无特殊原因要求提前离开中国，由其自己重订航班、机座，办理分离签证及其他离团手续。（　　）

2．对待无理取闹的游客，导游人员要做到既不伤主人之雅，又不损害客人之尊，理明则让。（　　）

3．如果境外旅游者打算购买古玩和中草（成）药，地方导游应告知我国海关的有

关规定。（ ）

4. 旅游者由于外出活动不随团用餐，导游人员应同意其要求并退还餐费。（ ）

5. 某旅游者欲购买某一贵重商品，但当时无货，他请导游人员代为购买并托运。对旅游者的这类要求，按照合理而可能的原则，导游人员一般应予以满足。（ ）

6. 游客提出的要求只要是合理的，又有可能办到的，导游人员要设法予以满足。（ ）

7. 当旅游者由于宗教信仰、生活习惯、身体状况等原因，提出饮食方面的特殊要求时，导游人员应该不折不扣地满足其要求。（ ）

8. 若旅游者请导游人员帮其转递信件物品给外国驻华使、领馆及其人员，导游员原则上不能接受。在推托不了的情况下，导游员应详细了解情况并向旅行社领导请示，经同意后才可以帮其转递。（ ）

9. 旅游者提出的自由活动要求，只要不影响团体旅游行程，地陪都应予以协助。（ ）

10. 客人要求调换另一朝向或另一楼层的同一标准客房时，若不涉及房间价格并且饭店有空房，可与饭店客房部联系，适当予以满足，或请领队在团队内部进行调整。（ ）

11. 导游人员要时刻以国家利益为重，如发现个别游客有走私文物的嫌疑应立即将其扣留并移交相关部门处理。（ ）

12. 接待计划中指明的特殊要求，导游人员应提前落实，以便不折不扣予以兑现。（ ）

13. 少数旅游者要求更换文娱活动，导游人员可予以协助，联系购票，但应说明文娱活动费用自理，原票款部分退还。（ ）

14. 旅游团抵京后，团内一位游客找到地陪，提出希望他的一位朋友在京随团活动，地陪向游客讲清旅游者亲友随团活动的有关规定，游客接受后就可以协助其朋友办理随团手续。（ ）

15. 中国香港来京旅游团中的两位游客向地陪提出在北京期间有朋友接待，不随团活动，地陪提醒两位游客要注意安全，保管好证件，同时向他们讲清自由活动时所需费用一切自理。在退还了部分综合服务费后，与他们交换了手机号，以便联系。（ ）

16. 游客要求导游向有关部门转递信件，导游人员应尽量协助游客。（ ）

17. 如果游客的在华亲友以记者身份参加旅游团的活动，一般不同意，特殊情况须请示有关部门的批准。（ ）

18. 游客要求品尝风味餐，导游可带游客前往地方路边小店品尝特色风味。（ ）

19. 旅游者由于某种原因要求延长住店时间，导游人员应与饭店联系，如所住饭店

有空房，可满足其要求，但延长期内的房费由旅游者自理。（　　）

20. 到某一游览点后，有个别旅游者希望不按规定的线路游览而希望自由游览或摄影时，若环境许可，可满足其要求。（　　）

21. 当旅游者提出推迟用餐时，在一般情况下，导游人员要向旅游团说明餐厅有固定的用餐时间，劝其入乡随俗，过时用餐需另付服务费。（　　）

22. 旅游团离团后，留下的旅游者若继续需要旅行社提供导游服务，不用再与旅行社另签合同，只需按散客标准收取费用。（　　）

23. 游客突发重病入院治疗，患者离团住院期间未享受的综合服务费，应按旅游合同规定或两社协商的办法处理，或部分退还，或不予退还。（　　）

24. 对游客提出的种种特殊要求，导游员都应积极给予满足，以求提高旅游服务质量。（　　）

25. 旅行团中一名有声望的团友提出了一个实现不了的要求，地陪一般应婉言拒绝，说明原委，不要怕得罪了他以后不好合作而含糊答应。（　　）

26. 导游人员一般要阻止旅游者单独外出购物。（　　）

27. 旅游团要求调换文娱活动项目，地陪应报告地接社，积极协助调换，但在办妥之前不要轻易许诺。（　　）

28. 外国旅游者若要去我国不对外开放地区旅游，须事先办妥旅游证。（　　）

29. 面对不合理或不可能实现的要求，导游人员要耐心地、实事求是地与之讲清道理，而且理明则让，避免正面冲突。（　　）

30. 某一游客因患病或有重要事情急需退出旅行团并终止旅游活动，经接待旅行社与组团社协商后方可满足，至于未享受的综合服务费一律不予退还。（　　）

31. 住双人间的游客要求住单人间，导游可先请领队调解或在团内进行调整。若调解不成，如饭店有空房，应予以满足，但房费自理。（　　）

32. 导游员在帮助外国旅游者联系会见亲友或同行时，有承担翻译的义务。（　　）

33. 如果客人要求提供房内用餐，一般而言，作为导游员应帮助其与餐厅联系，并提供免费服务。（　　）

34. 有些游客想买些中药材，并携带出境。导游人员应告知中国海关有关规定。（　　）

35. 一外国旅游团计划在 8 月 18 日 12:30 离京回国。17 日晚，个别旅游者提出要求 18 日上午去卢沟桥参观，然后直接去机场。对于个别旅游者的这个要求，地陪应予以满足。（　　）

36. 团队客人在房间内的洗衣费、电话费和饮料酒水费均属于个人账目。（　　）

37. 如果游客要求去不健康的娱乐场所，导游人员应委婉劝阻。（　　）

二、单选题

1. 旅游团游东湖时，一游客提出希望单独划船游湖，导游人员应（　　）。

A．同意其要求，且陪同一起划船

B．婉言劝阻，若游客坚持，可不必阻拦

C．让游客去问领队，由领队决定

D．说明为了安全，不能同意其要求

2．游客提出提高交通工具等级，导游人员应（　　）。

A．婉言拒绝

B．首先与接待社计调部门联系，若有所要求的等级可更换，告知差价及相关费用自理

C．立即与旅游交通部门联系并安排更换事宜

D．请游客自行更换

3．如游客要求去不对外开放的地区、机构和单位参观，导游人员应（　　）。

A．报告旅行社　　B．断然拒绝

C．婉言拒绝　　D．让游客自己处理

4．一名游客购物回饭店后，因对颜色不满意而要求导游人员帮他退换，导游人员应（　　）。

A．陪同前往，帮游客与商店交涉

B．让游客自己去商店退换

C．告诉游客这不属于自己的工作范围

D．告知游客商品出了店就不能更换

5．旅游者在时间充足的情况下要求自费观看计划外文娱节目时，导游人员应（　　）。

A．婉言拒绝　　B．报告旅行社，等待领导通知

C．协助解决，提醒客人注意安全　　D．断然拒绝

6．外国旅游者在旅游团的活动结束后，不随团离境，无特殊原因要求延长签证时，导游人员应（　　）。

A．陪同客人到公安局办理延长签证手续

B．可满足其要求

C．给予婉拒

D．请示旅行社

7．当游客在身体健康的条件下要求在房间内用餐，且饭店也可以提供此项服务时，导游人员（　　）。

A．不允许其脱离旅游团特殊化

B．满足其要求，并告知服务费自理

C．让其自己到餐厅打包带回房间

D．满足其要求，并代为支付服务费

8. 某游客因与同房游客有意见，不想与其同住。下列做法中，正确的是（　　）。
   A. 请旅游团领队调解或者内部调整
   B. 若有空房，可满足其要求，房费由二人共担
   C. 若无空房，应退还住宿费，并联系其他饭店
   D. 若导游人员住的房间有空位，可让其前来同住
9. 一位旅游者看中了饭店客房内配备的一件漆器烟具，想买下作纪念，找到导游人员帮忙，导游人员可以（　　）。
   A. 直接答复："不会卖的。"
   B. 请客人直接与饭店服务人员联系
   C. 协助客人与饭店有关部门联系
   D. 带客人到别的商店寻购相同或相似的烟具
10. 由于客房设施尤其是房间卫生达不到清洁标准，客人提出调换房间，导游人员应（　　）。
    A. 耐心解释，向游客致歉
    B. 调换饭店
    C. 予以满足，但费用自理
    D. 立即联系酒店打扫、消毒，如游客仍不满意，坚持调房，应与酒店有关部门联系予以满足
11. 以下关于游客用餐方面个别要求的处理中，正确的是（　　）。
    A. 旅游团要求外出自费品尝风味餐，应予以劝阻
    B. 若在抵达后才提出特殊饮食要求，应婉言拒绝
    C. 若在用餐前提出换餐，一般不予答应
    D. 游客要求在客房内用餐，可满足其要求，但服务费自理
12. 针对游客换餐的要求，导游人员首先应（　　）。
    A. 婉言拒绝，让其自行处理
    B. 看是否有充足的时间换餐
    C. 与餐厅联系，按有关规定办理
    D. 向游客讲清如能换妥，差价自付
13. 下列关于导游人员对客服务的说法中，正确的是（　　）。
    A. 导游人员不要代为游客保管证件
    B. 导游人员可用自备药品为游客治病
    C. 导游人员可免费带其亲友随团活动
    D. 若游客确有困难，可为其转递食品
14. 如果旅游者购买的物品较多且商店无托运服务，要求地陪帮助托运，此时地陪应（　　）。

A．予以婉拒　　B．予以协助

C．予以回绝　　D．予以推托

15．导游人员要正确对待旅游者的苛求，首先要（　　）。

A．耐心解释，实事求是　　B．认真倾听，冷静分析

C．正确处理，合情合理　　D．不卑不亢，理明则让

16．一天早晨，旅游团集合出发游览前，有一位游客找到地陪，说他感冒了，希望留在饭店休息，地陪的正确做法应是（　　）。

A．动员其随团活动，以免将来后悔

B．建议他吃感冒药，继续随团活动

C．安排好患者在饭店休息

D．建议他随团活动，必要时可在旅游车上休息

17．旅游团中某位游客希望其在华亲友随团活动，导游员首先应（　　）。

A．婉言拒绝　　B．表示赞同

C．征得领队和其他团员的同意　　D．向旅行社领导汇报

18．旅游者要求导游人员转递物品，尤其是贵重物品时，导游人员首先应（　　）。

A．请示领导　　B．婉言拒绝

C．让其完税　　D．请其留下委托书

19．一对外国老年旅游者离境回国当天上午没有安排活动，老人要求去卢沟桥，地陪的正确做法是（　　）。

A．积极安排，满足要求　　B．不予安排，耐心解释

C．满足要求，合理收费　　D．报告地接社，由其决定

20．面对旅游者的无法满足的要求，导游人员要耐心解释，解释时要（　　）。

A．沉着冷静　　B．实事求是

C．合情合理　　D．不卑不亢

21．一位美国游客在北京旅游时看中一件价值昂贵的古玩，欲购买带回国内，这时导游应（　　）。

A．对其购买与否采取中立态度

B．积极促使其成交，以便多赚外汇

C．告知客人将物品上的火漆印去掉，以便海关查验时顺利通过

D．提醒他购买后保管好发票，以备过海关时查验

22．一名外国旅游者由于患病必须提前退团，导游员为其办理离团手续发生的费用由（　　）支付。

A．旅行社　　B．保险公司

C．旅游者　　D．旅游团

23．旅游者在一家旅游定点商店购买了一件价格不菲的手工艺品，后发现质量有问

题，要求导游人员帮助退换，导游人员应（　　）。

A．代替游客前往退换　　B．积极协助，不必陪同前往

C．积极协助，必要时陪同前往　　D．告诉他购物完全是个人行为

24．在团队旅游过程中，个别客人提出回头再去购买看中的工艺品，导游员应（　　）。

A．时间允许可驱车集体前往并帮助购买

B．积极协助，条件允许时可陪同前往

C．婉言拒绝

D．事后代为购买

25．参加团体旅游的旅游者出于种种原因要求自由活动或单独活动，导游员应根据不同情况，按（　　）原则妥善处理。

A．尊重合同　　B．倾听和耐心解释

C．合理而可能　　D．请示汇报

26．旅游者要求不随团用餐，导游人员要问清原因，一般可满足要求，但要说明在别处用餐费用（　　），原餐费（　　）。

A．自理；不退还　　B．自理；部分退还

C．自理；退还　　D．由旅行社支付；不退

27．经旅行社批准，导游人员接受了旅游者转递物品的委托，收件人是外国驻华外交官，导游人员的正确处理方法是（　　）。

A．将物品送到大使馆，由其转交

B．将物品送到大使馆，当面交给收件人

C．在约定的时间、地点当面交给收件人

D．将物品交旅行社，由其处理

28．当旅游团中有旅游者提出中止旅游活动提前回国的要求时，导游人员首先应（　　）。

A．问明原因　　B．报告接待旅行社

C．做好劝说工作　　D．满足其要求

29．外国旅游团中同住一室的旅游者因闹矛盾而提出要求住单间，地陪一般应先（　　）。

A．请全陪出面调解　　B．地陪在内部调整

C．请领队调解或在内部调整　　D．问饭店有无空房

30．由于本站文娱节目内容与前几日雷同，旅游团要求更换文娱活动，地陪首先应（　　）。

A．向旅游团道歉说明自己无权变更

B．向旅游者解释旅游旺季很难订票不好调换

C．与旅行社有关部门联系尽可能调换

D．向旅游者说明其他节目费用较高

31．旅游团在用餐前（　　）小时提出换餐要求，地陪要尽量与餐厅联系，按有关规定办理。

A．1　　B．2

C．2.5　　D．3

32．下列情况中，游客提出换房，导游员应该满足其要求的是（　　）。

A．客房内发现小老鼠　　B．客房朝北光线不好

C．客房在走廊尽头离电梯近　　D．要求住高档客房又拒付差价

33．游客购物后发现所购物品是残次品、计价有误或对物品不满意，要求导游员帮助其退换，导游员应（　　）。

A．让他自己去换

B．帮游客联系，请司机陪同前往

C．告诉游客，离店的物品不能退换

D．积极协助，必要时陪同前往

34．一名海外游客在离境前一天晚上找导游员，希望导游员帮她把一件贵重礼品转交给当地的朋友。面对此要求，导游员首先应（　　）。

A．报告组团旅行社

B．为游客着想，立即答应游客的要求

C．婉言拒绝游客的要求

D．报告领队

35．对游客提出调换同一标准但朝向不同的房间要求的处理方法是：若酒店有空房，可适当满足，或请（　　）在内部调整。

A．旅游团领队　　B．地陪导游员

C．游客代表　　D．旅行社计调

36．由于旅游团的内部矛盾或其他原因，个别游客坚持要求单独用餐，导游员（　　）。

A．必须满足其要求

B．婉言拒绝

C．可协助与餐厅联系，但餐费自理

D．交由领队处理

37．旅游者委托导游员给其在华工作的朋友转递一盒精装巧克力，导游员应（　　）。

A．答应转递　　B．委婉拒绝

C．请示领导　　D．征求领队意见

38．某旅游团游览黄山结束后，有部分游客提出希望增加西递、宏村的游览。对此，地陪导游员首先应该（　　）。

A．按规定收费　　B．请示接待社

C．婉言拒绝　　D．与领队协商

39．下列肯定需要额外收取费用的情况是（　　）。

A．适当提前或推迟开餐

B．导游员要求老板为旅游者每桌增加一个菜

C．旅游者额外要求加菜加饮料

D．送早班机，餐厅会提前准备便携式早餐

40．请从下列选项中指出一种根据规定不予转交的物品（　　）。

A．一本外文小说　　B．一盒包装精美的食品

C．一块手表　　D．一套衣服

41．某旅行团定于当日晚乘 21：00 起飞的航班离开桂林，晚餐后部分旅游者提出再看一下市容，地陪应（　　）。

A．提醒旅游者不要太晚回来，以免误机

B．与全陪分头陪同前往

C．劝阻旅游者不要前往

D．告诉旅游者如误机，责任自负

42．游客要求导游员帮助代买一高档景泰蓝工艺品，导游员的正确做法是（　　）。

A．婉言拒绝，说明贵重物品不得代购

B．在时间允许下，到定点购物场所帮助代买

C．请朋友同事帮助代买

D．先收费，后代购

43．若旅游者转递的物品或信件的收件人是外国驻华使、领馆及其人员时，导游员首先应（　　）。

A．予以推托　　B．报告旅行社领导

C．断然拒绝　　D．协助其亲自办理

44．在（　　）的情况下，应满足旅游者调换饭店的要求。

A．旅游者所住客房低于协议标准

B．旅游者不喜欢房间的布局

C．旅游者要住高于协议标准的客房

D．旅游者要住单间

45．在满足游客个别要求时，如果涉及费用问题，导游员应（　　）。

A．明确及时地告知游客　　B．暗示游客可能发生费用

C．自己先垫付，然后再告知游客　　D．索取发票到旅行社报销

46. 旅游者提出晚间要去当地一个颇有争议的娱乐场所看演出，导游员应（　　）。
A. 断然拒绝
B. 同意并帮助购买门票，叫出租车
C. 婉言相劝，建议旅游者到当地口碑较好的娱乐场消费
D. 帮助叫出租车，并告诉旅游者晚间外出安全问题自负
47. 海外旅游者要求会见中国同行、洽谈业务或其他活动时，导游员首先（　　）。
A. 婉言拒绝　　B. 予以协助
C. 向旅行社汇报　　D. 让旅游者自己联系
48. 旅游者的特殊饮食要求在旅游协议书上有明文规定，地陪应（　　）。
A. 积极协助解决　　B. 不折不扣予以满足
C. 与餐厅联系按情况而定　　D. 尽量满足，餐费自理
49. 在旅游过程中游客提出合理而可能办到的要求，地陪应该（　　）。
A. 征求领队的意见　　B. 请示接待社
C. 视情况再考虑　　D. 尽力满足
50. 旅游团抵达旅游目的地后用第一餐，多数游客要求喝红星二锅头，地陪满足了他们。白酒的费用由（　　）。
A. 地陪支付　　B. 地接社支付
C. 全陪支付　　D. 游客支付
51. 对旅游者不合理的要求，导游人员的正确做法应是（　　）。
A. 不予理睬，沉默应对
B. 与团内有影响的游客商量后正确处理
C. 不予应允，说明原委
D. 当众拒绝，指出要求不合理
52. 旅游团抵达后，个别旅游者向导游员提出用素斋的要求，导游员的正确做法是（　　）。
A. 说明临时安排有困难，请旅游者自己解决
B. 尽可能帮助联系，如有困难可协助旅游者自己解决
C. 说明临时提出换餐要求，餐厅无法准备，请旅游者放弃要求
D. 请领队（全陪）帮助旅游者解决
53. 导游服务的根本是导游人员要做到（　　）。
A. 满足游客的合理需要　　B. 向游客提供周到的导游服务
C. 安排好游客的旅行生活　　D. 同游客进行情感交流

三、多选题

1. 如果离团后继续留下的游客需要帮助，导游人员可帮其所做的工作有（　　）。
A. 协助其重新订妥航班、机票或火车票

B．协助其重新订饭店

C．带游客跟随自己的下一个团队出游

D．向其讲明所需费用自理

E．其要求继续提供导游或其他服务，则应与接待社另签合同

2．旅游者要求转递物品，尤其是（　　），导游员应婉言拒绝，请其自行处理。

A．衣服　　B．食品

C．金银首饰　　D．外币

E．重要信件

3．游客因其个人要求得不到满足而提出离团要求，导游人员正确的做法是（　　）。

A．配合领队做说服工作，劝其继续随团旅游

B．若接待方旅行社确有责任，应设法弥补

C．若游客提出的是无理要求，应断然拒绝

D．若游客仍执意要求退团，旅行社同意后，可满足其要求

E．若游客执意离团，应退还其未享受的综合服务费

4．境外游客因病住院治疗需要延长旅游期限，地陪应做好的工作有（　　）等。

A．住院期间不时到医院探视

B．为其办理分离签证或延长签证手续

C．为其安排人员陪护

D．病好后为其办理出院手续

E．为其办理离境事宜

5．导游人员应劝阻游客自由活动的情况包括（　　）。

A．旅游团即将离开一地赴另一地时

B．到治安不理想、复杂、混乱的地方

C．游客单独骑自行车去车水马龙的街头

D．去治安环境理想的大型购物中心

E．去不对外开放的地区、机构参观游览

6．在引导游客购买古玩时，导游人员应（　　）。

A．建议游客去文物商店

B．提醒游客保存发票

C．劝阻游客在地摊上选购古玩并告知中国的有关规定

D．对个别游客走私文物的行为进行劝说

E．告知不要去掉古玩上的火漆印

7．对于旅游者提出参加计划外娱乐活动的要求，导游人员的正确做法是（　　）。

A．提供力所能及的帮助　　B．可帮其购买节目票

C．必须陪同他们前往　　D．提醒游客注意安全
E．提醒游客带好饭店卡片

8．游客要求导游人员帮其转递物品时，导游人员应（　　）。
A．第一时间予以协助
B．若为食品，应请其自行处理
C．若为应税物品，应促其纳税
D．请游客写委托书
E．若转递给外国使馆工作人员，原则上不能接受

9．游客要求其外籍亲友随团活动，导游人员应（　　）。
A．在征得领队和其他成员的同意后方可允许
B．请其外籍亲友出示有效证件
C．帮助办理入团手续，交付费用
D．如其亲友是记者，以记者身份参团，一般不予同意
E．如果是外交官员，应享受相应的外交礼遇

10．以下关于游客住房方面的个别要求中，导游人员可予以满足或帮助的是（　　）。
A．要求购买房中物品
B．要求住单间但不愿另付房费
C．中途退团的游客要求延长住店时间且饭店有空房
D．要求住高标准房间且同意支付差价
E．要求住不同楼层的客房且饭店有空房

11．如全团统一提出更换游览项目，导游人员应（　　）。
A．请示接待社计调部门
B．直接与组团社联系
C．请接待社计调部门与组团社联系，同意后方可更换
D．婉言拒绝
E．断然拒绝

12．某国内旅游团离站前请地陪导游帮助转递一包裹给其在当地的亲友，该导游经接待社同意后接受了该旅游者的委托，其办理的程序是（　　）。
A．打开检查　　B．写委托书
C．收据交给旅行社　　D．收取一定费用
E．签收人确认签字

13．境外旅游团一游客要求在自由活动时间单独外出购物，导游人员的正确做法有（　　）。
A．建议去哪家商场　　B．联系出租车

C．直接帮游客买回商品　　　　　　　　D．写中文便条

E．在离开本地当天要劝阻，以防误机（车、船）

14．导游人员发现有一位游客在地摊上选购古玩，导游人员应该（　　）。

A．在地摊上选购古玩，导游员应劝阻

B．特别告知中国海关对于文物出境的规定

C．导游人员严肃训斥该旅游者的行为

D．如确认其走私文物，应进行劝阻并指出其后果的严重性

E．如确认其走私文物，应及时报告有关部门

15．某散客团在苏州旅游，团中绝大多数旅游者都对导游的服务表示非常满意，唯有一名团员处处不满，还事事为难导游，对此该导游人员应（　　）。

A．沉着、冷静

B．冷落该旅游者，任他“自娱自乐”

C．以该旅游者为中心提供超常服务

D．面带微笑，继续为旅游者提供服务

E．严厉指责

16．某地陪导游上午 11 点将接待的两名黎巴嫩客人安排入住饭店后，对他们说，12 点带他们到餐厅用餐，可游客说，他们通常在 15∶00 点以后用午餐，不同意导游的要求。此时，该导游应该（　　）。

A．15∶00 点后带他们去零点餐厅

B．告诉他们餐厅 15∶00 点后不提供用餐

C．告诉他们超过用餐时间自行解决

D．劝其入乡随俗，过时用餐需另付服务费

E．和旅行社沟通

17．F 国的 S 先生因与室友生活习惯不同而要求住单间，对此地陪的正确处理过程是（　　）。

A．先请领队进行调节

B．调解不成，设法在内部进行调整

C．调解、调整不成，与饭店联系

D．有空房让 S 先生住下，说明费用自理

E．将处理情况报地接社备案

18．面对旅游者的苛求和挑剔，导游员要（　　）。

A．认真倾听　　　　　　　　　　　　B．耐心解释

C．微笑对待　　　　　　　　　　　　D．恶语相向

E．不加理会

19．早晨，F 国旅游团集合登车前，一游客要求他的朋友当天随团活动，地陪正确

处理这一要求的过程是（　　）。

A．首先婉拒游客请求

B．先征得领队和旅游团其他成员的同意

C．报告地接社，请求指示

D．告知随团活动一天的费用和注意事项

E．代旅行社查验游客朋友的证件，代收费用

20．外国旅游者希望会见当地亲友，下列说法正确的是（　　）。

A．导游员没有陪同前往的义务

B．导游员没有充当翻译的义务

C．若旅游者需要帮助，导游可协助安排

D．由旅游者自行安排，不提供任何帮助

E．若游客在华期间找不到亲友，导游员可让其留下地址，待找到后书面通知他

21．下列情形中，导游员可允许旅游者离团的是（　　）。

A．若旅游者多次游览某一景点，希望不随团活动，并且未影响整个团队旅游活动

B．若旅游者希望不按规定线路游览某一景点，并且游人不多，环境许可

C．若晚上无活动安排，旅游者要求单独前往当地夜总会自由活动

D．若晚上无活动安排，旅游者要求单独骑自行车前往郊区的一个景点游玩

E．若旅游者抵达某地，希望探望当地亲戚朋友

22．旅游者因不满住房所在楼层或朝向而提出调换房间的要求，地陪一般应（　　）。

A．先请示旅行社有关部门

B．可与饭店有关部门联系，若有空房，酌情满足

C．确有困难，应讲清原因

D．如有差价，应向旅游者讲明

E．请领队或全陪在内部调整

23．有一名旅游者要求单独用餐，导游员以下做法中错误的是（　　）。

A．不予以满足，因为不符合计划安排

B．让饭店餐厅去处理

C．让游客自己和领队协调

D．提供协助

E．告知其综合服务费不退且餐费自理

24．晚上如没有活动安排，旅游者要求自由活动，导游员应建议（　　）。

A．玩得痛快　　B．不要走得太远

C．不要去秩序乱的场所　　D．不要太晚回饭店

E. 陪同前去

25. 旅游者在青岛参观游览期间适逢当地举办“啤酒节”，抵达当天部分游客提出希望在晚上休息时到现场观看“啤酒节”文艺晚会，导游员应该（　　）。

A. 婉言拒绝　　　　B. 协助购买门票

C. 协助安排车辆，但车费自理　　　　D. 提醒有关注意事项

E. 陪同前往

26. 一游客因与团友不合，提出单独用餐的要求，地陪导游人员的正确做法是（　　）。

A. 劝其撤回要求并请领队在团内调解，妥善处理

B. 劝解无效，可让其自己点菜并退还单项服务费

C. 劝解无效，可让其自己点菜，但不退还单项服务费

D. 直言相告，为安全起见，团队旅游者不能离团单独用餐

E. 在可能的情况下进行席位调整，尽量满足旅游者的要求

27. 旅行社已安排观赏文娱演出后，旅游者要求观看另一演出，导游员应（　　）。

A. 若时间许可，又有可能调换，可请旅行社调换

B. 如无法安排，要耐心解释，票已不能退换，请他们谅解

C. 旅游者若坚持要求观看别的演出，导游员可协助，并告之费用自理

D. 满足旅游者所有要求

E. 直接拒绝

28. 如果游客想要推迟用餐时间，导游员应该（　　）。

A. 一口回绝

B. 了解情况

C. 时间安排不紧的情况下，可满足其需求

D. 若已经到餐厅，或存在其他特殊情况，则应婉言拒绝

E. 不能满足时，要做好解释并表示歉意

29. 外国旅游者想要购买古玩，导游员应（　　）。

A. 带其到正规的文物商店购买

B. 导游员不是全才，鉴定古玩不在行，游客可自行购买

C. 买妥物品后要提醒旅游者索要并保存好发票

D. 将商品上的火漆印（如有的话）去掉，以便海关查验

E. 不要将商品上的火漆印（如有的话）去掉，以便海关查验

第二节 常见问题和事故的预防与处理

一、判断题

1. 游客在旅游途中病危，在抢救过程中，需要领队或患者亲友在场，并详细记录患者患病前后的症状及治疗情况。 （ ）
2. 错接旅游团一般是责任事故，是导游员责任心不强造成的。 （ ）
3. 一旦发生错接的责任事故后，如果两个团队恰好都是同一家旅行社接待，可以将错就错，不必交换。 （ ）
4. 导游员、司机迟到造成的漏接都属于责任事故。 （ ）
5. 误机（车、船）事故是指因故造成旅游团没有按原定航班（车次、船次）离开本站而导致暂时滞留。 （ ）
6. 导游人员在工作中需要游客的证件时，要经由领队收取，用完后应立即如数归还，不要代为保管。 （ ）
7. 游客在参观游览时走失后，经认真寻找仍然找不到走失者，可在游览结束后回饭店等待走失游客。 （ ）
8. 如游客在参观游览时突患重病，不要搬动患病游客，让其就地坐下或躺下。 （ ）
9. 导游人员在遇到旅游者对我国政府有诽谤诋毁言行的时候，仍然要耐心倾听，细心解释。 （ ）
10. 旅游者走失虽然不一定是导游人员的责任，但是与导游人员责任心不强、工作不细致有很大的关系。 （ ）
11. 在旅游过程中，游客的证件丢失会影响旅游活动的顺利进行，所以导游员可在接团后收取全团游客的证件，实行统一保管。 （ ）
12. 旅游者提前抵达或者推迟离开都会造成延长游览时间而变更游览日程。（ ）
13. 外国旅游者在华旅游期间死亡，若尸体在当地火化，必须由死者家属提出书面请求并签字。 （ ）
14. 旅客误机纯属责任事故。 （ ）
15. 某一西方游客对我国居民委员会调解家庭纠纷的工作不以为然，甚至提出异议，说那是干涉公民自由，作为导游人员，要试图说服他。 （ ）
16. 对于个别旅游者提出的有关国家统一、民族团结等原则性问题，导游人员要避免与其针锋相对。 （ ）
17. 在旅游目的地丢失团体签证，需请当地接待社担保，补办签证或办理落地签证。 （ ）
18. 旅游者丢失行李且一时找不回，导游人员要为客人购买必备的生活用品。 （ ）

19. 由于旅游者方面的原因，或由于途中遇到交通事故、严重堵车等突发情况造成延误，属于责任事故。（　　）
20. 外国游客因社会制度差异，对我国法律缺乏了解做出的违法行为，导游可予以谅解。（　　）
21. 旅游活动中出现事故，导游服务集体各成员应从大局出发，同心协力处理好事故，然后分析原因，分清责任。（　　）
22. 导游员在遇到可能有危及游客安全的活动事项时，应极力阻止其参与。（　　）
23. 外国游客在中国旅游期间进行窃取我国机密情报等犯罪活动，导游人员知情后，应讲清道理，指出错误，予以劝阻。（　　）
24. 病人在医院抢救时急需签字，签字者应是旅游者家属，若没有家属在场，地陪可以帮其代签字。（　　）
25. 旅游者丢失财物事故属于个人事故，导游员的义务是做好安抚工作。（　　）

二、单选题

1. 某旅游团因故提前离开，造成在当地的游览时间缩短，地陪导游员正确的做法是（　　）。

   A. 立即报告组团社，并通知下一站接待社
   B. 立即与全团游客商量补救措施，调整活动时间
   C. 立即通知接待社办理退房、退餐、退车等事宜
   D. 立即将旅游团提前离开的消息告诉游客

2. 面对个别游客恶意攻击和诬蔑我国的言论，导游人员应该（　　）。

   A. 不卑不亢、求同存异　　B. 阐明观点、严正驳斥
   C. 认真倾听、耐心解释　　D. 立即报有关部门处理

3. 游客中若有窃取经济情报活动的，导游人员应该（　　）。

   A. 耐心解释　　B. 指出问题
   C. 立即汇报　　D. 求同存异

4. 下列关于丢失身份证的处理中，正确的是（　　）。

   A. 先到当地公安局报失，再由旅行社开具证明，机场安检人员核准放行
   B. 先由当地旅行社核实后开具证明，再到公安局报失，经核实后开具身份证明
   C. 先报告机场安检部门并报失，再到公安局补办临时身份证
   D. 先由当地旅行社核实后开具证明，再到丢失地的公安局办理新的身份证

5. 旅游者下飞机后如果在机场找不到自己的托运行李，全陪应该首先（　　）。

   A. 与地接社联系，请其协助查找
   B. 向航空公司索赔
   C. 给该航班所属的航空公司打电话，请其查找
   D. 带领失主到机场失物登记处办理行李丢失等有关手续

6. 如果游客非正常死亡，导游人员首先应（　　）。

A. 拨打 110 报警电话　　B. 保护现场

C. 向旅行社领导汇报　　D. 告知旅游团其他游客

7. 当旅游者在旅游期间因病抢救无效死亡，导游人员应让主治医师和医院出具抢救经过报告和（　　）。

A. 尸体解剖报告　　B. 死亡公证书

C. 因病死亡证明书　　D. 死亡诊断证明书

8. 一旦发生误机事故，导游人员首先应立即（　　）。

A. 与机场联系　　B. 报告旅行社

C. 稳定游客情绪　　D. 通知下一站

9. 为了防止发生误船事故，导游人员应提前（　　）到达码头。

A. 40 分钟　　B. 60 分钟

C. 90 分钟　　D. 120 分钟

10. 一位华侨回国旅游时不慎丢失护照，导游人员协助其补办证件。以下做法正确的是（　　）。

A. 由地接社开具遗失证明　　B. 到当地公安局开遗失证明

C. 到侨居国驻华使馆补办新护照　　D. 去当地公安部门办理签证手续

11. 外国游客丢失钱物，导游人员首先应（　　）。

A. 立即向公安局报案　　B. 立即向保险公司报案

C. 及时向接待社领导汇报　　D. 详细了解物品丢失情况

12. 由于接待方的疏忽、计划不周等原因造成的事故称为（　　）。

A. 一般事故　　B. 责任事故

C. 自然事故　　D. 非责任事故

13. 由于天气变化、自然灾害或非接待部门的原因造成的事故称为（　　）。

A. 轻微事故　　B. 一般事故

C. 责任事故　　D. 自然事故

14. 下列造成导游人员漏接的主观原因中，正确的是（　　）。

A. 司机迟到　　B. 交通堵塞

C. 导游人员迟到　　D. 国际航班提前抵达

15. 地陪小李所带旅游团将乘坐 14:30 的航班由武汉前往深圳，而旅游团前往机场途中，遇到交通阻塞耽误了时间，现在已经 13:55 了，旅游车才刚刚驶上机场高速，此时小李应首先（　　）。

A. 报告旅行社领导　　B. 与机场联系

C. 通知下一站　　D. 稳定游客情绪

16. 导游人员错接旅游团一般是（　　）。

A．自然事故　　B．严重事故

C．责任事故　　D．非责任事故

17．因旅游团抵达时间延误，造成旅游时间缩短。导游人员错误的做法是（　　）。

A．及时向接待社报告　　B．通知下一站接待社

C．立即调整活动日程　　D．办理退房（车、餐）等事宜

18．境外旅游者在乘飞机来华的途中遗失行李，导游员应协助失主到机场失物登记处办理行李丢失手续，登记时需请失主出示（　　）。

A．护照　　B．签证

C．机票和行李牌　　D．申报单

19．一新加坡旅游者在华旅游期间丢失护照，导游人员应帮助他到（　　）申办新护照。

A．所在国驻华使、领馆　　B．当地省市旅游主管部门

C．当地接待社　　D．当地出入境管理处

20．外国旅游者在来华途中行李确系丢失，应由（　　）向有关航空公司索赔。

A．全陪　　B．领队

C．地陪　　D．失主

21．领队带领18位游客赴泰国旅游，游客金小姐托运的行李在机场遗失，领队在协助金小姐办理了一系列的查找手续未果之后，陪同她购买了必需的生活用品，此费用应（　　）。

A．由组团社承担　　B．由游客自理

C．凭收据向当地机场索赔　　D．由国内保险公司承担

22．导游人员没有按规定航班（车次、船次）时刻迎接旅游团（者），导致旅游团（者）到达后，无导游人员迎接的现象称为（　　）。

A．错接　　B．误接

C．漏接　　D．空接

23．旅游期间天气变化，原计划行程无法实施。如不涉及旅游项目的增减，正确的处理方式是（　　）。

A．几名导游员商量决定，向旅游者说明

B．全陪通报组团社，由其决定调整

C．征得领队和旅游者同意后调整

D．地陪通报地接社，由其决定调整

24．入境游客遗失了在其国内保了险的高档摄像机，他应持相关证明到公安局报失，办理（　　）。

A．《贵重物品遗失申请单》　　B．《失物经过证明》

C．《财务遗失事故记录》　　D．《财物报失证明》

25. 旅游团计划下午乘火车离京，游客希望多欣赏北京美景，上午在景点逗留时间长了点，午饭后匆匆赶往车站，不巧遇交通阻塞，最后耽误了火车。这种事故属（　　）。

A. 非责任事故，因是交通阻塞导致误车

B. 游客的责任事故，上午在景点停留时间过长

C. 地陪的责任事故，没有安排足够时间去车站

D. 善意的失误，地陪的本意是让游客多看美景

26. 旅游团推迟抵京，相应缩短了在北京的活动时间。在时间允许的条件下，地陪应（　　）。

A. 执行原计划，删除已耽误的景点和服务

B. 执行原计划，对游客的损失进行补偿

C. 制订新计划，选择具有代表性的景点

D. 制订新计划，把原计划中的景点和服务都安排进去

27. 下列事故中，属于完全因导游人员的工作失误造成的是（　　）。

A. 旅游者在游览中走失　　B. 旅游者丢失行李

C. 错接　　D. 空接

28. 为了防止错接旅游团，地陪应（　　）。

A. 认真核实班次抵达时间　　B. 提前与全陪联系

C. 事先与上一站地接社联系　　D. 认真核实旅游团情况

29. 某旅游者在游览过程中不慎丢失一架高级照相机，导游人员得知后应该（　　）。

A. 向当地派出所报案　　B. 报告旅行社，请旅行社帮助寻找

C. 请失主回忆，并帮助寻找　　D. 帮助旅游者向景区部门索赔

30. 在旅游团未到达之前，地陪应确认旅游团所乘交通工具的准确抵达时间，以免（　　）。

A. 误接　　B. 漏接

C. 空接　　D. 错接

31. 下列原因引起的误机（车、船）事故中，属于旅游责任事故的有（　　）。

A. 交通堵塞　　B. 交通事故

C. 汽车发生故障　　D. 旅游行程过紧

32. 旅游者在中国境内旅行过程中遗失行李，导游人员首先应该在（　　）。

A. 团内寻找　　B. 酒店行李部寻找

C. 当地寻找　　D. 在上一站寻找

33. 旅游者在旅游过程中患一般疾病，如有需要，导游员应陪同患者前往医院就医，所需的医疗费用应由（　　）。

A. 保险公司代付　　B. 组团社支付
C. 接待社垫付　　D. 旅游者自理

34. 在旅游过程中，当旅游团中有游客提出变更路线或日程的要求时，导游员原则上应（　　）。
A. 满足这名游客的要求　　B. 立即请示旅行社领导
C. 先征求全体游客意见后决定　　D. 按合同执行

35. 发现游客身体不适时，导游员应（　　）。
A. 把自己备用的药物给客人服用　　B. 劝其继续随团游览
C. 让游客的亲属来接其回家　　D. 劝其尽早就医并多休息

36. 遗失台湾同胞旅行证明后，应向遗失地的中国旅行社或户口管理部门或侨办报失，核实后发给（　　）。
A. 新的台湾同胞旅行证明　　B. 一次性有效的出境通行证
C. 身份证明　　D. 户籍证明

37. 在旅途过程中，非正常死亡的旅游者死因确定后，导游员在与领队、死者亲属协商一致后，应由（　　）向全团宣布死亡原因及抢救、死亡经过。
A. 全陪　　B. 领队
C. 家属　　D. 公安人员

38. 散客张先生在机场等候多时未见导游员，便打车到了酒店。当导游员赶到酒店在大堂见到张先生时，导游员首先应该（　　）。
A. 详细讲明自己漏接的原因
B. 询问客人为什么不等导游的原因
C. 先致歉，尽快办理好客人入住手续
D. 拿出迟到的“证据”说明是旅行社将时间通知错了

39. 若旅游者突发心脏病死亡，应由（　　）开具《死亡诊断证明书》。
A. 参加抢救的医生　　B. 医院院长
C. 当地安监部门　　D. 法医

40. 境外旅游者来华乘机时遗失行李，责任主要在（　　）。
A. 航空公司　　B. 全陪
C. 行李员　　D. 游客自己

41. 山西旅游团抵达北京机场时，发现没有导游人员迎接，这属于（　　）现象。
A. 空接　　B. 漏接
C. 错接　　D. 计划变更

42. 丢失外国护照和签证时，由（　　）持旅行社证明去当地公安局报失。
A. 领队　　B. 地陪
C. 全陪　　D. 失主本人

43. 香港游客丢失《港澳居民来往内地通行证》，在办理有关手续后，由公安机关出入境管理部门签发一次性有效的（　　）。

A. 临时身份证　　B.《中华人民共和国入出境通行证》

C.《通行证遗失证明》　　D.《港澳同胞旅行证明》

44. 在旅游事故中去世的旅游者，其遗物应由（　　）共同清点。

A. 我方人员　　B. 死者同行人员

C. 所属国驻华使、领馆人员　　D. 以上三者

45. 旅游者侵犯了一个主权国家的法律和世界公认的国际准则的言行属于（　　）。

A. 越轨行为　　B. 治安事件

C. 犯罪行为　　D. 违法行为

46. 如果走失事故是由旅游者自身引起，导游员应对该游客进行（　　）。

A. 道歉　　B. 训斥

C. 责备　　D. 安慰

47. 一旦发生旅游者财物被盗，导游员首先应（　　）。

A. 安慰旅游者　　B. 保护好现场

C. 向公安部门报案　　D. 报告旅行社

48. 旅游者丢失了钱物，导游员首先要（　　）。

A. 与领队协商处理

B. 及时报告旅行社，听取指示

C. 稳定失主的情绪并帮助其回忆

D. 立即报告公安部门

49. 补偿法分为物质补偿法和（　　）。

A. 精神补偿法　　B. 转移注意力

C. 分析法　　D. 游览意识

50. 某国旅游者 R 先生在我国旅游期间因年迈而自然死亡。按有关规定，一般不需做尸体解剖，如要求解剖，应由死者家属或（　　）签字，提出书面请求，经医院有关部门同意后方可进行解剖。

A. 与死者有特殊关系的朋友　　B. 死者生前工作单位

C. 死者生前的投保公司　　D. 死者所属国驻华使、领馆

51. 错接的旅游团是两家接待社的团时，地陪除向旅游者说明情况，赔礼道歉外，还应（　　）。

A. 设法尽快交换旅游团　　B. 交换旅游团地陪

C. 将错就错，不做任何调整　　D. 交换旅游团全陪

52. 当办事需要外国人的护照时，地陪的正确做法是（　　）。

A. 当场收取护照，用毕立即发还旅游者

B．请领队收取，用毕归还领队并当面点清

C．请旅游者持护照随地陪去办理

D．请领队持所有护照随地陪去办理

53．造成错接事故的原因是导游人员（　　）。

A．工作责任心不强　　B．没有认真阅读计划

C．没有提前抵达接站地点　　D．举牌接站的地方选择不当

三、多选题

1．游客患感冒、腹泻等一般疾病，导游人员正确的做法是（　　）。

A．劝其及早就医，不要强行游览

B．根据游客要求，提供对症药品

C．需要时陪同患者前往医院就医

D．必要时通知餐厅提供送餐服务

E．假如觉得不严重就劝游客随团游览

2．为防止旅游者在景点游览时走失，地陪导游应做好的工作有（　　）。

A．自由活动时，提醒旅游者不要走得太远

B．时刻和旅游者在一起，经常清点人数

C．防止其他人员进入游览队伍

D．提醒旅游者跟上团队，不要在一旁自由活动或摄影时间过长

E．以高超的导游技巧和丰富的讲解内容吸引旅游者

3．法国游客在华游览时遗失了一部价值昂贵的相机，地陪导游员应采取的措施有（　　）。

A．了解丢失的相机的型号、特征和价值

B．若被盗，向公安机关或保安部门及保险公司报案

C．请失主回忆丢失的经过、时间和地点

D．向接待社领导汇报，并由接待社出具遗失证明

E．带失主到公安局办理有关证明，供出海关时查验

4．下列关于导游员处理海外游客不当言行的方法中，正确的有（　　）。

A．对异性有越轨言行的，应郑重指出，令其立即改正

B．对有攻击和诬蔑言论的，应多做工作，求同存异

C．对宣传邪教的，一旦发现立即汇报，由司法部门严肃处理

D．对酗酒的游客，应先规劝，尽力阻止其饮酒

E．对散发圣经等宗教宣传品的，应予以劝阻

5．一游客在去武汉楚河汉街参观的途中突然患重病，地陪应（　　）。

A．立即将患者送往就近医院治疗

B．拦截其他车辆将其送往医院

C．必要时用旅游车将患者直接送往医院

D．如无全陪和领队，地陪可单独将其送往医院

E．如需做手术，且患者亲属不在，可代为签字

6．旅美华侨赵先生回国旅游时不慎将护照丢失，导游员正确的做法有（　　）。

A．请赵先生持遗失证明、照片到公安局出入境管理处报失并申办新护照

B．请赵先生持新护照到美国驻华使、领馆办理签证手续

C．请赵先生持遗失证明、照片到美国驻华使、领馆报失并申办新护照

D．请赵先生持新护照到当地公安局出入境管理处办理签证手续

E．帮助赵先生到接待社开具遗失证明，并请其准备照片

7．在参观游览或自由活动中，时常出现游客走失的情况，其原因主要有（　　）。

A．导游人员没有向游客讲清车号和停车位置

B．导游人员没有向游客讲明景点的游览项目

C．游客在游览中滞留时间过长而脱离团队

D．自由活动时游客没记清饭店地址和返回路线

E．外出购物时游客没记清饭店地址和返回路线

8．个别游客在旅游景点走失，一般应由（　　）分头去找。

A．全陪　　B．地陪

C．领队　　D．其他游客

E．团长

9．个别游客在旅游景点走失，导游人员应做的处理工作包括（　　）。

A．了解情况，迅速寻找　　B．立即向公安部门报案

C．向旅行社报告　　D．做好善后工作

E．写出事故报告

10．导游人员安排活动日程要留有余地是指（　　）。

A．做到劳逸结合

B．将一天的游览活动安排的充实丰满

C．不将体力消耗大、游览项目多的景点集中安排

D．安排活动要有张有弛

E．晚间活动的时间不宜安排过长

11．为了避免游客丢失物品、证件，导游人员要随时提醒游客（　　）。

A．带好随身钱物、提包和证件

B．不要随身携带贵重物品和证件，应将其放在饭店自己的房间内

C．在热闹场所购物时要保管好钱物、提包和贵重物品

D．离开饭店时要检查是否带好了随身行李和证件

E．证件由导游人员代为保管

12．游客在我国境内旅游期间丢失行李，差错一般出在（　　）。

A．交通运输部门　　B．旅行社导游人员

C．饭店行李部门　　D．旅行社行李员

E．游客本人

13．对于游客的证件，导游人员应（　　）。

A．需要时由领队收取　　B．用毕立即如数归还

C．不要代为保管证件　　D．提醒游客保管好证件

E．为避免游客丢失，代为保管

14．韩国旅游者在华丢失护照和签证后，导游应协助其（　　）。

A．再持《护照报失证明》到其驻华使领馆申办新护照

B．再持新护照到当地公安机关申办签证

C．持旅行社证明到当地公安机关办理《护照报失证明》

D．到当地接待社开具遗失证明

E．向韩国驻华使领馆挂失

15．导游员小孙到机场迎接一个入境旅游团，国内一游客的行李在来华途中丢失，小孙正确的做法有（　　）。

A．如果行李确系丢失，提醒失主向该航空公司索赔

B．在当地游览期间，协助失主购置必要的生活用品

C．提醒失主经常打电话询问丢失行李的寻找情况

D．将下榻饭店的名称、电话告知机场失物登记处

E．带领游客到机场公安处办理行李丢失和认领手续

16．游客在我国境内旅游期间丢失行李，导游人员应（　　）。

A．让游客自己负责查找　　B．询问查找进展情况

C．帮助失主解决生活困难　　D．帮助失主向有关部门索赔

E．事后写出书面报告

17．误机事故即将发生时，导游人员应采取的应急措施包括（　　）。

A．与机场联系，请求等候　　B．立即组织游客尽快赶赴机场

C．向旅行社汇报即将误机情况　　D．安排好滞留期间的相关事宜

E．改乘其他交通工具去下一站

18．因客观原因需要变更旅游计划和日程时，一般会出现以下哪些（　　）情况。

A．延长旅游时间

B．缩短旅游时间

C．取消在某地的游览时间

D．逗留时间不变，但被迫改变部分旅游计划

E．逗留时间不变，计划完全改变

19. 因游客提前抵达或推迟离开而造成延长游览时间，导游人员应采取的措施包括（ ）。

A. 落实有关接待事宜　　B. 迅速调整活动日程

C. 通知下一站接待社　　D. 征求组团社同意

E. 向游客解释计划变更的原因

20. 下列失误中，属于误机（车、船）事故原因的是（ ）。

A. 安排日程不当　　B. 安排日程过紧

C. 游客走失　　D. 交通事故

E. 自然灾害

21. 为预防误机（车、船）事故，导游人员应（ ）。

A. 认真核实机（车、船）票　　B. 在离开当天安排自由活动

C. 在离开当天不去偏远的景点　　D. 留足时间去机场、车站、码头

E. 按规定的时间到达机场、车站、码头

22. 造成导游人员漏接的客观原因包括（ ）。

A. 司机迟到　　B. 交通堵塞

C. 导游人员迟到　　D. 国际航班提前抵达

E. 上站接待社漏发变更通知

23. 一旦发生错接事故，导游人员应采取的措施是（ ）。

A. 报告旅行社领导

B. 向游客说明情况并致歉

C. 如错接的团为同一家接待社，不再交换接待计划

D. 如错接的团分属两家接待社，必须换团

E. 与饭店联系，看应接的旅游团是否已入住饭店

24. 错接事故容易发生在（ ）。

A. 旅游淡季　　B. 旅游旺季

C. 一、二线城市　　D. 旅游热点地区

E. 特别拥挤的地方

25. 预防错接事故，导游人员应做到（ ）。

A. 提前到达接站地点　　B. 接团时认真核实

C. 提供更加热情周到的服务　　D. 严防他人非法接走旅游团

E. 多与接待社联系沟通

26. 旅游故障是在旅游过程中发生的，一般都具有（ ）的特点。

A. 突发性　　B. 不可抗性

C. 复杂性　　D. 危害性

E. 复合性

27. 为了防止游客丢失证件、钱物，地陪导游员应该（　　）。

A. 多做提醒工作

B. 需要游客证件时，自行收取，用毕归还

C. 提醒旅游者保管好自己的证件

D. 做好每次行李的清点和交接工作

E. 将旅游者证件集中保存，确保安全

28. 机场因故临时空中管制，计划中的航班都无法按时起飞，造成误机故障的发生，导游员具体应（　　）。

A. 立即向旅行社领导及有关部门报告并请求协助

B. 因机场原因导致误机，不属于导游员责任，不必太过自责

C. 稳定旅游团（者）的情绪，安排好旅游者在当地滞留期间的食宿、游览等事宜

D. 一旦落实了新的航班（车次），要及时通知下一站地接社

E. 向旅游团（者）赔礼道歉，争取旅游者的谅解

29. 因参观时有几位旅游者走失，发生了误机，导游员的下列做法中正确的是（　　）。

A. 尽快与航空公司联系，争取让旅游者乘最近班次的交通工具离开本站

B. 一旦落实了新的航班，要及时通知下一站地接社

C. 稳定旅游团的情绪，安排好旅游者在当地滞留期间的食宿、游览等事宜

D. 强调滞留期间产生的一切费用由走失的旅游者承担

E. 如实写出事故报告，查清事故的原因和责任，总结教训

30. 在旅游过程中，为了预防游客走失，地陪导游员正确的做法有（　　）。

A. 在景点游览时，应主动做好断后工作

B. 在自由活动时，提醒游客不要走得太远

C. 在游览过程中，提醒游客不要走散

D. 在景点游览前，提醒游客记住旅游车车号、特征和停车位置

E. 提醒游客记住组团社的名称和电话

31. 误机事故发生后，导游员应（　　）。

A. 立即向旅行社有关部门报告

B. 尽快与机场联系，争取让旅游团乘坐最近一次班机离开

C. 必要时，根据旅行社领导的意见乘坐其他方式的交通工具前往下一站

D. 向旅游团赔礼道歉

E. 不必通知下一站

32. 如果丢失团体签证，需要持（　　）到公安局出入境管理处报失。

A. 接待社开具的团体签证遗失证明

B．全团旅游者的护照

C．原团体签证的复印件

D．按原团体签证格式重新打印的旅游团名单

E．全团旅游者的入境卡

33．为了避免误机、误车事故，旅行社要加强管理，地陪也要（　　）。

A．加强责任心，切实做到四核实

B．与旅行社各方紧密联系做好送站工作

C．保证按规定的时间到达机场、车站或码头

D．离站当天禁止游客外出

E．时间安排留有余地

34．因导游自身原因造成旅游团漏接后，导游应采取的补救措施有（　　）。

A．尽量满足游客的要求　　B．给游客一定的物质补偿

C．提供更优质的讲解　　D．诚恳地赔礼道歉，求得游客谅解

E．请接待社领导出面赔礼道歉

35．游客住店时告知导游钱包不见了，导游应（　　）。

A．向游客了解钱包的形状、特征、价值

B．如经游客确认在酒店无法找到时，应帮助其回忆是否携带出门或放到其他地方

C．经确认钱包被盗，导游应立即向公安部门或保险公司报案

D．协助有关人员查清线索，力争破案

E．及时向旅行社报告

36．某旅游团住店期间，有一位境外客人告知导游员房间内物品被盗。这时导游员正确的处理方法是（　　）。

A．帮助寻找

B．保护现场

C．告诫客人注意财物安全，并提出善意批评

D．请领队一起帮忙寻找

E．报告酒店保安部门，并向辖区治安部门报案

37．某旅行团在A市进行两天的游览之后，将于当天中午12点乘机离开A市开往B市。导游员小刘为了让客人对本地有更多的了解，主动提出让客人上午再参观一处民俗园。客人们对小刘的建议非常赞同，兴高采烈地前往参观。两小时后客人们登上旅游车离开民俗园前往机场。在去机场的途中旅游车多次遭遇红灯和堵车，最后造成误机事件。请问小刘从中应汲取的教训是（　　）。

A．团队要乘机离开本地时，要留有充足的时间去机场，要考虑到交通堵塞或突发事件等因素

B. 小刘应带领团队提前出发前往机场（车站、码头），至少提前一个小时抵达机场

C. 当事故发生后，小刘应主动与旅行社取得联系，请求帮助协调

D. 当事故发生前，应该主动与机场取得联系，说明情况请求帮助

E. 小刘应先让客人留在车上，自己设法前往机场办理登记手续

38. 中国公民出境旅游时丢失护照、签证，需要做的工作有（　　）。

A. 由国内组团社出具证明

B. 持遗失证明到当地警察机构报案

C. 由当地接待社开具遗失证明

D. 到我国驻该国使、领馆领取中华人民共和国旅行证

E. 回国后，可凭旅行证和境外警方的报失证明，申请补发新护照

39. 一旅游团因特殊原因在某市多逗留了半天时间，这种情况下，全陪和地陪应（　　）。

A. 调整活动日程

B. 报告组团社

C. 通知下一站接待社

D. 互相商量妥善解决，尽量不惊动旅行社

E. 安排游客自由活动

40. 游览景点时，有一旅游者走失，下列情形中，正确的是（　　）。

A. 地陪停止游览活动，迅速带领全团旅游者分头寻找

B. 全陪与领队分头寻找，地陪带领其他旅游者继续旅游

C. 委托景点工作人员寻找，地陪继续带领全团旅游者旅游

D. 寻找未果，地陪向旅行社及时报告并请求帮助，必要时请示领导，向公安部门报案

E. 地陪与饭店前台、楼层服务台联系，请求注意该旅游者是否回到饭店

41. 为防止旅游团误机事故的发生，地陪导游应该（　　）。

A. 提前做好旅游团离站交通票据的落实工作，并核对日期、班次、时间、出发机场、目的地

B. 如交通票据没落实，带团期间要随时与旅行社有关部门联系，了解班次有无变化

C. 送团前，不安排旅游团到范围广、地域复杂的景点参观游览

D. 结合实际情况安排充裕的时间去机场，保证旅游团按规定提前到达离站地点

E. 送团前，可以安排旅游团到热闹的地方购物或自由活动

42. 地陪接待计划中旅游行程与全陪手中的行程不一致时，地陪正确的解决办法是（　　）。

A．与旅游者商量，按照多数旅游者的意愿决定最终行程
B．与旅行社联系，告知情况，请求核实
C．以全陪手中的行程为准，因为全陪手中的行程已经得到了旅游者的认同
D．征求旅行社意见后，做出调整
E．按原计划执行

43．若有个别旅游者恶意攻击、污蔑我国的政策，导游员要严正驳斥。驳斥时要（　　）。
A．理直气壮　　B．求同存异
C．观点鲜明　　D．委婉迂回
E．理明则让

44．为预防旅游者走失，导游人员可采取的措施有（　　）。
A．讲清旅游团每一天的活动安排
B．多做提醒工作
C．参观游览活动中每次转移时都要清点人数
D．地陪、全陪和领队要密切配合
E．在景点中不能让旅游者单独活动

45．由于交通部门的原因，原定班次或车次变更而导致漏接，旅游者对导游人员抱怨、发火，导游人员应（　　）。
A．向旅游者耐心细致地解释，以防引起误解
B．与旅游者辩解，澄清责任
C．尽量采取弥补措施，努力完成接待计划
D．设身处地为旅游者着想，尽快消除旅游者的不满情绪
E．不予理睬

46．为预防旅游者患病，导游人员应该（　　）。
A．了解旅游团成员的健康情况
B．适当减少游览项目及时间
C．安排游览路线时留有余地
D．做好天气预报和行程预报工作
E．晚间活动不宜安排过多、时间过长

47．导游人员应劝阻旅游者进行的活动是（　　）。
A．在计划景点游览活动　　B．旅游团快离开时去看望朋友
C．晚饭后去看夜景　　D．在天然水域游泳
E．生病去看医生

48．地陪小黄在少林寺陪同一欧洲旅游团参观游览。导游讲解结束后，小黄让客人自由活动，约定30分钟后在少林寺山门前集合，但是小黄突然发现该团的一

位游客在山门口拿出许多宗教宣传品准备向现场的群众分发，此时小黄应该采取的措施是（　　）。

A．尊重旅游者帮助其分发

B．告知需要与少林寺商量

C．上前劝阻

D．告知未经我国宗教团体允许，不得擅自在我国境内进行上述活动

E．对不听劝告并有破坏活动的应立即报告

第三节　其他应变技能

一、判断题

1．在山区旅游遭遇泥石流时，导游员应当引导游客朝着泥石流流向垂直的方向逃生。（　　）

2．当游客发生溺水的时候，导游如果熟悉水性，应尽可能迅速游到溺水者附近，对筋疲力尽的溺水者可从背后接近，用一只手从背后抱住溺水者的头颈，另外一只手抓住溺水者的手臂游向岸处。（　　）

3．当见到消防队来灭火时，可以摇动色彩鲜艳的衣物为信号，争取救援。（　　）

4．旅游车行驶在蜿蜒崎岖的道路上，有一人拦路要求坐顺风车，导游经得司机和部分客人同意后，随即叫这个人上车。（　　）

5．财物特别是贵重物品被盗是治安事故，导游人员须立即向公安部门和保险公司报案，协助有关人员查清线索，力争破案，找回被窃物品，挽回不良影响。（　　）

6．食物中毒多由不洁饮食引起，起病虽然急，但症状轻，没有生命危险。（　　）

7．发生火灾时，导游应提醒旅游者不要乘坐电梯，要从安全通道撤离。（　　）

8．重伤的游客需做手术．要求亲属签字，如亲属不在医院，导游可以代签。（　　）

9．饭店失火，游客应尽快疏散。人很多时，疏散途中即使掉了贵重物品，旅客也不要弯腰拣拾。（　　）

10．游览期间，突发意外，有人受伤，现场无其他游客时，导游人员应向周围大声呼救，或设法联系有关部门，但不能单独留下伤者无人照管。（　　）

11．作为导游应该每天收听天气预报，当听到气象台出发的红色预警——3 小时内降雨量将要达到 80 毫米以上，或者已经达到 80 毫米以上，且降雨可能持续，导游应对山区，河湖或低洼地区的游览采取相应措施。（　　）

12．如果发现潮汐突然反常涨落，海平面显著下降或者有巨浪来袭，这是海啸发生的现象，而地震是海啸发生的最早信号。（　　）

13．在预料到洪水或海啸到来前，导游人员要带领全体旅游者马上离开当地，最简单的方法就是让大家努力往高处撤退。（　　）
14．出现地震情况时，若游客都在室内，导游人员应让游客尽量躲在大的空间内，如酒店大堂。（　　）
15．雷雨时，导游员要让游客远离大树才较安全。（　　）
16．在住店期间发生地震，可进电梯迅速逃离，不在楼道躲避。（　　）
17．旅游者投诉的心理通常主要有三种，即求尊重、求发泄和求补偿。（　　）
18．对于游客的投诉，导游员一定要设身处地的从旅游者的角度着想，满足他们提出的要求。（　　）
19．用餐时，若发现食物、饮料不卫生，或有异味变质的情况，导游人员首先应向旅行社汇报。（　　）

二、单选题

1．旅游团长途旅行时，为了预防交通事故，导游员正确的做法是（　　）。
A．提醒司机注意安全，必要时替换司机开车
B．安排日程时，在时间上留有余地，不催促司机开快车
C．与司机聊天，防止司机疲劳、打瞌睡
D．在道路不安全的情况下，建议司机快速驶过

2．假如发生交通事故，导游人员应首先（　　）。
A．组织现场人员迅速抢救受伤的游客
B．立即报案
C．保护好现场
D．迅速向接待社汇报

3．发生交通事故，游客受重伤，导游人员应立即拨打（　　），组织抢救。
A．110　　B．120
C．122　　D．119

4．导游人员在陪同旅游团（者）参观游览的过程中，遇到治安事件的发生，下列做法不正确的是（　　）。
A．立即报警　　B．全力保护游客
C．迅速抢救　　D．避到安全的地方方便报警

5．旅游团在入住酒店后遇到火灾事故，导游人员正确的做法是（　　）。
A．用手捂住口鼻快速跑离浓烟滚滚的火灾现场
B．若身上着火，可就地打滚，或用厚重的衣物压灭火苗
C．带领游客乘电梯以最快速度离开火灾现场
D．迅速报警，在原地等待消防人员救援

6．旅游者集体中毒，接待旅行社和治疗单位必须及时报告（　　）。

A．当地旅游质量监督所　　B．当地卫生局
C．中毒者家属　　D．组团旅行社

7．在旅行过程中遇到歹徒抢劫游客事件时，导游员首先应该（　　）。
A．保护游客安全　　B．保护现场
C．挺身而出与歹徒搏斗　　D．安抚游客情绪

8．交通事故报警电话为（　　）。
A．110　　B．120
C．122　　D．112

9．下列事故中属于治安事故的是（　　）。
A．盗窃　　B．火灾
C．食物中毒　　D．旅游者意外受伤

10．下列关于游客食物中毒预防和处理的说法中，正确的是（　　）。
A．若发现食物、饮料不卫生或变质，应立即报告旅行社
B．提醒游客若购买小摊上的食品，应先确认其是否变质
C．让患者停止进食、饮水，设法催吐，以防止病情加剧
D．立即将患者送医院进行抢救，并请医生开具诊断证明

11．当游客中有一定比例出现腹痛、腹泻时，应视为食物中毒，导游员除参与救护外，还应通知医院（　　）。
A．做好后期护理工作
B．查找病因，以便索赔
C．让游客留院观察一天以上，防止复发
D．组织专家会诊，防止误诊

12．下列旅游事故不属于旅游安全事故的是（　　）。
A．旅游车发生交通事故　　B．坏人抢劫游客财物
C．游客食物中毒　　D．航班因天气原因取消

13．遇到旅游车司机要酒后驾车，导游应该（　　）。
A．立刻制止，并报告旅行社请求调换司机
B．提醒司机开慢点，注意安全
C．请司机暂时休息，由导游开车
D．为司机准备醒酒茶或醒酒药物，请司机服用后继续开车

14．发生交通事故出现伤亡时，导游员应立即组织现场人员迅速抢救受伤的旅游者，特别是抢救（　　）。
A．重伤员　　B．身份显赫的人
C．和导游员关系好的人　　D．所有游客

15．旅游团在旅游期间遇到交通事故，游客受重伤，导游人员应首先（　　）。

A．组织抢救　　B．安定旅游者

C．处理善后事宜　　D．保护旅游者

16．发生地震时，下列求生和救援方法正确的是（　　）。

A．逃离建筑物或可能有重物压下来的地方

B．被困在建筑物中，可以组织旅游者躲在窗户附近

C．正处在行驶的车里，应立刻停车，让旅游者下车

D．地震停止后，导游人员要组织人手将伤者搬至平坦、开阔的地方，方便救治

17．导游员在带团游览期间应该随时关注天气预报，若气象台发出的暴雨橙色预警，指的是（　　）。

A．6小时内降雨量将达到50毫米以上，或已达50毫米以上且降雨可能持续

B．3小时内降雨量将达到100毫米以上，或已达100毫米以上且降雨可能持续

C．3小时内降雨量将达到50毫米以上，或已达50毫米以上且降雨可能持续

D．6小时内降雨量将达到100毫米以上，或已达100毫米以上且降雨可能持续

18．以下关于旅游活动中溺水事故预防的说法中，不正确的是（　　）。

A．在旅游活动中，导游员要提醒旅游者不要单独去偏僻或水情不明的地方游泳

B．旅游团集体游泳时导游员应提醒旅游者在下水前要做好准备活动，以防抽筋

C．导游员要提醒身体过度疲劳、过饱过饿的旅游者下水游泳时要特别注意安全问题

D．组织水上漂流活动时，应安排旅游者穿好救生衣，安放好随身携带物品

三、多选题

1．交通事故发生以后，作为导游人员应该立即组织抢救，在抢救过程中，应该遵循（　　）原则。

A．先救人后救物

B．先抢救容易脱险的，后抢救脱险困难的

C．先救命后救伤

D．先救司陪人员后救游客

E．先抢救重伤者后抢救轻伤者

2．导游在带团中遇到泥石流发生时应采取的紧急措施有（　　）。

A．跑在泥石流前面　　B．永远向人多的地方跑

C．躲进旁边建筑物　　D．跑得越快越好

E．带领旅游团向山坡上坚固的高处跑

3．当游客发生溺水的时候，作为导游人员（　　）是正确的。

A．如果熟悉水性，脱去衣裤，迅速游到溺水者附近施救

B．如果不熟悉水性，应设法将木板、救生圈、长杆等投入水中

C．被救上岸后，使用人工方法对溺水者进行救治，直到医务人员到来

D．被救上岸后，应迅速送往医院，不要耽误治疗时间

E．对于意识丧失的溺水者，应让溺水者趴在施救者屈膝的大腿上，按压其背部，促使呼吸道和胃里的水排出。

4．在旅游过程中突遇地震，导游员的正确做法有（　　）。

A．若在室外遇地震，应带领游客尽量避开狭窄街道和高大建筑物

B．若在海边遇地震，应迅速组织游客远离海岸，以防海啸

C．若乘车途中遇地震，应立即让司机停车，组织游客有序撤离

D．若在野外遇地震，应避开山脚、陡崖，以防滚石和滑坡

E．若入住饭店遇地震，应带领游客乘坐电梯迅速撤离

5．在室内遇到地震发生时，导游应带领游客采取的避震措施有（　　）。

A．不要逃出后又返回房中取财物

B．迅速进电梯，撤至室外

C．不在楼道躲避

D．应就地躲避，躲在桌、床等结实的家具下

E．尽量躲在窄小的空间内，如卫生间、厨房或内墙角

6．发现游客食物中毒，导游人员应（　　）。

A．稳定患者情绪　　B．让食物中毒者多喝水以加速排泄

C．立即将患者送医院抢救　　D．记录医生的诊断过程

E．写出事故报告

7．为避免交通事故的发生，地陪应做到（　　）。

A．不催促司机开快车

B．阻止非本车司机开车

C．提醒司机经常检查车辆

D．司机开车时多与其聊天，以避免瞌睡

E．如果天气恶劣，地陪对日程安排可适当灵活地加以调整

8．下列防止治安事故的措施中，正确的有（　　）。

A．入住饭店时，导游人员应建议游客将贵重财物存入饭店保险柜

B．提醒游客不要将自己的房号随便告诉陌生人

C．在旅游景点活动中，导游人员要始终和游客在一起

D．离开游览车时，导游人员都要提醒游客不要将证件或贵重物品遗留在车内

E．汽车行驶途中，遇司机的熟人也不能停车让其上车

9．入住宾馆后，为了预防火灾事故的发生，导游人员应（　　）。

A．给予游客必要的防火提醒

B．熟悉饭店安全通道并向游客详细介绍

C．牢记饭店前台电话号码

D．掌握游客房间号

E．牢记火警电话 119

10．食物中毒的特点有（　　）。

A．潜伏期长　　B．表现为急性胃肠炎

C．潜伏期短　　D．发病快

E．必定集体发病

11．一旦发现旅游者疑为细菌性食物中毒，导游应该（　　）。

A．立即让游客禁食，同时协助患者反复催吐

B．若旅游者集体中毒，报告卫生防疫部门、接待社和旅游行政管理部门

C．封存患者所食用的食物和呕吐物，带到医院协助诊断

D．记录医生的救治过程

E．送医院救治时，要求医生开具“诊断证明”，写明中毒原因

12．为防止旅游者的财物被盗，导游应做好的预防工作有（　　）等。

A．建议旅游者将贵重物品存入饭店保险柜

B．游客下车后，导游人员要提醒司机关好车窗、锁好车门

C．在游览中和自由活动时，要提醒旅游者不要到人多杂乱和拥挤的地方

D．离开游览车时，提醒游客不要将证件或贵重物品遗留在车内

E．结束游览上车时，组织商贩上车兜售商品

13．关于游客手机被盗，下列说法正确的有（　　）。

A．该事故不属于旅游安全事故

B．该事故属于治安事故范畴

C．导游员要稳定旅游者的情绪

D．导游员应立即向当地公安部门报案

E．导游员应该写出书面报告

14．交通事故处理结束后，导游人员要写出事故报告，在报告中除了要写明事故的原因和经过外，还必须写清楚（　　）。

A．旅游车的车牌号　　B．抢救经过

C．事故责任及对责任者的处理　　D．旅游者的情绪及对处理的反应

E．人员伤亡情况和诊断结果

15．面对交通事故的发生，导游若未受重伤，应该（　　）。

A．安抚未受伤的游客　　B．向游客家属反映最真实的情况

C．组织抢救受伤者　　D．报警，拨打求救电话

E．报告旅行社

16．游览过程中，导游员发现境外游客有（　　）等行为时应立即汇报，并配合司法部门查明罪责，严肃处理。

A．窃取我国机密　　B．醉酒闹事
C．卖淫嫖娼　　D．造谣生事
E．贩毒

17．处理旅游者投诉时，作为导游应该（　　）。
A．办理及时，不要拖延
B．答复迅速
C．对游客投诉中反映的问题表示感谢
D．导游无力解决，应该上报旅行社
E．及时公布旅游者信息，投诉情况及处理结果

18．发生火灾时，导游人员引导大家自救的方法有（　　）。
A．若身上着火，可就地打滚或用厚重衣物压灭火苗
B．必须穿过浓烟时，用浸湿的衣物披裹身体，捂着口鼻，贴近地面顺墙爬行
C．大火封门无法逃出时，可用浸湿的衣物、被褥堵塞门缝或泼水降温，等待救援
D．在窗口摇动色彩鲜艳的衣物呼唤救援人员
E．要搭乘电梯尽快离开

19．旅游者的投诉心理有（　　）。
A．求尊重　　B．求补偿
C．求发泄　　D．求回报
E．报复心理

习题强化答案

第一节　游客个别要求的处理

一、判断题

1．错	2．对	3．对	4．错	5．错
6．对	7．错	8．错	9．错	10．对
11．错	12．对	13．错	14．错	15．错
16．错	17．对	18．错	19．对	20．对
21．对	22．错	23．对	24．错	25．对
26．错	27．对	28．错	29．对	30．错
31．对	32．错	33．错	34．对	35．错
36．对	37．错			

二、单选题

1．D	2．B	3．C	4．A	5．C

6．C	7．B	8．A	9．C	10．D
11．D	12．B	13．A	14．B	15．B
16．C	17．C	18．B	19．B	20．B
21．D	22．C	23．C	24．B	25．C
26．A	27．D	28．A	29．C	30．C
31．D	32．A	33．D	34．C	35．A
36．C	37．B	38．B	39．C	40．B
41．C	42．A	43．A	44．A	45．A
46．C	47．C	48．B	49．D	50．D
51．C	52．B	53．A		

三、多选题

1．ABDE	2．BCDE	3．ABD	4．ABDE	5．ABCE
6．ABCE	7．ABDE	8．BCDE	9．ABCDE	10．ACDE
11．AC	12．ABCE	13．ABDE	14．ABE	15．AD
16．BD	17．ABCD	18．ABC	19．BCDE	20．ABCE
21．ABE	22．BCDE	23．ABC	24．BCD	25．BCD
26．ACE	27．ABC	28．BCDE	29．ACE	

第二节　常见问题和事故的预防与处理

一、判断题

1．对	2．对	3．错	4．错	5．对
6．对	7．错	8．对	9．错	10．对
11．错	12．对	13．错	14．错	15．错
16．错	17．错	18．错	19．错	20．错
21．对	22．对	23．错	24．错	25 错

二、单选题

1．C	2．B	3．C	4．B	5．D
6．B	7．D	8．B	9．B	10．A
11．D	12．B	13．D	14．C	15．B
16．C	17．B	18．C	19．A	20．D
21．C	22．C	23．C	24．D	25．C
26．D	27．C	28．D	29．C	30．B
31．D	32．A	33．D	34．D	35．D
36．B	37．B	38．C	39．A	40．A
41．B	42．D	43．B	44．D	45．A

46．D	47．C	48．C	49．A	50．D
51．A	52．B	53．A		

三、多选题

1．ACD	2．ABDE	3．ABCDE	4．ACDE	5．ABC
6．ABE	7．ACDE	8．AC	9．ACDE	10．ACDE
11．ACD	12．ACD	13．ABCD	14．ABCD	15．ABD
16．BCDE	17．ABC	18．ABCD	19．ABCE	20．ABCDE
21．ACDE	22．ABDE	23．ABDE	24．BD	25．ABD
26．ACD	27．ACD	28．ACDE	29．ABCE	30．BCD
31．ABCD	32．ABCD	33．ABCE	34．BCDE	35．ABCDE
36．BE	37．ACD	38．BCDE	39．ABC	40．BDE
41．ABCD	42．BD	43．AC	44．ABCD	45．ACD
46．ACDE	47．BD	48．CDE		

第三节　其他应变技能

一、判断题

1．对	2．错	3．对	4．错	5．对
6．错	7．对	8．错	9．对	10．对
11．错	12．对	13．对	14．错	15．对
16．错	17．对	18．错	19 错	

二、单选题

1．B	2．A	3．B	4．D	5．B
6．B	7．A	8．C	9．A	10．D
11．B	12．D	13．A	14．A	15．A
16．A	17．C	18．C		

三、多选题

1．ACE	2．DE	3．ABC	4．ABD	5．ACDE
6．ABCE	7．ABCE	8．ABCDE	9．ABDE	10．BCD
11．ABCE	12．ABCD	13．BCDE	14．BCDE	15．ACDE
16．ACE	17．ABCD	18．ABCD	19．ABC	

蜗牛导考

第五编

相关知识篇

第九章 出入境知识

真题解读

- 【2018 年真题·判断】来自疫区的游客入境时需向卫生检疫机关出示有效的《国际预防接种证书》。（　）

  【答案】对

  【解析】来自疫区的旅客必须出示有效的“国际预防接种证书”（俗称“黄皮书”）。对于无证者，卫生检疫机关将从他（她）离开感染环境时算起，实施6日的就地诊验或留验。

  【点评】送分题，这种类型的表述自然不会错。

- 【2018 年真题·单选】广东某旅行社接待香港居民进入内地旅游，则该经营活动属于旅行社的（　）业务。

  A. 境内旅游　　B. 出境旅游

  C. 边境旅游　　D. 入境旅游

  【答案】D

  【解析】入境旅游业务是指旅行社招徕、组织、接待外国旅游者来我国旅游，香港特别行政区、澳门特别行政区旅游者来内地旅游，台湾地区居民来大陆旅游的业务。

  【点评】简单难度，平时训练的重点内容，考查基本的知识识记。

- 【2018 年真题·单选】旅游者出境后非法前往其他国家被遣返的，出入境边防检查机关应当收缴其出境入境证件，证件签发机关自其被遣返之日起（　）以内不予签发出境入境证件。

  A. 6个月至3年　　B. 3年至5年

  C. 3个月至6个月　　D. 1个月至3个月

  【答案】A

  【解析】根据《出境入境管理法》规定：中国公民出境后非法前往其他国家或者地区被遣返的，出入境边防检查机关应当收缴其出境入境证件，出境入境证件签发机关自其被遣返之日起6个月至3年以内不予签发出境入境证件。

  【点评】中等难度，考查基本的知识识记。

- 【2018 年真题·单选】游客过海关时，如未携带需要向海关申报的物品，可选择（　　）通关。

A．蓝色通道　　B．绿色通道

C．黄色通道　　D．红色通道

【答案】B

【解析】携带无须向海关申报物品的游客和持有外交签证或礼遇签证的人员，可选择“绿色通道”通关，但需向海关出示本人证件和按规定填写申报单据。

【点评】简单难度，平时训练的重点内容，考查基本的知识识记。

● 【2018 年真题 · 多选】根据中国海关的规定，禁止游客携带或托运入境的物品有（　　）。

A．仿真武器　　B．印刷品

C．新鲜水果　　D．假币

E．易成瘾的麻醉品

【答案】ACDE

【解析】B 项，必须是对中国政治、经济、文化、道德有害的印刷品。C 项，因新鲜水果可能属于“有碍人畜健康的、来自疫区的以及其他能传播疾病的食品”而禁止入境。

【点评】难度较大，考查较细。根据日常经验可知，新鲜水果也是不能入境的。

习题强化

一、判断题

1. ADS 签证仅限于在被批准的旅游目的地国家一地旅行，既不可以转签，也不可以延期，持此种签证的人必须团进团出。（　　）
2. 台湾居民前往大陆时，仍需持“中华民国”护照出关，至大陆边检时，再以台胞证入境。（　　）
3. 持联程客票搭乘国际航班直接过境，在中国停留一般不超过 72 小时不出机场的外国人，免办签证。（　　）
4. 我国规定，患有精神病和麻风病、抑郁症等病的外国人不准入境。（　　）
5. 中国游客出境旅游办理的旅游签证属于普通签证。（　　）
6. 中国海关规定，入境旅客携带金、银及其制品超过 100 克应向海关申报。（　　）
7. 某国外游客在北京的琉璃厂淘到一幅古字画，导游人员应协助其将字画打包至游客所带行李，方便托运出境。（　　）
8. 入境的人员、交通工具、运输设备以及可能传播检疫传染病的行李、货物、邮包等物品，都应当接受检疫，经国家卫生检疫机关许可，方准入境。（　　）

9. 卫生检疫是对出入境旅客进行的传染病检查。（　　）

10. 在中国，外交、公务护照由外事部门颁发，普通护照由旅游部门颁发。中华人民共和国护照的有效期一般为5年。（　　）

11. 携带我国出土文物出境的游客须向海关递交中国文化和旅游部的鉴定证明，否则不准携带出境。（　　）

12. 电子护照的芯片中存储有持照人的个人基本资料以及面部肖像、指纹信息等。（　　）

13. 台湾地区同胞来北京旅游，其有效的身份证件丢失，经过办理相关手续，北京市公安局出入境管理处为其办理一次有效的出境证明。（　　）

14. 一位华侨携带一个月前携入的文物出境须向海关出示入境时在海关办理的相关证明。（　　）

15. 旅客携文物入境，如需复带出境，须向海关详细报明。（　　）

16. 我国海关规定，当天往返港澳地区的游客，可携带免税香烟限量为200支。（　　）

17. 对来自传染病疫区的外国人，若无预防接种证书，国境卫生检疫机关将从他离开的感染环境时算起实施6日留验。（　　）

18. 签证的有效期限都是统一的。（　　）

二、单选题

1. 游客携带中药材、中成药出境，前往国外的，总值限人民币（　　）元。

A. 150　　B. 300

C. 500　　D. 800

2. 寄往国外的中药材、中成药，总值限人民币（　　）元。

A. 200　　B. 500

C. 800　　D. 1000

3. 下列游客入境可以携带免税12度以上，酒2瓶（不超过1.5升）的是（　　）。

A. 一名18岁的法国游客　　B. 一名15岁的英国游客

C. 一名20岁的香港游客　　D. 一名16岁的澳门游客

4. 70岁的澳大利亚老人来我国旅游，他可以携带免税香烟（　　）支。

A. 100　　B. 200

C. 300　　D. 400

5. 一名英国成年人游客，入境时免税携带的雪茄数量是（　　）支。

A. 100　　B. 150

C. 200　　D. 400

6. 非居民游客携带旅行自用物品单价超过（　　）元人民币的物品，需向海关如实申报，并办理有关手续。

A．1000　　B．3000

C．4000　　D．5000

7．携带或托运出境在中国境内购买的金、银及其制品（包括镶嵌饰品、器皿等新工艺品），海关验凭中国人民银行制发的（　　）放行。

A．检验单　　B．申报单

C．火漆印　　D．特种发货票

8．游客入境时携带（　　）美元或等值其他外币进境并需复带出境的，须向海关如实申报。

A．1000　　B．2000

C．3000　　D．5000

9．一般文物是指（　　）年以后的、可以在文物商店出售的文物。

A．1572　　B．1692

C．1736　　D．1795

10．游客携带出境的文物（含已故现代著名书画家的作品），需经中国（　　）鉴定。

A．文化行政管理部门　　B．海关管理部门

C．口岸检查部门　　D．质量检查部门

11．对在境内商店购买的文物，海关凭主管部门加盖的鉴定标志和（　　）或开具的许可出口证明查验放行。

A．文物古籍申报单　　B．文物古籍鉴定单

C．文物古籍海关放行单　　D．文物外销发货票

12．我国驻外使、领馆工作人员应持有的护照是（　　）。

A．外交护照　　B．公务护照

C．普通护照　　D．旅游护照

13．中国的公务护照是由（　　）部门颁发。

A．外事　　B．后勤

C．公安　　D．司法

14．一名未满 18 周岁的澳门学生，在大陆旅游使用的有效证件是（　　）。

A．台湾居民来往大陆通行证　　B．港澳居民来往内地通行证

C．港澳居民身份证　　D．中华人民共和国居民身份证

15．未满 18 周岁的港澳同胞，其《港澳居民来往内地通行证》的有效期为（　　）。

A．3 年　　B．5 年

C．8 年　　D．10 年

16．中国的 L 字签证属于（　　）。

A．外交签证　　　　B．礼遇签证
C．普通签证　　　　D．公务签证

17．我国发给旅游团团体签证人数要在（　　）人及以上。
A．3　　　　B．5
C．7　　　　D．10

18．自（　　）年 9 月 21 日起，在大陆的台湾居民可向县级以上公安机关出入境管理部门申请补发、换发 5 年有效电子台胞证。
A．2009　　　　B．2011
C．2013　　　　D．2015

19．一个 15 人的英国旅游团来华旅游，办理的团体签证是一式（　　）份。
A．2　　　　B．3
C．4　　　　D．5

20．目前台湾居民来往大陆通行证分为（　　）年有效和 3 个月一次有效两种。
A．1　　　　B．3
C．5　　　　D．10

21．持有外交签证或礼遇签证的人员，可选择（　　）通关。
A．红色通道　　　　B．黄色通道
C．绿色通道　　　　D．白色通道

22．为了保卫国家的主权和安全，国家要对出入国境的人员进行（　　）。
A．边防检查　　　　B．安全检查
C．登机检查　　　　D．卫生检疫

23．下列城市中，没有列入最早设立口岸签证机关的是（　　）。
A．天津　　　　B．大连
C．武汉　　　　D．福州

24．我国政府规定即使是外交人员和政府官员在出入境时都必须经过（　　）。
A．卫生检疫　　　　B．安全检查
C．边防检查　　　　D．海关检查

25．如果境外旅游者打算购买出境时要进行检查的物品，地陪应告知我国（　　）的有关规定。
A．海关　　　　B．银行
C．边防　　　　D．商检

26．（　　）是一国主管机关发给本国公民出国或在国外居留的证件，证明其国籍和身份。
A．居民身份证　　　　B．护照
C．签证　　　　D．居住证

27. 寄往港澳地区的中草药材、中成药，总价值限人民币（　　）。

A. 100 元　　B. 150 元

C. 200 元　　D. 300 元

28. 一旅客携带总价值 200 元人民币的麝香欲前往香港地区，按照海关相关规定，下列做法正确的是（　　）。

A. 不准出境　　B. 凭发票放行

C. 无需审查，准其出境　　D. 只准托运

29. 我国海关规定，境外旅游者购买中成药，前往港、澳地区的，总值限人民币（　　）。

A. 300 元　　B. 200 元

C. 150 元　　D. 100 元

30. 参加出境游的中国游客所持有的普通护照是由（　　）部门签发的。

A. 外交　　B. 公安

C. 司法　　D. 目的地国家的驻华使、领馆

31. 发给负有特殊外交使命的人员的护照为（　　）。

A. 普通护照　　B. 公务护照

C. 特种护照　　D. 外交护照

32. 不明海关规定或不知如何选择通道的旅客，应选择（　　）。

A. 红色通道　　B. 绿色通道

C. 免税通道　　D. 特别通道

33. 出境人员携带不超过等值（　　）美元的外币现钞出境的，不需申领《携带外汇出境许可证》。

A. 5000　　B. 8000

C. 10000　　D. 20000

34. 中国内地居民进入香港地区，须在边防检查站交验的有效证件是（　　）。

A. 中华人民共和国居民身份证　　B. 中华人民共和国边境通行证

C. 中华人民共和国入出境通行证　　D. 内地居民来往港澳通行证

35. 来往港澳地区的旅客，可携带免税 12 度以上酒精饮料限量为（　　）。

A. 1 瓶（不超过 0．75 升）　　B. 2 瓶（不超过 0．75 升）

C. 不准免税带进　　D. 4 瓶

36. 外国人到达北京机场，就地办理的入境签证称之为（　　）。

A. 口岸签证　　B. 临时签证

C. 旅游签证　　D. 礼遇签证

37. 台湾地区的李先生前来北京旅游，在入境口岸边检站须出示的有效证件是（　　）。

A．台湾居民国内旅游证　　B．台湾居民来往大陆通行证
C．台湾居民来往大陆旅游证　　D．台湾居民来往内地通行证

38．下列关于我国海关对入出境旅客所携烟酒规定的说法中，正确的是（　　）。
A．外国旅客可免税携带雪茄 200 支
B．港、澳旅客可免税携带香烟 400 支
C．不满 16 周岁的旅客，禁止携带烟酒
D．当天往返港、澳地区的旅客可携带免税酒 1 瓶

39．16 周岁以上的成年人普通护照有效期为（　　）。
A．5 年　　B．6 年
C．10 年　　D．12 年

40．在出境时，领队提醒旅游者出示“黄皮书”，主要是用于（　　）。
A．办理海关申报　　B．卫生检疫
C．托运行李过安检　　D．候机，登机

41．自（　　）年 5 月 15 日起，公安机关统一签发电子普通护照，在传统本式普通护照中嵌入电子芯片，芯片中存储执照人的个人基本资料、面相、指纹等特征。
A．2006　　B．2008
C．2010　　D．2012

42．下列关于签证的表述中，正确的是（　　）。
A．华侨回国探亲、旅游必须办理签证
B．我国旅游签证属于普通签证，仅用于发给来中国旅游的人员
C．签证上规定了持证者在前往国停留的起止时间
D．5 人以上的旅游团队可发给团体签证

43．来自传染病疫区的人员须出示有效的有关疾病的预防接种证书，俗称（　　）。
A．绿皮书　　B．白皮书
C．黄皮书　　D．红皮书

44．下列关于我国海关的规定的说法中，正确的是（　　）。
A．禁止携带涉及国家机密的手稿、照片出境
B．禁止携带印刷品及录音（像）带入境
C．游客携带的人民币不得超过 30000 元
D．游客携带 5000 美元入境时，无需向海关申报

45．中国旅游者出境必须向我国边防检查站交验有效护照和前往国家的（　　），赴港澳地区应提交（　　）。
A．委托书；港澳通行证　　B．签证；港澳通行证
C．签证；特区通行证　　D．委托书；特区通行证

46. 游客买了地毯、玉器等贵重物品，要求在发票上少写货款，以求回国时少交关税。对此类要求，导游员应（　　）。

A. 满足其要求　　B. 予以婉拒，并解释有关规定

C. 请示旅行社领导　　D. 立即扭送公安机关

三、多选题

1. 游客在海外购买的物品中，必须向海关申报和交验的有（　　）。

A. 录音带　　B. 录像带

C. 木质旅游纪念品　　D. 刊物

E. VCD 光盘

2. 中国政府禁止出境的文物类别是（　　）。

A. 一级文物　　B. 二级文物

C. 三级文物　　D. 四级文物

E. 五级文物

3. 下列中药材、中成药中，不准出境的是（　　）。

A. 麝香　　B. 藏红花

C. 灵芝　　D. 虎骨

E. 犀牛角

4. 下列物品中，禁止出境的是（　　）。

A. 涉及国家秘密的手稿　　B. 珍贵文物

C. 濒危的和珍贵的动物　　D. 印刷品

E. 濒危的和珍贵的植物标本

5. 我国的海关通道分为（　　）。

A. 红色通道　　B. 黄色通道

C. 绿色通道　　D. 白色通道

E. 蓝色通道

6. 边防检查的内容包括（　　）。

A. 护照检查　　B. 签证检查

C. 交通运输工具检查　　D. 交通票据

E. 行李物品检查

7. 安全检查的内容主要是检查旅客及其行李物品中是否携带（　　）等危险物品。

A. 枪支　　B. 易爆

C. 有毒放射性　　D. 液体

E. 腐蚀

8. 安全检查的环节主要有（　　）。

A. 托运行李物品检查　　B. 手提行李物品检查

C．出入境登记卡检查　　D．旅客证件检查

E．旅客身体检查

9．内地因私前往港、澳地区探亲和旅游的游客可以免税携带烟草制品的限量是（　　）。

A．香烟 200 支或雪茄 50 支　　B．香烟 200 支或烟丝 250 克

C．香烟 200 支和雪茄 100 支　　D．香烟 200 支和烟丝 200 克

E．香烟 400 支

10．当天往返或短期内多次来往港、澳地区的游客。免税烟草制品限量是（　　）。

A．香烟 40 支或雪茄 5 支　　B．香烟 40 支或烟丝 40 克

C．香烟 40 支和雪茄 10 支　　D．香烟 40 支和烟丝 20 克

E．香烟 200 支

11．来华旅游团的团体签证一式三份，其中（　　）。

A．签发机关留一份　　B．一份供入境使用

C．一份供出境使用　　D．一份供国内使用

E．一份供途中使用

12．目前台湾居民在（　　）均可申领台湾居民来往大陆通行证。

A．台湾　　B．香港

C．澳门　　D．美国

E．大陆

13．中国口岸边防检查站主要由（　　）组成。

A．安检　　B．武警

C．海关　　D．卫生检疫

E．公安

14．外交护照发给的对象是（　　）。

A．驻外使、使馆工作人员　　B．政府高级官员

C．国会议员　　D．政府代表团成员

E．外交和领事官员

15．签证是一国主管机关在外国公民所持的（　　）上签注、盖印，表示准其出入本国国境或者过境的手续。

A．护照　　B．通行证

C．回乡证　　D．出入境名单表

E．其他旅行证

16．护照是一国主管机关发给本国公民出国或在国外居留的证件，证明其国籍和身份。护照一般分为（　　）。

A．免检护照　　B．普通护照

C．公务护照　　D．外交护照
E．商务护照

17．外国游客中不准出境的几种人包括（　　）。
A．出现人员死亡的旅游团队
B．在旅途中有不当言行的人
C．刑事案件的被告人
D．公安机关、人民检察院或者法院认定的犯罪嫌疑人
E．人民法院通知有未了结民事案件不能离境的

18．我国公安部授权的口岸签证机关最早设立在（　　）。
A．上海　　B．厦门
C．西安　　D．武汉
E．桂林

习题强化答案

一、判断题

1．对	2．对	3．错	4．错	5．对
6．错	7．错	8．对	9．错	10．错
11．错	12．对	13．对	14．对	15．对
16．错	17．对	18．错		

二、单选题

1．B	2．A	3．A	4．D	5．A
6．D	7．D	8．D	9．D	10．A
11．D	12．B	13．A	14．B	15．B
16．C	17．D	18．D	19．B	20．C
21．C	22．A	23．C	24．B	25．A
26．B	27．A	28．A	29．C	30．B
31．D	32．A	33．A	34．D	35．A
36．A	37．B	38．C	39．C	40．B
41．D	42．C	43．C	44．A	45．B
46．B				

三、多选题

1．ABDE	2．ABC	3．ADE	4．ABCE	5．AC
6．ABCE	7．ABCE	8．ABDE	9．AB	10．AB
11．ABC	12．ABCE	13．CDE	14．BCDE	15．AE
16．BCD	17．CDE	18．ABCE		

第十章　交通知识

真题解读

● 【2018 年真题 · 单选】按照铁路部门的规定，在铁路售票窗口购买实名制车票时，（　　）不实行实名制。

A．学生票　　B．老年票

C．儿童票　　D．伤残军人票

【答案】C

【解析】按照铁道部门的有关规定，凡“K”字头以上等级的列车均采用实名制购票（儿童除外）和实名查验。

【点评】简单难度，实名制需要身份证，大部分儿童还没办身份证。

● 【2018 年真题 · 单选】乘坐火车时，每名成年旅客可以免费携带（　　）身高不足 1．2 米的儿童。

A．2 名　　B．3 名

C．1 名　　D．4 名

【答案】C

【解析】每一位成人旅客可以免费携带身高不够 1．2 米的儿童 **1 名**，超过的人数应买儿童票。

【点评】简单难度，考查基本的知识识记，注意如果超出需要购买儿童票。

● 【2018 年真题 · 单选】按照中国民航的相关规定，正常票价的航空客票，其有效期为（　　）。

A．一年　　B．半年

C．一年半　　D．两年

【答案】A

【解析】正常票价的客票有效期为 **1 年**，特价机票的有效期以承运人的规定为准。

【点评】中等难度，考查较细。

【2018 年真题 · 单选】年满 2 周岁不满 12 周岁的儿童乘坐飞机时，需购买儿童票，儿童票的票价是成人票（　　）。

A．正常票价的 10%　　B．正常票价的 50%

C．折扣票价的 10%　　D．折扣票价的 50%

【答案】B

【解析】已满2周岁未满12周岁的儿童国内航班按成人适用的正常票价的**50%**付费，提供座位。

【点评】中等难度，考查较细。

● 【2018年真题·多选】根据中国民航的规定，不准在托运行李内夹带的物品有(　　)。

A. 液态物品　　B. 金银首饰

C. 手提电脑　　D. 人民币现金

E. 含锂电池的物品

【答案】BCDE

【解析】根据中国民航的规定，游客不得在交运的行李内夹带重要文件和资料、外交信袋、证券、**货币**、汇票、**贵重物品**、易碎易腐物品，手机、**手提电脑**、数码相机、充电宝以及**含锂电池**的其他物品。

【点评】难度较大，注意旅客可以随身携带不超过100毫升的液态物品，而题目问的是“不准在托运行李内夹带的物品”。

习题强化

一、判断题

1. 旅客在丢失车票后，及时到车站售票窗口进行了挂失补办手续，到站后，凭客运记录，新车票和购票时使用的有效身份证件原件，至退票窗口办理新车票退票手续，只需要交纳20%退票费即可。(　　)
2. 成人旅客购买卧铺车票乘车时，儿童与其共用一个卧铺，则可以免费携带一名身高不足1．2米的儿童。(　　)
3. 普通旅客乘坐动车时，可以免费携带的杆状物品的长度不能超过160厘米。(　　)
4. 乘坐沿海和长江客轮，游客可携带的免费行李为50千克。(　　)
5. 在节假日和旅游季节，铁道部门增加的郊游旅客列车，车次前冠以字母“JY”。(　　)
6. 6岁的小明和爸爸一起乘坐头等舱从北京去哈尔滨，他们的免费行李额为120千克。(　　)
7. 购买高铁车票的旅客，在发车前2小时申请退票，铁路部门按规定应收取票面价格50%退票费。(　　)
8. 按照铁路部门发布的火车票改退签规定，无论是网上订票还是窗口订票，每位旅客都只能改签2次。(　　)

9. 铁路部门对行李运输有这样的规定：持半票或免票的儿童可免费携带重量为 20 千克的行李。（　　）
10. 13 岁的小明身高 1.2 米，在乘坐火车时，应该购买全价票。（　　）
11. 车次前冠有汉语拼音字母“L”的列车为旅游列车。（　　）
12. 托运行李前，导游人员应提醒游客将证件、贵重物品放在托运行李中，以免随身携带时丢失。（　　）
13. 民航部门规定，乘坐飞机的旅客随身携带物品的总重量不得超过 10 公斤。（　　）
14. 旅客购买机票须凭本人有效身份证件，客票只限票上所列姓名的旅客本人使用，不得转让。（　　）
15. 旅客乘火车时，每位成人旅客可免费携带一名身高不足 1.2 米的儿童一名；超过一名时，超过的人数应购买成人票。（　　）
16. 能危害航空安全的菜刀、剃须刀等严禁随身携带，但是可以作为行李托运。（　　）
17. 国内机票有效期为一年，国际机票有效期为两年。（　　）
18. 旅客购买航空客票后，因种种原因要求退票，必须到机场售票处办理退票手续。（　　）
19. 持头等舱客票的旅客，每人可随身携带三件物品；持公务舱或经济舱票的旅客，每人只能携带一件物品。（　　）
20. 旅客误机后，应在原航班起飞时间的次日中午 12 时（含）以前进行误机确认。（　　）
21. 附加票是客票的补充部分，不能单独使用。（　　）
22. 不定期航班是根据临时需要在班期飞行以外增加的飞行。（　　）
23. 机票可以转让。（　　）
24. 国内航班随身携带物品的重量，每位旅客以 5 千克为限。（　　）

二、单选题

1. 车次前冠有字母“G”的列车为（　　）。

A. 城际动车组列车　　B. 特快旅客列车

C. 直达特快列车　　D. 高铁列车

2. 下列关于我国铁路客运的说法中，正确的是（　　）。

A. 团体旅客的退票，应不晚于开车之前 24 小时

B. 不足 1.2 米的儿童乘车，不论人数，均免票

C. 儿童（含免费儿童）乘车可免费携带行李 10 千克

D. 车次前冠以字母“Y”的为郊游旅客列车

3. 中国民航总局规定对旅客携带额度能量不超过（　　）w/h（瓦特 / 小时）的充

电宝，无须航空公司批准就可带上飞机。

A．100　　B．160

C．200　　D．260

4．身高为（　　）米的儿童乘火车，应购买儿童票。

A．1.0—1.1　　B．1.1—1.2

C．1.2—1.5　　D．1.6—1.8

5．团体旅客办理火车车票，改签、退票时，应不晚于开车前（　　）小时。

A．12　　B．24

C．48　　D．72

6．成人机票是指年满（　　）周岁的人应购买的机票。

A．12　　B．16

C．18　　D．20

7．航空公司规定乘客每件随身携带物品的体积均不得超过（　　）厘米。

A．$10\times20\times35$　　B．$25\times30\times50$

C．$20\times40\times55$　　D．$15\times40\times50$

8．乘坐从中国境内机场始发的国际、地区航班的游客，其携带的液体物品每件容积不超过（　　）毫升。

A．10　　B．50

C．100　　D．200

9．航空公司委托的旅游企业作为指定代理，事先向航空公司订下若干数目的机位，作为举办团体旅行之用的机票称为（　　）。

A．旅游机票　　B．经济机票

C．包机机票　　D．团体机票

10．飞机离站前12小时退票，应支付原票款（　　）的退票费。

A．5%　　B．10%

C．20%　　D．50%

11．中国东方航空公司的英文代码是（　　）。

A．CA　　B．MU

C．CZ　　D．MF

12．中国南方航空公司的英文代码是（　　）。

A．CA　　B．MU

C．CZ　　D．MF

13．中国国际航空公司的数字代码为（　　）。

A．3　　B．5

C．7　　D．9

14．全球航空运输业内最流行的合作方式“代码共享”最早产生在（　　）。

A．英国　　B．美国

C．德国　　D．西班牙

15．航班的经济舱舱位代码为（　　）。

A．G　　B．Y

C．F　　D．C

16．国内客票的头等舱舱位代码为（　　）。

A．F　　B．G

C．C　　D．Y

17．国际上（　　）年开始实行电子机票。

A．1976　　B．1998

C．2006　　D．2008

18．我国从（　　）年起停止发售纸质机票。

A．2002　　B．2004

C．2006　　D．2008

19．按照班期时刻表和规定的航线，定机型、定日期、定时刻的飞行是（　　）。

A．班期飞行　　B．季节飞行

C．临时飞行　　D．包机飞行

20．按规定航线经过经停站至终点站或直达终点站的飞行称为（　　）。

A．不定期航班　　B．直航航班

C．经停航班　　D．定期航班

21．中国国际航空的英文代码是（　　）。

A．MF　　B．CZ

C．MU　　D．CA

22．民航规定出售儿童半价票的年龄为（　　）。

A．2 周岁以下　　B．2 周岁以上，8 周岁以下

C．2 周岁以上，12 周岁以下　　D．2 周岁以上，6 周岁以下

23．身高在（　　）米的儿童乘船购买儿童票。

A．1.0—1.4　　B．1.1—1.4

C．1.2—1.4　　D．1.2—1.5

24．我国列车车次前冠以“T”字母的为（　　）。

A．特快列车　　B．直达列车

C．临时列车　　D．快速列车

25．乘坐国内航班的旅客必须提前到达机场，航班规定停止办理乘机手续的时间是飞机离站前（　　）。

A．10 分钟　　B．20 分钟

C．30 分钟　　D．40 分钟

26．K996 次是（　　）列车。

A．特快旅客　　B．普通旅客

C．临时旅客　　D．快速旅客

27．乘坐轮船的旅客可随身携带的每件行李体积不得超过（　　）立方米。

A．0.2　　B．0.3

C．0.4　　D．0.5

28．误机游客可以要求改乘后续航班，若要求改变承运人或退票须支付相当于票价（　　）的误机费。

A．5%　　B．10%

C．20%　　D．50%

29．旅游者在办理退票手续时，不正确的做法是（　　）。

A．该旅游者因堵车误机，要求退票则免收手续费

B．旅游者要求退票，票务人员应认真查验乘机人的有效证件，核对机票上的乘机人的姓名、航班、日期及票号

C．旅游者要求在飞机离站前 24 小时前退票，应收取不超过票价 10% 的退票手续费

D．旅游者要求在飞机离站后退票，应收取票价 50% 的退票手续费

30．我国铁路动车组列车车次前冠有汉语拼音字母（　　）。

A．Z　　B．T

C．D　　D．K

31．乘坐国内航班时，持成人票或儿童票的经济舱旅客，其免费行李额是（　　）。

A．20 千克　　B．30 千克

C．40 千克　　D．50 千克

32．我国铁路旅客列车，按其设备设施、运行速度和服务项目等差别分类，一站直达列车是从始发站到终点站中间不停靠的列车，车次前冠以字母（　　）。

A．T　　B．Z

C．N　　D．L

33．一张 500 元的火车票，在开车前一小时退票，应收取的退票款是（　　）元。

A．25　　B．50

C．75　　D．100

34．国内航班旅客在航班离站时间 24 小时之前申请退票，收取票价（　　）的退票手续费。

A．不超过 10%　　B．15%

C．20%　　D．30%

35．国内航线持全票、乘坐公务舱旅客的免费行李额为（　　）。

A．10公斤　　B．15公斤

C．20公斤　　D．30公斤

36．一对夫妇带2名儿童（其中一名小孩身高1米，一名小孩身高1.4米）从北京坐火车前往嘉兴旅游，他们应该买（　　）张车票。

A．2　　B．3

C．4　　D．5

37．持头等舱客票乘坐国际航线的旅客可享受免费托运行李（　　）千克。

A．40　　B．50

C．30　　D．20

38．领队小李带领旅游团出境旅游，在协助他的游客办理行李托运手续前，应告知游客民航对每位旅客的行李声明价值最高限额为人民币（　　）。

A．4000元　　B．6000元

C．8000元　　D．10000元

39．我国国内航班的编号由航空公司的（　　）组成。

A．英文代码和两个阿拉伯数字

B．两个阿拉伯数字和汉语拼音字头

C．英文代码和四个阿拉伯数字

D．汉语拼音字头和三个阿拉伯数字

40．免费乘坐火车的儿童可以携带的行李重量为（　　）。

A．20千克　　B．15千克

C．10千克　　D．0千克

41．游客袁女士携带一名八岁的儿童和两名未满两岁的婴儿乘坐国内航班，购买全价机票的价格为900元人民币，在机票没有任何折扣的情况下，她总共需支付的机票费用为人民币（　　）元。

A．1170　　B．1530

C．1890　　D．2250

42．全国所有旅客列车从（　　）年1月1日起实行车票实名制。

A．2002　　B．2004

C．2006　　D．2012

43．因业务繁忙，北京首都机场要求乘坐国际航班的旅客提前抵达机场并将停止办理登记手续的时间定在国际航班离站前（　　）。

A．15分钟　　B．30分钟

C．40分钟　　D．60分钟

44．一对 1 米高的孪生兄妹随父母乘火车软卧旅行是否需要购票（　　）。

A．免费旅行
B．购买儿童票
C．支付软卧和硬座的差价款
D．一人免费，一人购买儿童票

45．CA1501 是指北京开往上海的航班，该航班的飞机属于（　　）。

A．南方航空公司
B．海南航空公司
C．东方航空公司
D．中国国际航空公司

三、多选题

1．普通一年期机票，主要分为（　　）。

A．特别票
B．团体机票
C．头等票
D．商务票
E．经济票

2．以下（　　）旅客不得乘坐民航客机。

A．98 岁老人
B．不足 14 天的婴儿
C．孕期超过 9 个月的孕妇
D．有过严重暴力伤害案底的人
E．醉酒旅客

3．下列关于旅客乘船、退票的规定中，说法正确的是（　　）。

A．团体票应在客船规定开航时间 24 小时以前办理退票
B．因不可抗力因素、承运人或其代理人的责任造成的退票，不收退票费
C．旅客在乘船前丢失船票，应另行购票
D．上船后旅客丢失船票，如能提供足够证明，经船长批准，需要补发一张船票，但是不需要交钱
E．超过规定的退票时限，旅客不能退票

4．关于火车票遗失补办的说法中，正确的是（　　）。

A．无论是网上订票还是窗口订票，都只能改签 2 次
B．挂失补办时，失主提供购票时所使用的有效身份证件原件
C．如果购票后丢失车票，失主应不晚于票面乘车站停止检票时间前 10 分钟到车站售票窗口办理挂失补办
D．在列车上自丢失站起（不能判明时从列车始发站起）补收票价，核收手续费
E．车票遗失补办时，车站按规定核收补票的手续费

5．下列物品中，不准带入火车的有（　　）。

A．鞭炮
B．汽油
C．10 只雏鸡
D．宠物猫
E．导盲犬

6．下列有关航空交通知识的表达中，正确的是（　　）。

A．未满 2 周岁儿童按全价机票的 10% 购票

B．乘坐飞机随身携带行李重量不得超过 10 千克

C．无论是手提或托运的行李中，都禁止夹带打火机

D．在飞机起飞前 2 小时之内退票，需支付原票款 20% 的退票手续费

E．航空公司赔偿行李按照每千克 200 元的标准

7．特别机票可分为（　　）。

A．旅游机票　　B．学生机票

C．包机机票　　D．团体机票

E．优惠机票

8．我国列车一般分为（　　）。

A．国内旅客列车　　B．区域旅客列车

C．高速铁路列车　　D．卧铺旅客列车

E．国际旅客列车

9．游客可以通过（　　）等方式购买火车票。

A．本人到车站售票处购票　　B．本人到售票网点购票

C．网络订票　　D．通过他人身份证代买票

E．电话订票

10．民航运输的飞行形式主要有（　　）。

A．班期飞行　　B．直航飞行

C．经停飞行　　D．包机飞行

E．加班飞行

11．电子机票可在民航售票处或联网计算机上完成（　　）等操作。

A．议价　　B．改转签

C．作废　　D．出票

E．订座

12．火车已成为舒适、便捷、安全的旅游交通工具，我国列车车次前冠以的字母不同，所代表的旅客列车类别也不尽相同，下列字母所代表的列车类别正确的是（　　）。

A．G——高速铁路动车组　　B．D——动车组

C．Z——直达特快　　D．K——普通列车

E．T——特快列车

13．航班号 CA919 的含义是（　　）。

A．“CA”表示中国国际航空公司

B．第一位数字“9”表示中国国际航空公司的数字代码

C．第一位数字“9”表示中国国际航空公司始发站管理局数字代码

D．CA919 是指中国国际航空公司自北京飞往东京的航班

E．CA919 是指中国国际航空公司自北京飞往新加坡的航班

14．下列物品中，乘机旅客不应夹带在托运行李中的物品是（　　）。

A．有价证券　　B．易碎物品
C．贵重物品　　D．手术刀
E．外交信袋

15．飞机上无论是手提行李还是托运行李都禁止夹带（　　）。

A．打火机　　B．可聚合物质
C．80Wh 的充电宝　　D．强力磁石
E．火柴

16．国内航空客票的舱位等级主要分为（　　）。

A．头等舱　　B．中等舱
C．包位舱　　D．经济舱
E．公务舱

17．根据购买对象，机票分为（　　）。

A．成人票　　B．学生票
C．儿童票　　D．老年票
E．婴儿票

18．火车票中包括客票和附加票两部分，下列属于附加票部分的是（　　）。

A．软座票　　B．硬座票
C．空调票　　D．卧铺票
E．加快票

习题强化答案

一、判断题

1．错	2．对	3．错	4．错	5．对
6．错	7．错	8．错	9．错	10．错
11．错	12．错	13．错	14．对	15．错
16．对	17．错	18．错	19．错	20．对
21．错	22．错	23．错	24．对	

二、单选题

1．D	2．C	3．A	4．C	5．C
6．A	7．C	8．C	9．D	10．B
11．B	12．C	13．D	14．B	15．B
16．A	17．C	18．D	19．A	20．D
21．D	22．C	23．D	24．A	25．C

26．D	27．A	28．D	29．A	30．C
31．A	32．B	33．D	34．A	35．D
36．B	37．A	38．C	39．C	40．C
41．C	42．D	43．C	44．A	45．D

三、多选题

1．CDE	2．BCE	3．ABCE	4．BDE	5．ABD
6．ACD	7．ABCDE	8．AE	9．ABCE	10．ADE
11．BCDE	12．ABCE	13．ABD	14．ABCE	15．ABDE
16．ADE	17．ACE	18．CDE		

第十一章 旅行社、旅游饭店和旅游景区知识

真题解读

● 【2017 年真题 · 判断】包价旅游指的是房费、早餐费、交通集散地接送服务费、城市间交通费和旅行社手续费采用包价而其他服务由游客自选、费用现付的旅游形式。 ( )

【答案】错

【解析】小包价旅游通常是指房费与早餐、交通集散地接送服务费、城市间交通费和旅行社手续费采用包价而其他服务由游客自选、费用现付的旅游形式。游客自选的服务项目包括午、晚餐，景点游览，文娱节目观赏，风味餐品尝等。

【点评】中等难度，注意包价旅游与小包价旅游的区别。

● 【2018 年真题 · 单选】国家标准《旅游景区质量等级的划分与评定》要求 AAAAA 级旅游景区年接待海内外旅游者 60 万人次以上，其中海外旅游者（ ）人次以上。

A．3 万 B．5 万

C．8 万 D．10 万

【答案】B

【解析】年接待海内外旅游者 60 万人次以上，其中海外旅游者 **5 万**人次以上。

【点评】中等难度，考查较细。

● 【2018 年真题 · 单选】根据国家标准《旅游饭店星级的划分与评定》，四星级饭店应有至少（ ）间（套）可供出租的客房。

A．20 B．30

C．40 D．50

【答案】C

【解析】四星级饭店应有至少 **40 间（套）**可供出租的客房。

【点评】中等难度，考查较细。

● 【2018 年真题 · 单选】小包价旅游又称选择性旅游，由可选择部分和不可选择部分组成。下列选项中，属于小包价旅游可选择部分的是（ ）。

A．住房 B．早餐

C．接送服务 D．导游

【答案】D

【解析】小包价旅游由非选择部分和可选择部分组成。非选择部分包括交通集散地接送、城市间交通、住房和早餐，旅游费用由游客在旅游前预付；选择部分包括导游、风味餐、节目欣赏和参观游览等。

【点评】中等难度，考查基本的知识识记。

习题强化

一、判断题

1．我国旅游饭店分为五个星级，即一星级、二星级、三星级、四星级、五星级（含白金五星级）。最低为一星级，最高为白金五星级饭店。（　　）

2．凡在中华人民共和国境内，正式开业接待旅游者一年以上的旅游景区，均可以申请参加旅游景区质量等级评定。（　　）

3．小包价旅游的非选择部分包括交通集散地接送、城市间交通、住房和游览，其旅游费用需要游客在旅游前预付。（　　）

4．单项服务是旅行社根据游客的具体要求而提供的各种非综合性的有偿服务，其对象主要限于散客。（　　）

5．旅游服务产品的特征是实物和服务同为产品构成的主体。（　　）

6．大型饭店一般拥有 300 ～ 500 间客房。（　　）

7．饭店开业一年后可申请评定星级，经相应星级评定机构评定后，星级标识使用有效期为五年。（　　）

8．小包价旅游是可选择部分的费用可提前支付，也可现付。（　　）

9．由于小包价散客团的旅游服务包括游客自选部分，导游员接待时应向其推荐旅行社的其他方面的委托服务，如自选的景点游览、代订风味餐等。（　　）

二、单选题

1．旅行社国内旅游业务是指旅行社招徕、组织和接待（　　）在境内的旅游业务。

A．境内居民　　B．港澳游客

C．外国游客　　D．台湾游客

2．旅行社的销售业务是指旅行社通过所选择的（　　）和促销手段将其产品在市场上出售。

A．销售方式　　B．销售价格

C．销售策略　　D．销售渠道

3．旅行社为其招徕的游客或其他旅行社委托接待的游客提供的行、游、住、食、购、娱等方面的服务称为（　　）。

A．产品促销　　B．委托代办业务

C．旅游接待业务　　D．产品开发

4．游客必须随团前往和离开目的地，但在旅游目的地的活动是完全自由的，形同散客。此类旅游产品称为（　　）。

A．半包价旅游产品　　B．零包价旅游

C．散客旅游产品　　D．定制旅游产品

5．与全包价旅游相比，半包价团体旅游通常是在全包价的基础上扣除（　　）费用的一种包价形式。

A．住宿　　B．交通

C．餐食　　D．导游

6．旅行社接受游客的委托，根据游客的需求，单独设计行程、报价并提供服务的专项产品及服务属于（　　）。

A．预制旅游产品　　B．委托旅游产品

C．组合旅游产品　　D．定制旅游产品

7．团体全包价旅游一般是采取（　　）的方式，且有组织地按预定行程计划进行的旅游形式。

A．一次性预付旅费　　B．多次性预付旅费

C．边消费边付费　　D．消费后再付费

8．由10名以上游客组成，采取一次性预付旅游费用的方式，有组织地按预定行程计划进行的旅游形式称为（　　）。

A．零包价旅游　　B．小包价旅游

C．散客包价旅游　　D．团体包价旅游

9．在全包价旅游的基础上扣除行程中每日午、晚餐费用的旅游包价形式称为（　　）。

A．小包价旅游　　B．半包价旅游

C．零包价旅游　　D．组合旅游

10．产生于20世纪80年代的一种旅游产品形式是：旅游者从不同的地方分别前往旅游目的地组成团，按当地旅行社事先的安排进行旅游活动，这种旅游被称为（　　）。

A．散客旅游　　B．拼团旅游

C．组合旅游　　D．半自助旅游

11．由非选择性部分和可选择部分构成的选择性旅游称为（　　）。

A．零包价旅游　　B．小包价旅游

C．半包价旅游　　D．包价旅游

12．包价旅游团体一般是由（　　）及以上的旅游者组成。

A．8人　　B．10人

C．20 人　　D．30 人

13．对于旅行社提供的单项服务描述错误的是（　　）。

A．单项服务的对象主要针对团队客人

B．单项服务可采取当地委托、联程委托和国际委托等方式办理

C．常规的服务项目主要指导游服务、交通集散地的接送服务等

D．代客联系参观游览项目、代办签证和代办旅游保险也是单项服务内容

14．根据旅行社服务方式分类，（　　）不属于定制旅游产品。

A．中国国际旅行社推出的湖南张家界 7 日游

B．凯撒国际旅行社为华为公司奖励员工制定的瑞士滑雪 8 日游

C．北京旅游委经中国旅行社安排的旅游推荐会

D．驴友请西藏中国青年旅行社安排的攀登珠峰活动

15．关于旅游饭店和旅游景区表述正确的是（　　）。

A．旅游饭店星级实际划分为六个级别，即一星级、二星级、三星级、四星级、五星级、白金五星级

B．星级标志由长城、麦穗与五角星图案构成

C．旅游景区质量等级划分为 5 个等级，从低到高依次为 1A、2A、3A、4A、5A

D．申请质量等级的旅游景区，需要在中华人民共和国境内正式开业三年以上

16．旅游景区的等级共分为五个等级，最高等级是（　　）。

A．1A　　B．5A

C．1 星　　D．五星

17．中国第一家旅行社的创办人是（　　）。

A．陈同甫　　B．陈光标

C．陈光甫　　D．陈子昂

18．旅游产品又称旅游服务产品，其具体展示不包括（　　）。

A．旅游线路　　B．旅游交通

C．旅游活动　　D．旅游食宿

19．小包价旅游与全包价旅游的共同之处是二者都是（　　）。

A．集体活动，因而安全性相同

B．旅行社安排行程，因而行程有保障

C．由各地地陪提供服务，因而服务质量相同

D．按项目计算费用，因而项目计价相同

20．组合旅游与全包价旅游的共同之处是（　　）。

A．旅游的景点是旅行社事先确定的

B．旅游团人数的多少是旅行社事先确定的

C．旅游线路是旅行社事先确定的

D．旅游活动方式是旅行社事先确定的

21．为那些从事企业活动的旅游者提供住宿、膳食和商业活动及有关设施的旅游饭店是（　　）。

A．长住型饭店　　B．度假型饭店

C．商务型饭店　　D．会议型饭店

22．一般位于海滨、山城景色区或温泉附近的饭店是（　　）。

A．长住型饭店　　B．度假型饭店

C．商务型饭店　　D．会议型饭店

23．接待常住客人，这类饭店要求常住客人先与饭店签订一项协议书或合同，写明居住的时间和服务项目等的饭店是（　　）。

A．长住型饭店　　B．度假型饭店

C．商务型饭店　　D．会议型饭店

24．专门为各种从事商业、贸易展览会、科学讲座会的商客提供住宿、膳食和展览厅、会议厅的一种特殊型酒店是（　　）。

A．长住型饭店　　B．度假型饭店

C．商务型饭店　　D．会议型饭店

25．中型饭店一般拥有（　　）间房间。

A．100 间以下　　B．100 ～ 300 间

C．300 ～ 500 间　　D．500 间或 1000 间

26．饭店开业（　　）后可申请评定星级。

A．一年　　B．两年

C．三年　　D．五年

27．五星级饭店应有至少（　　）间（套）可供出租的客房。

A．30 间　　B．40 间

C．50 间　　D．60 间

28．四星级、五星级饭店中 70% 客房的面积（不含卫生间）应不小于（　　）平方米。

A．15　　B．20

C．25　　D．30

29．4A 级旅游景区年接待海内外旅游者 50 万人次以上，其中海外旅游者（　　）人次以上。

A．3 万　　B．8.4 万

C．5 万　　D．6 万

30．资源保护型旅游景区往往是以（　　）为依托的，景区的目标具有多重性。

A．经济价值　　B．经营垄断性

C．资源不可再生性　　D．公共资源

31．凡被降低质量等级的旅游景区，自降低等级之日起（　　）内，不予恢复原等级。

A．1 年　　B．2 年

C．3 年　　D．4 年

三、多选题

1．单项服务又称委托代办业务，其主要服务项目有（　　）。

A．导游服务　　B．代办签证

C．代理购物　　D．代订客房

E．代为托运

2．旅行社的业务按照经营范围可分为（　　）。

A．国内旅游业务　　B．入境旅游业务

C．委托代办业务　　D．出境旅游业务

E．旅游接待业务

3．下列属于旅行社出境旅游业务的是（　　）。

A．组织内地居民赴香港旅游　　B．组织内地居民赴台湾旅游

C．组织内地居民赴美国旅游　　D．组织内地居民赴澳门旅游

E．组织海外华侨来华旅游

4．旅游产品类型按照按计价形式可分为（　　）。

A．组合旅游　　B．半包价旅游

C．单项服务　　D．小包价旅游

E．团体包价旅游

5．旅游产品类型按照旅行社服务方式可分为（　　）。

A．专项旅游产品　　B．定制旅游产品

C．度假旅游产品　　D．预制旅游产品

E．半包价旅游产品

6．小包价旅游，又称选择性旅游，它由非选择部分和可选择部分组成，其中非选择部分包括（　　）。

A．住房与早餐　　B．目的地的交通接送

C．风味餐　　D．文艺节目

E．游览点

7．旅行社产品设计是指根据旅游市场的需求，结合本旅行社的业务特点、经营实力，将（　　）组合起来，设计出消费者喜爱的旅游产品。

A．旅游目的地的旅游资源　　B．各种服务

C．资金　　D．人力

E．信息

8．在小包价旅游中，（　　）服务项目的费用游客必须在旅游前预付。

A．住房　　B．早餐

C．导游服务　　D．城市间交通

E．午、晚餐

9．按照业务流程，旅行社的业务一般包含（　　）。

A．委托代办业务　　B．出境旅游业务

C．旅游接待业务　　D．境内旅游业务

E．产品促销与销售

10．在接待小包价旅游团时，地陪可向他们推荐旅行社代为订购的项目有（　　）。

A．文娱节目票　　B．饭店客房

C．机场接送　　D．地方风味餐

E．长途交通票

11．按照传统分类法，旅游饭店可分为（　　）类型。

A．商务型饭店　　B．长住型饭店

C．度假型饭店　　D．会议型饭店

E．连锁型饭店

12．根据饭店的规模分类有（　　）。

A．家庭旅馆　　B．小型饭店

C．中型饭店　　D．大型饭店

E．超大型饭店

13．饭店星级划分条件中，设施设备环节总分 600 分，按最终得分进行星级划分，以下说法正确的是（　　）。

A．一星级、二星级饭店不作要求　　B．三星级最低 220 分

C．四星级最低 320 分　　D．五星级最低 420 分

E．白金五星要达到 550 分以上

14．经济开发型旅游景区是指完全以营利为目的，基本上采用了现代企业管理模式，正在朝（　　）的现代企业制度发展。

A．注重效益　　B．产权清晰

C．责权明确　　D．政企分开

E．管理科学

习题强化答案

一、判断题

1．对	2．对	3．错	4．对	5．错
6．错	7．错	8．对	9．对	

二、单选题

1．A	2．D	3．C	4．B	5．C
6．D	7．A	8．D	9．B	10．C
11．B	12．B	13．A	14．A	15．C
16．B	17．C	18．B	19．B	20．A
21．C	22．B	23．A	24．D	25．C
26．A	27．C	28．B	29．A	30．D
31．A				

三、多选题

1．ABD	2．ABD	3．ABCD	4．ABCDE	5．BD
6．AB	7．AB	8．ABD	9．ACE	10．AD
11．ABCD	12．BCD	13．ABCD	14．BCDE	

第十二章 其他知识

真题解读

- 【2018年真题·判断】国际上将全球划分为24个时区。其中，东、西12时区都是半时区。（ ）

  【答案】对

  【解析】自1884年起国际上将全球划分为24个时区，每个时区的范围为15个经度，即经度相隔15度，时间差1小时。东、西各有12个时区，**而东、西12区都是半时区**，合起来称为12区。

  【点评】中等难度，考查基本的知识识记。

- 【2018年真题·判断】游客被马蜂蜇伤时，导游可以帮助游客用苏打水清洗伤口，以中和毒液。（ ）

  【答案】错

  【解析】黄蜂（学名“胡蜂”、又名“蚂蜂”或“马蜂”）的毒为**碱性毒液**，可以用**醋**清洗伤口，苏打水为碱性。蜜蜂毒液属酸性，应用肥皂水清洗。

  【点评】中等难度，考查较细，重点是区分马蜂和蜜蜂的毒液酸碱性不同。

- 【2018年真题·判断】世界上最早发行的信用卡是美国的运通卡。（ ）

  【答案】错

  【解析】大莱卡是世界上发行最早的信用卡，由大莱卡国际有限公司统一管理，世界各地均有其分公司办理发行业务。

  【点评】简单难度，考查基本的知识识记，连续两年都考了。

- 【2018年真题·判断】史密斯先生结束在中国的旅游办理离境退税时，其退税金额为5000元人民币，按照规定，退税代理机构必须通过银行转账退税。（ ）

  【答案】错

  【解析】退税金额**超过10000**元人民币的，退税代理机构应以银行转账方式退税。退税金额未超过10000元人民币的，根据境外旅客选择，退税代理机构采用现金退税或银行转账方式退税。

  【点评】送分题，考查基本的知识识记，离境退税一万元是个槛儿。

- 【2017年真题·判断】旅行社责任保险为强制性保险，其保险期限为一年。（ ）

【答案】对

【解析】略

【点评】实属送分题，没什么可说的。

● 【2018 年真题 · 单选】下列关于导游带团去沙漠旅游应提醒游客的安全注意事项中，正确的是（　　）。

A．迷失方向后，应立即按原路返回

B．尽量着短袖短裤，并涂上防晒霜

C．提前做好各项防晒防风沙的准备

D．如遇沙暴，选择沙丘背风坡躲避

【答案】C

【解析】D 项，若在沙漠旅游中遇到沙暴，要带领游客**避开风的正面，千万不要到沙丘背风坡躲避**，否则有被沙暴掩埋的危险。

【点评】送分题，先不管其他选项，C 项表述肯定正确。

● 【2018 年真题 · 单选】在西藏旅游期间，游客发生高原反应时，导游应该向游客提供帮助，正确的做法是（　　）。

A．让游客适量吸烟、饮酒

B．提醒游客增加洗澡次数

C．提醒游客不断少量喝水

D．给游客提供抗高原反应药

【答案】C

【解析】提醒游客不断少量喝水，以预防血栓。

【点评】中等难度，考查基本的知识识记。可以应用排除法，A、B 两项的说法不符合高原反应的处理措施，D 项说法也明显错误。另外，C 项怎么看都不会错。

● 【2018 年真题 · 单选】一中国旅游团于北京时间 2018 年 2 月 1 日 14 时 42 分飞抵纽约，领队应告诉游客纽约当地时间为（　　），并宣布抵达后的活动安排。

A．3 时 42 分　　　　B．2 时 42 分

C．1 时 42 分　　　　D．0 时 42 分

【答案】C

【解析】北京在东 8 区，纽约在西 5 区，则 8+5=**13 时**，14 时 42 分 -13=1 时 42 分。

【点评】简单难度，考查基本的知识识记，时差题主要记重要城市。

● 【2018 年真题 · 单选】一英国游客在商场购物时，看中了一种云锦面料，想买 9 英尺，导游应告诉营业员面料的长度约为（　　）。

A．2.74 米　　　　B．2.29 米

C. 3.56 米　　D. 4.62 米

【答案】A

【解析】1 英尺 =0.3048 米，9 英尺约 2.7 米。

【点评】实属送分题，这几年一直在考。

● 【2018 年真题 · 单选】今年入夏后，全国出现了大范围的高温天气，多地日最高气温达到 38℃。正在带领美国旅游团游览的导游，应该告诉游客摄氏 38 度即华氏（　　）。

A. 138.4　　B. 168.4

C. 100.4　　D. 188.4

【答案】C

【解析】摄氏度 =5/9×（华氏度 -32）；华氏度 = 摄氏度 ×9/5+32。

【点评】简单难度，记住公式的基础上速算，38 约等于 40，40 × 9/5+32=72+32=104，与 104 最接近的是 C 项。

● 【2018 年真题 · 单选】根据《境外旅客购物离境退税管理办法（试行）》的规定，享有退税资格的对象限定为在我国连续居住不超过（　　）的外国人和港澳台同胞。

A. 45 天　　B. 91 天

C. 30 天　　D. 183 天

【答案】D

【解析】在我国境内连续居住不超过 **183 天**的外国人和我国港澳台同胞可以办理离境退税手续。

【点评】中等难度，平时训练的重点内容，考查基本的知识识记。

● 【2018 年真题 · 单选】游客如被毒蛇咬伤，导游应立即帮助游客在伤口上方超过一个关节处结扎，而且每隔（　　）要放松一次，防止组织坏死。

A. 15 分钟　　B. 20 分钟

C. 25 分钟　　D. 30 分钟

【答案】A

【解析】游客被毒蛇咬伤后，导游员给伤者包扎伤口时，动作必须快捷，不能结扎得过紧，阻断静脉回流即可，而且每隔 **15 分钟**要放松一次，以免组织坏死。

【点评】中等难度，考查较细。本题考的是常识，一般都是 15 分钟。

● 【2018 年真题 · 单选】旅游意外保险的索赔时效是以自事故发生之日起（　　）内为限。

A. 180 日　　B. 240 日

C. 120 日　　D. 60 日

【答案】A

【解析】旅游意外保险的索赔时效为自事故发生之日起 **180** 日内为限。

【点评】简单难度，考查基本的知识识记。

● 【2017 年真题 · 单选】下列外币中，目前在中国境内可以兑换成人民币的是（ ）。

A. 马来西亚元　　B. 老挝基普

C. 菲律宾比索　　D. 朝鲜圆

【答案】C

【解析】在中国境内，以下国家和地区的现钞可兑换成人民币：美元、欧元、英镑、日元、澳大利亚元、加拿大元、瑞士法郎、丹麦克朗、挪威克朗、瑞典克朗、新加坡元、港币、俄罗斯卢布、新西兰元、**菲律宾比索**、泰国铢、韩元、澳门元和新台币等。

【点评】中等难度，考查基本的知识识记。

● 【2017 年真题 · 单选】世界上最早发行的信用卡是（ ）。

A. 万事达卡　　B. 运通卡

C. JCB 卡　　D. 大莱卡

【答案】D

【解析】大莱卡是世界上发行最早的信用卡，由大莱卡国际有限公司统一管理，世界各地均有其分公司办理发行业务。

【点评】简单难度，考查基本的知识识记。

● 【2018 年真题 · 多选】冬季旅游泡温泉时，导游应提醒游客，（ ）的游客不适宜泡温泉。

A. 怀孕初期　　B. 皮肤有伤口或溃烂

C. 熬夜过后　　D. 患有过敏性皮肤病

E. 患有癌症

【答案】ABCDE

【解析】不适宜泡温泉的情形：（1）癌症、白血病患者，不宜泡温泉，以防刺激新陈代谢，加速身体衰弱。（2）皮肤有伤口、溃烂或霉菌感染如香港脚、湿疹的患者，都不适合泡温泉，以免引起伤口恶化。过敏性皮肤疾病患者也不适合浸泡在高温的泉水中，以免由于加速皮肤水分蒸发、破坏皮肤保护层而引发荨麻疹。（3）女性生理期来时或前后，怀孕的初期和末期，最好不要泡温泉。（4）睡眠不足、熬夜之后、营养不良、大病初愈等身体疲惫状态下，不适合泡温泉，以免因为突然接触过高温度引起脑部缺血或休克。

【点评】难度较大，考查较偏。友情提示，熬夜之后也不能泡温泉。

● 【2018 年真题 · 多选】为了预防游客中暑，导游可采取的措施有（ ）。

A. 提醒游客适当补充盐分和水分

B. 提醒游客预先做好防护工作

C. 为游客备好防治中暑药物

D. 提醒游客尽量避免在太阳下长时间暴晒

E. 提醒游客补充高蛋白食物

【答案】ABD

【解析】C 项，应该让游客自备防治中暑药物；E 项，与预防游客中暑无关。

【点评】简单难度，平时训练的重点内容，考查基本的知识识记。

习题强化

一、判断题

1. 英美制（常衡）1 盎司等于公制的 31.1035 克。（ ）
2. 在美国自驾旅游时，许多加油站都是自助加油，美国的汽油是按加仑计费的，1 加仑等于 2.546 升。（ ）
3. 乘坐国际航班抵达巴黎的旅客，在飞机降落时听到广播，此刻戴高乐机场的地面温度为 86 华氏度，这相当于 30 摄氏度。（ ）
4. 若在沙漠中旅行遇到沙暴，导游员应带领游客避开风的正面，到沙丘背风处躲避。（ ）
5. 游客在野外或山地旅游时被黄蜂蜇伤，导游员应帮助游客轻轻挑出蜂刺，可用醋清洗伤口，因为黄蜂的毒液属于酸性毒液。（ ）
6. 当游客突发脑溢血时，导游员应大声叫喊或快速摇动昏迷者使其清醒。（ ）
7. 游客酗酒是其自己的事情，与导游人员无关。（ ）
8. 游客在高海拔地区旅游，一旦出现头痛耳鸣、胸闷气短等高原反应症状，导游应提醒客人放慢观光节奏，量力而行，尤其不能再剧烈运动。（ ）
9. 游客在旅途中出现晕车症状时，导游可将自己的晕车药赠予游客服用。（ ）
10. 游客在高原地区出现感冒症状，导游可建议游客通过洗热水澡等方式缓解不适。（ ）
11. 旅游团进入高原后，导游员要提醒游客减少洗澡次数或不洗。（ ）
12. 外国游客入境后用美元兑换成人民币时，银行为其开具的外汇兑换证明的有效期为 6 个月。（ ）
13. 在旅行社安排的国内旅游中，游客购买的旅游意外保险的有效期是自游客购买之时起至旅行结束离开旅行社安排的交通工具为止。（ ）
14. 境外旅游者来华携带的外币和票据金额是有限制的。（ ）
15. 在中国境内，瑞士法郎不能兑换成人民币。（ ）
16. 信用卡实际上是一种分期付款的消费者信贷。（ ）

17. 旅行社责任保险为强制性保险，其保险期限为旅游者从报名参团开始直至团队活动结束。（　）

18. 维萨卡、万事达卡、银联卡在全球范围构建了一个刷卡消费的联盟，国内银行发行的信用卡就能在它们联盟范围内刷卡消费，在部分国家地区甚至可以持银联卡直接消费。（　）

19. 旅游意外保险由组团社负责一次性办理，接待旅行社不再重复投保，旅游意外保险的保险费由旅游者支付。（　）

20. 由于旅游者个人过错导致的人身伤亡和财物损失，旅行社不承担赔偿责任。（　）

21. 旅游者由于自身疾病引起的各种损失或损害，但是在签约时旅游者已经声明且为旅行社接受的需要旅行社照顾的情形，旅行社及其工作人员没有尽到应尽的照顾义务的，仍然应当承担赔偿责任。（　）

22. 飞机在飞行过程中，若中途停留或绕道飞行，只要被保险人一直跟机行动，其遭受的意外伤害均在保险责任范围内。（　）

二、单选题

1. 游客被毒蛇咬伤后导游员不正确的处理方法是（　）。

A．要让伤者冷静下来，扶助其快速跑到医院救治

B．用布带在伤口上方超过一个关节处结扎

C．用清水冲洗伤口的毒液

D．用手挤压伤口周围，将毒液挤出

2. 蝎子毒是酸性毒液，冲洗伤口时用（　）反复冲洗最佳，这样可以中和毒液。

A．冰水　　B．热水

C．碱性肥皂水　　D．高锰酸钾水

3. 游客被毒蛇咬伤，冲洗伤口时用（　）冲洗效果最好。

A．清水　　B．热水

C．高锰酸钾溶液　　D．肥皂水

4. 游客下肢骨折后大量出血，上止血带的时间应不超过（　）小时。

A．0.5　　B．1

C．1.5　　D．2

5. 游客被毒蛇咬伤后，导游员可用小刀按毒牙痕的方向切纵横各（　）厘米的十字形口，再设法把毒素吸出或挤出，导游员口腔溃疡不可实施。

A．0.5　　B．1

C．1.5　　D．2

6. 游客如果被（　）蜇伤，会引起伤者局部或者全身的中毒反应，重者可能出现胃出血，甚至昏迷。

A．毒蛇　　B．毒蜘蛛

C．蜈蚣　　D．蝎子

7．“动晕症”的游客应在前排较平稳的位置就座，座位方向应与行驶方向（　　）。

A．一致　　B．靠左

C．靠右　　D．相反

8．下列导游员提醒游客做好中暑防护的工作中，错误的是（　　）。

A．涂抹防晒霜　　B．戴太阳镜

C．穿深色的化纤品类服装　　D．穿白色、浅色衣服

9．常用止血带或替代止血带不可取的是（　　）。

A．气囊止血带　　B．橡皮管

C．毛巾　　D．电线

10．游客在景点游览时，心脏病突发，疼痛不止。此时，导游员除立即叫救护车外，还应对其进行护理。正确的护理方法是（　　）。

A．对其使用镇痛药　　B．搀扶其在当地坐下

C．搀扶其到车上休息　　D．对其胸部进行按摩

11．下列关于游客晕车的预防和应急处理措施中，正确的是（　　）。

A．建议游客将腰带放松，避免做深呼吸

B．帮助游客准备一些防治晕车的药品

C．让游客将风油精搽于太阳穴或风池穴

D．提醒游客不要吃得太饱，最好空腹

12．重症中暑会出现昏倒、痉挛或皮肤干热，体温超出（　　）等症状。

A．38℃　　B．39℃

C．40℃　　D．42℃

13．下列关于国际时差的叙述中，不正确的是（　　）。

A．英国格林尼治天文台每天播报的时间被称为国际标准时间

B．每个地点根据太阳和子午线相对位置确定的本地时间即为“地方时”

C．菲律宾马尼拉、韩国首尔、朝鲜平壤与我国没有时差

D．“北京时间”是以东经120度的地方时作为标准时间

14．长度换算单位“海里”属于（　　）。

A．公制　　B．市制

C．英制　　D．美制

15．摄氏25度若换算为华氏，应为（　　）度。

A．74　　B．77

C．80　　D．83

16．2016年6月16日开业的上海迪士尼乐园占地7平方千米，约等于（　　）

英亩。

A．1729　　B．1835

C．1923　　D．1998

17．夏天全国不少城市达到 40 摄氏度高温，若换算成华氏温度应是（　　）。

A．104　　B．126

C．132　　D．158

18．某境外游客在上海、北京旅游期间，购买了 1000 元退税物品，物品的增值税率均为 13%，若退税手续费为 2%，其离境时实退增值税额应为（　　）。

A．70　　B．90

C．110　　D．130

19．北京时间为 19:00，当地时间为 12:00 的城市是（　　）。

A．伦敦　　B．开罗

C．惠灵顿　　D．罗马

20．导游小陶迎接来自莫斯科的旅游团。该团所乘航班的起飞时间是莫斯科当地时间 11 月 3 日 21:25，飞行时间 7 小时 25 分钟。该团将于北京时间（　　）抵达北京首都国际机场。

A．4 日 04:50　　B．4 日 05:50

C．4 日 08:50　　D．4 日 09:50

21．青海可可西里国家级自然保护区的面积为 450 万公顷，相当于（　　）平方千米。

A．45000　　B．34500

C．24500　　D．14500

22．100 公顷的面积换算成中国的亩数为（　　）。

A．1000 亩　　B．1200 亩

C．1500 亩　　D．2000 亩

23．中国幅员辽阔，东西横跨 5 个时区，但以位于（　　）的北京时间为全国标准时间。

A．东六区　　B．东七区

C．东八区　　D．东九区

24．一名中国游客在南非买了一颗 5 克拉的钻石，其重量是（　　）克。

A．1.4　　B．1.2

C．1　　D．0.8

25．一位旅游者在旅游定点商店看中一款丝绸，告诉导游员他需要买 8 英尺，导游员应该告诉售货员，这位旅游者需要买（　　）米。

A．3.12　　B．2.7

C. 3.5　　D. 2.44

26. 下列省份中，截止至2019年4月2日享有境外旅客购物离境退税政策的是（　　）。

A. 山西　　B. 云南

C. 湖北　　D. 浙江

27. 某境外游客在云南旅游期间，购买了1000元退税物品，物品的增值税率均为9%，若退税手续费为2%，其离境时应退增值税额为（　　）。

A. 60　　B. 70

C. 80　　D. 90

28. 海拔高度一般达到（　　）米左右时，游客就可能产生高原反应。

A. 1000　　B. 1600

C. 2100　　D. 2700

29. 游客被（　　）刺伤后一般有红肿热痛现象，可能发生淋巴管炎和淋巴结炎。

A. 毒蛇　　B. 毒蜘蛛

C. 蜈蚣　　D. 马蜂

30. 游客被蜈蚣蜇伤后导游员不正确的处理方法是（　　）。

A. 可用肥皂水冲洗

B. 可用石灰水冲洗

C. 剪下受伤者的头发一撮烧着后烟熏伤口

D. 用高锰酸钾冲洗伤口

31. 中国银行发行的外汇长城万事达卡是（　　）。

A. 地方卡　　B. 国际卡

C. 白金卡　　D. 贷记卡

32. 航空旅客意外保险的保险期限是指投保旅客持保险合同约定的航班班机的有效机票到达机场通过安全检查时起至其抵达目的地港（　　）时止。

A. 走出所乘班机舱门　　B. 走上廊桥

C. 走进候机楼　　D. 走出候机楼

33. 旅游意外保险的索赔时效一般为自事故发生之日起（　　）日内为限。

A. 90　　B. 180

C. 240　　D. 360

34. 下列外币中，不能在我国兑换成人民币的是（　　）。

A. 菲律宾比索　　B. 俄罗斯卢布

C. 印度卢比　　D. 新西兰元

35. 人民币被国际货币组织纳入特别提款权的权重为（　　）。

A. 8.89%　　B. 9.23%

C. 9.85%　　D. 10.92%

36. 国际货币基金组织（IMF）在（　　）年把人民币纳入特别提款权（SDR）。

A. 2010　　B. 2012

C. 2014　　D. 2015

37. 成年旅客购买铁路意外伤害保险为（　　）元。

A. 3　　B. 5

C. 10　　D. 15

38. 为了方便外国人、华侨和港澳台同胞在华旅游，可为其兑换人民币的是（　　）。

A. 中国工商银行　　B. 中国人民银行

C. 中国银行　　D. 中国建设银行

39. 出境旅游者投保的旅游意外险的保险期限为（　　）。

A. 12 个月

B. 180 天

C. 参加旅行社组织的活动至旅游结束办完入境手续

D. 登上旅行社安排的交通工具至旅游结束离开交通工具

40. 银行出具的外汇兑换证明，俗称水单，其有效期为（　　）。

A. 3 个月　　B. 6 个月

C. 9 个月　　D. 1 年

41. 旅游团在某地游览期间，张先生离队单独活动时不慎摔倒骨折，医疗费用由（　　）。

A. 国内组团社支付　　B. 住院地接待社支付

C. 张先生本人支付　　D. 张先生和地接社共同支付

42. 关于人民币纳入 SDR，描述错误的是（　　）。

A. 2015 年 12 月 1 日，国际货币基金组织（IMF）宣布把人民币纳入 SDR

B. 人民币在 SDR 的权重定为 17.74%

C. 目前由人民币、美元、英镑、欧元和日元组成

D. 中国加入 SDR 意味着人民币真正跻身于全球主要货币之列

43. 关于铁路意外保险的描述正确的是（　　）。

A. 成年旅客购买乘意险为 2 元

B. 成年人最高保障 40 万元意外身故

C. 未成年人购买乘意险为 1 元

D. 未成年人最高保障 20 万元意外身故

44. 成年游客购买铁路旅客人身意外伤害保险的费用是 3 元，最高赔付额是（　　）元。

A．5 万　　B．10 万
C．20 万　　D．30 万

45．旅游意外险属于（　　）。
A．个人保险　　B．集体保险
C．自愿保险　　D．强制保险

46．旅游者在旅游的过程中，因同团其他游客嬉戏打闹，导致自己摔倒在地发生骨折，则旅行社（　　）。
A．承担赔偿责任
B．不承担赔偿责任
C．部分承担赔偿责任
D．由旅游行政部门决定是否承担责任

47．旅游意外险的保险费由（　　）支付。
A．组团社　　B．地接社
C．旅游者　　D．导游

48．2015 年 12 月 1 日，国际货币基金组织把人民币纳入特别提款权，特别提款权的英文简称是（　　）。
A．WBA　　B．SDR
C．STR　　D．WTO

49．旅游者发生意外事故以后，以下做法不利于后续保险索赔的是（　　）。
A．为了方便家人照顾，自己转回到本地医院治疗
B．协调处理问题
C．及时报案
D．收集证据，并妥善保存

50．关于旅游意外保险，下列说法正确的是（　　）。
A．旅游意外保险由组团社负责办理，接待社将钱交付给组团社，承保人为接待社
B．旅游意外保险的索赔时效为自事故发生之日起 90 日内为限
C．旅游者自由活动期间，旅游意外险不负责赔偿
D．旅行社组织的入境旅游，旅游意外保险期限从旅游者入境后参加旅行社安排的旅游行程时开始，直至该旅游行程结束，办完出境手续出境为止

51．以下（　　）对信用卡的描述不符合客观事实。
A．携带方便　　B．安全可靠
C．不可透支　　D．使用方便

52．关于货币知识，叙述不正确的（　　）。
A．境外旅游者在兑换人民币的时候需要填写“外汇兑换水单”

B．旅游者若在一年内离境，可持护照和水单将未花完的人民币兑换成外币

C．在中国境内，挪威克朗可以直接兑换成人民币

D．国际货币基金组织已经将人民币纳入 SDR，权重规定为 10.92%，这标志着人民币跻身了世界主要货币之列

三、多选题

1．脑溢血患者的症状一般表现为不同程度的（　　）。

A．突发头痛、恶心呕吐

B．言语不清、小便失禁

C．肢体活动障碍和意识障碍

D．意识恍惚、出现幻觉

E．陷入昏迷状态

2．游客被黄蜂蜇伤后，导游员正确的处理方法是（　　）。

A．帮助伤者轻轻挑出蜂刺

B．千万不能挤压伤口，以免毒液扩散

C．可以用醋清洗伤口

D．可以用碱性肥皂水清洗伤口

E．情况严重应及时送医院

3．游客进入高原地区后，导游员应提醒游客（　　）。

A．最好不要饮酒和吸烟

B．行程安排要先到高海拔的地方，再到低海拔的地方

C．不可疾速行走，更不能跑步或奔跑

D．保证睡眠，及时消除疲劳

E．不要暴饮暴食

4．下列对温泉旅游描述正确的是（　　）。

A．要将身上的金属饰品摘下来，避免首饰被硫化

B．避免空腹、饭后、酒后泡温泉

C．最好不要独自一人泡，以免发生意外

D．泡温泉对病症具有不同的疗效，宜长时间浸泡

E．温泉温度在 30 ～ 45 摄氏度比较适宜

5．蝎子伤人会引起伤者局部或者全身的中毒反应，还会出现（　　）等病症。

A．剧痛　　B．发烧

C．气喘　　D．淋巴结炎

E．胃出血

6．若旅游者被蝎子蜇伤，导游人员的应急处理措施有（　　）。

A．尽量用消毒针将毒钩拔出

B．用红汞涂在伤口上

C．用肥皂水清洗伤口

D．在伤口处涂上牙膏或食用油

E．请领队给患者服用止痛药

7．高原反应即急性高原病，是人到达一定海拔高度后，身体为适应因海拔高度而造成（　　）的变化，而产生的自然生理反应。

A．气压低　　B．含氧量少

C．空气湿润　　D．含氧量高

E．气压高

8．在夏季出游预防和治疗中暑的药物用品有（　　）。

A．清凉油　　B．红景天

C．人丹　　D．藿香正气

E．十滴水

9．游客发生中风后，导游立即用冰袋、冰水或冷水毛巾冷敷中风游客的头部，可以（　　）。

A．减少脑出血量　　B．降低颅内压

C．保护脑细胞　　D．降低窒息风险

E．减少后遗症的发生

10．游客发生骨折，导游员正确的处理方法有（　　）。

A．立即判断骨折情况

B．若有伤口应及时包扎

C．若大量出血，快速用窄布带缠绕紧固伤口止血

D．上夹板，尽可能保持伤肢固定位置

E．正确搬运游客到医院

11．游客骨折后大量出血，导游员正确的处理方法有（　　）。

A．用止血带止血，如无止血带可用布带、电线等

B．上肢出血时，止血带应放在上臂的中下段

C．下肢出血时，止血带宜放在大腿中段

D．上止血带时，要放置衬垫

E．上止血带的时间上肢不超过 1 小时

12．对骨折游客进行包扎和上夹板的正确方法是（　　）。

A．最好用清洁、干净的布片、衣物覆盖伤口，再用布带包扎

B．如有骨折端外露，可将骨折端放回原处，以免引起深部感染

C．如无夹板可就地取材用树枝、书本等固定

D．在一无所有的情况下，可利用自身固定

E．上肢可固定在躯体上，下肢可利用对侧固定

13．游客发生重症中暑，导游员正确的处理方法有（　　）。

A．迅速将患者抬到通风、阴凉、干爽的地方

B．面部发红的病人可将头部稍垫高，对面部发白者头部略放低，使其周身血液流通

C．最好在患者头部捂上一块冷毛巾，可用冰水、冷水进行全身擦浴

D．患者若已失去知觉时，可让其嗅一些有刺激气味的东西或掐人中，刺激其苏醒

E．重症中暑患者应不要轻易移动和抢救

14．预防游客中风的正确措施有（　　）。

A．安排旅游活动、保证足够的睡眠和休息时间

B．不要忽视游客中风的先兆症状

C．适当保持游客精神紧张，加速血管收缩，血液流动

D．宜进食过于辛辣的刺激性食物和过浓的咖啡等兴奋性饮料

E．注意保持他们的心情舒畅

15．患有高血压的中老年人，脑溢血发病的先兆症状有（　　）。

A．突发头痛加重或由间断性变成持续性

B．突发一侧肢体或头面、舌部短暂性发麻

C．突发头晕或原有头晕明显加重

D．突发口唇指甲发绀

E．突发舌头发硬、咬字不准、吐字不清

16．游客发生中风，导游员正确的处理方法有（　　）。

A．立即大声唤醒昏迷患者，背送医院救治

B．可用冰袋、冰水或冷水毛巾冷敷患者头部，也可用雪糕（冰棍、冰棒）替代

C．不要给患者进食和喝水，以免食物和水误入气管引起窒息和肺炎

D．应取出患者的假牙，及时清理患者口中的呕吐物，以防患者将其吸入肺中

E．若患者神志不清，要特别注意其呼吸是否平顺，如患者鼾声明显应抬起患者下颌使之成仰头姿势

17．晕车（机、船）这种一系列的生理反应称为“动晕症”。其正确的预防常识是（　　）。

A．在搭乘交通工具之前避免喝酒

B．在搭乘交通工具之前不能吃高蛋白食品

C．在前排较平稳的位置就座，座位方向应与行驶方向一致

D．不要在搭乘交通工具时阅读书报杂志

E．不要直视某个近物或看窗外快速移动的景物，最好闭目养神

18. 如果有游客在旅游车上发生动晕症，导游员应（　　）。

A. 立即关心游客身体状况，及时调整到合适的位置

B. 将风油精涂抹于游客的太阳穴上

C. 如“动晕症”游客症状严重，必要时送往医院

D. 提醒游客将腰带放松，缓解不适

E. 准备好食品袋和纸巾，尽快清除呕吐物

19. 重症中暑往往会出现（　　）症状。

A. 昏倒　　B. 痉挛

C. 头痛　　D. 呼吸困难

E. 皮肤干热

20. 下列关于容（体）积的换算中，正确的是（　　）。

A. 1 升≈ 0.220（英）加仑

B. 1 公升≈ 0.264（美）加仑

C. 1（美）加仑≈ 0.833（英）加仑

D. 1 立方尺 =0.037 立方米

E. 1 立方米 =27 立方英尺

21. 下列关于面（地）积的换算中，正确的是（　　）。

A. 1 亩≈ 666.67 平方米　　B. 1 平方千米 =10000 亩

C. 1 平方英里≈ 3885 亩　　D. 1 英亩≈ 6.07 亩

E. 1 公顷 =10000 平方米

22. 下列关于长度的换算中，正确的是（　　）。

A. 英制 1 海里 =1.853 千米　　B. 1 英尺 =2.743 米

C. 1 米≈ 39.37 英寸　　D. 1 千米 =0.5400 海里

E. 1 英里≈ 1.6 公里

23. 温度的测算标准主要有（　　）。

A. 摄氏温度　　B. 英氏温度

C. 美氏温度　　D. 中氏温度

E. 华氏温度

24. 下列常用应急电话号码中正确的有（　　）。

A. 报警求助 112　　B. 火警 119

C. 医疗救护 120　　D. 交通事故报案 110

E. 旅游投诉 12315

25. 某游客在旅游前买了旅游意外保险，在旅游中因交通事故受重伤住院。为向保险公司索赔，导游应帮助其收集（　　）等证据。

A. 医院诊断证明　　B. 化验单据

C. 公安部门的交通事故证明　　D. 旅行社证明

E. 其他游客证词

26. 下列关于航空旅客意外伤害保险的说法中，正确的是（　　）。

A. 该险简称为航意险，属自愿投保的个人意外伤害保险

B. 此种保险旅游者只能购买一份

C. 保险期限为自旅游者签订保险合同之时起

D. 保险期限为旅游者抵达目的港走出所乘航班班机的舱门时止

E. 由于民航原因，飞机延误起飞又让旅客离开飞机，在此期间被保险人遭受的伤害，保险公司也负责

27. 下列关于铁路旅客人身意外伤害保险的说法中，正确的是（　　）。

A. 该险简称乘意险，属强制性的个人意外伤害保险

B. 成年旅客购买该险种为 3 元

C. 成年旅客最高保障有 30 万元意外身故、伤残保险金

D. 未成年人购买乘意险为 1.5 元

E. 未成年人最高保障有 10 万元意外身故、伤残保险金

28. 旅游者发生意外事故后，在旅游保险报案与索赔时应注意的问题有（　　）。

A. 及时向投保的保险公司报案

B. 旅游者发生意外事故后，首先是索赔事项

C. 提醒帮助当事人收集包括医院诊断证明、化验单据、意外事故证明等证据

D. 旅游者因意外住院后，如需要转回本地医院继续治疗，可以不用征得保险公司的同意

E. 旅游者需要转回本地医院继续治疗，可以要求救治医院出具书面转院报告

29. 信用卡按持卡人的资信程度，可分为（　　）。

A. 白金卡　　B. 国际卡

C. 普通卡　　D. 金卡

E. 借记卡

30. 下列关于信用卡的说法中，正确的有（　　）。

A. 信用卡实际上是一种一次性付款的消费者信贷

B. 信用卡由银行和其他专门机构发行

C. 信用卡客户可以在指定地点按照给予的消费信用额度支取现金

D. 信用卡客户可以在指定地点按照给予的消费信用额度购买货物

E. 信用卡客户可以在任何地点按照给予的消费信用额度支付劳务费用

31. 游客报名参团时所涉及的保险通常有（　　）。

A. 旅行社责任险　　B. 旅游意外保险

C. 人寿保险　　D. 医疗保险

E. 交通意外伤害险

32. 下列关于造成游客人身和财物损失的情况中，旅行社不承担赔偿责任的是（　　）。

A. 由于导游员个人过错导致的游客人身伤亡和财物损失

B. 旅游者没有参加约定的旅游活动而自行活动时，发生的人身、财物损害

C. 旅游者自行终止旅行社安排的旅游行程后，发生的人身、财物损害

D. 旅行社及其工作人员没有对游客尽到应尽的照顾义务的

E. 旅游者由于自身疾病引起的各种损失或损害

33. 中国目前受理的主要外汇信用卡包括（　　）。

A. 万事达卡　　B. 维萨卡

C. 牡丹卡　　D. 运通卡

E. 大莱卡

习题强化答案

一、判断题

1. 错	2. 错	3. 对	4. 错	5. 错
6. 错	7. 错	8. 对	9. 错	10. 错
11. 对	12. 对	13. 错	14. 错	15. 错
16. 对	17. 错	18. 对	19. 对	20. 对
21. 对	22. 对			

二、单选题

1. A	2. C	3. C	4. C	5. B
6. D	7. A	8. C	9. D	10. B
11. C	12. C	13. C	14. C	15. B
16. A	17. A	18. B	19. D	20. D
21. A	22. C	23. C	24. C	25. D
26. B	27. C	28. D	29. C	30. D
31. B	32. A	33. B	34. C	35. D
36. D	37. A	38. C	39. D	40. B
41. C	42. B	43. C	44. D	45. C
46. B	47. C	48. B	49. A	50. D
51. C	52. B			

三、多选题

1. ABCE	2. ABCE	3. ACDE	4. ABCE	5. ABCE
6. ABC	7. AB	8. ACDE	9. ABCE	10. ABDE

11．CDE	12．ACDE	13．ABCD	14．ABE	15．ABCE
16．BCDE	17．ABCDE	18．ABCE	19．ABE	20．ABCD
21．ACDE	22．ACDE	23．AE	24．BC	25．ABC
26．ADE	27．BCE	28．ACE	29．ACD	30．BCD
31．ABE	32．BCE	33．ABDE		

严格依据2019年全国导游人员资格考试大纲编写

蜗牛导考教研室　编

地方导游基础知识

DIFANG DAOYOU JICHU ZHISHI

全国导游资格考试
笔试科目精选精练

中国环境出版集团·北京

图书在版编目(CIP)数据

地方导游基础知识 / 蜗牛导考教研室编 .—北京：中国环境出版集团，2019.7
全国导游资格考试笔试科目精选精练
ISBN 978-7-5111-4045-6

Ⅰ.①地… Ⅱ.①蜗… Ⅲ.①导游—资格考试—习题集 Ⅳ.① F592.633-44

中国版本图书馆 CIP 数据核字（2019）第 140741 号

出 版 人 武德凯
责任编辑 田 怡
责任校对 任 丽
装帧设计 彭 杉

出版发行 中国环境出版集团
（100062 北京市东城区广渠门内大街 16 号）
网 址：http://www.cesp.com.cn
电子邮箱：bjgl@cesp.com.cn
联系电话：010-67112765（编辑管理部）
发行热线：010-67125803，010-67113405（传真）
印 刷 北京市联华印刷厂
经 销 各地新华书店
版 次 2019 年 7 月第 1 版
印 次 2019 年 7 月第 1 次印刷
开 本 787×1092 1/16
印 张 11
字 数 211 千字
定 价 165.00 元（全四册）

前言

导游资格考试全国统考已进入第 4 个年头，经过我们多年对考试的研究分析可知，大量的做题训练是通过笔试的根本保障。

但我们不鼓励盲目做题，在教材系统复习基础之上，练习优质试题才有效果，否则事倍功半。为此，我们严格依据新大纲研发了这套《速记宝典》配套纸质版习题——《全国导游资格考试笔试科目精选精练》系列（以下简称《精选精练》。

这套《精选精练》由我们集结蜗牛导考教研室各位专家精心编制，具备质量优、题量大、价格低三大特点，经历 3 年来全国几十万考生作答检测，是我们多年教学研究的精华沉淀，也是市面上不可多得的精品，此次出版则是为了更好地满足全国考生对纸质版习题练习的需求。

本书有不同于市场同类书的以下特点。

1. 三年真题

包含我们收集的 2016、2017 和 2018 年全套真题，2018 年真题及典型真题重点解读，其余真题归入习题强化，部分真题根据今年新大纲修改或删除。

2. 精选习题

每道习题均是精挑细选，重要考点全部覆盖，体现新大纲变化特点，主攻基础性、易得分试题，大幅提升您的备考效率。

3. 超大题量

约 7000 道试题，市面同类图书约 4000 题量，给您酣畅淋漓的作答体验；各科目题量分布科学，多选题加入全选，完全符合国家机考最新考查特点。

4. 疑难解答

微信公众号“蜗牛导考”定期刊登疑难试题解析，与读者持续交流；开创“纸质版答案 + 公众号疑难试题解析”的方式，每套书减少约 100 页纸张消耗，同时降低读者购买价格。

5. 排版美观

即使是一本普通习题册，我们也绝不降低品质；为避免读者视觉疲劳，提高复习效率，本书力求排版宽松、布局美观，相同题量下，比市面同类图书多出约五分之一页码。

6. 品质保障

本书由蜗牛导考联合 101 贝考、中国环境出版集团荣誉出品；是我们在 2019 年推出的重磅作品，是继教材《速记宝典》引爆全国之后，蜗牛导考的又一力作；图书出版过程由专业老师和编辑人员层层把关，确保品质第一。

7. 经济实惠

本套《精选精练》物美价廉，一套四本，约 1000 页的篇幅，在定价时力争减轻考生负担，做到为考生减负。

请务必关注微信公众号“蜗牛导考”（微信号：woniudk101），获取有关本书的疑难试题解答、补录试题、勘误等。

由于水平和时间有限，本书难免有不足之处，恳请广大读者给予指正，以便我们不断完善、进步。也在此祝福各位考生在《精选精练》的助力下，顺利通过考试。

蜗牛导考教研室

2019 年 7 月 1 日于北京

编委会

主　编：王　启

编　者：卢俊莉　　王明亮

张玉珠　　谢丽芹

阮　艳　　黄文琳

王安黎

目录

第一编

基础篇

第一章　华北地区

第一节　北京

真题解读

● 【2018 年真题 · 判断】北京城以胡同众多而著称，其中最古老的是砖塔胡同。（　　）

【答案】对

【解析】最窄——钱市胡同，最宽——灵境胡同，拐弯最多——九湾胡同，**最古老——**元朝就有的砖塔胡同。

【点评】送分题，平时经常训练的内容，考查基本的知识识记。记忆方法："砖塔"的部首是石头和土，能存在很长时间。

● 【2017 年真题 · 判断】北京的气候属于典型的北温带半湿润大陆性季风气候。（　　）

【答案】对

【解析】北京为典型的北温带半湿润大陆性季风气候，夏季高温多雨，冬季寒冷干燥，春、秋短促。

【点评】难度较大，考查较细。

● 【2018 年真题 · 单选】北京市有着 3000 年建城史和（　　）的建都史。

A. 850 年　　B. 700 年

C. 1000 年　　D. 650 年

【答案】A

【解析】略

【点评】送分题，平时经常训练的内容，考查基本的知识识记。严格地说，从 1153 年金朝皇帝海陵王完颜亮正式建都于北京开始，北京有着 866 年的建都史。

● 【2017 年真题 · 单选】北京最早见于文献的名称是（　　）。

A. 幽州　　B. 燕京

C. 燕　　D. 蓟

【答案】D

【解析】北京最早见于文献的名称叫**"蓟"**，蓟国是统治中国北方的西周王朝的一个分封国，春秋中期，燕吞没了蓟，并迁都于蓟城。

【点评】中等难度，考查较细。

● 【2017年真题·多选】北京市下列旅游景区中，已被列入世界遗产名录的有（ ）。

A. 雍和宫　　B. 恭王府

C. 天坛　　D. 周口店“北京人”遗址

E. 颐和园

【答案】CDE

【解析】截至目前，北京有世界遗产7处：长城（北京段）、故宫、周口店“北京人”遗址、颐和园、天坛、明十三陵、京杭大运河（北京段），是全球拥有世界遗产最多的城市。

【点评】中等难度，平时经常训练的内容，考查基本的知识识记。

习题强化

一、判断题

1. 河北最早的文学记录为《燕丹子》。（ ）
2. 北京的四合院，源于元代院落式民居，是老北京城最主要的民居建筑。（ ）
3. 北京是世界第七大“美食之城”，居内地之首。（ ）
4. 京剧是中国最大的戏曲剧种，其剧目之丰富、表演艺术家之多、剧团之多、观众之多、影响之深，均为全国之冠。（ ）
5. 四川诚如古人所言：“幽州之地，左环沧海，右拥太行，北枕居庸，南襟河济，诚天府之国”。（ ）
6. 北京曾为宋、金、元、明、清五朝帝都。（ ）
7. 北京的庙会起源于寺庙周围，所以叫“庙”，又由于小摊贩摆摊渐渐形成定期的活动，所以叫“会”。（ ）
8. 内画壶是北京常见的特色工艺品。（ ）
9. 北京的中轴南起永定门，北至钟鼓楼，长约7.8千米。（ ）

二、单选题

1. （ ）前身是清代流行于河北安次区一带及北京郊区农村中的五音大鼓，以三弦、四胡、扬琴等乐器伴奏。

A. 岔曲　　B. 单弦

C. 梅花大鼓　　D. 北京琴书

2. 由河北省沧州、河间一带流行的木板大鼓发展而来的是（ ）。

A. 太平鼓　　B. 花钹大鼓

C．京韵大鼓　　D．梅花大鼓

3．北京西部是（　　）山脉余脉的西山，北部是燕山山脉的军都山，两山在南口关沟相交，形成一个向东南展开的半圆形大山弯，人们称之为“北京弯”。

A．阴山　　B．巫山

C．太行山　　D．贺兰山

4．（　　）在世界同一阶段的古人类遗址中，材料最丰富、最系统，是公认的人类发祥地之一。

A．山顶洞人遗址　　B．门头沟遗址

C．周口店“北京人”遗址　　D．云南元谋人遗址

5．原为八角鼓中的一种演唱形式，以一人操三弦自弹自唱而得名的是（　　）。

A．北京曲剧　　B．岔曲

C．单弦　　D．评剧

6．新中国成立以来一次建设里程最长、投资最大、标准最高的高速铁路是（　　）。

A．京津城际铁路　　B．京沪高铁

C．哈大高铁　　D．京广高铁

7．北京在辽朝时被称作（　　）。

A．蓟城　　B．燕京

C．中都　　D．大都

8．北京最宽的胡同是（　　）。

A．钱市胡同　　B．灵境胡同

C．九湾胡同　　D．砖塔胡同

9．（　　）是“博物馆之都”，注册博物馆多达151座。

A．北京　　B．浙江

C．江苏　　D．上海

10．北京有着丰富的民间曲艺，（　　）又称“蹦蹦戏”或“落子戏”。

A．岔曲　　B．京剧

C．评剧　　D．北京曲剧

11．北京最窄的胡同是（　　）。

A．九湾胡同　　B．砖塔胡同

C．钱市胡同　　D．灵境胡同

12．北京市的行政区划共分（　　）。

A．14个区　　B．15个区

C．16个区　　D．17个区

13．（　　）是中国电影最大票仓城市，影院数、银幕数全国最多。

A．北京　　B．上海
C．天津　　D．长沙

14．北京的地形（　　）。
A．东北高，西北低　　B．西北高，东北低
C．西南高，东北低　　D．西北高，东南低

15．北京首都机场是全国规模最大的机场，旅客吞吐量位居全球（　　）。
A．第一　　B．第二
C．第三　　D．第四

16．北京位于华北平原（　　），与天津相邻，并与天津一起被河北省环绕，有3000余年的建城史。
A．北部　　B．西部
C．东部　　D．南部

17．北京在历史上曾出现过许多不同名称，下列不是北京曾经的名称的选项是（　　）。
A．大都　　B．顺天府
C．应天府　　D．燕京

18．京派小说传人，被称为“中国最后一个士大夫”的是（　　）。
A．汪曾祺　　B．老舍
C．刘绍棠　　D．冯骥才

19．北京的快板书由（　　）演变而成。
A．相声　　B．数来宝
C．绕口令　　D．京剧

三、多选题

1．下列关于北京的胡同，说法正确的有（　　）。
A．钱市胡同是最窄的胡同　　B．灵境胡同是最宽的胡同
C．明朝的烟袋斜街是最古老的胡同　　D．九湾胡同是拐弯最多的胡同
E．砖塔胡同是最长的胡同

2．北京特产门类多，品种丰富，其中著名的工艺品有（　　）。
A．景泰蓝　　B．漆雕
C．北京料器　　D．内画壶
E．北京宫灯

3．下列名点小吃属于北京市的有（　　）。
A．蟹壳黄　　B．小窝头
C．豌豆黄　　D．茯苓饼
E．驴打滚

4. 清乾隆五十五年（1790 年）四大徽班进京后，与北京剧坛的（　　）等剧种经过五六十年的融汇和演变成为京剧。

A. 昆曲　　B. 汉剧

C. 评剧　　D. 弋阳

E. 乱弹

5. 北京中轴线是指（　　）时北京城的中轴线。

A. 北宋　　B. 南宋

C. 元　　D. 明

E. 清

6. 北京市是世界闻名的文化古城，最具特色的是（　　）。

A. 四合院　　B. 胡同

C. 娘娘会　　D. 宫装服饰

E. 市肆庙会

第二节　天津

真题解读

【2018 年真题 · 判断】天津港是中国北方最大的综合性贸易港口，拥有全国最大的集装箱码头。（　　）

【答案】对

【解析】天津港是中国北方最大的综合性贸易港口，拥有全国最大的集装箱码头，与世界上 170 多个国家和地区的 300 多个港口保持着贸易往来。

【点评】送分题，平时经常训练的内容，考查基本的知识识记。

【2017 年真题 · 判断】1840 年天津被辟为通商口岸后，西方列强纷纷在此设立租界。（　　）

【答案】错

【解析】**1860 年**天津被辟为通商口岸后，西方列强纷纷在天津设立租界，天津成为中国北方开放的前沿和近代中国“洋务”运动的基地。

【点评】中等难度，考查较细。根据常识可知，1840 年是第一次鸦片战争开始的时候，不可能是天津被辟为通商口岸的时间。

【2018 年真题 · 单选】天津天后宫是中国四大妈祖庙之一，始建于（　　）。

A. 明代　　B. 清代

C. 元代　　D. 宋代

【答案】C

【解析】天后宫位于天津古城东门外，始建于元代。

【点评】难度较大，考查较偏较细。

【2017 年真题 · 单选】天津市下列旅游景点中，已被列入世界文化遗产名录的是（　　）。

A. 大沽口炮台　　B. 黄崖关古长城

C. 盘山　　D. 独乐寺

【答案】B

【解析】天津目前有世界文化遗产：**黄崖关长城**、京杭大运河（天津段）。

【点评】简单难度，天津的世界文化遗产较少，比较好记。

习题强化

一、判断题

1. 天津滨海国际机场有多条国际国内航线，是华北地区最大的客运中心。（　　）
2. 天津主要受季风环流的支配，是东亚季风盛行的地区，属温带季风性气候。（　　）
3. 独乐寺、大沽口炮台是天津的世界文化遗产。（　　）
4. 马三立被誉为“中国相声泰斗”，擅使“贯口”和文哏段子，创立了独具特色的“马氏相声”。（　　）
5. 天津作家冯骥才是天津文学的代表人物，他创作的小说、散文众多，《挑山工》《珍珠鸟》等多篇文章入选教科书。（　　）
6. 天津古文化街是天津最具民俗风情的地方。（　　）
7. 天津相声的表演特色自成一派，以讽刺见长，火爆热烈，富于幽默感，说逗俱佳。（　　）

二、单选题

1. 天津古文化街的（　　）是一项闻名遐迩的传统活动。

A. 赶年　　B. 花儿会

C. 皇会　　D. 中秋灯会

2. 2008 年，（　　）入选第二批国家级非物质文化遗产名录。

A. 京韵大鼓　　B. 梅花大鼓

C. 天津时调　　D. 快板书

3. 在下列食品、果品中，属于天津特产的是（　　）。

A. 荔浦芋头　　B. 深州蜜桃

C. 莜麦面　　D. 沙窝萝卜

4. 天津公路四通八达，已形成以（　　）为中心的海陆空相结合的现代化运输网。

A．港口　　B．机场
C．火车站　　D．高速公路口

5．被誉为“中国相声泰斗”的是（　　）。
A．冯巩　　B．马季
C．马三立　　D．郭德纲

6．当代著名作家、画家（　　）是新时期“伤痕文学”代表作家，1985 年后以“文化反思小说”对文坛产生深远影响。
A．张明山　　B．冯骥才
C．孙菊仙　　D．张兆祥

7．（　　）是中国北方对内外开放两个扇面的轴心，是亚欧大陆桥中国境内距离最短的东部起点。
A．烟台市　　B．青岛市
C．大连市　　D．天津市

8．（　　）是中国北方最大的沿海开放城市，素有“渤海明珠”之称。
A．烟台市　　B．青岛市
C．大连市　　D．天津市

9．天主教天津教区的主教座堂是（　　）。
A．滨江道教堂　　B．老西开教堂
C．西南角教堂　　D．紫竹林圣路易堂

10．天津始于（　　）大运河的开通。在南运河和北运河的交汇处、现在的金钢桥三岔河口地方，史称“三会海口”，是天津最早的发祥地。
A．唐朝　　B．隋朝
C．元朝　　D．宋朝

11．“天津劝业场”五字巨匾是由（　　）手书的，字大 1 米，苍劲雄伟。
A．冯骥才　　B．华世奎
C．张兆祥　　D．张明山

12．天津人口最多的少数民族是（　　）。
A．回族　　B．满族
C．蒙古族　　D．朝鲜族

13．1997 年，天津的（　　）被定为津门四绝之一。
A．狗不理包子　　B．桂发祥麻花
C．耳朵眼炸糕　　D．猫不闻饺子

14．天津古文化街的“皇会”在每年农历（　　）日举行。
A．三月二十一　　B．三月二十二
C．三月二十三　　D．三月二十四

三、多选题

1. 具有天津特色的工艺品有（　　）等。

A. 杨柳青年画　　B.“泥人张”彩塑

C. 魏记风筝　　D. 面人

E. 汝窑瓷器

2. 下列冯骥才的作品中，有（　　）等被选入多种版本的中小学语文教材，受到广泛好评。

A.《珍珠鸟》　　B.《雕花烟斗》

C.《逆光的风景》　　D.《好嘴杨巴》

E.《刷子李》

3. 下列关于天津名人的描述，正确的是（　　）。

A. 张明山是第一代泥人张

B. 马三立被誉为“中国相声泰斗”

C. 冯骥才的多篇文学作品被选入中小学语文教材

D. 曹禺创作的话剧《雷雨》以民国时期的天津作为背景

E.“天津劝业场”五字巨匾由书法家华世奎手书

4. 天津是海河五大支流南运河和（　　）的汇合处和入海口，素有“河海要冲”之称。

A. 潮白河　　B. 子牙河

C. 大清河　　D. 永定河

E. 北运河

5. 号称“津门三绝”的是（　　）。

A. 老边饺子　　B. 耳朵眼炸糕

C. 棋子烧饼　　D. 狗不理包子

E. 十八街麻花

第三节　河北

真题解读

● 【2017 年真题 · 单选】河北省的下列市县中，享有“杂技之乡”盛誉的是（　　）。

A. 武清　　B. 吴桥

C. 宝坻　　D. 沧州

【答案】B

【解析】河北吴桥是“杂技摇篮”发祥地，享有“杂技之乡”的盛誉，驰名中外。

【点评】送分题，平时经常训练的内容，考查基本的知识识记。

- 【2018 年真题 · 多选】位于河北易县的清代皇陵有（　　）。

A. 慕陵　　B. 昌陵

C. 崇陵　　D. 泰陵

E. 孝陵

【答案】ABCD

【解析】清西陵位于河北易县，有**泰陵**、**昌陵**、**慕陵**、**崇陵**及诸后妃之陵。

【点评】难度超大，考查较细。

- 【2018 年真题 · 多选】河北省是中国著名的武术之乡，现存规模和影响较大的武术拳种有（　　）。

A. 八极拳　　B. 燕青拳

C. 八卦拳　　D. 梅花拳

E. 形意拳

【答案】ABDE

【解析】河北省现存规模和影响较大的有沧州的八极拳、劈挂拳、燕青拳，邯郸永年的杨式、武式太极拳，廊坊的**八卦掌**、邢台的梅花拳、深州的形意拳等。C 项，注意是“八卦掌”不是“八卦拳”。

【点评】难度超大，“八卦掌”和“八卦拳”只有一字之差。

- 【2017 年真题 · 多选】下列著名古代瓷窑中，地处河北省的有（　　）。

A. 邢窑　　B. 汝窑

C. 钧窑　　D. 哥窑

E. 定窑

【答案】AE

【解析】河北的**定窑**、**邢窑**、**磁州窑**和唐山陶瓷是中国历史上北方陶瓷艺术的典型代表。

【点评】难度超大，考查较细。但是可以根据排除法作答，汝窑、钧窑和哥窑明显不属于河北省。

习题强化

一、判断题

1. 明代金山岭长城地势险要是我国万里长城的精华地段。（　　）
2. 河北吹歌是一独具风采的民族民间乐器演奏形式。（　　）
3. 河北是中国唯一兼有高原、山地、丘陵、平原、湖泊和海滨的省份。（　　）
4. “河北”一词在两千多年前的东汉时就出现了，但作为大行政区的名称是从唐太

宗贞观元年（627 年）并省分道后才出现的。（　　）

5. 保定著名的驴肉火烧是河北代表菜。（　　）

6. 中国有民间武术 129 个拳种，其中 52 个发源于河南省。（　　）

7. 河北民间歌舞包括民歌、吹歌、歌舞等形式与内容。（　　）

8. 河北因地处华北，在长江以北而得名。（　　）

9. 口蘑产于河北坝上高原，是一种名贵真菌。（　　）

二、单选题

1.（　　）以雄、险、奇、秀著称，山上古建原为崇祯皇帝归隐行宫，后改为青龙观道院，又称“北武当”。

A. 燕山　　B. 太行山

C. 天桂山　　D. 小五台山

2. 棋子烧饼是河北省（　　）地区的名点，因状如小鼓、个似棋子而得名。

A. 唐山　　B. 藁城

C. 宣化　　D. 赵州

3. “燕赵多有慷慨悲歌之士”中的“燕赵”多指（　　）。

A. 山西　　B. 河南

C. 河北　　D. 北京

4. 河北省境内（　　）高达 2882 米，为全省最高峰。

A. 大北沟山　　B. 东猴顶

C. 小五台山　　D. 凤凰山

5. 河北三大地貌单元中，不包括（　　）。

A. 张北高原　　B. 河北平原

C. 坝上高原　　D. 燕山和太行山山地

6. 截至 2019 年 5 月，河北省具有国家级历史文化名城（　　）座。

A. 3　　B. 4

C. 5　　D. 6

7. 河北是中国重要的（　　）产区。

A. 粮棉　　B. 畜牧

C. 有色金属　　D. 煤炭

8. 河北普遍盛行庙会，天下第一庙市——安国药王庙会，在每年的（　　）。

A. 五月初五　　B. 三月三

C. 二月二　　D. 正月十五

9. 清西陵是清代帝王陵寝之一，共有陵寝（　　）座。

A. 13　　B. 14

C. 15　　D. 16

10. 河北省人口最多的少数民族是（　　）。

A. 满族　　B. 蒙古族

C. 彝族　　D. 回族

11.（　　）是太行山中最为雄险与灵秀的地段，有着丹崖、碧岭、奇峰、幽谷等独特的山岳景观。

A. 嶂石岩　　B. 天桂山

C. 苍岩山　　D. 崆山

12. 河北关于民俗的老话有（　　）。

A. 赶集上会做买卖　　B. 脚跑不过雨，嘴硬不过理

C. 腊七腊八，冻死寒鸭儿　　D. 大账小账，三十晚上

13. 河北省现辖（　　）个地级市。

A. 9　　B. 10

C. 11　　D. 12

三、多选题

1. 河北乡村古乐目前完整保留下来的主要有（　　）。

A. 昌黎民歌

B. 邢台市广宗的太平道乐

C. 巨鹿道教音乐班打醮科仪音乐

D. 廊坊市固安县屈家营音乐会

E. 军卢村义和团音乐

2. 下列属于世界遗产的河北省著名景区有（　　）。

A. 清东陵　　B. 清西陵

C. 避暑山庄及周围寺庙　　D. 长城（河北段）

E. 隆兴寺

3. 河北特产有（　　）。

A. 京东板栗　　B. 赵州雪梨

C. 稷山板枣　　D. 沧州金丝小枣

E. 深州蜜桃

4. 下列文化艺术中属于河北省的有（　　）。

A. 老调　　B. 吴桥杂技

C. 永年太极　　D. 梨园戏

E. 海城高跷秧歌

5. 下列风物特产中属于河北省的有（　　）。

A. 武强年画　　B. 安国药材

C. 曲阳石雕　　D. 蔚县剪纸

E. 易水砚

6. 明清皇家陵寝已被被选入世界文化遗产名录，下列在河北省的有（　　）。

A. 明显陵
B. 清东陵
C. 清西陵
D. 明孝陵
E. 明十三陵

7. 被誉为河北“太行三珍”的是（　　）。

A. 小米
B. 核桃
C. 柿子
D. 花椒
E. 大豆

第四节　山西

真题解读

● 【2018年真题·判断】山西省地处黄土高原东翼，全省大部分地区海拔在1000米以上。（　　）

【答案】对

【解析】山西省地处华北西部的黄土高原东翼，地貌从总体来看是一个被黄土广泛覆盖的山地高原，整个轮廓略呈由东北斜向西南的平行四边形。地貌类型复杂多样，有山地、丘陵、高原、盆地、台地等，大部分地区海拔在1000米以上，与其东部华北大平原相对比，呈现为强烈的隆起形势。

【点评】中等难度，考查较细。判断题作答技巧——拿不准就选对。

● 【2017年真题·判断】山西省总的地势是“两山夹一川”，高低起伏异常显著。（　　）

【答案】对

【解析】山西境域地势高低起伏异常显著，总的地势是“两山夹一川”，东西两侧为山地和丘陵隆起，中部为一列串珠式盆地沉陷，平原分布其间。

【点评】中等难度，考查较细，平时经常训练的内容。

● 【2017年真题·单选】下列著名面食中，最具山西特色的是（　　）。

A. 手伸面
B. 刀削面
C. 泡馍
D. 烩面

【答案】B

【解析】刀削面——山西，泡馍——陕西，烩面——河南。

【点评】送分题，平时经常训练的内容，考查基本的知识识记。

● 【2017年真题·多选】下列唐代著名诗人中，籍贯属于山西的有（　　）。

A．温庭筠　　B．李商隐

C．王维　　D．杜甫

E．王之涣

【答案】ACE

【解析】山西的唐代诗坛有王之涣、王维、王昌龄、白居易、温庭筠等。

【点评】中等难度，考查较细，适当应用排除法。

习题强化

一、判断题

1．陕西人嗜好吃面，可以说每顿饭几乎无面不足、无馍不饱。（　　）

2．山西因春秋战国时期属晋国地，故简称“晋”。（　　）

3．山西最高处为西北部的五台山叶斗峰，海拔达3058米，是华北最高峰。（　　）

4．山西拥有众多河流，故有“华北水塔”之称。（　　）

5．山西现存古代建筑，其数量之多和历史价值、艺术价值之高都居全国之首。（　　）

6．中国古代四大名著之一《三国演义》的作者罗贯中是山西人。（　　）

7．山西气候类型上属于温带大陆性季风气候。（　　）

8．山西地貌整体上是一处被黄土广泛覆盖的山地型高原，整个轮廓略呈由东北斜向西南的平行四边形。（　　）

9．山西西侯度文化和丁村文化遗址表明，早在旧石器时代就已有人类在这里。（　　）

10．元曲四大家皆出自山西。（　　）

11．陕西的民俗风情，被誉为“黄河文化”或“黄土文化”。（　　）

12．云冈石窟既是国家5A级旅游景区，又是世界文化遗产。（　　）

13．山西迄今为止有文字记载的历史达3000年之久，素有“中国古代文化博物馆”的美称，还被誉为“华夏文明的摇篮”。（　　）

14．北宋时期，讲究诚信的晋商和山西票号崛起。（　　）

15．山西地貌类型复杂多样，有山地、丘陵、高原、盆地、台地。（　　）

二、单选题

1．被嘉靖帝誉为“天下直臣”的是（　　）。

A．杨延和　　B．毛澄

C．严嵩　　D．高金

2．山西籍画家作品众多，其中薛稷绘画成就相当高，尤以画（　　）最为精妙。

A．花　　B．鸟

C．马　　D．鹤

3．下列省会城市是中国历史文化名城的是（　　）。

A．石家庄　　B．太原

C．合肥　　D．兰州

4．被誉为“东方彩塑艺术宝库”的是（　　）。

A．解州关帝庙　　B．应县佛宫寺

C．平遥双林寺　　D．大同华严寺

5．不属于发生在山西的典故是（　　）。

A．女娲补天　　B．精卫填海

C．禹凿孟门　　D．盘古开天

6．晋菜分为（　　）三派。

A．东、西、中　　B．南、北、中

C．咸、甜、辣　　D．晋南、晋北、晋西

7．到隋时，（　　）是黄河流域仅次于长安和洛阳的第三大城市。

A．济南　　B．太原

C．安阳　　D．郑州

8．山西（　　）据说最早是在古代尧帝时期出现，到现在已经有4000多年的历史。

A．炕画　　B．威风锣鼓

C．平遥推光漆具　　D．五台山“台砚”

9．（　　）曾向外移民十几次，洪洞县大槐树是当时一个主要移民站。

A．山东省　　B．山西省

C．河北省　　D．江苏省

10．（　　）是中华民族文明的发祥地之一，素有“中国古代艺术博物馆”“文献之邦”的美称。

A．山东省　　B．山西省

C．河北省　　D．江苏省

11．山西省总的地势是“两山夹一川”，主体轮廓像一个（　　）字形。

A．回　　B．凸

C．口　　D．凹

12．山西省少数民族中（　　）人口最多。

A．维吾尔族　　B．回族

C．满族　　D．蒙古族

13．下列关隘中保存较为完整的是（　　）。

A．雁门关　　B．平型关

C．宁武关　　D．娘子关

14．山西名酒有（　　）。

A．金六福、四特　　B．老白干、杜康

C．汾酒、竹叶青　　D．汾酒、二锅头

15．李渊父子起兵于（　　），建都长安后，把其尊为“北都”，意即“别都”。

A．朔州　　B．晋中

C．阳泉　　D．太原

16．山西河流众多，承东启西的地理位置，使其成为（　　）两大流域的分水岭。

A．黄河与海河　　B．黄河与渭河

C．海河与渭河　　D．渭河与滦河

17．下列寺庙宫观建于唐代的是（　　）。

A．五台山南禅寺大殿　　B．晋祠圣母殿

C．大同善化寺　　D．永乐宫

18．五台山是文殊菩萨的道场，位于台外的南禅寺大殿是（　　）代建筑。

A．唐　　B．宋

C．元　　D．明

19．元曲四大家之一的关汉卿以其华彩大作（　　）为代表，被尊崇为中国戏曲的开山鼻祖。

A．《窦娥冤》　　B．《汉宫秋》

C．《赵氏孤儿》　　D．《西厢记》

20．山西面塑注重色彩，花色绚丽，当地称之为（　　）。

A．花馍　　B．彩馍

C．花面　　D．彩面

21．（　　）现存古代建筑，其数量之多和历史价值、艺术价值之高都居全国之首。

A．山东省　　B．山西省

C．河北省　　D．江苏省

三、多选题

1．山西特产有（　　）。

A．汾酒　　B．竹叶青

C．澄泥砚　　D．平陆百合

E．清徐葡萄

2．山西素有以下（　　）美称。

A．中国古代文化博物馆　　B．华夏文明的摇篮

C．中国古代艺术博物馆　　D．文献之邦

E．文物之邦

3．山西省，战国初期，（　　）三分晋国，因而又称“三晋”。

A．韩　　B．赵

C．燕　　D．秦

E．魏

4．山西省总的地势是“两山夹一川”，其中两山是指（　　）。

A．太行山　　B．吕梁山

C．恒山　　D．五台山

E．中条山

5．山西的世界遗产有（　　）。

A．黄河壶口瀑布　　B．平遥古城

C．大同云冈石窟　　D．五台山

E．雁门关

6．下列关于山西的概况，说法正确的有（　　）。

A．“精卫填海”“女娲补天”“禹凿孟门”的传说发生在山西

B．素有“中国古代文化博物馆”之美称，还被誉为“华夏文明的摇篮”

C．拥有众多河流，被誉为“华北水塔”

D．山西总的地势是“两山夹一川”

E．中国古代四大名著之一《水浒传》的作者施耐庵是山西人

7．下列选项中，（　　）是山西著名风味菜点。

A．猫耳朵　　B．莜面栲栳

C．喇嘛肉　　D．面线糊

E．牛羊肉泡馍

8．下列选项中位于山西的有（　　）。

A．天龙山石窟　　B．麦积山石窟

C．龙山石窟　　D．天梯山石窟

E．龙门石窟

9．山西省遗址众多，下列选项中属于山西的有（　　）。

A．芮城西侯度遗址　　B．合河遗址

C．道教松峰山遗址　　D．双墩遗址

E．良渚文化遗址

10．下列属于山西名点小吃的是（　　）。

A．刀削面　　B．拨鱼儿

C．老边饺子　　D．奶皮子

E．打糕

11．山西名酒以（　　）最为有名。

A. 马奶酒　　B. 汾酒
C. 老龙口白酒　　D. 雪花啤酒
E. 竹叶青

12. 下列是山西省国家级历史文化名城的是（　　）。
A. 平遥县　　B. 大同市
C. 吕梁市　　D. 太原市
E. 临汾市

第五节　内蒙古

真题解读

- 【2018 年真题 · 判断】内蒙古高原西端分布着巴丹吉林、腾格里、乌兰布和、库布其、毛乌素等沙漠，总面积达 15 万平方千米。（　　）

【答案】对

【解析】略

【点评】难度超大，本题考的太细太偏，没必要纠结。判断题作答技巧——拿不准就选对。

- 【2017 年真题 · 判断】内蒙古自治区是一个多民族多宗教的少数民族地区，其主要宗教是藏传佛教。（　　）

【答案】对

【解析】内蒙古是一个多民族多宗教的少数民族地区，现有 7 种宗教：藏传佛教（喇嘛教）、汉传佛教、道教、伊斯兰教、天主教、基督教和东正教。

【点评】中等难度，考查基本的知识识记。

- 【2017 年真题 · 单选】内蒙古自治区的面积在全国各省（区市）中的排名是（　　）。

A. 第二位　　B. 第三位
C. 第四位　　D. 第五位

【答案】B

【解析】内蒙古自治区东西长 2430 多千米，南北最大跨度 1700 多千米，总面积 118.3 万平方千米，占全国总面积的 1/8，在全国各省区市中居第 3 位。

【点评】简单难度，平时经常训练的内容，考查基本的知识识记。

习题强化

一、判断题

1. 红食在蒙古语里叫“查干伊德”，是蒙古族待客的最高礼遇。（ ）
2. 文学名著《化铁熔山》，展现了十二三世纪蒙古草原上诸部征战的场面。（ ）
3. 在内蒙古到牧民家做客，主人首先会给宾客敬上一碗奶茶，宾客要微欠起身用左手接。（ ）
4. 蒙古人饮食比较粗犷，以羊肉、奶、野菜及面食为主的菜点原料，以烤最为著名。（ ）
5. 1206 年，成吉思汗建立了元朝。（ ）
6. 内蒙古北部同蒙古国和俄罗斯联邦接壤。（ ）

二、单选题

1. 蒙古人在过年过节或招待来客时，时兴吃（ ）。

A．烤羊肉　　B．炖羊肉

C．手把羊肉　　D．整羊席

2. 蒙古族的烹调方法最著名的是（ ）。

A．炸　　B．炒

C．煎　　D．烤

3. 契丹国 947 年更国号为辽国，其间在今内蒙古赤峰市巴林左旗附近建立了蒙古草原上的第一个都城（ ）。

A．辽京　　B．大都

C．上都　　D．上京

4. 内蒙古自治区陆地面积 118.3 万平方千米，占全国国土总面积的 1/8，在全国各省区市中居第（ ）位。

A．1　　B．2

C．3　　D．4

5. 中国第一个省级少数民族自治区是（ ）。

A．宁夏　　B．内蒙古

C．西藏　　D．广西

6.《蒙古秘史》历经战乱，原文本早已失传，而它的汉文音译本是被编入（ ）中才完整保存下来。

A.《资治通鉴》　　B.《永乐大典》

C.《四库全书》　　D.《梦溪笔谈》

7. 内蒙古自治区目前居住的少数民族，其中人口在 100 万以上的少数民族有

（　　）。

A．回族　　B．蒙古族

C．藏族　　D．满族

8．内蒙古的国家历史文化名城是（　　）。

A．鄂尔多斯　　B．呼伦贝尔

C．呼和浩特　　D．包头

9．文学名著（　　），展现了 12、13 世纪蒙古草原上诸部征战的场面。

A.《蒙古秘史》　　B.《勇士谷诺干》

C.《乌巴什洪台吉》　　D.《黄金史》

10．内蒙古自治区，气候以温带（　　）为主。

A．大陆性季风气候　　B．大陆性干旱气候

C．半湿润季风气候　　D．亚热带季风气候

11．内蒙古现有（　　）种宗教。

A．5　　B．6

C．7　　D．8

12．（　　）年 4 月 23 日，成立内蒙古自治政府。

A．1946　　B．1947

C．1948　　D．1949

13．内蒙古高原，是中国四大高原中的（　　）大高原。

A．第一　　B．第二

C．第三　　D．第四

14．《席尼喇嘛》是（　　）。

A．话剧　　B．小说

C．京剧　　D．晋剧

15．蒙古族第一个现代舞是（　　）。

A.《牧马》　　B.《哈库麦》

C.《希望》　　D.《牧羊舞》

16．蒙古文学史上第一篇历史小说是（　　）。

A.《乌巴什洪台吉》　　B.《黄金史》

C.《格尔斯传》　　D.《江格尔》

17．在内蒙古做客，接过主人敬酒后，应用（　　）蘸酒向天地火方向各点一下。以示敬奉天、地、火神。

A．拇指　　B．食指

C．无名指　　D．小拇指

18．在内蒙古各民族中，信仰东正教的主要是（　　）。

A．柯尔克孜族　　B．汉族
C．蒙古族　　D．俄罗斯族

19．5000 多年前，内蒙古已经是（　　）的分布范围。

A．河姆渡文化　　B．仰韶文化
C．裴李岗文化　　D．大汶口文化

20．内蒙古基本上是一个（　　）地貌区。

A．高原型　　B．平原型
C．山地型　　D．盆地型

三、多选题

1．著名舞蹈家表演的蒙古舞蹈（　　）登上了开国大典的舞台。

A.《牧羊舞》　　B.《鄂伦春舞》
C.《马刀舞》　　D.《鄂尔多斯舞》
E.《筷子舞》

2．下列选项中，春秋战国前，在蒙古高原游牧生活的是（　　）。

A．匈奴人　　B．东胡人
C．鲜卑人　　D．突厥人
E．蒙古人

3．以下富有内蒙古民族特色的歌曲有（　　）。

A.《康定情歌》　　B.《草原上升起不落的太阳》
C.《敖包相会》　　D.《草原晨曲》
E.《达坂城的姑娘》

4．蒙古族传统食品分为（　　）两种。

A．黑　　B．白
C．黄　　D．红
E．绿

5．内蒙古四大品牌旅游区域是指（　　）。

A．敕勒川现代草原文明核心区　　B．环京津冀草原风情旅游区
C．大兴安岭全生态旅游区　　D．满洲里中俄边境旅游区
E．阿拉善秘境探险旅游区

6．下列选项中是内蒙古菜点的有（　　）。

A．蜜麻叶　　B．德兴元烧卖
C．莜麦面　　D．卓资山熏鸡
E．马奶酒

7．在内蒙古做客，主人敬酒，宾客应随即接住酒，接酒后用无名指蘸酒向（　　）方向各点一下。

A．天　　B．地
C．人　　D．火
E．河

8．被誉为大兴安岭佳肴中的三大珍品的是（　　）。

A．犴鼻　　B．人参
C．鹿茸　　D．熊掌
E．鹿尾

习题强化答案

第一节　北京

一、判断题

1．错　2．对　3．错　4．对　5．错
6．错　7．对　8．对　9．对

二、单选题

1．D　2．C　3．C　4．C　5．C
6．B　7．B　8．B　9．A　10．C
11．C　12．C　13．A　14．D　15．B
16．A　17．C　18．A　19．B

三、多选题

1．ABD　2．ABCDE　3．BCDE　4．ABDE　5．CDE
6．ABE

第二节　天津

一、判断题

1．错　2．对　3．错　4．对　5．对
6．对　7．对

二、单选题

1．C　2．A　3．D　4．A　5．C
6．B　7．D　8．D　9．B　10．B
11．B　12．A　13．D　14．C

三、多选题

1．ABC　2．ADE　3．ABCDE　4．BCDE　5．BDE

第三节 河北

一、判断题

1．对 2．对 3．对 4．错 5．对
6．错 7．对 8．错 9．对

二、单选题

1．C 2．A 3．C 4．C 5．A
6．D 7．A 8．D 9．B 10．A
11．A 12．A 13．C

三、多选题

1．BCDE 2．ABCD 3．ABDE 4．ABC 5．ABCDE
6．BC 7．BCD

第四节 山西

一、判断题

1．错 2．对 3．错 4．对 5．对
6．对 7．对 8．对 9．对 10．错
11．错 12．对 13．对 14．错 15．对

二、单选题

1．D 2．D 3．B 4．C 5．D
6．B 7．B 8．B 9．B 10．B
11．D 12．B 13．D 14．C 15．D
16．A 17．A 18．A 19．A 20．A
21．B

三、多选题

1．ABCDE 2．ABCD 3．ABE 4．AB 5．BCD
6．ABCD 7．ABC 8．AC 9．AB 10．AB
11．BE 12．ABD

第五节 内蒙古

一、判断题

1．错 2．错 3．错 4．对 5．错
6．对

二、单选题

1．C 2．D 3．D 4．C 5．B
6．B 7．B 8．C 9．A 10．A

11．C	12．B	13．B	14．D	15．C
16．A	17．C	18．D	19．B	20．A

三、多选题

1．AB	2．AB	3．BCD	4．BD	5．ABCE
6．ABCDE	7．ABD	8．ADE		

第二章　东北地区

第一节　辽宁

真题解读

- 【2017 年真题 · 判断】辽宁的文学创作源远流长，但形成较大影响的是民国时期的“东北作家群”。（　　）

  【答案】错

  【解析】辽宁的文学创作古已有之，但形成较大影响的是**抗战时期**的“东北作家群”。

  【点评】送分题，平时经常训练的内容，考查基本的知识识记。

- 【2017 年真题 · 单选】1625 年 3 月，后金迁都沈阳，后将其定名为（　　）。

  A．上京　　B．东京

  C．新京　　D．盛京

  【答案】D

  【解析】1625 年 3 月，后金迁都沈阳，后定名为**盛京**。

  【点评】简单难度，平时经常训练的内容，考查基本的知识识记。

习题强化

一、判断题

1．“辽西走廊”是我国东北地区沟通华北地区的主要陆上通道，也是名胜古迹、阳光海滩集中的旅游胜地。（　　）

2．满族的婚娶礼俗十分繁杂，一般有四个基本程序：相看、合婚、放定（放大定和放小定）、婚礼等程序。（　　）

3．1919 年，中华民国改奉天省为辽宁省，为辽宁得名的开始。（　　）

4．黑龙江省是东北地区降水量最多的省份，年降水量 600 ～ 1100 毫米。（　　）

5．清代帝王陵全部集中在辽宁和河北两省境内。（　　）

6．萧红是“东北作家群”的领军人物。（　　）

7．辽宁简称“辽”，取辽河流域永远安宁之意而得其名。（　　）

8．西迁节、抹愚节是满族的节庆活动。（　　）

9．三餐不离茶是辽宁省蒙古族的饮食习惯。（　　）

10．千山被誉为“神仙住过的地方”。（　　）

11．约在7000年前，辽宁地区开始进入新石器时代。（　　）

12．1616年正月，皇太极于赫图阿拉御八角殿称汗，建元天命，定国号为金，史称后金。（　　）

13．辽宁高速公路形成了以大连为中心枢纽向四周辐射状的交通格局。（　　）

二、单选题

1．辽西渤海沿岸又称“辽西走廊”，其主要地形类型是（　　）。

A．丘陵　　B．盆地

C．山地　　D．平原

2．在夺取辽阳后，1621年8月，后金筑辽阳新城，即（　　）城，迁都于此。

A．南京　　B．上京

C．东京　　D．盛京

3．辽宁（　　）红海滩是世界上最大的湿地红海滩奇观，有亿万年形成的化石奇景，有地下溶洞的景象万千。

A．大连　　B．营口

C．盘锦　　D．丹东

4．在辽宁朝阳市喀左县发现的（　　），属于旧石器时代中期古人类遗址，距今有5万年左右。

A．鸽子洞遗址　　B．查海遗址

C．宝山遗址　　D．泥河湾遗址

5．辽西渤海沿岸为狭长的海滨平原，称（　　）。

A．辽西走廊　　B．河西走廊

C．东北走廊　　D．海上走廊

6．满族“三大怪”不包括（　　）。

A．窗户纸糊在外　　B．大缸小缸腌酸菜

C．大姑娘叼烟袋　　D．养活孩子吊起来

7．（　　）是中国海岸线的北端起点，被誉为“中国最大最美的边境城市”。

A．丹东　　B．大连

C．鞍山　　D．锦州

8．全国工业门类最为齐全的是（　　）。

A．黑龙江省　　B．吉林省

C．辽宁省　　D．广东省

9．1608年4月，（　　）与明边将立碑划界，从此自称为国，边界在今辽宁吉林的交界附近。

A．努尔哈赤　　B．女真族

C．契丹族　　D．忽必烈

10．辽宁省地形概貌大体是（　　）。

A．六山一水三分田　　B．七山一水二分田

C．五山一水一草三分田　　D．五山一水四分田

11．辽宁铁路密度居全国第（　　）。

A．一　　B．二

C．三　　D．四

12．迄今为止在辽宁地区发现的最古老的一处人类栖息地是（　　）。

A．鸽子洞遗址　　B．新乐遗址

C．牛河梁遗址　　D．金牛山遗址

13．（　　）是辽宁国家历史名城。

A．大连市　　B．抚顺市

C．辽阳市　　D．沈阳市

14．（　　）水洞是亚洲最长的地下水溶洞，素有“九曲银河”之称。

A．大连　　B．抚顺

C．本溪　　D．锦州

15．辽宁的民俗风情主要由（　　）、满族、蒙古族、锡伯族的传统习俗组成。

A．汉族　　B．朝鲜族

C．哈尼族　　D．达斡尔族

三、多选题

1．辽宁民间艺术表演形式主要有（　　）。

A．辽剧　　B．评剧

C．二人转　　D．海城高跷秧歌

E．京剧

2．下列属于辽宁三大雕刻工艺品的是（　　）。

A．寿山石雕　　B．抚顺煤精雕

C．青田石雕　　D．岫岩玉雕

E．辽西玛瑙雕

3．下列属于辽宁“四大海珍”的有（　　）。

A．刺参　　B．鲍鱼

C．扇贝　　D．对虾

E．鱼翅

4．下列关于辽宁旅游资源概况，说法正确的有（　　）。

A．青山沟风景区青山环抱、层峦叠嶂，被誉为“神仙住过的地方”
B．丹东是中国海岸线的北端起点，被誉为“中国最大最美的边境城市”
C．辽宁盘锦红海滩是世界上最大的湿地红海滩奇观
D．本溪水洞是亚洲最长的地下水溶洞，素有“九曲银河”之称
E．辽宁的国家历史文化名城是沈阳和大连

5．辽宁在秦时，置（　　）三郡。
A．辽东　　B．辽西
C．右北平　　D．左北平
E．辽北

6．下列选项中（　　）是辽宁农家特色菜。
A．大锅炖鱼　　B．猪肉炖粉条
C．丹东黄蚬子　　D．酸菜血肠五花肉
E．羊肠面

7．根据我国最早的史书《禹贡》记载，辽宁地区最早为（　　）之城。
A．青州　　B．冀州
C．幽州　　D．营州
E．平州

8．辽宁省地势大致为自北向南，自东西两侧向中部倾斜（　　）。
A．山地丘陵分列南北两厢　　B．山地丘陵分列东西两厢
C．呈马蹄形向渤海倾斜　　D．向中部平原下降
E．呈“之”字形向渤海倾斜

9．水运已经形成以大连港为中心，以（　　）为两翼，同国内沿海诸港口以及世界5大洲70多个国家和地区140多个港口通航。
A．大连港　　B．舟山港
C．丹东港　　D．营口港
E．锦州港

第二节　吉林

真题解读

● 【2018年真题·判断】吉林省的名称来源于满语“吉林乌拉”，意为“松花江沿岸”。（　　）

【答案】对

【解析】吉林，简称“吉”，省名源于满语“吉林乌拉”，意为“松花江沿岸”。

地处享誉世界的“黄金玉米带”，是著名的“黑土地之乡”，农业生产条件得天独厚。

【点评】送分题，平时经常训练的内容，考查基本的知识识记。

- 【2018 年真题·单选】截止 2017 年，吉林省拥有的中国历史文化名城有吉林、长春和（　　）。

A．辽源　　B．白山

C．集安　　D．四平

【答案】C

【解析】吉林省有国家历史文化名城 3 座：吉林市、**集安市**、长春市。

【点评】中等难度，平时经常训练的内容，考查基本的知识识记。

- 【2017 年真题·单选】吉林省普遍流行的一种综合舞蹈、歌唱、戏剧等艺术形式并以舞为主的民间艺术样式的是（　　）。

A．秧歌　　B．乱弹

C．大口落子　　D．单弦

【答案】A

【解析】吉林**秧歌**是一种舞蹈、歌唱、戏剧三者综合，以舞为主的民间艺术。

【点评】中等难度，考查较偏较细。

- 【2017 年真题·单选】吉林省的（　　）是东北三宝的主要产地之一。

A．四平市　　B．长春市

C．白山市　　D．吉林市

【答案】C

【解析】**白山市**是东北三宝（人参、貂皮、鹿茸）的主要产地之一，吉林盛产野生中药材，多达 70 余种，有党参、黄蘗、贝母等。

【点评】简单难度，平时经常训练的内容，考查基本的知识识记。

习题强化

一、判断题

1. 独具特殊魅力的吉林雾凇，为北国风光之最，名列中国四大奇观之首。（　　）
2. 高跷秧歌是吉林几种秧歌中最为普及、最灵活的一种。（　　）
3. 长珲城际铁路沿途经过众多风景名胜，被誉为“东北最美高铁”。（　　）
4. “三套碗”是锡伯族的特色美食。（　　）
5. 什锦田鸡油、鹿茸三珍汤是长白山珍宴的菜点。（　　）
6. 吉林市地处长白山与松嫩平原的过渡地带。（　　）
7. 吉林省位于中纬度欧亚大陆的东侧，属于温带大陆性季风气候，四季分明，雨

热同季。（ ）

8. 从先秦开始，吉林就被历代中央政权划入行政区域管辖之下。（ ）

二、单选题

1. 爱穿素白服，注重礼仪，尊老爱幼，能歌善舞的民族是（ ）。

A. 蒙古族　　B. 朝鲜族

C. 满族　　D. 回族

2.（ ）的特色为“善制野味，讲究火候，醇厚香浓，朴素实惠”。

A. 吉菜　　B. 豫菜

C. 辽菜　　D. 冀菜

3. 已成为中国传统女装的是（ ）的旗袍。

A. 朝鲜族　　B. 鄂伦春族

C. 满族　　D. 汉族

4.（ ）是朝鲜族的主要聚居地。

A. 辽宁省　　B. 内蒙古自治区

C. 吉林省　　D. 黑龙江省

5. 中国首个森林旅游机场是（ ）。

A. 张家界机场　　B. 武夷山机场

C. 长白山机场　　D. 黄山机场

6. 全国唯一的省与本省中一个市重名的省份是（ ）。

A. 青海　　B. 台湾

C. 辽宁　　D. 吉林

7. 吉菜受（ ）影响较大，秉承“天然、绿色、营养、健康”的饮食理念，讲究刀工和勺工。

A. 苏菜　　B. 鲁菜

C. 徽菜　　D. 川菜

8.（ ）省地处中国东北地区腹地，位于东北亚地理几何中心。

A. 辽宁　　B. 黑龙江

C. 吉林　　D. 内蒙古

9. 李连贵熏肉大饼是（ ）省著名传统风味之一，由河北人李连贵始创，已有百年历史。

A. 吉林　　B. 河北

C. 辽宁　　D. 山东

10. 世界上第一条投入运营的高寒地区高速铁路是（ ）。

A. 哈齐高铁　　B. 哈大高铁

C. 长珲城际铁路　　D. 京哈高铁

11. 吉林几种秧歌中最为普及、最灵活的一种是（　　）。
A. 回民秧歌　　B. 军庄秧歌
C. 大营秧歌　　D. 地秧歌

12. “吉林三杰”的诗歌创作表现了吉林近代文人的忧患情怀，以说部（　　）为代表的叙事文学则表现了吉林近代文学的爱国主义精神。
A.《蒙古秘史》　　B.《虎头牌》
C.《黑土地》　　D.《碧血龙江传》

13.（　　）年，长春划归吉林省，省会迁至长春市。
A. 1949　　B. 1950
C. 1953　　D. 1954

14. 吉林（　　）是天造地设、奇丽壮观的自然美景，给人以迷奇之感，更让人陶醉，为多彩的世界增添无穷的乐趣，不愧为北国风光之最，名列中国四大自然奇观之一。
A. 雾凇　　B. 雪景
C. 夕阳　　D. 极光

15. 吉林省铁路运输以（　　）为中心。
A. 长春　　B. 辽源
C. 通化　　D. 四平

16. 吉林省以中部（　　）为界，可分为东部山地和中西部平原两大地貌区。
A. 牡丹岭　　B. 林哈达岭
C. 张广才岭　　D. 大黑山

17.（　　）年，“九一八”事变，东北沦陷，被肢解为19个省，吉林省仅辖一市一旗17县。
A. 1927　　B. 1931
C. 1930　　D. 1932

三、多选题

1. 吉林被称为东北“新三宝”的特产包括（　　）。
A. 红景天　　B. 党参
C. 不老草　　D. 灵芝
E. 林蛙

2. 下列民族，（　　）为吉林省世居少数民族。
A. 满族　　B. 朝鲜族
C. 回族　　D. 锡伯族
E. 蒙古族

3. 吉林乡间民俗风情可概括为（　　）。

A．窗户纸糊在外　　B．大姑娘叼烟袋
C．土坯房子篱笆寨　　D．养活孩子吊起来
E．烟囱安在山墙边

4．吉菜有（　　）系列。
A．民族菜　　B．民俗菜
C．宫廷菜　　D．山珍菜
E．农家菜

5．吉林乡间民俗风情被概括为窗户纸糊在外和（　　）。
A．土坯房子篱笆寨　　B．黄土打墙墙不倒
C．烟囱安在山墙边　　D．索勒杆子戳门外
E．大姑娘叼烟袋

6．蒙古族的传统节日那达慕大会，主要民俗活动有（　　）等民族体育活动和歌舞表演。
A．赛马　　B．刁羊
C．摔跤　　D．泼水
E．上刀山

7．吉林传统饮食与特色小吃有（　　）。
A．清蒸白鱼　　B．三套碗
C．人参鸡　　D．白肉血肠
E．狗肉汤

8．东北三宝指的是（　　）。
A．人参　　B．貂皮
C．鹿茸　　D．蘑菇
E．雪松

第三节　黑龙江

真题解读

● 【2018 年真题 · 判断】黑龙江省是北魏、辽、金、元及清政权的发源地。（　　）

【答案】错

【解析】黑龙江省是**北魏和辽、金、清朝**的发祥地，其文化源流可归结为鲜卑文化、渤海文化、金源文化和满族文化。

【点评】中等难度，考查基本的知识识记。根据常识知道元朝发源地是蒙古高原。

- 【2018 年真题 · 单选】贝伦舞是黑龙江极具特色的民间舞蹈，它起源于古代（　　）人艰苦的渔猎生活。

  A．赫哲族　　B．锡伯族

  C．鄂伦春族　　D．达斡尔族

  【答案】B

  【解析】黑龙江极具特色的民间舞蹈是贝伦舞，它起源于古代**锡伯族**人艰苦渔猎生活中模仿生活、生产姿势的一种古老舞蹈。

  【点评】简单难度，平时经常训练的内容，考查基本的知识识记。

- 【2017 年真题 · 单选】与张爱玲、吕碧城、石评梅并称“民国四大才女”的黑龙江籍女作家是（　　）。

  A．丁玲　　B．冰心

  C．卢隐　　D．萧红

  【答案】D

  【解析】中国近现代史上黑龙江籍最杰出的女作家**萧红**，与张爱玲、吕碧城、石评梅并称“民国四大才女”，被誉为“20 世纪 30 年代的文学洛神”。

  【点评】送分题，平时经常训练的内容，考查基本的知识识记。

- 【2017 年真题 · 单选】存留在大兴安岭嘎仙洞的摩崖石刻属于（　　）。

  A．满族文化　　B．鲜卑文化

  C．金源文化　　D．渤海文化

  【答案】B

  【解析】**鲜卑文化**是存留在大兴安岭嘎仙洞的摩崖石刻，是北魏太平真君四年（443 年），派中书侍郎李敞等人前往“祖庙石室”进行“告祭”，在石室壁上刊刻的祝文。

  【点评】中等难度，考查基本的知识识记。

习题强化

一、判断题

1．黑龙江省属于寒温带大陆性季风气候。（　　）

2．两汉时期，肃慎、东胡、秽貊三大族系的部分先民，已定居在黑龙江地区。（　　）

3．阿城是金源文化肇兴之地，金王朝开国之都。（　　）

4．1115 年，女真完颜部首领阿骨打击败辽军后称帝，国号大金，都绥宁。（　　）

5．赫哲族以农耕为主，鄂伦春族以捕鱼为生。（　　）

6．黑龙江全省土地总面积居全国第 8 位。（　　）

7. 黑龙江是亚洲与太平洋地区陆路通往俄罗斯和欧洲大陆的重要通道。 （ ）

二、单选题

1. （ ）是亚洲与太平洋地区陆路通往俄罗斯和欧洲大陆的重要通道，是中国沿边开放的重要窗口。

A．黑龙江　　B．广东
C．浙江　　D．北京

2. （ ）吃蔬菜有两种主要形式，一种是凉拌菜，另一种是蘸酱菜。

A．吉林人　　B．辽宁人
C．内蒙古人　　D．黑龙江人

3. 黑龙江（ ）禁忌很多，猎到熊，还为其举行仪式，把熊骨用草包好放在树上，敬烟，叩头。

A．朝鲜族人　　B．鄂伦春人
C．赫哲族人　　D．蒙古族人

4. 黑龙江名点小吃“大列巴”（大面包），由（ ）传入，已有七八十年的历史，是哈尔滨独特的风味食品。

A．俄罗斯　　B．朝鲜
C．南韩　　D．蒙古国

5. （ ）是黑龙江省独有的民族，他们以捕鱼为生，长年忙碌在江面上。

A．赫哲族　　B．达斡尔族
C．锡伯族　　D．鄂温克族

6. （ ）省位于中国东北部，是中国位置最北、纬度最高的省份。

A．内蒙古　　B．黑龙江
C．辽宁　　D．吉林

7. （ ）有代表世界多种建筑风格的建筑物近百处，素有“东方小巴黎”“东方莫斯科”之称。

A．沈阳　　B．长春
C．哈尔滨　　D．上海

8. 全国通航俄罗斯航线最多的机场是（ ）。

A．哈尔滨太平国际机场　　B．齐齐哈尔三家子机场
C．佳木斯东郊机场　　D．大庆萨尔图机场

9. （ ）是黑龙江省极具特色的民间舞蹈。

A．安代舞　　B．农乐舞
C．牧羊舞　　D．贝伦舞

10. （ ）狭义指女真民族以阿什河流域阿城为中心创造的文化。

A．鲜卑文化　　B．渤海文化

C．金源文化　　D．满族文化

11．黑龙江省因省境东北有黑龙江而得名。简称“黑”，省会（　　）。

A．齐齐哈尔　　B．长春

C．沈阳　　D．哈尔滨

12．黑龙江省地貌特征为（　　）。

A．六山一水三分田　　B．七山一水二分田

C．五山一水一草三分田　　D．五山一水四分田

13．（　　）时期，黑龙江建立了第一个国立图书馆，第一所大学。

A．渤海　　B．辽

C．金　　D．北魏

14．对猛兽不能直呼其名是（　　）人的禁忌。

A．赫哲族　　B．鄂伦春族

C．鄂温克族　　D．达斡尔族

15．下列少数民族中，以牧业为主的是（　　）。

A．赫哲族　　B．达斡尔族

C．满族　　D．鄂伦春族

16．手把肉是（　　）风味。

A．赫哲族　　B．鄂伦春族

C．鄂温克族　　D．达斡尔族

17．黑龙江省的特产有（　　）大马哈鱼、兴安岭的蘑菇等。

A．黑龙江　　B．乌苏里江

C．牡丹江　　D．嫩江

18．黑龙江人大部分为（　　）移民的后代。

A．山东　　B．陕西

C．山西　　D．河北

19．（　　）是黑龙江省的枢纽机场，地处东北亚中心位置，是东南亚至北美航线的经停点，是中国东北地区最繁忙的三大国际航空港之一。

A．黑河机场　　B．哈尔滨太平国际机场

C．齐齐哈尔三家子机场　　D．牡丹江海浪机场

三、多选题

1．黑龙江省会哈尔滨，有代表世界多种建筑风格的建筑物近百处，素有（　　）之称。

A．东方小巴黎　　B．东方威尼斯

C．东方雅典　　D．东方大都会

E．东方莫斯科

2. 1954年，（　　）两省合并为黑龙江省。

A. 黑龙江省　　B. 嫩江
C. 合江　　D. 绥宁
E. 松江省

3. （　　）和部分俄罗斯饮食文化三种饮食文化交会、融合，逐步形成了独具特色的黑龙江饮食文化。

A. 吉菜　　B. 鲁菜
C. 辽菜　　D. 满洲饮食文化
E. 冀菜

4. 下列关于黑龙江鄂伦春族的风俗，说法正确的是（　　）。

A. 出猎前不告知他人去向何方
B. 打猎过程中直呼猛兽的名字可以提高捕获率
C. 相信野兽的肩胛骨有预知的本领
D. 打猎归来要歌舞狂欢，模仿动物和飞禽的动作
E. 猎到熊后要为其举行仪式

5. 中国近代史上的"民国四大才女"是指（　　）。

A. 张爱玲　　B. 萧红
C. 林徽因　　D. 吕碧城
E. 石评梅

6. 黑龙江省的文化源流可归结为（　　）。

A. 鲜卑文化　　B. 松花江文化
C. 渤海文化　　D. 满族文化
E. 金源文化

7. 黑龙江省"渤海文化"时期，出现了黑龙江历史上的三个"第一"是（　　）。

A. 第一本《满族源流考》出版　　B. 第一个国立图书馆
C. 第一个造船厂　　D. 收受了第一个外国留学生
E. 第一所大学

8. 下列城市中属于黑龙江历史文化名城的是（　　）。

A. 牡丹江市　　B. 佳木斯市
C. 大庆市　　D. 哈尔滨市
E. 齐齐哈尔市

9. 黑龙江省的滑雪资源主要集中在（　　）。

A. 哈尔滨市　　B. 伊春市
C. 牡丹江市　　D. 大兴安岭地区
E. 黑河市

习题强化答案

第一节 辽宁

一、判断题

1. 对　2. 对　3. 错　4. 错　5. 对
6. 错　7. 对　8. 错　9. 对　10. 错
11. 对　12. 错　13. 错

二、单选题

1. D　2. C　3. C　4. A　5. A
6. B　7. A　8. C　9. A　10. A
11. A　12. D　13. D　14. C　15. A

三、多选题

1. ACD　2. BDE　3. ABCD　4. ABCD　5. ABC
6. ABD　7. AB　8. BCD　9. CDE

第二节 吉林

一、判断题

1. 错　2. 错　3. 对　4. 错　5. 对
6. 错　7. 对　8. 对

二、单选题

1. B　2. A　3. C　4. C　5. C
6. D　7. B　8. C　9. A　10. B
11. D　12. D　13. D　14. A　15. A
16. D　17. B

三、多选题

1. ACE　2. ACDE　3. ACE　4. ABCD　5. ABCD
6. ABC　7. ABCDE　8. ABC

第三节 黑龙江

一、判断题

1. 错　2. 错　3. 对　4. 错　5. 错
6. 错　7. 对

二、单选题

1. A　2. D　3. B　4. A　5. A

6．B　7．C　8．A　9．D　10．C

11．D　12．C　13．A　14．B　15．B

16．B　17．B　18．A　19．B

三、多选题

1．AE　2．AE　3．BD　4．ACDE　5．ABDE

6．ACDE　7．BDE　8．DE　9．ABCD

第三章　华东地区

第一节　上海

真题解读

● 【2018 年真题 · 判断】2017 年上海市户籍人口有 1440 万人，常住人口接近 2000 万人。（　　）

【答案】错

【解析】截至 2016 年年末，全市常住人口总数为 **2419.70** 万人。其中，户籍常住人口 1439.50 万人，外来常住人口 980.20 万人。

【点评】中等难度，考查较细。本题也属于常识问题，一线城市“北上广”的人口都超过 2000 万。

● 【2018 年真题 · 单选】上海市地处长江三角洲冲积平原，平均海拔为（　　）米左右。

A．33　　B．11　　C．4　　D．1

【答案】C

【解析】上海境内除西南部有少数丘陵山脉外，整体地势为坦荡低平的平原，是长江三角洲冲积平原的一部分，平均海拔高度 4 米左右。

【点评】送分题，平时经常训练的内容，考查基本的知识识记。

● 【2017 年真题 · 单选】上海市的别称是（　　）。

A．海　　B．申

C．渎　　D．沪

【答案】B

【解析】上海，简称“沪”，别称“申”。相传春秋战国时期，上海曾经是楚国春申君黄歇的封邑，故上海别称为“申”。

【点评】简单难度，考查基本的知识识记。注意区分基本的概念，“别称”和“简称”代表不同的意思。

● 【2017 年真题 · 多选】在上海，被称为市民早点“四大金刚”的是（　　）。

A．大饼　　B．油条

C．小笼包　　D．粢饭

E．豆浆

【答案】ABDE

【解析】上海市民早点有四大金刚，即大饼、油条、粢饭、豆浆。

【点评】简单难度，平时经常训练的内容，考查基本的知识识记。可以用图形记忆法记忆。

习题强化

一、判断题

1．金茂大厦是国内第一高的观光层，荣膺上海大世界基尼斯之最。（　　）

2．上海首次提出"都市男女"这一海派常写的新的主题，造成一种"新式的肉欲"小说。（　　）

3．上海5A级景区（点）有东方明珠广播电视塔、上海科技馆和上海野生动物园。（　　）

4．上海属北亚热带季风性气候。（　　）

5．上海地区，春秋属于吴国，战国后先后属吴、越、楚。（　　）

6．海派特色的滑稽戏产生于抗日战争初期。（　　）

7．上海人称的本帮菜指的是上海本地风味的菜肴。（　　）

8．上海是长江三角洲冲积平原的一部分。（　　）

二、单选题

1．（　　）是中国近现代史的"缩影"，许多重大的历史事件和革命活动在这里发生并影响全国。

A．广东　　B．山西

C．上海　　D．江西

2．上海县正式设立的时间是（　　）。

A．宋　　B．元

C．明　　D．清

3．（　　）是上海市区唯一的古塔，该塔被誉为申城"宝塔之冠"。

A．天马山护珠塔　　B．龙华塔

C．青浦泖塔　　D．松江方塔

4．（　　）年7月7日，上海特别市成立，直辖于中央政府，上海始有直辖市一级建置。

A．1912年　　B．1927年

C．1949年　　D．1952年

5．海派文学的代表是"民国四大才女"之一的（　　），其小说有《金锁记》《倾城之恋》《霸王别姬》等。

A．张爱玲　　B．吕碧城

C．石评梅　　D．萧红

6．（　　）素有“美食天堂”之称，汇聚世界各国的饮食文化，开设有3万多家中式、西式、休闲型、快餐连锁型餐饮企业。

A．长沙　　B．顺德

C．上海　　D．成都

7．上海本地风味菜肴，其特色之一是（　　）。

A．鲜咸合一　　B．口味清淡

C．浓油赤酱　　D．五味调和

8．上海全年60%以上的雨量集中在（　　）的汛期。

A．7～8月　　B．6～8月

C．5～9月　　D．7～9月

9．上海市少数民族人口最多的是（　　）。

A．土家族　　B．苗族

C．蒙古族　　D．回族

10．（　　）是上海历史最长、规模最大的古刹。

A．龙华寺　　B．玉佛寺

C．凤凰寺　　D．东林寺

11．上海地区开始有相对独立的行政区划是在（　　）。

A．隋代　　B．唐代

C．北宋　　D．南宋

12．上海陆上最高点为（　　）。

A．天马山　　B．薛山

C．凤凰山　　D．大金山

13．上海人把农历正月（　　）称作“路头神”。

A．初九　　B．初八

C．初六　　D．初五

14．1931年华光片上有声电影公司在日本完成中国第一部片上发音影片（　　）。

A．《雨过天晴》　　B．《难夫难妻》

C．《渔光曲》　　D．《凌云壮志》

15．立有石碑“佘山之巅”的是（　　）。

A．天马山　　B．薛山

C．凤凰山　　D．大金山

16．相传春秋战国时期，上海曾经是楚国春申君（　　）的封邑，故上海别称为

"申"。

A．田文　　B．赵胜

C．魏无忌　　D．黄歇

17．崇明岛为中国（　　）大岛。

A．第一　　B．第二

C．第三　　D．第四

18．豫园原为（　　）上海人潘允端的私人花园。

A．清代　　B．宋代

C．元代　　D．明代

19．上海金茂大厦在第（　　）层设有观光厅。

A．87　　B．88

C．89　　D．90

20．现存上海最古老的地面建筑是（　　）。

A．嘉定孔庙　　B．古琦园

C．秋霞圃　　D．松江唐经幢

21．从（　　）开始上海地区始有两个独立行政区划。

A．唐朝　　B．宋朝

C．元朝　　D．明朝

22．电影传入中国从（　　）开始。

A．北京　　B．上海

C．天津　　D．广州

三、多选题

1．以下属于上海的著名特产、美食有（　　）。

A．五香豆　　B．中华香烟

C．大白兔奶糖　　D．黄狗猪头肉

E．黄桥烧饼

2．下列属于上海传统名小吃的有（　　）。

A．黄桥烧饼　　B．南翔小笼包

C．蟹壳黄　　D．排骨年糕

E．五芳斋粽子

3．上海境内辖有（　　）三个岛屿。

A．崇明岛　　B．佘山岛

C．长兴岛　　D．小洋山岛

E．横沙岛

4．关于上海的文学艺术，下列表述正确的是（　　）。

A．海派特色的滑稽戏产生于抗日战争中期
B．海派文学首次提出“都市男女”主题
C．沪剧是用上海话演唱的本地戏曲
D．电影传入中国是从上海开始
E．上海是中国近代流行乐的发源地之一

5．上海西部有（　　）等残丘。
A．天马山　　B．薛山
C．凤凰山　　D．大金山
E．小金山

6．下列选项中属于上海本帮菜的是（　　）。
A．油爆河虾　　B．红烧圈子
C．佛手肚膛　　D．宋嫂鱼羹
E．清蒸鳜鱼

7．上海的人文景观主要是革命遗址，如（　　）。
A．中共一大会址　　B．中共二大会址
C．中共三大会址　　D．八七会议会址
E．中共七大会址

8．对上海迪士尼度假区描述正确的是（　　）。
A．全球第六个迪士尼度假区　　B．中国大陆首个迪士尼度假区
C．位于上海外滩　　D．亚洲第三个迪士尼度假区
E．中国首个度假区

9．上海历史上除佛教、道教、伊斯兰教、天主教和基督新教以外，还曾经存在过许多其他宗教，例如（　　）。
A．犹太教　　B．东正教
C．锡克教　　D．萨满教
E．巴赫教

10．属于上海特色曲艺的是（　　）。
A．沪剧　　B．快板儿
C．上海说唱　　D．浦东说书
E．相声

11．下列关于上海市概况，说法正确的有（　　）。
A．相传春秋战国时期，上海曾经是楚国春申君黄歇的封邑，故上海别称为“申”
B．大金山为上海境内最高点，海拔高度 103.4 米
C．境内辖有崇明、长兴、横沙三个岛屿
D．2010 年 9 月 29 日中国（上海）自由贸易试验区正式成立

E．崇明岛为中国第三大岛

12．上海文学主要是海派文学，海派文学大体的特点有（　　）。

A．小说注重可读性，迎合大众口味，是一种“轻文学”

B．展示半殖民地大都市上海的生活百态，着重病态生活的描写

C．首次提出“饮食男女”这一海派常写的新的主题，造成一种“新式的肉欲小说”

D．重视小说形式的创新

E．对都市文明既有幻灭，又有欣赏

13．下列选项中（　　）是曾风靡东南亚的上海流行音乐。

A.《夜上海》　B.《何日君再来》

C.《天涯歌女》　D.《茉莉花》

E.《青春之歌》

第二节　江苏

真题解读

● 【2017 年真题 · 单选】中国地势最低的省是（　　）。

A．安徽省　B．广东省

C．江苏省　D．福建省

【答案】C

【解析】江苏是中国地势最低的一个省区，绝大部分地区在海拔 50 米以下，低山丘陵集中在西南部，占江苏省总面积的 14.3%，比例之小，在全国各省（区）中仍居首位。

【点评】送分题，平时经常训练的内容，考查基本的知识识记。

● 【2017 年真题 · 单选】拥有中国历史文化名城数量最多的省份是（　　）。

A．江苏省　B．河南省

C．山东省　D．浙江省

【答案】A

【解析】江苏省共有 13 座国家级历史文化名城，全国最多，分别是：南京市、徐州市、淮安市、镇江市、常熟市、苏州市、扬州市、无锡市、南通市、宜兴市、泰州市、常州市、高邮市。

【点评】简单难度，平时经常训练的内容，考查基本的知识识记。

● 【2017 年真题 · 单选】马家浜文化水稻田是目前中国发现最早有灌溉系统的古稻田，发现于（　　）。

A．南京北阴阳营文化遗址　　B．苏州草鞋山文化遗址
C．淮安青莲岗文化遗址　　D．常州圩墩文化遗址

【答案】B

【解析】**苏州草鞋山遗址**发现6000年前马家浜文化水稻田，是目前中国发现最早有灌溉系统的古稻田。

【点评】难度较大，考查较偏较细。

● 【2018年真题·多选】江苏省地形以平原为主，主要由（　　）组成。

A．江淮平原　　B．黄淮平原
C．苏南平原　　D．滨海平原
E．长江三角洲平原

【答案】ABDE

【解析】江苏地形以平原为主，平原面积7万多平方千米，约占全省总面积的68.8%，比例居中国各省首位，主要由**苏北平原、黄淮平原、江淮平原、滨海平原、长江三角洲平原**组成。

【点评】难度超大，考查较偏较细。

习题强化

一、判断题

1．老一辈无产阶级革命家周恩来、张太雷、恽代英、瞿秋白等都是浙江籍人。（　　）

2．江苏正式建省始于清康熙六年（1667年），取江宁、苏州两府的首字而得名。（　　）

3．南京爱德印刷公司是全国最大的《圣经》印刷厂，目前已印刷各类《圣经》超过1亿册，出口到世界上许多国家。（　　）

4．江苏地势低平，河湖较多，平原、水面所占比例占江苏省的80%以上，比例居中国各省首位。（　　）

5．“苏州评弹”包括了“苏州评话”和“苏州弹词”两个部分。（　　）

6．江苏艺术家、书画家有顾恺之、张旭、米芾、唐寅、文徵明、祝枝山和以郑板桥为代表的“扬州八怪”。（　　）

7．江苏省地处中国大陆东部沿海地区中部，长江、淮河下游，东濒东海，北接山东，西连安徽，东南与上海、浙江接壤。（　　）

8．黄海之滨的云台山主峰玉女峰为江苏最高峰。（　　）

9．江苏属于温带向亚热带的过渡性气候，气候温和，雨量适中，四季气候分明。（　　）

二、单选题

1.《水浒传》《西游记》《红楼梦》《儒林外史》等古典名著均出自（　　）籍作者之手或与其有关。

A．江苏　　B．陕西

C．山西　　D．湖北

2.（　　）素有“东南第一佳味，天下之至美”之美誉。

A．闽菜　　B．徽菜

C．浙菜　　D．淮扬菜

3.（　　）水稻单产连续多年居全国主产省之首，粮食总产量一直居全国第四五位。

A．广东省　　B．浙江省

C．江苏省　　D．福建省

4. 1993 年发现的南京汤山直立猿人化石表明，江苏早在（　　）万年前就有古人类在此活动。

A．30　　B．50

C．60　　D．70

5. 江苏素有“二胡之乡”美誉，（　　）是最富代表性的民间音乐类型。

A．茉莉花　　B．二泉映月

C．江南丝竹　　D．南京白局

6.《好一朵茉莉花》属于（　　）民歌。

A．苏北　　B．浙西

C．苏南　　D．闽北

7. 新中国成立，设苏南、苏北两个行政公署区，南京为中央人民政府直辖市。（　　）年合并，成立江苏省，省会南京。

A．1951　　B．1952

C．1953　　D．1954

8.（　　）省人均国土面积在全国各省区中最少。

A．江苏　　B．河北

C．浙江　　D．河南

9. 自（　　）以来，中央王朝供给便依仗东南，号称“苏湖熟、天下足”。

A．唐代　　B．宋代

C．元代　　D．明代

10.（　　）是中国最古老的剧种之一，被誉为“百戏之祖”。

A．京剧　　B．徽剧

C．傩戏　　D．昆曲

11.（　　）被誉为“天下一品”，与堪称“扬州双绝”的“千层油糕”“翡翠烧卖”一同被定为“中华名小吃”。

A．扬州三丁包　　B．蟹黄汤包

C．苏式月饼　　D．黄桥烧饼

12.（　　）是我国至今唯一承办过世界遗产委员会会议的城市。

A．上海　　B．苏州

C．杭州　　D．南京

13．截至 2019 年 5 月，江苏有世界遗产（　　）处。

A．一　　B．二

C．三　　D．四

14.（　　）的平原面积占全省总面积的比例居中国各省首位。

A．江苏省　　B．浙江省

C．江西省　　D．宁夏回族自治区

15．据统计，清代中国知名画家约 5800 人，（　　）一省就有 2700 多人，几乎占有半壁江山。

A．江苏省　　B．浙江省

C．江西省　　D．宁夏回族自治区

16．江苏是港口大省，（　　）吞吐量居中国内河港之首。

A．徐州港　　B．南京港

C．连云港　　D．苏州港

17．江苏庙会，集市上小商贩叫卖外，还有各传承的打击声，如货郎担（　　）。

A．摇皮鼓　　B．晃铜串

C．打竹梆　　D．敲小锣

18．江苏的民居建造过程十分讲究，上山选择栋梁的树木应在（　　）。

A．正月初一　　B．正月初二

C．正月初三　　D．正月初四

19．淮扬菜始于（　　），兴于隋唐，盛于明代，素有“东南第一佳味，天下之至美”的美誉。

A．春秋　　B．战国

C．西汉　　D．东汉

20．碧螺春是（　　）特产。

A．常州　　B．宿州

C．泰州　　D．苏州

21．无锡惠山泉被称为（　　）。

A．天下第一泉　　B．天下第二泉

C．天下第三泉　　D．天下第四泉

22．江苏省绝大部分地区在海拔（　　）米以下。

A．150　　B．100

C．80　　D．50

23．江苏实现县县通高速，密度中国（　　）。

A．第四　　B．第三

C．第二　　D．第一

三、多选题

1．江苏历史文化名人中，科学家有（　　）。

A．祖冲之　　B．沈括

C．徐光启　　D．郭守敬

E．徐霞客

2．“江苏三水”是指江苏的绘画艺术以（　　）见长。

A．水墨画　　B．山水画

C．水印木刻版画　　D．水彩水粉画

E．水彩画

3．下列关于江苏文化艺术的描述，正确的是（　　）。

A．素有“二胡之乡”的美誉

B．王羲之被后人称为“书圣”

C．顾恺之擅作人物，有“画绝”之称

D．杨惠之创“塑壁”新技法，被称为“塑圣”

E．“画龙点睛”的成语和张僧繇有关

4．被列入《世界遗产名录》的苏州古典园林有（　　）。

A．拙政园　　B．网师园

C．留园　　D．环秀山庄

E．可园

5．下列关于江苏文化艺术，说法正确的有（　　）。

A．东晋无锡顾恺之善画人物，有“画绝”之称

B．王羲之书法艺术出神入化，被后人尊为“书圣”

C．梁吴县吴道子擅作壁画，成语“画龙点睛”就和他有关

D．唐苏州张旭运笔纵横捭阖，世人尊之为“草圣”

E．常熟黄公望、无锡倪瓒和马远、吴镇并称元代山水画四大家

6．下列有关江苏的水，说法正确的有（　　）。

A．长江横穿江苏东西，江面辽阔

B．京杭大运河纵贯江苏南北

C．无锡惠山泉有“天下第三泉”之称

D．苏南第二大湖泊是洪泽湖

E．江苏的名泉有“天下第一泉”镇江中泠泉

7．江苏省的国家历史文化名城中，正确的有（　　）。

A．南京、苏州、南通　　B．扬州、徐州、宜兴

C．镇江、常熟、常州　　D．南京、无锡、连云港

E．淮安、无锡、泰州

8．江苏的嫁娶习俗主要表现在（　　）上。

A．迎亲礼仪　　B．婚姻观念

C．婚姻形式　　D．婚姻礼仪

E．离婚制度

第三节　浙江

真题解读

● **【2017年真题·判断】**浙江省地形复杂，有“八山一水一分田”之说。（　　）

【答案】错

【解析】浙江地形复杂，山地丘陵较多，平原耕地较少，有“**七山一水二分田**”之说。

【点评】送分题，平时经常训练的内容，考查基本的知识识记。福建有“八山一水一分田”之说。

● **【2018年真题·单选】**浙江海宁观潮节历史悠久，现已形成“一潮三看四景”的追潮旅游。其中，在老盐仓观看的是（　　）。

A．“月中齐鸣半夜潮”　　B．“惊涛裂岸回头潮”

C．“江横白练一线潮”　　D．“双龙相扑碰头潮”

【答案】B

【解析】浙江海宁观潮节，在大缺口观看“双龙相扑碰头潮”，在盐官看“江横白练一线潮”，在老盐仓观看“**惊涛裂岸回头潮**”，在夜间观看“月中齐鸣半夜潮”。

【点评】中等难度，平时经常训练的内容，考查基本的知识识记。记忆方法——老回头。

● **【2018年真题·单选】**浙江省拥有岛屿的数量居全国第（　　）位。

A．一　　B．二

C．三　　D．四

【答案】A

【解析】浙江省海域面积 26 万平方千米，是**全国岛屿最多**的省份，其中面积 495.4 平方千米的舟山岛为我国第四大岛，海岸线总长 6486.24 公里。

【点评】送分题，平时经常训练的内容，考查基本的知识识记。

● 【2017 年真题 · 单选】浙江省地方菜中，烹饪上讲究“轻油、轻芡、重刀工”的是（　　）。

A．绍兴菜　　B．杭帮菜

C．宁波菜　　D．温州菜

【答案】D

【解析】浙江**温州菜**以海鲜入馔为主，烹饪上讲究“二轻一重”（轻油、轻芡、重刀工）。传统名菜有三丝敲鱼、爆墨鱼花、炸蛏子筒等。

【点评】难度较大，考查较细。

习题强化

一、判断题

1．客家山歌《高皇歌》是一部反映畲族祖先英雄事迹的民族史诗，2008 年被列入第一批国家级非物质文化遗产扩展项目名录。（　　）

2．浙江名酒以黄酒为最，其中绍兴加饭酒与女儿红、金华的寿生酒和建德的致中和五加皮都是酒中珍品。（　　）

3．宁波、上海、舟山群岛之间每天都有多班客轮往返，形成了中国最为繁忙的海上客运“金三角”。（　　）

4．粤剧在戏曲百花园中一枝独秀，有“全国第二大剧种”之称。（　　）

5．浙江境内最大的河流闽江，因江流曲折，称“之江”，又称“浙江”，省以江名。（　　）

6．浙江省少数民族以畲族人口为多数，设有全国唯一的畲族自治地方——景宁畲族自治县。（　　）

7．浙江是中国电影的发源地。（　　）

8．天台山国清讲寺被日本佛教尊为曹洞宗祖庭。（　　）

9．浙江的文人创作起步较晚，六朝以后浙江文学逐渐兴起。（　　）

10．畲族人日常饮食以大米、薯类为主。（　　）

11．余杭良渚属于父系氏族时期的文化遗址，遗址中发现了商周奴隶制国家中属于贵重礼器的黑陶和玉琮、玉璧等大量玉器。（　　）

12．浙江属于典型的温带海洋性气候。（　　）

二、单选题

1．舟山锣鼓起源于（　　）。

A．红白喜事　　B．庙会
C．渔民祭海　　D．航海

2．“凤凰装”是（　　）女性的传统服装，十分精致美观。
A．壮族　　B．回族
C．畲族　　D．苗族

3．畲族的（　　）曾被列为贡品，1915 年获巴拿马万国博览会金质奖章。
A．菊花茶　　B．惠明茶
C．龙井茶　　D．茉莉花茶

4．浙江九姓渔民水上婚礼以（　　）的水上婚俗最为奇特。
A．称嫁妆　　B．拜天地
C．并彩船　　D．抛新娘

5．以火腿为原料是（　　）最大特色。
A．金华菜　　B．绍兴菜
C．温州菜　　D．杭帮菜

6．盛行于（　　）时期的浙江灯影戏（皮影戏），被世界电影历史学家认定为电影发明的先导。
A．元明　　B．唐宋
C．明清　　D．宋元

7．（　　）素有“鱼米之乡”“丝绸之府”“文物之邦”之称。
A．江苏省　　B．浙江省
C．山西省　　D．陕西省

8．有“东方快餐”之称的是（　　）。
A．宁波汤团　　B．嘉兴五芳斋粽子
C．金华酥饼　　D．大救驾

9．九姓渔民水上婚俗是久居浙江建德（　　）上的“九姓渔民”特有的风俗。
A．牡丹江　　B．扬子江
C．洛阳江　　D．新安江

10．浙江省的少数民族成分众多，其中人口最多的少数民族是（　　）。
A．回族　　B．侗族
C．畲族　　D．布依族

11．1913 年，宁波人张石川与广东人郑正秋导演拍摄了（　　），这是中国人拍摄电影故事片的开端。
A．《歌女红牡丹》　　B．《孤儿救祖记》
C．《马路天使》　　D．《难夫难妻》

12．浙江地势（　　），山地多呈东北、西南走向。

A．西高东低　　B．北高南低
C．东高西低　　D．南高北低

13．1918 年（　　）在《新青年》上发表《狂人日记》，开创了现代小说的先河。
A．蔡元培　　B．刘开渠
C．周昌谷　　D．鲁迅

14．1922 年，在杭州成立的（　　）是我国第一个新诗社。
A．西泠诗社　　B．西湖诗社
C．西子诗社　　D．湖畔诗社

15．跨湖桥文化遗址是国家级文物保护单位，出土了世界上最早的（　　）。
A．独木舟　　B．陶器
C．玉器　　D．水井

16．（　　）被誉为“中国戏曲摇篮”。
A．四川　　B．浙江
C．北京　　D．安徽

17．（　　）遗址出土的一批珍贵的丝麻织物，证明了四五千年以前，浙江先民已开始养蚕。
A．钱山漾遗址　　B．萧山湘湖的跨湖桥遗址
C．余姚河姆渡　　D．嘉兴马家浜

18．杭州（　　）是我国东南沿海伊斯兰教四大古寺之一。
A．清静寺　　B．麒麟寺
C．凤凰寺　　D．仙鹤寺

19．浙江海宁观潮节，农历八月十八日观潮的习俗已沿袭千年，现已形成“一潮三看四景”的追潮旅游，即在（　　）看“双龙相扑碰头潮”，在（　　）看“江横白练一线潮”，在（　　）看“惊涛裂岸回头潮”，在夜间观看“月中齐鸣半夜潮”。
A．大缺口；盐官；老盐仓　　B．盐官；大缺口；老盐仓
C．老盐仓；盐官；大缺口　　D．老盐仓；大缺口；盐官

20．“浙江省”省名这个名称是从（　　）代出现的。
A．唐　　B．宋
C．元　　D．明

21．（　　）遗址出土了大量保存完好的稻米，这证明当时浙江先民已能人工栽培水稻。
A．建德乌龟洞　　B．萧山湘湖的跨湖桥遗址
C．余姚河姆渡　　D．嘉兴马家浜

22．（　　）的《沉沦》是中国现代文学史上第一本白话短篇集。

A．鲁迅 B．茅盾
C．郁达夫 D．沈从文

23.（　　）的《长生殿》是戏剧瑰宝。
A．汤显祖 B．关汉卿
C．洪昇 D．白朴

24.（　　）时期，陆游的作品不仅量大，而且质优，史所罕见。
A．唐 B．北宋
C．南宋 D．元

25.（　　）是著名的现代长篇小说作家，他的《子夜》《腐蚀》《霜叶红似二月花》等鸿篇巨制影响较大。
A．鲁迅 B．茅盾
C．郁达夫 D．沈从文

26．浙江有（　　）座国家历史文化名城。
A．6 B．7
C．8 D．10

27.（　　）是畲族最重要的民族传统节日。
A．二月二 B．六月六
C．三月三 D．九月九

28.（　　）开创了中国古代山水诗派。
A．谢朓 B．谢灵运
C．王维 D．孟浩然

29.（　　）遗址距今已有六七千年的历史，遗址中发现了我国木结构建筑中最早的榫卯构件。
A．建德乌龟洞 B．萧山湘湖的跨湖桥遗址
C．余姚河姆渡 D．嘉兴马家浜

30．取料以海鲜为主，注重“鲜咸合一”，口味较重的浙江地方菜是（　　）。
A．杭帮菜 B．宁波菜
C．温州菜 D．绍兴菜

31．浙江省有国家 5A 级旅游景区（　　）家。
A．14 B．15
C．16 D．17

三、多选题

1．下列曲目中属于舟山锣鼓的有（　　）。
A.《渔家乐》 B.《绣球》
C.《舟山锣鼓》 D.《妒花》

E.《潮音》

2. 下列传统名菜中属于杭帮菜的是（　　）。

A. 东坡肉　　B. 清汤越鸡

C. 干炸响铃　　D. 三丝敲鱼

E. 宋嫂鱼羹

3. 世界非物质文化遗产中中国蚕桑丝织技艺是由（　　）联合申报的。

A. 浙江　　B. 江苏

C. 四川　　D. 湖南

E. 云南

4. “浙江三雕”是指（　　）。

A. 昌化鸡血石雕　　B. 东阳木雕

C. 乐清黄杨木雕　　D. 青田石雕

E. 潮州木雕

5. 下列关于浙江宗教的叙述，正确的选项有（　　）。

A. 天台国清寺被日本、韩国佛教奉为天台宗祖庭

B. 宁波天童寺被日本佛教尊为曹洞宗祖庭

C. 道教“十大洞天福地”中，浙江占有 2 个

D. 普陀山是佛教四大名山之一

E. 杭州凤凰寺是我国东南沿海伊斯兰教四大古寺之一

6. 下列关于浙江地理的叙述，正确的选项有（　　）。

A. 浙江有七山一水两分田之说

B. 浙江素有“鱼米之乡”“文物之邦”之称

C. 最大的河流是钱塘江

D. 是全国岛屿最多的省份

E. 舟山岛为我国第四大岛

7. 截至 2019 年 5 月，浙江省有 3 处世界遗产，它们是（　　）。

A. 普陀山　　B. 西湖

C. 江郎山　　D. 雁荡山

E. 中国大运河（杭州段）

8. 浙江的四大名湖有（　　）。

A. 杭州西湖　　B. 绍兴东湖

C. 嘉兴南湖　　D. 宁波东钱湖

E. 人工湖泊千岛湖

9. 四大南戏包括（　　）。

A.《荆钗记》　　B.《白兔记》

C.《拜月亭》　　D.《杀狗记》

E.《琵琶记》

10. 下列遗址中属于新石器时代的有（　　）。

A. 建德乌龟洞　　B. 萧山湘湖的跨湖桥遗址

C. 余姚河姆渡　　D. 嘉兴马家浜

E. 余杭良渚

11. 下列名茶中属于浙江名茶的是（　　）。

A. 径山香茗　　B. 熏豆茶

C. 惠明茶　　D. 龙顶茶

E. 白牡丹

12. 世居浙江省的少数民族有（　　）。

A. 畲族　　B. 土家族

C. 回族　　D. 满族

E. 布依族

13. 浙江沿海建有万吨以上泊位的港口是（　　）。

A. 北仑港　　B. 舟山港

C. 海门港　　D. 温州港

E. 象山港

第四节　安徽

真题解读

● 【2017 年真题 · 单选】徽州人经商的历史非常悠久，早在（　　）时期就有新安商人活动的记录。

A. 秦汉　　B. 东晋

C. 西晋　　D. 隋唐

【答案】B

【解析】徽州人经商的历史非常悠久，早在**东晋**时期就有新安商人活动的记载，此后各朝代均有发展，弦歌不绝。

【点评】中等难度，考查较细。

● 【2018 年真题 · 多选】下列安徽省的城市中，属于国家级历史文化名城的有（　　）。

A. 亳州　　B. 淮南

C. 合肥　　D. 寿县

E．安庆

【答案】ADE

【解析】安徽国家历史文化名城5座：亳州市、歙县、寿县、安庆市、绩溪县。

【点评】难度较大，考查较细。

● 【2017年真题·多选】安徽省地跨（　　）流域，被称为江淮大地。

A．长江　　B．黄河

C．海河　　D．淮河

E．新安江

【答案】ADE

【解析】安徽地跨长江、淮河、新安江三大流域，世称江淮大地。

【点评】送分题，平时经常训练的内容，考查基本的知识识记。

习题强化

一、判断题

1．安徽商帮文化发达，徽商又称为安庆商人。（　　）

2．安徽省建始于明朝，取安庆、徽州二府的首字而得名。（　　）

3．安徽被称为中国戏曲之乡，地方戏种现存30余种，影响较大的有黄梅戏、徽剧等。（　　）

4．徽州菜起源于歙县。（　　）

5．安徽是中国史前文明的重要发祥地之一，在繁昌县人字洞发现距今约250万年前人类活动遗址。（　　）

6．黄山茶道有15道程序。（　　）

7．徽文化是明清时期最有影响的文化流派。（　　）

8．徽菜素以重油、重色、重火功，色香味形俱全而盛行于世。（　　）

9．安徽在中国交通干线网中具有承东启西的地位。（　　）

二、单选题

1．徽商名人以（　　）最为著名。

A．张小泉　　B．胡开文

C．胡炳衡　　D．胡雪岩

2．有江南第一泉之称的安徽名泉是（　　）。

A．龙泉　　B．憨憨泉

C．圣泉　　D．白乳泉

3．淮河两岸流行的（　　）被誉为“东方芭蕾”。

A．秧歌　　B．花鼓灯

C．黄梅戏　　D．南戏

4．下列安徽名湖中被称为东方日内瓦湖的是（　　）。

A．太平湖　　B．龙子湖

C．巢湖　　D．太湖

5．目前淮河中游地区已发现的年代最早的新石器时代文化遗存是（　　）。

A．双墩遗址　　B．钱山漾遗址

C．金沙遗址　　D．三星堆遗址

6．淮北相山庙会，每年农历（　　）举行。

A．正月十五　　B．二月二

C．三月三　　D．三月十八

7．安徽池州的（　　）号称"戏剧活化石"。

A．采茶戏　　B．傩戏

C．徽剧　　D．花鼓灯

8．徽剧是（　　）的主要源流之一。

A．京剧　　B．豫剧

C．越剧　　D．晋剧

9．目前，安徽拥有国家 5A 级旅游景区（　　）家。

A．10　　B．11

C．12　　D．13

10．安徽人口最多、分布最广的少数民族是（　　）。

A．回族　　B．满族

C．畲族　　D．壮族

11．桐城派的形成，始于方苞，经刘大櫆、姚鼐而发展成为一个声势显赫的文学流派，有 1200 余位桐城派作家创作了（　　）多部著作。

A．2000　　B．3000

C．4000　　D．5000

12．下列安徽名茶中被列为中国十大名茶的是（　　）。

A．芜湖花茶　　B．太平猴魁

C．祁门红茶　　D．屯溪绿茶

13．桐城派的开创者是（　　）。

A．吴汝纶　　B．方苞

C．姚莹　　D．姚鼐

14．黄梅戏是（　　）地方戏种影响较大的剧种。

A．河南　　B．浙江

C．安徽　　D．湖南

15. 安徽九华庙会，每年农历（　　）月的最后一天举行，包括佛像开光仪式，水陆法会、讲经法会等佛事活动。

A. 七　　B. 六

C. 五　　D. 四

16. 大救驾是安徽寿县著名点心，相传为宋朝皇帝（　　）所喜爱，已经有1000多年的历史。

A. 赵匡胤　　B. 赵光义

C. 赵佶　　D. 赵构

三、多选题

1. 下列已被列入世界遗产名录的安徽景观是（　　）。

A. 九华山　　B. 天柱山

C. 黄山　　D. 西递和宏村古民居群

E. 京杭大运河（通济渠一新汴河）

2. 徽州村落、祠庙、水口园林和宅居建筑形成了一种由（　　）组成的古民居村落。

A. 红木　　B. 白墙

C. 黑瓦　　D. 马头墙

E. 牌坊

3. 下列地方戏曲中，属于安徽的是（　　）。

A. 黄梅戏　　B. 汉剧

C. 闽剧　　D. 昆曲

E. 徽剧

4. 与“新安理学”相关的历史人物是（　　）。

A. 程颢　　B. 方苞

C. 刘大魁　　D. 程颐

E. 朱熹

5. 安徽水运条件优越，长江、淮河横贯省境，目前拥有港口16个，其中位于长江流域的港口是（　　）。

A. 合肥港　　B. 芜湖港

C. 安庆港　　D. 阜阳港

E. 宿州港

6. 下列著名历史人物中属于安徽省的是（　　）。

A. 陈独秀　　B. 吴作人

C. 李鸿章　　D. 丁汝昌

E. 胡适

7. 下列名茶中产地在安徽的是（　　）。

A. 祁门红茶　　B. 太平猴魁

C. 屯溪绿茶　　D. 安溪铁观音

E. 白毫银针

8.（　　）为安徽省世居少数民族。

A. 回族　　B. 满族

C. 畲族　　D. 蒙古族

E. 布依族

9. 下列属于安徽名酒的是（　　）。

A. 口子窖　　B. 古井贡酒

C. 剑南春　　D. 迎驾贡酒

E. 文王贡酒

10. 新安理学是中国思想史上具有重大影响的学派，其奠基人（　　）的祖籍均在安徽新安江畔。

A. 程颢　　B. 程颐

C. 周敦颐　　D. 张载

E. 朱熹

11. 茶叶作为安徽的特产名品，被列入中国十大名茶的有（　　）。

A. 霍山黄芽　　B. 祁门红茶

C. 六安瓜片　　D. 黄山毛峰

E. 太平猴魁

12. 安徽全省分为（　　）三大自然区域。

A. 黄土高原　　B. 淮北平原

C. 江淮丘陵　　D. 皖南山区

E. 金衢盆地

第五节　福建

真题解读

● 【2017 年真题 · 判断】福建人泡茶饮茶十分讲究。茶具一般用红色的宜兴陶壶，只有掌心大小，叫“小掌茶”。（　　）

【答案】错

【解析】福建人泡茶饮茶有讲究。茶具一般用红色的宜兴陶壶，只有掌心大小，叫“小掌”。配套的茶杯就更小了，用这样的茶具泡出的茶叫“小掌茶”。

【点评】难度超大，考查较细较偏。仅一字之差，不必纠结这类题目。

- 【2018年真题 · 单选】福建省地方戏曲中，既保留了宋元南戏曲目、又在音乐和演奏上保留唐代古乐特点的是（ ）。

A. 闽戏　　B. 高甲戏

C. 梨园戏　　D. 芗戏

【答案】C

【解析】福建最主要的五大剧种是：闽剧、莆仙戏、梨园戏、高甲戏、芗剧。其中**梨园戏**不仅保留了大量宋元南戏剧目，在音乐和演奏上也都保留了唐代古乐的结构特点和演奏遗风。

【点评】难度较大，考查较偏。

- 【2018年真题 · 单选】福建省第一大岛是（ ）。

A. 东山岛　　B. 海坛岛

C. 湄洲岛　　D. 鼓浪屿

【答案】B

【解析】福建省以侵蚀海岸为主，岛屿众多，岛屿星罗棋布，共有岛屿1500多个，**海坛岛**现为全省第一大岛。

【点评】中等难度，考查基本的知识识记。

- 【2017年真题 · 单选】下列城市中，有“世界宗教博物馆”之称的是（ ）。

A. 广州市　　B. 上海市

C. 泉州市　　D. 福州市

【答案】C

【解析】福建宗教多元，佛教、道教、伊斯兰教等遗址广为分布，**泉州**有“世界宗教博物馆”之称。

【点评】送分题，平时经常训练的内容，考查基本的知识识记。

习题强化

一、判断题

1. 武夷岩茶有“茶中之王”的美誉，是中国红茶中之极品，以大红袍享誉全球。（ ）
2. 武夷山有“茶树良种宝库”之称，尤其是大红袍有“茶中之王”美誉。（ ）
3. 福建地方戏保存了全国最多的南戏剧目和中原古剧，被称为“南戏遗响”和中原古剧的“活化石”。（ ）
4. 自古以来，福建就以水运为主，陆上交通一向不便，故有“闽道更比蜀道难”之说。（ ）

5．福建是全国回族发祥地之一，也是大陆高山族人口较多的省份之一。（　　）

6．福建泰宁是世界自然遗产与世界地质公园。（　　）

7．福建靠近北回归线，形成暖热湿润的温带海洋性季风气候。（　　）

二、单选题

1．（　　）清明节扫墓完毕后，必须折松枝带回，插在家门口，向邻人说明本户已履行了扫墓祭祖的责任。

A．江西人　　B．安徽人

C．福建人　　D．浙江人

2．在安溪众多的茶树良种中，品质最优秀、知名度最高的要数（　　）。

A．铁观音　　B．大叶乌龙

C．毛蟹　　D．梅占

3．福建人（　　）的作品主要以歌颂母爱和自然为内容，主要作品有诗集《繁星》和《春水》等。

A．梁章钜　　B．冰心

C．魏秀仁　　D．付文秀

4．（　　）产于福建"秀甲东南"的武夷山，茶树生长在岩缝之中，有"茶中之王"的美誉，是中国乌龙茶中之极品，以大红袍享誉全球。

A．祁门红茶　　B．西湖龙井

C．武夷岩茶　　D．铁观音

5．（　　）省"依山傍海"，山地、丘陵占全省总面积的90%以上，素有"八山一水一分田"之称。

A．山东　　B．江苏

C．福建　　D．浙江

6．源于明代泉州地区民间街头装扮游行的剧种是（　　）。

A．芗剧　　B．莆仙戏

C．梨园戏　　D．高甲戏

7．福建福州的"菠菠粿"是当地人过（　　）不可少的点心。

A．端午节　　B．清明节

C．中秋节　　D．元宵节

8．武夷岩茶是属于（　　）品种。

A．红茶　　B．绿茶

C．白茶　　D．乌龙茶

9．（　　）是第一位在中国文学发展史上取得卓著地位的闽中作家。

A．王安石　　B．柳宗元

C．柳永　　D．韩愈

10．明代杰出的思想家李贽，号卓吾，是（　　）人。

A．石狮　　B．福州

C．晋江　　D．漳州

11．福建人泡茶的茶具一般用（　　）。

A．玻璃　　B．陶壶

C．木具　　D．白瓷

12．后世对福建人林纾主要的评价是（　　）。

A．哲学家　　B．历史学家

C．作家　　D．翻译家

13．福建海运自古发达，元时（　　）为世界大商港之一。

A．福州　　B．漳州

C．泉州　　D．厦门

14．下列选项中属于世界文化与自然双遗产的是（　　）。

A．福建土楼　　B．武夷山

C．白水洋　　D．泰宁

15．（　　）是中国乌龙茶的主产区，种茶历史悠久，唐代已有茶叶出产。有“茶树良种宝库”之称。

A．安溪　　B．长汀

C．漳州　　D．宁德

16．福建少数民族中，（　　）人口在全国是最多的。

A．回族　　B．畲族

C．高山族　　D．满族

17．福建乌龙茶（　　）名誉全球。

A．铁观音　　B．大红袍

C．高地红茶　　D．祁门红茶

18．被称为“歌仔戏”的是（　　）。

A．梨园戏　　B．高甲戏

C．芗剧　　D．闽剧

三、多选题

1．福建客家婚礼很有趣，主要活动有（　　）。

A．过米筛　　B．泼水到地上

C．跨火红的木炭炉　　D．拜堂

E．栓钱

2．福建工艺品“三宝”是指（　　）。

A．脱胎漆器　　B．寿山石雕
C．软木画　　D．角梳
E．藤器

3．下列属于福建现有的世界遗产的是（　　）。
A．清源山　　B．武夷山
C．福建土楼　　D．太姥山
E．三坊七巷

4．福建清明节祭祀的供品一般有（　　）。
A．枇杷　　B．菠菠粿
C．光饼　　D．豆腐
E．面点

5．福建世居的少数民族有（　　）。
A．畲族　　B．回族
C．满族　　D．维吾尔族
E．蒙古族

6．福建的邻省包括（　　）。
A．江西　　B．安徽
C．广东　　D．广西
E．浙江

7．下列文化中属于福建文化的是（　　）。
A．客家文化　　B．妈祖文化
C．朱子文化　　D．海丝文化
E．道教文化

8．福建最主要的剧种是（　　）。
A．莆仙戏　　B．高甲戏
C．梨园戏　　D．闽剧
E．芗剧

第六节　江西

真题解读

● **【2018 年真题 · 单选】**江西这一名称最早出现在唐代，因（　　）设立江南西道而得名。
A．唐肃宗　　B．唐文宗

C. 唐玄宗　　　　D. 唐太宗

【答案】C

【解析】江西，简称“赣”。因唐开元二十一年（733）唐玄宗设江南西道而得名“江西”，又因为省内最大河流为赣江而简称为“赣”。

【点评】中等难度，考查较偏。

- 【2018 年真题·单选】下列书院中，始建于唐代的是（　　）。

A. 白鹭洲书院　　　　B. 桂岩书院

C. 岳麓书院　　　　D. 白鹿洞书院

【答案】B

【解析】江西是古代书院的起源地，唐代德安义门东佳书院和高安**桂岩书院**是中国设立最早的书院之一。

【点评】难度较大，横向考查同类知识点。本题主要用排除法，选项白鹭洲、白鹿洞、岳麓书院都是宋代的。

- 【2017 年真题·多选】江西省的旅游资源可以概括为“四大摇篮一座丰碑一条小道”。下列城市中，属于“四大摇篮”的是（　　）。

A. 南昌　　　　B. 瑞金

C. 安源　　　　D. 上饶

E. 井冈山

【答案】ABCE

【解析】江西“四大摇篮一座丰碑一条小道”：**中国革命摇篮井冈山、人民军队摇篮南昌、共和国摇篮瑞金、中国工人运动摇篮安源**；“血染的丰碑”赣东北革命根据地（上饶）；小平小道，位于南昌市，中国改革开放总设计师从这里走出。

【点评】中等难度，平时经常训练的内容，考查基本的知识识记。

习题强化

一、判断题

1. 抚州是世界最大的客家人聚居地、国家级历史文化名城。（　　）
2. 江西的民间艺术比较丰富，主要有兴国山歌、赣剧和采茶戏等。（　　）
3. 白鹿洞书院是中国古代四大书院之一，享有“海内第一书院”之誉。（　　）
4. 江西开发的历史可以上溯到距今 1 万年以前。（　　）
5. 江西省在中国属于华东地区。（　　）
6. 江西采茶戏是由民间歌舞发展起来的地方剧种，在清代中期逐渐形成。（　　）
7. 江西省属亚热带季风湿润气候，四季分明且天气复杂多变。（　　）

二、单选题

1. 历史上曾作为皇室贡品的水果是（　　）。

A. 赣州脐橙　　B. 南丰蜜桔

C. 遂川金橘　　D. 南康早熟柚

2. 江西绿色旅游资源中的“一湖清水”指的是（　　）。

A. 柘林湖　　B. 鄱阳湖

C. 仙女湖　　D. 陡水湖

3. 首创学术自由争辩之风的书院是（　　）。

A. 鹅湖书院　　B. 白鹿洞书院

C. 华林书院　　D. 白鹭洲书院

4. 清代（　　）为乾隆年间第一曲家。

A. 李渔　　B. 尚小楼

C. 蒋士铨　　D. 郑亦邹

5.（　　）别称赣鄱大地，是江南“鱼米之乡”，古有“吴头楚尾，粤户闽庭”之称。

A. 江西　　B. 湖南

C. 湖北　　D. 江苏

6.（　　）是人民军队摇篮、军旗升起的地方、国家级历史文化名城、中国优秀旅游城市。

A. 井冈山　　B. 南昌

C. 安源　　D. 瑞金

7. 江西樟树的四特酒被（　　）赞誉为“清、香、醇、纯”，“四特酒”由此而得名。

A. 毛泽东　　B. 周恩来

C. 刘少奇　　D. 朱德

8. 婺源所产（　　）同修水一带所产红茶，被誉为“绝品”。

A. 婺绿　　B. 蜜橘

C. 冬笋　　D. 芦柑

9. 龙虎山天师府，是历代天师起居之所，号称（　　）。

A. 江南第一家　　B. 道教第一家

C. 中国第一家　　D. 南国第一家

10. 浔阳楼，位于九江市，因九江古称浔阳而得名，又因水浒（　　）曾在此题反诗而闻名。

A. 宋江　　B. 吴用

C. 林冲　　D. 燕青

11．江西（　　），为佛教净土宗发源地。

A．庐山东林寺　　B．九江能仁寺

C．九江真如寺　　D．吉安净居寺

12．（　　）初形成的弋阳腔是南戏高腔源头，演变成京剧、川剧等 40 多种戏曲。

A．唐　　B．宋

C．元　　D．明

13．（　　），曾获巴拿马国际食品博览会金奖。

A．江西遂川狗牯脑茶　　B．江西南丰蜜橘

C．江西婺源婺绿　　D．江西遂川金橘

14．（　　）遍布各乡、各村的民间傩舞，为国内罕见。

A．南丰县　　B．贵溪河

C．宜春地区　　D．清江县

15．中国革命摇篮井冈山位于（　　）。

A．上饶市　　B．萍乡市

C．吉安市　　D．赣州市

16．中国工人运动摇篮（　　），是中国工人运动和秋收起义策源地。

A．吉安　　B．南昌

C．安源　　D．赣州

17．共和国的摇篮，中央红军长征出发的地方是（　　）。

A．吉安　　B．南昌

C．瑞金　　D．上饶

18．（　　）始建于唐，为中国佛教“三大样板丛林”之一。

A．庐山东林寺　　B．九江能仁寺

C．九江真如寺　　D．吉安净居寺

19．（　　）被誉为“千古一村”。

A．钓源古村　　B．渼陂古村

C．竹桥古村　　D．流坑古村

20．中国古代四大书院之一，享有“海内第一书院”之誉的是（　　）。

A．鹅湖书院　　B．白鹭洲书院

C．白鹿洞书院　　D．华林书院

21．千年宋城——（　　），是世界最大的客家人聚居地。

A．上饶　　B．赣州

C．南昌　　D．九江

22．（　　），被誉为中国最美乡村。

A．婺源　　B．南丰

C．南安　　D．泰和

23．血染的丰碑赣东北革命根据地是（　　）。

A．上饶　　B．赣州

C．南昌　　D．井冈山市

24．小平小道，位于（　　），中国改革开放总设计师从这里走出。

A．上饶　　B．赣州

C．南昌　　D．井冈山

25．（　　）有“红都”之称。

A．南昌　　B．瑞金

C．上饶　　D．安源

26．江西民用航空运输形成了一个以（　　）为轴心，以九江、樟树、泰和、吉安、景德镇、赣州连接全国和世界各地的航空运输网。

A．赣州　　B．上饶

C．南昌　　D．九江

27．中国第一大淡水湖是江西的（　　）。

A．洞庭湖　　B．鄱阳湖

C．太湖　　D．西湖

28．江西作为明确的行政区域建制，则始于（　　）。

A．秦　　B．战国时期

C．春秋时期　　D．汉代

29．（　　）书院以人才辈出、延续办学800年而著称。

A．白鹭洲　　B．华林

C．桂岩　　D．鹅湖

30．明代（　　）的《临川四梦》代表中国古典戏剧最高水平。

A．王世贞　　B．汤显祖

C．唐伯虎　　D．洪升

31．江西为我国畲族的主要分布区之一，主要分布于（　　）和铅山等县山区。

A．贵溪　　B．宜春

C．赣州　　D．上饶

三、多选题

1．江西是农业大省，“江西三宝”指（　　）。

A．柑橘　　B．稻米

C．油茶　　D．猕猴桃

E．柚子

2．江西是古代书院的起源地，下列书院属于江西的有（　　）。

A．白鹿洞书院　　B．鹅湖书院
C．岳麓书院　　D．白鹭洲书院
E．华林书院

3．樟树的四特酒，周恩来总理赞誉为（　　），四特酒由此而得名。

A．清　　B．香
C．醇　　D．纯
E．烈

4．以下江西省景区中属于世界遗产项目的是（　　）。

A．庐山　　B．井冈山
C．三清山　　D．阁皂山
E．龙虎山

5．江西旅游特色可以概括为（　　）。

A．醉美家园　　B．红色摇篮
C．绿色家园　　D．古色厚土
E．山水人家

6．江西省的四大千年名楼指（　　）。

A．滕王阁　　B．浔阳楼
C．郁孤台　　D．八境台
E．岳阳楼

7．下列选项中属于江西特产的是（　　）。

A．中华猕猴桃　　B．南安板鸭
C．泰和乌鸡　　D．金圣卷烟
E．南康早熟柚

8．被称为江西三颗明珠的是（　　）。

A．柘林湖　　B．仙女湖
C．陡水湖　　D．鄱阳湖
E．龙子湖

9．江西被称为四大摇篮，分别是（　　）。

A．中国革命摇篮　　B．人民军队摇篮
C．共和国摇篮　　D．中国工人运动摇篮
E．体育明星摇篮

10．江西的中国历史文化名城有（　　）。

A．南昌　　B．赣州
C．九江　　D．景德镇
E．瑞金

11．下列有关江西红色旅游资源，说法正确的有（　　）。

A．中国革命摇篮井冈山

B．中国红色政权的摇篮瑞金

C．人民军队摇篮南昌

D．共和国摇篮瑞金

E．中国工人运动摇篮安源

第七节　山东

真题解读

● 【2017 年真题 · 判断】孔林是世界上规模最大、延时最久、保存最完整的家族古墓群。（　　）

【答案】对

【解析】孔林是世界上规模最大、延时最久、墓葬最多、保存最完整的家族古墓群。

【点评】简单难度，平时经常训练的内容，考查基本的知识识记。

● 【2017 年真题 · 单选】同素不相识的男子打招呼称其为“二哥”这是（　　）的习俗。

A．湖南人　　B．湖北人

C．安徽人　　D．山东人

【答案】D

【解析】在山东，见了素不相识的男子，和他打招呼，开口要称“二哥”。

【点评】送分题，平时经常训练的内容，考查基本的知识识记。

● 【2018 年真题 · 多选】下列山东省的机场中，属于国际空港的有（　　）。

A．东营永安机场　　B．济宁曲阜机场

C．烟台蓬莱机场　　D．青岛流亭机场

E．济南遥墙机场

【答案】CDE

【解析】山东省有 10 座机场，其中**济南**、**青岛**、**烟台**、**威海** 4 座机场为国际空港，已有法兰克福、洛杉矶、大阪、曼谷、香港、新加坡、釜山、东京等众多国际航线。

【点评】难度较大，考查较偏较细。

习题强化

一、判断题

1. 山东有中国最早的讲坛、最早的城邦和最古老的长城。（　　）
2. 给孩子戴香包和在手腕上系上五彩丝线，是福建端午节普遍流行的习俗。（　　）
3. 山东是儒家文化发源地、中国的经济第一大省、人口第二大省。（　　）
4. 山东德州龙兴寺出土的1000多年前的窖藏佛教造像被称为20世纪中国考古十大发现之一。（　　）
5. 山东原指泰山以东地区，后因此得名。（　　）
6. 孔府作为中国封建社会中延续时间最长、最具东方建筑风格的官衙与内宅二合一贵族庄园，号称“天下第一家”。（　　）
7. 山东省在明清时期，戏曲进入蓬勃发展时期，其中孔尚任的《宝剑记》成就突出。（　　）
8. 威海有“最适宜人类居住的范例城市”的美称。（　　）
9. 黄河三角洲一般海拔2～10米，为山东省陆地最低处。（　　）
10. 山东的气候属暖温带季风气候类型，降水集中，雨热同季，春秋短暂，冬夏较长。（　　）

二、单选题

1.（　　）以“建筑时间最久远、保存最完整”被誉为“天下第一庙”。

A．关帝庙　　B．岱庙

C．始祖庙　　D．孔庙

2.（　　）以农耕文化为特色，潍坊风筝、杨家埠年画散发着浓郁的泥土气息。

A．胶东　　B．鲁中平原

C．鲁西地区　　D．鲁南地区

3. 元人钟嗣成的《录鬼簿》和明初贾仲明的《录鬼簿续编》中记载的山东籍戏曲作家共（　　）人。

A．18　　B．20

C．28　　D．38

4. 世界上最古老的长城是山东省境内的（　　）。

A．齐长城　　B．秦长城

C．鲁长城　　D．燕长城

5. 在山东，见了素不相识的男子，和他打招呼，开口要称（　　）。

A．大哥　　B．二哥

C．三哥　　D．小哥

6. 被誉为“世界短篇小说之王”的是（　　）。

A. 蒲松龄　　B. 钟嗣成

C. 李开先　　D. 孔尚任

7. 泰山雄踞山东（　　），为山东省最高点。

A. 中部　　B. 北部

C. 西部　　D. 南部

8. 甲午海战之地在（　　）。

A. 青岛　　B. 烟台

C. 威海　　D. 日照

9. 国际风筝都（　　），每年举办大型国际风筝会。

A. 济南　　B. 青岛

C. 潍坊　　D. 日照

10. 山东有历史文化名城（　　）座。

A. 8　　B. 9

C. 10　　D. 11

11. 今山东省行政区域范围大致是在（　　）奠定的。

A. 唐代　　B. 宋代

C. 元代　　D. 明代

12. 画门符是济南人过（　　）才有的特点。

A. 中秋节　　B. 重阳节

C. 端午节　　D. 春节

13. 商朝前期的五次迁都，有（　　）次在山东境内。

A. 一　　B. 二

C. 三　　D. 四

14. 目前发现的最早的山东人——“沂源人”，可以把山东的历史上推到（　　）万年以前。

A. 五六十　　B. 七八十

C. 四五十　　D. 二三十

15. “群山之父”“五岳独尊”（　　）以其雄伟壮丽的风光和蕴含丰富的文化，被誉为“中华之魂”，被列入世界自然和文化双遗产。

A. 黄山　　B. 华山

C. 泰山　　D. 庐山

16. 山东省省会济南素有（　　）之称，“家家泉水，户户垂杨”“四面荷花三面柳，一城山色半城湖”的美景名扬四海。

A. 泉城　　B. 春城

C．水城　　D．山城

17．山东省有（　　）处世界遗产。

A．2　　B．3

C．4　　D．5

18．下列山东十大特产中，特产与产地对应正确的是（　　）。

A．金丝小枣—章丘　　B．玫瑰—乐陵

C．苹果—鱼台　　D．大蒜—苍山

三、多选题

1．济南人在端午节这天，将“五毒”(　　）形象的剪纸做成门符。

A．蝎子　　B．毒蛇

C．蛊虫　　D．壁虎

E．蛤蟆

2．下列历史名人出生在山东的有（　　）。

A．墨子　　B．扁鹊

C．鲁班　　D．蒲松龄

E．诸葛亮

3．中国东部唯一的黄金海滨城市群由（　　）构成。

A．青岛　　B．烟台

C．威海　　D．日照

E．滨州

4．“山东三大秧歌”指的是（　　）。

A．大秧歌　　B．淄博秧歌

C．鼓子秧歌　　D．胶州秧歌

E．海阳秧歌

5．下列选项中（　　）是在山东首先发现的。

A．大汶口文化　　B．红山文化

C．龙山文化　　D．草鞋山文化

E．丁村文化

6．山东地方风味的泰山“三美”指的是（　　）。

A．白菜　　B．豆腐

C．水　　D．萝卜

E．大葱

习题强化答案

第一节 上海

一、判断题

1．错　2．对　3．对　4．对　5．对
6．错　7．对　8．对

二、单选题

1．C　2．B　3．B　4．B　5．A
6．C　7．C　8．C　9．D　10．A
11．B　12．A　13．D　14．A　15．A
16．D　17．C　18．D　19．B　20．D
21．B　22．B

三、多选题

1．ABC　2．BCD　3．ACE　4．ABCDE　5．ABC
6．ABC　7．AB　8．ABD　9．ABC　10．ACD
11．ABCE　12．ABDE　13．ABC

第二节 江苏

一、判断题

1．错　2．对　3．对　4．错　5．对
6．对　7．错　8．对　9．对

二、单选题

1．A　2．D　3．C　4．B　5．C
6．C　7．C　8．A　9．A　10．D
11．A　12．B　13．C　14．A　15．A
16．D　17．A　18．C　19．A　20．D
21．B　22．D　23．D

三、多选题

1．ABCE　2．BCD　3．ABCDE　4．ABCD　5．ABD
6．ABE　7．ABCE　8．BCDE

第三节 浙江

一、判断题

1．错　2．对　3．对　4．错　5．错
6．对　7．对　8．错　9．对　10．对

11．对　12．错

二、单选题

1．D　2．C　3．B　4．D　5．A
6．D　7．B　8．B　9．D　10．C
11．D　12．D　13．D　14．D　15．A
16．B　17．A　18．C　19．A　20．D
21．C　22．C　23．C　24．C　25．B
26．D　27．C　28．B　29．C　30．B
31．D

三、多选题

1．ACE　2．ACE　3．ABC　4．BCD　5．ABDE
6．ABCDE　7．BCE　8．ABCD　9．ABCD　10．BCDE
11．ABCD　12．ACD　13．ABCD

第四节　安徽

一、判断题

1．错　2．错　3．对　4．对　5．对
6．对　7．对　8．对　9．对

二、单选题

1．D　2．C　3．B　4．A　5．A
6．D　7．B　8．A　9．B　10．A
11．A　12．C　13．B　14．C　15．A
16．A

三、多选题

1．CDE　2．BCDE　3．AE　4．ADE　5．ABC
6．ABCDE　7．ABC　8．ABC　9．ABDE　10．ABE
11．BCD　12．BCD

第五节　福建

一、判断题

1．错　2．错　3．对　4．对　5．对
6．对　7．错

二、单选题

1．C　2．A　3．B　4．C　5．C
6．D　7．B　7．D　9．C　10．C

11．B　12．D　13．C　14．B　15．A
16．B　17．B　18．C

三、多选题

1．AC　2．ABC　3．BC　4．BCDE　5．ABCE
6．ACE　7．ABCD　8．ABCDE

第六节　江西

一、判断题

1．错　2．对　3．对　4．对　5．对
6．对　7．对

二、单选题

1．B　2．B　3．A　4．C　5．A
6．B　7．B　8．A　9．D　10．A
11．A　12．D　13．A　14．A　15．C
16．C　17．C　18．C　19．D　20．C
21．B　22．A　23．A　24．C　25．B
26．C　27．B　28．D　29．A　30．B
31．A

三、多选题

1．ACD　2．ABDE　3．ABCD　4．ACE　5．BCD
6．ABCD　7．ABCDE　8．ABC　9．ABCD　10．ABDE
11．ACDE

第七节　山东

一、判断题

1．对　2．错　3．错　4．错　5．错
6．对　7．错　8．对　9．对　10．对

二、单选题

1．D　2．B　3．C　4．A　5．B
6．A　7．A　8．C　9．C　10．C
11．D　12．C　13．C　14．C　15．C
16．A　17．C　18．D

三、多选题

1．ABDE　2．ABCDE　3．ABCD　4．CDE　5．AC
6．ABC

第四章　华中地区

第一节　河南

真题解读

● 【2017 年真题 · 判断】少林武功起源于河南嵩山少林寺，是中国武术体系中最庞大的门派，已成为中华武术的象征。（　　）

【答案】对

【解析】少林武功起源于河南嵩山少林寺，是中国体系最庞大的武术门派，集北派武术之大成，汇外家武术之精华，武功套路高达 700 种以上，已成为中华武术的象征，与古代的茶叶、丝绸、瓷器一样，成为中国的文化符号。

【点评】送分题，平时经常训练的内容，考查基本的知识识记。

● 【2018 年真题 · 单选】河南省地上文物储备数量居全国第（　　）位。

A. 二　　B. 一

C. 三　　D. 四

【答案】A

【解析】河南文物储备量极高，地下文物居全国第一，**地上文物居全国第二**。

【点评】送分题，平时经常训练的内容，考查基本的知识识记。对比记忆，文物数量居全国第一——河南地下，山西地上。

● 【2018 年真题 · 单选】下列关于作者与作品的组合中，正确的是（　　）。

A. 贾谊——《三都赋》　　B. 左思——《吊屈原赋》

C. 钟嵘——《衡山记》　　D. 干宝——《搜神记》

【答案】D

【解析】贾谊——《吊屈原赋》，左思——《三都赋》，钟嵘——《诗品》，**干宝——《搜神记》**。

【点评】中等难度，考查基本的知识识记。单选题，确定干宝的是《搜神记》就行啦。

● 【2017 年真题 · 单选】地下文物总量居全国第一位的省份是（　　）。

A. 陕西省　　B. 河南省

C. 浙江省　　D. 江苏省

【答案】B

【解析】河南省文物古迹众多，**地下文物和馆藏文物均居全国首位**。

【点评】送分题，平时经常训练的内容，考查基本的知识识记。

● 【2017年真题·单选】中国八大古都中，河南省占有（　　）个。

A. 4　　B. 3

C. 5　　D. 6

【答案】A

【解析】中国八大古都河南有**4个**，即九朝古都洛阳、七朝古都开封、殷商古都安阳、商都郑州。

【点评】送分题，平时经常训练的内容，考查基本的知识识记。中国八大古都中，河南占一半。

习题强化

一、判断题

1. 最早的散文总集《尚书》和诗歌总集《诗经》，都是经过东周洛阳的朝廷史官整理编辑成书的。（　　）
2. 河南属北亚热带向暖温带过渡的大陆性季风气候，同时还具有自东向西由平原向丘陵山地气候过渡的特征。（　　）
3. 中国四大发明中的指南针、造纸术、印刷术三大技术均发明于河南。（　　）
4. 河南是中国古代歌谣特别是《诗经》中作品产生最多的地区。（　　）
5. 开封古称汴梁，是一座有着2300多年历史的九朝古都。（　　）
6. 西汉洛阳贾谊的《大人赋》开汉代骚体抒情赋的先河，确立了汉代骚体赋的基本形式。（　　）
7. 在安阳殷墟发现的甲骨文，是中国最早的文字。（　　）
8. 沿河南省界呈半环形分布着三大山系，分别是豫西北的秦岭山系、豫西的太行山、豫西南的大别山。（　　）
9. 展现北宋时期汴京繁荣的名作《清明上河图》现存于中国故宫博物院。（　　）

二、单选题

1. 在（　　）人们把祭灶节看作仅次于中秋的团圆节。

A. 河南　　B. 河北

C. 湖南　　D. 湖北

2. （　　）特色是中扒（扒菜）、西水（水席）、南锅（锅鸡、锅鱼）、北面（面食、馅饭）。

A. 鲁菜　　B. 晋菜

C．淮扬菜　　D．豫菜

3．中国历史上第一个有文献可考，并为甲骨文和考古发掘所证实的古代都城遗址是（　　）。

A．偃师二里头夏文化遗址　　B．汉魏洛阳故城遗址

C．殷墟遗址　　D．郑州商城遗址

4．“文起八代之衰”的孟州人（　　），位居“唐宋八大家”之首，达到了中国散文的高峰。

A．柳宗元　　B．韩愈

C．白居易　　D．欧阳修

5．郑州东站是全国唯一的一座（　　）字型高铁枢纽。

A．十　　B．米

C．田　　D．大

6．中国八大古都河南有四个，其中殷商古都是（　　）。

A．洛阳　　B．开封

C．安阳　　D．郑州

7．上古的神话宝库（　　），是洛阳人根据当时流传最多的河洛地区神话资料编写而成。

A.《山海经》　　B.《封神演义》

C.《神仙传》　　D.《搜神记》

8．我国建都朝代最多、建都历史最长、古都数量最多的省份是（　　）。

A．陕西省　　B．山西省

C．河南省　　D．山东省

9．左思所写（　　）轰动一时，留下了“洛阳纸贵”的历史佳话。

A.《归田赋》　　B.《二京赋》

C.《子虚赋》　　D.《三都赋》

10．出土于河南（　　）的司母戊大方鼎举世闻名，现存于中国历史博物馆。

A．洛阳　　B．信阳

C．安阳　　D．濮阳

11．我国最早的哲学著作《周易》是文王拘囚在今（　　）汤阴时整理推演而成。

A．湖南　　B．江苏

C．陕西　　D．河南

12．（　　）不是河南民俗。

A．祭灶　　B．二月二炒黄豆

C．唱山歌　　D．庙会

13．（　　）地下文物和馆藏文物均居全国首位。

A．湖南　　B．江苏
C．陕西　　D．河南

14．隋朝末年，以（　　）为中心开凿了沟通南北的大运河，一直通航到北宋时代。
A．开封　　B．洛阳
C．南阳　　D．濮阳

15．北宋时（　　）人口达 100 多万，为全国第一大城市。
A．开封　　B．洛阳
C．南阳　　D．濮阳

16．商代的首都西亳、和殷均在（　　）境内。
A．湖南　　B．江苏
C．陕西　　D．河南

17．（　　）是河南省的北大门，素有豫北咽喉、四省要道之称。
A．开封　　B．洛阳
C．安阳　　D．郑州

18．东汉南阳张衡的（　　）开抒情小赋之先声。
A．《归田赋》　　B．《二京赋》
C．《吊屈原赋》　　D．《搜神记》

19．豫北风俗中腊八早上熬好粥，第一件事是将粥喂给（　　）。
A．梨树　　B．榆树
C．槐树　　D．枣树

20．河南省海拔最低处在固始县（　　）出省处，仅 23.2 米。
A．长江　　B．黄河
C．淮河　　D．海河

21．4000 多年前的（　　）中晚期，中原进入了石、铜器并用时代。
A．龙山文化　　B．裴李岗文化
C．红山文化　　D．大汶口文化

22．河南风俗中，二月二是龙抬头节，又叫青龙节，河南的乡村会炒（　　）。
A．花生　　B．瓜子
C．黄豆　　D．芝麻

23．河南辖（　　）个地级市。
A．14　　B．15
C．16　　D．17

24．（　　）境内的老鸦岔为河南省最高峰，海拔 2413.8 米。
A．平顶山市　　B．灵宝市

C. 郑州市　　D. 开封

25. 从夏代到北宋，先后有20个朝代建都或迁都于（　　），长期是全国的政治、经济、文化中心。

A. 湖南　　B. 江苏

C. 陕西　　D. 河南

26. 下列城市中，属于七朝古都的是（　　）。

A. 开封　　B. 洛阳

C. 西安　　D. 郑州

27. 洛阳被称为九朝古都，先后有（　　）个王朝在此建都。

A. 12　　B. 13

C. 14　　D. 15

三、多选题

1. 下列有关河南文化艺术，说法正确的有（　　）。

A. 是中国古代歌谣特别是《诗经》中作品产生最多的地区

B. 上古的神话宝库《山海经》，是洛阳人根据当时流传最多的河洛地区神话资料编写而成

C. 东汉南阳张衡的《二京赋》是汉代大赋中的极品，其《归田赋》则开抒情小赋之先声

D. 西汉洛阳贾谊的《吊屈原赋》和《鹏鸟赋》确立了汉代骚体赋的基本形式

E. 陆机所写《三都赋》留下了“洛阳纸贵”的佳话

2. 汉魏时期的“建安七子”中，是河南人的有（　　）。

A. 阮瑀　　B. 应玚

C. 陈琳　　D. 徐干

E. 蔡琰

3. 豫剧代表作有（　　）等。

A.《投笔记》　　B.《小二黑结婚》

C.《红梅记》　　D.《刘胡兰》

E.《冬去春来》

4. 在唐代留名的两千多位作家中，河南作家多至四百余人，其中一流的作家占到文坛的半数以上，下列唐代诗人属于河南的有（　　）。

A. 李白　　B. 杜甫

C. 白居易　　D. 韩愈

E. 李商隐

5. 河南地跨（　　）四大流域。

A. 长江　　B. 黄河

C．淮河　　D．海河

E．钱塘江

6．河南的世界文化遗产有（　　）。

A．龙门石窟　　B．清明上河园

C．云台山　　D．安阳殷墟

E．登封“天地之中”古建筑群

7．中国八大古都中，位于河南省的是（　　）。

A．南阳　　B．洛阳

C．开封　　D．安阳

E．郑州

8．下列是河南省国家级 5A 级旅游景区的是（　　）。

A．龙门石窟　　B．嵩山少林寺

C．云台山　　D．山海关—老龙头

E．清明上河园

9．河南特产有（　　）。

A．武陟油茶　　B．杜康酒

C．唐三彩　　D．四大怀药

E．信阳毛尖

第二节　湖北

真题解读

● 【2018 年真题 · 判断】湖北省历史悠久、文化灿烂，是中华始祖炎帝和活字印刷术发明人毕昇的故里。（　　）

【答案】对

【解析】湖北历史悠久，文化发达，中华始祖炎帝就诞生在湖北，也是中国古代四大发明家之一的毕昇故里。

【点评】中等难度，考查基本的知识识记。判断题作答技巧——不确定就选对。

● 【2017 年真题 · 判断】江汉地区的屈家岭文化遗址是湖北早期文化的代表。（　　）

【答案】对

【解析】湖北早期文化的代表是**江汉地区的屈家岭文化遗址**，这里出土大量新石器时代的石器和陶器，其中的蛋壳彩陶、壶形器和带谷壳的红烧土具有很高的研究价值，反映出当时农耕、水利、渔猎、手工业、纺织业已经发展到相当的程度，是楚文化发展的源头。

【点评】难度较大，考查较偏。

- 【2018年真题·单选】素有“九省通衢”之称的城市是（　　）。

A．郑州市　　B．西安市

C．南京市　　D．武汉市

【答案】D

【解析】湖北省地处我国中部，具有承东启西、接南纳北、通江达海、得天独厚的区位优势，省会武汉素有“九省通衢”之称，是全国重要的交通、通信枢纽。

【点评】送分题，平时经常训练的内容，考查基本的知识识记。

- 【2017年真题·单选】我国中部地区最大的空港是（　　）。

A．武汉天河国际机场

B．宜昌三峡国际机场

C．神农架红坪机场

D．十堰武当山机场

【答案】A

【解析】武汉天河国际机场为我国中部地区最大的空港，已开通美、法、日、韩等国际航班，宜昌、襄阳、恩施、荆州、神农架等地也开通了连接全国各地的空中通道。

【点评】中等难度，考查基本的知识识记。

习题强化

一、判断题

1．精武鸭是湖南著名特产。（　　）

2．号称“华北屋脊”和“绿色宝库”的神农架是重要自然保护区，不仅珍稀动物多，“野人之谜”更令人关注。（　　）

3．历史上湖南的主要地区属辖于荆州，而战国时又属于楚国，人们习惯上把“荆楚大地”作为湖南的泛称。（　　）

4．发掘于湖北枣阳市的距今约6000年的雕龙碑遗址将中国文明上溯了1000年。（　　）

5．湖北省位于中国的中部，西北与山西接壤，北面与河南毗邻。（　　）

6．3月中旬至4月中旬是湖北的梅雨期。（　　）

7．宋朝时期，江夏郡曾一度改称鄂州，治江夏，后来鄂州又成为治所，今湖北简称鄂即源于此。（　　）

8．湖北全省地势大致为东、西、北三面环山，中间低平，略呈向南敞开的不完整

盆地。 （ ）

二、单选题

1．“无鱼不成席”“无圆不成席”“无汤不成席”指的是（ ）。

A．鄂菜　　B．闽菜

C．浙菜　　D．冀菜

2．辛亥革命始于（ ）。

A．山西　　B．湖南

C．湖北　　D．河南

3．宋元时期，湖北培育了著名的书法家（ ）。

A．苏轼　　B．米芾

C．蔡襄　　D．黄庭坚

4．“吃的菜是大块肉、大块鱼、红苕粉丝、煎豆腐四大菜”，这是湖北（ ）人的特有习俗。

A．武当　　B．恩施

C．崇阳　　D．武汉

5．湖北（ ）是中国京剧第一世家“京剧谭门谭鑫培”的故乡。

A．荆州　　B．咸宁

C．武汉　　D．襄阳

6．湖北简称“鄂”，是因为自（ ）开始，湖北部分地区为鄂州所辖。

A．北宋　　B．唐朝

C．宋代　　D．隋朝

7．（ ）“北建故宫，南修武当”，形成了武当山九宫九观，堪称我国道教文化的宝库。

A．朱元璋　　B．皇太极

C．康熙　　D．朱棣

8．湖北因地处长江中游（ ）之北而得名。

A．鄱阳湖　　B．洞庭湖

C．太湖　　D．巢湖

9．（ ）是中国有名的三大“火炉城”之一，夏季气温高达40摄氏度左右，酷热难耐的时间长达两个月左右，使之形成了特有的民习“竹床阵”。

A．长沙　　B．重庆

C．南京　　D．武汉

10．湖北省的旅游主题形象是（ ）。

A．灵秀湖北　　B．好客湖北

C．七彩湖北　　D．多彩湖北

11．道教名山（　　）被誉为道教“第一山”。

A．龙虎山　　B．武当山

C．三清山　　D．青城山

12．热干面是颇具（　　）特色的早餐小吃。

A．成都　　B．武汉

C．西安　　D．长沙

13．工艺精湛的战国漆绘、木雕制品和古代丝绸大都出土于（　　）江陵。

A．武汉　　B．钟祥

C．荆州　　D．随州

14．春秋战国时期，楚国（　　）生产达到登峰造极的地步。

A．铜器　　B．瓷器

C．银器　　D．铁器

15．湖北武当山有“朝武当”习俗，意思就是上山去祭拜（　　）。

A．三清　　B．山神

C．太上老君　　D．张三丰

16．夏夜街头摆竹床阵是（　　）的习俗。

A．武汉　　B．荆州

C．随州　　D．钟祥

17．青年男女成婚时打造的家具样式仍按古老形式，如床入口处仅留可供两人并坐的“口子”，这是（　　）的习俗。

A．长阳　　B．当阳

C．崇阳　　D．武当

18．湖北早期文化的代表是江汉地区的（　　），是楚文化发展的源头。

A．屈家岭文化　　B．西侯度文化

C．丁村文化　　D．龙山文化

19．康熙三年（1664 年）湖广分治，大体以洞庭湖为界，北为湖北布政使司，定为湖北省，省会（　　）。

A．武汉　　B．武昌

C．汉口　　D．汉阳

20．湖北菜，简称鄂菜，按有文字记载的时间算，至今已有（　　）多年的历史。

A．1000　　B．1500

C．2000　　D．2500

21．被誉为“东方第八大奇迹”的编钟出土于湖北（　　）。

A．武汉　　B．荆州

C．随州　　D．襄阳

22．下列景点中，有“华中屋脊”和“绿色宝库”之称的是（　　）。

A．神农架　　B．武当山

C．大洪山　　D．九宫山

23．下列文化遗址中出土了蛋壳彩陶、壶形器等文物的是（　　）。

A．屈家岭文化　　B．西侯度文化

C．丁村文化　　D．龙山文化

三、多选题

1．湖北现有22个地方剧种，其中最具影响力的是（　　）。

A．越调　　B．清戏

C．荆州花鼓戏　　D．汉剧

E．楚剧

2．湖北（　　）被评为“中国旅游胜地四十佳”。

A．长江三峡　　B．东湖

C．黄鹤楼　　D．丹江水库

E．葛洲坝

3．湖北（　　）分别被联合国教科文组织列入“人与自然保护圈计划”和《世界遗产名录》。

A．神农架　　B．葛洲坝

C．武当山　　D．明显陵

E．长江三峡

4．下列人文景观中位于湖北的是（　　）。

A．古人类长阳人遗址

B．辛亥革命遗址起义门

C．“八七会议”会址

D．炎黄文化遗址

E．小平小道

5．截至2019年5月，湖北的世界遗产有（　　）。

A．武当山古建筑群　　B．钟祥明显陵

C．炎帝神农故里　　D．咸丰唐崖土司遗址

E．神农架

6．恩施是湖北唯一的一个少数民族自治州，该地少数民族主要为（　　）。

A．白族　　B．布依族

C．侗族　　D．土家族

E．苗族

7．下列特产中属于湖北的有（　　）。

A．唐三彩　　B．杜康酒
C．四大怀药　　D．精武鸭
E．沙湖盐蛋

8．下列湖北景区中，属于国家 5A 级的有（　　）。
A．宜昌市三峡大坝旅游区
B．九宫山风景名胜区
C．神农架旅游区
D．屈原故里文化旅游区
E．隆中风景名胜区

9．下列湖北城市中，属于国家级历史文化名城的有（　　）。
A．武汉　　B．荆州
C．襄阳　　D．随州
E．钟祥

第三节　湖南

真题解读

● 【2018 年真题 · 判断】湖南地跨“三湘四水”，其中四水是指潇水、蒸水、沅水和澧水。（　　）

【答案】错

【解析】“三湘四水”是湖南的又一称谓，“三湘”因湘江流经永州时与“潇水”、流经衡阳时与“蒸水”和入洞庭湖时与“沅水”相汇而得名，分别称“潇湘”“蒸湘”和“沅湘”。四水则指**湘江、资江、沅江和澧水**。

【点评】中等难度，平时经常训练的内容，考查基本的知识识记。“三湘”——潇蒸沅，“四水”——湘资沅澧。

● 【2018 年真题 · 单选】湖南现代文学“茶子花派”的创始人是（　　）。
A．田汉　　B．周立波
C．丁玲　　D．杨沫

【答案】B

【解析】**周立波**是湖南现代文学“茶子花”派的创始人，也是湖南文学界的另一面旗帜，代表作有长篇小说《暴风骤雨》《铁水奔流》《山乡巨变》等。

【点评】简单难度，平时经常训练的内容，考查基本的知识识记。

● 【2017 年真题 · 单选】湖南苗族在秋收完成后要举办大祭神农的节庆活动，苗民称之为（　　）。

A. 敬神　　B. 跳香

C. 打背　　D. 赶秋

【答案】B

【解析】湖南苗族在秋收完成后，还要举办大祭神农的节庆，苗民称为**跳香**。跳香节，一般在秋后农历十月举行，节期一般为一天一夜。除祭祀五谷神与神农外，苗族祭司还要主持男青年跳苗舞。

【点评】中等难度，考查较细。

- 【2017 年真题 · 多选】湖南省享有（　　）等美誉。

A. “屈贾之乡”　　B. “潇湘洙泗”

C. “古道圣土”　　D. “千湖之省”

E. “中华水塔”

【答案】ABC

【解析】湖南自古有**“古道圣土”“屈贾之乡”**和**“潇湘洙泗”**的美誉。

【点评】简单难度，平时经常训练的内容，考查基本的知识识记。

习题强化

一、判断题

1. 在近代，湖南出现了以魏源、何绍基、曾国藩等为代表的宋诗派。（　　）
2. 在首届茅盾文学奖评选中，莫应丰的《将军吟》和古华的《芙蓉镇》双双折桂。（　　）
3. 《毛泽东诗词》被郭沫若称之为诗词中的“泰山北斗”。（　　）
4. 湖南的气候特征主要表现为四季分明、光热充足、降水丰沛、雨热同期，气候条件比较优越。（　　）
5. 武陵源、崀山丹霞地貌、湖南土司遗址这三处世界遗产都位于湖南省。（　　）
6. 湘江贯穿湖南省境东西，故简称湘。（　　）
7. 湖南省位于长江中下游，因大部分区域处于洞庭湖以南而得名。（　　）
8. 湖南土地总面积 21.18 万平方千米，在全国各省市区中居第 10 位。（　　）

二、单选题

1. 湖南最有影响的地方小戏是（　　）。

A. 武陵戏　　B. 傩堂戏

C. 湘剧　　D. 花鼓戏

2. （　　）是目前世界上发现的最精美的商代青铜器，也是中国现存最大的商代青铜方尊。

A. 何尊　　B. 中山王鼎

C．四羊方尊　　D．司母戊大方鼎

3．（　　）置湖南观察使，湖南之名自此始。

A．唐朝　　B．宋朝

C．元朝　　D．明朝

4．《刘海砍樵》《补锅》是（　　）剧种的著名剧目。

A．豫剧　　B．花鼓戏

C．越剧　　D．黄梅戏

5．发出“心灵上负着时代苦闷的创伤的青年女性的叛逆的绝叫者”的声音而走上文坛的是（　　）。

A．丁玲　　B．谢冰莹

C．白薇　　D．萧红

6．四羊方尊，出土于宁乡黄材镇，中国仍存最大的（　　）青铜方尊。

A．夏朝　　B．商朝

C．周朝　　D．西汉

7．下列湖南民俗中，主题为纪念神农恩德的是（　　）。

A．赶秋节　　B．打背节

C．会姑娘　　D．赶僵尸

8．湖南土家族出嫁时要“哭嫁”，哭嫁的高潮内容是（　　）。

A．感谢父母的养育　　B．憧憬嫁入夫家的生活

C．大骂媒婆　　D．回忆儿时的事情

9．湖南长沙马王堆的西汉墓出土的素纱禅衣薄如蝉翼，仅重（　　）。

A．39 克　　B．49 克

C．59 克　　D．69 克

10．（　　）常以未婚女子的哭嫁水平来衡量该女子的聪明程度。

A．土家族　　B．苗族

C．白族　　D．侗族

11．湖南境内最低点是临湘市的黄盖湖，海拔（　　）米。

A．18　　B．24

C．36　　D．48

12．其作品为读者创造出了一个充满野性与灵气的“湘西世界”的湖南作家是（　　）。

A．杨沫　　B．周立波

C．沈从文　　D．张天翼

13．凝聚中华民族的精神象征的炎帝陵坐落在（　　）。

A．长沙　　B．湘潭

C．株洲　　D．岳阳

14.《芙蓉镇》的作者是（　　）。

A．莫应丰　　B．古华

C．田汉　　D．杨沫

15. 湖南境内现有（　　）个国家 5A 景区。

A．6　　B．7

C．8　　D．10

16. 出土于湖南（　　）的四羊方尊，是目前世界上发现的最精美的商代青铜器，也是中国仍存最大的商代青铜方尊。

A．宁乡　　B．岳阳

C．郴州　　D．永丹

三、多选题

1. 抗日战争时期，湘籍作家返回家乡，参加抗战文学建设，他们是（　　）。

A．张天翼　　B．谢冰莹

C．沈从文　　D．古华

E．莫应丰

2. 湖南下列城市属于国家历史文化名城的有（　　）。

A．长沙　　B．岳阳

C．凤凰　　D．永州

E．衡阳

3. “三湘四水”是湖南的又一称谓，“三湘”是指（　　）。

A．资江　　B．澧水

C．潇水　　D．蒸水

E．沅水

4. 湖南自古有（　　）的美誉。

A．古道圣土　　B．屈贾之乡

C．潇湘洙泗　　D．二胡之乡

E．衣被天下

5. 下列属于湖南苗族民俗风情的是（　　）。

A．赶秋节　　B．跳香节

C．祭祀五谷神　　D．打背节

E．会姑娘

6. 丁玲的代表作有（　　）等。

A.《梦珂》　　B.《华威先生》

C.《莎菲女士的日记》　　D.《太阳照在桑干河上》

E.《新从军日记》

7．三湘四水是湖南的另一个称谓，四水分别是（　　）。

A．湘江　　B．资江

C．沅江　　D．澧水

E．蒸水

8．湘菜，又叫湖南菜，八大菜系之一，早在汉朝就形成菜系，以（　　）三种地方风味为主。

A．湘江流域　　B．洞庭湖区

C．湘西山区　　D．湘东山区

E．湘南山区

9．民间湘菜代表菜品有（　　）。

A．辣椒炒肉　　B．剁椒鱼头

C．外婆菜　　D．宋嫂鱼羹

E．黄陂三合

10．下列选项中代表了田汉戏剧创作最高水平的是（　　）。

A.《关汉卿》　　B.《谢瑶环》

C.《暴风骤雨》　　D.《铁水奔流》

E.《山乡巨变》

11．下列选项中，属于官府湘菜代表菜品的是（　　）。

A．组庵豆腐　　B．剁椒鱼头

C．宁乡口味蛇　　D．组庵鱼翅

E．腊味合蒸

习题强化答案

第一节　河南

一、判断题

1．对	2．对	3．错	4．对	5．错
6．错	7．对	8．错	9．对	

二、单选题

1．A	2．D	3．C	4．B	5．B
6．C	7．A	8．C	9．D	10．C
11．D	12．C	13．D	14．B	15．A
16．D	17．C	18．A	19．D	20．C
21．A	22．C	23．D	24．B	25．D

26．A　27．B

三、多选题

1．ABCD　2．ABE　3．BDE　4．BCDE　5．ABCD
6．ADE　7．BCDE　8．ABCE　9．ABCDE

第二节　湖北

一、判断题

1．错　2．错　3．错　4．对　5．错
6．错　7．错　8．对

二、单选题

1．A　2．C　3．B　4．C　5．C
6．D　7．D　8．B　9．D　10．A
11．B　12．B　13．C　14．A　15．B
16．A　17．C　18．A　19．B　20．C
21．C　22．A　23．A

三、多选题

1．CDE　2．ACE　3．ACD　4．ABC　5．ABDE
6．DE　7．DE　8．ACD　9．ABCDE

第三节　湖南

一、判断题

1．对　2．对　3．对　4．对　5．对
6．错　7．错　8．对

二、单选题

1．D　2．C　3．A　4．B　5．A
6．B　7．A　8．C　9．B　10．A
11．B　12．C　13．C　14．B　15．C
16．A

三、多选题

1．ABC　2．ABCD　3．CDE　4．ABC　5．ABCDE
6．ACD　7．ABCD　8．ABC　9．ABC　10．AB
11．AD

第五章 华南地区

第一节 广东

真题解读

- 【2017 年真题 · 单选】下列戏曲剧种中，享有“南国红豆”盛誉的是（　　）。

  A. 潮剧　　B. 粤剧

  C. 广东汉剧　　D. 粤西白戏

  【答案】B

  【解析】粤剧唱腔优美，具有丰富的表现力和感染力，影响遍及粤语华人地区，有“南国红豆”的盛誉，2009 年被列入人类非物质文化遗产代表作名录。

  【点评】简单难度，平时经常训练的内容，考查基本的知识识记。

- 【2018 年真题 · 多选】广东音乐是我国传统丝竹乐的一种，其代表性剧目有（　　）。

  A.《步步高》　　B.《雨打芭蕉》

  C.《平湖秋月》　　D.《二泉映月》

  E.《茉莉花》

  【答案】ABC

  【解析】广东音乐又称粤乐，实指广府音乐，是我国传统器乐丝竹乐的一种。其代表性曲目有《步步高》《雨打芭蕉》《平湖秋月》等。

  【点评】中等难度，平时经常训练的内容。

习题强化

一、判断题

1. 岭南文化由固有的本土文化、南迁的中原文化、舶来的域外文化三大部分组成。（　　）
2. 在中国，自古有“食在广州，厨出凤城”的民间谚语，凤城指的是中国的厨师之乡广东潮州。（　　）
3. 粤剧是岭南最重要的地方剧种，有“南国红豆”的盛誉。（　　）

4．截至2019年5月，广东有韶关丹霞山、顺德清晖园2处世界遗产。（　　）

5．岭南园林具有轻盈、自在与敞开的特色。（　　）

6．广东地处中国最南端。（　　）

7．秦统一六国后，今广东省的大部分地区属桂林郡，这是广东历史上第一次划分行政区。（　　）

二、单选题

1．自1989年起，（　　）国内生产总值在中国各个省区市中，连续占居第1位，成为中国经济规模最大，经济综合竞争力、金融实力最强的省份。

A．北京　　B．上海

C．天津　　D．广东

2．清末民初，南海（　　）以武术、醒狮闻名于世，其飞砣采青、竹梯青、蟹青等技艺，开了广东醒狮技艺的先河。

A．黄飞鸿　　B．李连杰

C．霍元甲　　D．杜心武

3．广东醒狮出现在（　　），起源于南海区。

A．唐朝　　B．宋朝

C．元代　　D．明代

4．（　　）省大陆海岸线长4114.3千米，居全国第一。

A．山东　　B．浙江

C．辽宁　　D．广东

5．有“东海一绝”之誉的广东民俗是（　　）。

A．醒狮　　B．飘色

C．人龙舞　　D．赛龙舟

6．2014年12月1日，联合国教科文组织授予（　　）“世界美食之都”的称号。

A．湛江　　B．广州

C．顺德　　D．珠海

7．《雨打芭蕉》是（　　）的代表性剧目。

A．粤乐　　B．粤剧

C．潮剧　　D．客家山歌

8．“广东”之名形成于（　　）。

A．汉代　　B．唐代

C．宋代　　D．元代

9．广东音乐，又称粤乐，其实是指广府音乐，是我国传统（　　）的一种。

A．打击乐　　B．丝竹乐

C．说唱乐　　D．管弦乐

10．广东的风味小吃是（　　）。

A．豌豆黄　　B．蚝仔煎

C．娥姐粉果　　D．刀削面

11．距今约（　　）万年以前，岭南出现了早期古人（马坝人）。

A．1.5　　B．12.9

C．50　　D．80

12．广东省现有国家5A级旅游景区（　　）家。

A．9　　B．10

C．11　　D．13

三、多选题

1．著名的粤菜餐饮品牌有莲香楼和（　　）等。

A．陶陶居　　B．广州酒家

C．利苑酒家　　D．广发酒家

E．杏花楼

2．世居广东的少数民族有瑶族和（　　）。

A．壮族　　B．侗族

C．回族　　D．满族

E．畲族

3．（　　）被誉为岭南三大艺术瑰宝。

A．广东音乐　　B．粤剧

C．岭南画派　　D．潮剧

E．广东汉剧

4．下面关于广东之最说法正确的是（　　）。

A．自1989年起，地区生产总值连续居全国首位

B．常住人口总量位居全国首位

C．大陆海岸线长全国第一

D．人均国土面积在全国各省区中最少

E．全国岛屿最多的省份

5．下列特色食品属于广东的有（　　）。

A．马蹄糕　　B．马肉米粉

C．娥姐粉果　　D．肠粉

E．三鲜豆皮

6．关于广东民间的民俗风情，表述正确的是（　　）。

A．饮茶时如果有人为你倒茶，要用食指轻扣桌面几下以示感谢

B．流行于湛江市雷州半岛的人龙舞被誉为“东海一绝”

C. 民间娱乐色相异彩缤纷，有春色、秋色、火色、水色等
D. 赛龙舟又称扒龙船，盛行于珠江三角洲水乡地带
E. 狮舞表演中，南狮狮头有脸谱化的特点

7. 广东省的经济特区有（　　）。
A. 广州　　B. 深圳
C. 东莞　　D. 汕头
E. 珠海

8. 广东戏曲剧种众多，其中以（　　）等流行最广、影响最大、观众最多。
A. 越剧　　B. 粤剧
C. 潮剧　　D. 广东汉剧
E. 粤西白戏

9. 下列广东旅游景区中，属于国家 5A 级的有（　　）。
A. 孙中山故里旅游区　　B. 西汉南越王墓博物馆
C. 清远连州地下河景区　　D. 佛山西樵山景区
E. 广州长隆旅游度假区

10. 下列广东城市中，属于国家级历史文化名城的有（　　）。
A. 广州　　B. 梅州
C. 中山　　D. 深圳
E. 韶关

11. 广东下列城市中，属于副省级城市的是（　　）。
A. 广州　　B. 汕头
C. 珠海　　D. 深圳
E. 佛山

第二节　广西

真题解读

● 【2018 年真题 · 判断】广西是中国唯一具有沿海、沿江、沿边优势的少数民族自治区，是西南地区最便捷的出海口。（　　）

【答案】对

【解析】广西是中国唯一与东盟国家海陆相连的省级行政区，中国通往东盟最便捷的国际大通道，**中国唯一具有沿海、沿江、沿边优势的少数民族自治区，西南地区最便捷的出海口。**

【点评】简单难度，平时经常训练的内容，考查基本的知识识记。搞不懂的自夸

型题目，一般都是对的。

- **【2017 年真题 · 判断】**广西壮族自治区位于祖国南疆，东北与越南社会主义共和国接壤。　　（　　）

【答案】错

【解析】广西位于祖国南疆，东连广东，南临北部湾并与海南隔海相望，西与云南毗邻，东北接湖南，西北靠贵州，**西南**与越南接壤。

【点评】中等难度，考查较细。本题根据地理常识也可以判断说法为错。

- **【2018 年真题 · 单选】**广西被誉为"民歌的海洋"，其中多声部合唱的（　　）是最具特色的中国民间音乐艺术之一。

A．苗族"飞歌"　　B．侗族"大歌"

C．瑶族"香哩歌"　　D．壮族"欢歌"

【答案】B

【解析】广西是个爱歌、善歌民族聚居的地区，是"歌仙"刘三姐的故乡，被誉为"民歌的海洋"。汉族"山歌"、壮族"欢歌"、苗族"飞歌"、侗族"大歌"、瑶族"香哩歌"、京族"唱哈"等各具特色，其中**多声部合唱的侗族大歌是侗族音乐精粹**，也是最具特色的中国民间音乐艺术，先后入选国家非物质文化遗产名录和世界《人类非物质文化遗产代表作名录》。

【点评】难度较大，考查较细。相较于其他选项，只有侗族"大歌"入选人类非遗，最出名。

- **【2017 年真题 · 单选】**1851 年，太平天国起义在（　　）爆发。

A．湖南　　B．江西

C．广西　　D．广东

【答案】C

【解析】1851 年，太平天国起义在**广西**爆发，天地会的反清起义也在各地勃然兴起。

【点评】简单难度，考查基本的知识识记。

- **【2017 年真题 · 单选】**下列省区中，少数民族常住人口总数在全国居第一位的是（　　）。

A．新疆　　B．云南

C．内蒙古　　D．广西

【答案】D

【解析】在广西常住人口中，少数民族人口总数在全国居第 1 位，壮族是中国人口最多的少数民族。

【点评】送分题，平时经常训练的内容，考查基本的知识识记。

习题强化

一、判断题

1. 壮族的歌、瑶族的节、苗族的舞、侗族的楼和桥是广西民族风情旅游不可不看的“四绝”。（ ）
2. 桂林、阳朔一带的石灰岩峰林，曾被旅行家马可·波罗誉为“碧莲玉笋世界”。（ ）
3. 广西北部湾港由防城港、钦州港和北海港三港组成。（ ）
4. 唐代将广南路分为广南东路和广南西路，“广西”即广南西路。（ ）
5. 秦始皇统一岭南后，将今广西地域纳入中央版图，分属桂林郡和南海郡。（ ）
6. 广西河流分属珠江、长江、桂南独流入海、百都河四大水系。（ ）
7. 1972 年发现于广西北流市六靖镇的汉代云雷纹大铜鼓，被誉为“铜鼓之王”，是世界上最大的铜鼓。（ ）
8. 广西城市菜以海鲜烹调最为著名。（ ）
9. 三江侗族自治县的风雨桥是我国闻名的木建筑，是侗族的象征。（ ）
10. 广西首府是桂林市。（ ）

二、单选题

1. 广西（ ）驰名中外，历代皆誉之为“国宝”，作为进贡皇上的贡品。

   A. 合浦珍珠　　B. 壮锦
   C. 蜜桔　　D. 苍梧六堡茶

2. 桂林三花酒是中国（ ）白酒的代表，被誉为“米酒之王”。

   A. 米香型　　B. 兼香型
   C. 酱香型　　D. 浓香型

3. 下列属于瑶族节日的是（ ）。

   A. 盘王节　　B. 三月三歌节
   C. 花炮节　　D. 走坡节

4. 20 世纪 50 年代，代表广西文化艺术最高水平的民间歌舞剧（ ）享誉国内外。

   A.《秦娘美》　　B.《独手英雄》
   C.《刘三姐》　　D.《步步高》

5. 鼓楼、风雨桥是（ ）的代表性建筑物。

   A. 壮族　　B. 苗族
   C. 侗族　　D. 瑶族

6. （ ）洞穴众多且景观优美，素有“无山不洞，无洞不奇”之称。

A．云南　　B．广东
C．广西　　D．湖北

7．20 世纪 50 年代，在马君武和欧阳予倩的主持下，以改良（　　）为先锋，推动广西文化空前发展。
A．桂剧　　B．壮剧
C．彩调剧　　D．邕剧

8．曾被明代旅行家徐霞客誉为“碧莲玉笋世界”的是（　　）一带的石灰岩峰林。
A．桂林、阳朔　　B．桂平西山
C．宁明花山　　D．贵港南山、东湖

9．（　　）省被称为“歌的海洋”。
A．广西　　B．贵州
C．云南　　D．西藏

10．广西（　　）被誉为“桂圆肉之乡”。
A．容县　　B．博白
C．融安　　D．柳州

11．广西壮族自治区（　　）花山岩画景观已被列入世界遗产。
A．右江　　B．中江
C．左江　　D．南江

12．人们一致称赞（　　）的建筑艺术是“凝固的诗，立体的画”。
A．土家族　　B．侗族
C．纳西族　　D．苗族

13．（　　）是广西独有的少数民族。
A．仡佬族　　B．仫佬族
C．毛南族　　D．京族

14．1972 年发现于（　　）北流市六靖镇的汉代云雷纹大铜鼓，被誉为“铜鼓之王”，是世界上最大的铜鼓。
A．广西　　B．广东
C．湖北　　D．湖南

15．先后入选国家非物质文化遗产名录和世界人类非物质文化遗产代表作名录的民歌是（　　）。
A．壮族“欢歌”　　B．苗族“飞歌”
C．瑶族“香哩歌”　　D．侗族“大歌”

16．（　　）是广西主要的地方剧种。
A．壮剧　　B．彩调剧
C．邕剧　　D．桂剧

17．广西壮族自治区成立于（　　）年3月5日。

A．1949　　B．1955

C．1958　　D．1978

18．达努节是（　　）的节日。

A．壮族　　B．苗族

C．瑶族　　D．仡佬族

19．广西壮族自治区少数民族中人口最少的是（　　）。

A．仫佬族　　B．毛南族

C．水族　　D．仡佬族

20．广西少数民族保持着淳朴的民族习俗，其中瑶族以（　　）最具特色。

A．舞蹈　　B．节庆

C．山歌　　D．楼和桥

21．广西盆地边缘山脉中的（　　）主峰海拔2141米，是华南第一高峰。

A．桂山　　B．猫儿山

C．鹅山　　D．元宝山

22．下列家喻户晓的广西小吃是（　　）螺蛳粉。

A．桂林　　B．柳州

C．梧州　　D．玉林

23．2000多年前（　　）先民创作的“花山崖壁画”是极为珍贵的人文景观，世所罕见。

A．黎族　　B．满族

C．壮族　　D．苗族

三、多选题

1．广西的世界遗产地是（　　）。

A．左江花山岩画文化景观　　B．广西桂林

C．广西环江　　D．宁明花山

E．桂平西山

2．广西孕育了很多具有浓厚的民族文化旅游，如壮族的（　　）。

A．壮锦　　B．花山崖壁画

C．绣球　　D．铜鼓

E．干栏式建筑

3．让游客流连忘返的广西民族风情旅游四大绝品是（　　）。

A．壮族的歌　　B．彝族的酒

C．苗族的节　　D．侗族的楼和桥

E．瑶族的舞

4．下列选项中属于广西的风味菜点的是（　　）。

A．天火烹饪鸡　　B．虫草炖海狗鱼

C．葵花马蹄肉饼　　D．花雕醉鸡

E．温泉鹅

5．下列广西城市中，属于国家级历史文化名城的有（　　）。

A．桂林　　B．柳州

C．北海　　D．南宁

E．百色

6．广西有（　　）国际机场。

A．梧州机场　　B．南宁吴圩机场

C．桂林两江国际机场　　D．柳州白莲机场

E．北海机场

7．桂林三宝是指（　　）。

A．三花酒　　B．腐乳

C．桂花糕　　D．辣椒酱

E．米粉

第三节　海南

真题解读

● **【2018年真题·判断】** 1988年4月建立的海南省是中国最年轻的省份，也是中国唯一的热带海洋省份。（　　）

【答案】 对

【解析】 海南，简称“琼”，**是中国最年轻的省份，中国唯一的热带海洋岛屿省份**，是以旅游业为龙头的现代服务业作为主导产业的特色旅游省。1988年，海南从广东省划出，单独建立海南省并办中国最大的经济特区。

【点评】 简单难度，平时经常训练的内容，考查基本的知识识记。

● **【2018年真题·单选】** 海南岛上最早的少数民族居民是（　　）。

A．黎族　　B．彝族

C．苗族　　D．壮族

【答案】 A

【解析】 **汉族、黎族、苗族、回族**是海南的世居民族，**黎族**是海南岛上最早的居民。

【点评】 送分题，平时经常训练的内容，考查基本的知识识记。

- 【2017 年真题 · 单选】海南省被划定为经济特区的时间是（　　）年。

  A．1985　　B．1986

  C．1987　　D．1988

  【答案】D

  【解析】**1988 年**，海南建省办经济特区，海南交通运输事业终于进入了快速发展的新时期。

  【点评】送分题，平时经常训练的内容，考查基本的知识识记。

- 【2017 年真题 · 多选】海南省世代居住的民族有（　　）。

  A．苗族　　B．回族

  C．黎族　　D．汉族

  E．白族

  【答案】ABCD

  【解析】**汉族、黎族、苗族、回族**是海南的世居民族，黎族是海南岛上最早的居民。

  【点评】难度较大，考查基本的知识识记。注意题目问的是"民族"，不是"少数民族"，所以有汉族。

习题强化

一、判断题

1．海南省位于中国最南端。（　　）

2．海南是全国唯一的黎族聚居区。（　　）

3．海口市是副省级城市。（　　）

4．南沙群岛的曾母暗沙是我国最南端的领土。（　　）

5．海南省是我国总面积（含海域面积）最大的省。（　　）

6．珊瑚礁景观和红树林景观位于海南岛的东海岸线上。（　　）

二、单选题

1．"闹军坡"是我国（　　）的汉族特色民俗活动。

A．福建省　　B．海南省

C．甘肃省　　D．浙江省

2．世界上唯一有环岛高铁的岛屿是（　　）。

A．美国夏威夷　　B．韩国济州岛

C．中国海南岛　　D．印度尼西亚巴厘岛

3．海南有四个热带原始森林区，其中以（　　）最为典型。

A．乐东尖峰岭　　B．昌江霸王岭

C．陵水吊罗山　　D．琼中五指山

4．海南每年3月下旬或4月上旬举办的（　　）是融旅游、文化、民俗、体育、经贸于一体的大型旅游文化节庆活动。

A．海南国际椰子节　　B．军坡节

C．海南欢乐节　　D．儋州民间歌节

5．（　　）省是我国最具热带海洋气候特色的地方。

A．海南　　B．广东

C．广西　　D．云南

6．梅花参是（　　）特有的海珍，海参为“海产八珍”之首，人称“海参之王”。

A．江苏　　B．福建

C．海南　　D．广西

7．（　　）5月，海南岛宣告解放。

A．1948年　　B．1949年

C．1950年　　D．1951年

8．海南岛是我国第（　　）大岛。

A．一　　B．二

C．三　　D．四

9．海南（　　）是为了纪念冼夫人而举行的民间奉祀活动。

A．换花节　　B．军坡节

C．三月三　　D．新禾节

10．海南省的国家历史文化名城是（　　）。

A．海口市　　B．三亚市

C．文昌市　　D．儋州市

11．琼台书院是（　　）修建的。

A．海瑞　　B．李德裕

C．苏东坡　　D．焦映汉

12．截至2019年5月，海南境内共有5A景区（　　）个。

A．6　　B．7

C．8　　D．9

13．海南省的（　　）被称为“海参之王”。

A．绿刺参　　B．梅花参

C．花刺参　　D．方刺参

14．海南省昌江县霸王岭保护区主要保护的动物是（　　）。

A．坡鹿　　B．黑冠长臂猿

C．金丝燕　　D．猕猴

15．海南 1000 米以上的高山有（　　）座。

A．71　　B．81

C．91　　D．101

三、多选题

1．海南美食特点是（　　）。

A．新鲜　　B．天然

C．奇特　　D．丰富

E．营养

2．海南代表性的传统节日有（　　）和儋州民歌节等。

A．换花节　　B．三月三

C．军坡节　　D．拉鼓节

E．龙水节

3．海南省的行政区域包括（　　）的岛礁及其海域。

A．海南岛　　B．东沙群岛

C．西沙群岛　　D．南沙群岛

E．中沙群岛

4．“三亚三绝”为（　　）。

A．和乐蟹　　B．梅花参

C．鲍鱼　　D．鱼翅

E．龙虾

5．以下被列入“海南四大名菜”的是（　　）。

A．温泉鹅　　B．文昌鸡

C．嘉积鸭　　D．万泉鲤

E．和乐蟹

6．下列有关海南地理概况，说法正确的有（　　）。

A．位于中国最南端

B．是我国总面积（含海域面积）最大的省

C．是我国仅次于台湾岛的第二大岛

D．南沙群岛的曾母暗沙是我国最南端的领土

E．海南岛形似一个呈东北至西南向的椭圆形大雪梨

7．海南岛南部是（　　）等少数民族聚居地区。

A．黎族　　B．苗族

C．布依族　　D．仡佬族

E．畲族

8．下列选项中（　　）是海南岛的古称。

A．珠崖　　B．儋耳
C．琼台　　D．振州
E．万州

9．下列神话传说中属于海南的有（　　）。
A．《鹿回头》　　B．《大力神》
C．《黎母神话》　　D．《精卫填海》
E．《女娲补天》

10．下列选项属于海南省热带原始森林区的是（　　）。
A．尖峰岭　　B．霸王岭
C．吊罗山　　D．五指山
E．东山岭

11．下列选项中（　　）属于海南的风味美食。
A．石山壅羊　　B．临高乳猪
C．葵花马蹄肉饼　　D．花雕醉鸡
E．温泉鹅

习题强化答案

第一节　广东

一、判断题

1．对　2．错　3．对　4．错　5．对
6．错　7．错

二、单选题

1．D　2．A　3．D　4．D　5．C
6．C　7．A　8．C　9．B　10．C
11．B　12．D

三、多选题

1．ABCE　2．ACDE　3．ABC　4．ABC　5．ACD
6．ABCDE　7．BDE　8．BCD　9．ACDE　10．ABC
11．AD

第二节　广西

一、判断题

1．错　2．错　3．对　4．错　5．错
6．对　7．对　8．错　9．对　10．错

二、单选题

1．A	2．A	3．A	4．C	5．C
6．C	7．A	8．A	9．A	10．B
11．C	12．B	13．D	14．A	15．D
16．D	17．C	18．C	19．D	20．A
21．B	22．B	23．C		

三、多选题

1．ABC	2．ABCDE	3．ACDE	4．ABCD	5．ABC
6．BC	7．ABD			

第三节 海南

一、判断题

1．对	2．对	3．错	4．对	5．对
6．对				

二、单选题

1．B	2．C	3．A	4．A	5．A
6．C	7．C	8．B	9．B	10．A
11．D	12．A	13．B	14．B	15．B

三、多选题

1．ABCD	2．ABCE	3．ACDE	4．BCD	5．BCE
6．ABCDE	7．AB	8．ABC	9．ABC	10．ABCD
11．ABE				

第六章　西南地区

第一节　重庆

真题解读

● 【2017 年真题·单选】重庆是巴渝文化的发祥地，有文字记载的历史达（　　）多年。

A．4000　　B．3000

C．2000　　D．1000

【答案】B

【解析】重庆是中国著名历史文化名城，有文字记载的历史达 **3000** 多年，是巴渝文化的发祥地。

【点评】中等难度，考查较细。

● 【2018 年真题·多选】古代巴渝舞不断发展演化并分化为（　　）。

A．江南盾牌舞　　B．僚人羽人舞

C．秀山花灯戏　　D．川东踢踏舞

E．铜梁龙灯

【答案】ABD

【解析】巴渝舞不断演变，其分支为**僚人的“羽人舞”、江南的“盾牌舞”**、土家族的“摆手舞”，以及**川东的“踢踏舞”**。

【点评】难度较大，考的较偏较细，丢分也属正常。可以根据字面意思猜测一番，舞蹈演变后依旧是舞蹈，故“秀山花灯戏”“铜梁龙灯”不正确。

● 【2017 年真题·多选】下列民俗风情中，能展现重庆市地方特色的有（　　）。

A．铜梁龙灯　　B．巴渝舞

C．九龙楹联　　D．川江号子

E．客家山歌

【答案】ABCD

【解析】重庆独特的地理与文化环境形成了**川剧、川江号子、乡间吹打、铜梁龙灯、秀山花灯戏、九龙楹联**等独特的民俗风情。其中值得一提的是古代巴渝舞。

“客家山歌”——福建。

【点评】难度较大，考的较偏较细，丢分也属正常。可以应用排除法，“客家山歌”肯定不是重庆的。

习题强化

一、判断题

1. 邹容的《革命军》一书被章太炎称许为“义师先声”。（　　）
2. 作为山歌的巴山调，亦称竹枝词，经民众创作和传唱，文人受其影响而纷纷效仿。（　　）
3. 1988 年 3 月 14 日，第八届全国人大五次会议批准设立重庆直辖市，6 月 18 日正式挂牌。（　　）
4. 重庆素有“雾都”“山城”和“果城”之称。（　　）
5. 重庆是中国最早对外开埠的通商口岸。（　　）
6. 重庆果园港是全国最大的内河港。（　　）
7. 涪陵榨菜是选用重庆市涪陵区特殊土壤和气候条件种植的青菜头，经独特的加工工艺制成的鲜嫩香脆的一种风味产品。（　　）
8. 重庆市位于中国西南部，东邻湖北、湖南，南靠贵州，西接四川，北连陕西，总面积 8.24 万平方千米。（　　）

二、单选题

1. “摆手舞”和“赛乃姆”分别是（　　）的民间舞蹈。
   A. 傣族、土家族　　B. 维吾尔族、黎族
   C. 土家族、维吾尔族　　D. 黎族、苗族
2. 被誉为“山城花冠”的公园是（　　）。
   A. 北山公园　　B. 南山公园
   C. 南温泉公园　　D. 北温泉公园
3. 2010 年 5 月国务院直接批复的第三个开发开放新区是（　　）。
   A. 河北雄安新区　　B. 重庆两江新区
   C. 上海浦东新区　　D. 天津滨海新区
4. “杨柳青青江水平，闻郎江上踏歌声”选自大诗人（　　）的《竹枝词》9 首其一。
   A. 刘禹锡　　B. 白乐天
   C. 杜牧　　D. 李白
5. 地貌以丘陵、山地为主，其中山地占 76%，有“山城”之称的是（　　）。
   A. 重庆　　B. 青岛

C．贵阳　　D．拉萨

6．2016年5月，（　　）当选为“重庆十大文化符号”之首。

A．涪陵榨菜　　B．重庆火锅

C．忠县豆腐乳　　D．重庆麻辣烫

7．1997年重庆成为我国第（　　）个直辖市。

A．二　　B．三

C．四　　D．五

8．“重庆”之名始于（　　）。

A．北宋　　B．南宋

C．北朝　　D．南朝

9．“川江号子”被外国友人称为（　　）。

A．江河之声　　B．江河音乐

C．江河之歌　　D．江河号角

10．重庆素有（　　）之称。

A．花城　　B．泉城

C．雾都　　D．果城

11．（　　）是中国目前行政辖区最大、人口最多、管理行政单元最多的特大型城市。

A．重庆　　B．上海

C．天津　　D．深圳

12．重庆是中国历史文化名城，有文字记载的历史达3000多年，是巴渝文化的发祥地，因（　　）古称“渝水”，故重庆简称“渝”。

A．乌江　　B．长江

C．嘉陵江　　D．芙蓉江

13．（　　）年，重庆成为我国第四个直辖市。

A．1992　　B．1995

C．1997　　D．2001

三、多选题

1．巴金是当代著名作家，其作品包括（　　）。

A．《家》　　B．《春》

C．《秋》　　D．《寒夜》

E．《革命军》

2．抗日战争时期，世界反法西斯四大指挥中心是（　　）。

A．重庆　　B．伦敦

C．华盛顿　　D．莫斯科

E. 武汉

3. 重庆梁平三绝指的是（　　）。

A. 梁山灯戏　　B. 梁平年画

C. 梁平竹帘　　D. 梁平抬儿调

E. 梁平癞子锣鼓

4.（　　）和民革前身之一的“三民主义同志联合会”均在重庆成立。

A. 民盟　　B. 民建

C. 民进　　D. 九三学社

E. 农工党

5. 下列属于重庆巴人神话的是（　　）。

A. “比翼齐飞”　　B. “巴蛇吞象”

C. “白虎神话”　　D. “廪君传奇”

E. “盐水神女”

6. 下列对被誉为“山城花冠”的重庆南山公园的描写中，正确的是（　　）。

A. 湖光山色　　B. 奇花异草

C. 千姿百态　　D. 争芳斗艳

E. 四季飘香

7. 下列茶叶产地在重庆的有（　　）。

A. 永川秀芽　　B. 巴山银针

C. 缙云毛峰　　D. 湄江翠芽

E. 雷山银球茶

8. 中国对外出口的三大名菜有（　　）。

A. 榨菜　　B. 薇菜

C. 竹笋　　D. 蕨菜

E. 黑木耳

第二节　四川

真题解读

- **【2018 年真题 · 判断】**四川诗人陈子昂开初唐一代诗风，其代表作有《感遇诗》38 首、《蓟丘览古》7 首、《登幽州台歌》。（　　）

【答案】对

【解析】梓州射洪县人陈子昂，开初唐一代诗风，代表作为《感遇诗》38 首、《蓟丘览古》7 首和《登幽州台歌》。《登幽州台歌》最为著名：“前不见古人，后不见来者。念天地之悠悠，独怆然而涕下。”。

【点评】难度较大，考查较细。考“38首”“7首”这么详细的数字，一般都是对的。

● 【2018年真题·单选】诗圣杜甫客居四川近十年，写诗700余首，占他一生诗作的（ ）。

A. 1/5　　B. 1/4

C. 1/3　　D. 1/2

【答案】D

【解析】诗圣杜甫客居四川整整十年，正是当朝内忧外患之际。在成都浣花草堂（今杜甫草堂）、夔州两地共写诗700多首，占他一生诗作的一半。

【点评】难度较大，考的较偏较细。

● 【2017年真题·单选】曾经客居四川10年，在成都浣花草堂等地写诗700多首，其诗作真实反映民生疾苦的唐代诗人是（ ）。

A. 杜甫　　B. 韦应物

C. 李白　　D. 王维

【答案】A

【解析】诗圣杜甫客居四川整整10年，正是当朝内忧外患之际。在成都浣花草堂（今杜甫草堂）、夔州两地共写诗700多首，占他一生诗作的一半。他的诗从不同角度真实地反映了当时人民的疾苦，记录了当时的政治、军事活动及社会经济状况。

【点评】送分题，平时经常训练的内容，考查基本的知识识记。

习题强化

一、判断题

1. 青城山—都江堰是四川唯一的世界文化与自然遗产。（ ）
2. 苏轼是北宋最有名望的诗人和著名词人，有“坡仙”“诗神”“词圣”之誉。（ ）
3. 四川独特的地理环境造就了东西部的民俗风情的差异，主要是东部农耕民族民俗风情和西部少数民族之间的差异。（ ）
4. 李调元是编撰川剧剧本的第一人。（ ）
5. 1997年将四川分为今重庆直辖市和四川省，川渝分治。（ ）
6. 四川是全国第二大藏区。（ ）
7. 四川德阳罗江人李调元是清代著名文学家和戏剧理论家。（ ）
8. 四川自古以来就享有“天府之国”的美誉。（ ）

二、单选题

1.（　　）喜欢戴银耳环、圈子、管子、银牌等饰物，脚上穿勾尖绣花鞋，俗称“云云鞋”。

A．土家族　　B．羌族

C．纳西族　　D．藏族

2．四川茶叶的质量和产量在（　　）以前都居全国首位。

A．唐　　B．宋

C．元　　D．明

3．被称为明代著述第一人的是（　　）。

A．杨延和　　B．徐霞客

C．杨慎　　D．吴承恩

4．（　　）设四川行中书省，简称“四川行省”，是为“四川”建省之始。

A．宋朝　　B．元朝

C．明朝　　D．清朝

5．“前不见古人，后不见来者。念天地之悠悠，独怆然而涕下。”语出陈子昂的（　　）。

A．《修竹篇序》　　B．《登幽州台歌》

C．《蓟丘览古》　　D．《感遇诗》

6．（　　）是全国唯一的羌族聚居区、最大的彝族聚居区和全国第二大藏区。

A．云南　　B．四川

C．西藏　　D．重庆

7．（　　）是闻名世界的“熊猫故乡”。

A．陕西　　B．甘肃

C．西藏　　D．四川

8．截至 2019 年 5 月，四川省有世界遗产 5 处，其中文化遗产是（　　）。

A．大熊猫栖息地　　B．九寨沟

C．青城山—都江堰　　D．黄龙

9．（　　）是川剧变脸的代表性人物，被誉为“化装和角色变幻的世界大师”。

A．杨慎　　B．李调元

C．王道正　　D．秦九韶

10．四川名小吃有（　　）多种。

A．2000　　B．2100

C．2200　　D．2300

11．1996 年，王道正曾先后应邀到新加坡、中国香港献艺，单独演出川剧“变脸”绝活，在短短的 3 分半钟里，陆续变幻出（　　）张脸谱。

A．5　　B．6

C．7　　D．8

12．四川是最大的（　　）聚居区。

A．彝族　　B．羌族

C．傈僳族　　D．布依族

13．川菜是中国八大菜系之一，素来享有“一菜一格，百菜百味”的声誉。川菜之味的核心在于（　　）。

A．麻　　B．辣

C．烫　　D．香

14．四川省的总面积是（　　）万平方千米，居全国第五位。

A．48.6　　B．47.6

C．46.6　　D．45.6

15．四川省共有（　　）个地级行政区划单位。

A．18　　B．19

C．20　　D．21

16．四川之名始于（　　）。

A．唐　　B．宋

C．元　　D．明

17．四川唯一的自然和文化双重遗产是（　　）。

A．九寨沟　　B．峨眉山—乐山大佛

C．黄龙　　D．青城山—都江堰

18．汉赋名作《子虚赋》是（　　）的代表作。

A．扬雄　　B．李调元

C．司马相如　　D．杨慎

19．羌族宗教信仰最大的特色就是从先秦延续到现在的（　　）崇拜。

A．白石　　B．白土

C．白木　　D．白发

20．在羌族众多的祭神仪式中，最为隆重的就是（　　）。

A．祭山神　　B．祭天神

C．祭水神　　D．祭火神

三、多选题

1．以下有关羌族民俗的叙述正确的是（　　）。

A．四川是我国羌族聚居区之一

B．羌族宗教信仰最大的特色是白石崇拜

C．在羌族祭祀仪式中，最为经常的是祭天神

D. 在羌族祭祀仪式中，最为隆重的就是祭山神
E. 羌族的结婚年龄一般男大于女

2. 下列属于四川十大知名特产的是（　　）。
A. 蒙顶茶　　B. 蜀绣
C. 龙眼包子　　D. 陈麻婆豆腐
E. 全兴大曲

3. 四川文学名家辈出，（　　）为四川籍名人。
A. 司马相如　　B. 杨慎
C. 扬雄　　D. 陈子昂
E. 苏轼

4. 下列属于四川风味小吃是（　　）。
A. 臊子面　　B. 龙抄手
C. 赖汤圆　　D. 钟水饺
E. 担担面

5. 下列省份中与四川省接壤的有（　　）。
A. 青海　　B. 甘肃
C. 陕西　　D. 宁夏
E. 新疆

6. 四川省可分为（　　）三大部分。
A. 四川盆地　　B. 川西北高原
C. 川西南山地　　D. 川西北山地
E. 川西南高原

7. 四川气候总的特点是（　　）。
A. 季风气候明显　　B. 四季分明
C. 雨热同季　　D. 气候垂直变化大
E. 区域间差异显著

第三节　贵州

真题解读

● 【2018 年真题 · 判断】蜡染是蜡画和染色两种工艺的合称，安顺蜡染已经有 2000 多年的历史。（　　）

【答案】对

【解析】蜡染是蜡画和染色两种工艺的合称。贵州的苗族、布依族、水族、瑶族、

仡佬族等少数民族都擅长蜡染，**安顺蜡染已有2000多年历史**，从传统的白底蓝花或蓝底白花发展成为如今的彩色蜡染，并将古今中外各种艺术风格引进构图，使蜡染图案更加丰富多彩。

【点评】中等难度，平时经常训练的内容，考查基本的知识识记。判断题作答技巧——拿不准就选对。

- 【2018年真题·单选】贵州丹霞地貌的分布，以（　　）最为集中和典型。

A. 铜仁　　B. 毕节

C. 安顺　　D. 赤水

【答案】D

【解析】贵州是世界上喀斯特地貌发育最典型的地区之一，北部、中部和西部均有丹霞地貌分布，但以北部的**赤水**和**习水**分布最集中，发育最典型。

【点评】中等难度，考查较偏。作答技巧——贵州赤水丹霞最出名，自然选"赤水"。

- 【2017年真题·单选】贵州全省平均海拔在（　　）米左右。

A. 1000　　B. 2000

C. 500　　D. 2500

【答案】A

【解析】贵州省平均海拔**1000米**，是一个隆起于四川盆地和广西丘陵之间的亚热带喀斯特高原山区。

【点评】中等难度，考查较细。

- 【2017年真题·单选】夜郎国以成语"夜郎自大"而为今人熟知，其绝大部分地区在今天的（　　）境内。

A. 云南省　　B. 贵州省

C. 四川省　　D. 重庆市

【答案】B

【解析】汉初，今贵州绝大部分地区仍为古夜郎国。元朔三年（前126年）汉在夜郎地区置夜郎县（今安顺一带）和且兰县。公元前122年，汉武帝派王然于、吕越人等出使滇国和夜郎。滇王向使者询问汉之疆域曰："汉孰与我大？"
汉使到了夜郎，孤陋寡闻的夜郎王也问了同样的话，惹得汉使捧腹大笑，这便留下了"夜郎自大"的典故。

【点评】简单难度，平时经常训练的内容，考查基本的知识识记。

习题强化

一、判断题

1. 贵州福泉明城墙位于福泉市城区，形成城中有河、河外有城的特殊形制，当地

民谚谓之曰："里三层，外三层，城墙围水小西门。"（ ）

2. 贵州是世界上喀斯特地貌发育最典型的地区。（ ）

3. 汉代的谢三秀、杨文聪是最早的两位文化名人，被称为"贵州文坛之祖"。（ ）

4. 贵州少数民族人口占全省总人口的比重在全国排名第五位。（ ）

5. 贵州是中国四大中药材产区之一，天麻、杜仲、黄连、吴萸、石斛是贵州五大名药。（ ）

6. 贵州人偏爱酸辣，喜欢用动物内脏做菜，喜食各种菌类。（ ）

7. 贵州地势西高东低，向北、东、南三面倾斜。（ ）

8. 黔剧是贵州地方剧种，著名剧目有《薛仁贵征东》《五虎平西》等。（ ）

二、单选题

1. 春秋时代，贵州境内存在过的著名古国是（ ）。

A. 夜郎国　　B. 且兰国

C. 牂牁国　　D. 滇国

2. 下列对贵州气候的描述，不正确的有（ ）。

A. 属亚热带湿润季风气候　　B. 气候闷热潮湿

C. 气候复杂多样　　D. 夜雨较多

3. 贵州的少数民族人口数量居全国第（ ）位。

A. 一　　B. 二

C. 三　　D. 四

4. 贵州的疆域基本形成于（ ）。

A. 宋代　　B. 元代

C. 明代　　D. 清代

5. 清代贵州的（ ）既是《康熙字典》编纂人之一，又是著名诗人。

A. 周起渭　　B. 盛览

C. 尹珍　　D. 杨文聪

6.（ ）是贵州最独特的历史文化。

A. 金源文化　　B. 巴渝文化

C. 夜郎文化　　D. 渤海文化

7. "贵州"名称，始于（ ）。

A. 汉朝　　B. 唐朝

C. 宋朝　　D. 明朝

8. 明武宗正德元年，（ ）被贬为贵州龙场驿丞，并在"玩易窝"中修身养性、研习《易经》，从而悟出"格物致知"之旨，"始知圣人之道，悟性自足"，即"心即理之道"，从而奠定了他的心学理论基础，史称"龙场悟道"。

A．李东阳　　B．杨慎
C．王阳明　　D．方孝孺

9．贵州茅台酒工艺独特，采用本地的（　　）作为原料。
A．玉米　　B．高粱
C．大米　　D．小麦

10．“夜郎自大”的典故出自（　　）。
A．广西　　B．云南
C．四川　　D．贵州

11．贵州是中国古人类发祥地之一，早在（　　）以前，就有人类在这块土地上生息繁衍。
A．50 万年　　B．40 万年
C．30 万年　　D．20 万年

12．下列世界非物质文化遗产中（　　）属于贵州。
A．昆曲　　B．古琴艺术
C．侗族大歌　　D．玛纳斯

13．贵州少数民族大多爱吃鱼，布依族尤其爱吃（　　）。
A．牛肉　　B．鹅肉
C．鸭肉　　D．狗肉

14．行歌坐月是（　　）的风俗。
A．苗族　　B．侗族
C．土家族　　D．瑶族

15．贵州省拥有国家 5A 级旅游景区（　　）家。
A．5　　B．6
C．7　　D．8

16．贵州名茶（　　）于 1915 年在巴拿马国际赛会上获得优胜奖。
A．都匀毛尖茶　　B．遵义毛峰
C．贵定云雾茶　　D．湄江翠芽

三、多选题

1．贵州的（　　）等少数民族都擅长蜡染。
A．布依族　　B．侗族
C．仡佬族　　D．瑶族
E．苗族

2．贵州历史上名人辈出，汉代的（　　）被称为“贵州文坛之祖”。
A．王训　　B．尹珍
C．杨文聪　　D．盛览

E．谢三秀

3．下列选项中属于黔剧的是（　　）。

A．《秦娘美》

B．《奢香夫人》

C．《五虎平西》

D．《逍遥津》

E．《完璧归赵》

4．下列选项中（　　）属于贵州的国家历史文化名城。

A．遵义

B．贵阳

C．安顺

D．镇远

E．铜仁

5．出自贵州遵义沙滩的（　　），既是大学问家，又是文章高手。

A．谢三秀

B．杨文聪

C．郑珍

D．莫友芝

E．黎庶昌

第四节　云南

真题解读

● 【2017年真题·单选】《义勇军进行曲》的作曲者聂耳是（　　）籍音乐家。

A．上海

B．贵州

C．广东

D．云南

【答案】D

【解析】云南籍音乐家聂耳，是中华人民共和国国歌《义勇军进行曲》的作曲者。

【点评】中等难度，考查较细。

● 【2017年真题·单选】云南少数民族的语言文字丰富多彩。其中，（　　）的东巴文是一种具有表意和表音成分的图画象形文字。

A．瑶族

B．纳西族

C．傣族

D．独龙族

【答案】B

【解析】东巴文是一种兼备表意和表音成分的图画象形文字。其文字形态十分原始，甚至比甲骨文的形态还要原始，属于文字起源的早期形态，但亦能完整记录典藏。东巴文是居于西藏东部及云南省北部的少数民族**纳西族**所使用的文字。

【点评】送分题，平时经常训练的内容，考查基本的知识识记。

● 【2018年真题·多选】云南省河川纵横，其中跨国的河流有（　　）。

A．红河

B．澜沧江

C．金沙江　　D．怒江

E．大盈江

【答案】ABDE

【解析】云南省全省河川纵横，有长江（金沙江）、珠江（南盘江）、元江（红河）、澜沧江（湄公河）、怒江（萨尔温江）、大盈江（伊洛瓦底江）六大水系。除金沙江、南盘江外，均为跨国河流，这些河流分别流入南中国海和印度洋。

【点评】难度较大，考查太偏太细，丢分也属正常。

● 【2017年真题·多选】下列少数民族中，属于云南省特有民族的有（　　）。

A．保安族　　B．拉祜族

C．独龙族　　D．白族

E．哈尼族

【答案】BCDE

【解析】哈尼族、白族、傣族、傈僳族、拉祜族、佤族、纳西族、景颇族、布朗族、普米族、阿昌族、怒族、基诺族、德昂族、独龙族共15个民族为云南特有。人口数均占全国该民族总人口的80%以上。故本题选BCDE。

【点评】中等难度，平时经常训练的内容，考查基本的知识识记。

习题强化

一、判断题

1. 距今200万年前的云南元谋猿人，是迄今为止发现的亚洲最早人类。（　　）
2. 在滇藏交界处德钦县境内怒山山脉的梅里雪山主峰卡瓦格博峰为云南省海拔最高点。（　　）
3. 纳西族是云南省特有的民族。（　　）
4. 云南属山地高原地形。（　　）
5. 茶马古道是一条世界上自然风光最壮观、文化最为神秘的旅游绝品线路。（　　）
6. 云南的沧源崖画是我国目前发现的最古老的崖画之一，产生于3000多年前的新石器时代晚期。（　　）

二、单选题

1. “云南”一词正式成为省一级区划名称的朝代是（　　）。

A．唐　　B．宋

C．元　　D．明

2. 茶马古道源于西南边疆的茶马互市，兴起于（　　）。

A．秦汉　　B．唐宋

C．元明　　D．清

3．（　　），现存壁画 558 幅，是丽江壁画收藏最多的地方。

A．东巴　　B．白沙

C．沧源　　D．大宝积宫

4．云南省的一类口岸和二类口岸分别有（　　）。

A．16 个、7 个　　B．15 个、5 个

C．16 个、5 个　　D．15 个、8 个

5．云南湖泊中（　　）深度全省第一，最深处为 151.5 米。

A．滇池　　B．洱海

C．抚仙湖　　D．泸沽湖

6．元阳梯田位于云南省元阳县的哀牢山南部，是（　　）人世世代代留下的杰作。

A．哈尼族　　B．傈僳族

C．纳西族　　D．拉祜族

7．（　　）是我国民族种类最多的省份。

A．云南　　B．贵州

C．四川　　D．广西

8．（　　）省有“红土高原”“红土地”之称。

A．广东　　B．广西

C．贵州　　D．云南

9．云南湖泊中数（　　）面积最大，为 306.3 平方千米。

A．滇池　　B．洱海

C．抚仙湖　　D．泸沽湖

10．中国宗教类型最多、分布最广、宗教信仰颇具特色的省份是（　　）。

A．西藏　　B．四川

C．河南　　D．云南

11．云南少数民族众多，其中有（　　）个民族跨境而居。

A．20　　B．18

C．16　　D．14

12．明代著名航海家郑和祖籍（　　）。

A．江苏　　B．浙江

C．云南　　D．湖南

13．（　　）省被誉为“有色金属王国”。

A．贵州　　B．福建

C．海南　　D．云南

14．丽江壁画是明代（　　）社会大开放的产物。

A．哈尼族　　B．白族
C．傈僳族　　D．纳西族

15．目前云南拥有国家 5A 级旅游景区（　　）家。
A．7　　B．8
C．9　　D．10

16．云南是个少数民族聚集区，全省共有民族自治州（　　）个。
A．7　　B．8
C．9　　D．10

17．云南在（　　）时设立行中书省，“云南”正式成为全国省级行政区划名称。
A．唐朝　　B．宋朝
C．元朝　　D．明朝

18．丽江壁画是（　　）纳西族社会大开放的产物。
A．唐代　　B．元代
C．明代　　D．清代

19．云南是民族种类最多的省份，除汉族以外，人口在 6000 人以上的世居少数民族有（　　）个。
A．24　　B．25
C．26　　D．27

20．云南省境内径流面积在 100 平方千米以上的河流有（　　）条。
A．889　　B．888
C．887　　D．886

21．云南纳西族的东巴文有（　　）多个单字。
A．1400　　B．1500
C．1600　　D．1700

三、多选题

1．聂耳的主要作品有（　　）。
A.《毕业歌》　　B.《卖报歌》
C.《保卫黄河》　　D.《大路歌》
E.《义勇军进行曲》

2．纳西古乐最具欣赏性的地方是“稀世三宝”，即（　　）。
A．古老的曲子　　B．古老的文字
C．古老的乐器　　D．古老的曲牌
E．古老的艺人

3．纳西古乐由（　　）组成，被誉为“音乐化石”。
A.《白沙细乐》　　B.《洞经音乐》

C.《皇经音乐》
D.《丽江音乐》
E.《佛经音乐》

4．全国少数民族人口数超过千万的 3 个省区是（　　）。
A．四川
B．广西
C．云南
D．贵州
E．新疆

5．下列（　　）民族为云南特有。
A．佤族
B．怒族
C．白族
D．傣族
E．京族

6．与云南省接壤的国家有（　　）。
A．泰国
B．柬埔寨
C．越南
D．老挝
E．缅甸

7．下列有关云南地理概况，说法正确的有（　　）。
A．气候特征有“一山分四季，十里不同天”之说
B．湖泊中数滇池面积最大，泸沽湖次之
C．云南省怒江、澜沧江、金沙江等大江，自北向南相间排列，三江并流
D．抚仙湖深度全省第一，洱海次之
E．海拔最高点为梅里雪山主峰卡瓦格博峰

8．云南的气候特点可概括为（　　）。
A．复杂多变
B．年温差小
C．日温差大
D．干湿季节分明
E．气温随地势高低垂直变化异常明显

9．丽江壁画中所涉及的题材比较广泛，对（　　）等自然风光都有描绘。
A．奔跑的骏马
B．湖中的游鱼
C．盛开的荷花
D．山林田野
E．花鸟草虫

10．下列属于云南世界遗产地的是（　　）。
A．西双版纳
B．丽江古城
C．三江并流
D．云南石林
E．红河哈尼梯田

第五节　西藏

真题解读

● 【2018 年真题 · 单选】西藏在唐宋时期被称为（　　）。

A. 图伯特　　B. 唐古特
C. 乌斯藏　　D. 吐蕃

【答案】D

【解析】西藏唐宋为**吐蕃**；元朝属宣政院；明朝称乌斯藏，设都司等；清初称卫藏，卫即前藏，藏即后藏，后正式定名为西藏，为西藏得名的开始。

【点评】送分题，平时经常训练的内容，考查基本的知识识记。联想式记忆——天龙八部吐蕃国师鸠摩智。

● 【2017 年真题 · 单选】下列西藏著名寺院中，属于四世以后历代班禅驻锡之地的是（　　）。

A. 桑耶寺　　B. 扎什伦布寺
C. 哲蚌寺　　D. 大昭寺

【答案】B

【解析】日喀则市的**扎什伦布寺**，是后藏最大的寺院，也是四世之后历代班禅驻锡之地。

【点评】简单难度，平时经常训练的内容，考查基本的知识识记。

● 【2017 年真题 · 单选】西藏自治区正式成立于（　　）年。

A. 1959　　B. 1951　　C. 1965　　D. 1949

【答案】C

【解析】**1965 年** 9 月 1 日，西藏自治区正式成立，自治区首府设在拉萨。

【点评】简单难度，平时经常训练的内容，考查基本的知识识记。

● 【2017 年真题 · 多选】下列食品和饮品中，被称为西藏饮食"四宝"的有（　　）。

A. 干酪　　B. 牛羊肉
C. 糌粑　　D. 青稞酒
E. 酥油

【答案】BCE

【解析】藏族有着自己独特的食品和饮食习惯，其中**酥油**、**茶叶**、**糌粑**、**牛羊肉**被称为西藏饮食的"四宝"。

【点评】难度较大，本题虽然考查基本的知识识记，但设置了数字陷阱——并不一定是四个正确选项。

习题强化

一、判断题

1. 藏族普遍信仰藏传佛教，少数信仰原始宗教苯教。 ( )
2. 四川藏区是中国第一大藏族人口聚居区，藏族群众多信奉藏传佛教。 ( )
3. 西藏自治区南与缅甸、印度、不丹、尼泊尔等国家毗邻，西与克什米尔地区接壤，陆地国界线 4000 多公里，是中国西南边陲的重要门户。 ( )
4. 西藏是世界上海拔最高的地区。 ( )
5. 西藏是国际河流分布最多的中国省区，亚洲著名的恒河、印度河、布拉马普特拉河、湄公河等河流的上源都在这里。 ( )
6. 从夏季牦牛奶里提炼出来的纯白色酥油为最佳。 ( )
7. 西藏的青稞酒是用青稞酿成的，度数较高，是喜庆过节必备。 ( )

二、单选题

1. ( ) 冰雹日数多，居全国之首。

A．西藏　　B．新疆
C．吉林　　D．黑龙江

2. 西藏自治区全区面积 120.22 万平方千米，约占全国总面积的 1/8，居全国第 ( ) 位。

A．1　　B．2
C．3　　D．4

3. 西藏正式归入中国版图是在 ( )。

A．唐朝　　B．元朝
C．明朝　　D．清朝

4. ( ) 是世界上最长的史诗。

A.《格萨尔王传》　　B.《江格尔》
C.《玛纳斯》　　D.《荷马史诗》

5. 藏区最早流行的一种医学叫 ( )，主要靠放血、火疗、涂摩等治病。

A．本医　　B．藏药
C．琉璃疗　　D．晶珠本草

6. ( ) 时期，中央政府设立管理藏区事务的宣政院，建立了西藏萨迦地方政权，西藏正式成为中央政府直接治理下的一个行政区域。

A．唐朝　　B．宋朝
C．元朝　　D．明朝

7. ( ) 全长 1956 千米，被誉为“天路”，是世界上海拔最高、在冻土上路程最长的高原铁路。

A. 青藏铁路　　B. 成昆铁路

C. 兰新铁路　　D. 宝成铁路

8. 世界第一高峰珠穆朗玛峰耸立在（　　）边界上。

A. 中尼　　B. 中印

C. 中缅　　D. 中泰

9. 唐代（　　）主持编写了藏医最有名的古代医学经典《四部医典》。

A. 宇妥·云丹贡布　　B. 第巴桑杰加措

C. 松赞干布　　D. 迪马旦增平措

10. 西藏以神山圣湖旅游为特色的旅游区是（　　）。

A. 拉萨旅游区　　B. 阿里旅游区

C. 藏东南旅游区　　D. 藏北旅游区

11. 西藏地区用于最高、最隆重仪式的哈达是（　　）。

A. 白色哈达　　B. 浅蓝色哈达

C. 淡黄色哈达　　D. 五彩哈达

12.（　　）是西藏第一座剃度僧人出家的寺庙。

A. 楚布寺　　B. 桑耶寺

C. 甘丹寺　　D. 色拉寺

13.（　　）世纪初，松赞干布统一西藏，在逻些（今拉萨）建立吐蕃王朝。

A. 5　　B. 6

C. 7　　D. 8

14. 下列景点组合中（　　）为世界文化遗产。

A. 布达拉宫—大昭寺—羊八井　　B. 布达拉宫—大昭寺—扎达土林

C. 布达拉宫—大昭寺—罗布林卡　　D. 布达拉宫—大昭寺—藏王墓群

15. “西藏”一词的称谓是源自（　　）时期。

A. 唐贞观　　B. 宋天宝

C. 明洪武　　D. 清康熙

16. 格鲁派六大寺院之首，宗喀巴修建的格鲁派第一座寺庙是（　　）。

A. 大昭寺　　B. 哲蚌寺

C. 甘丹寺　　D. 色拉寺

17. 举世瞩目的藏传佛教转世制度在（　　）首创。

A. 楚布寺　　B. 哲蚌寺

C. 甘丹寺　　D. 色拉寺

18. 下列选项中（　　）是西藏最早的土木结构建筑。

A. 大昭寺　　B. 哲蚌寺

C．甘丹寺　　D．色拉寺

19．藏传佛教最大的寺庙是（　　）。

A．大昭寺　　B．哲蚌寺

C．甘丹寺　　D．色拉寺

20．（　　）年 12 月 25 日，修通了闻名世界的青藏、川藏公路，从此，西藏才第一次出现了现代意义上的公路汽车运输。

A．1949　　B．1954

C．1959　　D．1992

21．下面藏族礼仪描述错误的是（　　）。

A．哈达是藏语，即纱巾或绸巾

B．蓝、黄、白、绿、紫五彩哈达用于最高、最隆重的仪式

C．哈达以白色为主

D．藏族认为白色象征纯洁、吉利

22．关于西藏地形地貌描述错误的是（　　）。

A．西藏是世界上海拔最高的地方

B．全区地形可分为藏北高原、雅鲁藏布江流域、藏东峡谷地带三大区域

C．境内超过 8000 米的高峰有 6 座

D．西藏位于青藏高原的西部和南部

23．关于西藏气候描述正确的是（　　）。

A．西藏空气稀薄，气压低，含氧量多

B．太阳辐射强烈，日照时间短

C．降水量自西北向东南递减

D．昼夜温差大

三、多选题

1．格萨尔文化在国内外享有极高的声誉，其特征包括（　　）。

A．独特性　　B．多样性

C．完整性　　D．活态性

E．丰富性

2．下列关于西藏宗教的叙述，正确的有（　　）。

A．拉萨的大昭寺是西藏最早的土木结构建筑，供奉了文成公主的陪嫁物 12 岁等身释迦牟尼像

B．举世瞩目的藏传佛教转世制度在楚布寺首创

C．桑耶寺是西藏第一座剃度僧人出家的寺庙

D．日喀则市的扎什伦布寺，是后藏最大的寺院，也是四世之后历代班禅驻锡之地

E．甘丹寺是格鲁派六大寺院之首，宗喀巴修建的格鲁派的第一座寺庙

3．西藏山南的桑耶寺是西藏第一座剃度僧人出家的寺庙，中心殿风格兼（ ）三种风格。

A．尼泊尔　　B．汉
C．藏　　D．蒙古
E．印度

4．西藏还是国际河流分布最多的中国省区，亚洲著名的（ ）等河流的上源都在这里。

A．恒河　　B．印度河
C．布拉马普特拉河　　D．湄公河
E．湄南河

5．藏餐历史悠久，品种丰富，分为（ ）三大类。

A．主食　　B．菜肴
C．汤　　D．茶
E．酒

6．藏戏包括（ ）等剧种。

A．西藏藏戏　　B．安多藏戏
C．德格藏戏　　D．昌都藏戏
E．萨迦藏戏

7．藏族的历法是（ ）纪年法，能比较准确的辨明行星方位，推算日食、月食发生的时间。

A．五行　　B．阴阳
C．十二生肖　　D．天干
E．四象

8．下面有关西藏藏族饮食文化描述正确的是（ ）。

A．藏餐是中国餐饮系列中的流派之一，历史悠久，品种丰富
B．藏餐分为主食、菜肴、汤三大类
C．酥油、茶叶、糌粑、牛羊肉被称为西藏饮食的“四宝”
D．藏餐的口味讲究清淡、平和
E．青稞酒是用燕麦直接酿成的

9．西藏有国家历史文化名城3座，即（ ）。

A．山南市　　B．拉萨市
C．日喀则市　　D．江孜县
E．那曲市

习题强化答案

第一节 重庆

一、判断题

1. 对	2. 对	3. 错	4. 错	5. 错
6. 对	7. 对	8. 对		

二、单选题

1. C	2. B	3. B	4. A	5. A
6. B	7. C	8. B	9. B	10. C
11. A	12. C	13. C		

三、多选题

1. ABCD	2. ABCD	3. ABC	4. ABD	5. ABCDE
6. BCDE	7. ABC	8. ABC		

第二节 四川

一、判断题

1. 错	2. 对	3. 对	4. 对	5. 对
6. 对	7. 对	8. 对		

二、单选题

1. B	2. A	3. C	4. B	5. B
6. B	7. D	8. C	9. C	10. A
11. D	12. A	13. D	14. A	15. D
16. B	17. B	18. C	19. A	20. A

三、多选题

1. BCD	2. ABE	3. ABCDE	4. BCDE	5. ABC
6. ABC	7. ACDE			

第三节 贵州

一、判断题

1. 对	2. 错	3. 错	4. 对	5. 对
6. 对	7. 对	8. 错		

二、单选题

1. C	2. B	3. C	4. D	5. A
6. C	7. C	8. C	9. B	10. D
11. A	12. C	13. D	14. B	15. B

16．A

三、多选题

1．ACDE	2．BD	3．AB	4．AD	5．CDE

第四节　云南

一、判断题

1．错	2．对	3．对	4．对	5．对
6．对				

二、单选题

1．C	2．B	3．D	4．A	5．C
6．A	7．A	8．D	9．A	10．D
11．C	12．C	13．D	14．D	15．B
16．B	17．C	18．C	19．B	20．A
21．A				

三、多选题

1．ABDE	2．ACE	3．ABC	4．BCD	5．ABCD
6．CDE	7．ACE	8．BCDE	9．ACDE	10．BCDE

第五节　西藏

一、判断题

1．对	2．错	3．对	4．对	5．对
6．错	7．错			

二、单选题

1．A	2．B	3．B	4．A	5．A
6．C	7．A	8．A	9．A	10．B
11．D	12．B	13．C	14．C	15．D
16．C	17．A	18．A	19．B	20．B
21．B	22．C	23．D		

三、多选题

1．ABD	2．ABCDE	3．BCE	4．ABCD	5．ABC
6．ABCD	7．ABC	8．ABCD	9．BCD	

第七章　西北地区

第一节　陕西

真题解读

- 【2017 年真题 · 判断】大约 70 万年前，蓝田猿人已生活在陕西这块土地上。（　　）

【答案】错

【解析】陕西是中华民族光辉灿烂的古代文明发祥地之一。大约在 80 万年前，蓝田猿人就生活在这块土地上，开始制造和使用一些原始的工具，采集果实和狩猎鸟兽。

【点评】中等难度，考查较细。注意本题和全国导基对该知识点的描述不同。

- 【2017 年真题 · 单选】下列历史名家中，籍贯属于陕西的是（　　）。

A. 左丘明　　B. 司马迁

C. 司马光　　D. 陈廷敬

【答案】B

【解析】陕西——司马迁，山西——司马光，山西——陈廷敬。

【点评】中等难度，考查基本的知识识记。《史记》的作者司马迁的籍贯是陕西。

- 【2018 年真题 · 多选】在陕西省现代作家中，曾经获得茅盾文学奖的有（　　）。

A. 贾平凹　　B. 高建群

C. 陈忠实　　D. 京夫

E. 路遥

【答案】ACE

【解析】路遥的《平凡的世界》1991 年获第 3 届茅盾文学奖，陈忠实的《白鹿原》1997 年获第 4 届茅盾文学奖，贾平凹的《秦腔》2008 年获第 7 届茅盾文学奖。

【点评】难度较大，考查较细。

- 【2017 年真题 · 多选】陕西省是中华民族及华夏文化重要的发祥地之一，先后在此建都的政权有（　　）等。

A．西汉　　B．秦
C．东汉　　D．西周
E．唐

【答案】ABDE

【解析】陕西是中华民族及华夏文化的重要发祥地之一，先后有西周、秦、西汉、前赵、前秦、后秦、西魏、北周、大夏、隋、唐等 13 个政权在此建都，时间长达 1000 余年，是我国历史上建都朝代最多、时间最长的地区。

【点评】难度较大，考查较细。适当应用排除法，东汉建都在洛阳。

习题强化

一、判断题

1．秦腔慷慨激昂，宽音大嗓的特点，以西安易俗社和陕西省戏曲研究院的秦腔最为著名。（　　）
2．贾平凹的《围城》和陈忠实的《白鹿原》，先后获得茅盾文学奖。（　　）
3．中国大地原点在陕西省泾阳县永乐镇。（　　）
4．秦腔，也称为“乱弹”，是我国现存戏曲艺术中最古老的剧种，是京剧、豫剧、川剧、河北梆子等剧种的鼻祖。（　　）
5．陕西是国内邻接省区数量最多的省份之一，具有承东启西、连接西部的区位之便。（　　）
6．陕西是远古文化的摇篮之一。（　　）
7．陕西，简称“陕”或“秦”，是中华文明的重要发祥地，是中国历史上多个朝代政治、经济、文化的中心，也是中华民族历史文明最早走向世界的地方。（　　）
8．汉代司马迁，创作了中国第一部纪传体通史《史记》，被公认为是中国史书的典范。（　　）

二、单选题

1．在陕西剪纸艺术中，首推（　　）民间剪纸。
A．陕南　　B．陕北
C．关中　　D．安塞

2．陕西地方戏的主要剧种是（　　）。
A．秦腔　　B．眉户
C．皮影戏　　D．花儿剧

3．陕西名食的“总代表”是（　　）。
A．西安饺子　　B．臊子面
C．牛羊肉泡馍　　D．水晶柿子饼

4.（　　）出土的裸体彩俑被誉为“东方维纳斯”。

A．汉阳陵　　B．汉茂陵

C．唐昭陵　　D．唐乾陵

5．陕西少数民族中人口最多的是（　　）。

A．蒙古族　　B．壮族

C．回族　　D．满族

6．1963 年发现的（　　），是全国发现的时间最早、最为完整的猿人头盖骨化石。

A．蓝田猿人　　B．山顶洞人

C．元谋人　　D．北京人

7．按照地貌类型划分指标，将陕西省划分为（　　）个地貌类型区域。

A．9　　B．8

C．7　　D．6

8．陕西关中石子馍保留了先民的（　　）遗风。

A．油炸　　B．石烹

C．煎炒　　D．水煮

9．陕西地方行政区划，始于（　　）时期。

A．夏朝　　B．商朝

C．春秋战国　　D．西汉

10．陕、甘两省分治是从（　　）年开始的。

A．1662　　B．1666

C．1664　　D．1665

11．陕西从（　　）起，就进入了一个新的历史发展时期。

A．夏朝　　B．商朝

C．西周　　D．东周

12．陕西省与周边（　　）个省（市）接壤。

A．5　　B．6

C．7　　D．8

三、多选题

1．陕西被称为“三秦”，一般是从陕西的地理特征分为（　　）、（　　）、（　　）三个自然区域来理解的。

A．关中　　B．关东

C．陕北　　D．陕南

E．汉中

2．晚唐诗人韦庄，所著长诗（　　）反映战乱中妇女的不幸遭遇，在当时颇负盛名，与（　　）、（　　）并称“乐府三绝”。

A.《敕勒歌》　　B.《秦妇吟》

C.《孔雀东南飞》　　D.《木兰诗》

E.《西洲曲》

3. 被誉为“西安饮食三绝”的是（　　）

A. 臊子面　　B. 水晶柿子饼

C. 西安饺子　　D. 仿唐菜点

E. 牛羊肉泡馍

4. 陕西的中国历史文化名城包括（　　）。

A. 西安、咸阳　　B. 铜川、榆林

C. 延安、韩城　　D. 榆林、汉中

E. 宝鸡、咸阳

5. 下列选项中（　　）是陕西的简称。

A. 陕　　B. 渭

C. 秦　　D. 汉

E. 洛

6. 下列选项中属于陕西风味小吃的是（　　）。

A. 凉皮　　B. 锅盔

C. 油馓子　　D. 焜锅馍馍

E. 羊肠面

7. 下列选项中（　　）属于陕西民俗中拜年时跳的秧歌。

A. 排门子秧歌　　B. 彩门秧歌

C. 酒曲秧歌　　D. 花灯秧歌

E. 高跷秧歌

8. 西汉“三辅”指的是（　　）。

A. 京兆尹　　B. 左冯翊

C. 右扶风　　D. 卫青

E. 霍去病

第二节　甘肃

真题解读

● **【2017 年真题 · 判断】**甘肃天水麦积山石窟被誉为“东方雕塑陈列馆”，其彩绘泥塑精美绝伦。（　　）

【答案】对

【解析】天水麦积山石窟，彩绘泥塑精美绝伦，被誉为“东方雕塑陈列馆”。

【点评】送分题，平时经常训练的内容，考查基本的知识识记。

● 【2018 年真题 · 单选】中国历史上秦、汉、明三代修筑的长城，都以（　　）为起点。

A．新疆维吾尔自治区　　B．青海省

C．宁夏回族自治区　　D．甘肃省

【答案】D

【解析】秦、汉、明三代修筑的长城都以**甘肃**为起点，甘肃境内保存的长城总计超过 3600 千米，占全国现存总量的 60% 以上，沿线遗存遗迹十分丰富。

【点评】送分题，平时经常训练的内容，考查基本的知识识记。

● 【2018 年真题 · 单选】甘肃省武威市雷台东汉墓出土的青铜器“马踏飞燕”于（　　）被原国家旅游局确定为中国旅游标志。

A．1983 年　　B．1985 年

C．1987 年　　D．1989 年

【答案】A

【解析】被视为中国古代高超铸造业象征的东汉青铜器马踏飞燕，又名马超龙雀、铜奔马，就出土于甘肃省武威市雷台的东汉墓，**1983 年**被国家旅游局确定为中国旅游标志，并一直沿用至今。

【点评】简单难度，平时经常训练的内容，考查基本的知识识记。

● 【2017 年真题 · 单选】中国旅游标志—马踏飞燕出土于（　　）的东汉古墓中。

A．甘肃　　B．青海

C．陕西　　D．宁夏

【答案】A

【解析】被视为中国古代高超铸造业象征的东汉青铜器马踏飞燕，又名马超龙雀、铜奔马，就出土于**甘肃省武威市雷台**的东汉墓，1983 年被国家旅游局确定为中国旅游标志，并一直沿用至今。

【点评】简单难度，平时经常训练的内容，考查基本的知识识记。

习题强化

一、判断题

1．中国四大石窟，甘肃有两个，即敦煌莫高窟、云冈石窟。（　　）

2．隋唐时期，甘肃武威、张掖、敦煌成为经济文化繁荣的国际性贸易城市。（　　）

3．东乡、裕固、保安为 3 个青海特有少数民族。（　　）

4．甘肃，取甘州（今张掖）、肃州（今酒泉）二地的首字而成。　（　　）

5．花儿是一种全新的地方性的少数民族剧种。　（　　）

6．甘肃是红色旅游资源大省，是中国工农红军25000里长征胜利的起始地。　（　　）

7．甘肃地形狭长，呈南北长、东西宽的形态，最窄处只有25千米。　（　　）

8．天水伏羲庙是我国目前规模最宏大、保存最完整的纪念伏羲氏的清代建筑群。　（　　）

二、单选题

1．（　　）有一清（汤清）、二白（萝卜白）、三红（辣子油红）、四绿（香菜绿）、五黄（面条黄亮）五大特点。

A．兰州牛肉面　　B．羊肉泡馍

C．臊子面　　D．浆水面

2．（　　）是兰州最为著名的风味小吃和最具特色的大众化经济小吃，被当地人誉为“兰州的麦当劳”。

A．羊肉泡馍　　B．浆水面

C．臊子面　　D．兰州清汤牛肉面

3．（　　）保存有国内最早墨书纪年题记。

A．炳林寺石窟　　B．瓜州榆林窟

C．肃南马蹄寺石窟　　D．祁丰文殊寺石窟

4．被誉为“中国石窟鼻祖”的是（　　）。

A．武山水帘石窟　　B．天水麦积山石窟

C．瓜州榆林窟　　D．武威天梯山石窟

5．全国唯一的一座黄河穿城而过的省会城市是（　　）。

A．西安　　B．西宁

C．太原　　D．兰州

6．甘肃（　　）被农业部认定为“中国半夏之乡”。

A．西和　　B．岷县

C．礼县　　D．临夏

7．（　　）开创于隋唐之前，被誉为“莫高窟姊妹窟”。

A．瓜州榆林窟　　B．祁丰文殊寺石窟

C．武威天梯山石窟　　D．肃南马蹄寺石窟

8．作为中国旅游业标志的“马踏飞燕”是（　　）时期的青铜器，1969年出土于甘肃武威。

A．东汉　　B．西汉

C．东周　　D．西周

9. 古长城遗存占全国现存长城总量 60% 的省份是（　　）。

A. 河北省　　B. 内蒙古自治区

C. 甘肃省　　D. 辽宁省

10. 被誉为“兰州麦当劳”的兰州牛肉拉面有“一清、二白、三红、四绿、五黄”五大特点，其中“二白”指的是（　　）。

A. 白菜　　B. 白豆腐

C. 白肉片　　D. 白萝卜

11. 中华民族的人文始祖伏羲、女娲和黄帝相传诞生在（　　），故有“羲轩桑梓”之称。

A. 甘肃省　　B. 湖北省

C. 河南省　　D. 河北省

12.（　　）内设释迦牟尼讲经说法泥塑坐像一尊，高 35 米，为世界室内坐佛之最。

A. 夏河拉卜楞寺　　B. 径川大云寺

C. 张掖大佛寺　　D. 山丹大佛寺

13. 丝绸之路的（　　）是中国出土彩陶规模最大、类型最全和价值最高的地区。

A. 山西段　　B. 甘肃段

C. 陕西段　　D. 内蒙古段

14.（　　）是元代忽必烈时期西藏宗教领袖萨迦班智达（萨班）与蒙元代表、西路军统帅阔端举行“凉州会谈”的地方，这一历史性的会谈决定了西藏正式成为中国元朝中央政府直接管辖下的一个行政区域，标志着西藏从此纳入了中国版图。

A. 武威白塔寺　　B. 碌曲郎木寺

C. 张掖大佛寺　　D. 泾川大云寺

15. 甘肃与（　　）接壤。

A. 哈萨克斯坦　　B. 蒙古人民共和国

C. 俄罗斯　　D. 乌兹别克斯坦

16.（　　）代，甘肃正式设省。

A. 宋　　B. 元

C. 明　　D. 清

17. 兰州牛肉面创始于（　　）年间，系回族老人马保子首创。

A. 清康熙　　B. 清乾隆

C. 清光绪　　D. 清咸丰

18.（　　）因寺内有中国最大的室内卧佛涅槃像而得名，素称“塞上名刹，佛国胜境”。

A．夏河拉卜楞寺　　B．泾川大云寺

C．张掖大佛寺　　D．山丹大佛寺

19．（　　）是世界最大的藏学学府、藏传佛教格鲁派六大宗主寺之一、青川地区最大的藏族宗教和文化中心。

A．夏河拉卜楞寺　　B．泾川大云寺

C．张掖大佛寺　　D．山丹大佛寺

20．（　　）素有东方“小瑞士”和香巴拉“小江南”的美誉，是安多地区闻名遐迩的大寺院之一。

A．碌曲县郎木寺　　B．武威白塔寺

C．山丹大佛寺　　D．张掖大佛寺

21．甘肃省已有甘肃花儿、（　　）等2项民俗文化被列为“人类口头与非物质文化遗产代表作”。

A．松鸣岩花儿会　　B．香浪节

C．甘南藏戏（部分）　　D．陇东道情

22．《资治通鉴》有“天下称富庶者，无如陇右”其中“陇”主要指的是今（　　）。

A．甘肃　　B．陇南

C．陇山以北　　D．六盘山

23．甘肃地貌形态复杂，大致可分为陇南山地、陇中黄土高原、甘南高原、（　　）、祁连山地、河西走廊以北地带各具特色的六大地形区域。

A．黄河流域　　B．河西走廊

C．青藏高原　　D．甘南草原

24．甘肃大部分地区气候（　　）。

A．潮湿　　B．多雨

C．温润　　D．干燥

三、多选题

1．下列有关甘肃宗教的叙述，正确的有（　　）。

A．在泾川大云寺举行“凉州会谈”，决定了西藏正式成为中国元朝中央政府直接管辖下的一个行政区域，标志着西藏从此纳入了中国版图

B．夏河拉卜楞寺是世界最大的藏学学府

C．张掖大佛寺素称“塞上名刹，佛国胜境”

D．山丹大佛寺内设释迦牟尼讲经说法泥塑坐像一尊，为世界室内坐佛之最

E．碌曲县郎木寺，素有东方“小瑞士”和香巴拉“小江南”的美誉

2．流行“花儿”民歌的省区有（　　）。

A．辽宁　　B．甘肃

C．青海　　D．宁夏
E．吉林
3．甘肃旅游资源和特产描述正确的是（　　）。
A．临夏回族自治州被称为“九色香巴拉”
B．有陇上“八梨”（冬果梨、软儿梨、酥木梨、八盘梨、猪头梨、长把梨、齐梨、苹果梨）
C．有张掖、敦煌、武威、天水国家历史文化名城
D．有嘉峪关、崆峒山、麦积山、鸣沙山月牙泉 5A 级景区
E．马踏飞燕出土于甘肃武威雷台西汉墓
4．下列属于甘肃菜肴小吃的是（　　）。
A．陇西腊肉　　B．静宁烧鸡
C．酿皮子　　D．浆水面
E．抓饭
5．甘肃省是中国铁路东西大动脉的重要地段，（　　）等铁路干线交汇于省会兰州。
A．陇海　　B．兰新
C．兰青　　D．包兰
E．青藏
6．甘肃是我国戏剧大省，以舞剧（　　）为代表的文艺精品，已经成为外界认知甘肃的标志之一。
A．《红鹰》　　B．《远方青年》
C．《枫洛池》　　D．《丝路花雨》
E．《大梦敦煌》
7．甘肃作为全国红色旅游资源大省，下面描述正确的有（　　）。
A．“岷州会议”纪念馆是属于甘肃省的红色旅游景点
B．是中国西部最早红色革命政权的诞生地
C．是红军西路军悲壮历史的见证地
D．是中国工农红军二万五千里长征胜利的结束地
E．有 8 个景区被纳入了全国重点打造的 100 个“红色旅游经典景区”建设目录中
8．下面哪些属于甘肃的特色工艺品（　　）。
A．安冲藏刀　　B．庆阳香包
C．兰州雕刻葫芦　　D．酒泉夜光杯
E．洮砚
9．“甘肃五个宝，归芪黄参草”，五宝指的是（　　）。
A．当归　　B．红（黄）芪

C．大黄　　D．人参

E．甘草

第三节　青海

真题解读

● 【2017 年真题 · 判断】2017 年，兰新客运专线开通运营，青海铁路客运从此进入“高铁”时代。（　　）

【答案】错

【解析】2014 年，兰新客运专线开通运营，青海铁路客运进入“高铁”时代。

【点评】难度较大，考查较细。

● 【2018 年真题 · 多选】青海被称为“三江源”，其中“三江”是指（　　）。

A．珠江　　B．澜沧江

C．黄河　　D．雅鲁藏布江

E．长江

【答案】BCE

【解析】青海，简称“青”，是我国青藏高原上的重要省份之一，也是**长江**、**黄河**、**澜沧江**的发源地，被誉为“江河源头”和“中华水塔”，又称“三江源”。

【点评】中等难度，平时经常训练的内容，考查基本的知识识记。

习题强化

一、判断题

1. 青海土族纳顿节、热贡艺术、《格萨尔》史诗已经入选联合国教科文组织非物质文化遗产名录项目。（　　）
2. 天山在中华民族的文化上具有“万山之祖”的显赫地位。（　　）
3. 青海湖是我国最大的内陆咸水湖，柴达木盆地以“聚宝盆”著称于世。（　　）
4. 青海省因境内有青海湖而得名，简称“海”，省会西宁。（　　）
5. 青海处在中国西北地区核心部位，是唐蕃古道、丝绸之路南线的必经之地。（　　）
6. 《格萨尔》史诗是世界上唯一一部至今还在不断创造的“活着的史诗”。（　　）
7. 青海菜品具有一种粗犷的美，主料以牛羊肉为主。（　　）
8. 东乡族和撒拉族为青海所独有的民族。（　　）

二、单选题

1.（　　）百里油菜花花海是中国最大的北方小油菜基地，2013 年荣获“全球十大绝美花海”称号。

A．青海　　B．宁夏

C．甘肃　　D．新疆

2.（　　）妇女两袖由红、黄、橙、蓝、白、绿、黑七色彩布圈做成，俗称七彩袖。

A．东乡族　　B．土族

C．撒拉族　　D．保安族

3.（　　）是青海省唯一的二级机场，也是青藏高原上重要的空中交通枢纽。

A．德令哈机场　　B．西宁曹家堡机场

C．玉树巴塘机场　　D．格尔木机场

4．青海省唯一一座国家历史文化名城是（　　）。

A．海东　　B．西宁

C．玉树　　D．同仁

5．青海（　　）是格萨尔文化的主要发祥地，被誉为“中国格萨尔文化之乡”。

A．海北藏族自治州　　B．海南藏族自治州

C．玉树藏族自治州　　D．果洛藏族自治州

6．青海省国土面积列全国第（　　）位。

A．一　　B．二

C．三　　D．四

7．“纳顿”节是青海民和地区（　　）一年一度庆丰收、谢神恩的节日。

A．土族　　B．撒拉族

C．蒙古族　　D．保安族

8.（　　）国家级自然保护区是我国面积最大的湿地类型国家级自然保护区。

A．西藏拉鲁　　B．河南黄河

C．青海省三江源　　D．湖北洪湖

9.（　　）素有“中华水塔”之美誉。

A．青海　　B．西藏

C．云南　　D．湖北

10．青海省（　　）是世界名曲《在那遥远的地方》的诞生地。

A．金银滩草原　　B．青海湖

C．百里油菜花海　　D．日月山

11．撒拉族信仰（　　）。

A．藏传佛教　　B．基督教

C．伊斯兰教　　D．本教

12．（　　）是我国藏传佛教格鲁派创始人宗喀巴的诞生地，也是我国藏传佛教格鲁派六大寺院之一。

A．楚布寺　　B．哲蚌寺

C．拉卜楞寺　　D．塔尔寺

13．热贡艺术发祥于（　　）藏族自治州同仁县境内的隆务河流域，因同仁地区在藏语中称为“热贡”而得名。

A．海北　　B．海南

C．果洛　　D．黄南

14．公元 397 ～ 414 年，（　　）在青海省东部建立南凉国。

A．鲜卑族　　B．吐蕃

C．藏族　　D．突厥

15．下面关于土族的民俗描述错误的是（　　）。

A．土族忌食马、骡、驴等奇蹄动物肉

B．大门旁贴一方红纸的土族人家外人可以进去

C．帖弯是红色的表示未婚

D．土族妇女的衣袖有七种颜色，被称为七彩袖

16．青海因境内有国内最大的内陆咸水湖（　　）而得名，简称“青”。

A．纳木错　　B．青海湖

C．鄂陵湖　　D．乌兰乌拉湖

17．青海是农业区和牧区的分水岭，兼具了青藏高原、（　　）和黄土高原的三种地形地貌。

A．沙漠　　B．内陆干旱盆地

C．绿洲　　D．戈壁

18．（　　）是青海民和地区土族一年一度庆丰收、谢神恩节日。

A．雪顿节　　B．香浪节

C．纳顿节　　D．花儿会

三、多选题

1．青海塔尔寺艺术三绝是（　　）。

A．酥油花　　B．转经筒

C．嘛尼堆　　D．堆绣

E．壁画

2．青海的世居少数民族主要有（　　）。

A．藏族　　B．苗族

C．土族　　D．撒拉族

E．蒙古族

3．青海是（ ）的发源地，故被称为“江河源头”，又称“三江源”。

A．长江 B．黄河

C．澜沧江 D．金沙江

E．淮河

4．下列有关青海地理与气候的叙述，正确的有（ ）。

A．青海是长江、黄河、澜沧江的发源地，故被称为“江河源头”，又称“三江源”

B．青海素有“中华水塔”之美誉

C．青海湖是我国最大的内陆咸水湖

D．青海是农业区和牧区的分水岭，兼具了青藏高原、内陆干旱盆地和黄土高原的三种地形地貌

E．青海汇聚了大陆季风性气候、内陆干旱气候和青藏高原气候的三种气候形态

第四节 宁夏

真题解读

●【2018 年真题・判断】宁夏南部地势平坦，土壤肥沃，素有“塞上江南”的美誉。（ ）

【答案】错

【解析】宁夏北部地势平坦，土壤肥沃，素有“塞上江南”的美誉。

【点评】难度较大，考查较细。注意是“北部”，不是“南部”。

●【2017 年真题・单选】下列省区中，素有“塞上江南”美誉的是（ ）。

A．内蒙古 B．宁夏

C．甘肃 D．新疆

【答案】B

【解析】宁夏北部引黄灌区，地势平坦，土壤肥沃，素有“塞上江南”的美誉。

【点评】送分题，平时经常训练的内容，考查基本的知识识记。

●【2017 年真题・单选】下列清真寺中，既有波斯风格又具有民族特色的是（ ）。

A．泉州清净寺 B．永宁纳家户清真寺

C．同心清真大寺 D．银川南关清真大寺

【答案】D

【解析】银川南关清真大寺是一座具有波斯风格和民族特色的建筑，是银川市回

族群众进行宗教活动的中心场所。

【点评】中等难度，考查基本的知识识记。

习题强化

一、判断题

1. “沙湖大鱼头”被称为天然的“脑白金”。（　　）
2. 在甘肃，“花儿”被认为是不能登堂入室的“野曲”。（　　）
3. 宁夏首府银川，东依黄河、西靠贺兰山，是中国河套文化和丝路文化交汇地带极具吸引力和代表性的优秀旅游城市。（　　）
4. 宁夏回族自治区位于中国西部的黄河中游，简称“宁”。（　　）
5. 宁夏是我国最大的回族聚居区，回族群众信仰伊斯兰教。（　　）
6. 1038 年党项族首领李元昊以宁夏为中心，建立大夏国，史称西夏。（　　）
7. 贺兰石是水成岩，在清末已有“一端二歙三贺兰”的说法。（　　）

二、单选题

1.（　　）创办的镇北堡西部影城拍摄了《红高粱》《东邪西毒》《大话西游》等 100 多部影片，有着“中国电影从这里走向世界”之美誉。

A．张贤亮　　B．张艺谋
C．张荣佑　　D．张族权

2. 1936 年，中国工农红军西征时在（　　）成立了中国历史上第一个县级回族自治政权——陕甘宁省豫海回族自治政府。

A．艾提尕尔清真寺　　B．望月楼清真寺
C．银川南关清真寺　　D．同心清真大寺

3.（　　）是宁夏现存历史最久、规模最大的一座伊斯兰教建筑。

A．望月楼清真寺　　B．艾提尕尔清真寺
C．同心清真大寺　　D．银川南关清真寺

4.（　　）有西部唯一的国家葡萄酒原产地保护区——玉泉葡萄庄园。

A．辽宁　　B．甘肃
C．贵州　　D．宁夏

5.（　　）是全国除台湾、海南和 4 个直辖市外面积最小的省级行政区。

A．宁夏　　B．浙江
C．吉林　　D．江西

6. 宁夏是枸杞的原产地，是世界上品质最好、种植时间最长的地方，其中又以（　　）所产为最佳。

A．灵武　　B．中卫

C．中宁　　D．同心

7．宁夏（　　）是中国最早发掘的旧石器时代文化遗址。

A．悬泉置遗址　　B．水洞沟遗址

C．玉门关遗址　　D．锁阳城遗址

8．宁夏（　　）属中华名吃。

A．清真风味小吃　　B．汉族小吃

C．面食　　D．羊肉

9．宁夏处于“丝绸之路”（　　）的重要节点，历史上曾是东西部交通贸易的重要通道。

A．北段北道　　B．东段南道

C．西段北道　　D．东段北道

10．（　　）不仅是穆斯林宗教活动场所，还是一座具有光荣革命历史的文物建筑。

A．南关清真大寺　　B．同心清真大寺

C．泉州清净寺　　D．扬州仙鹤寺

11．宁夏引黄灌溉的历史，始于（　　）。

A．西夏　　B．周

C．秦　　D．汉

12．回族武术根源悠久，中国回族穆斯林把练武尊为（　　），意为高尚的“圣行”。

A．拱北　　B．“逊尔”

C．道堂　　D．“口弦”

13．关于贺兰山岩画描述错误的是（　　）。

A．记录了远古人类在4000年前至10000年前的生活场景

B．描绘了羊、牛、马、驼、虎、豹等多种动物图案和抽象符号

C．揭示了原始氏族部落自然崇拜、生殖崇拜、图腾崇拜、祖先崇拜的文化内涵

D．是研究中国人类文化史、宗教史、原始艺术史的文化宝库

三、多选题

1．下列属于宁夏地级市的行政区划是（　　）。

A．银川　　B．石嘴山

C．永宁　　D．贺兰

E．中卫

2．下面关于宁夏的气候描述正确的是（　　）。

A．属典型的大陆性气候，为温带半干旱区和半湿润地区

B．具有春多风沙、夏少酷暑、秋凉较早、冬寒较长、雪雨稀少等特点

C．8月最热，1月最冷

D．年平均气温为5-10℃，昼夜温差大

E．日照充足，蒸发强烈

3．在宁夏回族舞蹈中，主要有（ ）三种民间舞蹈。

A．宴席曲 B．汤瓶舞

C．逊尔舞 D．踏脚

E．回回舞

4．下列属于宁夏"五宝"的是（ ）。

A．枸杞 B．甘草

C．昆仑玉 D．滩羊皮

E．贺兰石

第五节 新疆

真题解读

● 【2018年真题·单选】新疆被誉为"塞外江南"的地方是（ ）。

A．伊犁谷地 B．塔里木盆地

C．吐鲁番盆地 D．准格尔盆地

【答案】A

【解析】在天山东部和西部，还有被称为"火洲"的吐鲁番盆地和被誉为"塞外江南"的伊犁谷地。

【点评】送分题，平时经常训练的内容，考查基本的知识识记。

● 【2018年真题·单选】新疆是中国面积最大的省（区、市），总面积约为（ ）平方千米。

A．130万 B．110万

C．160万 D．80万

【答案】C

【解析】新疆位于亚欧大陆中部，地处祖国西北边陲，总面积约**166万**平方千米，约占全国陆地总面积的六分之一。

【点评】送分题，平时经常训练的内容，考查基本的知识识记。考试时，面积大致计算即可。

● 【2017年真题·单选】新疆维吾尔自治区面积占全国陆地总面积的（ ）。

A．1/8 B．1/7

C．1/6 D．1/5

【答案】C

【解析】新疆维吾尔自治区位于亚欧大陆的中部，地处中国西北边陲，总面积166万平方千米，约占全国陆地总面积的**六分之一**。

【点评】送分题，平时经常训练的内容，考查基本的知识识记。

● 【2017年真题·多选】新疆维吾尔自治区地处中国西北边陲，与国内（　　）等省区相邻。

A. 陕西　　B. 甘肃

C. 内蒙古　　D. 青海

E. 西藏

【答案】BDE

【解析】新疆维吾尔自治区国内与**西藏**、**青海**、**甘肃**等省区相邻，周边依次与蒙古、俄罗斯、哈萨克斯坦、吉尔吉斯斯坦、塔吉克斯坦、阿富汗、巴基斯坦、印度等8个国家接壤。

【点评】难度较大，考查较细，注意不和内蒙古接壤。

习题强化

一、判断题

1. 塔里木盆地是中国最大的内陆盆地，塔克拉玛干沙漠是世界最大的流动沙漠，塔里木河是中国最长的内陆河。（　　）
2. 哈萨克、柯尔克孜、塔吉克等游牧民族牧民认为，要在太阳落山的时候让客人离开，否则会遭到邻里亲朋的嘲笑。（　　）
3. 北疆的塔里木盆地是中国最大的内陆盆地。（　　）
4. 昆仑山横贯中部，把新疆分为南北两部分，习惯上称昆仑山以南为南疆，昆仑山以北为北疆。（　　）
5. “木卡姆”是大型套曲的意思，《十二木卡姆》就是指十二部大型套曲。（　　）
6. 《突厥语词典》是一部用汉语注释突厥语的综合性知识辞书。（　　）
7. 新疆维吾尔自治区简称“新”，是中国陆地面积最大的省级行政区，也是古丝绸之路的重要通道。（　　）

二、单选题

1. 中国最长的内陆河是（　　）。

A. 塔里木河　　B. 伊犁河

C. 额尔齐斯河　　D. 玛纳斯河

2. 公元前60年，西汉政权在乌垒（今轮台县境内）设立（　　），自此西域正式列入汉朝版图。

A. 西域都护府　　B. 北庭都护府

C．安西都护府　　　　D．西域都督府

3．下面选项不属于新疆特产的是（　　）。

A．红花　　　　B．乳扇

C．葡萄美酒　　　　D．和田玉

4．（　　）地貌可以概括为“三山夹两盆”。

A．青海　　　　B．宁夏

C．山西　　　　D．新疆

5．中国最大、世界第二大流动沙漠是（　　）沙漠。

A．塔克拉玛干　　　　B．古尔班通古特

C．腾格里　　　　D．巴丹吉林

6．清乾隆后期改称西域为新疆，意为（　　）。

A．故土新归　　　　B．新疆域

C．新开辟的牧场　　　　D．优美的牧场

7．位于新疆吐鲁番盆地的（　　）是中国陆地最低点。

A．艾丁湖　　　　B．喀纳斯湖

C．天池　　　　D．博斯腾湖

8．（　　）民用机场数量居全国之首。

A．四川　　　　B．云南

C．新疆　　　　D．西藏

9．（　　）是中国陆域面积最大、交界邻国最多、陆地边境线最长的省区。

A．内蒙古　　　　B．云南

C．新疆　　　　D．西藏

10．2005 年，维吾尔族的（　　）被列入《世界非物质文化遗产名录》。

A．龟兹乐舞　　　　B．刀郎舞

C．十二木卡姆　　　　D．阿肯弹唱

11．准噶尔盆地中部的古尔班通古特沙漠是中国第（　　）大沙漠。

A．一　　　　B．二

C．三　　　　D．四

12．下列选项中（　　）是新疆最大的礼拜寺。

A．南关清真寺　　　　B．同心清真寺

C．艾提尕尔清真寺　　　　D．清净寺

13．吐鲁番盆地被誉为（　　）。

A．沙洲　　　　B．瓜州

C．风洲　　　　D．火洲

14．（　　）年 10 月 1 日，新疆维吾尔自治区成立，首府乌鲁木齐市。

A．1949　　B．1952

C．1955　　D．1960

15．不属于新疆的景区是（　　）。

A．交河故城　　B．楼兰遗址

C．克孜尔千佛洞　　D．那曲草原

16．公元前（　　），汉武帝派张骞出使西域，西汉政权与西域各城邦建立了联系。

A．137 年　　B．135 年

C．136 年　　D．138 年

17．柯尔克孜族（　　）是一部世代流传、家喻户晓的长篇英雄史诗。

A．《玛纳斯》　　B．《江格尔》

C．《格萨尔》　　D．《创世的传说》

三、多选题

1．（　　）是新疆少数民族最喜欢的食品，也是逢年过节、婚丧嫁娶的必备食品。

A．抓饭　　B．烤馕

C．油塔子　　D．手抓羊肉

E．油馓子

2．唐代官制的 10 部乐中，出自新疆的有（　　）。

A．《高昌》　　B．《伊州》

C．《龟兹》　　D．《疏勒》

E．《于阗》

3．11 世纪问世的（　　）堪称维吾尔族古典文学作品的典范。

A．《玛纳斯》　　B．《农桑衣食撮要》

C．《突厥语词典》　　D．《阿凡提的故事》

E．《福乐智慧》

4．下列盆地位于新疆维吾尔自治区的是（　　）。

A．塔里木盆地　　B．柴达木盆地

C．准噶尔盆地　　D．四川盆地

E．吐鲁番盆地

5．（　　）是我国仅有的两个铁路、公路、输油气管道三位一体的国家一类口岸。

A．阿黑土别克口岸　　B．都拉塔口岸

C．阿拉山口口岸　　D．乌拉斯台口岸

E．霍尔果斯口岸

6．关于新疆气候描述正确的是（　　）。

A．新疆属于典型的温带大陆性湿润气候

B．降水稀少、蒸发强烈

C．新疆全年日照时间平均 2600 ～ 3400 小时，居全国第二位

D．降水充足、蒸发强烈

E．新疆全年日照时间平均 2600 ～ 3400 小时，居全国第一位

7．新疆的交通运输已实现（　　）的立体化布局。

A．铁路　　B．公路

C．航空　　D．管道

E．水运

8．新疆的人类非物质文化遗产有（　　）。

A．维吾尔木卡姆艺术　　B．《玛纳斯》

C．《突厥语词典》　　D．《阿凡提的故事》

E．《福乐智慧》

9．新疆的国家历史文化名城有（　　）。

A．喀什　　B．吐鲁番

C．特克斯　　D．库车

E．伊宁

习题强化答案

第一节　陕西

一、判断题

1．对　2．错　3．对　4．对　5．对

6．对　7．对　8．对

二、单选题

1．B　2．A　3．C　4．A　5．C

6．A　7．D　8．B　9．C　10．B

11．C　12．D

三、多选题

1．ACD　2．BCD　3．CDE　4．ACD　5．AC

6．AB　7．AB　8．ABC

第二节　甘肃

一、判断题

1．错　2．对　3．错　4．对　5．错

6．错　7．错　8．错

二、单选题

1．A	2．D	3．A	4．D	5．D
6．A	7．A	8．A	9．C	10．D
11．A	12．D	13．B	14．A	15．B
16．B	17．C	18．C	19．A	20．A
21．C	22．A	23．B	24．D	

三、多选题

1．BCDE	2．BCD	3．BCD	4．ABCD	5．ABCD
6．DE	7．ABCDE	8．BCDE	9．ABCE	

第三节　青海

一、判断题

1．错	2．错	3．对	4．错	5．对
6．对	7．对	8．错		

二、单选题

1．B	2．B	3．B	4．D	5．D
6．D	7．A	8．C	9．A	10．A
11．C	12．D	13．D	14．A	15．B
16．B	17．B	18．C		

三、多选题

1．ADE	2．ACDE	3．ABC	4．ABCDE

第四节　宁夏

一、判断题

1．错	2．错	3．对	4．错	5．对
6．对	7．对			

二、单选题

1．A	2．D	3．C	4．D	5．A
6．C	7．B	8．A	9．D	10．B
11．C	12．B	13．A		

三、多选题

1．ABE	2．ABDE	3．ABD	4．ABDE

第五节 新疆

一、判断题

1．错 2．错 3．错 4．错 5．对
6．错 7．对

二、单选题

1．A 2．A 3．B 4．D 5．A
6．A 7．A 8．C 9．C 10．C
11．B 12．C 13．D 14．C 15．D
16．D 17．A

三、多选题

1．AD 2．ACD 3．CE 4．ACE 5．CE
6．BC 7．ABCD 8．AB 9．ABCDE

第八章 港澳台地区

真题解读

- 【2017 年真题 · 判断】香港特别行政区由香港岛、九龙、新界内陆地区以及 262 个大小岛屿组成。（ ）

  【答案】对

  【解析】香港特别行政区由香港岛、九龙、新界内陆地区以及 262 个大小离岛组成，陆地面积约为 1104.4 平方公里，素有“东方明珠”之称。

  【点评】中等难度，考查基本的知识识记。本题考点在“262”，一般不会考到这么细的数字。

- 【2018 年真题 · 多选】下列关于香港的说法中，正确的有（ ）。

  A．香港的主要宗教是佛教和道教

  B．香港行人靠右走，车辆靠左行驶

  C．香港人送花喜送梅花

  D．香港被誉为“购物天堂”

  E．香港由香港岛、九龙、新界内陆地区及 260 多个离岛组成

  【答案】ADE

  【解析】香港行人和车辆靠左行驶，和内地正好相反，B 项错误；忌送时钟（“送终”）、书籍（“输”）、毯子（“压财”），也忌送剑兰、茉莉、梅花等花卉，C 项错误。

  【点评】中等难度，考查较细，但不会脱离教材。

习题强化

一、判断题

1．澳门的区旗图包括五星、月亮、大桥和海，区花是莲花。（ ）

2．高雄市是台湾第一大城市，也是台湾最大的国际港口，有“港都”之名。（ ）

3．台湾的日月潭中一小岛——光明岛，将湖分为南北两部分，北半湖状如日轮，南半湖似上弦月，故得名日月潭。（ ）

4. 台湾是我国第一大岛，位于中国东南沿海的大陆架上，西隔台湾海峡与福建相望。（　　）
5. 台湾地区有过年时送年糕、糕点的民俗风情。（　　）
6. 中国对澳门恢复行使主权是 1999 年。（　　）
7. 澳门以博彩业著称，葡京娱乐场是澳门最具规模的博彩娱乐场，在澳门葡京大酒店内。（　　）
8. 香港有“购物天堂”之盛誉。（　　）
9. 香港区旗是中间配有白色五星花蕊的紫荆花红旗。红旗代表祖国，白色紫荆花代表我国香港。（　　）
10. 香港属于热带、亚热带季风性湿润气候。（　　）
11. 香港人送花忌讳送剑兰、茉莉、梅花。（　　）
12. 香港居民绝大多数为华人，大部分原籍广东。（　　）
13. 黄大仙祠是中国式道教寺庙，是香港香火最旺的地方，是香港唯一一所可以举行道教婚礼的道教宫观。（　　）
14. 香港迪士尼乐园是中国第一个迪士尼乐园。（　　）
15. 香港行人和车辆靠左行驶，和内地正好相反。（　　）
16. 台北故宫博物院收藏品共 70 万余件，大部分为 1949 年前从北京故宫博物院运走的文物。（　　）
17. 香港铁路有红磡站（京九铁路）、西九龙站（广深港高速铁路）。（　　）
18. 澳门有外港、内港、氹仔临时客运码头、九澳港、九澳货柜码头和九澳油库等海运码头。（　　）
19. 乌龙茶及大理石、玻璃串珠饰品是台湾较出名的特产。（　　）

二、单选题

1. 香港的金融业被称为“百业之首”，约占 GDP 的（　　）。

A．二分之一　　B．三分之一

C．四分之一　　D．五分之一

2. 香港的（　　）被称为“百业之首”，约占其国民生产总值（GDP）的 1/4。

A．旅游业　　B．金融业

C．国际航运业　　D．房地产业

3. 中国台湾唯一拥有海域和陆地的“国家公园”，被称为台湾的天涯海角的是（　　）。

A．垦丁　　B．日月潭

C．阿里山　　D．太鲁阁

4. 1842 年，清朝政府与英国签订了不平等的（　　），将香港岛割让给英国。

A．《南京条约》　　B．《北京条约》

C.《天津条约》 D.《马关条约》

5. 在第二次世界大战期间，香港一度被（ ）占领长达 3 年零 8 个月。

A. 美国 B. 德国

C. 意大利 D. 日本

6. 澳门属于（ ）气候。

A. 亚热带季风 B. 亚热带海洋

C. 热带季风 D. 热带海洋

7. 澳门人禁忌数字是（ ）。

A. 6 B. 8

C. 10 D. 13

8. 1999 年 12 月 20 日，澳门回归。澳门特别行政区区花为（ ）。

A. 紫荆花 B. 莲花

C. 梅花 D. 菊花

9. 香港岛的最高点是（ ）

A. 前港都府 B. 太平山

C. 浅水湾 D. 维多利亚公园

10. 香港特别行政区区花为（ ）。

A. 紫荆 B. 睡莲

C. 荷花 D. 莲花

11. 杭州某旅行社拟向台湾某旅游团团友赠送一件浙江名产作为纪念。部门经理拟了下列候选产品单请你帮助挑选。你认为最合适的是（ ）。

A. 张小泉剪刀 B. 三星牌黑纸折扇

C. 龙井茶叶 D. 杭州绸伞

12.（ ）是台湾的著名景点。

A. 浅水湾 B. 葡京娱乐城

C. 大三巴牌坊 D. 太鲁阁国家公园

13. 有“东方蒙特卡洛”之称的是（ ）。

A. 澳门 B. 香港

C. 曼谷 D. 新加坡

14. 澳门的标志性建筑大三巴牌坊的主要建筑风格是（ ）。

A. 罗马式 B. 哥特式

C. 巴洛克式 D. 新古典主义式

15.（ ）是澳门的象征。

A. 大三巴牌坊 B. 妈祖阁

C. 观音堂 D. 葡京游乐场

16. 中国于（　　）恢复对香港行使主权。

A. 1997 年 7 月 1 日　　B. 1998 年 8 月 8 日

C. 1999 年 7 月 1 日　　D. 1999 年 12 月 20 日

17.（　　）素有“东方明珠”之称。

A. 香港　　B. 澳门

C. 新加坡　　D. 台湾

18.（　　）是台湾最具特色的自然与人文合一的旅游景观。

A. 野柳　　B. 太鲁阁

C. 日月潭　　D. 垦丁

19. 在香港不能把妻子称为（　　）。

A. 爱人　　B. 老婆

C. 内人　　D. 媳妇

20. 香港现辖行政区划的数量是（　　）。

A. 16 个　　B. 17 个

C. 18 个　　D. 19 个

21.（　　）为香港市区内最主要的公共交通工具。

A. 轻铁　　B. 电车

C. 公交大巴　　D. 港铁

22. 2018 年香港机场航空（　　）位居全球第一位。

A. 货运量　　B. 客运量

C. 客货运量　　D. 客货吞吐量

23. 香港有“（　　）”之称。

A. 购物天堂　　B. 东方鲁尔

C. 渤海明珠　　D. 东方小巴黎

24. 澳门特别行政区以“（　　）”作为行政区划单位，但并非正式的行政机构建置，不具法律地位。

A. 堂区　　B. 街区

C. 巷区　　D. 府区

25. 澳门有（　　）堂区和（　　）无堂区划分区域。

A. 5 个；1 个　　B. 6 个；2 个

C. 7 个；1 个　　D. 8 个；2 个

26.（　　）是台湾第一大港。

A. 高雄港　　B. 基隆港

C. 台中港　　D. 花莲港

27.（　　）年，清政府与日本签订《马关条约》，将台湾、澎湖列岛割让给日本。

A．1894　　B．1895
C．1840　　D．1842

28．清政府与日本签订（　　），将台湾、澎湖列岛割让给日本。
A．《北京条约》　　B．《辛丑条约》
C．《天津条约》　　D．《马关条约》

29．（　　）年，日本无条件投降，台湾地区和澎湖列岛回归祖国。
A．1945　　B．1846
C．1949　　D．1840

30．台湾禁用手巾（手帕）送人的原因是（　　）。
A．台湾居丧之家习惯送手帕，赠送手帕会被误解为视对方为丧家
B．手帕到天凉即不用，送手帕给人意味迟早要抛弃对方
C．台湾办完丧事要送手巾给吊丧者，表示让其与死者断绝往来，称为“送巾离根”
D．闽南语“手帕”与“互散”同音

三、多选题

1．香港位于中国东南部，珠江口东侧，由（　　）以及262个大小离岛组成。
A．新界内陆地区　　B．氹仔岛
C．路环　　D．九龙
E．香港岛

2．台湾的著名景点有（　　）。
A．野柳风景区　　B．太鲁阁国家公园
C．阿里山　　D．日月潭
E．垦丁国家公园

3．被誉为阿里山“五奇”的有（　　）。
A．高山铁路　　B．瀑布
C．森林　　D．云海
E．日出

4．香港人信奉的主要宗教是（　　）。
A．佛教　　B．基督教
C．伊斯兰教　　D．印度教
E．道教

5．澳门现行的官方语言是（　　）。
A．汉语　　B．英语
C．葡萄牙语　　D．粤语
E．日语

6．下列属于澳门景点的是（　　）。

A．大三巴牌坊　　B．金紫荆广场

C．妈阁庙　　D．黄大仙祠

E．金莲花广场

7．以下景点位于香港的是（　　）。

A．野柳　　B．黄大仙祠

C．金紫荆广场　　D．浅水湾

E．垦丁

8．澳门总面积因为沿岸填海造地而一直在扩大，目前已达32.8平方公里，包括（　　）。

A．路环岛　　B．九龙

C．新界内陆地区　　D．氹仔岛

E．澳门半岛

9．公认为世界国际金融中心的城市有（　　）。

A．纽约　　B．巴黎

C．伦敦　　D．澳门

E．香港

10．台北故宫博物院的三大镇馆之宝是（　　）。

A．清明上河图　　B．翠玉白菜

C．金缕衣　　D．毛公鼎

E．肉形石

11．下列关于香港的表述，正确的有（　　）。

A．有“购物天堂”的美称

B．是亚太地区乃至全球的金融中心、国际航运中心、国际贸易中心及旅游和信息中心

C．黄大仙祠是香港唯一一所可以举行道教婚礼的道教宫观

D．1997年7月1日，香港顺利回归祖国

E．属亚热带气候，全年气温较高

12．属于香港的特色产品的有（　　）。

A．元朗老婆饼　　B．鸡蛋仔

C．葡式蛋挞　　D．香港莞香

E．港式云吞面

13．澳门的特色饮食有（　　）。

A．葡式蛋挞　　B．马介休

C．水蟹粥　　D．鲜虾浓汤

E．甘薯蛋糕

14．澳门是自由港，大多数进口物品可获免税，因而商品价格低廉，澳门的特色商品有（　　）。

A．手工花边　　B．玻璃串珠饰品

C．葡萄酒　　D．中国式衬衣

E．澎湖四宝

15．台湾地区民俗与祖国大陆民俗大体相同，但也有不同。台湾地区民间送礼禁忌有（　　）。

A．禁用粽子送人　　B．禁用甜果（年糕）、糕点送人

C．禁用手帕送人　　D．禁用雨伞送人

E．禁用镜子送人

16．台湾地区的美食有（　　）。

A．凤梨酥　　B．太阳饼

C．蚵仔煎　　D．度小月担仔面

E．三杯鸡

习题强化答案

一、判断题

1．错	2．错	3．错	4．对	5．错
6．对	7．对	8．对	9．对	10．错
11．对	12．对	13．对	14．对	15．对
16．对	17．对	18．对	19．错	

二、单选题

1．C	2．B	3．A	4．A	5．D
6．A	7．D	8．B	9．B	10．A
11．C	12．D	13．A	14．C	15．A
16．A	17．A	18．B	19．A	20．C
21．D	22．A	23．A	24．A	25．C
26．A	27．B	28．D	29．A	30．C

三、多选题

1．ADE	2．ABCDE	3．ACDE	4．AE	5．AC
6．ACE	7．BCD	8．ADE	9．ACE	10．BDE
11．ABCDE	12．ABDE	13．ABCDE	14．ABCD	15．ABCDE
16．ABCDE				

第二编

附录篇

真题解读

- 【2018 真题·多选】下列景区中，已被列入世界自然遗产项目的有（　　）。

A．五台山　　B．澄江化石遗址

C．四川大熊猫栖息地　　D．武夷山

E．湖北神农架

【答案】BCE

【解析】中国的世界自然遗产有：新疆天山、九寨沟、黄龙、武陵源、四川大熊猫栖息地、三江并流、中国南方喀斯特、三清山、澄江化石地、中国丹霞（贵州赤水、福建泰宁、湖南崀山、广东丹霞山、江西龙虎山及龟峰、浙江江郎山）、神农架、青海可可西里和贵州梵净山。

【点评】中等难度，平时复习的重点。注意武夷山是“双重遗产”，不入选。

习题强化

一、判断题

1．全国重点文物保护单位数量排在全国前三的是山西、河南和陕西。（　　）

2．北京故宫于 1987 年被列入《世界文化遗产名录》。（　　）

3．秦始皇兵马俑，被誉为“世界第八奇迹”，1987 年被列入世界文化遗产。（　　）

4．贵州侗族大歌和安顺蜡染技术为世界非物质文化遗产。（　　）

5．截至 2019 年 5 月，湖北有武当山古建筑群、钟祥明显陵、黄鹤楼、神农架 4 处世界遗产。（　　）

6．截至 2019 年 5 月，国务院已经审批的历史文化名城共有 131 座。（　　）

7．新疆维吾尔木卡姆艺术、《玛纳斯》和甘肃花儿入选人类非物质文化遗产代表作名录。（　　）

8．中国是世界自然与文化遗产数量最多的国家，与意大利并列，均为 4 项。（　　）

9．中国于 1987 年 12 月 12 日加入《保护世界文化和自然遗产公约》的缔约国行列。（　　）

10．截至 2016 年 8 月，国家旅游局已对 3 家严重不达标的 5A 级景区进行摘牌处理，分别是河北省秦皇岛市山海关景区、湖南省长沙市橘子洲景区、辽宁省大连市老虎滩海洋公园·老虎滩极地馆。（　　）

11．截至 2019 年 6 月，河北省的国家重点文物保护单位数量排在全国第二。（　　）

12. 巴伐利亚庄园国家级旅游度假区位于海南省。 ( )

13. 野三坡、衡水湖国家生态旅游示范区皆位于河北省。 ( )

二、单选题

1. 在 2004 年，中国承办过第（ ）届世界遗产委员会。

A．17　　B．24

C．28　　D．33

2. 2018 年 7 月初，梵净山成功申报世界自然遗产，至此我国的世界自然遗产共有（ ）处。

A．5　　B．10

C．13　　D．15

3. 下列我国古代演奏乐器艺术中，被列入《人类非物质文化遗产代表作名录》的是中国（ ）艺术。

A．二胡　　B．琵琶

C．古琴　　D．笙

4. 下列选项中，属于新疆的世界自然遗产是（ ）。

A．阿尔泰山　　B．祁连山

C．昆仑山　　D．天山

5. 2009 年，（ ）被列入《人类非物质文化遗产代表作名录》的中国项目。

A．潮剧　　B．粤北采茶戏

C．广东汉剧　　D．粤剧

6. 2009 年，黎族（ ）列入《急需保护的非物质文化遗产名录》的中国项目。

A．麦西来甫　　B．传统纺染织绣

C．铜鼓制作技艺　　D．庆祝习俗

7. 陕西列入《人类非物质文化遗产代表作名录》的是（ ）。

A．秦腔　　B．唐三彩

C．西安鼓乐　　D．剪纸

8. 甘肃省已有甘肃花儿、（ ）等 2 项民俗文化被列入世界非物质文化遗产名录。

A．松鸣岩花儿会　　B．香浪节

C．甘南藏戏　　D．陇东道情

9. 下列中国传统艺术没有被列入《人类非物质文化遗产代表作名录》的是（ ）。

A．中国书法　　B．中国篆刻

C．中国剪纸　　D．中国国画

10. 下列古人类遗址属于世界遗产的是（ ）。

A．云南元谋人遗址　　B．周口店北京人遗址

C．余姚河姆渡遗址　　D．半坡遗址

11．下列戏曲没有被列入《人类非物质文化遗产代表作名录》的是（　　）。

A．昆曲　　B．粤剧

C．京剧　　D．豫剧

12．北京是世界上拥有遗产项目数量最多的城市，为（　　）项。

A．3　　B．4

C．6　　D．7

13．下列世界遗产属于文化遗产的是（　　）。

A．新疆天山　　B．三清山

C．武当山古建筑群　　D．武陵源

14．2005年，维吾尔族的（　　）艺术被列入《人类非物质文化遗产代表作名录》。

A．龟兹乐舞　　B．刀郎舞

C．达瓦孜　　D．木卡姆

15．下列选项中，被列入世界文化遗产的是（　　）。

A．陕西华山　　B．青海可可西里

C．湖南衡山　　D．都江堰及青城山

16．下列选项中，已全部被选入“世界自然与文化”双遗产的项目是（　　）。

A．黄山、武夷山、泰山

B．颐和园、苏州古典园林、青城山和古典园林

C．布达拉宫、五台山、峨眉山—乐山景区

D．三清山、黄山、泰山

17．下列选项中，已被选入“世界文化遗产”的项目是（　　）。

A．安徽古村落、长城、武夷山

B．澳门历史城区、北京故宫、苏州古典园林

C．湖北神农架、丽江古城、布达拉宫

D．大同云冈石窟、青海可可西里、泰山

18．截至2019年5月，我国已申报成功的世界遗产有（　　）处。

A．45　　B．53

C．54　　D．84

19．（　　）是中国至今唯一承办过世界遗产委员会的城市。

A．北京　　B．杭州

C．西安　　D．苏州

20．5A级为中国旅游景区最高等级，代表着中国（　　）精品的旅游风景区等级。

A．世界级　　B．国家级

C．特级　　D．优级

21．截至 2019 年 6 月，国家 5A 级旅游景区数量最多的省份是（　　）省。

A．福建　　B．江苏

C．安徽　　D．浙江

22．截至 2019 年 6 月，文化和旅游部共确定了（　　）处国家 5A 级旅游风景区。

A．259　　B．260

C．258　　D．261

23．截至 2019 年 6 月，国家 5A 级旅游景区数量最多的省份是江苏，共有（　　）处国家 5A 级旅游景区。

A．23　　B．21

C．18　　D．16

24．截至 2019 年 6 月，国家 5A 级旅游景区数量排名第二的是（　　）省。

A．福建　　B．江苏

C．浙江　　D．安徽

25．截至 2019 年 6 月，国家 5A 级旅游景区数量位居第二位的浙江省共有（　　）处国家 5A 级旅游景区。

A．23　　B．21

C．17　　D．16

26．全国重点文物保护单位的保护范围和记录档案，须由省、自治区、直辖市人民政府的文物行政部门报（　　）备案。

A．文化与旅游部　　B．国务院文物行政部门

C．各地省（市）博物馆　　D．各地区公安部门

27．截至 2019 年 6 月，全国重点文物保护单位数量排在前三的省份是（　　）。

A．山西、河南、河北　　B．甘肃、新疆、西藏

C．湖北、湖南、四川　　D．北京、江苏、浙江

28．截至 2019 年 6 月，全国重点文物保护单位数量最多的是（　　）。

A．山西　　B．甘肃

C．河南　　D．江苏

29．截至 2019 年 6 月，山西全国重点文物保护单位的数量为（　　）处。

A．450　　B．452

C．454　　D．456

30．国家级旅游度假区是指符合（　　）要求、接待海内外旅游者为主的综合性旅游区。

A．国际度假休闲　　B．国际生态旅游

C．各国休闲旅游　　D．国际度假旅游

31．截至 2019 年 6 月，我国共有（　　）家国家级旅游度假区。

A．30　　B．29

C．25　　D．17

32．截至 2019 年 6 月，拥有国家级旅游度假区数量最多的省（市、区）是江苏省和浙江省，皆为（　　）处（并列第一）。

A．3　　B．4

C．5　　D．6

33．尧山温泉是（　　）省的国家级旅游度假区。

A．海南　　B．安徽

C．河南　　D．山东

34．湘湖是（　　）省的国家级旅游度假区。

A．湖南　　B．湖北

C．河北　　D．浙江

35．2007 年 7 月，国家旅游局、国家环境保护总局共同授予（　　）“国家生态旅游示范区”的荣誉称号，成为中国首个获得此项殊荣的旅游区。

A．深圳东部华侨城　　B．天生三桥 · 仙女山

C．呀诺达雨林　　D．神农谷

三、多选题

1．截至 2019 年 5 月，浙江省的世界非物质文化遗产是（　　）。

A．余杭清水丝绵制作技艺

B．龙泉青瓷传统烧制技艺

C．蓝夹缬技艺

D．中国蚕桑丝织技艺

E．黄岩翻簧竹雕技艺

2．下列属于福建现有的世界遗产的是（　　）。

A．鼓浪屿　　B．武夷山

C．福建土楼　　D．泰宁丹霞

E．三坊七巷

3．藏族的（　　）入选《人类非物质文化遗产代表作名录》。

A．藏医药浴法　　B．藏族的历法

C．《大藏经》　　D．藏戏

E．《格萨尔》史诗

4．下列被列入《急需保护的非物质文化遗产名录》的中国项目的有（　　）

A．羌年庆祝习俗　　B．黎族传统纺染织绣

C．维吾尔族麦西来甫　　D．赫哲族伊玛堪说唱

E．朝鲜族农乐舞

5．下列中国列入《世界遗产名录》的项目名单中，属于自然遗产的有（　　）。

A．中国丹霞地貌　　B．鼓浪屿：历史国际社区

C．云南澄江动物化石群　　D．湖北神农架

E．中国南方喀斯特

6．曲阜“三孔”（　　）被联合国教科文组织列入世界文化遗产。

A．孔府　　B．孔庙

C．孔林　　D．孔子

E．孔菜

7．下列被列入《世界遗产名录》的著名景点是（　　）。

A．河北承德避暑山庄　　B．北京天坛

C．苏州拙政园　　D．北京颐和园

E．北京北海公园

8．在中国拥有的世界遗产中，属世界自然遗产的是（　　）。

A．九寨沟　　B．黄龙

C．三清山　　D．梵净山

E．武陵源

9．我国的世界遗产中属于文化遗产的项目的有（　　）。

A．安阳殷墟　　B．洛阳龙门石窟

C．三清山　　D．澳门历史城区

E．澄江化石地

10．下列景观被列为世界自然遗产的有（　　）。

A．庐山　　B．武陵源

C．五台山　　D．黄龙

E．九寨沟

11．下列属于世界文化遗产的是（　　）。

A．四川九寨沟风景名胜区　　B．元上都遗址

C．云南三江并流保护地　　D．四川青城山和都江堰水利工程

E．重庆大足石刻

12．以下园林中被列入《世界遗产名录》的是（　　）。

A．沧浪亭　　B．颐和园

C．拙政园　　D．豫园

E．狮子林

13．中国被列入《世界文化遗产》的礼制建筑是（　　）。

A．太学　　B．天坛

C. 社稷坛　　D. 武侯祠

E. 孔庙（曲阜）

14. 以下 5A 级景区属于江苏的是（　　）。

A. 钟山—中山陵　　B. 灵山

C. 鼋头渚　　D. 周恩来故里

E. 天一阁 · 月湖

15. 以下 5A 级景区属于河北的是（　　）。

A. 白洋淀　　B. 野三坡

C. 鼋头渚　　D. 西柏坡

E. 山海关

16. 以下 5A 级景区属于浙江的是（　　）。

A. 嘉兴南湖　　B. 根宫佛国文化旅游区

C. 江郎山 · 廿八都　　D. 西溪湿地

E. 天一阁 · 月湖

17. 中国国务院所属的文物行政部门（国家文物局）在省级、市、县级文物保护单位中，选择具有重大（　　）的确定为全国重点文物保护单位。

A. 历史价值　　B. 艺术价值

C. 经济价值　　D. 社会价值

E. 科学价值

18. 属于江苏省国家级旅游度假区有（　　）。

A. 南京汤山温泉　　B. 天目湖

C. 阳澄湖半岛　　D. 宜兴阳羡生态旅游度假区

E. 仙女山

19. 属于浙江省国家级旅游度假区有（　　）。

A. 东钱湖　　B. 湘湖

C. 湖州市太湖　　D. 湖州市安吉灵峰

E. 灰汤温泉

20. 生态旅游示范区是以独特的（　　）、（　　）和与之共生的（　　）为依托，形成可持续发展的旅游区域。

A. 自然生态　　B. 自然景观

C. 生态景观　　D. 人文生态

E. 人类社区

21. 截至 2016 年 1 月，黑龙江省的国家生态旅游示范区有（　　）。

A. 汤旺河林海奇石　　B. 五大连池

C. 凤凰山　　D. 呼兰河口湿地

E. 松花江避暑城

22. 截至 2016 年 1 月，新疆的国家生态旅游示范区有（　　）。

A. 五家渠青湖　　B. 白沙湖

C. 万泉　　D. 那拉提

E. 沙坡头

习题强化答案

一、判断题

1. 错	2. 对	3. 对	4. 错	5. 错
6. 错	7. 对	8. 错	9. 错	10. 错
11. 错	12. 错	13. 对		

二、单选题

1. C	2. C	3. C	4. D	5. D
6. B	7. C	8. C	9. D	10. B
11. D	12. D	13. C	14. D	15. D
16. A	17. B	18. B	19. D	20. A
21. B	22. A	23. A	24. C	25. C
26. B	27. A	28. A	29. D	30. D
31. A	32. B	33. C	34. D	35. A

三、多选题

1. BD	2. ABCD	3. ADE	4. ABCD	5. ACDE
6. ABC	7. ABCD	8. ABCDE	9. ABD	10. BDE
11. BDE	12. ABCE	13. BE	14. ABCD	15. ABDE
16. ABCDE	17. ABE	18. ABCD	19. ABCD	20. ABD
21. ABCDE	22. ABCD			